SH
서울주택
도시공사

NCS + 전공 + 모의고사 4회 + 무료NCS특강

(주)시대고시기획

2024 최신판 SD에듀 SH 서울주택도시공사
NCS + 전공 + 모의고사 4회 + 무료NCS특강

Always **with you**

사람의 인연은 길에서 우연하게 만나거나 함께 살아가는 것만을 의미하지는 않습니다.
책을 펴내는 출판사와 그 책을 읽는 독자의 만남도 소중한 인연입니다.
SD에듀는 항상 독자의 마음을 헤아리기 위해 노력하고 있습니다. 늘 독자와 함께하겠습니다.

서울시민을 위한 주거복지 전문기관인 SH 서울주택도시공사는 신입사원을 채용할 예정이다. 채용절차는 「원서접수 ➜ 서류전형 ➜ 필기전형(필기시험 및 인성검사) ➜ 면접전형 ➜ 최종합격자 결정」 순서로 진행한다. 서울주택도시공사의 필기전형은 서류전형에서 만점의 60% 이상을 득점한 자 중 고득점자 순으로 채용인원의 30배수가 응시할 수 있으며, 직무별 전공과목, 직업기초능력평가, 인성검사를 평가한다. 직업기초능력평가의 경우 의사소통능력, 수리능력, 문제해결능력, 대인관계능력, 조직이해능력, 직업윤리 6개 영역을 평가하며, 전공은 직렬별로 상이하므로 반드시 채용공고를 확인하여 응시 직렬에 맞는 학습이 필요하다.

서울주택도시공사 필기전형 합격을 위해 SD에듀에서는 서울주택도시공사 판매량 1위의 출간경험을 토대로 다음과 같은 특징을 가진 도서를 출간하였다.

도서의 특징

❶ 기출복원문제를 통한 출제 유형 확인!
- 2023년 주요 공기업 NCS 기출문제를 복원하여 공기업별 NCS 필기 유형을 파악할 수 있도록 하였다.

❷ 서울주택도시공사 필기전형 출제 영역 맞춤 문제를 통한 실력 상승!
- 직업기초능력평가 출제유형분석&실전예제를 수록하여 유형별로 대비할 수 있도록 하였다.
- 전공 적중예상문제를 수록하여 필기전형에 완벽히 대비할 수 있도록 하였다.

❸ 최종점검 모의고사를 통한 완벽한 실전 대비!
- 철저한 분석을 통해 실제 유형과 유사한 최종점검 모의고사를 수록하여 자신의 실력을 최종 점검할 수 있도록 하였다.

❹ 다양한 콘텐츠로 최종 합격까지!
- 채용 가이드와 서울주택도시공사 면접 기출질문을 수록하여 채용 전반을 준비할 수 있도록 하였다.
- 온라인 모의고사를 무료로 제공하여 필기전형을 준비하는 데 부족함이 없도록 하였다.

끝으로 본 도서를 통해 서울주택도시공사 채용을 준비하는 모든 수험생 여러분이 합격의 기쁨을 누리기를 진심으로 기원한다.

SDC(Sidae Data Center) 씀

○ 미션

천만시민과 함께 주거안정과 주거복지에 기여

○ 비전

집 걱정 없는 고품격 도시 건설

○ 핵심가치

1	시민행복 헌신
2	사회적 책임
3	새로운 도전
4	끊임없는 혁신

경영목표

❶ 서울형 주거복지 실현

❷ 고품격 도시 조성 선도

❸ 고품질 백년주택 건설 선도

❹ ESG · 열린경영 실천

❺ 백년기업 기반 구축

전략방향 & 전략과제

전략방향	중점요소+전략과제	
친환경 도시 조성으로 탄소중립 실현	환경경영	친환경경영 기반 조성
	환경보전	에너지 · 자원의 효율적 사용으로 환경보전 강화
	친환경 전환	제로에너지주택으로 저탄소 녹색도시 선도
시민체감형 안심 도시 조성으로 삶의 질 향상	안전	시민과 근로자 중심의 안전도시 조성
	인권 · 인적자원	사람 중심의 지속가능한 기관 운영
	주거복지 · 상생협력	서울형 주거복지서비스 및 동반성장 지원 확대
투명한 열린 경영으로 시민 신뢰 제고	윤리 · 투명경영	윤리경영으로 공정 · 투명한 경영체계 확립
	ESG 경영체계	ESG 경영체계 정립 및 내재화
	소통 · 참여	이해관계자 소통 다각화로 시민접근성 강화

○ 지원자격(공통)

❶ 학력 및 연령 : 제한 없음(단, 만 18세 이상 만 60세 미만인 자)

❷ 병역법 제76조에서 정한 병역 의무 불이행 사실이 없는 자(단, 현역의 경우 단계별 시험 응시 및 임용 예정일 전일까지 전역 가능한 자)

❸ 서울주택도시공사 인사규정 제13조의 결격사유에 해당하지 않는 자

❹ 서울주택도시공사에서 추진하는 해외사업 수행 등을 위해 일정수준 이상의 공인영어성적을 갖춘 자 (사무직 기준 토익 800점, TEPS 309점, 토플 91점 이상)

○ 필기전형

계	직무별 전공과목 (50문항)	직업기초능력평가(NCS) (50문항)	인성검사 (210문항)
100점	50점	50점	적/부

※ 전공과목과 직업기초능력평가(NCS) 중 어느 하나라도 만점의 40% 미만 득점자는 불합격 처리(과락)

○ 면접전형

❶ 전형내용

구분	평가항목	배점
AI면접	직무역량, 직무적합도 등	10점
직무수행능력면접 (PT · 그룹토론 융합)	문제해결, 언어구사, 직무전문성 등	40점
인성면접	가치관, 직업윤리 등	50점

❷ 면접방식

구분	방식
직무수행능력면접 (PT · 그룹토론 융합)	직무관련 주제에 대해 지원자별로 발표 후 6인 이내의 지원자가 1조가 되어 지원자 상호간 토론 진행 후 질의 응답
인성면접	3인 이내의 지원자가 1조가 되어 지원자별 질의 응답

❖ 위 채용안내는 2023년 하반기 채용공고를 기준으로 작성하였으므로 세부내용은 반드시 확정된 채용공고를 확인하기 바랍니다.

2023년 기출분석 ANALYSIS

총평

SH 서울주택도시공사 필기전형의 경우, 난이도는 중 정도로 출제되었고 시간이 오래 걸리는 문제가 있었다는 후기가 많았다. NCS는 의사소통능력, 수리능력, 문제해결능력의 경우 피듈형으로 출제되었으며, 대인관계능력, 조직이해능력, 직업윤리는 개념에 대해 묻는 문제가 출제되었다. 전공은 과목마다 편차가 있으나 난이도는 중상 정도로, 개념에 대한 문제 위주로 출제되었다.

○ 의사소통능력

출제 특징	• 일치 · 불일치를 찾는 유형의 문제가 출제됨
출제 키워드	• 접속부사 등

○ 수리능력

출제 특징	• 자료 해석 유형의 문제가 출제됨 • 응용 수리 유형의 문제가 출제됨
출제 키워드	• 폭이 5m인 트랙의 넓이, 나열된 숫자들의 연관성 찾기 등

○ 조직이해능력

출제 특징	• 개념 이해에 대한 문제가 출제됨 • 리더십 유형을 묻는 문제가 출제됨
출제 키워드	• 리더십, 팔로워십, 권위 · 권한 등

NCS 문제 유형 소개 NCS TYPES

PSAT형

※ 다음은 K공단의 국내 출장비 지급 기준에 대한 자료이다. 이어지는 질문에 답하시오. [15~16]

〈국내 출장비 지급 기준〉

① 근무지로부터 편도 100km 미만의 출장은 공단 차량 이용을 원칙으로 하며, 다음 각호에 따라 "별표 1"에 해당하는 여비를 지급한다.
　㉠ 일비
　　ⓐ 근무시간 4시간 이상 : 전액
　　ⓑ 근무시간 4시간 미만 : 1일분의 2분의 1
　㉡ 식비 : 명령권자가 근무시간이 모두 소요되는 1일 출장으로 인정한 경우에는 1일분의 3분의 1 범위 내에서 지급
　㉢ 숙박비 : 편도 50km 이상의 출장 중 출장일수가 2일 이상으로 숙박이 필요할 경우, 증빙자료 제출 시 숙박비 지급
② 제1항에도 불구하고 공단 차량을 이용할 수 없어 개인 소유 차량으로 업무를 수행한 경우에는 일비를 지급하지 않고 이사장이 따로 정하는 바에 따라 교통비를 지급한다.
③ 근무지로부터 100km 이상의 출장은 "별표 1"에 따라 교통비 및 일비는 전액을, 식비는 1일분의 3분의 2 해당액을 지급한다. 다만, 업무 형편상 숙박이 필요하다고 인정할 경우에는 출장기간에 대하여 숙박비, 일비, 식비 전액을 지급할 수 있다.

〈별표 1〉

구분	교통비				일비 (1일)	숙박비 (1박)	식비 (1일)
	철도임	선임	항공임	자동차임			
임원 및 본부장	1등급	1등급	실비	실비	30,000원	실비	45,000원
1, 2급 부서장	1등급	2등급	실비	실비	25,000원	실비	35,000원
2, 3, 4급 부장	1등급	2등급	실비	실비	20,000원	실비	30,000원
4급 이하 팀원	2등급	2등급	실비	실비	20,000원	실비	30,000원

1. 교통비는 실비를 기준으로 하되, 실비 정산은 국토해양부장관 또는 특별시장·광역시장·도지사·특별자치도지사 등이 인허한 요금을 기준으로 한다.
2. 선임 구분표 중 1등급 해당자는 특등, 2등급 해당자는 1등을 적용한다.
3. 철도임 구분표 중 1등급은 고속철도 특실, 2등급은 고속철도 일반실을 적용한다.
4. 임원 및 본부장의 식비가 위 정액을 초과하였을 경우 실비를 지급할 수 있다.
5. 운임 및 숙박비의 할인이 가능한 경우에는 할인 요금으로 지급한다.
6. 자동차임 실비 지급은 연료비와 실제 통행료를 지급한다.
　(연료비)＝[여행거리(km)]×(유가)÷(연비)
7. 임원 및 본부장을 제외한 직원의 숙박비는 70,000원을 한도로 실비를 정산할 수 있다.

특징
▶ 대부분 의사소통능력, 수리능력, 문제해결능력을 중심으로 출제(일부 기업의 경우 자원관리능력, 조직이해능력을 출제)
▶ 자료에 대한 추론 및 해석 능력을 요구

대행사
▶ 엑스퍼트컨설팅, 커리어넷, 태드솔루션, 한국행동과학연구소(행과연), 휴노 등

모듈형

| 대인관계능력

60 다음 자료는 갈등해결을 위한 6단계 프로세스이다. 3단계에 해당하는 대화의 예로 가장 적절한 것은?

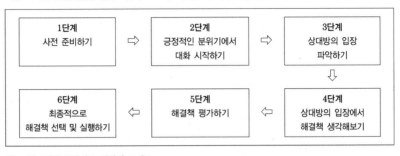

1단계		2단계		3단계
사전 준비하기	⇨	긍정적인 분위기에서 대화 시작하기	⇨	상대방의 입장 파악하기

6단계		5단계		4단계
최종적으로 해결책 선택 및 실행하기	⇦	해결책 평가하기	⇦	상대방의 입장에서 해결책 생각해보기

① 그럼 A씨의 생각대로 진행해 보시죠.

특징
- ▶ 이론 및 개념을 활용하여 푸는 유형
- ▶ 채용 기업 및 직무에 따라 NCS 직업기초능력평가 10개 영역 중 선발하여 출제
- ▶ 기업의 특성을 고려한 직무 관련 문제를 출제
- ▶ 주어진 상황에 대한 판단 및 이론 적용을 요구

대행사 ▶ 인트로맨, 휴스테이션, ORP연구소 등

피듈형(PSAT형 + 모듈형)

| 문제해결능력

60 P회사는 직원 20명에게 나눠 줄 추석 선물 품목을 조사하였다. 다음은 유통업체별 품목 가격과 직원들의
품목 선호도를 나타낸 자료이다. 이를 참고하여 P회사에서 구매하는 물품과 업체를 바르게 연결한 것은?

〈업체별 품목 금액〉

구분		1세트당 가격	혜택
A업체	돼지고기	37,000원	10세트 이상 주문 시 배송 무료
	건어물	25,000원	
B업체	소고기	62,000원	20세트 주문 시 10% 할인
	참치	31,000원	
C업체	스팸	47,000원	50만 원 이상 주문 시 배송 무료
	김	15,000원	

〈구성원 품목 선호도〉

특징
- ▶ 기초 및 응용 모듈을 구분하여 푸는 유형
- ▶ 기초인지모듈과 응용업무모듈로 구분하여 출제
- ▶ PSAT형보다 난도가 낮은 편
- ▶ 유형이 정형화되어 있고, 유사한 유형의 문제를 세트로 출제

대행사 ▶ 사람인, 스카우트, 인크루트, 커리어케어, 트리피, 한국사회능력개발원 등

주요 공기업 적중 문제 TEST CHECK

유화전략 ▶ 키워드

38 다음은 협상전략의 유형을 설명한 것이다. 다음 중 (A) ~ (D)에 들어갈 용어로 적절한 것은?

> (A) 상대방이 제시하는 것을 일방적으로 수용하여 협상의 가능성을 높이려는 전략이다. 즉, 상대방의 욕구와 주장에 자신의 욕구와 주장을 조정하고 순응시켜 굴복한다.
> (B) 자신이 상대방보다 힘에 있어서 우위를 점유하고 있을 때 자신의 이익을 극대화하기 위한 공격적 전략이다. 즉, 상대방의 주장을 무시하고 자신의 힘으로 일방적으로 밀어붙여 상대방에게 자신의 입장을 강요하는 전략이다.
> (C) 무행동전략이며, 협상으로부터 철수하는 철수전략이다. 즉, 협상을 피하거나 잠정적으로 중단하거나 철수하는 전략이다.
> (D) 협상 참여자들이 협동과 통합으로 문제를 해결하고자 하는 협력적 문제해결전략이다. 문제를 해결하는 합의에 이르기 위해서 협상 당사자들이 서로 협력하는 것이다.

	(A)	(B)	(C)	(D)
①	유화전략	협력전략	강압전략	회피전략
②	회피전략	강압전략	유화전략	협력전략
③	유화전략	강압전략	협력전략	회피전략
④	회피전략	협력전략	강압전략	유화전략
⑤	유화전략	강압전략	회피전략	협력전략

맥킨지 매트릭스 ▶ 키워드

※ 다음은 GE 맥킨지 매트릭스 모델에 대한 자료이다. 이어지는 질문에 답하시오. [6~7]

〈GE 맥킨지 매트릭스 모델〉

산업매력도	고	A (청신호)	(청신호)	C (주의신호)
	중	(청신호)	E (주의신호)	(적신호)
	저	B (주의신호)	(적신호)	D (적신호)
		고	중	저
			사업의 강점	

06 다음 중 GE 맥킨지 매트릭스 모델에 대한 설명으로 옳지 않은 것은?

① BCG 매트릭스보다 발전된 기법으로 평가받고 있다.
② 좌상의 청신호 지역은 지속적으로 성장시키는 전략이 필요하다.
③ 대각선상의 주의신호 지역은 선별적인 투자 전략이 필요하다.
④ 우하의 적신호 지역은 사업을 철수하거나 투자를 최소화해야 한다.
⑤ 사업단위 간의 상호작용을 고려하므로 실제 산업에 적용하기 쉽다.

HUG 주택도시보증공사

카리스마 ▶ 키워드

03 다음은 리더십 유형 중 변혁적 리더를 소개한 내용이다. 다음 내용에서 나타나는 변혁적 리더의 특징으로 적절하지 않은 것은?

> 변혁적 리더는 전체 조직이나 팀원들에게 변화를 가져오는 원동력이다. 즉 변혁적 리더는 개개인과 팀이 유지해온 이제까지의 업무수행 상태를 뛰어넘고자 한다.

① 카리스마
② 정보 독점
③ 풍부한 칭찬
④ 감화(感化)
⑤ 자기 확신

인구 ▶ 키워드

03 다음은 한국인의 주요 사망원인에 대한 자료이다. 자료를 참고하여 인구 10만 명 중 사망원인에 따른 인원수를 나타낸 그래프로 옳은 것은?(단, 모든 그래프의 단위는 '명'이다)

> 한국인 10만 명 중 무려 185명이나 암으로 사망한다는 통계를 바탕으로 암이 한국인 사망원인 1위로 알려진 가운데, 그 밖의 순위에 대한 관심도 뜨겁다. 2위와 3위는 각각 심장과 뇌 관련 질환으로 알려졌고, 또한 1위와의 차이는 20명 미만일 정도로 크게 차이를 보이지 않아 한국인 주요 3대 사망원인으로 손꼽아진다. 특히 4위는 자살로 알려져 큰 충격을 더하고 있는데, 우리나라의 경우 20대·30대 사망원인 1위가 자살이며, 인구 10만 명 당 50명이나 이로 인해 사망한다고 한다. 그 다음으로는 당뇨, 치매, 고혈압의 순서이다.

①

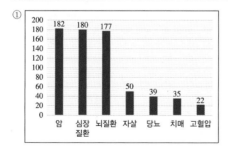

②

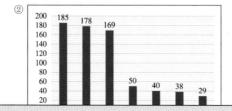

주요 공기업 적중 문제 TEST CHECK

신용보증기금

증감률 ▶ 키워드

16 다음 중 2020년 대비 2021년 사회복지·보건 분야의 재정지출 증감률과 공공질서·안전 분야의 재정지출 증감률의 차이는 얼마인가?(단, 소수점 둘째 자리에서 반올림한다)

① 약 9.4%p
② 약 10.5%p
③ 약 11.2%p
④ 약 12.6%p
⑤ 약 13.2%p

금융감독원

서술 방식 ▶ 유형

25 다음 글의 서술 방식으로 가장 적절한 것은?

> 사람들은 어떤 결과에는 항상 그에 상응하는 원인이 존재한다고 생각한다. 원인과 결과의 필연성은 개별적인 사례들을 통해 일반화될 수 있다. 가령 A라는 사람이 스트레스로 병에 걸렸고, B도 스트레스로 병에 걸렸다면 이런 개별적인 사례들로부터 '스트레스가 병의 원인이다.'라는 일반적인 인과가 도출된다. 이때 개별적인 사례에 해당하는 인과를 '개별자 수준의 인과'라 하고, 일반적인 인과를 '집단 수준의 인과'라 한다. 사람들은 오랫동안 이러한 집단 수준의 인과가 필연성을 지닌다고 믿어 왔다.
> 그런데 집단 수준의 인과를 필연적인 것이 아니라 개연적인 것으로 파악해야 한다고 주장하는 사람들이 있다. 가령 '스트레스가 병의 원인이다.'라는 진술에서 스트레스는 병의 필연적인 원인이 아니라 단지 병을 발생시킬 확률을 높이는 요인일 뿐이라고 말한다. A와 B가 특정한 병에 걸렸다 하더라도 집단 수준에서는 그 병의 원인을 스트레스로 단언할 수 없다는 것이다. 그렇게 본다면 스트레스와 병은 필연적인 관계가 아니라 개연적인 관계에 놓인 것으로 설명된다. 이에 따르면 '스트레스가 병의 원인이다.'라는 집단 수준의 인과는, 'A가 스트레스를 받았지만 병에 걸리지 않은 경우'나 'A가 스트레스를 받았고 병에 걸리기도 했지만 병의 실제 원인은 다른 것인 경우' 등의 개별자 수준의 인과와 동시에 성립될 수 있다. 이렇게 되면 개별자 수준의 인과와 집단 수준의 인과는 별개로 존재하게 되는 것이다.
> 이처럼 개별자 수준과 집단 수준의 인과가 독립적이라고 주장하는 철학자들은 두 수준의 인과가 서로 다른 방식으로 해명되어야 한다고 본다. 이들은 개별자 수준의 인과가 지닌 복잡성과 특이성은 집단 수준의 인과로 설명될 수 없다고 여기기 때문이다. 가령 A의 병은 유전적 요인, 환경적 요인, 개인의 생활 습관 등에서 비롯될 수도 있고 그 요인들이 우연적이며 복합적으로 작용하는 과정을 거치며 발생될 수도 있다.
> 이에 대해 개별자 수준과 집단 수준의 인과가 연관된다고 주장하는 사람들은 병의 여러 요인들이 있다 하더라도 여전히 인과의 필연성이 성립된다고 본다. 개별적인 사례들에서 스트레스와 그 외의 모든 요인들을 함께 고려할 때 여전히 스트레스가 병의 필수적인 요인이라면 개별자 수준 인과의 필연성은 훼손되지 않으며, 이에 따라 집단 수준 인과의 필연성도 훼손되지 않는다는 것이다.

① 일반인의 상식을 논리적으로 비판하고 있다.
② 대비되는 두 관점을 예를 들어서 설명하고 있다.
③ 상반된 견해에 대하여 절충적 대안을 제시하고 있다.
④ 이론의 장단점을 비교하여 독자의 이해를 돕고 있다.

국민건강보험공단

문단 나열 ▶ 유형

※ 다음 내용을 논리적 순서대로 바르게 나열한 것을 고르시오. [1~2]

01

어떤 문화의 변동은 결코 외래문화의 압도적 영향이나 이식에 의해 일방적으로 이루어지는 것이 아니라 수용 주체의 창조적·능동적 측면과 관련되어 이루어지는 매우 복합적인 성격의 것이다.

(가) 그리하여 외래문화 중에서 이러한 결핍 부분의 충족에 유용한 부분만을 선별해서 선택적으로 수용하게 된다.

(나) 이러한 수용 주체의 창조적·능동적 측면은 문화 수용과 변동에서 무엇보다도 우선하는 것인데, 이것이 외래문화 요소의 수용을 결정짓는다.

(다) 즉, 어떤 문화의 내부에 결핍 요인이 있을 때 그 문화의 창조적·능동적 측면은 이를 자체적으로 극복하려 노력하지만, 이러한 극복이 내부에서 성취될 수 없을 때 그것은 외래 요소의 수용을 통해 이를 이루고자 한다.

다시 말해 외래문화는 수용 주체의 내부 요인에 따라 수용 또는 거부되는 것이다.

① (가) - (나) - (다) 　② (가) - (다) - (나)
③ (나) - (가) - (다) 　④ (나) - (다) - (가)

가중치 계산 ▶ 유형

55 국민건강보험공단은 직원들의 여가를 위해 하반기 동안 다양한 프로그램을 운영하고자 한다. 운영할 프로그램은 수요도 조사 결과를 통해 결정된다. 다음 〈조건〉에 따라 프로그램을 선정할 때, 운영될 프로그램으로 바르게 짝지어진 것은?

〈프로그램 후보별 수요도 조사 결과〉

분야	프로그램명	인기 점수	필요성 점수
운동	강변 자전거 타기	6	5
진로	나만의 책 쓰기	5	7
여가	자수 교실	4	2
운동	필라테스	7	6
교양	독서 토론	6	4
여가	볼링 모임	8	3

※ 수요도 조사에는 전 직원이 참여하였다.

조건
• 수요도는 인기 점수와 필요성 점수에 가점을 적용한 후 2 : 1의 가중치에 따라 합산하여 판단한다.
• 각 프로그램의 인기 점수와 필요성 점수는 10점 만점으로 하여 전 직원이 부여한 점수의 평균값이다.
• 운영 분야에 하나의 프로그램만 있는 경우, 그 프로그램의 필요성 점수에 2점을 가산한다.
• 운영 분야에 복수의 프로그램이 있는 경우, 분야별로 필요성 점수가 가장 낮은 프로그램은 후보에서 탈락한다.
• 수요도 점수가 동점일 경우, 인기 점수가 높은 프로그램을 우선시한다.
• 수요도 점수가 가장 높은 2개의 프로그램을 선정한다.

도서 200% 활용하기 STRUCTURES

1 기출복원문제로 출제 경향 파악

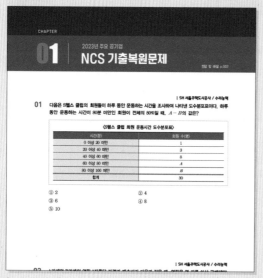

▶ 2023년 주요 공기업 NCS 기출문제를 복원하여 공기업별 NCS 출제 경향을 파악할 수 있도록 하였다.

2 출제유형분석 + 유형별 실전예제로 필기전형 완벽 대비

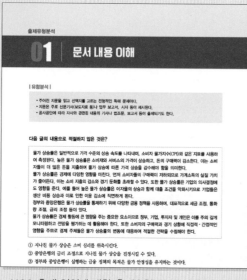
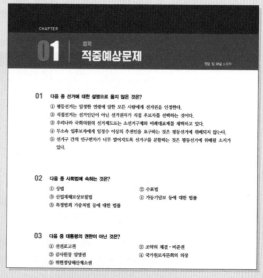

▶ NCS 출제 영역에 대한 출제유형분석과 유형별 실전예제를 수록하여 NCS 문제에 대한 접근 전략을 익히고 점검할 수 있도록 하였다.

▶ 전공 적중예상문제를 수록하여 전공까지 효과적으로 학습할 수 있도록 하였다.

3 최종점검 모의고사 + OMR을 활용한 실전 연습

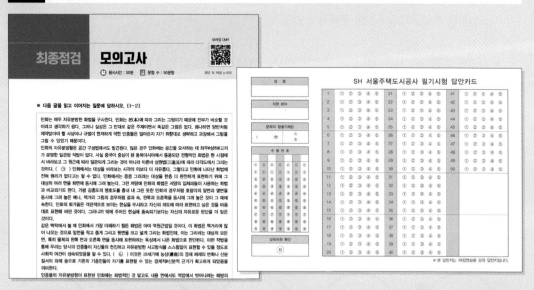

▶ 최종점검 모의고사와 OMR 답안카드를 수록하여 실제로 시험을 보는 것처럼 최종 마무리 연습을 할 수 있도록 하였다.

▶ 모바일 OMR 답안채점/성적분석 서비스를 통해 필기전형에 대비할 수 있도록 하였다.

4 인성검사부터 면접까지 한 권으로 최종 마무리

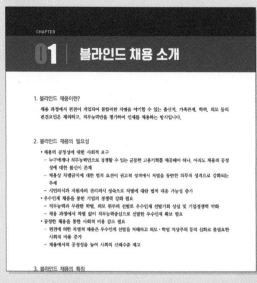

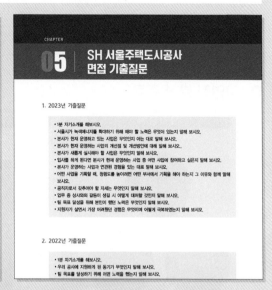

▶ 인성검사 모의테스트를 수록하여 인성검사 유형 및 문항을 확인할 수 있도록 하였다.

▶ SH 서울주택도시공사의 면접 기출질문을 수록하여 면접에서 나오는 질문을 미리 파악하고 면접에 대비할 수 있도록 하였다.

⟳ 소개

▸ AI면접은 '공정성'과 '객관적 평가'를 면접과정에 도입하기 위한 수단으로, 최근 채용과정에 AI면접을 도입하는 기업들이 급속도로 증가하고 있다.

▸ AI기반의 평가는 서류전형 또는 면접전형에서 활용되고 있는데, 먼저 서류전형에서는 AI가 모든 지원자의 자기소개서를 1차적으로 스크리닝 한 후, 통과된 자기소개서를 인사담당자가 다시 평가하는 방식으로 활용되고 있다. 또한 면접전형에서는 서류전형과 함께 또는, 면접 절차를 대신하여 AI면접의 활용을 통해 지원자의 전반적인 능력을 종합적으로 판단하여 채용에 도움을 준다.

⟳ AI면접 프로세스

서류전형 ▸ 필기전형 ▸ 1차 면접 (AI면접 포함) ▸ 2차 면접 ▸ 입사

⟳ AI면접 분석 종류

자기분석

기본면접

상황면접 　 인성검사

뇌과학분석

게이미피케이션

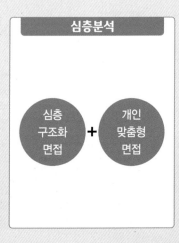

심층분석

심층 구조화 면접 ＋ 개인 맞춤형 면접

◑ AI면접 정의

뇌신경과학 기반의 인공지능 면접

◑ 소요시간

60분 내외(1인)

◑ 진행순서

❶ 웹캠/음성체크   ❷ 안면등록
❸ 기본 질문   ❹ 탐색 질문
❺ 상황 질문   ❻ 뇌과학게임
❼ 심층/구조화 질문   ❽ 종합평가

▸ 뇌과학게임 : 게임 형식의 AI면접을 통해 지원자의 성과 역량, 성장 가능성 분석
▸ 기본 질문, 상황 질문, 탐색 질문을 통해 지원자의 강점, 약점을 분석하여 심층/구조화 질문 제시

| 기본적인 질문 및 | 지원자의 특성을 | 지원자의 강점 / | 심층 / 구조화 질문 |
| 상황 질문 | 분석하기 위한 질문 | 약점 실시간 분석 | |

◑ 평가요소

종합 코멘트, 주요 및 세부역량 점수, 응답신뢰 가능성 등을 분석하여 종합평가 점수 도출

❶ 성과능력지수	스스로 성과를 내고 지속적으로 성장하기 위해 갖춰야 하는 성과 지향적 태도 및 실행력
❷ 조직적합지수	조직에 적응하고 구성원들과 시너지를 내기 위해 갖춰야 하는 심리적 안정성
❸ 관계역량지수	타인과의 관계를 좋게 유지하기 위해 갖춰야 하는 고객지향적 태도 및 감정 파악 능력
❹ 호감지수	대면 상황에서 자신의 감정과 의사를 적절하게 전달할 수 있는 소통 능력

⟳ 면접 환경 점검

Windows 7 이상 OS에 최적화되어 있다. 웹카메라와 헤드셋(또는 이어폰과 마이크)은 필수 준비물이며, 크롬 브라우저도 미리 설치해 놓는 것이 좋다. 또한, 주변 정리정돈과 복장을 깔끔하게 해야 한다.

⟳ 이미지

AI면접은 동영상으로 녹화되므로 지원자의 표정이나 자세, 태도 등에서 나오는 전체적인 이미지가 상당히 중요하다. 특히, '상황 제시형 질문'에서는 실제로 대화하듯이 답변해야 하므로 표정과 제스처의 중요성은 더더욱 커진다. 그러므로 자연스럽고 부드러운 표정과 정확한 발음은 기본이자 필수요소이다.

▸ 시선 처리 : 눈동자가 위나 아래로 향하는 것은 피해야 한다. 대면면접의 경우 아이컨택(Eye Contact)이 가능하기 때문에 대화의 흐름상 눈동자가 자연스럽게 움직일 수 있지만, AI면접에서는 카메라를 보고 답변하기 때문에 다른 곳을 응시하거나, 시선이 분산되는 경우에는 불안감으로 눈빛이 흔들린다고 평가될 수 있다. 따라서 카메라 렌즈 혹은 모니터를 바라보면서 대화를 하듯이 면접을 진행하는 것이 가장 좋다. 시선 처리는 연습하는 과정에서 동영상 촬영을 하며 확인하는 것이 좋다.

▸ 입 모양 : 좋은 인상을 주기 위해서는 입꼬리가 올라가도록 미소를 짓는 것이 좋으며, 이때 입꼬리는 양쪽 꼬리가 동일하게 올라가야 한다. 그러나 입만 움직이게 되면 거짓된 웃음으로 보일 수 있기에 눈과 함께 미소 짓는 연습을 해야 한다. 자연스러운 미소 짓기는 쉽지 않기 때문에 매일 재미있는 사진이나 동영상, 아니면 최근 재미있었던 일 등을 떠올리면서 자연스러운 미소를 지을 수 있는 연습을 해야 한다.

▸ 발성 · 발음 : 답변을 할 때, 말을 더듬는다거나 '음…', '아…' 하는 소리는 마이너스 요인이다. 질문마다 답변을 생각할 시간을 함께 주지만, 지원자의 의견을 체계적으로 정리하지 못한 채 답변을 시작한다면 발생할 수 있는 상황이다. 생각할 시간이 주어진다는 것은 답변에 대한 기대치가 올라간다는 것을 의미하므로 주어진 시간 동안에 빠르게 답변구조를 구

성하는 연습을 진행해야 하고, 말끝을 흐리는 습관이나 조사를 흐리는 습관을 교정해야 한다. 이때, 연습 과정을 녹음하여 체크하는 것이 효과가 좋고, 답변에 관한 부분 또한 명료하고 체계적으로 답변할 수 있도록 연습해야 한다.

⟳ 답변방식

AI면접 후기를 보다 보면, 대부분 비슷한 유형의 질문패턴이 진행되는 것을 알 수 있다. 따라서 대면면접 준비 방식과 동일하게 질문 리스트를 만들고 연습하는 과정이 필요하다. 특히, AI면접은 질문이 광범위하기 때문에 출제 유형 위주의 연습이 이루어져야 한다.

▶ 유형별 답변방식 습득
- **기본 필수질문** : 지원자들에게 필수로 질문하는 유형으로 지원자만의 답변이 확실하게 구성되어 있어야 한다.
- **상황 제시형 질문** : AI면접에서 주어지는 상황은 크게 8가지 유형으로 분류된다. 유형별로 효과적인 답변 구성 방식을 연습해야 한다.
- **심층/구조화 질문(개인 맞춤형 질문)** : 가치관에 따라 선택을 해야 하는 질문이 대다수를 이루는 유형으로, 여러 예시를 통해 유형을 익히고, 그에 맞는 답변을 연습해야 한다.

▶ 유성(有聲) 답변 연습 : AI면접을 연습할 때에는 같은 유형의 예시를 연습한다고 해도, 실제 면접에서의 세부 소재는 거의 다르다고 할 수 있다. 이 때문에 새로운 상황이 주어졌을 때, 유형을 빠르게 파악하고 답변의 구조를 구성하는 반복연습이 필요하며, 항상 목소리를 내어 답변하는 연습을 하는 것이 좋다.

▶ 면접에 필요한 연기 : 면접은 연기가 반이라고 할 수 있다. 물론 가식적이고 거짓된 모습을 보이라는 것이 아닌, 상황에 맞는 적절한 행동과 답변의 인상을 극대화 시킬 수 있는 연기를 얘기하는 것이다. 면접이 무난하게 흘러가면 무난하게 탈락할 확률이 높다. 때문에 하나의 답변에도 깊은 인상을 전달해 주어야 하고, 그런 것이 연기이다. 특히, AI면접에서는 답변 내용에 따른 표정변화가 필요하고, 답변에 연기를 더할 수 있는 부분까지 연습이 되어있다면, 면접 준비가 완벽히 되어있다고 말할 수 있다.

지원자의 외면적 요소 V4를 활용한 정서 및 성향, 거짓말 파악

Vision Analysis		미세 표정(Micro Expression)
Voice Analysis		보디 랭귀지(Body Language)
Verbal Analysis		진술 분석 기법(Scientific Contents Analysis)
Vital Analysis		자기 최면 기법(Auto Hypnosis)

AI면접의 V4를 대비하는 방법으로 미세 표정, 보디 랭귀지, 진술 분석 기법, 자기 최면 기법을 활용

AI면접 구성 AI INTERVIEW

기본 필수질문

▶ 모든 지원자가 공통으로 받게 되는 질문으로, 기본적인 자기소개, 지원동기, 성격의 장단점 등을 질문하는 구성으로 되어 있다. 이는 대면면접에서도 높은 확률로 받게 되는 질문 유형이므로, AI면접에서도 답변한 내용을 대면면접에서도 다르지 않게 답변해야 한다.

탐색 질문
(인성검사)

▶ 인적성 시험의 인성검사와 일치하는 유형으로, 정해진 시간 내에 해당 문장과 지원자의 가치관이 일치하는 정도를 빠르게 체크해야 하는 단계이다.

상황 제시형 질문

▶ 특정한 상황을 제시하여, 제시된 상황 속에서 어떻게 대응할지에 대한 답변을 묻는 유형이다. 기존의 대면면접에서는 이러한 질문에 대하여 지원자가 어떻게 행동할지에 대한 '설명'에 초점이 맞춰져 있었다면, AI면접에서는 실제로 '행동'하며, 상대방에게 이야기하듯 답변이 이루어져야 한다.

게임

▶ 약 5가지 유형의 게임이 출제되고, 정해진 시간 내에 해결해야 하는 유형이다. 인적성 시험의 새로운 유형으로, AI면접을 실시하는 기업의 경우, 인적성 시험을 생략하는 기업도 증가하고 있다. AI면접 중에서도 비중이 상당한 게임 문제풀이 유형이다.

심층 / 구조화 질문
(개인 맞춤형 질문)

▶ 인성검사 과정 중 지원자가 선택한 항목들에 기반한 질문에 답변을 해야 하는 유형이다. 이 때문에 인성검사 과정에서 인위적으로 접근하지 않는 것이 중요하고, 주로 가치관에 대하여 묻는 질문이 많이 출제되는 편이다.

도형 옮기기 유형

01 기둥에 각기 다른 모양의 도형이 꽂혀져 있다. 왼쪽 기본 형태에서 도형을 한 개씩 이동시켜서 오른쪽의 완성 형태와 동일하게 만들 때 최소한의 이동 횟수를 고르시오.

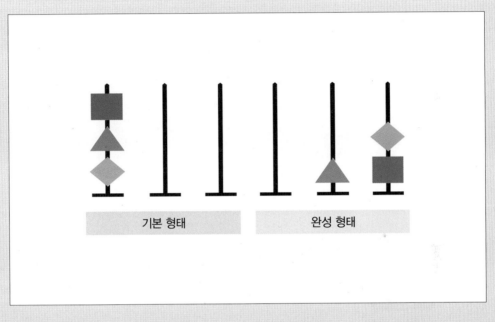

기본 형태   완성 형태

① 1회   ② 2회

③ 3회   ④ 4회

⑤ 5회

해설

왼쪽 기둥부터 1~3번이라고 할 때, 사각형을 3번 기둥으로 먼저 옮기고, 삼각형을 2번 기둥으로 옮긴 뒤 마름모를 3번 기둥으로 옮기면 된다. 따라서 정답은 ③이다.

Solution

온라인으로 진행하게 되는 AI면접에서는 도형 이미지를 드래그하여 실제 이동 작업을 진행하게 된다. 문제 해결의 핵심은 '최소한의 이동 횟수'에 있는데, 문제가 주어지면 머릿속으로 도형을 이동시키는 시뮬레이션을 진행해 보고 손을 움직여야 한다. 해당 유형에 익숙해지기 위해서는 다양한 유형을 접해 보고, 가장 효율적인 이동 경로를 찾는 연습을 해야 하며, 도형의 개수가 늘어나면 다소 난이도가 올라가므로 연습을 통해 유형에 익숙해지도록 해야 한다.

동전 비교 유형

02 두 개의 동전이 있다. 왼쪽 동전 위에 쓰인 글씨의 의미와 오른쪽 동전 위에 쓰인 색깔의 일치 여부를 판단하시오.

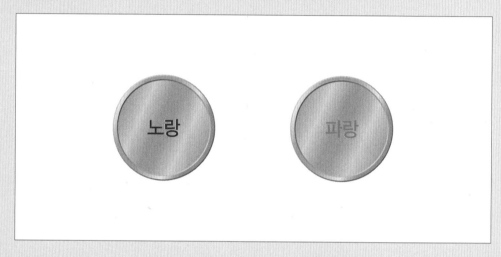

① 일치   ② 불일치

해설

왼쪽 동전 글씨의 '의미'와 오른쪽 동전 글씨의 '색깔' 일치 여부를 선택 하는 문제이다. 제시된 문제의 왼쪽 동전 글씨 색깔은 빨강이지만 의미 자체는 노랑이다. 또한, 오른쪽 동전 글씨 색깔은 초록이지만 의미는 파랑이다. 따라서 노랑과 초록이 일치하지 않으므로 왼쪽 동전 글씨의 의미와 오른쪽 동전의 색깔은 불일치하다.

Solution

빠른 시간 내에 다수의 문제를 풀어야 하기 때문에 혼란에 빠지기 쉬운 유형이다. 풀이 방법의 한 예로 오른쪽 글씨만 먼저 보고, 색깔을 소리 내어 읽어보는 것이다. 입으로 내뱉은 오른쪽 색깔이 왼쪽 글씨에 그대로 쓰여 있는지를 확인하도록 하는 등 본인만의 접근법 없이 상황을 판단하다 보면 실수를 할 수밖에 없기 때문에 연습을 통해 유형에 익숙해져야 한다.

❶ 오른쪽 글씨만 보고, 색깔을 소리 내어 읽는다.
❷ 소리 낸 단어가 왼쪽 글씨의 의미와 일치하는지를 확인한다.

무게 비교 유형

03 A~D 4개의 상자가 있다. 시소를 활용하여 무게를 측정하고, 무거운 순서대로 나열하시오(단, 무게 측정은 최소한의 횟수로 진행해야 한다).

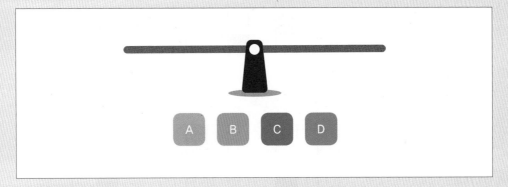

해설

온라인으로 진행하게 되는 AI면접에서는 제시된 물체의 이미지를 드래그하여 계측기 위에 올려놓고, 무게를 측정하게 된다. 비교적 쉬운 유형에 속하나 계측은 최소한의 횟수로만 진행해야 좋은 점수를 받을 수 있다. 측정의 핵심은 '무거운 물체 찾기'이므로 가장 무거운 물체부터 덜 무거운 순서로 하나씩 찾아야 하며, 이전에 진행한 측정에서 무게 비교가 완료된 물체들이 있다면, 그중 무거운 물체를 기준으로 타 물체와의 비교가 이루어져야 한다.

Solution

❶ 임의로 두 개의 물체를 선정하여 무게를 측정한다.

❷ · ❸ 더 무거운 물체는 그대로 두고, 가벼운 물체를 다른 물체와 교체하여 측정한다.

❹ 가장 무거운 물체가 선정되면, 남은 3가지 물체 중 2개를 측정한다.

❺ 남아 있는 물체 중 무게 비교가 안 된 상자를 최종적으로 측정한다.

따라서 무거운 상자 순서는 'C > B > A > D'이다.

n번째 이전 도형 맞추기 유형

04 제시된 도형이 2번째 이전 도형과 모양이 일치하면 Y를, 일치하지 않으면 N을 기입하시오.

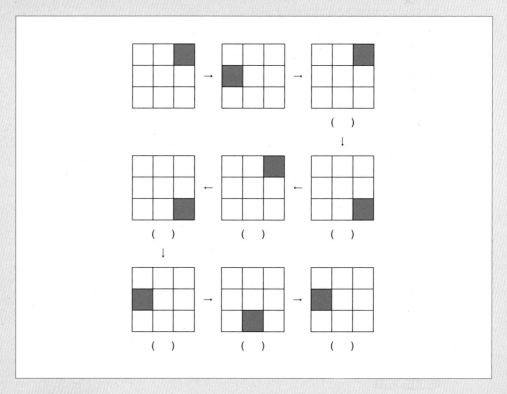

해설

n번째 이전에 나타난 도형과 현재 주어진 도형의 모양이 일치하는지에 대한 여부를 판단하는 유형이다. 제시된 문제는 세 번째 도형부터 2번째 이전의 도형인 첫 번째 도형과 비교해 나가면 된다. 따라서 진행되는 순서를 기준으로 'Y → N → Y → Y → N → N → Y'이다.

Solution

온라인 AI면접에서는 도형이 하나씩 제시되며, 화면이 넘어갈 때마다 n번째 이전 도형과의 일치 여부를 체크해야 한다. 만약 '2번째 이전'이라는 조건이 주어졌다면 인지하고 있던 2번째 이전 도형의 모양을 떠올려 현재 도형과의 일치 여부를 판단함과 동시에 현재 주어진 도형의 모양 역시 암기해 두어야 한다. 이는 판단과 암기가 동시에 이루어져야 하는 문항으로 난이도는 상급에 속한다. 순발력과 암기력이 동시에 필요한 어려운 유형이기에 접근조차 못하는 지원자들도 많지만, 끊임없는 연습을 통해 유형에 익숙해질 수 있다. 문제풀이의 예로 여분의 종이를 활용하여 문제를 가린 상태에서 도형을 하나씩 순서대로 보면서 문제를 풀어나가는 방법이 있다.

분류코드 일치 여부 판단 유형

05 도형 안에 쓰인 자음, 모음과 숫자와의 결합이 '분류코드'와 일치하면 Y를, 일치하지 않으면 N을 체크하시오.

ㄹ8

분류코드 : 홀수

(Y/N)

해설

분류코드에는 짝수, 홀수, 자음, 모음 4가지가 존재한다. 분류코드로 짝수 혹은 홀수가 제시된 경우 도형 안에 있는 자음이나 모음은 신경 쓰지 않아도 되며, 제시된 숫자가 홀수인지 짝수인지만 판단하면 된다. 반대로, 분류코드로 자음 혹은 모음이 제시된 경우에는 숫자를 신경 쓰지 않아도 된다. 제시된 문제에서 분류코드로 홀수가 제시되었지만, 도형 안에 있는 숫자 8은 짝수이므로 N이 정답이다.

Solution

개념만 파악한다면 쉬운 유형에 속한다. 문제는 순발력으로, 정해진 시간 내에 최대한 많은 문제를 풀어야 한다. 계속해서 진행하다 보면 쉬운 문제도 혼동될 수 있으므로 시간을 정해 빠르게 문제를 해결하는 연습을 반복하고 실전면접에 임해야 한다.

표정을 통한 감정 판단 유형

06 주어지는 인물의 얼굴 표정을 보고 감정 상태를 판단하시오.

① 무표정   ② 기쁨
③ 놀람   ④ 슬픔
⑤ 분노   ⑥ 경멸
⑦ 두려움   ⑧ 역겨움

Solution

제시된 인물의 사진을 보고 어떤 감정 상태인지 판단하는 유형의 문제이다. AI면접에서 제시되는 표정은 크게 8가지로 '무표정, 기쁨, 놀람, 슬픔, 분노, 경멸, 두려움, 역겨움'이다. '무표정, 기쁨, 놀람, 슬픔'은 쉽게 인지가 가능하지만, '분노, 경멸, 두려움, 역겨움'에 대한 감정은 비슷한 부분이 많아 혼동이 될 수 있다. 사진을 보고 나서 5초 안에 정답을 선택해야 하므로 깊게 고민할 시간이 없다. 사실 해당 유형이 우리에게 완전히 낯설지는 않은데, 우리는 일상생활 속에서 다양한 사람들을 마주하게 되며 이때 무의식적으로 상대방의 얼굴 표정을 통해 감정을 판단하기 때문이다. 즉, 누구나 어느 정도의 연습이 되어 있는 상태이므로 사진을 보고 즉각적으로 드는 느낌이 정답일 확률이 높다. 따라서 해당 유형은 직관적으로 정답을 선택하는 것이 중요하다. 다만, 대다수의 지원자가 혼동하는 표정에 대한 부분은 어느 정도의 연습이 필요하다.

카드 조합 패턴 파악 유형

07 주어지는 4장의 카드 조합을 통해 대한민국 국가 대표 야구 경기의 승패 예측이 가능하다. 카드 무늬와 앞뒷면의 상태를 바탕으로 승패를 예측하시오(문제당 제한 시간 3초).

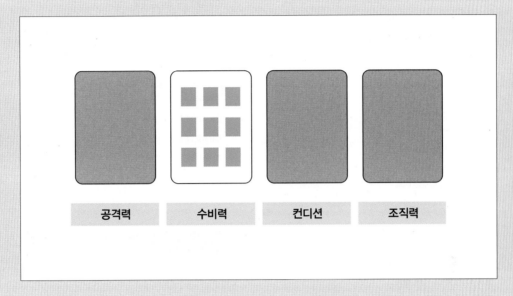

① 승리   ② 패배

Solution

계속해서 제시되는 카드 조합을 통해 정답의 패턴을 파악하는 유형이다. 온라인으로 진행되는 AI면접에서는 답을 선택하면 곧바로 정답 여부를 확인할 수 있다. 이에 따라 하나씩 정답을 확인한 후, 몇 번의 시행착오 과정을 바탕으로 카드에 따른 패턴을 유추해 나갈 수 있게 된다. 그렇기 때문에 초반에 제시되는 카드 조합의 정답을 맞히기는 어려우며, 앞서 얻은 정보들을 잘 기억해 두는 것이 핵심이다. 제시된 문제의 정답은 패배이다.

이 책의 차례 CONTENTS

Add+

2023년 주요 공기업
NCS 기출복원문제

┃ SH 서울주택도시공사 / 수리능력

01 다음은 S헬스 클럽의 회원들이 하루 동안 운동하는 시간을 조사하여 나타낸 도수분포표이다. 하루 동안 운동하는 시간이 80분 미만인 회원이 전체의 80%일 때, $A - B$의 값은?

〈S헬스 클럽 회원 운동시간 도수분포표〉

시간(분)	회원 수(명)
0 이상 20 미만	1
20 이상 40 미만	3
40 이상 60 미만	8
60 이상 80 미만	A
80 이상 100 미만	B
합계	30

① 2
② 4
③ 6
④ 8
⑤ 10

┃ SH 서울주택도시공사 / 수리능력

02 A가게와 B가게의 연필 1자루당 가격과 배송비가 다음과 같을 때, 연필을 몇 자루 이상 구매해야 B가게에서 주문하는 것이 유리한가?

〈구매정보〉

구분	연필 가격	배송비
A가게	500원/자루	무료
B가게	420원/자루	2,500원/건

① 30자루
② 32자루
③ 34자루
④ 36자루
⑤ 38자루

03 다음 중 글로벌화에 대한 설명으로 적절하지 않은 것은?

① 범지구적 시스템과 네트워크 안에서 기업 활동이 이루어지는 국제경영이 중요시된다.

② 글로벌화가 이루어지면 시장이 확대되어 상대적으로 기업 경쟁이 완화된다.

③ 경제나 산업에서 벗어나 문화, 정치 등 다른 영역까지 확대되고 있다.

④ 활동 범위가 세계로 확대되는 것을 의미한다.

⑤ 다국적 기업의 증가에 따라 국가 간 경제통합이 강화되었다.

04 다음 중 기계적 조직의 특징으로 적절한 것을 〈보기〉에서 모두 고르면?

> **보기**
>
> ㉠ 변화에 맞춰 쉽게 변할 수 있다.
> ㉡ 상하 간 의사소통이 공식적인 경로를 통해 이루어진다.
> ㉢ 대표적으로 사내벤처팀, 프로젝트팀이 있다.
> ㉣ 구성원의 업무가 분명하게 규정되어 있다.
> ㉤ 다양한 규칙과 규제가 있다.

① ㉠, ㉡, ㉢   ② ㉠, ㉣, ㉤
③ ㉡, ㉢, ㉣   ④ ㉡, ㉣, ㉤
⑤ ㉢, ㉣, ㉤

05 다음은 협상과정 단계별 세부 수행 내용이다. 협상과정의 단계를 순서대로 바르게 나열한 것은?

> ㉠ 겉으로 주장하는 것과 실제로 원하는 것을 구분하여 실제로 원하는 것을 찾아낸다.
> ㉡ 합의문을 작성하고 서명한다.
> ㉢ 갈등문제의 진행상황과 현재의 상황을 점검한다.
> ㉣ 상대방의 협상의지를 확인한다.
> ㉤ 대안 이행을 위한 실행계획을 수립한다.

① ㉠－㉢－㉤－㉣－㉡   ② ㉠－㉤－㉢－㉣－㉡
③ ㉢－㉠－㉤－㉣－㉡   ④ ㉣－㉠－㉢－㉤－㉡
⑤ ㉣－㉢－㉠－㉤－㉡

06 다음 중 Win - Win 전략에 의거한 갈등 해결 단계에 포함되지 않는 것은?

① 비판적인 패러다임을 전환하는 등 사전 준비를 충실히 한다.
② 갈등 당사자의 입장을 명확히 한다.
③ 서로가 받아들일 수 있도록 중간지점에서 타협적으로 주고받아 해결점을 찾는다.
④ 서로의 입장을 명확히 한다.
⑤ 상호 간에 중요한 기준을 명확히 말한다.

07 다음 중 직업이 갖추어야 할 속성과 그 의미가 옳지 않은 것은?

① 자발성 : 속박된 상태에서의 제반 활동은 직업으로 볼 수 없다.
② 경제성 : 직업은 경제적 거래 관계가 성립되는 활동이어야 한다.
③ 윤리성 : 노력이 전제되지 않는 자연적인 이득 활동은 직업으로 볼 수 없다.
④ 사회성 : 모든 직업 활동이 사회 공동체적 맥락에서 의미 있는 활동이어야 한다.
⑤ 계속성 : 주기적으로 일을 하거나 계절 또는 명확한 주기가 없어도 계속 행해지며, 현재 하고 있는 일을 계속할 의지와 가능성이 있어야 한다.

08 다음 중 근로윤리의 판단 기준으로 적절한 것을 〈보기〉에서 모두 고르면?

> **보기**
>
> ㉠ 예절   ㉡ 준법
> ㉢ 정직한 행동   ㉣ 봉사와 책임
> ㉤ 근면한 자세   ㉥ 성실한 태도

① ㉠, ㉡, ㉢
② ㉠, ㉡, ㉣
③ ㉡, ㉢, ㉤
④ ㉢, ㉤, ㉥
⑤ ㉣, ㉤, ㉥

09 다음 글의 내용으로 가장 적절한 것은?

> 한국철도공사는 철도시설물 점검 자동화에 '스마트 글라스'를 활용하겠다고 밝혔다. 스마트 글라스란 안경처럼 착용하는 스마트 기기로, 검사와 판독, 데이터 송수신과 보고서 작성까지 모든 동작이 음성인식을 바탕으로 작동한다. 이를 활용하여 작업자는 스마트 글라스 액정에 표시된 내용에 따라 철도 시설물을 점검하고, 음성 명령을 통해 시설물의 사진을 촬영한 후 해당 정보와 검사 결과를 전송해 보고서로 작성한다.
>
> 작업자들은 스마트 글라스의 사용을 통해 직접 자료를 조사하고 측정한 내용을 바탕으로 시스템 속에서 여러 단계를 거쳐 수기 입력하던 기존 방식으로부터 벗어날 수 있게 되었고, 이 일련의 과정들을 중앙 서버를 통해 한 번에 처리할 수 있게 되었다.
>
> 이와 같은 스마트 기기의 도입은 중앙 서버의 효율적 종합 관리를 가능하게 할 뿐만 아니라 작업자의 안전성 향상에도 크게 기여하였다. 이는 작업자들이 음성인식이 가능한 스마트 글라스를 사용함으로써 두 손이 자유로워져 추락 사고를 방지할 수 있게 되었기 때문이며, 스마트 글라스 내부 센서가 충격과 기울기를 감지할 수 있어 작업자에게 위험한 상황이 발생하면 지정된 컴퓨터에 위험 상황을 바로 통보하는 시스템을 갖추었기 때문이다.
>
> 한국철도공사는 주요 거점 현장을 시작으로 스마트 글라스를 보급하여 성과 분석을 거치고 내년부터는 보급 현장을 확대하겠다고 밝혔으며, 국내 철도 환경에 맞춰 스마트 글라스 시스템을 개선하기 위해 현장 검증을 진행하고 스마트 글라스를 통해 측정된 데이터를 총괄 제어할 수 있도록 안전점검 플랫폼망도 마련할 예정이다.
>
> 이와 더불어 스마트 글라스를 통해 기존의 인력 중심 시설점검을 간소화하여 효율성과 안전성을 향상시키고, 나아가 철도 맞춤형 스마트 기술을 도입하여 시설물 점검뿐만 아니라 유지보수 작업도 가능하도록 철도기술 고도화에 힘쓰겠다고 전했다.

① 작업자의 음성인식을 통해 철도시설물의 점검 및 보수 작업이 가능해졌다.
② 스마트 글라스의 도입으로 철도시설물 점검의 무인작업이 가능해졌다.
③ 스마트 글라스의 도입으로 철도시설물 점검 작업 시 안전사고 발생 횟수가 감소하였다.
④ 스마트 글라스의 도입으로 철도시설물 작업 시간 및 인력이 감소하고 있다.
⑤ 스마트 글라스의 도입으로 작업자의 안전사고 발생을 바로 파악할 수 있게 되었다.

10 다음 글에 대한 설명으로 적절하지 않은 것은?

2016년 4월 27일 오전 7시 20분경 임실역에서 익산으로 향하던 열차가 전기 공급 중단으로 멈추는 사고가 발생해 약 50여 분간 열차 운행이 중단되었다. 바로 전차선에 지어진 까치집 때문이었는데, 까치가 집을 지을 때 사용하는 젖은 나뭇가지나 철사 등이 전선과 닿거나 차로에 떨어져 합선과 단전을 일으킨 것이다.

비록 이번 사고는 단전에서 끝났지만, 고압 전류가 흐르는 전차선인 만큼 철사와 젖은 나뭇가지만으로도 자칫하면 폭발사고로 이어질 우려가 있다. 지난 5년간 까치집으로 인한 단전사고는 한 해 평균 3 ~ 4건 발생해 왔으며, 한국철도공사는 사고방지를 위해 까치집 방지 설비를 설치하고 설비가 없는 구간은 작업자가 육안으로 까치집 생성 여부를 확인해 제거하고 있는데, 이렇게 제거해 온 까치집 수가 연평균 8,000개에 달한다. 하지만 까치집은 빠르면 불과 4시간 만에 완성되어 작업자들에게 큰 곤욕을 주고 있다.

이에 한국철도공사는 전차선로 주변 까치집 제거의 효율성과 신속성을 높이기 위해 인공지능(AI)과 사물인터넷(IoT) 등 첨단 기술을 활용하기에 이르렀다. 열차 운전실에 영상 장비를 설치해 달리는 열차에서 전차선을 촬영한 화상 정보를 인공지능으로 분석함으로써 까치집 등의 위험 요인을 찾아 해당 위치와 현장 이미지를 작업자에게 실시간으로 전송하는 '실시간 까치집 자동 검출 시스템'을 개발한 것이다. 하지만 시속 150km로 빠르게 달리는 열차에서 까치집 등의 위험 요인을 실시간으로 판단해 전송하는 것이다 보니 그 정확도는 65%에 불과했다.

이에 한국철도공사는 전차선과 까치집을 정확하게 식별하기 위해 인공지능이 스스로 학습하는 '딥러닝' 방식을 도입했고, 전차선을 구성하는 복잡한 구조 및 까치집과 유사한 형태를 빅데이터로 분석해 이미지를 구분하는 학습을 실시한 결과 까치집 검출 정확도는 95%까지 상승했다. 또한 해당 이미지를 실시간 문자메시지로 작업자에게 전송해 위험 요소와 위치를 인지시켜 현장에 적용할 수 있다는 사실도 확인했다. 현재는 이와 더불어 정기열차가 운행하지 않거나 작업자가 접근하기 쉽지 않은 차량 정비 시설 등에 드론을 띄워 전차선의 까치집을 발견 및 제거하는 기술도 시범 운영하고 있다.

① 인공지능도 학습을 통해 그 정확도를 향상시킬 수 있다.
② 빠른 속도에서 인공지능의 사물 식별 정확도는 낮아진다.
③ 사람의 접근이 불가능한 곳에 위치한 까치집의 제거도 가능해졌다.
④ 까치집 자동 검출 시스템을 통해 실시간으로 까치집 제거가 가능해졌다.
⑤ 인공지능 등의 스마트 기술 도입으로 까치집 생성의 감소를 기대할 수 있다.

11 다음 글을 이해한 내용으로 적절하지 않은 것은?

> 열차 내에서의 범죄가 급격하게 증가함에 따라 한국철도공사는 열차 내 범죄 예방과 안전 확보를 위해 2023년까지 현재 운행하고 있는 열차의 모든 객실에 CCTV를 설치하고, 모든 열차 승무원에게 바디캠을 지급하겠다고 밝혔다.
>
> CCTV는 열차 종류에 따라 운전실에서 비상시 실시간으로 상황을 파악할 수 있는 '네트워크 방식'과 각 객실에서의 영상을 저장하는 '개별 독립 방식'이라는 2가지 방식으로 사용 및 설치가 진행될 예정이며, 객실에는 사각지대를 없애기 위해 4대 가량의 CCTV가 설치된다. 이 중 2대는 휴대 물품 도난 방지 등을 위해 휴대 물품 보관대 주변에 위치하게 된다.
>
> 이에 따라 한국철도공사는 CCTV 제품 품평회를 가져 제품의 형태와 색상, 재질 등에 대한 의견을 나누고 각 제품이 실제로 열차 운행 시 진동과 충격 등에 적합한지 시험을 거친 후 도입할 예정이다.

① 현재는 모든 열차의 객실 전부에 CCTV가 설치되어 있진 않을 것이다.

② 과거에 비해 승무원에 대한 승객의 범죄행위 증거 취득이 유리해질 것이다.

③ CCTV 설치를 통해 인적 피해와 물적 피해 모두 예방할 수 있을 것이다.

④ CCTV 설치를 통해 실시간으로 모든 객실을 모니터링할 수 있을 것이다.

⑤ CCTV의 내구성뿐만 아니라 외적인 디자인도 제품 선택에 영향을 줄 수 있을 것이다.

12 작년 K대학교에 재학 중인 학생 수는 6,800명이고 남학생과 여학생의 비는 8 : 9이었다. 올해 남학생과 여학생의 비가 12 : 13만큼 줄어들어 7 : 8이 되었다고 할 때, 올해 K대학교의 전체 재학생 수는?

① 4,440명

② 4,560명

③ 4,680명

④ 4,800명

⑤ 4,920명

※ 다음 자료를 보고 이어지는 질문에 답하시오. [13~15]

〈2023년 한국의 국립공원 기념주화 예약 접수〉

- 우리나라 자연환경의 아름다움과 생태 보전의 중요성을 널리 알리기 위해 K공사는 한국의 국립공원 기념주화 3종(설악산, 치악산, 월출산)을 발행할 예정임
- 예약 접수일 : 3월 2일(목) ~ 3월 17일(금)
- 배부 시기 : 2023년 4월 28일(금)부터 예약자가 신청한 방법으로 배부
- 기념주화 상세

화종	앞면	뒷면
은화Ⅰ – 설악산		
은화Ⅱ – 치악산		
은화Ⅲ – 월출산		

- 발행량 : 화종별 10,000장씩 총 30,000장
- 신청 수량 : 단품 및 3종 세트로 구분되며 단품과 세트에 중복신청 가능
  - 단품 : 1인당 화종별 최대 3장
  - 3종 세트 : 1인당 최대 3세트
- 판매 가격 : 액면금액에 판매 부대비용(케이스, 포장비, 위탁판매수수료 등)을 부가한 가격
  - 단품 : 각 63,000원(액면가 50,000원+케이스 등 부대비용 13,000원)
  - 3종 세트 : 186,000원(액면가 150,000원+케이스 등 부대비용 36,000원)
- 접수 기관 : 우리은행, 농협은행, K공사
- 예약 방법 : 창구 및 인터넷 접수
  - 창구 접수
    신분증[주민등록증, 운전면허증, 여권(내국인), 외국인등록증(외국인)]을 지참하고 우리·농협은행 영업점을 방문하여 신청
  - 인터넷 접수
    ① 우리·농협은행의 계좌를 보유한 고객은 개시일 9시부터 마감일 23시까지 홈페이지에서 신청
    ② K공사 온라인 쇼핑몰에서는 가상계좌 방식으로 개시일 9시부터 마감일 23시까지 신청
- 구입 시 유의사항
  - 수령자 및 수령지 등 접수 정보가 중복될 경우 단품별 10장, 3종 세트 10세트만 추첨 명단에 등록
  - 비정상적인 경로나 방법으로 접수할 경우 당첨을 취소하거나 배송을 제한

13 다음 중 한국의 국립공원 기념주화 발행 사업의 내용으로 옳은 것은?

① 국민들을 대상으로 예약 판매를 실시하며, 외국인에게는 판매하지 않는다.

② 1인당 구매 가능한 최대 주화 수는 10장이다.

③ 기념주화를 구입하기 위해서는 우리·농협은행 계좌를 사전에 개설해 두어야 한다.

④ 사전예약을 받은 뒤, 예약 주문량에 맞추어 제한된 수량만 생산한다.

⑤ K공사를 통한 예약 접수는 온라인에서만 가능하다.

14 외국인 A씨는 이번에 발행되는 기념주화를 예약 주문하려고 한다. 다음 상황을 참고했을 때 A씨가 기념주화 구매 예약을 할 수 있는 방법으로 옳은 것은?

〈외국인 A씨의 상황〉

• A씨는 국내 거주 외국인으로 등록된 사람이다.
• A씨의 명의로 국내은행에 개설된 계좌는 총 2개로, 신한은행, 한국씨티은행에 1개씩이다.
• A씨는 우리은행이나 농협은행과는 거래이력이 없다.

① 여권을 지참하고 우리은행이나 농협은행 지점을 방문한다.

② K공사 온라인 쇼핑몰에서 신용카드를 사용한다.

③ 계좌를 보유한 신한은행이나 한국씨티은행의 홈페이지를 통해 신청한다.

④ 외국인등록증을 지참하고 우리은행이나 농협은행 지점을 방문한다.

⑤ 우리은행이나 농협은행의 홈페이지에서 신청한다.

15 다음은 기념주화를 예약한 5명의 신청내역이다. 이 중 가장 많은 금액을 지불한 사람의 구매 금액은?

(단위 : 세트, 장)

구매자	3종 세트	단품		
		은화Ⅰ-설악산	은화Ⅱ-치악산	은화Ⅲ-월출산
A	2	1	–	–
B	–	2	3	3
C	2	1	1	–
D	3	–	–	–
E	1	–	2	2

① 558,000원

② 561,000원

③ 563,000원

④ 564,000원

⑤ 567,000원

16 다음 자료에 대한 설명으로 가장 적절한 것은?

- KTX 마일리지 적립
  - KTX 이용 시 결제금액의 5%가 기본 마일리지로 적립됩니다.
  - 더블적립(×2) 열차로 지정된 열차는 추가로 5%p가 적립됩니다(결제금액의 총 10%).
    ※ 더블적립 열차는 홈페이지 및 코레일톡 애플리케이션에서만 승차권 구매 가능
  - 선불형 교통카드 Rail+(레일플러스)로 승차권을 결제하는 경우 1%p 보너스 적립도 제공되어 최대 11% 적립이 가능합니다.
  - 마일리지를 적립받고자 하는 회원은 승차권을 발급받기 전에 코레일 멤버십카드 제시 또는 회원번호 및 비밀번호 등을 입력해야 합니다.
  - 해당 열차 출발 후에는 마일리지를 적립받을 수 없습니다.
- 회원 등급 구분

구분	등급 조건	제공 혜택
VVIP	• 반기별 승차권 구입 시 적립하는 마일리지가 8만 점 이상인 고객 또는 기준일부터 1년간 16만 점 이상 고객 중 매년 반기 익월 선정	• 비즈니스 회원 혜택 기본 제공 • KTX 특실 무료 업그레이드 쿠폰 6매 제공 • 승차권 나중에 결제하기 서비스 (열차 출발 3시간 전까지)
VIP	• 반기별 승차권 구입 시 적립하는 마일리지가 4만 점 이상인 고객 또는 기준일부터 1년간 8만 점 이상 고객 중 매년 반기 익월 선정	• 비즈니스 회원 혜택 기본 제공 • KTX 특실 무료 업그레이드 쿠폰 2매 제공
비즈니스	• 철도 회원으로 가입한 고객 중 최근 1년간 온라인에서 로그인한 기록이 있거나, 회원으로 구매실적이 있는 고객	• 마일리지 적립 및 사용 가능 • 회원 전용 프로모션 참가 가능 • 열차 할인상품 이용 등 기본서비스와 멤버십 제휴서비스 등 부가서비스 이용
패밀리	• 철도 회원으로 가입한 고객 중 최근 1년간 온라인에서 로그인한 기록이 없거나, 회원으로 구매실적이 없는 고객	• 멤버십 제휴서비스 및 코레일 멤버십 라운지 이용 등의 부가서비스 이용 제한 • 휴면 회원으로 분류 시 별도 관리하며, 본인 인증 절차로 비즈니스 회원으로 전환 가능

  - 마일리지는 열차 승차 다음날 적립되며, 지연료를 마일리지로 적립하신 실적은 등급 산정에 포함되지 않습니다.
  - KTX 특실 무료 업그레이드 쿠폰 유효기간은 6개월이며, 반기별 익월 10일 이내에 지급됩니다.
  - 실적의 연간 적립 기준일은 7월 지급의 경우 전년도 7월 1일부터 당해 연도 6월 30일까지 실적이며, 1월 지급은 전년도 1월 1일부터 전년도 12월 31일까지의 실적입니다.
  - 코레일에서 지정한 추석 및 설 명절 특별수송기간의 승차권은 실적 적립 대상에서 제외됩니다.
  - 회원 등급 조건 및 제공 혜택은 사전 공지 없이 변경될 수 있습니다.
  - 승차권 나중에 결제하기 서비스는 총 편도 2건 이내에서 제공되며, 3회 자동 취소 발생(열차 출발 전 3시간 내 미결제) 시 서비스가 중지됩니다. 리무진+승차권 결합 발권은 2건으로 간주되며, 정기권, 특가상품 등은 나중에 결제하기 서비스 대상에서 제외됩니다.

① 코레일에서 운행하는 모든 열차는 이용 때마다 결제금액의 최소 5%가 KTX 마일리지로 적립된다.
② 회원 등급이 높아져도 열차 탑승 시 적립되는 마일리지는 동일하다.
③ 비즈니스 등급은 기업회원을 구분하는 명칭이다.
④ 6개월간 마일리지 4만 점을 적립하더라도 VIP 등급을 부여받지 못할 수 있다.
⑤ 회원 등급이 높아도 승차권을 정가보다 저렴하게 구매할 수 있는 방법은 없다.

17 다음 문단을 논리적 순서대로 바르게 나열한 것은?

(가) 주장애관리는 장애정도가 심한 장애인이 의원뿐만 아니라 병원 및 종합병원급에서 장애 유형별 전문의에게 전문적인 장애관리를 받을 수 있는 서비스이다. 이전에는 대상 관리 유형이 지체장애, 시각장애, 뇌병변장애로 제한되어 있었으나, 3단계부터는 지적장애, 정신장애, 자폐성장애까지 확대되어 더 많은 중증장애인들이 장애관리를 받을 수 있게 되었다.

(나) 이와 같이 3단계 장애인 건강주치의 시범사업은 기존 1·2단계 시범사업보다 더욱 확대되어 많은 중증장애인들의 참여를 예상하고 있다. 장애인 건강주치의 시범사업에 신청하기 위해서는 국민건강보험공단 홈페이지의 건강IN에서 장애인 건강주치의 의료기관을 찾은 후 해당 의료기관에 방문하여 장애인 건강주치의 이용 신청사실 통지서를 작성해야 한다.

(다) 장애인 건강주치의 제도가 제공하는 서비스는 일반건강관리, 주(主)장애관리, 통합관리로 나누어진다. 일반건강관리 서비스는 모든 유형의 중증장애인이 만성질환 등 전반적인 건강관리를 받을 수 있는 서비스로, 의원급에서 원하는 의사를 선택하여 참여할 수 있다. 1·2단계까지의 사업에서는 만성질환관리를 위해 장애인 본인이 검사비용의 30%를 부담해야 했지만, 3단계부터는 본인부담금 없이 질환별 검사바우처로 제공한다.

(라) 마지막으로 통합관리는 일반건강관리와 주장애관리를 동시에 받을 수 있는 서비스로, 동네에 있는 의원급 의료기관에 속한 지체·뇌병변·시각·지적·정신·자폐성 장애를 진단하는 전문의가 주장애관리와 만성질환관리를 모두 제공한다. 이 3가지 서비스들은 거동이 불편한 환자를 위해 의사나 간호사가 직접 집으로 방문하는 방문 서비스를 제공하고 있으며 기존까지는 연 12회였으나, 3단계 시범사업부터 연 18회로 증대되었다.

(마) 보건복지부와 국민건강보험공단은 2021년 9월부터 3단계 장애인 건강주치의 시범사업을 진행하였다. 장애인 건강주치의 제도는 중증장애인이 인근 지역에서 주치의로 등록 신청한 의사 중 원하는 의사를 선택하여 장애로 인한 건강문제, 만성질환 등 건강상태를 포괄적이고 지속적으로 관리 받을 수 있는 제도로, 2018년 5월 1단계 시범사업을 시작으로 2단계 시범사업까지 완료되었다.

① (다) - (마) - (가) - (나) - (라)
② (다) - (가) - (라) - (마) - (나)
③ (마) - (가) - (라) - (나) - (다)
④ (마) - (다) - (가) - (라) - (나)

※ 다음 글을 읽고 이어지는 질문에 답하시오. [18~19]

척추는 신체를 지탱하고, 뇌로부터 이어지는 중추신경인 척수를 보호하는 중요한 뼈 구조물이다. 보통 사람들은 허리에 심한 통증이 느껴지면 허리디스크(추간판탈출증)를 떠올리는데, 디스크 이외에도 통증을 유발하는 척추 질환은 다양하다. 특히 노인 인구가 증가하면서 척추관협착증(요추관협착증)의 발병 또한 늘어나고 있다. 허리디스크와 척추관협착증은 사람들이 혼동하기 쉬운 척추 질환으로, 발병 원인과 치료법이 다르기 때문에 두 질환의 차이를 이해하고 통증 발생 시 질환에 맞춰 적절하게 대응할 필요가 있다.

허리디스크는 척추 뼈 사이에 쿠션처럼 완충 역할을 해주는 디스크(추간판)에 문제가 생겨 발생한다. 디스크는 찐득찐득한 수핵과 이를 둘러싸는 섬유륜으로 구성되는데, 나이가 들어 탄력이 떨어지거나, 젊은 나이에도 급격한 충격에 의해서 섬유륜에 균열이 생기면 속의 수핵이 빠져나오면서 주변 신경을 압박하거나 염증을 유발한다. 허리디스크가 발병하면 초기에는 허리 통증으로 시작되어 점차 허벅지에서 발까지 찌릿하게 저리는 방사통을 유발하고, 디스크에서 수핵이 흘러나오는 상황이기 때문에 허리를 굽히거나 앉아 있으면 디스크에 가해지는 압력이 높아져 통증이 더욱 심해진다. 허리디스크는 통증이 심한 질환이지만, 흘러나온 수핵은 대부분 대식세포에 의해 제거되고, 자연치유가 가능하기 때문에 병원에서는 주로 통증을 줄이고, 안정을 취하는 방법으로 보존치료를 진행한다. 하지만 염증이 심해져 중앙 척수를 건드리게 되면 하반신 마비 등의 증세가 나타날 수 있는데, 이러한 경우에는 탈출된 디스크 조각을 물리적으로 제거하는 수술이 필요하다.

반면, 척추관협착증은 대표적인 척추 퇴행성 질환으로, 주변 인대(황색 인대)가 척추관을 압박하여 발생한다. 척추관은 척추 가운데 신경 다발이 지나갈 수 있도록 속이 빈 공간인데, 나이가 들면서 척추가 흔들리게 되면 흔들리는 척추를 붙들기 위해 인대가 점차 두꺼워지고, 척추 뼈에 변형이 생겨 결과적으로 척추관이 좁아지게 된다. 이렇게 오랜 기간 동안 변형된 척추 뼈와 인대가 척추관 속의 신경을 눌러 발생하는 것이 척추관협착증이다. 척추관 속의 신경이 눌리게 되면 통증과 함께 저리거나 당기게 되어 보행이 힘들어지며, 지속적으로 압박받을 경우 척추 신경이 경색되어 하반신 마비 증세로 악화될 수 있다. 일반적으로 서 있을 경우보다 허리를 구부렸을 때 척추관이 더 넓어지므로 허리디스크 환자와 달리 앉아 있을 때 통증이 완화된다. 척추관협착증은 자연치유가 되지 않고 척추관이 다시 넓어지지 않으므로 발병 초기를 제외하면 일반적으로 변형된 부분을 제거하는 수술을 하게 된다.

이와 같이 허리디스크와 척추관협착증은 똑같이 허리 통증을 유발하지만 원인과 증상, 치료법이 서로 상이하다. 비교적 고령인 60대 이상의 사람이 만성적으로 서 있을 때 통증이 나타난다면 ____㉠____ 을/를 의심해야 하며, 비교적 젊은 20 ~ 50대의 사람이 앉아 있을 때 통증이 급작스럽게 나타날 때는 ____㉡____ 을/를 의심해야 한다. 척추는 우리의 몸을 지탱하는 중요한 골격이며, 신경계와 밀접한 관련이 있으므로 통증이 발생한다면 자신의 몸 상태를 잘 파악하고, 초기에 치료를 받는 것이 중요하다.

❙ 국민건강보험공단 / 의사소통능력

18 다음 중 윗글의 내용으로 적절하지 않은 것은?

① 일반적으로 허리디스크는 척추관협착증에 비해 급작스럽게 증상이 나타난다.
② 허리디스크는 서 있을 때 통증이 더 심해진다.
③ 허리디스크에 비해 척추관협착증은 외과적 수술의 빈도가 높다.
④ 허리디스크와 척추관협착증 모두 증세가 심해지면 하반신 마비의 가능성이 있다.

19 다음 중 빈칸 ㉠과 ㉡에 들어갈 단어가 바르게 연결된 것은?

	㉠	㉡
①	허리디스크	추간판탈출증
②	허리디스크	척추관협착증
③	척추관협착증	요추관협착증
④	척추관협착증	허리디스크

20 다음은 분기별 상급병원, 종합병원, 요양병원의 보건인력 현황에 대한 자료이다. 분기별 전체 보건인력 중 전체 사회복지사 인력의 비율로 옳지 않은 것은?

〈상급병원, 종합병원, 요양병원의 보건인력 현황〉

(단위 : 명)

구분		2022년 3분기	2022년 4분기	2023년 1분기	2023년 2분기
상급병원	의사	20,002	21,073	22,735	24,871
	약사	2,351	2,468	2,526	2,280
	사회복지사	391	385	370	375
종합병원	의사	32,765	33,084	34,778	33,071
	약사	1,941	1,988	2,001	2,006
	사회복지사	670	695	700	720
요양병원	의사	19,382	19,503	19,761	19,982
	약사	1,439	1,484	1,501	1,540
	사회복지사	1,887	1,902	1,864	1,862
합계		80,828	82,582	86,236	86,707

※ 보건인력은 의사, 약사, 사회복지사 인력 모두를 포함한다.

① 2022년 3분기 : 약 3.65% ② 2022년 4분기 : 약 3.61%

③ 2023년 1분기 : 약 3.88% ④ 2023년 2분기 : 약 3.41%

21 다음은 K지역의 연도별 건강보험금 부과액 및 징수액에 대한 자료이다. 직장가입자 건강보험금 징수율이 가장 높은 해와 지역가입자의 건강보험금 징수율이 가장 높은 해를 바르게 짝지은 것은?

〈건강보험금 부과액 및 징수액〉

(단위 : 백만 원)

구분		2019년	2020년	2021년	2022년
직장가입자	부과액	6,706,712	5,087,163	7,763,135	8,376,138
	징수액	6,698,187	4,898,775	7,536,187	8,368,972
지역가입자	부과액	923,663	1,003,637	1,256,137	1,178,572
	징수액	886,396	973,681	1,138,763	1,058,943

※ (징수율) $= \dfrac{(징수액)}{(부과액)} \times 100$

	직장가입자	지역가입자
①	2022년	2020년
②	2022년	2019년
③	2021년	2020년
④	2021년	2019년

22 다음은 K병원의 하루 평균 이뇨제, 지사제, 진통제 사용량에 대한 자료이다. 이에 대한 설명으로 옳지 않은 것은?

〈하루 평균 이뇨제, 지사제, 진통제 사용량〉

구분	2018년	2019년	2020년	2021년	2022년	1인 1일 투여량
이뇨제	3,000mL	3,480mL	3,360mL	4,200mL	3,720mL	60mL/일
지사제	30정	42정	48정	40정	44정	2정/일
진통제	6,720mg	6,960mg	6,840mg	7,200mg	7,080mg	60mg/일

※ 모든 의약품은 1인 1일 투여량을 준수하여 투여했다.

① 전년 대비 2022년 사용량 감소율이 가장 큰 의약품은 이뇨제이다.
② 5년 동안 지사제를 투여한 환자 수의 평균은 18명 이상이다.
③ 이뇨제 사용량은 증가와 감소를 반복하였다.
④ 매년 진통제를 투여한 환자 수는 이뇨제를 투여한 환자 수의 2배 이하이다.

23 다음은 건강생활실천지원금제에 대한 자료이다. 〈보기〉의 신청자 중 예방형과 관리형에 해당하는 사람을 바르게 분류한 것은?

〈건강생활실천지원금제〉

• 사업설명 : 참여자 스스로 실천한 건강생활 노력 및 건강개선 결과에 따라 지원금을 지급하는 제도
• 시범지역

지역	예방형	관리형
서울	노원구	중랑구
경기·인천	안산시, 부천시	인천 부평구, 남양주시, 고양일산(동구, 서구)
충청권	대전 대덕구, 충주시, 충남 청양군(부여군)	대전 동구
전라권	광주 광산구, 전남 완도군, 전주시(완주군)	광주 서구, 순천시
경상권	부산 중구, 대구 남구, 김해시, 대구 달성군	대구 동구, 부산 북구
강원·제주권	원주시, 제주시	원주시

• 참여대상 : 주민등록상 주소지가 시범지역에 해당되는 사람 중 아래에 해당하는 사람

구분	조건
예방형	만 20 ~ 64세인 건강보험 가입자(피부양자 포함) 중 국민건강보험공단에서 주관하는 일반건강검진 결과 *건강관리가 필요한 사람
관리형	고혈압·당뇨병 환자

*건강관리가 필요한 사람 : 다음에 모두 해당하거나 ①, ② 또는 ①, ③에 해당하는 사람

① 체질량지수(BMI) $25kg/m^2$ 이상
② 수축기 혈압 120mmHg 이상 또는 이완기 혈압 80mmHg 이상
③ 공복혈당 100mg/dL 이상

신청자	주민등록상 주소지	체질량지수	수축기 혈압 / 이완기 혈압	공복혈당	기저질환
A	서울 강북구	$22kg/m^2$	117mmHg / 78mmHg	128mg/dL	–
B	서울 중랑구	$28kg/m^2$	125mmHg / 85mmHg	95mg/dL	–
C	경기 안산시	$26kg/m^2$	142mmHg / 92mmHg	99mg/dL	고혈압
D	인천 부평구	$23kg/m^2$	145mmHg / 95mmHg	107mg/dL	고혈압
E	광주 광산구	$28kg/m^2$	119mmHg / 78mmHg	135mg/dL	당뇨병
F	광주 북구	$26kg/m^2$	116mmHg / 89mmHg	144mg/dL	당뇨병
G	부산 북구	$27kg/m^2$	118mmHg / 75mmHg	132mg/dL	당뇨병
H	강원 철원군	$28kg/m^2$	143mmHg / 96mmHg	115mg/dL	고혈압
I	제주 제주시	$24kg/m^2$	129mmHg / 83mmHg	108mg/dL	–

※ 단, 모든 신청자는 만 20 ~ 64세이며, 건강보험에 가입하였다.

	예방형	관리형		예방형	관리형
①	A, E	C, D	②	B, E	F, I
③	C, E	D, G	④	F, I	C, H

24 K동에서는 임신한 주민에게 출산장려금을 지원하고자 한다. 출산장려금 지급 기준 및 K동에 거주하는 임산부에 대한 정보가 다음과 같을 때, 출산장려금을 가장 먼저 받을 수 있는 사람은?

〈K동 출산장려금 지급 기준〉

- 출산장려금 지급액은 모두 같으나, 지급 시기는 모두 다르다.
- 지급 순서 기준은 임신일, 자녀 수, 소득 수준 순서이다.
- 임신일이 길수록, 자녀가 많을수록, 소득 수준이 낮을수록 먼저 받는다(단, 자녀는 만 19세 미만의 아동 및 청소년으로 제한한다).
- 임신일, 자녀 수, 소득 수준이 모두 같으면 같은 날에 지급한다.

〈K동 거주 임산부 정보〉

임산부	임신일	자녀	소득 수준
A	150일	만 1세	하
B	200일	만 3세	상
C	100일	만 10세, 만 6세, 만 5세, 만 4세	상
D	200일	만 7세, 만 5세, 만 3세	중
E	200일	만 20세, 만 16세, 만 14세, 만 10세	상

① A임산부
② B임산부
③ D임산부
④ E임산부

25 다음 글에서 언급되지 않은 내용은?

전 세계적인 과제로 탄소중립이 대두되자 친환경적 운송수단인 철도가 주목받고 있다. 특히 국제에너지기구는 철도를 에너지 효율이 가장 높은 운송 수단으로 꼽으며, 철도 수송을 확대하면 세계 수송 부문에서 온실가스 배출량이 그렇지 않을 때보다 약 6억 톤이 줄어들 수 있다고 하였다.

특히 철도의 에너지 소비량은 도로의 22분의 1이고, 온실가스 배출량은 9분의 1에 불과해, 탄소 배출이 높은 도로 운행의 수요를 친환경 수단인 철도로 전환한다면 수송 부문 총배출량이 획기적으로 감소될 것이라 전망하고 있다.

이에 발맞춰 우리나라의 S철도공단도 '녹색교통'인 철도 중심 교통체계를 구축하기 위해 박차를 가하고 있으며, 정부 역시 '2050 탄소중립 실현' 목표에 발맞춰 저탄소 철도 인프라 건설·관리로 탄소를 지속적으로 감축하고자 노력하고 있다.

S철도공단은 철도 인프라 생애주기 관점에서 탄소를 감축하기 위해 먼저 철도 건설 단계에서부터 친환경·저탄소 자재를 적용해 탄소 배출을 줄이고 있다. 실제로 중앙선 안동~영천 간 궤도 설계 당시 철근 대신에 저탄소 자재인 유리섬유 보강근을 콘크리트 궤도에 적용했으며, 이를 통한 탄소 감축효과는 약 6,000톤으로 추정된다. 이 밖에도 저탄소 철도 건축물 구축을 위해 2025년부터 모든 철도건축물을 에너지 자립률 60% 이상(3등급)으로 설계하기로 결정했으며, 도심의 철도 용지는 지자체와 협업을 통해 도심 속 철길 숲 등 탄소 흡수원이자 지역민의 휴식처로 철도부지 특성에 맞게 조성되고 있다.

S철도공단은 이와 같은 철도로의 수송 전환으로 약 20%의 탄소 감축 목표를 내세웠으며, 이를 위해서는 정부의 노력도 필요하다고 강조하였다. 특히 수송 수단 간 공정한 가격 경쟁이 이루어질 수 있도록 도로 차량에 집중된 보조금 제도를 화물차의 탄소배출을 줄이기 위한 철도 전환교통 보조금으로 확대하는 등 실질적인 방안의 필요성을 제기하고 있다.

① 녹색교통으로 철도 수송이 대두된 배경
② 철도 수송 확대를 통해 기대할 수 있는 효과
③ 국내의 탄소 감축 방안이 적용된 설계 사례
④ 정부의 철도 중심 교통체계 구축을 위해 시행된 조치
⑤ S철도공단의 철도 중심 교통체계 구축을 위한 방안

26 다음 글의 주제로 가장 적절한 것은?

지난 5월 아이슬란드에 각종 파이프와 열교환기, 화학물질 저장탱크, 압축기로 이루어져 있는 '조지올라 재생가능 메탄올 공장'이 등장했다. 이곳은 이산화탄소로 메탄올을 만드는 첨단 시설로, 과거 2011년 아이슬란드 기업 '카본리사이클링인터내셔널(CRI)'이 탄소 포집·활용(CCU) 기술의 실험을 위해서 지은 곳이다.

이곳에서는 인근 지열발전소에서 발생하는 적은 양의 이산화탄소(CO_2)를 포집한 뒤 물을 분해해 조달한 수소(H_2)와 결합시켜 재생 메탄올(CH_3OH)을 제조하였으며, 이때 필요한 열과 냉각수 역시 지열발전소의 부산물을 이용했다. 이렇게 만들어진 메탄올은 자동차, 선박, 항공 연료는 물론 플라스틱 제조 원료로 활용되는 등 여러 곳에서 활용되었다.

하지만 이렇게 메탄올을 만드는 것이 미래 원료 문제의 근본적인 해결책이 될 수는 없었다. 왜냐하면 메탄올이 만드는 에너지보다 메탄올을 만드는 데 들어가는 에너지가 더 필요하다는 문제점에 더하여 액화천연가스(LNG)를 메탄올로 변환할 경우 이전보다 오히려 탄소배출량이 증가하고, 탄소배출량을 감소시키기 위해서는 태양광과 에너지 저장장치를 활용해 메탄올 제조에 필요한 에너지를 모두 조달해야만 하기 때문이다.

또한 탄소를 포집해 지하에 영구 저장하는 탄소포집 저장방식과 달리, 탄소를 포집해 만든 연료나 제품은 사용 중에 탄소를 다시 배출할 가능성이 있어 이에 대한 논의가 분분한 상황이다.

① 탄소 재활용의 득과 실
② 재생 에너지 메탄올의 다양한 활용
③ 지열발전소에서 탄생한 재활용 원료
④ 탄소 재활용을 통한 미래 원료의 개발
⑤ 미래의 에너지 원료로 주목받는 재활용 원료, 메탄올

27 다음은 A ~ C철도사의 연도별 차량 수 및 승차인원에 대한 자료이다. 이에 대한 설명으로 옳지 않은 것은?

〈철도사별 차량 수 및 승차인원〉

구분	2020년			2021년			2022년		
철도사	A	B	C	A	B	C	A	B	C
차량 수(량)	2,751	103	185	2,731	111	185	2,710	113	185
승차인원 (천 명/년)	775,386	26,350	35,650	768,776	24,746	33,130	755,376	23,686	34,179

① C철도사가 운영하는 차량 수는 변동이 없다.

② 3년간 전체 승차인원 중 A철도사 철도를 이용하는 승차인원의 비율이 가장 높다.

③ A ~ C철도사의 철도를 이용하는 연간 전체 승차인원 수는 매년 감소하였다.

④ 3년간 차량 1량당 연간 평균 승차인원 수는 B철도사가 가장 적다.

⑤ C철도사의 차량 1량당 연간 승차인원 수는 200천 명 미만이다.

28 다음은 A ~ H국의 연도별 석유 생산량에 대한 자료이다. 이에 대한 설명으로 옳은 것은?

〈연도별 석유 생산량〉

(단위 : bbl/day)

국가	2018년	2019년	2020년	2021년	2022년
A	10,356,185	10,387,665	10,430,235	10,487,336	10,556,259
B	8,251,052	8,297,702	8,310,856	8,356,337	8,567,173
C	4,102,396	4,123,963	4,137,857	4,156,121	4,025,936
D	5,321,753	5,370,256	5,393,104	5,386,239	5,422,103
E	258,963	273,819	298,351	303,875	335,371
F	2,874,632	2,633,087	2,601,813	2,538,776	2,480,221
G	1,312,561	1,335,089	1,305,176	1,325,182	1,336,597
H	100,731	101,586	102,856	103,756	104,902

① 석유 생산량이 매년 증가한 국가의 수는 6개이다.

② 2018년 대비 2022년에 석유 생산량 증가량이 가장 많은 국가는 A이다.

③ 매년 E국가의 석유 생산량은 H국가 석유 생산량의 3배 미만이다.

④ 연도별 석유 생산량 상위 2개 국가의 생산량 차이는 매년 감소한다.

⑤ 2018년 대비 2022년에 석유 생산량 감소율이 가장 큰 국가는 F이다.

29 A씨는 최근 승진한 공무원 친구에게 선물로 개당 12만 원인 수석을 보내고자 한다. 다음 부정청탁 및 금품 등 수수의 금지에 관한 법률에 따라 선물을 보낼 때, 최대한 많이 보낼 수 있는 수석의 수는?(단, A씨는 공무원인 친구와 직무 연관성이 없는 일반인이며, 선물은 한 번만 보낸다)

금품 등의 수수 금지(부정청탁 및 금품 등 수수의 금지에 관한 법률 제8조 제1항)

공직자 등은 직무 관련 여부 및 기부·후원·증여 등 그 명목에 관계없이 동일인으로부터 1회에 100만 원 또는 매 회계연도에 300만 원을 초과하는 금품 등을 받거나 요구 또는 약속해서는 아니 된다.

---

① 7개   ② 8개

③ 9개   ④ 10개

⑤ 11개

30 S대리는 업무 진행을 위해 본사에서 거래처로 외근을 가고자 한다. 본사에서 거래처까지 가는 길이 다음과 같을 때, 본사에서 출발하여 C와 G를 거쳐 거래처로 간다면 S대리의 최소 이동거리는?(단, 어떤 곳을 먼저 가도 무관하다)

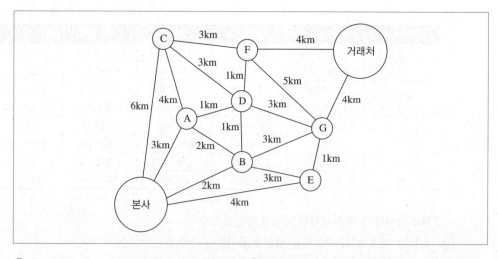

① 8km   ② 9km

③ 13km   ④ 16km

⑤ 18km

31 총무부에 근무하는 A사원이 각 부서에 필요한 사무용품을 조사한 결과, 볼펜 30자루, 수정테이프 8개, 연필 20자루, 지우개 5개가 필요하다고 한다. 다음 〈조건〉에 따라 비품을 구매할 때, 지불할 수 있는 가장 저렴한 금액은?(단, 필요한 비품 수를 초과하여 구매할 수 있고, 지불하는 금액은 배송료를 포함한다)

조건

• 볼펜, 수정테이프, 연필, 지우개의 판매 금액은 다음과 같다(단, 모든 품목은 낱개로 판매한다).

품목	가격(원/1EA)	비고
볼펜	1,000	20자루 이상 구매 시 개당 200원 할인
수정테이프	2,500	10개 이상 구매 시 개당 1,000원 할인
연필	400	12자루 이상 구매 시 연필 전체 가격의 25% 할인
지우개	300	10개 이상 구매 시 개당 100원 할인

• 품목당 할인을 적용한 금액의 합이 3만 원을 초과할 경우, 전체 금액의 10% 할인이 추가로 적용된다.
• 전체 금액의 10% 할인 적용 전 금액이 5만 원 초과 시 배송료는 무료이다.
• 전체 금액의 10% 할인 적용 전 금액이 5만 원 이하 시 배송료 5,000원이 별도로 적용된다.

① 51,500원 ② 51,350원
③ 46,350원 ④ 45,090원
⑤ 42,370원

32 다음은 S시의 학교폭력 상담 및 신고 건수에 대한 자료이다. 이에 대한 설명으로 옳지 않은 것은?

〈학교폭력 상담 및 신고 건수〉

(단위 : 건)

구분	2022년 7월	2022년 8월	2022년 9월	2022년 10월	2022년 11월	2022년 12월
상담	977	805	3,009	2,526	1,007	871
상담 누계	977	1,782	4,791	7,317	8,324	9,195
신고	486	443	1,501	804	506	496
신고 누계	486	929	2,430	3,234	3,740	4,236
구분	2023년 1월	2023년 2월	2023년 3월	2023년 4월	2023년 5월	2023년 6월
상담	( )	( )	4,370	3,620	1,004	905
상담 누계	9,652	10,109	14,479	18,099	19,103	20,008
신고	305	208	2,781	1,183	557	601
신고 누계	4,541	4,749	7,530	( )	( )	( )

① 2023년 1월과 2023년 2월의 학교폭력 상담 건수는 같다.

② 학교폭력 상담 건수와 신고 건수 모두 2023년 3월에 가장 많다.

③ 전월 대비 학교폭력 상담 건수가 가장 크게 감소한 월과 학교폭력 신고 건수가 가장 크게 감소한 월은 다르다.

④ 전월 대비 학교폭력 상담 건수가 증가한 월은 학교폭력 신고 건수도 같이 증가하였다.

⑤ 2023년 6월까지의 학교폭력 신고 누계 건수는 10,000건 이상이다.

33 다음은 5년 동안 발전원별 발전량 추이에 대한 자료이다. 이에 대한 설명으로 옳지 않은 것은?

〈2018 ~ 2022년 발전원별 발전량 추이〉

(단위 : GWh)

자원	2018년	2019년	2020년	2021년	2022년
원자력	127,004	138,795	140,806	155,360	179,216
석탄	247,670	226,571	221,730	200,165	198,367
가스	135,072	126,789	138,387	144,976	160,787
신재생	36,905	38,774	44,031	47,831	50,356
유류·양수	6,605	6,371	5,872	5,568	5,232
합계	553,256	537,300	550,826	553,900	593,958

① 매년 원자력 자원 발전량과 신재생 자원 발전량의 증감 추이는 같다.

② 석탄 자원 발전량의 전년 대비 감소폭이 가장 큰 해는 2021년이다.

③ 신재생 자원 발전량 대비 가스 자원 발전량이 가장 큰 해는 2018년이다.

④ 매년 유류·양수 자원 발전량은 전체 발전량의 1% 이상을 차지한다.

⑤ 전체 발전량의 전년 대비 증가폭이 가장 큰 해는 2022년이다.

34 다음 중 〈보기〉에 해당하는 문제해결방법이 바르게 연결된 것은?

> **보기**
>
> ㉠ 중립적인 위치에서 그룹이 나아갈 방향과 주제에 대한 공감을 이룰 수 있도록 도와주어 깊이 있는 커뮤니케이션을 통해 문제점을 이해하고 창조적으로 해결하도록 지원하는 방법이다.
> ㉡ 상이한 문화적 토양을 가진 구성원이 사실과 원칙에 근거한 토론을 바탕으로 서로의 생각을 직설적으로 주장하고 논쟁이나 협상을 통해 의견을 조정하는 방법이다.
> ㉢ 구성원이 같은 문화적 토양을 가지고 서로를 이해하는 상황에서 권위나 공감에 의지하여 의견을 중재하고, 타협과 조정을 통해 해결을 도모하는 방법이다.

	㉠	㉡	㉢
①	하드 어프로치	퍼실리테이션	소프트 어프로치
②	퍼실리테이션	하드 어프로치	소프트 어프로치
③	소프트 어프로치	하드 어프로치	퍼실리테이션
④	퍼실리테이션	소프트 어프로치	하드 어프로치
⑤	하드 어프로치	소프트 어프로치	퍼실리테이션

35 A ~ G 7명은 주말 여행지를 고르기 위해 투표를 진행하였다. 다음 〈조건〉과 같이 투표를 진행하였을 때, 투표를 하지 않은 사람을 모두 고르면?

> **조건**
>
> • D나 G 중 적어도 한 명이 투표하지 않으면, F는 투표한다.
> • F가 투표하면, E는 투표하지 않는다.
> • B나 E 중 적어도 한 명이 투표하지 않으면, A는 투표하지 않는다.
> • A를 포함하여 투표한 사람은 모두 5명이다.

① B, E

② B, F

③ C, D

④ C, F

⑤ F, G

※ 다음 기사를 읽고 이어지는 질문에 답하시오. [36~37]

N공사가 밝힌 에너지 공급비중을 살펴보면 2022년 우리나라의 발전비중 중 가장 높은 것은 석탄(32.51%)이고, 두 번째는 액화천연가스(27.52%) 즉 LNG 발전이다. LNG는 석탄에 비해 탄소 배출량이 적어 화석연료와 신재생에너지의 전환단계인 교량 에너지로서, 최근 크게 비중이 늘었지만 여전히 많은 양의 탄소를 배출한다는 문제점이 있다. 지구 온난화 완화를 위해 어떻게든 탄소 배출량을 줄여야 하는 상황에서 이에 대한 현실적인 대안으로 수소혼소 발전이 주목받고 있다. _____(가)_____

수소혼소 발전이란 기존의 화석연료인 LNG와 친환경에너지인 수소를 혼합 연소하여 발전하는 방식이다. 수소는 지구에서 9번째로 풍부하여 고갈될 염려가 없고, 연소 시 탄소를 배출하지 않는 친환경에너지이다. 발열량 또한 1kg당 142MJ로, 다른 에너지원에 비해 월등히 높아 같은 양으로 훨씬 많은 에너지를 생산할 수 있다. _____(나)_____

그러나 수소를 발전 연료로서 그대로 사용하기에는 여러 가지 문제점이 있다. 수소는 LNG에 비해 7~8배 빠르게 연소되므로 제어에 실패하면 가스 터빈에서 급격하게 발생한 화염이 역화하여 폭발할 가능성이 있다. 또한 높은 온도로 연소되므로 그만큼 공기 중의 질소와 반응하여 많은 질소산화물(NOx)을 발생시키는데, 이는 미세먼지와 함께 대기오염의 주요 원인이 된다. 마지막으로 연료로 사용할 만큼 정제된 수소를 얻기 위해서는 물을 전기분해해야 하는데, 여기에는 많은 전력이 들어가므로 수소 생산 단가가 높아진다는 단점이 있다. _____(다)_____

이러한 수소의 문제점을 해결하기 위한 대안이 바로 수소혼소 발전이다. 인프라적인 측면에서 기존의 LNG 발전설비를 활용할 수 있기 때문에 수소혼소 발전은 친환경에너지로 전환하는 사회적·경제적 충격을 완화할 수 있다. 또한 수소를 혼입하는 비율이 많아질수록 그만큼 LNG를 대체하게 되므로 기술발전으로 인해 혼입하는 수소의 비중이 높아질수록 발전으로 인한 탄소의 발생을 줄일 수 있다. 아직 많은 기술적·경제적 문제점이 남아있지만, 세계의 많은 나라들은 탄소 배출량 저감을 위해 수소혼소 발전 기술에 적극적으로 뛰어들고 있다. 우리나라 또한 2024년 세종시에 수소혼소 발전이 가능한 열병합발전소가 들어설 예정이며, 한화, 포스코 등 많은 기업들이 수소혼소 발전 실현을 위해 사업을 추진하고 있다. _____(라)_____

┃ 한국남동발전 / 의사소통능력

36 다음 중 윗글의 내용으로 적절하지 않은 것은?

① 수소혼소 발전은 기존 LNG 발전설비를 활용할 수 있다.

② 수소를 연소할 때에도 공해물질은 발생한다.

③ 수소혼소 발전은 탄소를 배출하지 않는 발전 기술이다.

④ 수소혼소 발전에서 수소를 더 많이 혼입할수록 탄소 배출량은 줄어든다.

┃ 한국남동발전 / 의사소통능력

37 다음 중 〈보기〉의 문장이 들어갈 위치로 가장 적절한 곳은?

> **보기**
> 따라서 수소는 우리나라의 2050 탄소중립을 실현하기 위한 최적의 에너지원이라 할 수 있다.

① (가)　　　　　　　　　　② (나)

③ (다)　　　　　　　　　　④ (라)

우리나라에서 500MW 규모 이상의 발전설비를 보유한 발전사업자(공급의무자)는 신재생에너지 공급의무화제도(RPS; Renewable Portfolio Standard)에 의해 의무적으로 일정 비율 이상을 기존의 화석연료를 변환시켜 이용하거나 햇빛·물·지열·강수·생물유기체 등 재생 가능한 에너지를 변환시켜 이용하는 에너지인 신재생에너지로 발전해야 한다. 이에 따라 공급의무자는 매년 정해진 의무공급비율에 따라 신재생에너지를 사용하여 전기를 공급해야 하는데 의무공급비율은 매년 확대되고 있으므로 여기에 맞춰 태양광, 풍력 등 신재생에너지 발전설비를 추가로 건설하기에는 여러 가지 한계점이 있다. ___㉠___ 공급의무자는 의무공급비율을 외부 조달을 통해 충당하게 되는데 이를 인증하는 것이 신재생에너지 공급인증서(REC; Renewable Energy Certificates)이다. 공급의무자는 신재생에너지 발전사에서 판매하는 REC를 구매하는 것으로 의무공급비율을 달성하게 되며, 이를 이행하지 못할 경우 미이행 의무량만큼 해당 연도 평균 REC 거래가격의 1.5배 이내에서 과징금이 부과된다.

신재생에너지 공급자가 공급의무자에게 REC를 판매하기 위해서는 먼저 「신에너지 및 재생에너지 개발·이용·보급 촉진법(신재생에너지법)」 제12조의7에 따라 공급인증기관(에너지관리공단 신재생에너지센터, 한국전력거래소 등)으로부터 공급 사실을 증명하는 공급인증서를 신청해야 한다. 인증 신청을 받은 공급인증기관은 신재생에너지 공급자, 신재생에너지 종류별 공급량 및 공급기간, 인증서 유효기간을 명시한 공급인증서를 발급해 주는데, 이때 공급인증서의 유효기간은 발급받은 날로부터 3년이며, 공급량은 발전방식에 따라 실제 공급량에 가중치를 곱해 표기한다. 이렇게 발급받은 REC는 공급인증기관이 개설한 거래시장인 한국전력거래소에서 거래할 수 있으며, 거래시장에서 공급의무자가 구매하여 의무공급량에 충당한 공급인증서는 효력을 상실하여 폐기하게 된다.

RPS 제도를 통한 REC 거래는 최근 더욱 확대되고 있다. 시행 초기에는 전력거래소에서 신재생에너지 공급자와 공급의무자 간 REC를 거래하였으나, 2021년 8월 이후 에너지관리공단에서 운영하는 REC 거래시장을 통해 한국형 RE100에 동참하는 일반기업들도 신재생에너지 공급자로부터 REC를 구매할 수 있게 되었고 여기서 구매한 REC는 기업의 온실가스 감축실적으로 인정되어 인센티브 등 다양한 혜택을 받을 수 있게 된다.

38 다음 중 윗글의 내용으로 적절하지 않은 것은?

① 공급의무자는 의무공급비율 달성을 위해 반드시 신재생에너지 발전설비를 건설해야 한다.

② REC 거래를 위해서는 먼저 공급인증기관으로부터 인증서를 받아야 한다.

③ 일반기업도 REC 구매를 통해 온실가스 감축실적을 인정받을 수 있다.

④ REC에 명시된 공급량은 실제 공급량과 다를 수 있다.

39 다음 중 빈칸 ㉠에 들어갈 접속부사로 가장 적절한 것은?

① 한편   ② 그러나

③ 그러므로   ④ 예컨대

※ 다음은 N사 인근의 지하철 노선도 및 관련 정보이다. 이어지는 질문에 답하시오. **[40~42]**

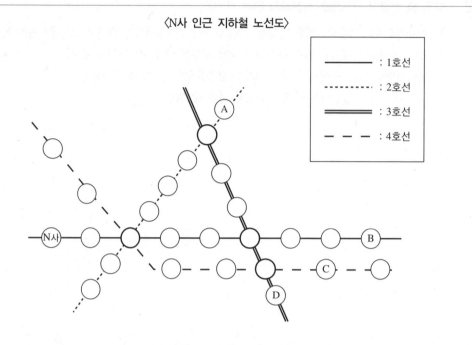

〈N사 인근 지하철 노선도〉

〈N사 인근 지하철 관련 정보〉

• 역간 거리 및 부과요금은 다음과 같다.

열차	역간 거리	기본요금	거리비례 추가요금
1호선	900m	1,200원	5km 초과 시 500m마다 50원 추가
2호선	950m	1,500원	5km 초과 시 1km마다 100원 추가
3호선	1,000m	1,800원	5km 초과 시 500m마다 100원 추가
4호선	1,300m	2,000원	5km 초과 시 1.5km마다 150원 추가

• 모든 노선에서 다음 역으로 이동하는 데 걸리는 시간은 2분이다.
• 모든 노선에서 환승하는 데 걸리는 시간은 3분이다.
• 기본요금이 더 비싼 열차로 환승할 때에는 부족한 기본요금을 추가로 부과하며, 기본요금이 더 저렴한 열차로 환승할 때에는 요금을 추가로 부과하거나 공제하지 않는다.
• 1회 이상 환승할 때의 거리비례 추가요금은 이용한 열차 중 기본요금이 가장 비싼 열차를 기준으로 적용한다.
  예 1호선으로 3,600m 이동 후 3호선으로 환승하여 3,000m 더 이동했다면, 기본요금 및 거리비례 추가요금은 3호선 기준이 적용되어 1,800+300=2,100원이다.

40 다음 중 N사와 A지점을 왕복하는 데 걸리는 최소 이동시간은?

① 28분   ② 34분

③ 40분   ④ 46분

41 다음 중 N사로부터 이동거리가 가장 짧은 지점은?

① A지점   ② B지점

③ C지점   ④ D지점

42 다음 중 N사에서 이동하는 데 드는 비용이 가장 적은 지점은?

① A지점   ② B지점

③ C지점   ④ D지점

SF 영화나 드라마에서만 나오던 3D 푸드 프린터를 통해 음식을 인쇄하여 소비하는 모습은 더 이상 먼 미래의 모습이 아니게 되었다. 2023년 3월 21일 미국의 컬럼비아 대학교에서는 3D 푸드 프린터와 땅콩버터, 누텔라, 딸기잼 등 7가지의 반죽형 식용 카트리지로 7겹 치즈케이크를 만들었다고 국제학술지 'NPJ 식품과학'에 소개하였다. (가) 특히 이 치즈케이크는 베이킹 기능이 있는 레이저와 식물성 원료를 사용한 비건식 식용 카트리지를 통해 만들어졌다. ㉠ 그래서 이번 발표는 대체육과 같은 다른 관련 산업에서도 많은 주목을 받게 되었다.

3D 푸드 프린터는 산업 현장에서 사용되는 일반적인 3D 프린터가 사용자가 원하는 대로 3차원의 물체를 만드는 것처럼 사람이 섭취할 수 있는 페이스트, 반죽, 분말 등을 카트리지로 사용하여 사용자가 원하는 디자인으로 압출·성형하여 음식을 만들어 내는 것이다. (나) 현재 3D 푸드 프린터는 산업용 3D 프린터처럼 페이스트를 층층이 쌓아서 만드는 FDM(Fused Deposition Modeling) 방식, 분말형태로 된 재료를 접착제로 굳혀 찍어내는 PBF(Powder Bed Fusion), 레이저로 굳혀 찍어내는 SLS(Selective Laser Sintering) 방식이 주로 사용된다.

(다) 3D 푸드 프린터는 아직 대중화되지 않았지만, 많은 장점을 가지고 있어 미래에 활용 가치가 아주 높을 것으로 예상되고 있다. ㉡ 예를 들어 증가하는 노령인구에 맞춰 쉽고 삼키는 것이 어려운 사람을 위해 질감과 맛을 조정하거나, 개인별로 필요한 영양소를 첨가하는 등 사용자의 건강관리를 수월하게 해 준다. ㉢ 또한 우주와 같이 음식을 조리하기 어려운 곳에서 평소 먹던 음식을 섭취할 수 있게 하는 등 활용도가 무궁무진하다. 특히 대체육 부분에서 주목받고 있는데, 3D 푸트 프린터로 육류를 제작하게 된다면 동물을 키우고 도살하여 고기를 얻는 것보다 환경오염을 줄일 수 있다. (라) 대체육은 식물성 원료를 소재로 하는 것이므로 일반적인 고기보다는 맛은 떨어지게 된다. 실제로 대체육 전문 기업인 리디파인 미트(Redefine Meat)에서는 대체육이 축산업에서 발생하는 일반 고기보다 환경오염을 95% 줄일 수 있다고 밝히고 있다.

㉣ 따라서 3D 푸드 프린터는 개발 초기 단계이므로 아직 개선해야 할 점이 많다. 가장 중요한 것은 맛이다. 3D 푸드 프린터에 들어가는 식용 카트리지의 주원료는 식물성 재료이므로 실제 음식의 맛을 내기까지는 아직 많은 노력이 필요하다. (마) 디자인의 영역도 간과할 수 없는데, 길쭉한 필라멘트(3D 프린터에 사용되는 플라스틱 줄) 모양으로 성형된 음식이 '인쇄'라는 인식과 함께 음식을 섭취하는 데 심리적인 거부감을 주는 것도 해결해야 하는 문제이다. ㉤ 게다가 현재 주로 사용하는 방식은 페이스트, 분말을 레이저나 압출로 성형하는 것이므로 만들 수 있는 요리의 종류가 매우 제한적이며, 전력 소모 또한 많다는 것도 해결해야 하는 문제이다.

43 다음 중 윗글의 내용에 대한 추론으로 적절하지 않은 것은?

① 설탕 케이크 장식 제작은 SLS 방식의 3D 푸드 프린터가 적절하다.

② 3D 푸드 프린터는 식감 등으로 발생하는 편식을 줄일 수 있다.

③ 3D 푸드 프린터는 사용자 맞춤 식단을 제공할 수 있다.

④ 현재 3D 푸드 프린터로 제작된 음식은 거부감을 일으킬 수 있다.

⑤ 컬럼비아 대학교에서 만들어 낸 치즈케이크는 PBF 방식으로 제작되었다.

44 윗글의 (가) ~ (마) 중 삭제해야 할 문장으로 가장 적절한 것은?

① (가)　　　　　　　　② (나)

③ (다)　　　　　　　　④ (라)

⑤ (마)

45 윗글의 접속부사 ㉠ ~ ㉤ 중 문맥상 적절하지 않은 것은?

① ㉠　　　　　　　　② ㉡

③ ㉢　　　　　　　　④ ㉣

⑤ ㉤

(가) 경영학 측면에서도 메기 효과는 한국, 중국 등 고도 경쟁사회인 동아시아 지역에서만 제한적으로 사용되며 영미권에서는 거의 사용되지 않는다. 기획재정부의 조사에 따르면 메기에 해당하는 해외 대형 가구업체인 이케아(IKEA)가 국내에 들어오면서 청어에 해당하는 중소 가구업체의 입지가 더욱 좁아졌다고 한다. 이처럼 경영학 측면에서도 메기 효과는 제한적으로 파악될 뿐 과학적으로는 검증되지 않은 가설이다.

(나) 결국 과학적으로 증명되진 않았지만 메기 효과는 '경쟁'의 양면성을 보여 주는 가설이다. 기업의 경영에서 위협이 발생하였을 때, 위기감에 의한 성장 동력을 발현시킬 수는 있을 것이다. 그러나 무한 경쟁사회에서 규제 등의 방법으로 적정 수준을 유지하지 못한다면 거미의 등장으로 인해 폐사한 메뚜기와 토양처럼, 거대한 위협이 기업과 사회를 항상 좋은 방향으로 이끌어 나가지는 않을 것이다.

(다) 그러나 메기 효과가 전혀 시사점이 없는 것은 아니다. 이케아가 국내에 들어오면서 도산할 것으로 예상되었던 일부 국내 가구 업체들이 오히려 성장하는 현상 또한 관찰되고 있다. 강자의 등장으로 약자의 성장 동력이 어느 정도는 발현되었다는 것을 보여 주는 사례라고 할 수 있다.

(라) 그러나 최근에는 메기 효과가 과학적으로 검증되지 않았고 과장되어 사용되고 있으며 심지어 거짓이라고 주장하는 사람들이 있다. 먼저 메기 효과의 기원부터 의문점이 있다. 메기는 민물고기로 바닷물고기인 청어는 메기와 관련이 없으며, 실제로 북유럽의 어부들이 수조에 메기를 넣었을 때 청어에게 효과가 있었는지 검증되지 않았다. 이와 비슷한 사례인 메뚜기와 거미의 경우는 과학적으로 검증된 바 있다. 2012년 『사이언스』에서 제한된 공간에 메뚜기와 거미를 두었을 때 메뚜기들은 포식자인 거미로 인해 스트레스의 수치가 증가하고 체내 질소 함량이 줄어들었으며, 죽은 메뚜기에 포함된 질소 함량이 줄어들면서 토양 미생물도 줄어들고 토양은 황폐화되었다.

(마) 우리나라에서 '경쟁'과 관련된 이론 중 가장 유명한 것은 영국의 역사가 아놀드 토인비가 주장했다고 하는 '메기 효과(Catfish Effect)'이다. 메기 효과란 냉장시설이 없었던 과거에 북유럽의 어부들이 잡은 청어를 싱싱하게 운반하기 위하여 수조 속에 천적인 메기를 넣어 끊임없이 움직이게 했다는 것이다. 이 가설은 경영학계에서 비유적으로 사용된다. 다시 말해 기업의 경쟁력을 키우기 위해서는 적절한 위협과 자극이 필요하다는 것이다.

| K-water 한국수자원공사 / 의사소통능력

46 윗글의 문단을 논리적 순서대로 바르게 나열한 것은?

① (가) - (라) - (나) - (다) - (마)   ② (다) - (마) - (가) - (나) - (라)

③ (마) - (가) - (라) - (다) - (나)   ④ (마) - (라) - (가) - (다) - (나)

| K-water 한국수자원공사 / 의사소통능력

47 다음 중 윗글을 이해한 내용으로 적절하지 않은 것은?

① 거대 기업의 출현은 해당 시장의 생태계를 파괴할 수도 있다.

② 메기 효과는 과학적으로 검증되지 않았으므로 낭설에 불과하다.

③ 발전을 위해서는 기업 간 경쟁을 적정 수준으로 유지해야 한다.

④ 메기 효과는 경쟁을 장려하는 사회에서 널리 사용되고 있다.

48 철호는 50만 원으로 K가구점에서 식탁 1개와 의자 2개를 사고, 남은 돈은 모두 장미꽃을 구매하는 데 쓰려고 한다. 판매하는 가구의 가격이 다음과 같을 때, 구매할 수 있는 장미꽃의 수는?(단, 장미꽃은 한 송이당 6,500원이다)

〈K가구점 가격표〉

종류	책상	식탁	침대	의자	옷장
가격	25만 원	20만 원	30만 원	10만 원	40만 원

※ 30만 원 이상 구매 시 10% 할인

① 20송이
③ 22송이
② 21송이
④ 23송이

49 어느 회사에 입사하는 사원 수를 조사하니 올해 남자 사원 수는 작년에 비하여 8% 증가하고 여자 사원 수는 10% 감소했다. 작년의 전체 사원 수는 820명이고, 올해는 작년에 비하여 10명이 감소하였다고 할 때, 올해 여자 사원 수는?

① 378명
③ 380명
② 379명
④ 381명

50 다음 〈보기〉의 전제 1에서 항상 참인 결론을 이끌어 내기 위한 전제 2로 옳은 것은?

보기
- 전제 1 : 흰색 공을 가지고 있는 사람은 모두 검은색 공을 가지고 있지 않다.
- 전제 2 : _____
- 결론 : 흰색 공을 가지고 있는 사람은 모두 파란색 공을 가지고 있다.

① 검은색 공을 가지고 있는 사람은 모두 파란색 공을 가지고 있다.
② 파란색 공을 가지고 있지 않은 사람은 모두 검은색 공도 가지고 있지 않다.
③ 파란색 공을 가지고 있지 않은 사람은 모두 검은색 공을 가지고 있다.
④ 파란색 공을 가지고 있는 사람은 모두 검은색 공을 가지고 있다.

팀에는 내가 없지만 팀의 승리에는 내가 있다.
(Team이란 단어에는 I자가 없지만 win이란 단어에는 있다.)
There is no "I" in team but there is in win.

- 마이클 조던 -

PART 1

합격의 공식 SD에듀 www.sdedu.co.kr

직업기초능력평가

의사소통능력

합격 Cheat Key

의사소통능력은 평가하지 않는 공사・공단이 없을 만큼 필기시험에서 중요도가 높은 영역으로, 세부 유형은 문서 이해, 문서 작성, 의사 표현, 경청, 기초 외국어로 나눌 수 있다. 문서 이해・문서 작성과 같은 지문에 대한 주제 찾기, 내용 일치 문제의 출제 비중이 높으며, 문서의 특성을 파악하는 문제도 출제되고 있다.

1 문제에서 요구하는 바를 먼저 파악하라!

의사소통능력에서 가장 중요한 것은 제한된 시간 안에 빠르고 정확하게 답을 찾아내는 것이다. 의사소통능력에서는 지문이 아니라 문제가 주인공이므로 지문을 보기 전에 문제를 먼저 파악해야 하며, 문제에 따라 전략적으로 빠르게 풀어내는 연습을 해야 한다.

2 잠재되어 있는 언어 능력을 발휘하라!

세상에 글은 많고 우리가 학습할 수 있는 시간은 한정적이다. 이를 극복할 수 있는 방법은 다양한 글을 접하는 것이다. 실제 시험장에서 어떤 내용의 지문이 나올지 아무도 예측할 수 없으므로 평소에 신문, 소설, 보고서 등 여러 글을 접하는 것이 필요하다.

3 **상황을 가정하라!**

업무 수행에 있어 상황에 따른 언어 표현은 중요하다. 같은 말이라도 상황에 따라 다르게 해석될 수 있기 때문이다. 그런 의미에서 자신의 의견을 효과적으로 전달할 수 있는 능력을 평가하는 것이다. 업무를 수행하면서 발생할 수 있는 여러 상황을 가정하고 그에 따른 올바른 언어표현을 정리하는 것이 필요하다.

4 **말하는 이의 입장에서 생각하라!**

잘 듣는 것 또한 하나의 능력이다. 상대방의 이야기에 귀 기울이고 공감하는 태도는 업무를 수행하는 관계 속에서 필요한 요소이다. 그런 의미에서 다양한 상황에서 듣는 능력을 평가하는 것이다. 말하는 이가 요구하는 듣는 이의 태도를 파악하고, 이에 따른 판단을 할 수 있도록 언제나 말하는 사람의 입장이 되는 연습이 필요하다.

01 | 문서 내용 이해

| 유형분석 |

- 주어진 지문을 읽고 선택지를 고르는 전형적인 독해 문제이다.
- 지문은 주로 신문기사(보도자료 등)나 업무 보고서, 시사 등이 제시된다.
- 공사공단에 따라 자사와 관련된 내용의 기사나 법조문, 보고서 등이 출제되기도 한다.

다음 글의 내용으로 적절하지 않은 것은?

> 물가 상승률은 일반적으로 가격 수준의 상승 속도를 나타내며, 소비자 물가지수(CPI)와 같은 지표를 사용하여 측정된다. 높은 물가 상승률은 소비재와 서비스의 가격이 상승하고, 돈의 구매력이 감소한다. 이는 소비자들이 더 많은 돈을 지출하여 물가 상승에 따른 가격 상승을 감수해야 함을 의미한다.
>
> 물가 상승률은 경제에 다양한 영향을 미친다. 먼저 소비자들의 구매력이 저하되므로 가계소득의 실질 가치가 줄어든다. 이는 소비 지출의 감소와 경기 둔화를 초래할 수 있다. 또한 물가 상승률은 기업의 의사결정에도 영향을 준다. 예를 들어 높은 물가 상승률은 이자율의 상승과 함께 대출 조건을 악화시키므로 기업들은 생산 비용 상승과 이로 인한 이윤 감소에 직면하게 된다.
>
> 정부와 중앙은행은 물가 상승률을 통제하기 위해 다양한 금융 정책을 사용하며, 대표적으로 세금 조정, 통화량 조절, 금리 조정 등이 있다.
>
> 물가 상승률은 경제 활동에 큰 영향을 주는 중요한 요소이므로 정부, 기업, 투자자 및 개인은 이를 주의 깊게 모니터링하고 전망을 평가하는 데 활용해야 한다. 또한 소비자의 구매력과 경기 상황에 직접적·간접적인 영향을 주므로 경제 주체들은 물가 상승률의 변동에 대응하여 적절한 전략을 수립해야 한다.

① 지나친 물가 상승은 소비 심리를 위축시킨다.
② 중앙은행의 금리 조정으로 지나친 물가 상승을 진정시킬 수 있다.
③ 정부와 중앙은행이 실행하는 금융 정책의 목적은 물가 안정성을 유지하는 것이다.
④ 소비재와 서비스의 가격이 상승하므로 기업의 입장에서는 물가 상승률이 커질수록 이득이다.

정답 ④
높은 물가 상승률은 이자율의 상승과 함께 대출 조건을 악화시키므로 기업들은 생산 비용 상승과 이로 인한 이윤 감소에 직면하게 된다.

풀이 전략!
주어진 선택지에서 키워드를 체크한 후, 지문의 내용과 비교해 가면서 내용의 일치 유무를 빠르게 판단한다.

01 다음 글의 내용으로 적절하지 않은 것은?

현재 전해지는 조선시대의 목가구는 대부분 조선 후기의 것들로 단단한 소나무, 느티나무, 은행나무 등의 곧은결을 기둥이나 쇠목으로 이용하고, 오동나무, 느티나무, 먹감나무 등의 늘결을 판재로 사용하여 자연스런 나뭇결의 재질을 살렸다. 또한 대나무 혹은 엇갈리거나 소용돌이 무늬를 이룬 뿌리 부근의 목재 등을 활용하여 자연스러운 장식이 되도록 하였다.

조선시대의 목가구는 대부분 한옥의 온돌에서 사용되었기에 온도와 습도 변화에 따른 변형을 최대한 방지할 수 있는 방법이 필요하였다. 그래서 단단하고 가느다란 기둥재로 면을 나누고, 기둥재에 홈을 파서 판재를 끼워 넣는 특수한 짜임과 이음의 방법을 사용하였으며, 꼭 필요한 부위에만 접착제와 대나무 못을 사용하여 목재가 수축·팽창하더라도 뒤틀림과 휘어짐이 최소화될 수 있도록 하였다. 조선시대 목가구의 대표적 특징으로 언급되는 '간결한 선'과 '명확한 면 분할'은 이러한 짜임과 이음의 방법에 기초한 것이다. 짜임과 이음은 조선시대 목가구 제작에 필수적인 방법으로, 겉으로 드러나는 아름다움은 물론 보이지 않는 내부의 구조까지 고려한 격조 높은 기법이었다.

한편 물건을 편리하게 사용할 수 있게 해주며, 목재의 결합부위나 모서리에 힘을 보강하는 금속 장석은 장식의 역할도 했지만 기능상 반드시 필요하거나 나무의 질감을 강조하려는 의도에서 사용되어, 조선 시대 목가구의 절제되고 간결한 특징을 잘 살리고 있다.

① 금속 장석은 장식의 역할도 했지만, 기능상 필요에 의해서도 사용되었다.
② 나무의 곧은결을 기둥이나 쇠목으로 이용하고, 늘결을 판재로 사용하였다.
③ 목재의 결합부위나 모서리에 힘을 보강하기 위해 금속 장석을 사용하였다.
④ 접착제와 대나무 못을 사용하면 목재의 수축과 팽창이 발생하지 않게 된다.
⑤ 조선시대 목가구는 온도와 습도 변화에 따른 변형을 방지할 방법이 필요했다.

02 다음 글의 내용으로 가장 적절한 것은?

> 1899년 베이징의 한 금석학자는 만병통치약으로 알려진 '용골'을 살펴보다가 소스라치게 놀랐다. 용골의 표면에 암호처럼 알 듯 모를 듯한 글자들이 빼곡히 들어차 있었던 것이다. 흥분이 가신 후에 알아보니, 용골은 은 왕조의 옛 도읍지였던 허난성 안양현 샤오툰(小屯)촌 부근에서 나온 것이었다. 바로 갑골문자가 발견되는 순간이었다. 현재 갑골문자는 4천여 자가 확인되었고, 그중 약 절반 정도가 해독되었다. 사마천의 『사기』에는 은 왕조에 대해서 자세히 기록되어 있었으나, 사마천이 살던 시대보다 1천 수백 년 전의 사실이 너무도 생생하게 표현되어 있어 마치 '소설'처럼 생각되었다. 그런데 갑골문자를 연구한 결과, 거기에는 반경(般庚) 때부터 은 말까지 약 2백여 년에 걸친 내용이 적혀 있었는데, 이를 통하여 『사기』에 나오는 은나라의 왕위 계보도 확인할 수 있었다.

① 베이징은 은 왕조의 도읍지였다.
② 현재 갑골문자는 2천여 자가 해독되었다.
③ 용골에는 당대의 소설이 생생하게 표현되었다.
④ 사마천의 『사기』에 갑골문자에 관한 기록이 나타난다.
⑤ 사마천의 『사기』는 1천 수백 년 전의 사람이 만들었다.

03 다음 글의 내용으로 적절하지 않은 것은?

> 우리 민족은 고유한 주거문화로 바닥 난방 기술인 구들을 발전시켜 왔는데, 구들은 우리 민족에 다양한 영향을 주었다. 우선 오랜 구들 생활은 우리 민족의 인체에 적지 않은 변화를 초래하였다. 태어나면서부터 따뜻한 구들에 누워 자는 것이 습관이 된 우리 아이들은 사지의 활동량이 적어 발육이 늦어졌다. 구들에서 자란 우리 아이들은 다른 어떤 민족의 아이들보다 따뜻한 곳에서 안정감을 느꼈으며, 우리 민족은 아이들에게 따뜻함을 만들어주기 위해 여러 가지를 고안하여 발전시켰다.
> 구들은 농경을 주업으로 하는 우리 민족의 생산도구의 제작과 사용에 많은 영향을 주었다. 구들에 앉아 오랫동안 활동하는 습관은 하반신보다 상반신의 작업량을 증가시켰고 상반신의 움직임이 상대적으로 정교하게 되었다. 구들 생활에 익숙해진 우리 민족은 방 안에서의 작업뿐만 아니라 농사를 비롯한 야외의 많은 작업에서도 앉아서 하는 습관을 갖게 되었는데, 이는 큰 농기구를 이용하여 서서 작업을 하는 서양과는 완전히 다른 방식이었다.

① 구들은 아이들에게 따뜻한 안정감을 준다.
② 구들은 아이들의 체온을 높여 발육을 방해한다.
③ 우리 민족의 농기구의 크기와 서양의 농기구의 크기는 서로 다르다.
④ 구들의 영향으로 우리 민족은 앉아서 하는 작업방식이 일반화되었다.
⑤ 우리 민족은 하반신 활동보다 상반신 활동이 많은 대신 상반신 작업이 정교한 특징이 있다.

04 다음 글의 내용으로 가장 적절한 것은?

상업 광고는 기업은 물론이고 소비자에게도 요긴하다. 기업은 마케팅 활동의 주요한 수단으로 광고를 적극적으로 이용하여 기업과 상품의 인지도를 높이려 한다. 소비자는 소비 생활에 필요한 상품의 성능, 가격, 판매 조건 등의 정보를 광고에서 얻으려 한다. 광고를 통해 기업과 소비자가 모두 이익을 얻는다면 이를 규제할 필요는 없을 것이다. 그러나 광고에서 기업과 소비자의 이익이 상충하는 경우도 있고, 광고가 사회 전체에 폐해를 낳는 경우도 있어 다양한 규제 방식이 모색되었다.

이때 문제가 된 것은 과연 광고로 인한 피해를 책임질 당사자로서 누구를 상정할 것인가였다. 초기에는 '소비자 책임 부담 원칙'에 따라 광고 정보를 활용한 소비자의 구매 행위에 대해 소비자가 책임을 져야 한다고 보았다. 여기에는 광고 정보가 정직한 것인지와는 관계없이 소비자는 이성적으로 이를 판단하여 구매할 수 있어야 한다는 전제가 있었다. 그래서 기업은 광고에 의존하여 물건을 구매한 소비자가 입은 피해에 대하여 책임을 지지 않았고, 광고의 기만성에 대한 입증 책임도 소비자에게 있었다.

책임 주체로 기업을 상정하여 '기업 책임 부담 원칙'이 부상하게 된 배경은 복합적이다. 시장의 독과점 상황이 광범위해지면서 소비자의 자유로운 선택이 어려워졌고, 상품에 응용된 과학 기술이 복잡해지고 첨단화되면서 상품 정보에 대한 소비자의 정확한 이해도 기대하기 어려워졌다. 또한 다른 상품 광고와의 차별화를 위해 통념에 어긋나는 표현이나 장면도 자주 활용되었다. 그리하여 경제적, 사회·문화적 측면에서 광고로부터 소비자를 보호해야 한다는 당위를 바탕으로 기업이 광고에 대해 책임을 져야 한다는 공감대가 확산되었다.

오늘날 행해지고 있는 여러 광고 규제는 크게 법적 규제와 자율 규제로 나눌 수 있다. 구체적인 법 조항을 통해 광고를 규제하는 법적 규제는 광고 또한 사회적 활동의 일환이라는 점에 근거한다. 특히 자본주의 사회에서는 기업이 시장 점유율을 높여 다른 기업과의 경쟁에서 승리하기 위하여 사실에 반하는 광고나 소비자를 현혹하는 광고를 할 가능성이 높다. 법적 규제는 허위 광고나 기만 광고 등을 불공정 경쟁의 수단으로 간주하여 정부 기관이 규제를 가하는 것이다.

자율 규제는 법적 규제에 대한 기업의 대응책으로 등장했다. 법적 규제가 광고의 역기능에 따른 피해를 막기 위한 강제적 조치라면, 자율 규제는 광고의 순기능을 극대화하기 위한 자율적 조치이다. 광고에 대한 기업의 책임감에서 비롯된 자율 규제는 법적 규제를 보완하는 효과가 있다.

① 자율규제는 광고의 역기능을 최소화하기 위한 기업의 자율적 조치이다.

② 광고 주체의 자율 규제가 잘 작동될수록 광고에 대한 법적 규제의 역할도 커진다.

③ 기업의 이익과 소비자의 이익이 상충하는 정도가 클수록 법적 규제와 자율 규제의 필요성이 약화된다.

④ 시장 독과점 상황이 심각해지면서 기업 책임 부담 원칙이 약화되고 소비자 책임부담 원칙이 부각되었다.

⑤ 첨단 기술을 강조한 상품의 광고일수록 소비자가 광고 내용을 정확히 이해하지 못한 채 상품을 구매할 가능성이 커진다.

05

과학 기술에 의한 기적이 나타나지 않는다면, 우리 인간이 지구상에서 이용할 수 있는 자연 자원과 생활공간은 제한된 것으로 받아들여야 할 것이다. 그렇다면 공간을 이용할 때에 우리는 두 가지 한계점을 설정하지 않을 수 없다.

첫째, 우리는 이 지구상에서 생물이 서식할 수 있는 전체 공간의 제한성을 전제로 하고 그중에서 인간이 이용할 수 있는 생활공간의 한계를 깨뜨리지 않는 범위 안에서만 인간의 생활공간을 확장시켜 나가야 한다. 이렇게 되면 제한된 공간을 어떻게 나누어서 이용하느냐가 중요한 문제가 되므로, '적정 공간'이라는 개념이 중요한 의미를 갖게 된다. 우리 인간이 차지할 수 있는 전체 생활공간도 생태학적으로 적정 공간이 되어야 할 뿐 아니라, 개인이 차지할 수 있는 공간도 적정 공간의 한계를 벗어나서는 안 된다는 뜻이다.

둘째, 절대적 생활공간의 한계가 함께 문제가 되는 것은 자연 자원의 한계이므로 우리는 이 문제에서도 공간 이용에 관한 한계점을 설정할 필요가 있다. 지금까지 대부분의 생물들이 살아온 공간이란 태양의 열과 빛, 맑은 공기, 물, 그리고 흙을 이용할 수 있는 자연 환경이었다. 이와 같이 자연 자원에 의존하는 생활공간을 '자연 공간'이라고 한다면, 과학 기술을 이용한 인간의 생활공간에는 비자연적인 것이 많다. 인공적인 난방 장치, 냉방 장치, 조명 장치, 환기 장치, 상수도 및 하수도 시설에 절대적으로 의존하는 공간이 모두 그런 것이다.

① 인간은 공간 이용에 관한 한계를 설정할 필요가 있다.
② 인간이 지구상에서 이용할 수 있는 자연 자원은 제한되어 있다.
③ 과학 기술을 이용한 인간의 생활공간은 대부분 비자연적인 것이다.
④ 인간이 생활공간을 이용할 때 필요 이상의 공간을 차지해서는 안 된다.
⑤ 공간 활용을 위해 생명체가 서식할 수 없는 공간을 개척하는 것이 중요하다.

PART 1

경제학에서는 가격이 한계 비용과 일치할 때를 가장 이상적인 상태라고 본다. '한계 비용'이란 재화의 생산량을 한 단위 증가시킬 때 추가되는 비용을 말한다. 한계 비용 곡선과 수요 곡선이 만나는 점에서 가격이 정해지면 재화의 생산 과정에 들어가는 자원이 낭비 없이 효율적으로 배분되며, 이때 사회 전체의 만족도가 가장 커진다. 가격이 한계 비용보다 높아지면 상대적으로 높은 가격으로 인해 수요량이 줄면서 거래량이 따라 줄고, 결과적으로 생산량도 감소한다. 이는 사회 전체의 관점에서 볼 때 자원이 효율적으로 배분되지 못하는 상황이므로 사회 전체의 만족도가 떨어지는 결과를 낳는다.

위에서 설명한 일반 재화와 마찬가지로 수도, 전기, 철도와 같은 공익 서비스도 자원배분의 효율성을 생각하면 한계 비용 수준으로 가격(공공요금)을 결정하는 것이 바람직하다. 대부분의 공익 서비스는 초기 시설 투자비용은 막대한 반면 한계 비용은 매우 적다. 이러한 경우, 한계 비용으로 공공요금을 결정하면 공익 서비스를 제공하는 기업은 손실을 볼 수 있다.

예컨대 초기 시설 투자비용이 6억 달러이고, 톤당 1달러의 한계 비용으로 수돗물을 생산하는 상수도 서비스를 가정해보자. 이때 수돗물 생산량을 '1톤, 2톤, 3톤, …'으로 늘리면 총비용은 '6억 1달러, 6억 2달러, 6억 3달러, …'로 늘어나고, 톤당 평균 비용은 '6억 1달러, 3억 1달러, 2억 1달러, …'로 지속적으로 줄어든다. 그렇지만 평균 비용이 계속 줄어들더라도 한계 비용 아래로는 결코 내려가지 않는다. 따라서 한계 비용으로 수도 요금을 결정하면 총비용보다 총수입이 적으므로 수도 사업자는 손실을 보게 된다.

이를 해결하는 방법에는 크게 두 가지가 있다. 하나는 정부가 공익 서비스 제공 기업에 손실분만큼 보조금을 주는 것이고, 다른 하나는 공공요금을 평균 비용 수준으로 정하는 것이다. 전자의 경우 보조금을 세금으로 충당한다면 다른 부문에 들어갈 재원이 줄어드는 문제가 있다. 평균 비용 곡선과 수요 곡선이 교차하는 점에서 요금을 정하는 후자의 경우에는 총수입과 총비용이 같아져 기업이 손실을 보지는 않는다. 그러나 요금이 한계 비용보다 높기 때문에 사회 전체의 관점에서 자원의 효율적 배분에 문제가 생긴다.

① 자원이 효율적으로 배분될 때 사회 전체의 만족도가 극대화된다.

② 정부는 공공요금을 한계 비용 수준으로 유지하기 위하여 보조금 정책을 펼 수 있다.

③ 공익 서비스와 일반 재화의 생산 과정에서 자원을 효율적으로 배분하기 위한 조건은 서로 같다.

④ 가격이 한계 비용보다 높은 경우에는 한계 비용과 같은 경우에 비해 결국 그 재화의 생산량이 줄어든다.

⑤ 평균 비용이 한계 비용보다 큰 경우, 공공요금을 평균 비용 수준에서 결정하면 자원의 낭비를 방지할 수 있다.

02 | 문단 나열

| 유형분석 |

- 각 문단의 내용을 파악하고 논리적 순서에 맞게 배열하는 복합적인 문제이다.
- 전체적인 글의 흐름을 이해하는 것이 중요하며, 각 문장의 지시어나 접속어에 주의한다.

다음 문단을 논리적 순서대로 바르게 나열한 것은?

(가) 여기에 반해 동양에서는 보름달에 좋은 이미지를 부여한다. 예를 들어, 우리나라의 처녀귀신이나 도깨비는 달빛이 흐린 그믐 무렵에나 활동하는 것이다. 그런데 최근에는 동서양의 개념이 마구 뒤섞여 보름달을 배경으로 악마의 상징인 늑대가 우는 광경이 동양의 영화에 나오기도 한다.

(나) 동양에서 달은 '음(陰)'의 기운을, 해는 '양(陽)'의 기운을 상징한다는 통념이 자리를 잡았다. 그래서 달을 '태음', 해를 '태양'이라고 불렀다. 동양에서는 해와 달의 크기가 같은 덕에 음과 양도 동등한 자격을 갖춘다. 즉, 음과 양은 어느 하나가 좋고 다른 하나는 나쁜 것이 아니라 서로 보완하는 관계를 이루는 것이다.

(다) 옛날부터 형성된 이러한 동서양 간의 차이는 오늘날까지 영향을 끼치고 있다. 동양에서는 달이 밝으면 달맞이를 하는데, 서양에서는 달맞이를 자살 행위처럼 여기고 있다. 특히 보름달은 서양인들에게 거의 공포의 상징과 같은 존재이다. 예를 들어, 13일의 금요일에 보름달이 뜨게 되면 사람들이 외출조차 꺼린다.

(라) 하지만 서양의 경우는 다르다. 서양에서 낮은 신이, 밤은 악마가 지배한다는 통념이 자리를 잡았다. 따라서 밤의 상징인 달에 좋지 않은 이미지를 부여하게 되었다. 이는 해와 달의 명칭을 보면 알 수 있다. 라틴어로 해를 'Sol', 달을 'Luna'라고 하는데 정신병을 뜻하는 단어 'Lunacy'의 어원이 바로 'Luna'이다.

① (가) - (나) - (라) - (다)　　② (나) - (라) - (가) - (다)
③ (나) - (라) - (다) - (가)　　④ (나) - (다) - (가) - (라)
⑤ (다) - (나) - (라) - (가)

정답 ③

제시문은 동양과 서양에서 서로 다른 의미를 부여하고 있는 달에 대해 설명하고 있는 글이다. 따라서 (나) 동양에서 나타나는 해와 달의 의미 → (라) 동양과 상반되는 서양에서의 해와 달의 의미 → (다) 최근까지 지속되고 있는 달에 대한 서양의 부정적 의미 → (가) 동양에서의 변화된 달의 이미지의 순서대로 나열하는 것이 적절하다.

풀이 전략!

상대적으로 시간이 부족하다고 느낄 때는 선택지를 참고하여 문장의 순서를 생각해 본다.

※ 다음 문단을 논리적 순서대로 바르게 나열한 것을 고르시오. [1~6]

01

> (가) 세종대왕은 백성들이 어려운 한자를 익히지 못해 글을 읽고 쓰지 못하는 것을 안타깝게 여겼다. 당시에는 오직 사대부들만 한자를 배워 지식을 독점했기 때문에 권력 역시 이들의 것이었다. 세종대왕은 이를 가엾게 여기다가, 온 국민이 쉽게 깨우칠 수 있는 문자를 만들었다.
>
> (나) 훈민정음을 세상에 설명하기 위해 1446년(세종 28년) 정인지 등의 학자가 세종대왕의 명령을 받고 한문으로 편찬한 해설서인『훈민정음 해례본』을 편찬하고, 정인지·안지·권제 등을 명해 조선 왕조 창업을 노래한『용비어천가』를 펴냈다.
>
> (다) 이러한 반대를 물리치고, 세종대왕은 1446년 훈민정음을 세상에 알리게 된다. 실제로 '백성을 가르치는 바른 소리'라는 뜻의 훈민정음의 서문을 보면 평생 글을 모른 채 살아가는 사람들에 대한 애민정신이 명확히 드러난다.
>
> (라) 각고의 노력 끝에 훈민정음이 만들었지만, 대신들은 물론 집현전 학자들까지도 한글 창제에 대해 거세게 반발했다. 최만리, 정찬손 등의 학자들이 반대 상소를 올리자 세종대왕이 "이두를 제작한 뜻이 백성을 편리하게 하려 함이라면, 지금의 언문(한글)도 백성을 편리하게 하려 하는 것이다."라고 질타한 일화가『세종실록』에 남아 있을 정도다.

① (가) - (라) - (다) - (나)　　　　② (가) - (나) - (라) - (다)
③ (나) - (라) - (다) - (가)　　　　④ (나) - (다) - (라) - (가)
⑤ (다) - (나) - (라) - (가)

(가) 하지만 영화를 볼 때 소리를 없앤다면 어떤 느낌이 들까? 아마 내용이나 분위기, 인물의 심리 등을 파악하기 힘들 것이다. 이런 점을 고려할 때 영화 속 소리는 영상과 분리해서 생각할 수 없는 필수 요소라고 할 수 있다. 소리는 영상 못지않게 다양한 기능이 있기 때문에 현대 영화감독들은 영화 속 소리를 적극적으로 활용하고 있다.

(나) 이와 같이 영화 속 소리는 다양한 기능을 수행하기 때문에 영화의 예술적 상상력을 빼앗는 것이 아니라 오히려 더 풍부하게 해 준다. 그래서 현대 영화에서 소리를 빼고 작품을 완성한다는 것은 생각하기 어려운 일이 되었다.

(다) 영화의 소리에는 대사, 음향 효과, 음악 등이 있으며 이러한 소리들은 영화에서 다양한 기능을 수행한다. 우선, 영화 속 소리는 다른 예술 장르의 표현 수단보다 더 구체적이고 분명하게 내용을 전달하는 데 도움을 줄 수 있다. 그리고 줄거리 전개에 도움을 주거나 작품의 상징적 의미를 전달할 뿐만 아니라 주제 의식을 강조하는 역할을 하기도 한다. 또 영상에 현실감을 줄 수 있으며, 영상의 시공간적 배경을 확인시켜 주는 역할도 한다. 또한 영화 속 소리는 영화의 분위기를 조성하고 인물의 내면 심리도 표현할 수 있다.

(라) 유성영화가 등장했던 1920년대 후반에 유럽의 표현주의나 형식주의 감독들은 영화 속의 소리에 대한 부정적인 견해가 컸다. 그들은 가장 영화다운 장면은 소리 없이 움직이는 그림으로만 이루어진 장면이라고 믿었다. 그래서 그들은 영화 속 소리가 시각 매체인 영화의 예술적 효과와 영화적 상상력을 빼앗을 것이라고 내다보았다.

① (가) – (다) – (라) – (나)
② (나) – (다) – (가) – (라)
③ (나) – (라) – (가) – (다)
④ (라) – (가) – (다) – (나)
⑤ (라) – (다) – (가) – (나)

(가) 칸트의 '무관심성'에 대한 논의에서 이에 대한 단서를 얻을 수 있다. 칸트는 미적 경험의 주체가 '객체가 존재한다.'는 사실성 자체로부터 거리를 둔다고 주장한다.

이에 따르면, 영화관에서 관객은 영상의 존재 자체에 대해 '무관심한' 상태에 있다. 영상의 흐름을 냉정하고 분석적인 태도로 받아들이는 것이 아니라, 영상의 흐름이 자신에게 말을 걸어오는 듯이, 자신이 미적 경험의 유희에 초대된 듯이 공감하며 체험하고 있다. 미적 거리 두기와 공감적 참여의 상태를 경험하는 것이다. 주체와 객체가 엄격하게 분리되거나 완전히 겹쳐지는 것으로 이해하는 통상적인 동일시 이론과 달리, 칸트는 미적 지각을 지각 주체와 지각 대상 사이의 분리와 융합의 긴장감 넘치는 '중간 상태'로 본 것이다.

(나) 관객은 영화를 보면서 영상의 흐름을 어떻게 지각하는 것일까? 그토록 빠르게 변화하는 앵글, 인물, 공간, 시간 등을 어떻게 별 어려움 없이 흥미진진하게 따라가는 것일까? 흔히 영화의 수용에 대해 설명할 때 관객의 눈과 카메라의 시선 사이에 일어나는 동일시 과정을 내세운다. 그러나 동일시 이론은 어떠한 조건을 기반으로, 어떠한 과정을 거쳐서 동일시가 일어나는지, 영상의 흐름을 지각할 때 일어나는 동일시의 고유한 방식이 어떤 것인지에 대해 의미 있는 설명을 제시하지 못하고 있다.

(다) 이렇게 볼 때 영화 관객은 자신의 눈을 단순히 카메라의 시선과 직접적으로 동일시하는 것이 아니다. 관객은 영화를 보면서 영화 속 공간, 운동의 양상 등을 유희적으로 동일시하며, 장소 공간이나 방향 공간 등 다양한 공간의 층들을 동시에 인지할 뿐만 아니라 감정 공간에서 나오는 독특한 분위기의 힘을 감지하고, 이를 통해 영화 속의 공간과 공감하며 소통하고 있는 것이다.

(라) 관객이 영상의 흐름을 생동감 있게 체험할 수 있는 이유는 영화 속의 공간이 단순한 장소로서의 공간이기보다는 '방향 공간'이기 때문이다. 카메라의 다양한 앵글 선택과 움직임, 자유로운 시점 선택이 방향 공간적 표현을 용이하게 해 준다.

두 사람의 대화 장면을 보여 주는 장면을 생각해 보자. 관객은 단지 대화에 참여한 두 사람의 존재와 위치만 확인하는 것이 아니라, 두 사람의 시선 자체가 지닌 방향성의 암시, 즉 두 사람의 얼굴과 상반신이 서로를 향하고 있는 방향 공간적 상황을 함께 지각하고 있는 것이다.

(마) 영화의 매체적 강점은 방향 공간적 표현이라는 데만 그치지 않는다. 영상의 흐름에 대한 지각은 언제나 생생한 느낌을 동반한다. 관객은 영화 속 공간과 인물의 독특한 감정에서 비롯된 분위기의 힘을 늘 느끼고 있다. 따라서 영화 속 공간은 근본적으로 이러한 분위기의 힘을 느끼도록 해 주는 '감정 공간'이라 할 수 있다.

① (가) – (라) – (나) – (마) – (다) ② (가) – (라) – (마) – (나) – (다)
③ (나) – (가) – (다) – (라) – (마) ④ (나) – (가) – (라) – (마) – (다)
⑤ (나) – (라) – (마) – (가) – (다)

(가) 나무를 가꾸기 위해서는 처음부터 여러 가지를 고려해 보아야 한다. 심을 나무의 생육조건, 나무의 형태, 성목이 되었을 때의 크기, 꽃과 단풍의 색, 식재지역의 기후와 토양 등을 종합적으로 생각하고 심어야 한다. 나무의 생육조건은 저마다 다르기 때문에 지역의 환경조건에 적합한 나무를 선별하여 환경에 적응하도록 해야 한다. 동백나무와 석류, 홍가시나무는 남부지방에 키우기 적합한 나무로 알려져 있지만 지구온난화로 남부수종의 생육한계선이 많이 북상하여 중부지방에서도 재배가 가능한 나무도 있다. 부산의 도로 중앙분리대에서 보았던 잎이 붉은 홍가시나무는 여주의 시골집 마당 양지바른 곳에서 3년째 잘 적응하고 있다.

(나) 더불어 나무의 특성을 외면하고 주관적인 해석에 따라 심었다가는 훗날 낭패를 보기 쉽다. 물을 좋아하는 수국 곁에 물을 싫어하는 소나무를 심었다면 둘 중 하나는 살기 어려운 환경이 조성된다. 나무를 심고 가꾸기 위해서는 전체적인 밑그림을 그려보고 생태적 특징을 살펴본 후에 심는 것이 바람직하다.

(다) 나무들이 밀집해있으면 나무들끼리의 경쟁은 물론 바람길과 햇빛의 방해로 성장은 고사하고 병충해에 시달리기 쉽다. 또한 나무들은 성장속도가 다르기 때문에 항상 다 자란 나무의 모습을 상상하며 나무들 사이의 공간 확보를 염두에 두어야 한다. 그러나 묘목을 심고 보니 듬성듬성한 공간을 메꾸기 위하여 자꾸 나무를 심게 되는 실수가 종종 일어나고는 한다.

(라) 식재계획의 시작은 장기적인 안목으로 적재적소의 원칙을 염두에 두고 나무를 선정해야 한다. 식물은 햇빛, 물, 바람의 조화를 이루면 잘 산다고 하지 않는가. 그래서 나무의 특성 중에서 햇볕을 좋아하는지 그늘을 좋아하는지, 물을 좋아하는지 여부를 살펴보는 것이 중요하다. 어린 묘목을 심을 경우 실수하는 것은 나무가 자랐을 때의 생육공간을 생각하지 않고 촘촘하게 심는 것이다.

① (가) – (다) – (라) – (나)
② (가) – (라) – (다) – (나)
③ (나) – (라) – (다) – (가)
④ (다) – (나) – (가) – (라)
⑤ (다) – (나) – (라) – (가)

05

(가) 인간의 도덕적 자각과 사회적 실천을 강조한 개인 윤리로 '충서(忠恕)'가 있다. 충서란 공자의 모든 사상을 꿰뚫고 있는 도리로, 인간 개인의 자아 확립과 이를 통한 만물일체의 실현을 위한 것이다.

(나) 또한 '서(恕)'란 '여심'이다. '내 마음과 같이 한다.'는 말이다. '공자는 내가 하고자 하지 않는 것을 남에게 베풀지 말라. 내가 서고자 하면 남도 서게 하고 내가 이루고자 하면 남도 이루게 하라.'라고 하였다.

(다) 이때, '충(忠)'이란 '중심'이다. 주희는 충을 '자기의 마음을 다하는 것'이라고 설명하였다. 이것은 자신의 내면에 대한 충실을 의미한다. 이는 자아의 확립이며 본성에 대한 깨달음이다.

(라) 즉, 역지사지(易地思之)의 마음을 지닌 상태가 '서'의 상태이며 인간의 자연스러운 마음이라는 것이다.

① (가) – (다) – (나) – (라)　　② (가) – (라) – (나) – (다)
③ (나) – (가) – (다) – (라)　　④ (나) – (가) – (라) – (다)
⑤ (나) – (다) – (라) – (가)

06

(가) 그런데 자연의 일양성은 선험적으로 알 수 있는 것이 아니라 경험에 기대어야 알 수 있는 것이다. 즉, '귀납이 정당한 추론이다.'라는 주장은 '자연은 일양적이다.'라는 다른 지식을 전제로 하는데, 그 지식은 다시 귀납에 의해 정당화되어야 하는 경험 지식이므로 귀납의 정당화는 순환 논리에 빠져 버린다는 것이다. 이것이 귀납의 정당화 문제이다.

(나) 귀납은 논리학에서 연역이 아닌 모든 추론, 즉 전제가 결론을 개연적으로 뒷받침하는 모든 추론을 가리킨다. 귀납은 기존의 정보나 관찰 증거 등을 근거로 새로운 사실을 추가하는 지식 확장적 특성을 지닌다.

(다) 이와 관련하여 흄은 과거의 경험을 근거로 미래를 예측하는 귀납이 정당한 추론이 되려면 미래의 세계가 과거에 우리가 경험해 온 세계와 동일하다는 자연의 일양성, 곧 한결같음이 가정되어야 한다고 보았다.

(라) 이 특성으로 인해 귀납은 근대 과학 발전의 방법적 토대가 되었지만, 한편으로 귀납 자체의 논리 한계를 지적하는 문제들에 부딪히기도 한다.

① (가) – (라) – (나) – (다)　　② (가) – (나) – (다) – (라)
③ (가) – (다) – (나) – (라)　　④ (나) – (가) – (라) – (다)
⑤ (나) – (라) – (다) – (가)

03 | 내용 추론

| 유형분석 |

- 주어진 지문을 바탕으로 도출할 수 있는 내용을 찾는 문제이다.
- 선택지의 내용을 정확하게 확인하고 지문의 정보와 비교하여 추론하는 능력이 필요하다.

다음 글을 읽고 추론한 내용으로 적절하지 않은 것은?

1977년 개관한 퐁피두 센터의 정식명칭은 국립 조르주 퐁피두 예술문화 센터로, 공공정보기관(BPI), 공업창작센터(CCI), 음악·음향의 탐구와 조정연구소(IRCAM), 파리 국립 근현대 미술관(MNAM) 등이 있는 종합 문화예술 공간이다. 퐁피두라는 이름은 이 센터의 창설에 힘을 기울인 조르주 퐁피두 대통령의 이름을 딴 것이다.

1969년 당시 대통령이었던 퐁피두는 파리의 중심지에 미술관이면서 동시에 조형예술과 음악, 영화, 서적 그리고 모든 창조적 활동의 중심이 될 수 있는 문화 복합센터를 지어 프랑스 미술을 더욱 발전시키고자 했다. 요즘 미술관들은 미술관의 이러한 복합적인 기능과 역할을 인식하고 변화를 시도하는 곳이 많다. 미술관은 더 이상 전시만 보는 곳이 아니라 식사도 하고 영화도 보고 강연도 들을 수 있는 곳으로, 대중과의 거리 좁히기를 시도하고 있는 것도 그리 특별한 일은 아니다. 그러나 이미 40년 전에 21세기 미술관의 기능과 역할을 미리 내다볼 줄 아는 혜안을 가지고 설립된 퐁피두 미술관은 프랑스가 왜 문화강국이라 불리는지를 알 수 있게 해준다.

① 퐁피두 미술관을 찾는 사람들의 목적은 다양할 것이다.
② 퐁피두 미술관은 전통적인 예술작품들을 선호할 것이다.
③ 퐁피두 미술관의 모습은 기존 미술관의 모습과 다를 것이다.
④ 퐁피두 미술관은 파격적인 예술작품들을 배척하지 않을 것이다.
⑤ 퐁피두 미술관은 현대 미술관의 선구자라는 자긍심을 가지고 있을 것이다.

정답 ②

제시문에 따르면 퐁피두 미술관은 모든 창조적 활동을 위한 공간이므로, 퐁피두가 전통적인 예술작품을 선호할 것이라는 내용은 추론할 수 없다.

풀이 전략!

주어진 지문이 어떠한 내용을 다루고 있는지 파악한 후 선택지의 키워드를 확실하게 체크하고, 지문의 정보에서 도출할 수 있는 내용을 찾는다.

01 다음 글에 대한 반박으로 적절하지 않은 것은?

> 텔레비전은 어른이나 아이 모두 함께 보는 매체이다. 더구나 텔레비전을 보고 이해하는 데는 인쇄
> 문화처럼 어려운 문제 해득력이나 추상력이 필요 없다. 그래서 아이들은 어른에게서보다 텔레비전
> 이나 컴퓨터에서 더 많은 것을 배운다. 이 때문에 오늘날의 어린이나 젊은이들에게서 어른에 대한
> 두려움이나 존경을 찾는 것은 쉽지 않은 일이다. 전통적인 역할과 행동을 기대하는 어른들이 어린이
> 나 젊은이의 불손, 거만, 경망, 무분별한 '반사회적' 행동에 대해 불평하게 되는 것도 이런 이유 때문
> 일 것이다.

① 텔레비전의 교육적 프로그램은 아이들의 예절 교육에 도움이 된다.
② 정보 사회를 선도하는 텔레비전은 인간의 다양한 필요성을 충족시켜준다.
③ 아이들의 반사회적 행동의 원인이 텔레비전 한 가지만 있는 것은 아니다.
④ 아이들은 텔레비전보다 학교의 선생님이나 친구들과 더 많은 시간을 보낸다.
⑤ 가족과 텔레비전을 함께 시청하며 나누는 대화를 통해 아이들은 사회적 행동을 기를 수 있다.

02 다음 글에서 도킨스의 논리에 대한 필자의 문제 제기로 가장 적절한 것은?

> 도킨스는 인간의 모든 행동이 유전자의 자기 보존 본능에 따라 일어난다고 주장했다. 사실 도킨스는
> 플라톤에서부터 쇼펜하우어에 이르기까지 통용되던 철학적 생각을 유전자라는 과학적 발견을 이용
> 하여 반복하고 있을 뿐이다. 이에 따르면 인간 개체는 유전자라는 진정한 주체의 매체에 지나지 않
> 게 된다. 그런데 이 같은 도킨스의 논리에 근거하면 우리 인간은 이제 자신의 몸과 관련된 모든 행동
> 에 대해 면죄부를 받게 된다. 모든 것이 이미 유전자가 가진 이기적 욕망으로부터 나왔다고 볼 수
> 있기 때문이다. 그래서 도킨스의 생각에는 살아가고 있는 구체적 생명체를 경시하게 되는 논리가
> 잠재되어 있다.

① 고대의 철학은 현대의 과학과 양립할 수 있는가?
② 생명 경시 풍조의 근원이 되는 사상은 무엇인가?
③ 인간은 자신의 행동에 책임을 질 필요가 있는가?
④ 인간을 포함한 생명체는 진정한 주체가 아니란 말인가?
⑤ 유전자의 자기 보존 본능이 초래하게 되는 결과는 무엇인가?

03 다음 글을 읽고 추론할 수 있는 내용으로 가장 적절한 것은?

> 최근 환경에 대한 관심이 증가하면서 상표에도 '에코, 녹색' 등 '친환경'을 표방하는 상표 출원이 꾸준히 증가하는 것으로 나타났다. 특허청에 따르면, '친환경' 관련 상표 출원은 최근 10여 년간 연평균 1,200여 건이 출원돼 꾸준한 관심을 받아온 것으로 나타났다. '친환경' 관련 상표는 제품의 '친환경'을 나타내는 대표적인 문구인 '친환경, 에코, ECO, 녹색, 그린, 생태' 등의 문자를 포함하고 있는 상표이며 출원건수는 상품류를 기준으로 한다. 즉, 단류 출원은 1건, 2개류에 출원된 경우 2건으로 계산한다.
>
> 작년 한 해 친환경 상표가 가장 많이 출원된 제품은 화장품(79건)이었으며, 그 다음으로 세제(50건), 치약(48건), 샴푸(47건) 순으로 조사됐다. 특히 출원건수 상위 10개 제품 중 7개가 일상생활에서 흔히 사용하는 미용, 위생 등 피부와 관련된 상품인 것으로 나타나 깨끗하고 순수한 환경에 대한 관심이 친환경 제품으로 확대되고 있는 것으로 분석됐다.
>
> 2007년부터 2017년까지의 '친환경' 관련 상표의 출원실적을 보면, 영문자 'ECO'가 4,820건으로 가장 많이 사용되어 기업이나 개인은 제품의 '친환경'을 나타내는 상표 문구로 'ECO'를 가장 선호하는 것으로 드러났다. 다음으로는 '그린'이 3,862건, 한글 '에코'가 3,156건 사용됐고 '초록', '친환경', '녹색', '생태'가 각각 766건, 687건, 536건, 184건으로 그 뒤를 이었다. 특히, '저탄소·녹색성장'이 국가 주요 정책으로 추진되던 2010년에는 '녹색'을 사용한 상표출원이 매우 증가한 것으로 나타났고, 친환경·유기농 먹거리 등에 대한 수요가 늘어나면서 2015년에는 '초록'이 포함된 상표 출원이 상대적으로 증가한 것으로 조사됐다.
>
> 최근 환경과 건강에 대한 관심이 증가하면서 이러한 '친환경' 관련 상표를 출원하여 등록받는 것이 소비자들의 안전한 구매를 촉진하는 길이 될 수 있다.

① 국가 주요 정책이나 환경에 대한 관심이 상표 출원에 많은 영향을 미친다.

② 친환경 상표가 가장 많이 출원된 제품인 화장품의 경우 대부분 안전하다고 믿고 사용해도 된다.

③ 환경과 건강에 대한 관심이 증가하지만 '친환경'을 강조하는 상표출원의 증가세가 주춤할 것으로 전망된다.

④ 영문 'ECO'와 한글 '에코'의 의미가 동일하므로 한글 '에코'의 상표 문구 출원이 높아져 영문 'ECO'를 역전할 가능성이 높다.

⑤ 친환경 세제를 개발한 P사는 ECO 달세제, ECO 별세제 2개의 상품을 모두 '표백제 및 기타 세탁용 제제'의 상품류로 등록하여 출원건수는 2건으로 계산될 수 있다.

04 다음 글의 '나'의 입장에서 비판할 수 있는 것을 〈보기〉에서 모두 고르면?

어떤 사람이 내게 말했다.

"어제 저녁, 어떤 사람이 몽둥이로 개를 때려죽이는 것을 보았네. 그 모습이 불쌍해 마음이 너무 아팠네. 그래서 이제부터는 개고기나 돼지고기를 먹지 않을 생각이네."

그 말을 듣고 내가 말했다.

"어제 저녁, 어떤 사람이 화로 옆에서 이를 잡아 태워 죽이는 것을 보고 마음이 무척 아팠네. 그래서 다시는 이를 잡지 않겠다고 맹세를 하였네."

그러자 그 사람은 화를 내며 말했다.

"이는 하찮은 존재가 아닌가? 나는 큰 동물이 죽는 것을 보고 불쌍한 생각이 들어 말한 것인데, 그대는 어찌 그런 사소한 것이 죽는 것과 비교하는가? 그대는 지금 나를 놀리는 것인가?"

나는 좀 구체적으로 설명할 필요를 느꼈다.

"무릇 살아 있는 것은 사람으로부터 소, 말, 돼지, 양, 곤충, 개미에 이르기까지 모두 사는 것을 원하고 죽는 것을 싫어한다네. 어찌 큰 것만 죽음을 싫어하고 작은 것은 싫어하지 않겠는가? 그렇다면 개와 이의 죽음은 같은 것이겠지. 그래서 이를 들어 말한 것이지 어찌 그대를 놀리려는 뜻이 있었겠는가? 내 말을 믿지 못하거든 그대의 열손가락을 깨물어 보게나. 엄지손가락만 아프고 나머지 손가락은 안 아프겠는가? 우리 몸에 있는 것은 크고 작은 마디를 막론하고 그 아픔은 모두 같은 것일세. 더구나 개나 이나 각기 생명을 받아 태어났는데, 어찌 하나는 죽음을 싫어하고 하나는 좋아하겠는가? 그대는 눈을 감고 조용히 생각해 보게. 그리하여 달팽이의 뿔을 소의 뿔과 같이 보고, 메추리를 큰 붕새와 동일하게 보도록 노력하게나. 그런 뒤에야 내가 그대와 더불어 도(道)를 말할 수 있을 걸세."

– 이규보, 『슬견설』

보기

㉠ 중동의 분쟁에는 관심을 집중하지만, 아프리카에서 굶주림으로 죽어가는 아이들에게는 침묵하는 세계 여론

㉡ 우리의 역사를 객관적인 관점에서 평가해야 한다고 주장하는 한 대학의 교수

㉢ 집안일은 전통적으로 여자들이 해야 하는 일이므로 남자는 집안일을 할 필요가 없다고 생각하는 우리 아빠

㉣ 외국인 노동자들에게 적절한 임금과 근로조건을 제공하지 않으려 하는 한 기업의 대표

㉤ 구체적인 자료를 통해 범죄 사실을 입증하려는 검사

① ㉠, ㉡, ㉣
② ㉠, ㉢, ㉣
③ ㉡, ㉣, ㉤
④ ㉠, ㉡, ㉢, ㉣
⑤ ㉠, ㉡, ㉣, ㉤

05 다음 글의 주장을 반박하는 내용으로 적절하지 않은 것은?

> 윤리와 관련하여 가장 광범위하게 받아들여진 사실 가운데 하나는 옳은 것과 그른 것에 대한 광범위한 불일치가 과거부터 현재까지 항상 있었고, 아마도 앞으로도 계속 있을 것이라는 점이다. 가령 육식이 올바른지를 두고 한 문화에 속해 있는 사람들의 판단은 다른 문화에 속해 있는 사람들의 판단과 굉장히 다르다. 그뿐만 아니라 한 문화에 속한 사람들의 판단은 시대마다 아주 다르기도 하다. 심지어 우리는 동일한 문화와 시대 안에서도 하나의 행위에 대해 서로 다른 윤리적 판단을 하는 경우를 볼 수 있다.
> 이러한 사실이 의미하는 바는 사람들의 윤리적 기준이 시간과 장소 그리고 그들이 사는 상황에 따라 달라진다는 것이다. 그러므로 올바른 윤리적 기준은 그것을 적용하는 사람에 따라 상대적이다. 이것이 바로 윤리적 상대주의의 핵심 논지이다. 따라서 우리는 윤리적 상대주의가 참이라는 결론을 내려야 한다.

① 사람들의 윤리적 판단은 그들이 사는 지역에 따라 크게 다르지 않다.
② 윤리적 판단이 다르다고 해서 윤리적 기준도 반드시 달라지는 것은 아니다.
③ 문화가 다른 것이 윤리적 가치 및 판단이 다르다는 것을 의미하는 것은 아니다.
④ 윤리적 상대주의가 옳다고 해서 사람들의 윤리적 판단이 항상 서로 다른 것은 아니다.
⑤ 인류학자들에 따르면 문화에 따른 판단의 차이에도 불구하고 일부 윤리적 기준은 보편적으로 신봉되고 있다.

06 다음 글에 대한 반박으로 가장 적절한 것은?

> 한국 사회의 행복 수준은 단순히 풍요의 역설로 설명할 수 없다. 행복에 대한 심리학적 연구에 따르면 타인과 비교하는 성향이 강한 사람일수록 행복감이 낮아지게 된다. 비교 성향이 강한 사람은 사회적 관계에서 자신보다 우월한 사람들을 준거집단으로 삼아 비교하기 쉽고 이로 인해 상대적 박탈감이 커질 수 있기 때문이다. 한국과 같은 경쟁 사회에서는 진학이나 구직 등에서 과열 경쟁이 벌어지고 등수에 의해 승자와 패자가 구분된다. 이 과정에서 비교 우위를 차지하지 못한 사람들은 좌절을 경험하기 쉬운데, 비교 성향이 강할수록 좌절감은 더 크다. 따라서 한국 사회의 행복감이 낮은 이유는 한국 사람들이 다른 사람들과 비교하는 성향이 매우 높은 데서 찾을 수 있다.

① 한국보다 소득 수준이 높고 대학 입학을 위한 입시 경쟁이 매우 치열한 나라도 있다.
② 한국 사회는 인당 소득 수준이 비슷한 다른 나라와 비교했을 때 행복감의 수준이 상당히 낮다.
③ 자신보다 우월한 사람들을 준거집단으로 삼는 경향이 한국보다 강해도 행복감은 더 높은 나라가 있다.
④ 준거집단을 자기보다 우월한 사람들로 삼지 않는 나라라고 하더라도 행복감이 높지 않은 나라가 있다.
⑤ 한국은 세계에서 손꼽는 강대국 중 하나이므로 다른 사람들과 비교하는 성향이 강하더라도 행복감이 높은 경향이 있다.

07 다음 글의 내용이 참일 때 항상 거짓인 것은?

> 과거에는 공공 서비스가 경합성과 배제성이 모두 약한 사회 기반 시설 공급을 중심으로 제공되었다. 이런 경우 서비스 제공에 드는 비용은 주로 세금을 비롯한 공적 재원으로 충당을 한다. 하지만 복지와 같은 개인 단위 공공 서비스에 대한 사회적 요구가 증가함에 따라 관련 공공 서비스의 다양화와 양적 확대가 이루어지고 있다. 이로 인해 정부의 관련 조직이 늘어나고 행정 업무의 전문성 및 효율성이 떨어지는 문제점이 나타나기도 한다. 이 경우 정부는 정부 조직의 규모를 확대하지 않으면서 서비스의 전문성을 강화할 수 있는 민간 위탁 제도를 도입할 수 있다. 민간 위탁이란 공익성을 유지하기 위해 서비스의 대상이나 범위에 대한 결정권과 서비스 관리의 책임을 정부가 갖되, 서비스 생산은 민간 업체에게 맡기는 것이다.
>
> 민간 위탁은 주로 다음과 같은 몇 가지 방식으로 운용되고 있다. 가장 일반적인 것은 '경쟁 입찰 방식'이다. 이는 일정한 기준을 충족하는 민간 업체 간 경쟁 입찰을 거쳐 서비스 생산자를 선정, 계약하는 방식이다. 공원과 같은 공공 시설물 관리 서비스가 이에 해당한다. 이 경우 정부가 직접 공공 서비스를 제공할 때보다 서비스의 생산 비용이 절감될 수 있고 정부의 재정 부담도 경감될 수 있다. 다음으로는 '면허 발급 방식'이 있다. 이는 서비스 제공을 위한 기술과 시설이 기준을 충족하는 민간 업체에게 정부가 면허를 발급하는 방식이다. 자동차 운전면허 시험, 산업 폐기물 처리 서비스 등이 이에 해당한다. 이 경우 공공 서비스가 갖춰야 할 최소한의 수준은 유지하면서도 공급을 민간의 자율에 맡겨 공공 서비스의 수요와 공급이 탄력적으로 조절되는 효과를 얻을 수 있다. 또한 '보조금 지급 방식'이 있는데, 이는 민간이 운영하는 종합 복지관과 같이 안정적인 공공 서비스 제공이 필요한 기관에 보조금을 주어 재정적으로 지원하는 것이다.

① 경쟁 입찰 방식은 정부의 재정 부담을 줄여준다.
② 과거 공공 서비스는 주로 공적 재원에 의해 운영됐다.
③ 정부로부터 면허를 받은 민간 업체는 보조금을 지급받을 수 있다.
④ 서비스 생산을 민간 업체에게 맡김으로써 공공 서비스의 전문성을 강화할 수 있다.
⑤ 공공 서비스의 양적 확대에 따라 행정 업무 전문성이 떨어지는 부작용이 나타난다.

04 | 주제 찾기

| 유형분석 |

- 주어진 지문을 파악하여 전달하고자 하는 핵심 주제를 고르는 문제이다.
- 정보를 종합하고 중요한 내용을 구별하는 능력이 필요하다.
- 설명문부터 주장, 반박문까지 다양한 성격의 지문이 제시되므로 글의 성격별 특징을 알아두는 것이 좋다.

다음 글의 주제로 가장 적절한 것은?

멸균이란 곰팡이, 세균, 박테리아, 바이러스 등 모든 미생물을 사멸시켜 무균 상태로 만드는 것을 의미한다. 멸균 방법에는 물리적, 화학적 방법이 있으며, 멸균 대상의 특성에 따라 적절한 멸균 방법을 선택하여 실시할 수 있다. 먼저 물리적 멸균법에는 열이나 화학약품을 사용하지 않고 여과기를 이용하여 세균을 제거하는 여과법, 병원체를 불에 태워 없애는 소각법, 100℃에서 10 ~ 20분간 물품을 끓이는 자비소독법, 미생물을 자외선에 직접 노출시키는 자외선 소독법, 160 ~ 170℃의 열에서 1 ~ 2시간 동안 건열 멸균기를 사용하는 건열법, 포화된 고압증기 형태의 습열로 미생물을 파괴시키는 고압증기 멸균법 등이 있다. 다음으로 화학적 멸균법은 화학약품이나 가스를 사용하여 미생물을 파괴하거나 성장을 억제하는 방법으로, E.O 가스, 알코올, 염소 등 여러 가지 화학약품이 사용된다.

① 멸균의 중요성
② 뛰어난 멸균 효과
③ 다양한 멸균 방법
④ 멸균 시 사용하는 약품의 종류
⑤ 멸균 시 발생할 수 있는 부작용

정답 ③

제시문에서는 멸균에 대해 언급하며, 멸균 방법을 물리적·화학적으로 구분하여 다양한 멸균 방법에 대해 설명하고 있다. 따라서 글의 주제로는 ③이 가장 적절하다.

풀이 전략!

'결국', '즉', '그런데', '그러나', '그러므로' 등의 접속어 뒤에 주제가 드러나는 경우가 많다는 것에 주의하면서 지문을 읽는다.

※ 다음 글의 주제로 가장 적절한 것을 고르시오. [1~6]

01

동양 사상이라 해서 언어와 개념을 무조건 무시하는 것은 결코 아니다. 만약 그렇다면 동양 사상은 경전이나 저술을 통해 언어화되지 않고 순전히 침묵 속에서 전수되어 왔을 것이다. 물론 이것은 사실이 아니다. 동양 사상도 끊임없이 언어적으로 다듬어져 왔으며 논리적으로 전개되어 왔다. 흔히 동양 사상은 신비주의적이라고 말하지만, 이것은 동양 사상의 한 면만을 특정 지우는 것이지 결코 동양의 철인(哲人)들이 사상을 전개함에 있어 논리를 무시했다거나 항시 어떤 신비적인 체험에 호소해서 자신의 주장들을 폈다는 것을 뜻하지는 않는다. 그러나 역시 동양 사상은 신비주의적임에 틀림없다. 거기서는 지고(至高)의 진리란 언제나 언어화될 수 없는 어떤 신비한 체험의 경지임이 늘 강조되어 왔기 때문이다. 최고의 진리는 언어 이전, 혹은 언어 이후의 무언(無言)의 진리이다. 엉뚱하게 들리겠지만, 동양 사상의 정수(精髓)는 말로써 말이 필요 없는 경지를 가리키려는 데에 있다고 해도 과언이 아니다. 말이 스스로를 부정하고 초월하는 경지를 나타내도록 사용된 것이다. 언어로써 언어를 초월하는 경지를 나타내고자 하는 것이야말로 동양 철학이 지닌 가장 특징적인 정신이다. 동양에서는 인식의 주체를 심(心)이라는 매우 애매하면서도 포괄적인 말로 이해해 왔다. 심(心)은 물(物)과 항시 자연스러운 교류를 하고 있으며, 이성은 단지 심(心)의 일면일 뿐인 것이다. 동양은 이성의 오만이라는 것을 모른다. 지고의 진리, 인간을 살리고 자유롭게 하는 생동적 진리는 언어적 지성을 넘어선다는 의식이 있었기 때문일 것이다. 언어는 언제나 마음을 못 따르며 둘 사이에는 항시 괴리가 있다는 생각이 동양인들의 의식 저변에 깔려 있는 것이다.

① 동양 사상은 신비주의적인 요소가 많다.
② 언어와 개념을 무시하면 동양 사상을 이해할 수 없다.
③ 동양 사상은 언어적 지식을 초월하는 진리를 추구한다.
④ 인식의 주체를 심(心)으로 표현하는 동양 사상은 이성적이라 할 수 없다.
⑤ 동양 사상에서는 언어는 마음을 따르므로 진리는 마음속에 있다고 주장한다.

02

우리는 주변에서 신호등 음성 안내기, 휠체어 리프트, 점자 블록 등의 장애인 편의 시설을 많이 볼 수 있다. 우리는 이런 편의 시설을 장애인들이 지니고 있는 국민으로서의 기본 권리를 인정한 것이라는 시각에서 바라보고 있다. 물론, 장애인의 일상생활 보장이라는 측면에서 이 시각은 당연한 것이다. 하지만 또 다른 시각이 필요하다. 그것은 바로 편의 시설이 장애인만을 위한 것이 아니라 일상생활에서 활동에 불편을 겪는 모두를 위한 것이라는 시각이다. 편리하고 안전한 시설은 장애인뿐만 아니라 우리 모두에게 유용하기 때문이다. 예를 들어, 건물의 출입구에 설치되어 있는 경사로는 장애인들의 휠체어만 다닐 수 있도록 설치해 놓은 것이 아니라, 몸이 불편해서 계단을 오르내릴 수 없는 노인이나 유모차를 끌고 다니는 사람들도 편하게 다닐 수 있도록 만들어 놓은 시설이다. 결국 이 경사로는 우리 모두에게 유용한 시설인 것이다.

그런 의미에서 근래에 대두되고 있는 '보편적 디자인', 즉 '유니버설 디자인(Universal Design)'이라는 개념은 우리에게 좋은 시사점을 제공해 준다. 보편적 디자인은 가능한 모든 사람이 이용할 수 있도록 제품, 건물, 공간을 디자인한다는 의미를 가지고 있다. 이러한 시각으로 바라본다면 장애인 편의 시설은 우리 모두에게 편리하고 안전한 시설로 인식될 것이다.

① 우리 주변에서는 장애인 편의 시설을 많이 볼 수 있다.
② 보편적 디자인은 근래에 대두되고 있는 중요한 개념이다.
③ 어떤 집단의 사람들이라도 이용할 수 있는 제품을 만들어야 한다.
④ 보편적 디자인이라는 관점에서 장애인 편의 시설을 바라볼 필요가 있다.
⑤ 장애인들의 기본 권리를 보장하기 위해 장애인 편의 시설을 확충해야 한다.

03

임신 중 고지방식 섭취가 태어날 자식의 생식기에서 종양의 발생 가능성을 높일 수 있다는 것이 밝혀졌다. 이 결과는 임신한 암쥐 261마리 중 130마리의 암쥐에게는 고지방식을, 131마리의 암쥐에게는 저지방식을 제공한 연구를 통해 얻었다. 실험 결과, 고지방식을 섭취한 암쥐에게서 태어난 새끼 가운데 54%가 생식기에 종양이 생겼지만, 저지방식을 섭취한 암쥐가 낳은 새끼 중에서 그러한 종양이 생긴 것은 21%였다.

한편, 사지 중 하나 이상의 절단 수술이 심장병으로 사망할 가능성을 증가시킬 수 있다는 것이 밝혀졌다. 이것은 제2차 세계대전 중에 부상을 당한 9,000명의 군인에 대한 진료 기록을 조사한 결과이다. 이들 중 4,000명은 사지 중 하나 이상의 절단 수술을 받은 사람이었고, 5,000명은 사지 절단 수술을 받지 않았지만 중상을 입은 사람이었다. 이들에 대한 기록을 추적 조사한 결과, 사지 중 하나 이상의 절단 수술을 받은 사람이 심장병으로 사망한 비율은 그렇지 않은 사람의 1.5배였다. 즉, 사지 중 하나 이상의 절단 수술을 받은 사람 중 600명은 심장병으로 사망하였고, 그렇지 않은 사람 중 500명이 심장병으로 사망하였다.

① 절단 수술과 종양의 상관관계
② 발생 부위에 따른 뇌종양 증상
③ 염색체 이상 유전병의 위험을 높이는 요인
④ 의외의 질병 원인과 질병 사이의 상관관계
⑤ 임신이 여성 몸에 끼치는 부정적인 여러 영향들

04

'새'는 하나의 범주이다. [+동물], [+날 것]과 같이 성분 분석을 한다면 우리 머릿속에 떠오른 '새'의 의미를 충분히 설명했다고 보기 어렵다. 성분 분석 이론의 의미자질 분석은 단순할 뿐이다. 이것이 실망스런 이유는 성분 분석 이론의 '새'에 대한 의미 기술이 고작해야 다른 범주, 즉 조류가 아닌 다른 동물 범주와 구별해 주는 정도밖에 되지 못했기 때문이다. 아리스토텔레스 이래로 하나의 범주는 경계가 뚜렷한 실재물이며, 범주의 구성원은 서로 동등한 자격을 가지고 있다고 믿어 왔다. 그리고 범주를 구성하는 단위는 자질들의 집합으로 설명될 수 있다고 생각해 왔다. 앞에서 보여 준 성분 분석 이론 역시 그런 고전적인 범주 인식에 바탕을 두고 있다. 어휘의 의미는 의미 성분, 곧 의미자질들의 총화로 기술될 수 있다고 믿는 것이고, 하나의 범주가 필요충분조건으로 이루어져 있다는 가정에서만이 가능한 것이었다. 그러나 '새'의 범주를 떠올려 보면 범주의 구성원들끼리 결코 동등한 자격을 가지고 있지 않다. 가장 원형적인 구성원이 있는가 하면 덜 원형적인 것, 주변적인 것도 있는 것이다. 이렇게 고전 범주화 이론과 차별되는 범주에 대한 새로운 인식은 인지 언어학에서 하나의 혁명으로 간주되었다.

① '새'의 성분 분석 결과
② 성분 분석 이론의 바탕
③ 성분 분석 이론의 의의
④ 고전 범주화 이론의 한계
⑤ '새'가 갖는 성분 분석의 이론적 의미

05

'노블레스 오블리주(Noblesse Oblige)'는 높은 지위에 맞는 도덕적 의무감을 일컫는 말이다. 높든 낮든 사람들은 모두 지위를 가지고 이 사회를 살아가고 있다. 그러나 노블레스 오블리주는 '높은 지위'를 강조하고, 그것도 사회를 이끌어 가는 지도층에 속하는 사람들의 지위를 강조한다. 지도층은 '엘리트층'이라고도 하고 '상층'이라고도 한다. 좀 더 부정적 의미로는 '지배층'이라고도 한다. 노블레스 오블리주는 지도층의 지위에 맞는 도덕적 양심과 행동을 이르는 말로, 사회의 중요 덕목으로 자주 인용된다.

그렇다면 지도층만 도덕적 의무감이 중요하고 일반 국민의 도덕적 의무감은 중요하지 않다는 말인가? 물론 그럴 리도 없고 그렇지도 않다. 도덕적 의무감은 지위가 높든 낮든 다 중요하다. '사회는 도덕 체계다.'라는 말처럼, 사회가 존속하고 지속되는 것은 기본적으로는 법 때문이 아니라 도덕 때문이다. 한 사회 안에서 수적으로 얼마 안 되는 '지도층'의 도덕성만이 문제될 수는 없다. 화합하는 사회, 인간이 존중되는 사회는 국민 전체의 도덕성이 더 중요하다.

그런데도 왜 노블레스 오블리주인가? 왜 지도층만의 도덕적 의무감을 특히 중요시하는가? 이유는 명백하다. 우리식 표현으로는 윗물이 맑아야 아랫물이 맑기 때문이다. 서구식 주장으로는 지도층이 '도덕적 지표(指標)'가 되기 때문이다. 그런데 우리식의 표현이든 서구식의 주장이든 이 두 생각이 사회에서 그대로 적용되는 것은 아니다. 사회에서는 위가 맑아도 아래가 부정한 경우가 비일비재(非一非再)하다. 또한 도덕적 실천에서는 지도층이 꼭 절대적 기준이 되는 것도 아니다. 완벽한 기준은 세상 어디에도 존재하지 않는다. 단지 건전한 사회를 만드는 데 어느 방법이 높은 가능성을 지니느냐, 어느 것이 효과적인 방법이냐만이 있을 뿐이다. 우리식 표현이든 서구식 생각이든 두 생각이 공통적으로 갖는 의미는 지도층의 도덕적 의무감이 일반 국민을 도덕 체계 속으로 끌어들이는 데 가장 효과적이며 효율적인 방법이라는 것에 있다. 그래서 노블레스 오블리주이다.

① 노블레스 오블리주의 기원
② 노블레스 오블리주의 한계
③ 노블레스 오블리주의 적용 범위
④ 노블레스 오블리주가 필요한 이유
⑤ 노블레스 오블리주에 대한 비판적 시각

06

싱가포르에서는 1982년부터 자동차에 대한 정기검사 제도가 시행되었는데, 그 체계가 우리나라의 검사제도와 매우 유사하다. 단, 국내와는 다르게 재검사에 대해 수수료를 부과하고 있고 금액은 처음 검사 수수료의 절반이다.

자동차 검사에서 특이한 점은 2007년 1월 1일부터 디젤 자동차에 대한 배출가스 정밀검사가 시행되고 있다는 점이다. 안전도 검사의 검사방법 및 기준은 교통부에서 주관하고, 배출가스 검사의 검사방법 및 기준은 환경부에서 주관하고 있다.

싱가포르는 사실상 자동차 등록 총량제에 의해 관리되고 있다. 우리나라와는 다르게 자동차를 운행할 수 있는 권리증을 자동차 구매와 별도로 구매하여야 하며 그 가격이 매우 높다. 또한 일정 구간(혼잡구역)에 대한 도로세를 우리나라의 하이패스 시스템과 유사한 시스템인 ERP시스템을 통하여 징수하고 있다.

강력한 자동차 안전도 규제, 이륜차에 대한 체계적인 검사와 ERP를 이용한 관리를 통해 검사진로 내에서 사진촬영보다 유용한 시스템을 적용한다. 그리고 분기별 기기 정밀도 검사를 시행하여 국민에게 신뢰받을 수 있는 정기검사 제도를 시행하고 국민의 신고에 의한 수시 검사제도를 통하여 불법자동차 근절에 앞장서고 있다.

① 싱가포르의 자동차 관리 시스템
② 싱가포르의 불법자동차 근절방법
③ 싱가포르의 자동차 정기검사 제도
④ 싱가포르와 우리나라의 교통규제시스템
⑤ 국민에게 신뢰받는 싱가포르의 교통법규

CHAPTER 02

수리능력

합격 Cheat Key

수리능력은 사칙 연산·통계·확률의 의미를 정확하게 이해하고 이를 업무에 적용하는 능력으로, 기초 연산과 기초 통계, 도표 분석 및 작성의 문제 유형으로 출제된다. 수리능력 역시 채택하지 않는 공사·공단이 거의 없을 만큼 필기시험에서 중요도가 높은 영역이다.

특히, 난이도가 높은 공사·공단의 시험에서는 도표 분석, 즉 자료 해석 유형의 문제가 많이 출제되고 있고, 응용 수리 역시 꾸준히 출제하는 공사·공단이 많기 때문에 기초 연산과 기초 통계에 대한 공식의 암기와 자료 해석 능력을 기를 수 있는 꾸준한 연습이 필요하다.

1 응용 수리의 공식은 반드시 암기하라!

응용 수리는 공사·공단마다 출제되는 문제는 다르지만, 사용되는 공식은 비슷한 경우가 많으므로 자주 출제되는 공식을 반드시 암기하여야 한다. 문제에서 묻는 것을 정확하게 파악하여 그에 맞는 공식을 적절하게 적용하는 꾸준한 노력과 공식을 암기하는 연습이 필요하다.

2 **자료의 해석은 자료에서 즉시 확인할 수 있는 지문부터 확인하라!**

수리능력 중 도표 분석, 즉 자료 해석 능력은 많은 시간을 필요로 하는 문제가 출제되므로, 증가·감소 추이와 같이 눈으로 확인이 가능한 지문을 먼저 확인한 후 복잡한 계산이 필요한 지문을 확인하는 방법으로 문제를 풀이한다면 시간을 조금이라도 아낄 수 있다. 또한, 여러 가지 보기가 주어진 문제 역시 지문을 잘 확인하고 문제를 풀이한다면 불필요한 계산을 생략할 수 있으므로 항상 지문부터 확인하는 습관을 들여야 한다.

3 **도표 작성에서 지문에 작성된 도표의 제목을 반드시 확인하라!**

도표 작성은 하나의 자료 혹은 보고서와 같은 수치가 표현된 자료를 도표로 작성하는 형식으로 출제되는데, 대체로 표보다는 그래프를 작성하는 형태로 많이 출제된다. 지문을 살펴보면 각 지문에서 주어진 도표에도 소제목이 있는 경우가 대부분이다. 이때, 자료의 수치와 도표의 제목이 일치하지 않는 경우 함정이 존재하는 문제일 가능성이 높으므로 도표의 제목을 반드시 확인하는 것이 중요하다.

01 | 응용 수리

| 유형분석 |

- 문제에서 제공하는 정보를 파악한 뒤, 사칙연산을 활용하여 계산하는 전형적인 수리문제이다.
- 문제를 풀기 위한 정보가 산재되어 있는 경우가 많으므로 주어진 조건 등을 꼼꼼히 확인해야 한다.

세희네 가족의 올해 휴가비용은 작년 대비 교통비는 15%, 숙박비는 24% 증가하였고, 전체 휴가비용은 20% 증가하였다. 작년 전체 휴가비용이 36만 원일 때, 올해 숙박비는?(단, 전체 휴가비는 교통비와 숙박비의 합이다)

① 160,000원

② 184,000원

③ 200,000원

④ 248,000원

⑤ 268,000원

정답 ④

작년 교통비를 x원, 숙박비를 y원이라 하자.
$1.15x + 1.24y = 1.2(x+y)$ … ㉠
$x + y = 36$ … ㉡
㉠과 ㉡을 연립하면 $x = 16$, $y = 20$이다.
따라서 올해 숙박비는 $20 \times 1.24 = 24.8$만 원이다.

풀이 전략!

문제에서 묻는 바를 정확하게 확인한 후, 필요한 조건 또는 정보를 구분하여 신속하게 풀어 나간다. 단, 계산에 착오가 생기지 않도록 유의한다.

01 K고등학교 운동장은 다음과 같이 양 끝이 반원 모양이다. 한 학생이 운동장 가장자리를 따라 한 바퀴를 달린다고 할 때, 학생이 달린 거리는 몇 m인가?(단, 원주율 $\pi = 3$으로 계산한다)

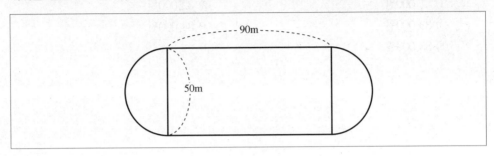

① 300m ② 310m

③ 320m ④ 330m

⑤ 340m

02 가로 길이가 x cm이고 세로 길이가 y cm인 직사각형의 둘레의 길이가 20cm이고 넓이가 24cm^{2}이 다. 이 직사각형의 가로 길이와 세로 길이를 3cm씩 늘릴 때, 늘어난 직사각형의 넓이는?

① 59cm^2 ② 60cm^2

③ 61cm^2 ④ 62cm^2

⑤ 63cm^2

03 어떤 모형을 만드는 데 서로 다른 부품이 10개 필요하고, 작년에 이 중 A부품의 1개의 가격이 전체 부품 값의 15%였다. 올해에 모든 부품 값이 10,000원씩 상승하여 A부품 1개 가격이 전체 부품 값의 14.5%가 될 때, 올해 모형을 만드는 데 필요한 모든 부품 값은 얼마인가?(단, 서로 다른 10개 부품 모두 1개씩 필요하다)

① 1,200,000원 ② 1,100,000원

③ 1,000,000원 ④ 900,000원

⑤ 800,000원

04 K씨는 저가항공을 이용하여 비수기에 제주도 출장을 가려고 한다. 1인 기준으로 작년에 비해 비행기 왕복 요금은 20% 내렸고, 1박 숙박비는 15% 올라서 올해의 비행기 왕복 요금과 1박 숙박비 합계는 작년보다 10% 증가한 금액인 308,000원이라고 한다. 이때, 1인 기준으로 올해의 비행기 왕복 요금은?

① 31,000원　　　　　　　　　② 32,000원

③ 33,000원　　　　　　　　　④ 34,000원

⑤ 35,000원

05 50명의 남학생 중에서 24명, 30명의 여학생 중에서 16명이 뮤지컬을 좋아한다고 한다. 전체 80명의 학생 중에서 임의로 선택한 한 명이 뮤지컬을 좋아하지 않는 학생이었을 때, 그 학생이 여학생일 확률은?

① $\dfrac{3}{20}$　　　　　　　　　② $\dfrac{1}{5}$

③ $\dfrac{1}{4}$　　　　　　　　　④ $\dfrac{3}{10}$

⑤ $\dfrac{7}{20}$

06 A지역 유권자의 $\dfrac{3}{5}$ 과 B지역 유권자의 $\dfrac{1}{2}$ 이 헌법 개정에 찬성하였다. A지역 유권자가 B지역 유권자의 4배일 때, A와 B 두 지역 유권자의 헌법 개정 찬성률은 얼마인가?

① 54%　　　　　　　　　② 56%

③ 58%　　　　　　　　　④ 60%

⑤ 62%

07 비누를 생산할 수 있는 두 종류의 기계 A, B가 있다. A기계 1대와 B기계 4대를 동시에 5분 동안 가동하면 100개의 비누를 생산할 수 있고, A기계 2대와 B기계 3대를 동시에 4분 동안 가동하면 100개의 비누를 생산할 수 있다. 이때 A기계 3대와 B기계 2대를 동시에 가동하여 비누 100개를 생산하는 데 걸리는 시간은?

① $\dfrac{10}{3}$ 시간

② $\dfrac{10}{7}$ 시간

③ $\dfrac{11}{3}$ 시간

④ $\dfrac{11}{5}$ 시간

⑤ $\dfrac{11}{7}$ 시간

08 남자 5명과 여자 3명 중에서 4명의 대표를 선출할 때, 적어도 1명의 여자가 포함되도록 선출하는 경우의 수는?

① 55가지

② 60가지

③ 65가지

④ 70가지

⑤ 75가지

09 G사는 전 직원을 대상으로 유연근무제에 대한 찬반투표를 진행하였다. 그 결과 전체 직원의 80%가 찬성하였고, 20%는 반대하였다. 전 직원의 40%는 여직원이고, 유연근무제에 찬성한 직원의 70%는 남직원이었다. 여직원 한 명을 뽑았을 때, 이 직원이 유연근무제에 찬성했을 확률은?(단, 모든 직원은 찬성이나 반대의 의사표시를 하였다)

① $\dfrac{1}{5}$

② $\dfrac{2}{5}$

③ $\dfrac{3}{5}$

④ $\dfrac{2}{3}$

⑤ $\dfrac{5}{6}$

02 | 수열 규칙

| 유형분석 |

- 나열된 수의 규칙을 찾아 해결하는 문제이다.
- 등차·등비수열 등 다양한 수열 규칙에 대한 사전 학습이 요구된다.

다음과 같이 일정한 규칙으로 수를 나열할 때, 빈칸에 들어갈 수는?

	0	3	5	10	17	29	48	( )	

① 55   ② 60
③ 71   ④ 79

정답 ④

n을 자연수라 하면 $(n+1)$항에서 n항을 더하고 $+2$를 한 값인 $(n+2)$항이 되는 수열이다.
따라서 ( )$=48+29+2=79$이다.

풀이 전략!

- 수열을 풀이할 때는 다음과 같은 규칙이 적용되는지를 순차적으로 판단한다.
  1) 각 항에 일정한 수를 사칙연산($+$, $-$, $\times$, $\div$)하는 규칙
  2) 홀수 항, 짝수 항 규칙
  3) 피보나치 수열과 같은 계차를 이용한 규칙
  4) 군수열을 활용한 규칙
  5) 항끼리 사칙연산을 하는 규칙

주요 수열 규칙

구분	내용
등차수열	앞의 항에 일정한 수를 더해 이루어지는 수열
등비수열	앞의 항에 일정한 수를 곱해 이루어지는 수열
피보나치 수열	앞의 두 항의 합이 그 다음 항의 수가 되는 수열
건너뛰기 수열	두 개 이상의 수열 또는 규칙이 일정한 간격을 두고 번갈아가며 적용되는 수열
계차수열	앞의 항과 차가 일정하게 증가하는 수열
군수열	일정한 규칙성으로 몇 항씩 묶어 나눈 수열

※ 다음과 같이 일정한 규칙으로 수를 나열할 때, 빈칸에 들어갈 수를 고르시오. [1~3]

01

1	4	13	40	121	( )	1,093	

① 351   ② 363

③ 364   ④ 370

⑤ 392

02

1	2	5	12	27	58	121	( )

① 209   ② 213

③ 225   ④ 248

⑤ 279

03

$\frac{41}{391}$	$\frac{47}{385}$	$\frac{53}{379}$	$\frac{59}{373}$	( )	$\frac{71}{361}$

① $\frac{61}{367}$ ② $\frac{65}{367}$

③ $\frac{61}{369}$ ④ $\frac{65}{369}$

⑤ $\frac{61}{371}$

03 | 통계 분석

| 유형분석 |

- 통계와 관련한 이론을 활용하여 계산하는 문제이다.
- 중·고등학교 수준의 통계 이론은 숙지하고 있어야 하며, 주로 상대도수, 평균, 표준편차, 최댓값, 최솟값, 가중치 등이 활용된다.

다음은 K중학교 한 학급의 수학 성적을 조사한 자료이다. 수학 성적의 평균과 표준편차를 바르게 나열한 것은?

수학 성적(점)	도수(명)
45 이상 55 미만	2
55 이상 65 미만	9
65 이상 75 미만	27
75 이상 85 미만	11
85 이상 95 미만	1

① 60, 6   ② 60, 8

③ 70, 6   ④ 70, 8

⑤ 70, 10

정답 ④

우선 도수의 총합을 구하면 2+9+27+11+1=50이다.
각 구간의 계급값을 이용하여 평균을 구하면

$$(평균)=\frac{(50\times2)+(60\times9)+(70\times27)+(80\times11)+(90\times1)}{50}=70점$$

(편차)=(계급값)−(평균)이므로
각 구간의 편차는 각각 −20, −10, 0, 10, 20이다.
편차의 제곱을 이용하여 분산을 구하면

$$(분산)=\frac{\{2\times(-20)^2\}+\{9\times(-10)^2\}+(27\times0^2)+(11\times10^2)+(1\times20^2)}{50}=64$$

따라서 표준편차는 $\sqrt{64}=8$이다.

풀이 전략!

통계와 관련된 기본적인 공식은 반드시 암기해 두도록 하며, 이를 활용한 다양한 문제를 풀어보면서 풀이방법을 습득하는 연습이 필요하다.

01 다음은 2023년 첨단산업 현황에 대한 자료 중 일부이다. 〈보기〉의 (가)와 (나)에 들어갈 수치를 바르게 계산한 것은?

〈2023년 첨단산업 현황〉

(단위 : 억 달러, %)

구분	평판TV	비즈니스 항공기	핸드폰	의료기기	반도체	SW
시장규모	964	1,980	1,689	2,216	2,410	10,090
SW 규모 대비 비중	9.6	19.6	16.7	22	23.9	–

보기

SW산업은 디지털 컨버전스 시대의 신성장동력으로 세계시장 규모, 고용창출 및 부가 가치율 면에서 여타 산업을 압도하고 있으며, 시장규모는 2023년 기준 10,090억 달러로 반도체시장의 약 (가)배, 핸드폰시장의 약 (나)배 규모이다.

	(가)	(나)
①	4	4
②	4	6
③	5	5
④	5	7
⑤	6	7

02 다음은 K헬스장의 2023년 4분기 프로그램 회원 수와 2024년 1월 예상 회원 수에 대한 자료이다. 회원 수가 〈조건〉을 따를 때 b에 알맞은 수는 얼마인가?

〈K헬스장 운동 프로그램 회원 현황〉

(단위 : 명)

구분	2023년 10월	2023년 11월	2023년 12월	2024년 1월
요가	50	a	b	
G.X	90	98	c	
필라테스	106	110	126	d

조건

- $2a+b=c+d$
- 2023년 11월 요가 회원은 전월 대비 20% 증가했다.
- 4분기 필라테스 총 회원 수는 G.X 총 회원 수보다 37명이 더 많다.
- 2024년 1월 필라테스의 예상 회원 수는 2023년 4분기 필라테스의 월 평균 회원 수일 것이다.

① 110 　　　　　　　　　② 111

③ 112 　　　　　　　　　④ 113

⑤ 114

03 다음은 2014 ~ 2023년의 A지역에서 규모 3 이상의 지진 발생 건수에 대한 자료이다. 지진 발생건수의 중앙값은?

〈연도별 지진 발생 건수〉

(단위 : 건)

연도	2014년	2015년	2016년	2017년	2018년	2019년	2020년	2021년	2022년	2023년
발생건수	11	5	7	8	3	4	6	7	12	10

① 5건 　　　　　　　　　② 7건

③ 9건 　　　　　　　　　④ 11건

⑤ 13건

04 다음은 행정업무용 물품의 조달단가와 구매 효용성을 나타낸 것이다. 20억 원 이내에서 구매예산을 집행한다고 할 때, 정량적 기대효과 총합의 최댓값은?

<물품별 조달단가와 구매 효용성>

(단위 : 억 원)

구분	A	B	C	D	E	F	G	H
조달단가	3	4	5	6	7	8	10	16
구매 효용성	1	0.5	1.8	2.5	1	1.75	1.9	2

※ (구매 효용성)=(정량적 기대효과)÷(조달단가)
※ 각 물품은 구매하지 않거나, 1개만 구매 가능하다.

① 35 　　　　　　　　　　② 36
③ 37 　　　　　　　　　　④ 38
⑤ 39

05 다음은 G공사 인턴사원들의 최종 평가 점수를 나타낸 표이다. 최종 평가 점수의 중앙값과 최빈값은 얼마인가?

<최종 평가 점수>

(단위 : 점)

구분	A	B	C	D	E	F
점수	12	17	15	13	20	17

	중앙값	최빈값
①	14점	13점
②	15점	15점
③	15점	17점
④	16점	17점
⑤	16점	18점

06 G공사에서는 직원들의 통근시간을 조사하여 집에서 회사까지 1시간 이내로 통근하는 20명을 다음과 같이 정리해 보았다. 20명의 통근시간 표를 보고 중앙값을 구하면?

〈통근시간 현황〉

(단위 : 분)

이름	A	B	C	D	E	F	G	H	I	J
시간	45	41	44	30	21	25	33	55	19	14
이름	K	L	M	N	O	P	Q	R	S	T
시간	50	48	39	36	28	25	52	37	33	30

① 33.5분
② 34.0분
③ 34.5분
④ 35.0분
⑤ 35.5분

07 다음은 18개 지역의 날씨에 대한 자료이다. 이를 참고할 때 날씨의 평균값과 중앙값의 차는?

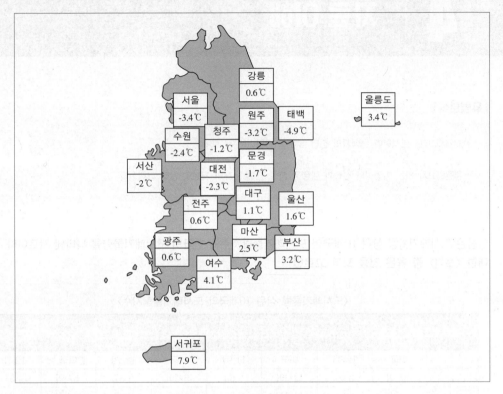

서울 -3.4℃
강릉 0.6℃
울릉도 3.4℃
원주 -3.2℃
태백 -4.9℃
수원 -2.4℃
청주 -1.2℃
서산 -2℃
대전 -2.3℃
문경 -1.7℃
전주 0.6℃
대구 1.1℃
울산 1.6℃
광주 0.6℃
마산 2.5℃
부산 3.2℃
여수 4.1℃
서귀포 7.9℃

① 0.38 ② 0.35
③ 0.26 ④ 0.22
⑤ 0.17

04 | 자료 이해

| 유형분석 |

- 제시된 표를 분석하여 선택지의 정답 유무를 판단하는 문제이다.
- 표의 수치 등을 통해 변화량이나 증감률, 비중 등을 비교하여 판단하는 문제가 자주 출제된다.
- 지원하고자 하는 기업이나 산업과 관련된 자료 등이 문제의 자료로 많이 다뤄진다.

다음은 도시폐기물량 상위 10개국의 도시폐기물량지수와 한국의 도시폐기물량을 나타낸 자료이다. 이에 대한 〈보기〉 중 옳은 것을 모두 고르면?

〈도시폐기물량 상위 10개국의 도시폐기물량지수〉

순위	2020년		2021년		2022년		2023년	
	국가	지수	국가	지수	국가	지수	국가	지수
1	미국	12.05	미국	11.94	미국	12.72	미국	12.73
2	러시아	3.40	러시아	3.60	러시아	3.87	러시아	4.51
3	독일	2.54	브라질	2.85	브라질	2.97	브라질	3.24
4	일본	2.53	독일	2.61	독일	2.81	독일	2.78
5	멕시코	1.98	일본	2.49	일본	2.54	일본	2.53
6	프랑스	1.83	멕시코	2.06	멕시코	2.30	멕시코	2.35
7	영국	1.76	프랑스	1.86	프랑스	1.96	프랑스	1.91
8	이탈리아	1.71	영국	1.75	이탈리아	1.76	터키	1.72
9	터키	1.50	이탈리아	1.73	영국	1.74	영국	1.70
10	스페인	1.33	터키	1.63	터키	1.73	이탈리아	1.40

※ (도시폐기물량지수)= $\dfrac{\text{(해당 연도 해당 국가의 도시폐기물량)}}{\text{(해당 연도 한국의 도시폐기물량)}}$

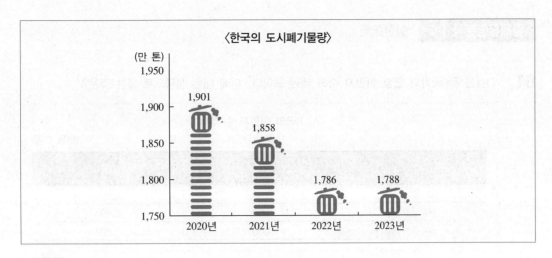

〈한국의 도시폐기물량〉

(만 톤)

- 2020년: 1,901
- 2021년: 1,858
- 2022년: 1,786
- 2023년: 1,788

보기

㉠ 2023년 도시폐기물량은 미국이 일본의 4배 이상이다.
㉡ 2022년 러시아의 도시폐기물량은 8,000만 톤 이상이다.
㉢ 2023년 스페인의 도시폐기물량은 2020년에 비해 감소하였다.
㉣ 영국의 도시폐기물량은 터키의 도시폐기물량보다 매년 많다.

① ㉠, ㉢
② ㉠, ㉣
③ ㉡, ㉢
④ ㉢, ㉣

정답 ①

㉠ 제시된 자료의 각주에 의해 같은 해의 각국의 도시폐기물량지수는 그 해 한국의 도시폐기물량을 기준해 도출된다. 즉, 같은 해의 여러 국가의 도시폐기물량을 비교할 때 도시폐기물량지수로도 비교가 가능하다. 2023년 미국과 일본의 도시폐기물량지수는 각각 12.73, 2.53이며, 2.53×4=10.12<12.73이므로 옳은 설명이다.

㉢ 2020년 한국의 도시폐기물량은 1,901만 톤이므로 2020년 스페인의 도시폐기물량은 1,901×1.33=2,528.33만 톤이다. 도시폐기물량 상위 10개국의 도시폐기물량지수 자료를 보면 2023년 스페인의 도시폐기물량지수는 상위 10개국에 포함되지 않았음을 확인할 수 있다. 즉, 스페인의 도시폐기물량은 도시폐기물량지수 10위인 이탈리아의 도시폐기물량보다 적다. 2023년 한국의 도시폐기물량은 1,788만 톤이므로 이탈리아의 도시폐기물량은 1,788×1.40=2,503.2만 톤이다. 즉, 2023년 이탈리아의 도시폐기물량은 2020년 스페인의 도시폐기물량보다 적다. 따라서 2023년 스페인의 도시폐기물량은 2020년에 비해 감소했다.

오답분석

㉡ 2022년 한국의 도시폐기물량은 1,786만 톤이므로 2022년 러시아의 도시폐기물량은 1,786×3.87=6,911.82만 톤이다.
㉣ 2023년의 경우 터키의 도시폐기물량지수는 영국보다 높다. 따라서 2023년 영국의 도시폐기물량은 터키의 도시폐기물량보다 적다.

풀이 전략!

평소 변화량이나 증감률, 비중 등을 구하는 공식을 알아두고 있어야 하며, 지원하는 기업이나 산업에 관한 자료 등을 확인하여 비교하는 연습 등을 한다.

01 다음은 두 국가의 월별 이민자 수에 대한 표이다. 이에 대한 설명으로 옳은 것은?

〈A, B국의 이민자 수 추이〉

(단위 : 명)

국가 년 / 월	A국	B국
2022년 12월	3,400	2,600
2023년 1월	3,800	2,800
2023년 2월	4,000	2,800

① 월별 이민자 수 차이는 2022년 12월이 가장 크다.

② 2022년 12월 B국 이민자 수는 A국 이민자 수의 75% 미만이다.

③ A국 이민자 수에 대한 B국 이민자 수의 비는 2022년 12월이 가장 크다.

④ 2023년 1월 A국과 B국 이민자 수의 차이는 A국 이민자 수의 33% 이상이다.

⑤ 2023년 2월 A국 이민자 수는 A, B국의 이민자 수의 평균보다 800명 더 많다.

02 다음은 주요 온실가스의 연평균 농도 변화 추이를 나타낸 표이다. 이에 대한 설명으로 옳지 않은 것은?

〈주요 온실가스의 연평균 농도 변화 추이〉

구분	2017년	2018년	2019년	2020년	2021년	2022년	2023년
이산화탄소(CO_2, ppm)	387.2	388.7	389.9	391.4	392.5	394.5	395.7
오존전량(O_3, DU)	331	330	328	325	329	343	335

① 오존전량은 계속해서 증가하고 있다.

② 이산화탄소의 농도는 계속해서 증가하고 있다.

③ 오존전량이 가장 크게 감소한 해는 2023년이다.

④ 2023년 이산화탄소의 농도는 2018년보다 7ppm 증가했다.

⑤ 2023년 오존전량은 2017년의 오존전량보다 4DU 증가했다.

03 다음은 출생, 사망 추이를 나타낸 자료이다. 이에 대한 설명으로 옳지 않은 것은?

<표 설명>

구분		2017년	2018년	2019년	2020년	2021년	2022년	2023년
출생아 수(명)		490,543	472,761	435,031	448,153	493,189	465,892	444,849
사망자 수(명)		244,506	244,217	243,883	242,266	244,874	246,113	246,942
기대수명(년)		77.44	78.04	78.63	79.18	79.56	80.08	80.55
수명	남자(년)	73.86	74.51	75.14	75.74	76.13	76.54	76.99
	여자(년)	80.81	81.35	81.89	82.36	82.73	83.29	83.77

〈출생, 사망 추이〉

① 매년 기대수명은 증가하고 있다.
② 남자와 여자의 수명은 매년 5년 이상의 차이를 보이고 있다.
③ 남자는 기대수명보다 짧게 살고, 여자는 기대수명보다 길게 산다.
④ 출생아 수는 2017년 이후 감소하다가 2020년, 2021년에 증가 이후 다시 감소하고 있다.
⑤ 매년 출생아 수는 사망자 수보다 20만 명 이상 더 많으므로 매년 총 인구는 20만 명 이상씩 증가한다고 볼 수 있다.

04 다음은 마트별 봉투 사용률에 대한 자료이다. 이에 대한 설명으로 옳은 것을 〈보기〉에서 모두 고르면?

〈마트별 봉투 사용률〉

구분	대형마트 (2,000명 대상)	중형마트 (800명 대상)	개인마트 (300명 대상)	편의점 (200명 대상)
비닐봉투	7%	18%	21%	78%
종량제봉투	28%	37%	43%	13%
종이봉투	5%	2%	1%	0%
에코백	16%	7%	6%	0%
개인 장바구니	44%	36%	29%	9%

※ 마트별 전체 조사자 수는 상이하다.

보기
ㄱ. 대형마트의 종이봉투 사용자 수는 중형마트의 종이봉투 사용자 수의 6배 이상이다.
ㄴ. 대형마트의 종량제봉투 사용자 수는 전체 종량제봉투 사용자 수의 절반 이하이다.
ㄷ. 비닐봉투 사용률이 가장 높은 곳과 비닐봉투 사용자 수가 가장 많은 곳은 동일하다.
ㄹ. 편의점을 제외한 마트의 규모가 커질수록 개인 장바구니의 사용률은 증가한다.

① ㄱ, ㄹ
② ㄱ, ㄴ, ㄷ
③ ㄱ, ㄷ, ㄹ
④ ㄴ, ㄷ, ㄹ
⑤ ㄱ, ㄴ, ㄷ, ㄹ

05 다음은 어느 학원의 강사 A ~ E의 시급과 수강생 만족도에 대한 자료이다. 이에 대한 설명으로 옳은 것은?

〈강사의 시급 및 수강생 만족도〉

(단위 : 원, 점)

구분	2022년		2023년	
	시급	수강생 만족도	시급	수강생 만족도
강사 A	50,000	4.6	55,000	4.1
강사 B	45,000	3.5	45,000	4.2
강사 C	52,000	( )	54,600	4.8
강사 D	54,000	4.9	59,400	4.4
강사 E	48,000	3.2	( )	3.5

〈수강생 만족도 점수별 시급 인상률〉

수강생 만족도	인상률
4.5점 이상	10% 인상
4.0점 이상 4.5점 미만	5% 인상
3.0점 이상 4.0점 미만	동결
3.0점 미만	5% 인하

※ 당해 연도 시급 대비 다음 연도 시급의 인상률은 당해 연도 수강생 만족도에 따라 결정된다.
※ 강사가 받을 수 있는 시급은 최대 60,000원이다.

① 강사 E의 2023년 시급은 45,600원이다.
② 2024년 시급은 강사 D가 강사 C보다 높다.
③ 2023년과 2024년 시급 차이가 가장 큰 강사는 C이다.
④ 강사 C의 2022년 수강생 만족도 점수는 4.5점 이상이다.
⑤ 모든 강사의 2024년 시급은 50,000원 이상이 될 것이다.

06 다음은 당뇨병 환자에 대한 자료이다. 이에 대한 설명으로 옳지 않은 것은?

〈당뇨병 환자수〉

(단위 : 명)

나이 \ 당뇨병	경증		중증	
	여자	남자	여자	남자
50세 미만	9	13	8	10
50세 이상	10	18	8	24

① 여자 환자 중 중증인 환자의 비율은 $\dfrac{16}{35}$ 이다.

② 여자 당뇨병 환자 수는 남자 당뇨병 환자 수보다 적다.

③ 50세 이상의 환자 수는 50세 미만 환자 수의 1.5배이다.

④ 중증인 여자 환자의 비율은 전체 당뇨병 환자의 16%이다.

⑤ 경증 환자 중 남자 환자의 비율은 중증 환자 중 남자 환자의 비율보다 높다.

07 다음은 성별 국민연금 가입자 현황이다. 이에 대한 설명으로 옳은 것은?

〈성별 국민연금 가입자 수〉

(단위 : 명)

구분	사업장가입자	지역가입자	임의가입자	임의계속가입자	합계
남자	8,059,994	3,861,478	50,353	166,499	12,138,324
여자	5,775,011	3,448,700	284,127	296,644	9,804,482
합계	13,835,005	7,310,178	334,480	463,143	21,942,806

① 전체 가입자 중 여자 가입자 수의 비율은 40% 이상이다.

② 남자 사업장가입자 수는 남자 지역가입자 수의 2배 미만이다.

③ 전체 지역가입자 수는 전체 사업장가입자 수의 50% 미만이다.

④ 모든 구분에서의 남자 가입자 수는 여자 가입자 수보다 많다.

⑤ 여자 사업장가입자 수는 이를 제외한 항목의 여자 가입자 수를 모두 합친 것보다 적다.

08 다음은 비만도 측정에 대한 자료와 3명의 학생 신체조건이다. 3명 학생의 비만도 측정에 대한 설명으로 옳지 않은 것은?(단, 비만도는 소수점 첫째 자리에서 반올림한다)

〈비만도 측정법〉

- (표준체중)=[(신장)−100]×0.9
- (비만도)=$\dfrac{(현재체중)}{(표준체중)}$×100

〈비만도 구분〉

구분	조건
저체중	90% 미만
정상체중	90% 이상 110% 이하
과체중	110% 초과 120% 이하
경도비만	120% 초과 130% 이하
중등도비만	130% 초과 150% 이하
고도비만	150% 이상 180% 이하
초고도비만	180% 초과

〈신체조건〉

- 혜지 : 키 158cm, 몸무게 58kg
- 기원 : 키 182cm, 몸무게 71kg
- 용준 : 키 175cm, 몸무게 96kg

① 3명의 학생 중 정상체중인 학생은 기원이뿐이다.
② 기원이가 과체중이 되기 위해선 체중이 5kg 증가해야 한다.
② 혜지의 표준체중은 52.2kg이고, 기원이의 표준체중은 73.8kg이다.
④ 용준이가 약 22kg 이상 체중을 감량하면 정상체중 범주에 포함된다.
⑤ 용준이의 몸무게가 100kg으로 증가한다면 중증도비만 범주에 포함된다.

09 다음은 국가별 지식재산권 사용료 현황에 대한 자료이다. 이에 대한 설명으로 옳지 않은 것은?(단, 증가율과 감소율은 절댓값으로 비교하고, 소수점 둘째 자리에서 반올림한다)

〈연도별 지식재산권 사용료 수입〉

(단위 : 백만 달러)

구분	2022년	2021년	2020년
버뮤다	2	0	0
캐나다	4,458	4,208	4,105
멕시코	6	7	7
미국	127,935	124,454	124,442
칠레	52	43	42
콜롬비아	63	46	52
파라과이	36	33	33
페루	26	9	7
우루과이	35	33	38

〈연도별 지식재산권 사용료 지급〉

(단위 : 백만 달러)

구분	2022년	2021년	2020년
버뮤다	10	8	9
캐나다	10,928	10,611	10,729
멕시코	292	277	260
미국	48,353	44,392	39,858
칠레	1,577	1,614	1,558
콜롬비아	457	439	471
파라과이	19	19	19
페루	306	324	302
우루과이	113	109	101

① 2020 ~ 2022년 동안 지적재산권 사용료 수입이 지급보다 많은 국가는 2곳이다.

② 2021 ~ 2022년 동안 미국의 지식재산권 사용료 지급은 수입의 30% 이상을 차지한다.

③ 2021 ~ 2022년 동안 전년 대비 지식재산권 사용료 수입과 지급이 모두 증가한 나라는 1곳이다.

④ 2020년 캐나다 지식재산권 사용료 수입은 미국을 제외한 국가들의 총수입보다 20배 이상이다.

⑤ 2022년 전년 대비 멕시코 지식재산권 사용료 지급 증가율은 2021년 전년 대비 콜롬비아 지식재산권 사용료 수입 감소율보다 5.5%p 더 높다.

10 다음은 강력범죄 검거 단서 및 연령별 강력범죄자 수에 대한 자료이다. 이에 대한 설명으로 옳지 않은 것은?

〈강력범죄 검거 단서〉

(단위 : 건)

구분	살인	강도	강간	방화
합계	1,349	5,904	14,902	1,653
피해자 신고	298	2,036	7,456	439
제3자 신고	180	94	444	124
현행범 체포	349	915	4,072	660
수사 활동	333	2,323	2,191	250
자수	53	30	26	27
기타	136	506	713	153

〈연령별 강력범죄자 수〉

(단위 : 명)

구분	살인	강도	강간	방화
합계	1,208	5,584	14,329	1,443
18세 이하	18	1,414	1,574	176
19 ~ 30세	173	1,543	3,596	153
31 ~ 40세	274	1,033	3,499	277
41 ~ 50세	350	781	3,060	498
51 ~ 60세	210	293	1,407	222
61세 이상	92	68	625	52
미상	91	452	568	65

① 19 ~ 30세와 41 ~ 50세에서 비중이 가장 높은 범죄는 강간이다.

② 방화 혐의로 검거한 사례 중 현행범으로 검거한 비율이 가장 크다.

③ 강력범죄 검거 단서 중 피해자 신고의 비중은 강도보다 강간이 더 높다.

④ 61세 이상의 방화 범죄자 수는 18세 이하의 살인 범죄자 수의 3배 이하이다.

⑤ 강력범죄 검거 단서로 볼 때 수사 활동이 가장 큰 비중을 차지하고 있는 것은 강도이고, 가장 작은 것은 방화이다.

11 다음은 2000 · 2010 · 2020년의 수도권 지역 및 전국 평균 매매 · 전세가격에 대한 자료이다. 이에 대한 설명으로 옳은 것은?

〈2000 · 2010 · 2020년 수도권 · 전국 평균 매매 · 전세가격〉

(단위 : 만 원)

구분		평균 매매가격			평균 전세가격		
		2000년	2010년	2020년	2000년	2010년	2020년
전국		10,100	14,645	18,500	6,762	9,300	13,500
수도권	전체	12,500	18,500	22,200	8,400	12,400	18,900
	서울	17,500	21,350	30,744	9,200	15,500	20,400
	인천	13,200	16,400	20,500	7,800	10,600	13,500
	경기	10,400	15,200	18,900	6,500	11,200	13,200

① 2000년 전국의 평균 전세가격은 수도권 전체 평균 전세가격의 80% 미만이다.

② 2000년 대비 2010년의 전국과 수도권 전체 평균 매매가격 증가율의 차이는 5%p 미만이다.

③ 2020년 수도권 전체의 평균 매매가격은 전국의 1.2배이고, 평균 전세가격은 전국의 1.3배이다.

④ 서울의 2010년 대비 2020년 매매가격 증가율은 2000년 대비 2010년 매매가격 증가율의 1.5배 이다.

⑤ 2000년, 2010년, 2020년 서울, 인천, 경기의 평균 매매 · 전세가격이 높은 순으로 나열하면 항상 '서울, 인천, 경기'이다.

CHAPTER 03

문제해결능력

합격 Cheat Key

문제해결능력은 업무를 수행하면서 여러 가지 문제 상황이 발생하였을 때, 창의적이고 논리적인 사고를 통하여 이를 올바르게 인식하고 적절히 해결하는 능력으로, 하위 능력에는 사고력과 문제처리능력이 있다.

문제해결능력은 NCS 기반 채용을 진행하는 대다수의 공사·공단에서 채택하고 있으며, 다양한 자료와 함께 출제되는 경우가 많아 어렵게 느껴질 수 있다. 특히, 난이도가 높은 문제로 자주 출제되기 때문에 다른 영역보다 더 많은 노력이 필요할 수는 있지만 그렇기에 차별화를 할 수 있는 득점 영역이므로 포기하지 말고 꾸준하게 노력해야 한다.

1 질문의 의도를 정확하게 파악하라!

문제해결능력은 문제에서 무엇을 묻고 있는지 정확하게 파악하여 먼저 풀이 방향을 설정하는 것이 가장 효율적인 방법이다. 특히, 조건이 주어지고 답을 찾는 창의적·분석적인 문제가 주로 출제되고 있기 때문에 처음에 정확한 풀이 방향이 설정되지 않는다면 문제를 제대로 풀지 못하게 되므로 첫 번째로 출제 의도 파악에 집중해야 한다.

2 **중요한 정보는 반드시 표시하라!**

출제 의도를 정확히 파악하기 위해서는 문제의 중요한 정보를 반드시 표시하거나 메모하여 하나의 조건, 단서도 잊고 넘어가는 일이 없도록 해야 한다. 실제 시험에서는 시간의 압박과 긴장감으로 정보를 잘못 적용하거나 잊어버리는 실수가 많이 발생하므로 사전에 충분한 연습이 필요하다.

3 **반복 풀이를 통해 취약 유형을 파악하라!**

문제해결능력은 특히 시간관리가 중요한 영역이다. 따라서 정해진 시간 안에 고득점을 할 수 있는 효율적인 문제 풀이 방법을 찾아야 한다. 이때, 반복적인 문제 풀이를 통해 자신이 취약한 유형을 파악하는 것이 중요하다. 정확하게 풀 수 있는 문제부터 빠르게 풀고 취약한 유형은 나중에 푸는 효율적인 문제 풀이를 통해 최대한 고득점을 맞는 것이 중요하다.

01 | 명제

| 유형분석 |

- 주어진 문장을 토대로 논리적으로 추론하여 참 또는 거짓을 구분하는 문제이다.
- 대체로 연역추론을 활용한 문제가 출제된다.

다음 명제가 모두 참일 때, 반드시 참인 명제는?

- 물을 녹색으로 만드는 조류는 냄새 물질을 배출한다.
- 독소 물질을 배출하는 조류는 냄새 물질을 배출하지 않는다.
- 물을 황색으로 만드는 조류는 물을 녹색으로 만들지 않는다.

① 냄새 물질을 배출하는 조류는 독소 물질을 배출한다.
② 독소 물질을 배출하지 않는 조류는 물을 녹색으로 만든다.
③ 독소 물질을 배출하는 조류는 물을 녹색으로 만들지 않는다.
④ 냄새 물질을 배출하지 않는 조류는 물을 황색으로 만들지 않는다.
⑤ 물을 녹색으로 만들지 않는 조류는 냄새 물질을 배출하지 않는다.

정답 ③

'물을 녹색으로 만든다.'를 p, '냄새 물질을 배출한다.'를 q, '독소 물질을 배출한다.'를 r, '물을 황색으로 만든다.'를 s라고 하면 $p \to q$, $r \to \sim q$, $s \to \sim p$이 성립한다. 이때 첫 번째 명제의 대우인 $\sim q \to \sim p$가 성립함에 따라 $r \to \sim q \to \sim p$가 성립한다. 따라서 '독소 물질을 배출하는 조류는 물을 녹색으로 만들지 않는다.'는 반드시 참이 된다.

풀이 전략!

명제와 관련한 삼단 논법 등에 대해서는 미리 학습해 두며, 이를 바탕으로 각 문장에 있는 핵심단어를 기호화하여 정리한 후, 선택지와 비교하여 참 또는 거짓을 판단한다.

01 제시된 명제가 모두 참일 때, 빈칸에 들어갈 명제로 가장 적절한 것은?

> 전제1. 약속을 지키지 않으면 다른 사람에게 신뢰감을 줄 수 없다.
> 전제2. 메모하는 습관이 없다면 약속을 지킬 수 없다.
> 결론. _____

① 약속을 지키지 않으면 메모하는 습관이 없다.
③ 다른 사람에게 신뢰감을 줄 수 없으면 약속을 지키지 않는다.
③ 메모하는 습관이 없으면 다른 사람에게 신뢰감을 줄 수 있다.
④ 메모하는 습관이 있으면 다른 사람에게 신뢰감을 줄 수 있다.
⑤ 다른 사람에게 신뢰감을 주려면 메모하는 습관이 있어야 한다.

02 A~E사원이 강남, 여의도, 상암, 잠실, 광화문 다섯 지역에 각각 출장을 간다. 다음 대화에서 A~E 중 한 명은 거짓말을 하고 나머지 네 명은 진실을 말하고 있을 때, 항상 거짓인 것은?

> A : B는 상암으로 출장을 가지 않는다.
> B : D는 강남으로 출장을 간다.
> C : B는 진실을 말하고 있다.
> D : C는 거짓말을 하고 있다.
> E : C는 여의도, A는 잠실로 출장을 간다.

① D는 잠실로 출장을 가지 않는다.
② B는 여의도로 출장을 가지 않는다.
③ C는 강남으로 출장을 가지 않는다.
④ E는 상암으로 출장을 가지 않는다.
⑤ A는 광화문으로 출장을 가지 않는다.

03 다음 중 제시된 명제가 모두 참일 때, 반드시 참인 명제는?

- 등산을 하는 사람은 심폐지구력이 좋다.
- 심폐지구력이 좋은 어떤 사람은 마라톤 대회에 출전한다.
- 자전거를 타는 사람은 심폐지구력이 좋다.
- 자전거를 타는 어떤 사람은 등산을 한다.

① 등산을 하는 어떤 사람은 마라톤 대회에 출전한다.
② 자전거를 타는 어떤 사람은 마라톤 대회에 출전한다.
③ 마라톤 대회에 출전하는 사람은 등산을 하지 않는다.
④ 심폐지구력이 좋은 어떤 사람은 등산을 하고 자전거도 탄다.
⑤ 심폐지구력이 좋은 사람 중 등산을 하고 자전거를 타고, 마라톤 대회에 출전하는 사람은 없다.

04 이번 학기에 4개의 강좌 A ~ D가 새로 개설되는데, 강사 갑 ~ 무 중 4명이 한 강좌씩 맡으려 한다. 배정 결과를 궁금해 하는 5명은 다음과 같이 예측했다. 다음 〈보기〉에서 한 명만 거짓이고 나머지는 참일 때, 반드시 참인 것은?

> **보기**
>
> 갑 : 을이 A강좌를 담당하고 병은 강좌를 담당하지 않을 것이다.
> 을 : 병이 B강좌를 담당할 것이다.
> 병 : 정은 D강좌가 아닌 다른 강좌를 담당할 것이다.
> 정 : 무가 D강좌를 담당할 것이다.
> 무 : 을의 말은 거짓일 것이다.

① 갑은 A강좌를 담당한다.
② 을은 C강좌를 담당한다.
③ 정은 D강좌를 담당한다.
④ 무는 B강좌를 담당한다.
⑤ 병은 강좌를 담당하지 않는다.

05 다음 명제가 모두 참일 때, 반드시 참인 것은?

> • 김팀장이 이번 주 금요일에 월차를 쓴다면, 최대리는 이번 주 금요일에 월차를 쓰지 못한다.
> • 최대리가 이번 주 금요일에 월차를 쓰지 못한다면, 강사원의 프로젝트 마감일은 이번 주 금요일이다.

① 강사원의 프로젝트는 이번 주 금요일이 아니다.

② 강사원의 프로젝트 마감일이 금요일이라면, 최대리는 이번 주 금요일에 월차를 쓰지 않을 것이다.

③ 강사원의 프로젝트 마감일이 금요일이라면, 김팀장은 이번 주 금요일에 월차를 쓰지 않을 것이다.

④ 최대리가 이번 주 금요일에 월차를 쓰지 않는다면, 김팀장은 이번 주 금요일에 월차를 쓸 것이다.

⑤ 강사원의 프로젝트 마감일이 이번 주 금요일이 아니라면, 김팀장은 이번 주 금요일에 월차를 쓰지 않을 것이다.

06 다음 글의 내용이 참일 때, 반드시 채택되는 업체의 수는?

> G기업에서는 신제품에 들어갈 부품을 조달할 업체를 채택하려고 한다. 예비 후보로 A ~ E 5개 업체가 선정되었으며, 그 외에 다른 업체가 채택될 가능성은 없다. 각각의 업체에 대해 G기업은 채택하거나 채택하지 않거나 어느 하나의 결정만을 내린다.
> 기업 내부방침에 따라, 일정 규모 이상의 중견기업인 A가 채택되면 소기업인 B도 채택된다. A가 채택되지 않으면 D와 E 역시 채택되지 않는다. 그리고 G기업의 생산공장과 동일한 단지에 속한 업체인 B가 채택된다면, 같은 단지의 업체인 C가 채택되거나 혹은 타지역 업체인 A는 채택되지 않는다. 마지막으로 부품 공급위험을 분산하기 위해 D가 채택되지 않는다면, A는 채택되지만 C는 채택되지 않는다.

① 1곳   ② 2곳

③ 3곳   ④ 4곳

⑤ 5곳

02 | 조건 추론

| 유형분석 |

- 주어진 조건을 토대로 논리적으로 추론하여 참 또는 거짓을 구분하는 문제이다.
- 자료를 제시하고 새로운 결과나 자료에 주어지지 않은 내용을 추론해 가는 형식의 문제가 출제된다.

K공사는 공휴일 세미나 진행을 위해 인근의 가게 A ~ F에서 필요한 물품을 구매하고자 한다. 다음 〈조건〉을 참고할 때, 공휴일에 영업하는 가게의 수는?

조건

- C는 공휴일에 영업하지 않는다.
- B가 공휴일에 영업하지 않으면, C와 E는 공휴일에 영업한다.
- E 또는 F가 영업하지 않는 날이면, D는 영업한다.
- B가 공휴일에 영업하면, A와 E는 공휴일에 영업하지 않는다.
- B와 F 중 한 곳만 공휴일에 영업한다.

① 2곳   ② 3곳

③ 4곳   ④ 5곳

⑤ 6곳

정답 ①

주어진 조건을 순서대로 논리 기호화하면 다음과 같다.
- 첫 번째 조건 : ~C
- 두 번째 조건 : ~B → (C ∧ E)
- 세 번째 조건 : (~E ∨ ~F) → D
- 네 번째 조건 : B → (~A ∧ ~E)

첫 번째 조건이 참이므로 두 번째 조건의 대우[(~C ∨ ~E) → B]에 따라 B는 공휴일에 영업한다. 이때 네 번째 조건에 따라 A와 E는 영업하지 않고, 다섯 번째 조건에 따라 F도 영업하지 않는다. 마지막으로 세 번째 조건에 따라 D는 영업한다. 따라서 공휴일에 영업하는 가게는 B와 D 2곳이다.

풀이 전략!

조건과 관련한 기본적인 논법에 대해서는 미리 학습해 두며, 이를 바탕으로 각 문장에 있는 핵심단어 또는 문구를 기호화하여 정리한 후, 선택지와 비교하여 참 또는 거짓을 판단한다. 또한, 이를 바탕으로 문제에서 구하고자 하는 내용을 추론 및 분석한다.

01 A부서는 회식 메뉴를 선정하려고 한다. 제시된 〈조건〉에 따라 주문할 메뉴를 선택한다고 할 때, 다음 중 반드시 주문할 메뉴를 모두 고르면?

조건

- 삼선짬뽕은 반드시 주문한다.
- 양장피와 탕수육 중 하나는 반드시 주문하여야 한다.
- 자장면을 주문하는 경우, 탕수육은 주문하지 않는다.
- 자장면을 주문하지 않는 경우에만 만두를 주문한다.
- 양장피를 주문하지 않으면, 팔보채를 주문하지 않는다.
- 팔보채를 주문하지 않으면, 삼선짬뽕을 주문하지 않는다.

① 삼선짬뽕, 자장면, 양장피
② 삼선짬뽕, 탕수육, 양장피
③ 삼선짬뽕, 팔보채, 양장피
④ 삼선짬뽕, 탕수육, 만두
⑤ 삼선짬뽕, 탕수육, 양장피, 자장면

02 다음 중 S사에 근무 중인 직원 A ~ E가 〈조건〉에 따라 이번 주 평일에 당직을 선다고 할 때, 항상 참인 것은?

조건

- A ~ E는 평일 주 1회 이상 3회 미만의 당직을 서야 한다.
- B와 D의 당직일은 겹치지 않는다.
- B와 D의 경우 하루는 혼자 당직을 서고, 다른 하루는 A와 함께 당직을 선다.
- B와 D는 이틀 연속으로 당직을 선다.
- A는 월요일과 금요일에 당직을 선다.
- C는 혼자 당직을 선다.
- E는 이번 주에 한 번 당직을 섰고, 그 날은 최대 인원수가 근무했다.

① B는 월요일에 당직을 섰다.
② B는 금요일에 당직을 섰다.
③ C는 수요일에 당직을 섰다.
④ D는 금요일에 당직을 섰다.
⑤ E는 금요일에 당직을 섰다.

03 G공사 사원 A ~ D는 올해 중국, 일본, 프랑스, 독일 지역 중 각기 다른 지역 한 곳에 해외 파견을 떠나게 되었다. 이들은 영어, 중국어, 일본어, 프랑스어, 독일어 중 1개 이상의 외국어를 능통하게 할 수 있다. 해외 파견이 다음 〈조건〉을 따를 때, 가장 적절한 것은?

> **조건**
> • 일본, 독일, 프랑스 지역에 해외 파견을 떠나는 사원은 해당 국가의 언어를 능통하게 한다.
> • 중국, 프랑스, 지역에 해외 파견을 떠나는 사원은 영어도 능통하게 한다.
> • 일본어, 프랑스어, 독일어를 능통하게 하는 사원은 각각 1명이다.
> • 사원 4명 중 영어가 능통한 사원은 3명이며, 중국어가 능통한 사원은 2명이다.
> • A는 영어와 독일어를 능통하게 한다.
> • C가 능통하게 할 수 있는 외국어는 중국어와 일본어뿐이다.
> • B가 능통하게 할 수 있는 외국어 중 한 개는 C와 겹친다.

① C는 중국에 파견 근무를 떠난다.
② A는 세 개의 외국어를 능통하게 할 수 있다.
③ B는 두 개의 외국어를 능통하게 할 수 있다.
④ D는 어느 국가로 파견 근무를 떠나는지 알 수 없다.
⑤ 3개 이상의 외국어를 능통하게 할 수 있는 사원이 있다.

04 G공사의 마케팅팀 직원 A ~ G 7명이 세 대의 승용차를 나누어 타고 다른 장소로 이동하려고 한다. 다음 〈조건〉을 모두 만족하도록 차량 배치를 할 때, 가장 적절한 배치는?

> **조건**
> • 세 대의 승용차를 모두 이용한다.
> • 3명, 2명, 2명으로 나누어 탑승해야 한다.
> • B와 D는 한 차에 탑승할 수 없다.
> • E는 세 명이 탄 차에 탑승해야 한다.
> • E와 F가 한 차에 탔다면 A와 C도 한 차에 타야 한다.
> • A는 D와 F 중에 한 사람과는 함께 타야 한다.

① (A, D, G), (B, F), (C, E)
② (A, B, E), (C, F), (D, G)
③ (C, E, G), (B, F), (A, D)
④ (C, G, F), (A, D), (B, E)
⑤ (D, E, F), (A, G), (B, C)

05 A ~ F 여섯 명이 6층짜리 빌딩에 입주하려고 한다. 다음 〈조건〉을 만족할 때, 여섯 명이 빌딩에 입주하는 방법은 모두 몇 가지인가?

> **조건**
> • A와 C는 고소공포증이 있어서 3층 위에서는 살 수 없다.
> • B는 높은 경치를 좋아하기 때문에 6층에 살려고 한다.
> • F는 D보다, D는 E보다 높은 곳에 살려고 한다.
> • A, B, C, D, E, F는 같은 층에 거주하지 않는다.

① 2가지
② 4가지
③ 6가지
④ 8가지
⑤ 10가지

06 갑 ~ 병이 다음 〈조건〉과 같이 주사위를 던져 나온 주사위의 수만큼 점수를 획득한다고 할 때, 항상 참이 아닌 것은?

> **조건**
> • 세 사람이 주사위를 던진 횟수는 총 10회이다.
> • 세 사람이 획득한 점수는 47점이다.
> • 갑은 가장 많은 횟수를 던졌다.
> • 을이 얻은 점수는 16점이다.
> • 병이 가장 많은 점수를 얻었다.

① 병은 6이 나온 적이 있다.
② 을은 주사위를 세 번 던졌다.
③ 갑은 주사위를 네 번 던졌다.
④ 갑이 얻을 수 있는 최소 점수는 13점이다.
⑤ 을이 주사위를 던져서 얻은 점수는 모두 짝수이다.

07 다음 〈조건〉에 따라 A ~ D 4명이 각각 빨간색, 파란색, 노란색, 초록색의 모자, 티셔츠, 바지를 입고 있을 때, 이에 대한 추론으로 가장 적절한 것은?

> **조건**
> • 한 사람이 입고 있는 모자, 티셔츠, 바지의 색깔은 서로 겹치지 않는다.
> • 네 가지 색깔의 의상들은 각각 한 벌씩밖에 없다.
> • A는 빨간색을 입지 않았다.
> • C는 초록색을 입지 않았다.
> • D는 노란색 티셔츠를 입었다.
> • C는 빨간색 바지를 입었다.

① B의 바지는 초록색이다.

② D의 바지는 빨간색이다.

③ A의 티셔츠는 노란색이다.

④ B의 모자와 D의 바지의 색상은 서로 같다.

⑤ A의 티셔츠와 C의 모자의 색상은 서로 같다.

08 6층짜리 주택에 A ~ F가 입주하려고 한다. 다음 〈조건〉을 지켜야 한다고 할 때, 항상 옳은 것은?

> **조건**
> • B와 D 중 높은 층에서 낮은 층의 수를 빼면 4이다.
> • B와 F는 인접할 수 없다.
> • A는 E보다 밑에 산다.
> • D는 A보다 밑에 산다.
> • A는 3층에 산다.

① C는 5층에 산다.

② E는 F와 인접해 있다.

③ B는 F보다 높은 곳에 산다.

④ C는 B보다 높은 곳에 산다.

⑤ D는 A가 사는 층 바로 아래에 산다.

09 다음 〈조건〉이 참일 때, 〈보기〉에서 반드시 참인 것을 모두 고르면?

조건

- A, B, C, D 중 한 명의 근무지는 서울이다.
- A, B, C, D는 각기 다른 한 도시에서 근무한다.
- 갑, 을, 병 각각의 두 진술 중 하나는 참이고 다른 하나는 거짓이다.
- 갑은 "A의 근무지는 광주이다."와 "D의 근무지는 서울이다."라고 진술했다.
- 을은 "B의 근무지는 광주이다."와 "C의 근무지는 세종이다."라고 진술했다.
- 병은 "C의 근무지는 광주이다."와 "D의 근무지는 부산이다."라고 진술했다.

보기

ㄱ. A의 근무지는 광주이다.
ㄴ. B의 근무지는 서울이다.
ㄷ. C의 근무지는 세종이다.

---

① ㄷ   ② ㄱ, ㄴ
③ ㄱ, ㄷ   ④ ㄴ, ㄷ
⑤ ㄱ, ㄴ, ㄷ

10 나란히 이웃해 있는 10개의 건물에 다음 〈조건〉과 같이 초밥가게, 옷가게, 신발가게, 편의점, 약국, 카페가 있다. 카페가 3번째 건물에 있을 때, 항상 옳은 것은?(단, 한 건물에 한 가지 업종만 들어갈 수 있다)

조건

- 초밥가게는 카페보다 앞에 있다.
- 초밥가게와 신발가게 사이에 건물이 6개 있다.
- 옷가게와 편의점은 인접할 수 없으며, 옷가게와 신발가게는 인접해 있다.
- 신발가게 뒤에 아무것도 없는 건물이 2개 있다.
- 2번째와 4번째 건물은 아무것도 없는 건물이다.
- 편의점과 약국은 인접해 있다.

---

① 카페와 옷가게는 인접해 있다.
② 편의점은 6번째 건물에 있다.
③ 신발가게는 8번째 건물에 있다.
④ 초밥가게와 약국 사이에 2개의 건물이 있다.
⑤ 신발가게와 편의점 사이에 아무것도 없는 건물이 2개 있다.

03 | 상황 판단

| 유형분석 |

- 주어진 상황과 조건을 종합적으로 활용하여 풀어가는 문제이다.
- 일정, 비용, 순서 등 다양한 내용을 다루고 있어 유형을 한 가지로 단일화하기 어렵다.

다음 A팀장의 설명을 참고할 때, 신입사원 B씨가 서류를 제출해야 할 장소로 가장 적절한 곳은?

A팀장 : B씨, 9층 입구로 들어가시면 기둥이 있습니다. 그 왼쪽으로 가시면 방이 두 개 있을 거예요. 그중 왼쪽 방에서 서류를 찾으셔서 제가 있는 방으로 가져다 주세요. 제가 있는 곳은 창문을 등지고 앞으로 쭉 오셔서 기둥을 지나 왼쪽으로 도시면 오른쪽에 보이는 방입니다.

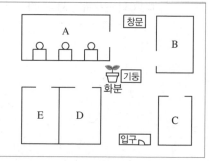

① A
② B
③ C
④ D
⑤ E

정답 ③

B씨가 서류를 제출해야 할 장소는 창문을 등지고 기둥을 지나 왼쪽으로 돈 뒤 오른쪽에 위치한 C이다.

풀이 전략!

문제에 제시된 상황을 정확히 파악한 후, 조건이나 선택지를 꼼꼼하게 확인하면서 문제를 풀어나간다.

01 다음은 제품 생산에 따른 공정 관리를 나타낸 자료이다. 이에 대한 설명으로 옳은 것을 〈보기〉에서 모두 고르면?(단, 각 공정은 동시 진행이 가능하다)

공정 활동	선행 공정	시간(분)
A. 부품 선정	없음	2
B. 절삭 가공	A	2
C. 연삭 가공	A	5
D. 부품 조립	B, C	4
E. 전해 연마	D	3
F. 제품 검사	E	1

※ 공정 간 부품의 이동 시간은 무시하며, A공정부터 시작되어 공정별로 1명의 작업 담당자가 수행한다.

보기

ㄱ. 전체 공정을 완료하기 위해서는 15분이 소요된다.
ㄴ. 첫 제품 생산 후부터 1시간마다 3개씩 제품이 생산된다.
ㄷ. B공정이 1분 더 지연되어도 전체 공정 시간은 변화가 없다.

① ㄱ
② ㄴ
③ ㄱ, ㄷ
④ ㄴ, ㄷ
⑤ ㄱ, ㄴ, ㄷ

02 다음은 L공사가 공개한 부패공직자 사건 및 징계 현황이다. 이에 대한 설명으로 옳지 않은 것을 〈보기〉에서 모두 고르면?

〈부패공직자 사건 및 징계 현황〉

구분	부패행위 유형	부패금액	징계종류	처분일	고발 여부
1	이권개입 및 직위의 사적사용	23만 원	감봉 1월	2018.06.19.	미고발
2	직무관련자로부터 금품 및 향응 수수	75만 원	해임	2019.05.20.	미고발
3	직무관련자로푸터 향응 수수	6만 원	견책	2020.12.22.	미고발
4	직무관련자로부터 금품 및 향응 수수	11만 원	감봉 1개월	2021.02.04.	미고발
5	직무관련자로부터 금품 수수	40만 원	경고 (무혐의 처분, 징계시효 말소)	2022.03.06.	미고발
6	직권남용(직위의 사적 이용)	–	해임	2022.05.24.	고발
7	직무관련자로부터 금품 수수	526만 원	해임	2022.09.17.	고발
8	직무관련자로부터 금품 수수 등	300만 원	해임	2023.05.18.	고발

보기

ㄱ. L공사에서 해당 사건의 부패금액이 일정 수준 이상인 경우에만 고발한 것으로 해석할 수 있다.

ㄴ. 해임당한 공직자들은 모두 고발되었다.

ㄷ. 직무관련자로부터 금품을 수수한 사건은 총 5건 있었다.

ㄹ. 동일한 부패행위 유형에 해당하더라도 다른 징계처분을 받을 수 있다.

① ㄱ, ㄴ

② ㄱ, ㄷ

③ ㄴ, ㄷ

④ ㄴ, ㄹ

⑤ ㄷ, ㄹ

03 영업사원 G가 다음 〈조건〉에 따라 도시를 방문할 때, 도시 방문의 방법은 모두 몇 가지인가?

> **조건**
>
> • 출발지에 상관없이 세 도시를 방문해야 한다.
> • 같은 도시를 방문하지 않는다.
> • 선 위에 있는 숫자는 거리(km)이다.
> • 도시를 방문하는 순서 및 거리가 다르더라도 동일 도시를 방문하면 한 가지 방법이다.
> • 도시를 방문하는 거리는 80km를 초과할 수 없다.
> • 도시를 방문하는 방법 중 최소 거리로만 계산한다.
>
>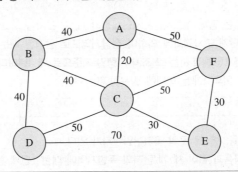

① 9가지   ② 10가지

③ 11가지   ④ 12가지

⑤ 13가지

04 다음 글과 〈조건〉에 근거할 때, 이에 대한 내용으로 가장 적절한 것은?

환경오염 및 예방 대책의 추진(제○○조)
환경부장관 및 시장·군수·구청장 등은 국가산업단지의 주변지역에 대한 환경기초조사를 정기적으로 실시하여야 하며 이를 기초로 하여 환경오염 및 예방 대책을 수립·시행하여야 한다.

환경기초조사의 방법·시기 등(제○○조)
전조(前條)에 따른 환경기초조사의 방법과 시기 등은 다음 각 호와 같다.

1. 환경기초조사의 범위는 지하수 및 지표수의 수질, 대기, 토양 등에 대한 계획·조사 및 치유대책을 포함한다.

2. 환경기초조사는 당해 기초지방자치단체장이 1단계 조사를 하고 환경부장관이 2단계 조사를 한다. 다만, 1단계 조사결과에 의하여 정상지역으로 판정된 때는 2단계 조사를 하지 아니한다.

3. 제2호에 따른 1단계 조사는 그 조사 시행일 기준으로 매 3년마다 실시하고, 2단계 조사는 1단계 조사 판정일 이후 1개월 이내에 실시하여야 한다.

조건

- G시에는 갑, 을, 병 세 곳의 국가산업단지가 있다.
- G시 시장은 다음과 같이 세 개 단지의 주변지역에 대한 1단계 환경기초조사를 하였다. 2024년 1월 1일, 기록되어 있는 시행일과 판정일 및 판정 결과는 다음과 같다.

구분	1단계 조사 시행일	1단계 조사 판정일	결과
갑단지 주변지역	2023년 7월 1일	2023년 11월 30일	오염 지역
을단지 주변지역	2021년 3월 1일	2021년 9월 1일	오염 지역
병단지 주변지역	2022년 10월 1일	2023년 7월 1일	정상 지역

① 병단지 주변지역에 대하여 1단계 검사를 다시 받을 필요가 없다.
② 을단지 주변지역에 대하여 2024년에 G시 시장은 1단계 조사를 해야 한다.
③ 갑단지 주변지역에 대하여 2024년에 환경부장관은 2단계 조사를 해야 한다.
④ 을단지 주변지역에 대하여 G시 시장은 2021년 9월 중에 2단계 조사를 하였다.
⑤ 병단지 주변지역에 대하여 환경부장관은 2023년 7월 중에 2단계 조사를 하였다.

05 올해 리모델링하는 E호텔에서 근무하는 귀하는 호텔 비품 구매를 담당하게 되었다. 제조사별 소파 특징을 알아본 귀하는 이탈리아제의 천, 쿠션재에 패더를 사용한 소파를 구매하기로 하였다. 쿠션 재는 패더와 우레탄뿐이며 이 소파는 침대 겸용은 아니지만 리클라이닝이 가능하고 '조립'이라고 표시되어 있었으며, 커버는 교환할 수 없다. 다음 중 귀하가 구매하려는 소파의 제조사는?

〈제조사별 소파 특징〉

제조사	특징
A사	• 쿠션재에 스프링을 사용하지 않는 경우에는 이탈리아제의 천을 사용하지 않는다. • 국내산 천을 사용하는 경우에는 커버를 교환 가능하게 하지 않는다.
B사	• 쿠션재에 우레탄을 사용하는 경우에는 국내산 천을 사용한다. • 리클라이닝이 가능하지 않으면 이탈리아제 천을 사용하지 않는다.
C사	• 쿠션재에 패더를 사용하지 않는 경우에는 국내산 천을 사용한다. • 침대 겸용 소파의 경우에는 쿠션재에 패더를 사용하지 않는다.
D사	• 쿠션재에 패더를 사용하는 경우에는 이탈리아제의 천을 사용한다. • 조립이라고 표시된 소파의 경우에는 쿠션재에 우레탄을 사용한다.

① A사 또는 B사   ② A사 또는 C사
③ B사 또는 C사   ④ B사 또는 D사
⑤ C사 또는 D사

04 | 자료 해석

| 유형분석 |

- 주어진 자료를 해석하고 활용하여 풀어가는 문제이다.
- 꼼꼼하고 분석적인 접근이 필요한 다양한 자료들이 출제된다.

다음 중 정수장 수질검사 현황에 대해 바르게 설명한 사람은?

〈정수장 수질검사 현황〉

급수 지역	항목						검사결과	
	일반세균 100 이하 (CFU/mL)	대장균 불검출 (수/100mL)	NH3-N 0.5 이하 (mg/L)	잔류염소 4.0 이하 (mg/L)	구리 1 이하 (mg/L)	망간 0.05 이하 (mg/L)	적합	기준 초과
함평읍	0	불검출	불검출	0.14	0.045	불검출	적합	없음
이삼읍	0	불검출	불검출	0.27	불검출	불검출	적합	없음
학교면	0	불검출	불검출	0.13	0.028	불검출	적합	없음
엄다면	0	불검출	불검출	0.16	0.011	불검출	적합	없음
나산면	0	불검출	불검출	0.12	불검출	불검출	적합	없음

① A사원 : 함평읍의 잔류염소는 가장 낮은 수치를 보였고, 기준치에 적합하네.
② B사원 : 모든 급수지역에서 일반세균이 나오지 않았어.
③ C사원 : 기준치를 초과한 곳은 없었지만 적합하지 않은 지역은 있어.
④ D사원 : 대장균과 구리가 검출되면 부적합 판정을 받는구나.
⑤ E사원 : 구리가 검출되지 않은 지역은 세 곳이야.

정답 ②

오답분석
① 잔류염소에서 가장 낮은 수치를 보인 지역은 나산면(0.12)이고, 함평읍(0.14)은 세 번째로 낮다.
③ 기준치를 초과한 곳도 없고, 모두 적합 판정을 받았다.
④ 항평읍과 학교면, 엄다면은 구리가 검출되었지만 적합 판정을 받았다.
⑤ 구리가 검출되지 않은 지역은 이삼읍과 나산면으로 두 곳이다.

풀이 전략!

문제 해결을 위해 필요한 정보가 무엇인지 먼저 파악한 후, 제시된 자료를 분석적으로 읽고 해석한다.

01 조선시대에는 12시진(정시법)과 '초(初)', '정(正)', '한시진(2시간)' 등의 표현을 통해 시간을 나타내었다. 다음 중 조선시대의 시간과 현대의 시간을 비교한 설명으로 옳지 <u>않은</u> 것은?

<12시진>

조선시대 시간		현대 시간	조선시대 시간		현대 시간
자(子)시	초(初)	23시 1분 ~ 60분	오(午)시	초(初)	11시 1분 ~ 60분
	정(正)	24시 1분 ~ 60분		정(正)	12시 1분 ~ 60분
축(丑)시	초(初)	1시 1분 ~ 60분	미(未)시	초(初)	13시 1분 ~ 60분
	정(正)	2시 1분 ~ 60분		정(正)	14시 1분 ~ 60분
인(寅)시	초(初)	3시 1분 ~ 60분	신(申)시	초(初)	15시 1분 ~ 60분
	정(正)	4시 1분 ~ 60분		정(正)	16시 1분 ~ 60분
묘(卯)시	초(初)	5시 1분 ~ 60분	유(酉)시	초(初)	17시 1분 ~ 60분
	정(正)	6시 1분 ~ 60분		정(正)	18시 1분 ~ 60분
진(辰)시	초(初)	7시 1분 ~ 60분	술(戌)시	초(初)	19시 1분 ~ 60분
	정(正)	8시 1분 ~ 60분		정(正)	20시 1분 ~ 60분
사(巳)시	초(初)	9시 1분 ~ 60분	해(亥)시	초(初)	21시 1분 ~ 60분
	정(正)	10시 1분 ~ 60분		정(正)	22시 1분 ~ 60분

① 한 초등학교의 점심 시간이 오후 1시부터 2시까지라면, 조선시대 시간으로 미(未)시에 해당한다.

② 현대인이 오후 8시 30분에 저녁을 먹었다면, 조선시대 시간으로 술(戌)시 정(正)에 저녁을 먹은 것이다.

③ 조선시대에 어떤 사건이 인(寅)시에 발생하였다면, 현대 시간으로는 오전 3시와 5시 사이에 발생한 것이다.

④ 현대인이 오후 2시부터 4시 30분까지 운동을 하였다면, 조선시대 시간으로 미(未)시부터 유(酉)시까지 운동을 한 것이다.

⑤ 축구 경기가 연장 없이 각각 45분의 전반전과 후반전으로 진행되었다면, 조선시대 시간으로 한시진이 채 되지 않은 것이다.

02 P사 홍보실에 근무하는 A사원은 12일부터 15일까지 워크숍을 가게 되었다. 워크숍을 떠나기 직전 A사원은 자신의 스마트폰 날씨예보 어플을 통해 워크숍 장소인 춘천의 날씨를 확인해보았다. 다음 중 A사원이 확인한 날씨예보의 내용으로 적절한 것은?(단, 오늘은 12일이다)

① 글피엔 비는 내리지 않지만 최저기온이 영하이다.

② 내일 춘천지역의 미세먼지가 심하므로 주의해야 한다.

③ 워크숍 기간 중 비를 동반한 낙뢰가 예보된 날이 있다.

④ 워크숍 기간 중 오늘이 일교차가 가장 크므로 감기에 유의해야 한다.

⑤ 모레 춘천지역의 최저기온과 최고기온이 모두 영하이므로 야외활동 시 복장에 유의해야 한다.

03 다음은 부품별 한 개당 가격, 마우스 부품 조립 시 소요시간과 필요 개수에 대한 자료이고, 마우스는 A~F부품 중 3가지 부품으로 구성된다. 마우스를 최대한 비용과 시간을 절약하여 완성할 경우 A~F부품 중 〈조건〉에 부합하는 부품 구성으로 적절한 것은?

〈부품 한 개당 가격 및 시간〉

부품	가격	시간	필요개수	부품	가격	시간	필요개수
A	20원	6분	3개	D	50원	11분 30초	2개
B	35원	7분	5개	E	80원	8분 30초	1개
C	33원	5분 30초	2개	F	90원	10분	2개

※ 시간은 필요개수 모두를 사용한 시간이다.

조건

• 완제품을 만들 때 부품의 총 가격이 가장 저렴해야 한다.
• 완제품을 만들 때 부품의 총 개수는 상관없다.
• 완제품을 만들 때 총소요시간이 25분 미만으로 한다.
• 총 가격 차액이 100원 미만일 경우 총 소요시간이 가장 짧은 구성을 택한다.

① A, B, E
② A, C, D
③ B, C, E
④ B, D, F
⑤ D, E, F

04 G공사의 평가지원팀 A팀장, B대리, C대리, D주임, E주임, F주임, G사원, H사원 8명은 기차를 이용해 대전으로 출장을 가려고 한다. 다음 〈조건〉에 따라 직원들의 좌석이 배정될 때, 〈보기〉 중 옳지 않은 것을 모두 고르면?(단, 이웃하여 앉지 않는다는 것은 두 사람 사이에 복도를 두지 않고 양옆으로 붙어 앉는 것을 의미한다)

〈기차 좌석표〉

앞

창가	1가	1나	복도	1다	1라	창가
	2가	2나		2다	2라	

뒤

조건
- 팀장은 반드시 두 번째 줄에 앉는다.
- D주임은 2다 석에 앉는다.
- 주임끼리는 이웃하여 앉지 않는다.
- 사원은 나 열 혹은 다 열에만 앉을 수 있다.
- 팀장은 대리와 이웃하여 앉는다.
- F주임은 업무상 지시를 위해 H사원과 이웃하여 앉아야 한다.
- B대리는 창가쪽 자리에 앉는다.

보기
ㄱ. E주임은 1가 석에 앉는다.
ㄴ. C대리는 라 열에 앉는다.
ㄷ. G사원은 E주임과 이웃하여 앉는다.
ㄹ. A팀장의 앞 좌석에는 G사원 혹은 H사원이 앉는다.

① ㄱ
② ㄱ, ㄹ
③ ㄴ, ㄷ
④ ㄱ, ㄴ, ㄹ
⑤ ㄱ, ㄷ, ㄹ

05 다음은 외래 진료 시 환자가 부담하는 비용에 대한 자료이다. 〈보기〉에 제시된 금액이 요양급여비용 총액이라고 할 때, 세 사람의 본인부담금은 총 얼마인가?(단, 모든 지역은 의약분업을 실시하고 있다)

〈외래 진료 시 본인부담금〉

구분		본인부담금 비율
의료 급여기관	상급종합병원	(진찰료 총액)+(나머지 진료비의 60%)
	종합병원	요양급여비용 총액의 45%(읍, 면지역), 50%(동지역)
	일반병원	요양급여비용 총액의 35%(읍, 면지역), 40%(동지역)
	의원	요양급여비용 총액의 30%
	※ 단, 65세 이상인 경우(의약분업 실시 지역) － 요양급여비용 총액이 25,000원 초과인 경우, 요양급여비용 총액의 30%를 부담 － 요양급여비용 총액이 20,000원 초과 25,000원 이하인 경우, 요양급여비용 총액의 20%를 부담 － 요양급여비용 총액이 15,000원 초과 20,000원 이하인 경우, 요양급여비용 총액의 10%를 부담 － 요양급여비용 총액이 15,000원 이하인 경우, 1,500원 부담	
약국	요양급여비용 총액의 30%	
	※ 단, 65세 이상인 경우(처방전에 의한 의약품조제 시) － 요양급여비용 총액이 12,000원 초과인 경우, 요양급여비용 총액의 30%를 부담 － 요양급여비용 총액이 10,000원 초과 12,000원 이하인 경우, 요양급여비용 총액의 20%를 부담 － 요양급여비용 총액이 10,000원 이하인 경우, 1,000원 부담	

※ 요양급여비용이란 아래 범위에 해당하는 요양 서비스의 비용을 말한다.
1. 진찰·검사
2. 약제(藥劑)·치료재료의 지급
3. 처치·수술 및 그 밖의 치료
4. 예방·재활
5. 입원
6. 간호
7. 이송(移送)

보기

ㄱ. Q동에서 살고 있는 67세 이○○씨는 종합병원에서 재활을 받고, 진료비 21,500원이 나왔다.

ㄴ. P읍에 사는 34세 김□□씨는 의원에서 진찰비 12,000원이 나오고, 처방전을 받아 약국에서 총액은 10,000원이 나왔다.

ㄷ. 60세 최△△씨는 M면 지역 일반병원에 방문하여 진료비 25,000원과 약국에서 처방전에 따라 총액 60,000원이 나왔다.

① 39,650원 　　② 38,600원

③ 37,650원 　　④ 36,600원

⑤ 35,650원

05 | SWOT 분석

| 유형분석 |

- 상황에 대한 환경 분석 결과를 통해 주요 과제를 도출하는 문제이다.
- 주로 3C 분석 또는 SWOT 분석을 활용한 문제들이 출제되고 있으므로 해당 분석도구에 대한 사전 학습이 요구된다.

다음은 한 분식점에 대한 SWOT 분석 결과이다. 이에 대한 대응 방안으로 가장 적절한 것은?

S(강점)	W(약점)
• 좋은 품질의 재료만 사용 • 청결하고 차별화된 이미지	• 타 분식점에 비해 한정된 메뉴 • 배달서비스를 제공하지 않음
O(기회)	T(위협)
• 분식점 앞에 곧 학교가 들어설 예정 • 최근 TV프로그램 섭외 요청을 받음	• 프랜차이즈 분식점들로 포화상태 • 저렴한 길거리 음식으로 취급하는 경향이 있음

① ST전략 : 비싼 재료들을 사용하여 가격을 올려 저렴한 길거리 음식이라는 인식을 바꾼다.
② WT전략 : 다른 분식점들과 차별화된 전략을 유지하기 위해 배달서비스를 시작한다.
③ SO전략 : TV프로그램에 출연해 좋은 품질의 재료만 사용한다는 점을 부각시킨다.
④ WO전략 : TV프로그램 출연용으로 다양한 메뉴를 일시적으로 개발한다.
⑤ WT전략 : 포화 상태의 시장에서 살아남기 위해 다른 가게보다 저렴한 가격으로 판매한다.

정답 ③

SO전략은 강점을 살려 기회를 포착하는 전략이므로 TV프로그램에 출연하여 좋은 품질의 재료만 사용한다는 점을 홍보하는 것이 적절하다.

풀이 전략!

문제에 제시된 분석도구를 확인한 후, 분석 결과를 종합적으로 판단하여 각 선택지의 전략 과제와 일치 여부를 판단한다.

01 K공사에서 근무하는 A사원은 경제자유구역사업에 대한 SWOT 분석결과 자료를 토대로, SWOT 분석에 의한 경영전략에 맞추어 〈보기〉와 같이 판단하였다. 다음 중 A사원이 판단한 SWOT 분석에 의한 경영전략의 내용으로 적절하지 않은 것을 모두 고르면?

〈경제자유구역사업에 대한 SWOT 분석결과〉

구분	분석 결과
강점(Strength)	• 성공적인 경제자유구역 조성 및 육성 경험 • 다양한 분야의 경제자유구역 입주희망 국내기업 확보
약점(Weakness)	• 과다하게 높은 외자금액 비율 • 외국계 기업과 국내기업 간의 구조 및 운영상 이질감
기회(Opportunity)	• 국제경제 호황으로 인하여 타국 사업지구 입주를 희망하는 해외시장부문의 지속적 증가 • 국내진출 해외기업 증가로 인한 동형화 및 협업 사례 급증
위협(Threat)	• 국내거주 외국인 근로자에 대한 사회적 포용심 부족 • 대대적 교통망 정비로 인한 기성 대도시의 흡수효과 확대

〈SWOT 분석에 의한 경영전략〉

• SO전략 : 강점을 활용해 기회를 선점하는 전략
• ST전략 : 강점을 활용하여 위협을 최소화하거나 극복하는 전략
• WO전략 : 기회를 활용하여 약점을 보완하는 전략
• WT전략 : 약점을 최소화하고 위협을 회피하는 전략

보기

ㄱ. 성공적인 경제자유구역 조성 노하우를 활용하여 타국 사업지구로의 진출을 희망하는 해외기업을 유인 및 유치하는 전략은 SO전략에 해당한다.
ㄴ. 다수의 풍부한 경제자유구역 성공 사례를 바탕으로 외국인 근로자를 국내주민과 문화적으로 동화시킴으로써 원활한 지역발전의 토대를 조성하는 전략은 ST전략에 해당한다.
ㄷ. 기존에 국내에 입주한 해외기업의 동형화 사례를 활용하여 국내기업과 외국계 기업의 운영상 이질감을 해소하여 생산성을 증대시키는 전략은 WO전략에 해당한다.
ㄹ. 경제자유구역 인근 대도시와의 연계를 활성화하여 경제자유구역 내 국내·외 기업 간의 이질감을 해소하는 전략은 WT전략에 해당한다.

① ㄱ, ㄴ
② ㄱ, ㄷ
③ ㄴ, ㄷ
④ ㄴ, ㄹ
⑤ ㄷ, ㄹ

02 레저용 차량을 생산하는 K기업에 대한 다음의 SWOT 분석결과를 참고할 때, 〈보기〉 중 각 전략에 따른 대응으로 적절한 것을 모두 고르면?

SWOT 분석은 조직의 외부환경 분석을 통해 기회와 위협 요인을 파악하고, 조직의 내부 역량 분석을 통해서 조직의 강점과 약점을 파악하여, 이를 토대로 강점은 최대화하고 약점은 최소화하며, 기회는 최대한 활용하고 위협에는 최대한 대처하는 전략을 세우기 위한 분석 방법이다.

〈SWOT 분석 매트릭스〉

구분	강점(Strength)	약점(Weakness)
기회(Opportunity)	SO전략 : 공격적 전략 강점으로 기회를 살리는 전략	WO전략 : 방향전환 전략 약점을 보완하여 기회를 살리는 전략
위협(Threat)	ST전략 : 다양화 전략 강점으로 위협을 최소화하는 전략	WT전략 : 방어적 전략 약점을 보완하여 위협을 최소화하는 전략

〈K기업의 SWOT 분석결과〉

강점(Strength)	약점(Weakness)
• 높은 브랜드 이미지・평판 • 훌륭한 서비스와 판매 후 보증수리 • 확실한 거래망, 딜러와의 우호적인 관계 • 막대한 R&D 역량 • 자동화된 공장 • 대부분의 차량 부품 자체 생산	• 한 가지 차종에만 집중 • 고도의 기술력에 대한 과도한 집중 • 생산설비에 막대한 투자 → 차량모델 변경의 어려움 • 한 곳의 생산 공장만 보유 • 전통적인 가족형 기업 운영
기회(Opportunity)	위협(Threat)
• 소형 레저용 차량에 대한 수요 증대 • 새로운 해외시장의 출현 • 저가형 레저용 차량에 대한 선호 급증	• 휘발유의 부족 및 가격의 급등 • 레저용 차량 전반에 대한 수요 침체 • 다른 회사들과의 경쟁 심화 • 차량 안전 기준의 강화

보기

ㄱ. ST전략 : 기술개발을 통하여 연비를 개선한다.
ㄴ. SO전략 : 대형 레저용 차량을 생산한다.
ㄷ. WO전략 : 규제강화에 대비하여 보다 안전한 레저용 차량을 생산한다.
ㄹ. WT전략 : 생산량 감축을 고려한다.
ㅁ. WO전략 : 국내 다른 지역이나 해외에 공장들을 분산 설립한다.
ㅂ. ST전략 : 경유용 레저 차량 생산을 고려한다.
ㅅ. SO전략 : 해외 시장 진출보다는 내수 확대에 집중한다.

① ㄱ, ㄴ, ㅁ, ㅂ
② ㄱ, ㄹ, ㅁ, ㅂ
③ ㄴ, ㄹ, ㅂ, ㅅ
④ ㄴ, ㄹ, ㅁ, ㅂ
⑤ ㄱ, ㄹ, ㅁ, ㅅ

03 다음은 국내 금융기관에 대한 SWOT 분석 자료이다. 이를 통해 SWOT 전략을 세운다고 할 때, 〈보기〉 중 분석 결과에 대응하는 전략과 그 내용이 바르게 연결된 것을 모두 고르면?

국내 대부분의 예금과 대출을 국내 은행이 차지하고 있을 정도로 국내 금융기관에 대한 우리나라 국민들의 충성도는 높은 편이다. 또한 국내 금융기관은 철저한 신용 리스크 관리로 해외 금융기관과 비교해 자산건전성 지표가 매우 우수한 편이다. 시장 리스크 관리도 해외 선진 금융기관 수준에 도달한 것으로 평가받는다. 국내 금융기관은 외환위기와 글로벌 금융위기 등을 거치며 꾸준히 자산건전성을 강화해 왔기 때문이다.

그러나 은행과 이자 이익에 수익이 편중돼 있다는 점은 국내 금융기관의 가장 큰 약점이 된다. 대부분 예금과 대출 거래 중심의 영업구조로 되어 있기 때문이다. 취약한 해외 비즈니스도 문제로 들 수 있다. 최근 동남아 시장을 중심으로 해외 진출에 박차를 가하고 있지만, 아직은 눈에 띄는 성과가 많지 않은 상황이다.

많은 어려움에도 불구하고 국내 금융기관의 발전 가능성은 아직 무궁무진하다. 우선 해외 시장으로 눈을 돌리면 다양한 기회가 열려 있다. 전 세계 신용·단기 자금 확대, 글로벌 무역 회복세로 국내 금융기관의 해외 진출 여건은 양호한 편이다. 따라서 해외 시장 개척을 통해 어떻게 신규 수익원을 확보하느냐가 성장의 새로운 기회로 작용할 전망이다. IT 기술 발달에 따른 핀테크의 등장도 새로운 기회가 될 수 있다. 국내의 발달된 인터넷과 모바일뱅킹 서비스, IT 인프라를 활용한 새로운 수익 창출 가능성이 열려 있는 것이다.

그러나 역설적으로 핀테크의 등장은 오히려 국내 금융기관의 발목을 잡을 수 있다. 블록체인 기술에 기반한 암호화폐, 간편결제와 송금, 로보어드바이저, 인터넷 은행, P2P 대출 등 다양한 핀테크 분야의 새로운 서비스들이 기존 금융 서비스의 대체재로서 출현하고 있기 때문이다. 금융시장 개방에 따른 글로벌 금융기관과의 경쟁 심화도 넘어야 할 산이다. 특히 중국 은행을 비롯한 중국 금융이 급성장하고 있어 이에 대한 대비책 마련이 시급하다.

보기

㉠ SO전략 : 높은 국내 시장점유율을 기반으로 국내 핀테크 사업에 진출한다.

㉡ WO전략 : 위기관리 역량을 강화하여 해외 금융시장에 진출한다.

㉢ ST전략 : 해외 금융기관과 비교해 우수한 자산건전성을 강조하여 글로벌 금융기관과의 경쟁에서 우위를 차지한다.

㉣ WT전략 : 해외 비즈니스 역량을 강화하여 해외 금융시장에 진출한다.

---

① ㉠, ㉡   ② ㉠, ㉢

③ ㉡, ㉢   ④ ㉡, ㉣

⑤ ㉢, ㉣

CHAPTER 04

대인관계능력

합격 Cheat Key

대인관계능력은 직장생활에서 접촉하는 사람들과 원만한 관계를 유지하고 조직구성원들에게 도움을 줄 수 있으며 조직 내부 및 외부의 갈등을 원만히 해결하고 고객의 요구를 충족할 수 있는 능력을 의미한다. 또한, 직장생활을 포함한 일상에서 스스로를 관리하고 개발하는 능력을 말한다. 세부유형은 팀워크, 갈등 관리, 협상, 고객 서비스로 나눌 수 있다.

1 일반적인 수준에서 판단하라!

일상생활에서의 대인관계를 생각하면서 문제에 접근하면 어렵지 않게 풀 수 있다. 그러나 수험생들 입장에서 직장 내에서의 상황, 특히 역할(직위)에 따른 대인관계를 묻는 문제는 까다롭게 느껴질 수 있고 일상과는 차이가 있을 수 있기 때문에 이런 유형에 대해서는 따로 알아둘 필요가 있다.

2 이론을 먼저 익혀라!

대인관계능력 이론을 접목한 문제가 종종 출제된다. 물론 상식 수준에서도 풀 수 있지만 정확하고 신속하게 해결하기 위해서는 이론을 정독한 후 자주 출제되는 부분들은 암기를 필수로 해야 한다. 자주 출제되는 부분은 리더십과 멤버십의 차이, 단계별 협상 과정, 고객 불만 처리 프로세스 등이 있다.

3 **실제 업무에 대한 이해를 높여라!**

출제되는 문제의 수는 많지 않으나, 고객과의 접점에 있는 서비스직군 시험에 출제될
가능성이 높은 영역이다. 특히 상황 제시형 문제들이 많이 출제되므로 실제 업무에 대한
이해를 높여야 한다.

4 **애매한 유형의 빈출 문제, 선택지를 파악하라!**

대인관계능력의 출제 문제들을 보면 이것도 맞고, 저것도 맞는 것 같은 선택지가 많다.
하지만 정답은 하나이다. 출제자들은 대인관계능력이란 공부를 통해 얻는 것이 아닌 본인
의 독립적인 성품으로부터 자연스럽게 나오는 것이라고 생각한다. 수험생들이 선택하는
보기로 그 수험생들을 파악한다. 그러므로 대인관계능력은 빈출 유형의 문제와 선택지를
파악하고 가는 것이 애매한 문제들의 정답률을 높이는 데 도움이 될 것이다. 내가 맞다고
생각하는 선택지가 답이 아닐 가능성이 있기 때문이다.

01 | 팀워크

| 유형분석 |

- 팀워크에 대한 이해를 묻는 문제가 자주 출제된다.
- 직장 내 상황 중에서 구성원으로서 팀워크를 위해 어떤 행동을 해야 하는지 묻는 문제가 출제되기도 한다.

다음 상황에 대하여 K부장에게 조언할 수 있는 말로 가장 적절한 것은?

> K부장은 얼마 전에 자신의 부서에 들어온 두 명의 신입사원 때문에 고민 중이다. 신입사원 A씨는 꼼꼼하고 차분하지만 대인관계가 서투르며, 신입사원 B씨는 사람들과 금방 친해지는 친화력을 가졌으나 업무에 세심하지 못한 모습을 보여 주고 있다. 이러한 성격으로 인해 A씨는 현재 영업 업무를 맡아 자신에게 어려운 대인관계로 인해 스트레스를 받고 있으며, B씨는 재고 관리 업무에 대해 재고 기록을 누락시키는 등의 실수를 반복하고 있다.

① 조직구조를 이해시켜야 한다.
② 개인의 강점을 활용해야 한다.
③ 주관적인 결정을 내려야 한다.
④ 팀의 풍토를 발전시켜야 한다.
⑤ 의견의 불일치를 해결해야 한다.

정답 ②

팀 에너지를 최대로 활용하는 효과적인 팀을 위해서는 팀원들 개인의 강점을 인식하고 활용해야 한다. A씨의 강점인 꼼꼼하고 차분한 성격과 B씨의 강점인 친화력을 인식하여 A씨에게 재고 관리 업무를, B씨에게 영업 업무를 맡긴다면 팀 에너지를 향상시킬 수 있다.

풀이 전략!

제시된 상황을 자신의 입장이라고 생각해 본 후, 가장 모범적이라고 생각되는 것을 찾아야 한다. 이때, 지나치게 자신의 생각만 가지고 문제를 풀지 않도록 주의하며, 팀워크에 대한 이론과 연관 지어 답을 찾도록 해야 한다.

01 다음 중 팀워크에 효과적인 방법으로 적절하지 않은 것은?

① 목표를 명확하게 한다.
② 개인의 강점을 활용한다.
③ 사소한 것에도 관심을 가진다.
④ 결과보다 과정에 초점을 맞춘다.
⑤ 기대와 책임 등을 명확하게 한다.

02 다음 사례에서 알 수 있는 효과적인 팀의 특징으로 가장 적절한 것은?

> A, B, C가 운영 중인 커피전문점은 현재 매출이 꾸준히 상승하고 있다. 매출 상승의 원인을 살펴보면 우선, A, B, C는 각자 자신이 해야할 일이 무엇인지 정확하게 알고 있다. A는 커피를 제조하고 있으며, B는 디저트를 담당하고 있다. 그리고 C는 계산 및 매장관리를 전반적으로 맡고 있다. A는 고객들이 다시 생각나게 할 수 있는 독창적인 커피 맛을 위해 커피 블렌딩을 연구하고 있으며, B는 커피와 적합하고, 고객들의 연령에 맞는 다양한 디저트를 개발 중이다. 그리고 C는 A와 B가 자신의 업무에 집중할 수 있도록 적극적으로 지원하고 있다. 이처럼 A, B, C는 서로의 업무를 이해하면서 즐겁게 일하고 있으며, 이것이 매출 상승의 원인으로 작용하고 있는 것이다.

① 창조적으로 운영된다.
② 결과에 초점을 맞춘다.
③ 개인의 강점을 활용한다.
④ 역할을 명확하게 규정한다.
⑤ 의견의 불일치를 건설적으로 해결한다.

03 다음 중 팀워크 저해요인으로 적절하지 않은 것은?

① 그릇된 우정과 인정
② 자기중심적인 이기주의
③ 질투나 시기로 인한 파벌주의
④ 사고방식의 차이에 대한 무시
⑤ 팀원 간 공동의 목표의식과 강한 도전의식

02 | 리더십

| 유형분석 |

- 리더십의 개념을 비교하는 문제가 자주 출제된다.
- 리더의 역할에 대한 문제가 출제되기도 한다.

다음 중 거래적 리더십과 변혁적 리더십의 차이점에 대한 설명으로 옳지 않은 것은?

거래적 리더십은 '규칙을 따르는' 의무에 관계되어 있기 때문에 거래적 리더들은 변화를 촉진하기보다는 조직의 안정을 유지하는 것을 중시한다. 그리고 거래적 리더십에는 리더의 요구에 부하가 순응하는 결과를 가져오는 교환 과정이 포함되지만, 조직원들이 과업목표에 대해 열의와 몰입까지는 발생시키지 않는 것이 일반적이다.
변혁적 리더십은 거래적 리더십 내용과 대조적이다. 리더가 조직원들에게 장기적 비전을 제시하고 그 비전을 향해 매진하도록 조직원들로 하여금 자신의 정서·가치관·행동 등을 바꾸어 목표 달성을 위한 성취의지와 자신감을 고취시킨다. 즉, 거래적 리더십은 교환에 초점을 맞춰 단기적 목표를 달성하고 이에 따른 보상을 받고, 변혁적 리더십은 장기적으로 성장과 발전을 도모하며 조직원들의 소속감, 몰입감, 응집력, 직무만족 등을 발생시킨다.

① 거래적 리더십의 보상체계에서는 규정에 맞는 성과 달성 시 인센티브와 보상이 주어진다.
② 변혁적 리더십은 기계적 관료제에 적합하고, 거래적 리더십은 단순구조나 임시조직에 적합하다.
③ 거래적 리더십은 안전을 지향하고 폐쇄적인 성격을 가지고 있다.
④ 변혁적 리더십은 공동목표를 추구하고 리더가 교육적 역할을 담당한다.
⑤ 변혁적 리더십은 업무 등의 과제의 가치와 당위성을 주시하여 성공에 대한 기대를 제공한다.

정답 ②

거래적 리더십은 기계적 관료제에 적합하고, 변혁적 리더십은 단순구조나 임시조직, 경제적응적 구조에 적합하다.
- 거래적 리더십 : 리더와 조직원들이 이해타산적 관계에 의해 규정에 따르며, 합리적인 사고를 중시하고 보강으로 동기를 유발한다.
- 변혁적 리더십 : 리더와 조직원들이 장기적 목표 달성을 추구하고, 리더는 조직원의 변화를 통해 동기를 부여하고자 한다.

풀이 전략!

리더십의 개념을 비교하는 문제가 자주 출제되기 때문에 관련 개념을 정확하게 암기해야 하고, 조직 내에서의 리더의 역할에 대한 이해가 필요하다.

01　다음 중 높은 성과를 내는 임파워먼트 환경의 특징으로 적절하지 않은 것은?

① 학습과 성장의 기회 　　　　　　② 현상 유지 및 순응
③ 개인들이 공헌하며 만족한다는 느낌　④ 도전적이고 흥미 있는 일
⑤ 성과에 대한 지식

02　다음은 리더와 관리자의 차이점을 설명한 글이다. 다음 글을 읽고 리더의 행동을 이해한 내용으로 옳지 않은 것은?

> 리더와 관리자는 다른 개념으로서, 가장 큰 차이점은 비전이 있고 없음에 있다. 또한 관리자의 역할이 자원을 관리·분배하고, 당면한 과제를 해결하는 것이라면, 리더는 비전을 선명하게 구축하고, 그 비전이 팀원들의 협력 아래 실현되도록 환경을 만들어 주는 것이다.

① 리더는 자신다움을 소중히 하며, 자신의 브랜드 확립에 적극적으로 임한다.
② 리더는 매일 새로운 것을 익혀 변화하는 세계 속에서 의미를 찾도록 노력한다.
③ 리더는 목표의 실현에 관련된 모든 사람들을 중시하며, 약속을 지켜 신뢰를 쌓는다.
④ 리더는 멀리있는 목표를 바라보며, 즉시 대가를 얻을 수 없어도 동기를 계속 유지한다.
⑤ 리더는 변화하는 세계 속에서 현재의 현상을 유지함으로써 조직이 안정감을 갖도록 한다.

03　다음 중 바람직한 리더십의 사례로 적절하지 않은 것은?

① 이팀장은 팀원들이 자발적으로 과제를 해결해나갈 수 있도록 지원하였다.
② 박팀장은 '무엇을 할까?'보다 '어떻게 할까?'에 초점에 두고 팀을 지휘하였다.
③ 장팀장은 각 팀원이 업무를 적극적으로 수행할 수 있도록 개개인을 격려하였다.
④ 김팀장은 팀의 목표를 명확히 정의하고, 팀원들에게 팀의 현안에 대해 구체적으로 인지시켰다.
⑤ 양팀장은 팀원들이 소신 있게 자신의 의견을 나타낼 수 있도록 개방적 분위기를 조성하였다.

03 | 갈등 관리

| 유형분석 |

- 갈등의 개념이나 원인, 해결방법을 묻는 문제가 자주 출제된다.
- 실제 사례에 적용할 수 있는지를 확인하는 문제가 출제되기도 한다.
- 일반적인 상식으로 해결할 수 있는 문제가 출제되기도 하지만, 자의적인 판단에 주의해야 한다.

갈등을 관리하고 해소하는 방법을 더욱 잘 이해하기 위해서는 갈등을 증폭시키는 원인이 무엇인지 알 필요가 있다. 다음 중 조직에서 갈등을 증폭시키는 행위로 볼 수 없는 것은?

① 팀원 간에 서로 상대보다 더 높은 인사고과를 얻기 위해 경쟁한다.
② 팀의 공동목표 달성보다는 본인의 승진이 더 중요하다고 생각한다.
③ 다른 팀원이 중요한 프로젝트를 맡은 경우에 그 프로젝트에 대해 자신이 알고 있는 노하우를 알려 주지 않는다.
④ 갈등이 발견되면 바로 갈등 문제를 즉각적으로 다루려고 한다.
⑤ 혼자 돋보이려고 지시받은 업무를 다른 팀원에게 전달하지 않는다.

정답 ④

갈등을 발견하고도 즉각적으로 다루지 않는다면 나중에는 팀 성공을 저해하는 장애물이 될 것이다. 그러나 갈등이 존재한다는 사실을 인정하고 바로 해결을 위한 조치를 취한다면, 갈등을 해결하기 위한 하나의 기회로 전환할 수 있다.

풀이 전략!

문제에서 물어보는 내용을 정확하게 파악한 뒤, 갈등 관련 이론과 대조해 본다. 특히 자주 출제되는 갈등 해결방법에 대한 이론을 암기해 두면 문제 푸는 속도를 줄일 수 있다.

01 S사에 근무하는 사원 A씨는 최근 자신의 상사인 B대리 때문에 스트레스를 받고 있다. A씨가 공들여 작성한 기획서를 제출하면 B대리가 중간에서 매번 퇴짜를 놓기 때문이다. 이와 동시에 A씨는 자신에 대한 B대리의 감정이 좋지 않은 것 같아 마음이 더 불편하다. A씨가 직장 동료인 C씨에게 이러한 어려움을 토로했을 때, 다음 중 C씨가 A씨에게 해 줄 수 있는 조언으로 적절하지 않은 것은?

① 무엇보다 관계 갈등의 원인을 찾는 것이 중요하다.

② B대리님의 입장을 충분히 고려해 볼 필요가 있다.

③ B대리님과 마음을 열고 대화해 볼 필요가 있다.

④ B대리님과 누가 옳고 그른지 확실히 논쟁해 볼 필요가 있다.

⑤ 걱정되더라도 갈등 해결을 위해 피하지 말고 맞서야 한다.

02 A사원은 상사인 B부장에게서 업무와는 관련이 없는 심부름을 부탁받았다. B부장이 부탁한 물건을 사기 위해 A사원은 가게를 몇 군데나 돌아다녀야 했다. 회사에서 한참이나 떨어진 가게에서 비로소 물건을 발견했지만, B부장이 말했던 가격보다 훨씬 비싸서 B부장이 준 돈 이외에도 자신의 돈을 보태서 물건을 사야 할 상황이다. 이때 A사원이 취해야 할 행동으로 가장 적절한 것은?

① B부장에게 불만을 토로하며 다시는 잔심부름을 시키지 않을 것임을 약속하도록 한다.

② B부장의 책상 위에 영수증과 물건을 덩그러니 놓아둔다.

③ 있었던 일을 사실대로 말하고, 자신이 보탠 만큼의 돈을 다시 받도록 한다.

④ 물건을 사지 말고 그대로 돌아와 B부장에게 물건이 없었다고 거짓말한다.

⑤ 물건을 사지 않고 돌아와 말씀하신 가격과 달라 사지 않았으니 퇴근 후 가 보시라고 말한다.

04 | 고객 서비스

| 유형분석 |

- 고객불만을 효과적으로 처리하기 위한 과정이나 방법에 대한 문제이다.
- 고객불만 처리 프로세스에 대한 숙지가 필요하다.

다음 상황에서 직원 J씨의 잘못된 고객응대자세는 무엇인가?

직원 J씨는 규모가 큰 대형 마트에서 육류제품의 유통 업무를 담당하고 있다. 전화벨이 울리고 신속하게 인사와 함께 전화를 받았는데 채소류에 관련된 업무 문의로, 직원 J씨는 고객에게 자신은 채소류에 관련된 담당자가 아니라고 설명하고, "지금 거신 전화는 육류에 관련된 부서로 연결되어 있습니다. 채소류 관련 부서로 전화를 연결해 드릴 테니 잠시만 기다려 주십시오."라고 말하고 다른 부서로 전화를 돌렸다.

① 신속하게 전화를 받지 않았다.
② 기다려 주신 데 대한 인사를 하지 않았다.
③ 고객의 기다림에 대해 양해를 구하지 않았다.
④ 전화를 다른 부서로 돌려도 괜찮은지 묻지 않았다.
⑤ 자신의 직위를 밝히지 않았다.

정답 ④

전화를 다른 부서로 연결할 때 양해를 구하지 않았으며, 다른 부서의 사람이 전화를 받을 수 있는 상황인지를 사전에 확인하지 않았다.

풀이 전략!

제시된 상황이나 고객 유형을 정확하게 파악해야 하고, 고객불만 처리 프로세스를 토대로 갈등을 해결해야 한다.

01 다음 중 '고객만족관리'의 필요성에 대한 설명으로 적절하지 않은 것은?

① 고객만족은 기업의 단골 증대로 이어지며 공생의 개념과 관계가 있다.

② 경제성장으로 인해 고객의 욕구는 더욱 진화하였으며, 기대수준 또한 높아졌다.

③ 기업의 제품이나 서비스에 대해 만족한 고객의 구전이 신규고객의 창출로 이어진다.

④ 기업의 제품이나 서비스의 불만족은 고객이탈로 이어지진 않으나 기업 이미지에 큰 영향을 미친다.

⑤ 불만족 고객의 대부분은 회사가 적극적인 자세로 문제를 신속하게 해결해 줄 경우 재거래율이 높아진다.

02 S사원은 회사에서 고객 상담 업무를 담당하고 있다. 고객이 찾아와 화를 내며 불만을 말할 때, 다음 중 S사원이 대응해야 할 방법으로 가장 적절한 것은?

① 회사 규정을 말하며 변명을 한다.

② 어떠한 비난도 하지 않고 문제를 해결한다.

③ 고객의 불만을 먼저 들은 후에 사과를 한다.

④ 내 잘못이 아니라는 것을 확인시켜 주고 문제를 해결한다.

⑤ 일단 당장 화를 가라앉히기 위해 터무니없는 약속을 해 둔다.

03 다음 중 고객만족도 조사에 대한 설명으로 옳지 않은 것은?

① 고객만족도를 조사하기 위한 설문지는 고객들이 쉽게 이해할 수 있는 문항으로 구성해야 한다.

② 조사 결과를 어떻게 활용할 것인지 활용 계획을 설정해 놓으면 조사 방향에 일관성을 가질 수 있다.

③ 단순히 한 번 실시하는 조사보다 연속해서 시행하는 조사를 통해 더 정확한 조사 결과를 얻을 수 있다.

④ 특정 대상을 추출하여 조사하는 것보다 모든 고객을 대상으로 임의로 추출하여 조사하는 것이 더욱더 효율적이다.

⑤ 고객만족도 조사에 사용되는 심층 면접법은 비교적 긴 시간이 소요되지만, 심층적인 정보를 얻을 수 있어 고객의 동기·태도 등을 발견할 수 있다.

CHAPTER 05

조직이해능력

합격 Cheat Key

조직이해능력은 업무를 원활하게 수행하기 위해 조직의 체제와 경영을 이해하고 국제적인 추세를 이해하는 능력이다. 현재 많은 공사·공단에서 출제 비중을 높이고 있는 영역이기 때문에 미리 대비하는 것이 중요하다. 실제 업무 능력에서 조직이해능력을 요구하기 때문에 중요도는 점점 높아 질 것이다.

세부 유형은 조직 체제 이해, 경영 이해, 업무 이해, 국제 감각으로 나눌 수 있다. 조직도를 제시하는 문제가 출제되거나 조직의 체계를 파악해 경영의 방향성을 예측하고, 업무의 우선순위를 파악하는 문제가 출제된다.

1 문제 속에 정답이 있다!

경력이 없는 경우 조직에 대한 이해가 낮을 수밖에 없다. 그러나 문제 자체가 실무적인 내용을 담고 있어도 문제 안에는 해결의 단서가 주어진다. 부담을 갖지 않고 접근하는 것이 중요하다.

2 경영·경제학원론 정도의 수준은 갖추도록 하라!

지원한 직군마다 차이는 있을 수 있으나, 경영·경제이론을 접목시킨 문제가 꾸준히 출제 되고 있다. 따라서 기본적인 경영·경제이론은 익혀 둘 필요가 있다.

3 지원하는 공사 · 공단의 조직도를 파악하라!

출제되는 문제는 각 공사 · 공단의 세부내용일 경우가 많기 때문에 지원하는 공사 · 공단의 조직도를 파악해 두어야 한다. 조직이 운영되는 방법과 전략을 이해하고, 조직을 구성하는 체제를 파악하고 간다면 조직이해능력에서 조직도가 나올 때 단기간에 문제를 풀수 있을 것이다.

4 실제 업무에서도 요구되므로 이론을 익혀라!

각 공사 · 공단의 직무 특성상 일부 영역에 중요도가 가중되는 경우가 있어서 많은 취업준비생들이 일부 영역에만 집중하지만, 실제 업무 능력에서 직업기초능력 10개 영역이 골고루 요구되는 경우가 많고, 현재는 필기시험에서도 조직이해능력을 출제하는 기관의 비중이 늘어나고 있기 때문에 미리 이론을 익혀 둔다면 모듈형 문제에서 고득점을 노릴수 있다.

01 | 경영 전략

| 유형분석 |

- 경영전략에서 대표적으로 출제되는 문제는 마이클 포터(Michael Porter)의 본원적 경쟁전략이다.
- 경쟁전략의 기본적인 이해와 구조를 물어보는 문제가 자주 출제되므로 전략별 특징 및 개념에 대한 이론 학습이 요구된다.

다음 사례에서 나타난 마이클 포터의 본원적 경쟁전략으로 가장 적절한 것은?

전자제품 시장에서 경쟁회사가 가격을 낮추는 저가 전략을 사용하여 점유율을 높이려 하자, 이에 맞서 오히려 고급 기술을 적용한 프리미엄 제품을 선보이고 서비스를 강화해 시장의 점유율을 높였다.

① 차별화 전략 ② 원가우위 전략
③ 집중화 전략 ④ 마케팅 전략
⑤ 비교우위 전략

정답 ①

마이클 포터의 본원적 경쟁전략
- 차별화 전략 : 조직이 생산품이나 서비스를 차별화하여 고객에게 가치가 있고 독특하게 인식되도록 하는 전략으로, 이를 활용하기 위해서는 연구개발이나 광고를 통하여 기술, 품질, 서비스, 브랜드 이미지를 개선할 필요가 있다.
- 원가우위 전략 : 원가절감을 통해 해당 산업에서 우위를 점하는 전략으로, 이를 위해서는 대량생산을 통해 단위 원가를 낮추거나 새로운 생산기술을 개발할 필요가 있다.
- 집중화 전략 : 특정 시장이나 고객에게 한정된 전략으로, 특정 산업을 대상으로 한다. 즉, 경쟁 조직들이 소홀히 하고 있는 한정된 시장을 원가우위나 차별화 전략을 써서 집중 공략하는 방법이다.

풀이 전략!

대부분의 기업들은 마이클 포터의 본원적 경쟁전략을 사용하고 있다. 각 전략에 해당하는 대표적인 기업을 연결하고, 그들의 경영전략을 상기하며 문제를 풀어 보도록 한다.

01 다음 〈보기〉의 (가) ~ (마) 중 경영활동을 수행하고 있는 내용으로 적절하지 않은 것은?

> **보기**
>
> (가) 다음 시즌 우승을 목표로 해외 전지훈련에 참여하여 열심히 구슬땀을 흘리고 있는 선수단과 이를 운영하는 구단 직원들
> (나) 뜻을 같이한 동료들과 함께 자발적인 참여로 매주 어려운 이웃을 찾아다니며 봉사활동을 펼치고 있는 S씨
> (다) 교육지원대대장으로서 사병들의 교육이 원활히 진행될 수 있도록 훈련장 관리와 유지에 최선을 다하고 있는 원 대령과 참모진
> (라) 영화 촬영을 앞두고 시나리오와 제작 콘셉트를 회의하기 위해 모인 감독 및 스태프와 출연 배우들
> (마) 대기업을 그만두고 가족들과 함께 조그만 무역회사를 차려 손수 제작한 밀짚 가방을 동남아로 수출하고 있는 B씨

① (가)　　　　　　　　　　　② (나)
③ (다)　　　　　　　　　　　④ (라)
⑤ (마)

02 다음 중 집단의사결정의 특징으로 적절하지 않은 것은?

① 의사를 결정하는 과정에서 구성원 간 갈등은 불가피하다.
② 의견이 불일치하는 경우 오히려 특정 구성원에 의해 의사 결정이 독점될 가능성이 있다.
③ 구성원 각자의 시각으로 문제를 바라보기 때문에 다양한 견해를 가지고 접근할 수 있다.
④ 일련의 과정을 거쳐 여럿의 의견을 모은 것이기 때문에 얻을 수 있는 결과 중 최선의 결과이다.
⑤ 한 사람이 가진 지식보다 집단의 지식과 정보가 더 많기 때문에 보다 효과적인 결정을 할 확률이 높다.

03 경영참가제도는 자본참가, 성과참가, 의사결정참가 유형으로 구분된다. 다음 중 '자본참가' 유형의 사례로 가장 적절한 것은?

① 임직원들에게 저렴한 가격으로 일정 수량의 주식을 매입할 수 있게 권리를 부여한다.

② 위원회제도를 활용하여 근로자의 경영참여와 개선된 생산의 판매가치를 기초로 성과를 배분한다.

③ 노동자 또는 노동조합의 대표가 기업의 최고결정기관에 직접 참가해서 기업경영의 여러 문제를 노사 공동으로 결정한다.

④ 부가가치의 증대를 목표로 하여 이를 노사협력체제를 통해 달성하고, 이에 따라 증가된 생산성 향상분을 노사 간에 배분한다.

⑤ 천재지변의 대응, 생산성 하락, 경영성과 전달 등과 같이 단체교섭에서 결정되지 않은 사항에 대하여 노사가 서로 협력할 수 있도록 한다.

04 조직의 유지와 발전에 책임을 지는 조직의 경영자는 다양한 역할을 수행해야 한다. 다음 중 조직 경영자의 역할로 적절하지 않은 것은?

① 대외적 협상을 주도한다.

② 대외적으로 조직을 대표한다.

③ 제한된 자원을 적재적소에 배분한다.

④ 외부 변화에 대한 정보를 기밀로 한다.

⑤ 조직 내에서 발생하는 분쟁을 조정한다.

05 S회사에 근무하는 A씨가 다음 글을 읽고 기업의 사회적 책임에 대해 생각해 보았다고 할 때, A씨가 생각한 내용으로 적절하지 않은 것은?

> 세계 자동차 시장 점유율 1위를 기록했던 도요타 자동차는 2009년 11월 가속페달의 매트 끼임 문제로 미국을 비롯해 전 세계적으로 1,000만 대가 넘는 자동차를 회수하는 사상 초유의 리콜을 감행했다. 도요타 자동차의 리콜 사태에 대한 원인으로는 기계적 원인과 더불어 무리한 원가 절감, 과도한 해외생산 확대, 안일한 경영 등과 같은 경영상의 요인들이 제기되고 있다. 또 도요타 자동차는 급속히 성장하면서 제기된 문제들을 소비자의 관점이 아닌 생산자의 관점에서 해결하려고 했고, 리콜에 대한 늦은 대응 등 문제 해결에 미흡했다는 지적을 받고 있다. 이런 대규모 리콜 사태로 인해 도요타 자동차가 지난 수십 년간 세계적으로 쌓은 명성은 하루아침에 모래성이 됐다. 이와 반대인 사례로 존슨앤드존슨의 타이레놀 리콜 사건이 있다. 1982년 9월 말 미국 시카고 지역에서 존슨앤드존슨의 엑스트라 스트렝스 타이레놀 캡슐을 먹고 4명이 사망하는 사건이 발생했다. 이에 존슨앤드존슨은 즉각적인 대규모 리콜을 단행하여 빠른 문제해결에 초점을 맞췄다. 그 결과 존슨앤드존슨은 소비자들의 신뢰를 회복할 수 있었다.

① 상품에서 결함이 발견됐다면 기업은 그것을 인정하고 책임지는 모습이 필요하다.
② 기업은 문제를 인지한 즉시 문제를 해결하기 위해 노력해야 한다.
③ 이윤창출은 기업의 유지에 필요한 것이지만, 수익만을 위해 움직이는 것은 여러 문제를 일으킬 수 있다.
④ 존슨앤드존슨은 사회의 기대와 가치에 부합하는 윤리적 책임을 잘 이행하였다.
⑤ 소비자의 관점이 아닌 생산자의 관점에서 문제를 해결할 때 소비자들의 신뢰를 회복할 수 있다.

02 | 조직 구조

| 유형분석 |

- 조직구조 유형에 대한 특징을 물어보는 문제가 자주 출제된다.
- 기계적 조직과 유기적 조직의 차이점과 사례 등을 숙지하고 있어야 한다.
- 조직구조 형태에 따라 기능적 조직, 사업별 조직으로 구분하여 출제되기도 한다.

다음 〈보기〉 중 조직구조에 대한 설명으로 옳지 않은 것을 모두 고르면?

보기

ㄱ. 기계적 조직은 구성원들의 업무분장이 명확하게 이루어져 있는 편이다.
ㄴ. 기계적 조직은 조직 내 의사소통이 비공식적 경로를 통해 활발히 이루어진다.
ㄷ. 유기적 조직은 의사결정 권한이 조직 하부 구성원들에게 많이 위임되어 있으며, 업무내용이 명확히 규정되어 있는 것이 특징이다.
ㄹ. 유기적 조직은 기계적 조직에 비해 조직의 형태가 가변적이다.

① ㄱ, ㄴ
② ㄱ, ㄷ
③ ㄴ, ㄷ
④ ㄴ, ㄹ
⑤ ㄷ, ㄹ

정답 ③

ㄴ. 기계적 조직 내 의사소통은 비공식적 경로가 아닌 공식적 경로를 통해 주로 이루어진다.
ㄷ. 유기적 조직은 의사결정 권한이 조직 하부 구성원들에게 많이 위임되어 있으나, 업무내용은 기계적 조직에 비해 가변적이다.

오답분석

ㄱ. 기계적 조직은 위계질서 및 규정, 업무분장이 모두 명확하게 확립되어 있는 조직이다.
ㄹ. 유기적 조직에서는 비공식적인 상호 의사소통이 원활히 이루어지며, 규제나 통제의 정도가 낮아 변화에 따라 쉽게 변할 수 있는 특징을 가진다.

풀이 전략!

조직구조는 유형에 따라 기계적 조직과 유기적 조직으로 나눌 수 있다. 기계적 조직과 유기적 조직은 상반된 특징을 가지고 있으며, 기계적 조직이 관료제의 특징과 비슷함을 파악하고 있다면, 이와 상반된 유기적 조직의 특징도 수월하게 파악할 수 있다.

01 다음 〈보기〉 중 조직, 기업에 대한 설명으로 옳은 것을 모두 고르면?

> **보기**
> ㄱ. 조직은 두 사람 이상이 공동목표 달성을 위해 의식적 혹은 우연히 구성된 집합체이다.
> ㄴ. 기업은 최소의 비용으로 최대의 효과를 얻음으로써 차액인 이윤을 극대화하기 위해 만들어진 조직이다.
> ㄷ. 개인은 조직에 소속되어 있으면서 경제적 성취 뿐 아니라 심리적 자아성취를 경험하기도 한다.
> ㄹ. 기업은 이윤창출만을 목적으로 하므로 잠재적 고객보다는 현재 고객을 만족시키기 위해 노력하여야 한다.

① ㄱ, ㄴ   ② ㄱ, ㄷ
③ ㄴ, ㄷ   ④ ㄴ, ㄹ
⑤ ㄷ, ㄹ

02 S씨는 인사팀의 팀장으로 신입사원 공채의 면접관으로서 참가하게 되었다. S씨의 회사는 조직 내 팀워크를 무엇보다도 중요하게 생각하기 때문에 이 점을 고려하여 직원을 채용하려 한다. 다음 중 S씨의 회사에 채용되기에 적절하지 않은 지원자는?

① A지원자 : 조직 내에서 반드시 필요한 일원이 되겠습니다.
② B지원자 : 모든 업무에 능동적으로 참여하는 적극적인 사원이 되겠습니다.
③ C지원자 : 동료와 함께 부족한 부분을 채워 나간다는 생각으로 일하겠습니다.
④ D지원자 : 회사의 목표가 곧 제 목표라는 생각으로 모든 업무에 참여하겠습니다.
⑤ E지원자 : 회사의 가치관과 제 생각이 다르다고 할지라도 수긍하는 자세로 일하겠습니다.

03 다음 중 조직의 유형에 대한 설명으로 가장 적절한 것은?

① 정부조직은 비영리조직이자 비공식조직에 해당한다.
② 공식조직은 비공식 조직에 비해 규모가 거대한 조직을 가리킨다.
③ 비공식조직 내에서의 행동유형 공유는 공식조직의 기능을 지원하기도 한다.
④ 조직발달사에 따르면, 공식조직의 내부집단으로서 비공식조직들이 발생하였다.
⑤ 환경보존을 홍보하는 상품을 직접 판매하고, 그 수익을 극대화하기 위해 운영되는 조직은 비영리조직에 해당한다.

04 다음 글에 제시된 조직의 특징으로 가장 적절한 것은?

> S공단의 사내 봉사 동아리에 소속된 70여 명의 임직원이 연탄 나르기 봉사활동을 펼쳤다. 이날 임직원들은 지역 주민들이 보다 따뜻하게 겨울을 날 수 있도록 연탄 총 3,000장을 담요와 함께 직접 전달했다. 사내 봉사 동아리에 소속된 S공단 A대리는 "매년 진행하는 연말 연탄 나눔 봉사활동을 통해 지역사회에 도움의 손길을 전할 수 있어 기쁘다."라며 "오늘의 작은 손길이 큰 불씨가 되어 많은 분들이 따뜻한 겨울을 보내길 바란다."라고 말했다.

① 인간관계에 따라 형성된 자발적인 조직
② 이윤을 목적으로 하는 조직
③ 규모와 기능 그리고 규정이 조직화되어 있는 조직
④ 조직구성원들의 행동을 통제할 장치가 마련되어 있는 조직
⑤ 공익을 요구하지 않는 조직

05 다음 〈보기〉 중 비영리조직으로 적절한 것을 모두 고르면?

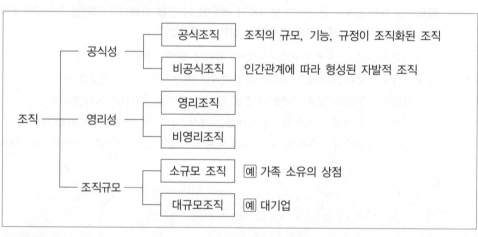

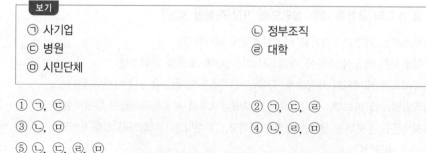

① ㉠, ㉢
② ㉠, ㉢, ㉣
③ ㉡, ㉤
④ ㉡, ㉣, ㉤
⑤ ㉡, ㉢, ㉣, ㉤

06 다음 자료를 참고할 때, 대·중소기업 동반녹색성장에 대한 설명으로 적절하지 않은 것은?

〈대·중소기업 동반녹색성장〉

• 대·중소기업 동반녹색성장 협력사업(Green Growth Partnership)
  – 기술과 인력이 부족한 중소기업에 대기업의 선진에너지관리 기법을 공유하여 중소기업의 에너지절약기술 향상 및 기업 경쟁력 강화
• 사업대상
  – (대기업) 동반성장의지가 있으며, 유틸리티 등 우수에너지 절약기술을 보유한 에너지 다소비 사업장
  – (중소기업) 평소 에너지절약 추진에 관심이 있거나 에너지관리기법 등에 대한 정보를 습득하고자 하는 중소 산업체
• 추진절차

구분	세부사항
참여기업 모집 공고	참여를 원하는 대기업, 중소기업
사업 설명회 및 간담회	참여를 원하는 기업 의견 수렴
참여 대·중소기업 확정	참여업체 및 연간 추진일정 확정
대·중소기업 에너지실무회의 운영	실무회의 연중 지속 운영
기술지도 실시	기업별 기술지원사업 실시
기술지도 공유를 위한 워크숍 개최	우수사례 및 에너지분야신기술 공유

---

① 참여기업의 에너지실무회의는 연중 지속적으로 운영된다.
② 중소기업의 에너지절약기술 향상 및 기업 경쟁력 강화를 위한 사업이다.
③ 참여기업은 워크숍을 통해 우수사례와 에너지분야의 신기술을 공유한다.
④ 먼저 사업 공고를 통해 참여를 희망하는 대기업 또는 중소기업을 모집한다.
⑤ 참여기업이 확정되면 참여기업 간 의견을 공유하는 사업 설명회를 개최한다.

03 | 업무 종류

| 유형분석 |

- 부서별 주요 업무에 대해 묻는 문제이다.
- 부서별 특징과 담당 업무에 대한 이해가 필요하다.

다음은 기업의 각 부서에서 하는 일이다. 일반적인 상황에서 부서와 그 업무를 바르게 나열한 것은?

ㄱ. 의전 및 비서업무	ㄴ. 업무분장 및 조정
ㄷ. 결산 관련 업무	ㄹ. 임금제도
ㅁ. 소모품의 구입 및 관리	ㅂ. 법인세, 부가가치세
ㅅ. 판매 예산 편성	ㅇ. 보험가입 및 보상 업무
ㅈ. 견적 및 계약	ㅊ. 국내외 출장 업무 협조
ㅋ. 외상매출금 청구	ㅌ. 직원수급 계획 및 관리

① 총무부 : ㄱ, ㅁ, ㅅ
② 영업부 : ㅅ, ㅈ, ㅋ
③ 회계부 : ㄷ, ㅇ, ㅋ
④ 인사부 : ㄱ, ㄴ, ㄹ

정답 ②

영업부의 업무로는 판매 계획, 판매 예산의 편성(ㅅ), 견적 및 계약(ㅈ), 외상매출금의 청구 및 회수(ㅋ), 시장조사, 판매원가 및 판매가격의 조사 검토 등이 있다.

오답분석

① 총무부 : ㄱ, ㅁ, ㅊ
③ 회계부 : ㄷ, ㅂ, ㅇ
④ 인사부 : ㄴ, ㄹ, ㅌ

풀이 전략!

조직은 목적의 달성을 위해 업무를 효과적으로 분배하고 처리할 수 있는 구조를 확립해야 한다. 조직의 목적이나 규모에 따라 업무의 종류는 다양하지만, 대부분의 조직에서는 총무, 인사, 기획, 회계, 영업으로 부서를 나누어 업무를 담당하고 있다. 따라서 5가지 업무 종류에 대해서는 미리 숙지해야 한다.

01 다음은 A회사의 이팀장이 오전 10시에 강대리에게 남긴 음성메시지이다. 이팀장의 업무 지시에 따라 강대리가 가장 먼저 해야 할 일과 가장 나중에 해야 할 일을 순서대로 바르게 나열한 것은?

> 강대리님, 저 이팀장입니다. 오늘 중요한 미팅 때문에 강대리님이 제 업무를 조금 도와주셔야 할 것 같습니다. 제가 미팅 후 회식을 가야 하는데 제가 회사 차를 가지고 왔습니다. 이따가 강대리님이 잠깐 들러 회사 차를 반납해 주세요. 아! 차 안에 K은행 김팀장에게 제출해야 할 서류가 있는데 회사 차를 반납하기 전에 그 서류를 대신 제출해 주시겠어요? K은행 김팀장은 4시에 퇴근하니까 3시까지는 K은행으로 가셔야 할 것 같습니다. 그리고 오늘 5시에 팀장 회의가 있는데 제 책상 위의 회의 자료를 영업팀 최팀장에게 전달해 주시겠어요? 최팀장이 오늘 오전 반차를 써서 아마 1시쯤에 출근할 것 같습니다. 급한 사안이니 최대한 빨리 전달 부탁드려요. 그런데 혹시 지금 대표님께서 출근하셨나요? 오전 중으로 대표님께 결재를 받아야 할 사항이 있는데 제 대신 결재 부탁드리겠습니다.

① 대표에게 결재 받기, 회사 차 반납
② 최팀장에게 회의 자료 전달, 회사 차 반납
③ ○○은행 김팀장에게 서류 제출, 회사 차 반납
④ 대표에게 결재 받기, 최팀장에게 회의 자료 전달
⑤ 최팀장에게 회의 자료 전달, ○○은행 김팀장에게 서류 제출

02 다음은 한 부서의 분장업무를 나타낸 자료이다. 이를 통해서 유추할 수 있는 부서로 가장 적절한 것은?

분장업무	
• 판매방침 및 계획	• 외상매출금의 청구 및 회수
• 판매예산의 편성	• 제품의 재고 조절
• 시장조사	• 견본품, 반품, 지급품, 예탁품 등의 처리
• 판로의 개척, 광고 선전	• 거래처로부터의 불만처리
• 거래처의 신용조사와 신용한도의 신청	• 제품의 애프터서비스
• 견적 및 계약	• 판매원가 및 판매가격의 조사 검토
• 제조지시서의 발행	–

① 총무부
② 인사부
③ 기획부
④ 영업부
⑤ 자재부

03 총무부의 S부장은 오늘까지 처리해야 할 부서업무를 다음과 같이 정리하였고, 금일 스케줄을 바탕으로 부서원들에게 해당 업무를 배정하려고 한다. 총무부의 금일 스케줄을 참고할 때, 처리해야 할 업무가 잘못 배정된 사람은?(단, 한 사람당 하나의 업무만 배정한다)

〈총무부 금일 업무〉

- 부서장 회의 참석(09:30 ~ 11:00)
- 사무용품 주문서 작성 및 주문 메일 발송
  - ※ 주문서 최종 결재자 : S부장
  - ※ 주문 메일은 퇴근 전에 발송할 것
- 행사 용품 오배송건 반품
  - ※ 택배 접수 마감 시간 16:00
- H프로젝트 보고서 초안 작성
- 행사 참여 안내문 등기 발송
  - ※ 우체국 영업시간(09:00 ~ 18:00) 내 방문

〈총무부 금일 스케줄〉

시간	S부장	G과장	J대리	L사원	O사원
09:00 ~ 10:00			오전 반차	사내 교육 프로그램 참여	
10:00 ~ 11:00		H프로젝트 회의			
11:00 ~ 12:00					
12:00 ~ 13:00	점심시간				
13:00 ~ 14:00			오전 반차		
14:00 ~ 15:00	외근		행사 진행 업체 사전미팅		
15:00 ~ 16:00					
16:00 ~ 17:00					
17:00 ~ 18:00	업무 보고			비품 정리	

---

① S부장 : 부서장 회의 참석
② G과장 : H프로젝트 보고서 초안 작성
③ J대리 : 행사 용품 오배송건 반품
④ L사원 : 우체국 방문 및 등기 발송
⑤ O사원 : 사무용품 주문서 작성 및 주문 메일 발송

※ 다음은 S공단 조직도의 일부이다. 이어지는 질문에 답하시오. [4~5]

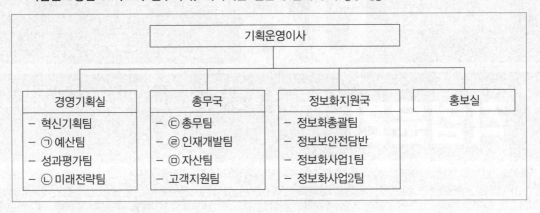

04 다음 중 S공단의 각 부서와 업무 간의 연결이 적절하지 않은 것은?

① ㉠ : 수입·지출 예산 편성 및 배정 관리

② ㉡ : 공단사업 관련 연구과제 개발 및 추진

③ ㉢ : 복무관리 및 보건·복리 후생

④ ㉣ : 임직원 인사, 상훈, 징계

⑤ ㉤ : 예산집행 조정, 통제 및 결산 총괄

05 다음 중 정보보안전담반의 업무로 적절하지 않은 것은?

① 직원 개인정보보호 의식 향상 교육

② 개인정보종합관리시스템 구축·운영

③ 정보보안 및 개인정보보호 계획수립

④ 전문자격 시험 출제정보 관리시스템 구축·운영

⑤ 정보보안기본지침 및 개인정보보호지침 제·개정 관리

CHAPTER 06

직업윤리

합격 Cheat Key

직업윤리는 업무를 수행함에 있어 원만한 직업생활을 위해 필요한 태도, 매너, 올바른 직업관이다. 직업윤리는 필기시험뿐만 아니라 서류를 제출하면서 자기소개서를 작성할 때와 면접을 시행할 때도 포함되는 항목으로 들어가지 않는 공사·공단이 없을 정도로 필수 능력으로 꼽힌다.

직업윤리의 세부 능력은 근로 윤리·공동체 윤리로 나눌 수 있다. 구체적인 문제 상황을 제시하여 해결하기 위해 어떤 대안을 선택해야 할지에 관한 문제들이 출제된다.

1 오답을 통해 대비하라!

이론을 따로 정리하는 것보다는 문제에서 본인이 생각하는 모범답안을 선택하고 틀렸을 경우 그 이유를 정리하는 방식으로 학습하는 것이 효율적이다. 암기하기보다는 이해에 중점을 두고 자신의 상식으로 문제를 푸는 것이 아니라 해당 문제가 어느 영역 어떤 하위 능력의 문제인지 파악하는 훈련을 한다면 답이 보일 것이다.

2 직업윤리와 일반윤리를 구분하라!

일반윤리와 구분되는 직업윤리의 특징을 이해해야 한다. 통념상 비윤리적이라고 일컬어지는 행동도 특정한 직업에서는 허용되는 경우가 있다. 그러므로 문제에서 주어진 상황을 판단할 때는 우선 직업의 특성을 고려해야 한다.

3 직업윤리의 하위능력을 파악해 두어라!

직업윤리의 경우 직장생활 경험이 없는 수험생들은 조직에서 일어날 수 있는 구체적인 직업윤리와 관련된 내용에 흥미가 없고 이를 이해하는 데 어려움이 있을 수 있다. 그러나 문제에서는 구체적인 상황·사례를 제시하는 문제가 나오기 때문에 직장에서의 예절을 정리하고 문제 상황에서 적절한 대처를 선택하는 연습을 하는 것이 중요하다.

4 면접에서도 유리하다!

많은 공사·공단에서 면접 시 직업윤리에 관련된 질문을 하는 경우가 많다. 직업윤리 이론 학습을 미리 해 두면 본인의 가치관을 세우는 데 도움이 되고 이는 곧 기업의 인재상과도 연결되기 때문에 미리 준비해 두면 필기시험에서 합격하고 면접을 준비할 때도 수월할 것이다.

01 | 윤리·근면

| 유형분석 |

- 주어진 제시문 속의 비윤리적인 상황에 대하여 원인이나 대처법을 고르는 문제가 출제된다.
- 근면한 자세의 사례를 고르는 문제 또한 종종 출제된다.
- 직장생활 내에서 필요한 윤리적이고 근면한 태도에 대한 문제가 자주 출제된다.

다음 중 A ~ C의 비윤리적 행위에 대한 원인을 순서대로 바르게 나열한 것은?

- A는 영화관 내 촬영이 금지된 것을 모르고 영화 관람 중 스크린을 동영상으로 촬영하였고, 이를 인터넷에 올렸다가 저작권 위반으로 벌금이 부과되었다.
- B는 얼마 전 친구에게 인터넷 도박 사이트를 함께 운영하자는 제안을 받았고, 그러한 행위가 불법인 줄 알았음에도 불구하고 많은 돈을 벌 수 있다는 친구의 말에 제안을 바로 수락했다.
- 평소에 화를 잘 내지 않는 C는 만취한 상태로 편의점에 들어가 물건을 구매하는 과정에서 직원과 말다툼을 하다가 화를 주체하지 못하고 주먹을 휘둘렀다.

	A	B	C
①	무절제	무지	무관심
②	무관심	무지	무절제
③	무관심	무절제	무지
④	무지	무관심	무절제
⑤	무지	무절제	무관심

정답 ④

- A : 영화관 내 촬영이 불법인 줄 모르고 영상을 촬영하였으므로 무지로 인한 비윤리적 행위를 저질렀다.
- B : 불법 도박 사이트 운영이 불법임을 알고 있었지만, 이를 중요하게 여기지 않는 무관심으로 인한 비윤리적 행위를 저질렀다.
- C : 만취한 상태에서 자신을 스스로 통제하지 못하고 폭력을 행사하였으므로 무절제로 인한 비윤리적 행위를 저질렀다.

비윤리적 행위의 원인

- 무지 : 사람들은 무엇이 옳고, 무엇이 그른지 모르기 때문에 비윤리적 행위를 저지른다.
- 무관심 : 자신의 행위가 비윤리적이라는 것을 알고 있지만, 윤리적인 기준에 따라 행동해야 한다는 것을 중요하게 여기지 않는다.
- 무절제 : 자신의 행위가 잘못이라는 것을 알고 그러한 행위를 하지 않으려고 함에도 불구하고 자신의 통제를 벗어나는 어떤 요인으로 인하여 비윤리적 행위를 저지른다.

풀이 전략!

근로윤리는 우리 사회가 요구하는 도덕상에 기초하고 있다는 점을 유념하고, 다양한 사례를 익혀 문제에 적용한다.

01 다음 중 직업에서 근면의식의 표출로 적절하지 않은 것은?

① 직업의 현장에서는 능동적인 자세로 임해야 한다.

② 강요에 의한 근면은 노동 행위에 즐거움을 주지 못한다.

③ 즐거운 마음으로 시간을 보내면 궁극적으로 우리의 건강이 증진된다.

④ 노동 현장에서 보수나 진급이 보장되지 않으면 일을 적게 하는 것이 중요하다.

⑤ 일에 지장이 없도록 항상 건강관리에 유의하며, 주어진 시간 내에는 최선을 다한다.

02 다음 중 직업윤리에 대한 설명으로 적절하지 않은 것은?

① 어느 직장에 다니느냐에 따라 구분되는 윤리규범이다.

② 개인윤리보다 좀 더 구체적 상황에서 요구되는 실천규범이다.

③ 각자가 직업에 종사하는 과정에서 요구되는 특수한 윤리규범이다.

④ 원만한 직업생활을 하기 위해 필요한 마음가짐과 태도를 의미한다.

⑤ 개인윤리를 바탕으로 성립되며, 개인윤리의 연장선이라 할 수 있다.

02 | 봉사와 책임 의식

| 유형분석 |

- 개인이 가져야 하는 책임 의식과 기업의 사회적 책임으로 양분되는 문제이다.
- 봉사의 의미를 묻는 문제가 종종 출제된다.

다음 〈보기〉는 봉사에 대한 글이다. 영문 철자에서 봉사가 함유한 의미로 옳지 않은 것은?

> **보기**
>
> 봉사란 나라나 사회 혹은 타인을 위하여 자신의 이해를 돌보지 아니하고 몸과 마음을 다하여 일하는 것을 가리키며, 영문으로는 'Service'에 해당한다. 'Service'의 각 철자에서 봉사가 함유한 7가지 의미를 도출해 볼 수 있다.

① S : Smile & Speed   ② E : Emotion

③ R : Repeat   ④ V : Value

⑤ C : Courtesy

정답 ③

'R'은 반복하여 제공한다는 'Repeat'이 아니라 'Respect'로서 고객을 존중하는 것을 가리킨다.

오답분석

① 미소와 함께 신속한 도움을 제공한다는 의미이다.
② 고객에게 감동을 준다는 의미이다.
④ 고객에게 가치를 제공한다는 의미이다.
⑤ 고객에게 예의를 갖추고 정중하게 대한다는 의미한다.

풀이 전략!

직업인으로서 요구되는 봉사정신과 책임 의식에 관해 숙지하도록 한다.

01 다음 중 성실에 대한 설명으로 적절하지 않은 것은?

① 성실이란 근면한 태도와 정직한 태도, 모두와 관련이 되어 있다.

② '지성감천'이라는 말은 노력하면 좋은 결과를 낼 수 있다는 말이다.

③ '성실은 어디에나 통용되는 유일한 화폐이다.'라는 말은 성실의 중요함을 나타낸다.

④ '병풍과 장사는 약간 구부려야 잘 선다.'라는 말은 성실한 태도로 많은 돈을 벌 수 있음을 나타낸다.

⑤ '진인사대천명'이라는 말은 인간으로서 자신이 할 수 있는 모든 노력을 경주해야 한다는 뜻으로, 성실의 중요성을 나타낸다.

02 다음 중 직업윤리의 덕목과 그 설명이 바르게 연결되지 않은 것은?

① 소명 의식 : 자신이 맡은 일은 하늘에 의해 맡겨진 일이라고 생각하는 태도이다.

② 책임 의식 : 직업에 대한 사회적 역할과 책무를 충실히 수행하고 책임을 다하는 태도이다.

③ 천직 의식 : 자신의 일이 자신의 능력과 적성에 꼭 맞는다 여기고 그 일에 열성을 가지고 성실히 임하는 태도이다.

④ 직분 의식 : 자신이 하고 있는 일이 사회나 기업을 위해 중요한 역할을 하고 있다고 믿고 자신의 활동을 수행하는 태도이다.

⑤ 봉사 의식 : 자신의 일이 누구나 할 수 있는 것이 아니라 해당 분야의 지식과 교육을 밑바탕으로 성실히 수행해야만 가능한 것이라 믿고 수행하는 태도이다.

아이들이 답이 있는 질문을 하기 시작하면 그들이 성장하고 있음을 알 수 있다.

－존 J. 플롬프－

PART 2

사무직 전공

01 다음 중 선거에 대한 설명으로 옳지 않은 것은?

① 평등선거는 일정한 연령에 달한 모든 사람에게 선거권을 인정한다.

② 직접선거는 선거인단이 아닌 선거권자가 직접 후보자를 선택하는 것이다.

③ 우리나라 국회의원의 선거제도로는 소선거구제와 비례대표제를 채택하고 있다.

④ 무소속 입후보자에게 일정수 이상의 추천인을 요구하는 것은 평등선거에 위배되지 않는다.

⑤ 선거구 간의 인구편차가 너무 벌어지도록 선거구를 분할하는 것은 평등선거에 위배될 소지가 있다.

02 다음 중 사회법에 속하는 것은?

① 상법

② 수표법

③ 산업재해보상보험법

④ 가등기담보 등에 대한 법률

⑤ 특정범죄 가중처벌 등에 대한 법률

03 다음 중 대통령의 권한이 아닌 것은?

① 선전포고권

② 조약의 체결・비준권

③ 감사원장 임명권

④ 국가원로자문회의 의장

⑤ 위헌정당해산제소권

04 다음 중 법과 도덕의 관계에 대한 설명으로 옳지 않은 것은?

① 법은 정의(征衣)의 실현을, 도덕은 선(善)의 실현을 추구한다.

② 법도 때에 따라서는 '선의' 또는 '악의'와 같은 인간의 내부적 의사를 중요시한다.

③ 법의 효력은 국가의 강제력에 의하여 보장되지만 도덕은 개인의 양심에 의해 구속받는다.

④ 법은 인간의 외면적 행위를 주로 규율하고, 도덕은 인간의 내면적 의사를 주로 규율한다.

⑤ 법은 권리・의무의 양 측면을 규율하고, 도덕은 의무적 측면만을 규율하므로 권리가 없거나 의무가 없는 법은 존재하지 않는다.

05 다음 중 우리나라 헌법에 대한 설명으로 옳지 않은 것은?

① 국제평화주의를 규정하고 있다.

② 대통령의 계엄선포권을 규정하고 있다.

③ 국가의 형태로서 민주공화국을 채택하고 있다.

④ 국무총리의 긴급재정경제처분권을 규정하고 있다.

⑤ 실질적 의미의 헌법은 국가의 통치조직·작용의 기본원칙에 대한 규범을 총칭한다.

06 다음 중 빈칸에 들어갈 법원(法源)을 바르게 짝지은 것은?

- _ ㉠ _ : 국가의 조직·통치 및 기본권에 대한 근본법이다.
- _ ㉡ _ : 지방자치단체 의회가 제정하는 자치법규이다.
- _ ㉢ _ : 문서로써 국가 간에 체결되고 국제법에 의하여 규율되는 합의이다.

	㉠	㉡	㉢
①	헌법	조례	조약
②	헌법	법률	명령
③	법률	조약	조례
④	법률	명령	조약
⑤	법률	조례	명령

07 다음 인권선언과 관계된 사건들을 시간 순서대로 바르게 나열한 것은?

① 권리청원→마그나 카르타→미국의 독립선언→프랑스의 인권선언

② 마그나 카르타→프랑스의 인권선언→연방헌법→영국의 권리장전

③ 마그나 카르타→영국의 권리장전→미국의 독립선언→프랑스의 인권선언

④ 버지니아 권리장전→영국의 인신보호법→마그나 카르타→프랑스의 인권선언

⑤ 버지니아 권리장전→마그나 카르타→프랑스의 인권선언→영국의 인신보호법

08 다음 설명 중 근대 입헌주의적 의미의 헌법에 해당하는 것은?

① 헌법을 불문화할 필요가 있다.
② 공산주의 국가에도 헌법은 있다.
③ 영국을 제외하고 모든 나라는 헌법을 가지고 있다.
④ 권력분립과 기본권 보장이 없는 국가는 헌법이 없다.
⑤ 국가라고 하는 법적 단체가 있는 곳에는 헌법이 있다.

09 다음 중 행정주체와 국민과의 관계를 가장 잘 나타낸 것은?

① 권력관계이다.
② 근로관계이다.
③ 사법관계이다.
④ 공법관계뿐이다.
⑤ 사법관계일 때도 있고 공법관계일 때도 있다.

10 다음 중 헌법제정권력에 대한 설명으로 옳지 않은 것은?

① 헌법개정권력에 우선한다.
② 민주국가에서는 국민이 그 주체가 된다.
③ 헌법제정권력은 시원적이며, 자율성을 갖는다.
④ 우리 현행헌법은 헌법제정권이 국민에게 있음을 선언하였다.
⑤ 이는 제도적 권리이므로 자연법상의 원리에 의한 제약은 받지 않는다.

11 다음 중 행정행위로 옳은 것은?

① 건축허가   ② 도로의 설치
③ 자동차의 처분   ④ 국유재산의 매각
⑤ 토지수용에 대한 협의

12 다음 중 청원권에 대한 설명으로 옳지 않은 것은?

① 공무원·군인 등은 그 직무와 관련하여 청원할 수 없다.

② 헌법은 청원의 수리·심사·통지의 의무를 규정하고 있다.

③ 정부에 제출된 청원의 심사는 국무회의를 경유하여야 한다.

④ 공무원의 비위시정의 요구·처벌·징계요구의 청원도 가능하다.

⑤ 사인간의 권리관계 또는 개인의 사생활에 대한 사항인 때에는 청원을 수리하지 않는다.

13 다음 중 헌법개정에 대한 설명으로 옳지 않은 것은?

① 헌법의 파괴는 개정이 아니다.

② 헌법에 규정된 개정절차에 따라야 한다.

③ 헌법의 기본적 동일성이 변경되는 것이다.

④ 헌법의 형식이나 내용에 변경을 가하는 것이다.

⑤ 국민투표를 요구하는 방법, 특별헌법회의를 필요로 하는 방법 등을 볼 수 있다.

14 다음 중 헌법의 개정과 유사한 개념 중에서 기존 헌법을 배제하고 수평적 헌법전의 교체가 이루어지는 것을 무엇이라 하는가?

① 헌법의 폐지   ② 헌법의 파괴

③ 헌법의 정지   ④ 헌법의 침해

⑤ 헌법의 개정

15 권력관계에 있어서 국가와 기타 행정주체의 의사는 비록 설립에 흠이 있을지라도 당연무효의 경우를 제외하고는 일단 적법·유효하다는 추정을 받으며, 권한 있는 기관이 직권 또는 쟁송절차를 거쳐 취소하기 전에는 누구라도 이에 구속되고 그 효력을 부정하지 못하는 우월한 힘이 있는데, 이를 행정행위의 무엇이라고 하는가?

① 확정력   ② 불가쟁력

③ 공정력   ④ 강제력

⑤ 불가변력

16 다음 중 법의 성격에 대한 설명으로 옳지 않은 것은?

① 법은 국가권력에 의하여 보장되는 사회규범의 하나이다.

② 법은 타율성에, 도덕은 자율성에 그 실효성의 연원을 둔다.

③ 법은 인간행위에 대한 당위의 법칙이 아니라 필연의 법칙이다.

④ 자연법론자들은 법과 도덕은 그 고유한 영역을 가지고 있지만 도덕을 법의 상위개념으로 본다.

⑤ 법은 그 위반의 경우에 타율적·물리적 강제를 통하여 원하는 상태와 결과를 실현하는 강제규범이다.

17 다음 중 국회 권한의 성격이 나머지와 다른 것은?

① 국정감사 ② 법률 제정

③ 의원 제명 ④ 조약체결 동의

⑤ 국회규칙 제정

18 다음 중 지방자치단체의 조직에 대한 설명으로 옳지 않은 것은?

① 지방의회의원의 임기는 4년으로 한다.

② 지방자치단체의 종류는 법률로 정한다.

③ 지방자치단체에 주민의 대의기관인 의회를 둔다.

④ 지방자치단체의 장은 주민이 보통·평등·직접·비밀선거에 따라 선출한다.

⑤ 지방자치단체의 장은 법령의 범위 안에서 자치에 대한 규칙을 제정할 수 있다.

19 다음 중 학자와 그들이 주장한 법의 목적이 바르게 연결되지 않은 것은?

① 칸트 – 인격의 완성 ② 루소 – 국가이익의 추구

③ 예링 – 생활이익의 확보 ④ 벤담 – 최대다수의 최대행복

⑤ 플라톤 – 도덕생활의 실현

20 다음 중 우리나라 헌법의 기본원리에 해당하지 않는 것은?

① 국민주권의 원리   ② 법치주의

③ 문화국가의 원리   ④ 사회적 민주주의

⑤ 국제평화주의

21 법무부장관이 외국인 A에게 귀화를 허가한 경우, 선거관리위원장은 귀화 허가가 무효가 아닌 한 귀화 허가에 하자가 있더라도 A가 한국인이 아니라는 이유로 선거권을 거부할 수 없다. 이처럼 법무부장관의 귀화 허가에 구속되는 행정행위의 효력은 무엇인가?

① 공정력   ② 구속력

③ 형식적 존속력   ④ 구성요건적 효력

⑤ 실질적 존속력

22 다음 중 아리스토텔레스의 정의론에 대한 설명으로 옳지 않은 것은?

① 평균적 정의는 정치·사법 분야에서 강하게 적용된다.

② 정의를 인간의 선한 성품인 덕성이라는 관점에서 보았다.

③ 광의의 정의는 평균적 정의와 배분적 정의로 나누어진다.

④ 광의의 정의는 법과 도덕이 미분화된 상태의 관념에 따른 것이다.

⑤ 정의에는 준법성을 지향하는 것과 균등을 원리로 하는 것의 두 가지가 있다고 보았다.

23 다음 중 민법상 과실(果實)에 해당하지 않는 것은?

① 지상권의 지료   ② 특허권의 사용료

③ 임대차에서의 차임   ④ 젖소로부터 짜낸 우유

⑤ 과수원에서 재배한 사과

24 다음 중 행정기관에 대한 설명으로 옳은 것은?

① 집행기관은 채권자의 신청에 의하여 강제집행을 실시할 직무를 갖지 못한다.

② 자문기관은 행정청의 내부 실·국의 기관으로 행정청의 권한 행사를 보좌한다.

③ 감사기관은 다른 행정기관의 사무나 회계처리를 검사하고 그 적부에 관해 감사하는 기관이다.

④ 의결기관은 행정청의 의사결정에 참여하는 권한을 가진 기관이지만 행정청의 의사를 법적으로 구속하지는 못한다.

⑤ 다수 구성원으로 이루어진 합의제 행정청이 대표적인 행정청의 형태이며, 지방자치단체의 경우 지방의회가 행정청이다.

25 다음 중 법원(法源)에 대한 설명으로 옳지 않은 것은?

① 대통령령은 헌법에 근거를 두고 있다.

② 영미법계 국가에서는 판례의 법원성이 부정된다.

③ 죄형법정주의에 따라 관습형법은 인정되지 않는다.

④ 법관이 재판을 할 때 있어서 적용하여야 할 기준이다.

⑤ 민사에 관하여 법률에 규정이 없으면 관습법에 의하고 관습법이 없으면 조리에 의한다.

26 다음 중 법률행위의 취소와 추인에 대한 설명으로 옳지 않은 것은?

① 취소할 수 있는 법률행위의 추인은 무권대리행위의 추인과는 달리 추인의 소급효는 문제되지 않는다.

② 추인은 취소의 원인이 종료한 후에 하여야 효력이 있는데, 다만 법정대리인이 추인하는 경우에는 그렇지 않다.

③ 취소할 수 있는 법률행위를 취소할 수 있는 자는 무능력자, 하자 있는 의사표시를 한 자, 그 대리인 또는 승계인이며, 추인할 수 있는 자도 같다.

④ 취소된 법률행위는 처음부터 무효인 것으로 본다. 다만, 제한능력자는 그 행위로 인하여 받은 이익이 현존하는 한도에서 상환할 책임이 있다.

⑤ 취소권자가 전부나 일부의 이행, 이행의 청구, 담보의 제공 등을 한 경우에는 취소의 원인이 종료되기 전에 한 것이라도 추인한 것으로 보아야 한다.

27 다음 중 국가공무원법에 명시된 공무원의 복무의무로 옳지 않은 것은?

① 범죄 고발의 의무
② 친절·공정의 의무
③ 비밀엄수의 의무
④ 정치운동의 금지
⑤ 복종의 의무

28 다음 중 소멸시효의 중단사유가 아닌 것은?

① 청구
② 압류
③ 취소
④ 승인
⑤ 가처분

29 다음 중 형법상 책임무능력자의 기준으로 옳은 것은?

① 만 12세 미만의 미성년자
② 만 14세 미만의 미성년자
③ 만 16세 미만의 미성년자
④ 만 17세 미만의 미성년자
⑤ 만 18세 미만의 미성년자

30 다음 중 국가배상에 대한 설명으로 옳은 것은?

① 공무원은 어떤 경우에도 국가배상청구권을 행사할 수 없다.
② 국가배상법에서 규정하고 있는 손해배상은 손실보상으로도 볼 수 있다.
③ 도로건설을 위해 자신의 토지를 수용당한 개인은 국가배상청구권을 가진다.
④ 공무원이 직무수행 중에 적법하게 타인에게 손해를 입힌 경우 국가가 배상책임을 진다.
⑤ 도로·하천 등의 설치 또는 관리에 하자가 있어 손해를 받은 개인은 국가가 배상책임을 진다.

31 다음 중 법체계에 대한 설명으로 옳지 않은 것은?

① 형사소송법은 절차법이다.

② 민법과 상법은 실체법이다.

③ 민법이 사법이므로 민사소송법도 사법에 속한다.

④ 대통령의 긴급명령은 법률과 같은 효력을 가진다.

⑤ 일반적으로 승인된 국제법규는 국내법과 같은 효력을 가진다.

32 다음 중 법의 단계를 순서대로 바르게 나열한 것은?

① 헌법 → 법률 → 명령 → 조례 → 규칙

② 헌법 → 법률 → 명령 → 규칙 → 조례

③ 조례 → 규칙 → 명령 → 법률 → 헌법

④ 법률 → 헌법 → 명령 → 규칙 → 조례

⑤ 법률 → 명령 → 헌법 → 규칙 → 조례

33 다음 중 행정법상 행정작용에 대한 설명으로 옳지 않은 것은?

① 개인에게 일정한 작위의무를 부과하는 하명은 형성적 행정행위이다.

② 특정인에게 새로운 권리나 포괄적 법률관계를 설정해주는 특허는 형성적 행정행위이다.

③ 의사표시 이외의 정신작용 등의 표시를 요소로 하는 행위는 준법률행위적 행정행위이다.

④ 특정한 사실 또는 법률관계의 존재를 공적으로 증명하는 공증은 준법률행위적 행정행위이다.

⑤ 기속행위는 행정주체에 대하여 재량의 여지를 주지 않고 그 법규를 집행하도록 하는 행정행위를 말한다.

34 다음은 행정구제제도의 명칭에 대한 설명이다. ㉠, ㉡이 설명하는 용어를 순서대로 바르게 연결한 것은?

> ㉠ 지방자치단체가 건설한 교량이 시공자의 흠으로 붕괴되어 지역주민들에게 상해를 입혔을 때, 지방자치단체가 상해를 입은 주민들의 피해를 구제해 주었다.
> ㉡ 도로확장사업으로 인하여 토지를 수용당한 주민들의 피해를 국가가 변상하여 주었다.

	㉠	㉡
①	손실보상	행정소송
②	손해배상	행정심판
③	행정소송	손실보상
④	손해배상	손실보상
⑤	행정소송	손해배상

35 다음 중 관습법에 대한 설명으로 옳지 않은 것은?

① 형법은 관습형법금지의 원칙이 적용된다.
② 민법 제1조에서는 관습법의 보충적 효력을 인정하고 있다.
③ 성문법이 발달하지 않은 국제법에서는 관습법이 중요한 법원이 된다.
④ 관습법은 당사자의 주장 · 입증이 있어야만 법원이 이를 판단할 수 있다.
⑤ 헌법재판소 다수의견에 의하면 관습헌법도 성문헌법과 동등한 효력이 있다.

36 다음 중 현행 헌법상 정당설립과 활동의 자유에 대한 설명으로 옳지 않은 것은?

① 정당의 설립은 자유이며, 복수정당제는 보장된다.
② 정당은 그 목적, 조직과 활동이 민주적이어야 한다.
③ 정당은 국민의 정치적 의사형성에 참여하는 데 필요한 조직을 가져야 한다.
④ 국가는 법률이 정하는 바에 의하여 정당의 운영에 필요한 자금을 보조할 수 있다.
⑤ 정당의 목적과 활동이 민주적 기본질서에 위배될 때에는 국회는 헌법재판소에 그 해산을 제소할 수 있다.

37 경찰관이 목전에 급박한 장해를 제거할 필요가 있거나 그 성질상 미리 의무를 명할 시간적 여유가 없을 때, 자신이 근무하는 국가중요시설에 무단으로 침입한 자의 신체에 직접 무기를 사용하여 저지하는 행위는?

① 행정대집행
② 행정상 즉시강제
③ 행정상 강제집행
④ 집행벌
⑤ 행정상 손해배상

38 다음 중 상법의 적용순위를 순서대로 바르게 나열한 것은?

① 민법 → 상법 → 민사특별법 → 상관습법
② 상법 → 민법 → 상관습법 → 민사특별법
③ 상법 → 상관습법 → 민사특별법 → 민법
④ 민사특별법 → 상법 → 민법 → 상관습법
⑤ 민사특별법 → 민법 → 상관습법 → 상법

39 다음 중 소선거구제에 대한 설명으로 옳지 않은 것은?

① 소선거구제하에서는 후보자 파악이 쉽다.
② 소선거구제하에서는 사표가 많이 발생할 수 있다.
③ 소선거구제하에서는 선거 비용을 절약할 수 있다.
④ 소선거구제하에서는 지연·혈연이 작용할 수 있다.
⑤ 소선거구제하에서는 군소정당이 난립하여 정국이 불안정하다.

40 다음 행정쟁송절차에서 빈칸에 들어갈 단어를 순서대로 바르게 나열한 것은?

```
                              시정 ┐
위법·부당한 행정처분 → _____ → _____ → _____ → _____
                         취소, 변경 청구   소의 제기      항소        상고
```

① 행정기관 → 고등법원 → 행정법원 → 대법원
② 지방법원 → 고등법원 → 대법원 → 헌법재판소
③ 고등법원 → 대법원 → 행정기관 → 헌법재판소
④ 당해 행정관청 → 행정법원 → 고등법원 → 대법원
⑤ 상급감독관청 → 지방법원 → 대법원 → 헌법재판소

41 다음 중 법의 체계에 대한 설명으로 옳은 것은?

① 고유법과 계수법은 적용대상에 따른 구분이다.
② 강행법과 임의법은 실정성 여부에 따른 구분이다.
③ 실체법과 절차법은 법의 제정주체에 따른 구분이다.
④ 공법과 사법으로 분류하는 것은 영미법계의 특징이다.
⑤ 일반법과 특별법은 적용되는 효력 범위에 따른 구분이다.

42 다음 중 공법과 사법의 구별 기준에 대한 학설의 내용이 옳지 않은 것은?

① 법규의 명칭에 따라 구별한다.
② 권력의무의 주체에 따라 구별한다.
③ 권력적인 것인가의 여부에 따라 구별한다.
④ 공익을 위한 것인가 사익을 위한 것인가에 따라 구별한다.
⑤ 법이 통치권 발동에 대한 것인지, 아닌지에 따라 구별한다.

43 다음 중 행정심판에 의해 구제받지 못한 자가 위법한 행정행위에 대하여 최종적으로 법원에 구제를 청구하는 절차는?

① 헌법소원
② 손해배상청구
③ 손실보상청구
④ 행정소송
⑤ 경정청구

44 다음 중 판례의 법원성에 대해 규정하고 있는 법은 무엇인가?

① 대법원 규칙
② 국회법
③ 법원조직법
④ 형법
⑤ 헌법

45 다음 중 기본권의 효력에 대한 설명으로 옳지 않은 것은?

① 기본권의 효력은 대국가적 효력을 갖는 것이 원칙이다.
② 기본권의 제3자적 효력에서 평등권은 간접 적용된다고 볼 수 있다.
③ 기본권의 사인 간의 효력은 헌법이 직접적 효력을 규정함이 원칙이나 예외적으로 간접적 효력을 갖는 경우도 있다.
④ 청구권적 기본권이나 사회권적 기본권은 그것이 법률로써 규정되었을 때 국가에 대하여 직접 그 권리를 행사할 수 있다.
⑤ 기본권의 사인(私人) 간의 직접적 효력을 헌법이 명문으로 규정한 예로, 근로3권과 언론·출판에 의한 명예 또는 권리침해 금지가 있다.

46 다음 중 권리의 효력에 따른 분류에 속하지 않는 것은?

① 항변권
② 인격권
③ 형성권
④ 청구권
⑤ 지배권

47 다음 중 법의 분류에 대한 설명으로 옳지 않은 것은?

① 부동산등기법은 사법이며, 실체법이다.
② 민사소송법, 형사소송법, 행정소송법은 절차법에 해당된다.
③ 자연법은 시·공간을 초월하여 보편적으로 타당한 법을 의미한다.
④ 오늘날 국가의 개입이 증대되면서 '사법의 공법화' 경향이 생겼다.
⑤ 임의법은 당사자의 의사에 의하여 그 적용이 배제될 수 있는 법을 말한다.

48 다음 중 법의 해석에 대한 설명으로 옳지 않은 것은?

① 법의 해석에 있어 법률의 입법취지도 고려의 대상이 된다.
② 민법, 형법, 행정법에서는 유추해석이 원칙적으로 허용된다.
③ 법해석의 방법은 해석의 구속력 여부에 따라 유권해석과 학리해석으로 나눌 수 있다.
④ 법해석의 목표는 법적 안정성을 저해하지 않는 범위 내에서 구체적 타당성을 찾는 데 두어야 한다.
⑤ 법에 내재해 있는 법의 이념과 목적, 사회적인 가치합리성에 기초한 입법의 정신 등을 객관화해야 한다.

49 다음 중 행정주체가 국민에 대하여 명령·강제하고, 권리나 이익(利益)을 부여하는 등 법을 집행하는 행위를 무엇이라고 하는가?

① 행정조직
② 행정처분
③ 행정구제
④ 행정강제
⑤ 행정소송

50 다음 중 법을 공법과 사법으로 분류할 때, 공법으로만 나열한 것은?

① 어음법, 수표법
② 사회보장법, 형법
③ 상법, 근로기준법
④ 민법, 부동산등기법
⑤ 형사소송법, 민사소송법

01 다음 중 대표관료제에 대한 설명으로 옳지 않은 것은?

① 대표관료제는 실적주의에 입각한 제도이다.

② 사회주체에 의한 외적 통제가 강화된 형태이다.

③ 행정의 합리성보다는 민주성이 강조되는 제도이다.

④ 공직임용에 소외된 계층에 대한 균형인사가 가능하다.

⑤ 관료의 행정에 출신배경이 고려되므로 합리적 행정이 저해될 수 있다.

02 다음 중 공무원의 행동규범에 대한 설명으로 옳지 않은 것은?

① 우리나라의 공무원은 정치적 중립을 지키도록 법률로 명문화되어 있다.

② 공직자는 부패 사실을 알게 되었을 경우 부패행위를 신고하도록 의무화되어 있다.

③ 공직자가 공익을 현저히 침해하는 경우 국민 300명 이상의 연서로 감사원에 감사를 청구할 수 있다.

④ 공직자윤리법에서는 부정부패를 방지하기 위해 공직자의 재산 등록 및 공개, 퇴직 공무원의 취업 제한 등을 규정하고 있다.

⑤ 모든 공무원은 형의 선고·징계 처분 또는 국가공무원법에 정하는 사유에 의하지 아니하고는 그 의사에 반해 휴직·강임 또는 면직을 당하지 아니한다.

03 다음 중 미래예측기법에 대한 설명으로 옳지 않은 것은?

① 판단적 미래예측에서는 경험적 자료나 이론이 중심적인 역할을 한다.

② 비용·편익분석은 정책의 능률성 내지 경제성에 초점을 맞춘 정책분석의 접근방법이다.

③ 이론적 미래예측은 인과관계 분석이라고도 하며 선형계획, 투입·산출분석, 회귀분석 등을 예로 들 수 있다.

④ 추세연장적 미래예측기법들 중 하나인 검은줄 기법(Black Thread Technique)은 시계열적 변동의 굴곡을 직선으로 표시하는 기법이다.

⑤ 교차영향분석은 연관사건의 발생여부에 따라 대상사건이 발생할 가능성에 관한 주관적 판단을 구하고 그 관계를 분석하는 기법이다.

04 다음 중 행정의 특성에 대한 설명으로 옳지 않은 것은?

① 행정은 합리적 기준과 절차에 따라 이루어져야 한다.

② 행정은 특정 집단의 사익이 아닌 공공의 이익을 추구해야 한다.

③ 행정은 국민의 요구와 필요를 충족시키기 위한 고객 지향적 성격을 지닌다.

④ 행정은 공익의 목적을 위하여 개개인의 의사와 상관없이 획일적으로 규율한다.

⑤ 윌슨의 정치행정이원론에 따르면 행정은 법과 규제에 기반을 두어야 한다는 점에서 비정치성을 갖는다.

05 다음 중 주민의 참여가 확대됨으로써 예상되는 긍정적 기능으로 옳지 않은 것은?

① 행정적 비용의 감소

② 정책집행의 순응성 제고

③ 시민의 역량과 자질 증대

④ 정책의 민주성과 정당성 증대

⑤ 지방정부와 주민 간 협조 관계 강화

06 다음 중 예산의 원칙에 대한 용어와 설명을 바르게 짝지은 것은?

> ㄱ. 한 회계연도의 세입과 세출은 모두 예산에 계상하여야 한다.
> ㄴ. 모든 수입은 국고에 편입되고 여기에서부터 지출이 이루어져야 한다.

	ㄱ	ㄴ
①	예산 단일의 원칙	예산 총계주의의 원칙
②	예산 총계주의의 원칙	예산 단일의 원칙
③	예산 총계주의의 원칙	예산 통일의 원칙
④	예산 통일의 원칙	예산 단일의 원칙
⑤	예산 단일의 원칙	예산 총계주의의 원칙

07 다음 행정이론들을 시기 순으로 바르게 나열한 것은?

> (가) 최소의 노동과 비용으로 최대의 능률을 올릴 수 있는 표준적 작업절차를 정하고 이에 따라 예정된 작업량을 달성하기 위한 가장 좋은 방법을 발견하려는 이론이다.
> (나) 기존의 거시적인 제도나 구조가 아닌 개인의 표출된 행태를 객관적·실증적으로 분석하는 이론이다.
> (다) 조직구성원들의 사회적·심리적 욕구와 조직 내 비공식집단 등을 중시하며, 조직의 목표와 조직구성원들의 목표 간의 균형 유지를 지향하는 민주적·참여적 관리 방식을 처방하는 이론이다.
> (라) 시민적 담론과 공익에 기반을 두고 시민에게 봉사하는 정부의 역할을 강조하는 이론이다.

① (가) – (나) – (다) – (라)
② (가) – (다) – (나) – (라)
③ (가) – (다) – (라) – (나)
④ (나) – (다) – (가) – (라)
⑤ (나) – (라) – (다) – (가)

08 다음 중 분배정책과 재분배정책에 대한 설명으로 옳은 것을 〈보기〉에서 모두 고르면?

> 보기
>
> ㄱ. 분배정책에서는 로그롤링(Log Rolling)이나 포크배럴(Pork Barrel)과 같은 정치적 현상이 나타나기도 한다.
> ㄴ. 분배정책은 사회계급적인 접근을 기반으로 이루어지기 때문에 규제정책보다 갈등이 더 가시적이다.
> ㄷ. 재분배정책에는 누진소득세, 임대주택 건설사업 등이 포함된다.
> ㄹ. 재분배정책에서는 자원배분에 있어서 이해당사자들 간의 연합이 분배정책에 비하여 안정적으로 이루어진다.

① ㄱ, ㄴ
② ㄱ, ㄷ
③ ㄴ, ㄷ
④ ㄷ, ㄹ
⑤ ㄱ, ㄷ, ㄹ

09 정부 각 기관에 배정될 예산의 지출한도액은 중앙예산기관과 행정수반이 결정하고 각 기관의 장에게는 그러한 지출한도액의 범위 내에서 자율적으로 목표달성 방법을 결정하는 자율권을 부여하는 예산관리모형은 무엇인가?

① 계획예산제도
② 목표관리 예산제도
③ 성과주의 예산제도
④ 결과기준 예산제도
⑤ 총액배분 자율편성예산제도

10 다음 중 광역행정에 대한 설명으로 옳지 않은 것은?

① 광역행정은 규모의 경제를 실현할 수 있다.

② 광역행정은 지방자치단체 간의 갈등해소와 조정의 기능을 수행한다.

③ 광역행정의 방식 중 통합방식에는 합병, 일부사무조합, 도시공동체가 있다.

④ 광역행정은 지방자치단체 간의 재정 및 행정서비스의 형평적 배분을 도모한다.

⑤ 행정협의회에 의한 광역행정은 지방자치단체 간의 동등한 지위를 기초로 상호협조에 의하여 광역
행정사무를 처리하는 방식이다.

11 다음 중 현재 행정각부와 그 소속 행정기관을 바르게 짝지은 것을 〈보기〉에서 모두 고르면?

> 보기
>
> ㄱ. 산업통상자원부 – 관세청
> ㄴ. 행정안전부 – 경찰청
> ㄷ. 중소벤처기업부 – 특허청
> ㄹ. 환경부 – 산림청
> ㅁ. 기획재정부 – 조달청
> ㅂ. 해양수산부 – 해양경찰청

① ㄱ, ㄴ, ㅁ   ② ㄱ, ㄷ, ㄹ

③ ㄱ, ㄹ, ㅁ   ④ ㄴ, ㄷ, ㅁ

⑤ ㄴ, ㅁ, ㅂ

12 다음 중 킹던(John Kingdon)의 정책창 모형과 관련된 내용으로 옳은 것을 〈보기〉에서 모두 고르면?

> 보기
>
> ㄱ. 방법론적 개인주의   ㄴ. 쓰레기통 모형
> ㄷ. 정치의 흐름   ㄹ. 점화장치
> ㅁ. 표준운영절차

① ㄱ, ㄴ, ㄷ   ② ㄱ, ㄴ, ㄹ

③ ㄱ, ㄹ, ㅁ   ④ ㄴ, ㄷ, ㄹ

⑤ ㄴ, ㄷ, ㅁ

13 다음 중 정부의 역할에 대한 설명으로 옳은 것을 〈보기〉에서 모두 고르면?

> **보기**
>
> ㄱ. 진보주의 정부관에 따르면 정부에 대한 불신이 강하고 정부실패를 우려한다.
> ㄴ. 공공선택론의 입장은 정부를 공공재의 생산자로 규정하고 대규모 관료제에 의한 행정의 효율성을 높이는 것이 중요하다고 본다.
> ㄷ. 보수주의 정부관은 자유방임적 자본주의를 옹호한다.
> ㄹ. 신공공서비스론 입장에 따르면 정부의 역할은 시민들로 하여금 공유된 가치를 창출하고 충족시킬 수 있도록 봉사하는 데 있다.
> ㅁ. 행정국가 시대에는 '최대의 봉사가 최선의 정부'로 받아들여졌다.

① ㄱ, ㄴ, ㄷ
② ㄱ, ㄷ, ㄹ
③ ㄴ, ㄷ, ㅁ
④ ㄱ, ㄹ, ㅁ
⑤ ㄷ, ㄹ, ㅁ

14 다음 중 행정통제에 대한 설명으로 옳은 것을 〈보기〉에서 모두 고르면?

> **보기**
>
> ㄱ. 행정통제는 통제시기의 적시성과 통제내용의 효율성이 고려되어야 한다.
> ㄴ. 옴부즈만 제도는 공무원에 대한 국민의 책임 추궁의 창구 역할을 하며 입법·사법통제의 한계를 보완하는 제도이다.
> ㄷ. 외부통제는 선거에 의한 통제와 이익집단에 의한 통제를 포함한다.
> ㄹ. 입법통제는 합법성을 강조하므로 위법행정보다 부당행정이 많은 현대행정에서는 효율적인 통제가 어렵다.

① ㄱ, ㄴ
② ㄴ, ㄹ
③ ㄱ, ㄴ, ㄷ
④ ㄱ, ㄷ, ㄹ
⑤ ㄴ, ㄷ, ㄹ

15 다음 중 현행 국가공무원법 제1조, 지방공무원법 제1조, 그리고 지방자치법 제1조에서 공통적으로 규정하고 있는 우리나라의 기본적 행정가치로 옳은 것은?

① 합법성과 형평성
② 형평성과 공정성
③ 공정성과 민주성
④ 민주성과 능률성
⑤ 능률성과 합법성

16 국세이며 간접세인 것으로 옳은 것을 〈보기〉에서 모두 고르면?

> **보기**
>
> ㄱ. 자동차세 ㄴ. 주세
> ㄷ. 담배소비세 ㄹ. 부가가치세
> ㅁ. 개별소비세 ㅂ. 종합부동산세

① ㄱ, ㄴ, ㄷ
② ㄱ, ㄹ, ㅂ
③ ㄴ, ㄷ, ㅁ
④ ㄴ, ㄹ, ㅁ
⑤ ㄷ, ㄹ, ㅁ

17 다음 글의 빈칸에 들어갈 말로 옳은 것은?

> _____은 재정권을 독점한 정부에서 정치가나 관료들이 독점적 권력을 국민에게 남용하여 재정규모를 과도하게 팽창시키는 행위를 의미한다는 내용을 담고 있다.

① 지대추구이론
② 리바이어던(Leviathan) 가설
③ 파킨슨(Cyril N. Parkinson)의 법칙
④ 니스카넨(William Niskanen)의 예산극대화 가설
⑤ 로머와 로젠탈(Tomas Romer & Howard Rosenthal)의 회복수준 이론

18 다음 중 점증주의에 대한 설명으로 옳지 않은 것은?

① 정책을 결정할 때 현존의 정책에서 약간만 변화시킨 대안을 고려한다.
② 경제적 합리성보다는 정치적 합리성을 추구하여 타협과 조정을 중요시한다.
③ 고려하는 정책대안이 가져올 결과를 모두 분석하지 않고 제한적으로 비교·분석하는 방법을 사용한다.
④ 일단 불완전한 예측을 전제로 하여 정책대안을 실시하고 그때 나타나는 결과가 잘못된 점이 있으면 그 부분만 다시 수정·보완하는 방식을 택하기도 한다.
⑤ 수단과 목표가 명확히 구분되지 않으므로 흔히 목표 - 수단의 분석이 부적절하거나 제한되는 경우가 많으며, 정책목표달성을 극대화하는 정책을 최선의 정책으로 평가한다.

19 다음 중 갈등의 조성전략에 대한 설명으로 옳지 않은 것은?

① 단위부서들 간에 경쟁상황을 조성한다.

② 조직의 수직적·수평적 분화를 통해 조직구조를 변경한다.

③ 표면화된 공식적 및 비공식적 정보전달통로를 의식적으로 변경시킨다.

④ 상황에 따라 정보전달을 억제하거나 지나치게 과장한 정보를 전달한다.

⑤ 갈등을 일으킨 당사자들에게 공동으로 추구해야 할 상위목표를 제시한다.

20 다음 중 행정개혁의 저항을 줄이는 방법으로 옳은 것을 〈보기〉에서 모두 고르면?

> 보기
> ㄱ. 참여기회 제공　　　　　　　　ㄴ. 포괄적 개혁추진
> ㄷ. 구성원의 부담 최소화　　　　　ㄹ. 외부집단에 의한 개혁추진
> ㅁ. 피개혁자 교육 및 홍보　　　　　ㅂ. 개혁안의 명료화

① ㄱ, ㄴ, ㄷ, ㅁ　　　　　　　　② ㄱ, ㄷ, ㅁ, ㅂ

③ ㄴ, ㄷ, ㅁ, ㅂ　　　　　　　　④ ㄴ, ㄹ, ㅁ, ㅂ

⑤ ㄷ, ㄹ, ㅁ, ㅂ

21 다음 중 〈보기〉에서 설명하는 이론으로 옳은 것은?

> 보기
> 경제학적인 분석도구를 관료 행태, 투표자 행태, 정당정치, 이익집단 등의 비시장적 분석에 적용함으로써 공공서비스의 효율적 공급을 위한 제도적 장치를 탐색한다.

① 과학적 관리론　　　　　　　　② 공공선택론

③ 행태론　　　　　　　　　　　　④ 발전행정론

⑤ 현상학

22 다음 중 국가재정법 제16조에서 규정하고 있는 재정운영에 대한 내용으로 옳지 않은 것은?

① 재정건전성의 확보

② 국민부담의 최소화

③ 재정의 지속가능성 확보

④ 예산과정에의 국민참여 제고를 위한 노력

⑤ 재정을 운영함에 있어 재정지출의 성과 제고

23 정책집행의 상향식 접근(Bottom Up Approach)에 대한 설명으로 옳은 것을 〈보기〉에서 모두 고르면?

> 보기
>
> ㄱ. 합리모형의 선형적 시각을 반영한다.
>
> ㄴ. 집행이 일어나는 현장에 초점을 맞춘다.
>
> ㄷ. 일선공무원의 전문지식과 문제해결능력을 중시한다.
>
> ㄹ. 고위직보다는 하위직에서 주도한다.
>
> ㅁ. 공식적인 정책목표가 중요한 변수로 취급되므로 집행실적의 객관적 평가가 용이하다.

① ㄱ, ㄴ, ㄷ

② ㄱ, ㄷ, ㅁ

③ ㄴ, ㄷ, ㄹ

④ ㄴ, ㄹ, ㅁ

⑤ ㄷ, ㄹ, ㅁ

24 다음 중 정책의제 설정에 대한 설명으로 옳지 않은 것은?

① 일반적으로 정책의제는 정치성, 주관성, 동태성 등의 성격을 가진다.

② 정책의제의 설정은 목표설정기능 및 적절한 정책수단을 선택하는 기능을 하고 있다.

③ 정책대안이 아무리 훌륭하더라도 정책문제를 잘못 인지하고 채택하여 정책문제가 여전히 해결되지 않은 상태로 남아있는 현상을 2종 오류라 한다.

④ 킹던(Kingdon)의 정책의 창 모형은 정책문제의 흐름, 정책대안의 흐름, 정치의 흐름이 어떤 계기로 서로 결합함으로써 새로운 정책의제로 형성되는 것을 말한다.

⑤ 콥(R.W. Cobb)과 엘더(C.D. Elder)의 이론에 의하면 정책의제 설정과정은 사회문제 – 사회적 이슈 – 체제의제 – 제도의제의 순서로 정책의제로 선택됨을 설명하고 있다.

25 다음 중 정부실패의 원인으로 옳지 않은 것은?

① 파생적 외부효과
② 정부조직의 내부성
③ 비용과 편익의 괴리
④ 점증적 정책결정의 불확실성
⑤ 권력으로 인한 분배적 불공정성

26 다음 중 윌슨(Wilson)이 주장한 규제정치모형에서 '감지된 비용은 좁게 집중되지만, 감지된 편익은 넓게 분산되는 경우'에 나타나는 유형은?

① 대중정치
② 고객정치
③ 기업가정치
④ 이익집단정치
⑤ 네트워크정치

27 교통체증 완화를 위한 차량 10부제 운행은 윌슨(Wilson)이 제시한 규제정치이론의 네 가지 유형 중 어디에 해당하는가?

① 대중정치
② 고객정치
③ 기업가정치
④ 소비자정치
⑤ 이익집단정치

28 다음 중 공무원의 신분보장의 배제에 대한 설명으로 옳은 것은?

① 직위해제 : 해당 공무원에 대해 직위를 부여하지 않음으로써 공무원의 신분을 박탈하는 임용행위

② 파면 : 공무원의 신분을 박탈하는 중징계 처분의 하나이며 원칙적으로 퇴직금 감액이 없는 임용행위

③ 해임 : 공무원의 신분을 박탈하는 중징계 처분의 하나이며 퇴직급여액의 2분의 1이 삭감되는 임용행위

④ 정직 : 공무원의 신분은 보유하지만, 직무 수행을 일시적으로 정지시키며 보수를 전액 감하는 임용행위

⑤ 직권면직 : 직제·정원의 변경으로 직위의 폐지나 초과정원이 발생한 경우에 임용권자가 직권으로 직무 수행의 의무를 면해 주되 공무원의 신분은 보유하게 하는 임용행위

29 다음 중 공공부문 성과연봉제 보수체계 설계 시 성과급 비중을 설정하는 데 적용할 수 있는 동기부여 이론은?

① 애덤스(Adams)의 형평성이론

② 매슬로(Maslow)의 욕구 5단계론

③ 허즈버그(Herzberg)의 욕구충족 이원론

④ 앨더퍼(Alderfer)의 ERG(존재, 관계, 성장)이론

⑤ 해크만(Hackman)과 올드햄(Oldham)의 직무특성이론

30 다음 중 정책평가에서 인과관계의 타당성을 저해하는 여러 가지 요인들에 대한 설명으로 옳지 않은 것은?

① 회귀인공요소 : 정책대상의 상태가 정책의 영향력과는 관계없이 자연스럽게 평균값으로 되돌아가는 경향이다.

② 혼란변수 : 정책 이외에 제3의 변수도 결과에 영향을 미치는 경우 정책의 영향력을 정확히 평가하기 어렵게 만드는 변수이다.

③ 성숙효과 : 정책으로 인하여 그 결과가 나타난 것이 아니라 그냥 가만히 두어도 시간이 지나면서 자연스럽게 변화가 일어나는 경우이다.

④ 허위변수 : 정책과 결과 사이에 아무런 인과관계가 없으나 마치 정책과 결과 사이에 인과관계가 존재하는 것처럼 착각하게 만드는 변수이다.

⑤ 호손효과 : 정책효과가 나타날 가능성이 높은 집단을 의도적으로 실험집단으로 선정함으로써 정책의 영향력이 실제보다 과대평가되는 경우이다.

31 다음 중 옴부즈만제도에 대한 설명으로 옳지 않은 것은?

① 1800년대 초반 스웨덴에서 처음으로 채택되었다.

② 시정조치의 강제권이 없기 때문에 비행의 시정이 비행자의 재량에 달려 있는 경우가 많다.

③ 옴부즈만은 입법기관에서 임명하는 옴부즈만이었으나 국회의 제청에 의해 행정수반이 임명하는 옴부즈만도 등장하게 되었다.

④ 우리나라 지방자치단체는 시민고충처리위원회를 둘 수 있는데 이것은 지방자치단체의 옴부즈만 이라고 할 수 있다.

⑤ 국무총리 소속으로 설치한 국민권익위원회는 행정체제 외의 독립통제기관이며, 대통령이 임명하는 옴부즈만의 일종이다.

32 다음 중 합리적 정책결정 과정에서 정책문제를 정의할 때의 주요 요인이라고 보기 어려운 것은?

① 관련 요소 파악

② 정책대안의 탐색

③ 관련 요소들간의 인과관계 파악

④ 관련 요소들간의 역사적 맥락 파악

⑤ 관련된 사람들이 원하는 가치에 대한 판단

33 다음 중 딜레마 이론에 대한 설명으로 옳은 것은?

① 정부활동의 기술적·경제적 합리성을 중시하고 정부가 시장의 힘을 활용하는 촉매자 역할을 한다는 점을 강조하는 이론이다.

② 전략적 합리성을 중시하고, 공유된 가치 창출을 위한 시민과 지역공동체 집단들 사이의 이익을 협상하고 중재하는 정부 역할을 강조하는 행정이론이다.

③ 정부신뢰를 강조하고, 정부신뢰가 정부와 시민의 협력을 증진시키며 정부의 효과성을 높이는 가장 중요한 요인이 된다고 주장하는 행정이론이다.

④ 시차를 두고 변화하는 사회현상을 발생시키는 주체들의 속성이나 행태의 연구가 행정이론 연구의 핵심이 된다고 주장하고, 이를 행정현상 연구에 적용하였다.

⑤ 상황의 특성, 대안의 성격, 결과가치의 비교평가, 행위자의 특성 등 상황이 야기되는 현실적 조건하에서 대안의 선택 방법을 규명하는 것을 통해 행정이론 발전에 기여하였다.

34 다음 중 행정통제에 대한 설명으로 옳지 않은 것은?

① 외부적 통제의 대표적인 예는 국회, 법원, 국민 등에 의한 통제이다.

② 통제주체에 의한 통제 분류의 대표적인 예는 외부적 통제와 내부적 통제이다.

③ 사전적 통제는 어떤 행동이 통제기준에서 이탈되는 결과를 발생시킬 때까지 기다리지 않고 그러한 결과의 발생을 유발할 수 있는 행동이 나타날 때마다 교정해 나간다.

④ 사후적 통제는 목표수행 행동의 결과가 목표 기준에 부합되는가를 평가하여 필요한 시정조치를 취하는 통제이다.

⑤ 부정적 환류통제는 실적이 목표에서 이탈된 것을 발견하고 후속되는 행동이 전철을 밟지 않도록 시정하는 통제이다.

35 다음 중 위원회조직에 대한 설명으로 옳지 않은 것은?

① 자문위원회는 의사결정의 구속력이 없다.

② 의결위원회는 의사결정의 구속력과 집행력을 가진다.

③ 토론과 타협을 통해 운영되기 때문에 상호 협력과 조정이 가능하다.

④ 위원 간 책임이 분산되기 때문에 무책임한 의사결정이 발생할 수 있다.

⑤ 다양한 정책전문가들의 지식을 활용할 수 있으며 이해관계자들의 의견 개진이 비교적 용이하다.

36 다음 중 정책참여자 간의 관계에 대한 설명으로 옳지 않은 것은?

① 다원주의는 개인 차원에서 정책결정에 직접적 영향력을 행사하기가 수월하다.

② 엘리트주의에서는 권력은 다수의 집단에 분산되어 있지 않으며 소수의 힘 있는 기관에 집중되고, 기관의 영향력 역시 일부 고위층에 집중되어 있다고 주장한다.

③ 하위정부(Subgovernment)는 철의 삼각과 같이 정부관료, 선출직 의원, 그리고 이익집단의 역할에 초점을 맞춘다.

④ 조합주의(Corporatism)는 정책결정에서 정부의 보다 적극적인 역할을 인정하고 이익집단과의 상호협력을 중시한다.

⑤ 정책공동체는 일시적이고 느슨한 형태의 집합체가 아니라 안정적인 상호의존관계를 유지하는 공동체의 시각을 반영한다.

37 다음 중 예산개혁의 경향이 시대에 따라 변화해온 것을 순서대로 바르게 나열한 것은?

① 통제 지향 – 관리 지향 – 기획 지향 – 감축 지향 – 참여 지향
② 통제 지향 – 감축 지향 – 기획 지향 – 관리 지향 – 참여 지향
③ 관리 지향 – 감축 지향 – 통제 지향 – 기획 지향 – 참여 지향
④ 관리 지향 – 기획 지향 – 통제 지향 – 감축 지향 – 참여 지향
⑤ 기획 지향 – 감축 지향 – 통제 지향 – 관리 지향 – 참여지향

38 다음 중 현행 우리나라 공무원 연금제도에 대한 설명으로 옳은 것을 〈보기〉에서 모두 고르면?

> **보기**
>
> ㄱ. 법령에 특별한 사유가 없는 한 2012년 신규 임용 후 10년 이상 근무한 일반행정직 공무원의 퇴직연금 수혜 개시 연령은 65세이다.
> ㄴ. 원칙적으로 퇴직연금 산정은 평균기준소득월액을 기초로 한다.
> ㄷ. 기여금은 납부기간이 36년을 초과해도 납부하여야 한다.
> ㄹ. 퇴직급여 산정에 있어서 소득의 평균기간은 퇴직 전 5년으로 한다.

① ㄱ, ㄴ
② ㄱ, ㄷ
③ ㄴ, ㄷ
④ ㄴ, ㄹ
⑤ ㄷ, ㄹ

39 다음 중 현행 지방공기업법에 규정된 지방공기업 대상사업(당연적용사업)으로 옳지 않은 것을 〈보기〉에서 모두 고르면?

> **보기**
>
> ㄱ. 수도사업(마을상수도사업은 제외)　　ㄴ. 주민복지사업
> ㄷ. 공업용수도사업　　　　　　　　　　ㄹ. 공원묘지사업
> ㅁ. 주택사업　　　　　　　　　　　　　ㅂ. 토지개발사업

① ㄱ, ㄷ
② ㄴ, ㄹ
③ ㄷ, ㅁ
④ ㄹ, ㅂ
⑤ ㄷ, ㅂ

40 다음 중 조직이론에 대한 설명으로 옳은 것을 〈보기〉에서 모두 고르면?

> **보기**
>
> ㄱ. 베버(M. Weber)의 관료제론에 따르면, 규칙에 의한 규제는 조직에 계속성과 안정성을 제공한다.
> ㄴ. 행정관리론에서는 효율적 조직관리를 위한 원리들을 강조한다.
> ㄷ. 호손(Hawthorne)실험을 통하여 조직 내 비공식집단의 중요성이 부각되었다.
> ㄹ. 조직군 생태이론(Population Ecology Theory)에서는 조직과 환경의 관계를 분석함에 있어 조직의 주도적·능동적 선택과 행동을 강조한다.

① ㄱ, ㄴ   ② ㄱ, ㄴ, ㄷ
③ ㄱ, ㄴ, ㄹ   ④ ㄱ, ㄷ, ㄹ
⑤ ㄴ, ㄷ, ㄹ

41 다음 글의 빈칸에 해당하는 용어로 옳은 것은?

> 각 중앙관서의 장은 중기사업계획서를 매년 1월 31일까지 기획재정부 장관에게 제출하여야 하며, 기획재정부 장관은 국무회의 심의를 거쳐 대통령 승인을 얻은 다음 연도의 _____을(를) 매년 3월 31일까지 각 중앙관서의 장에게 통보하여야 한다.

① 예산요구서   ② 예산안편성지침
③ 총사업비 관리지침   ④ 국가재정 운용계획
⑤ 예산 및 기금운용계획 집행지침

42 다음 중 탈신공공관리론(Post-NPM)에서 강조하는 행정개혁 전략으로 옳지 않은 것은?

① 규제완화   ② 정치적 통제 강조
③ 분권화와 집권화의 조화   ④ 인사관리의 공공책임성 중시
⑤ 민간 – 공공부문 간 파트너십 강조

43 다음 중 근무성적평정제도에서 다면평가제도의 장점으로 옳지 않은 것은?

① 자기역량 강화

② 직무수행 동기 유발

③ 원활한 커뮤니케이션

④ 평가의 수용성 확보 가능

⑤ 미래 행동에 대한 잠재력 측정

44 다음 중 우리나라 지방자치단체의 자치권에 대한 설명으로 옳지 않은 것은?

① 자치사법권이 부여되어 있지 않다.

② 중앙과 지방의 기능배분에 있어서 포괄적 예시형 방식을 적용한다.

③ 중앙정부가 분권화시킨 결과가 지방정부의 자치권 확보라고 할 수 있다.

④ 행정기구의 설치는 대통령령이 정하는 범위 안에서 지방자치단체의 조례로 정한다.

⑤ 지방자치단체는 자치재정권이 인정되어 조례를 통해서 독립적인 지방 세목을 설치할 수 있다.

45 다음 중 〈보기〉의 빈칸에 대한 설명으로 옳은 것은?

> **보기**
>
> _____이란 상대적으로 많이 가진 계층 또는 집단으로부터 적게 가진 계층 또는 집단으로 재산·소득·권리 등의 일부를 이전시키는 정책을 말한다. 이를테면 누진세 제도의 실시, 생활보호 대상자에 대한 의료보호, 영세민에 대한 취로사업, 무주택자에 대한 아파트 우선적 분양, 저소득 근로자들에게 적용시키는 근로소득보전세제 등의 정책이 이에 속한다.

① 법령에서 제시하는 광범위한 기준을 근거로 국민들에게 강제적으로 특정한 부담을 지우는 것이다.

② 계층 간 갈등이 심하고 저항이 발생할 수 있어 국민적 공감대를 형성할 때 정책의 변화를 가져오게 된다.

③ 대체로 국민 다수에게 돌아가지만 사회간접시설과 같이 특정지역에 보다 직접적인 편익이 돌아가는 경우도 많다.

④ 체제 내부를 정비하는 정책으로 대외적 가치배분에는 큰 영향이 없으나 대내적으로는 게임의 법칙이 발생한다.

⑤ 정책 과정에서 이해당사자들 상호 간 이익이 되는 방향으로 협력하는 로그롤링(Log Rolling) 현상이 나타난다.

46 다음 중 제도화된 부패의 특징으로 옳지 않은 것은?

① 부패의 타성화

② 부패저항자에 대한 보복

③ 부패행위자에 대한 보호

④ 공식적 행동규범의 준수

⑤ 비현실적 반부패 행동규범의 대외적 발표

47 다음 중 정책결정 모형에 대한 설명으로 옳지 않은 것은?

① 합리모형에서 말하는 합리성은 정치적 합리성을 의미한다.

② 혼합모형은 점증모형의 단점을 합리모형과의 통합으로 보완하려는 시도이다.

③ 점증모형은 이상적이고 규범적인 합리모형과는 대조적으로 실제의 결정상황에 기초한 현실적이고 기술적인 모형이다.

④ 쓰레기통모형에서 가정하는 결정상황은 불확실성과 혼란이 심한 상태로 정상적인 권위구조와 결정규칙이 작동하지 않는 경우이다.

⑤ 사이먼(Simon)은 결정자의 인지능력의 한계, 결정상황의 불확실성 및 시간의 제약 때문에 결정은 제한적 합리성의 조건하에 이루어지게 된다고 주장한다.

48 다음 중 책임운영기관에 대한 설명으로 옳지 않은 것은?

① 기관의 자율성과 독립성을 보장하는 책임운영기관은 신공공관리론의 성과관리에 바탕을 둔 제도이다.

② 책임운영기관의 총 정원 한도는 대통령령으로 정하고 종류별·계급별 정원은 기본운영규정으로 정한다.

③ 소속책임운영기관은 중앙행정기관의 장 소속하에 소속책임운영기관운영심의회를 두고 행정안전부장관 소속하에 책임운영기관운영위원회를 둔다.

④ 중앙책임운영기관장은 국무총리와 성과계약을 체결하고, 소속책임운영기관장은 소속중앙행정기관의 장과 성과계약을 체결한다.

⑤ 소속책임운영기관장의 채용조건은 소속중앙행정기관의 장이 정한다.

49 다음 중 〈보기〉와 정책대상집단에 대한 순응확보전략과 유형을 바르게 짝지은 것은?

> **보기**
>
> ㄱ. 황무지를 초지로 개간하여 조사료(Bulky Food)를 재배하는 축산농가에 대해서는 개간한 초지 면적당 일정액의 보조금을 지급할 예정입니다.
> ㄴ. 작업장에서의 안전장비 착용에 대한 중요성을 홍보하는 TV광고를 발주하도록 하겠습니다.
> ㄷ. 일반용 쓰레기봉투에 재활용품을 담아서 배출하는 경우 해당 쓰레기봉투는 수거하지 않도록 하겠습니다.
> ㄹ. 이번에 추진하는 신규사업에 보다 많은 주민들이 지원할 수 있도록 선발기준을 명료하게 명시한 안내문을 발송하고 필요 시 직원들이 직접 찾아가서 관련 서류를 구비하는 것을 지원하도록 하겠습니다.

	설득전략	촉진전략	유인전략	규제전략
①	ㄴ	ㄱ	ㄹ	ㄷ
②	ㄴ	ㄷ	ㄱ	ㄹ
③	ㄴ	ㄹ	ㄱ	ㄷ
④	ㄹ	ㄱ	ㄴ	ㄷ
⑤	ㄹ	ㄱ	ㄷ	ㄴ

50 다음 〈보기〉에서 빈칸에 대한 설명으로 옳지 않은 것은?

> **보기**
>
> 일반적으로 규제의 주체는 당연히 정부이다. 그러나 예외적으로 규제의 주체가 정부가 아니라 피규제산업 또는 업계가 되는 경우가 있는데, 이를 ___㉠___ 라 한다.

① ㉠은 피규제집단의 고도의 전문성을 기반으로 하기 때문에 소비자단체의 참여를 보장하는 직접규제이다.

② 규제기관의 기술적 전문성이 피규제집단에 비해 현저히 낮을 경우 불가피하게 ㉠에 의존하게 되는 경우도 존재한다.

③ 규제기관이 행정력 부족으로 인하여 실질적으로 기업들의 규제순응여부를 추적·점검하기 어려운 경우에 ㉠의 방법을 취할 수 있다.

④ ㉠의 기준을 정하는 과정에서 영향력이 큰 기업들이 자신들에게 일방적으로 유리한 기준을 설정함으로써 공평성이 침해되는 경우가 발생할 수 있다.

⑤ 피규제집단은 여론 등이 자신들에게 불리하게 형성되어 자신들에 대한 규제의 요구가 거세질 경우 규제이슈를 선점하기 위하여 자발적으로 ㉠를 시도하기도 한다.

03 | 경영학
적중예상문제

정답 및 해설 p.071

01 다음 중 B2B에 대한 설명으로 옳지 않은 것은?

① B2B는 고객사와 공급사 간의 지속적인 관계유지가 중요하다.

② B2B는 판매 사이클이 비교적 길기 때문에 사후관리가 중요하다.

③ B2B는 전자상거래의 수단, 관리 및 TV광고나 홍보활동이 중요하다.

④ B2B는 기업이 고객이기 때문에 고객별 전략 수립·실행이 중요하다.

⑤ B2B는 타켓시장이 비교적 작아 시장에 진출하기 위해 전문성이 강조된다.

02 페이욜의 산업활동 중 자본의 조달, 최적의 운용 등과 관련된 활동은?

① 회계적인 활동　　　　　　② 영업적인 활동

③ 재무적인 활동　　　　　　④ 기술적인 활동

⑤ 상업적인 활동

03 다음 중 자본구조이론에 대한 설명으로 옳지 않은 것은?

① 법인세가 없는 경우 자본구조와 기업가치는 무관하다.

② 기업의 총자본 중 자기자본과 타인자본의 비율을 분석한다.

③ 법인세가 있는 경우 부채를 많이 사용할수록 기업가치가 감소한다.

④ 기업가치를 극대화시키는 자본 구성비율을 최적자본구조라고 한다.

⑤ 법인세가 있는 경우 부채비율이 높아질수록 가중평균자본비용은 감소한다.

04 다음 중 적대적 M&A에 대한 사전 방어 전략에 해당하지 않는 것은?

① 황금주
② 그린메일
③ 황금낙하산
④ 포이즌 필(Poison Pill)
⑤ 포이즌 풋(Poison Put)

05 다음 중 공매도가 미치는 영향으로 옳지 않은 것은?

① 공매도에 따른 채무불이행 리스크가 발생할 수 있다.
② 매도물량이 시장에 공급됨에 따라 시장 유동성이 증대된다.
③ 하락장에서도 수익을 낼 수 있어 수익의 변동성을 조정할 수 있다.
④ 공매도를 통해 기대수익과 기대손실을 자산 가격 내에서 운용할 수 있다.
⑤ 주가가 고평가 되어 있다고 생각하는 투자자의 의견도 반영할 수 있어 효율성이 증대된다.

06 다음 중 주식과 채권에 대한 설명으로 옳지 않은 것은?

① 주식의 투자위험이 채권보다 더 높다.
② 주식은 영구증권이고, 채권은 기한부증권이다.
③ 채권 값이 오르면 주식 값은 대체로 하락하는 경향이 있다.
④ 주식은 배당을 받을 권리가, 채권은 확정이자를 받을 권리가 있다.
⑤ 후순위채권은 일반 채권보다 변제 순위에서 뒤지지만 우선주나 보통주보다는 우선한다.

07 다음 중 통합적 마케팅 커뮤니케이션 전략(IMC)의 기대효과로 옳은 것은?

① IMC는 더 많은 광고주를 확보하고 유지하고 증가시키는데 도움이 된다.
② IMC는 하나의 커뮤니케이션 방법을 일관성 있게 추진하는 마케팅 전략이다.
③ IMC의 내용 측면 마케팅 커뮤니케이션은 회사 내부의 조직 간 조정 노력을 의미한다.
④ IMC의 과정 측면 마케팅 커뮤니케이션은 브랜드를 소비자에게 알리고 설득시키는 것을 의미한다.
⑤ IMC를 통해 브랜드 가치 확대, 소비자 충성도 제고 등 무형자산의 가치를 증대시킬 수 있다.

08 다음 중 목표설정이론 및 목표관리(MBO)에 대한 설명으로 옳지 않은 것은?

① 목표를 설정하는 과정에 부하직원이 함께 참여한다.

② 조직의 목표를 구체적인 부서별 목표로 전환하게 된다.

③ 성과는 경영진이 평가하여 부하직원 개개인에게 통보한다.

④ 목표는 구체적이고 도전적으로 설정하는 것이 바람직하다.

⑤ 목표는 지시적 목표, 자기설정 목표, 참여적 목표로 구분된다.

09 다음 중 벤치마킹 시 지켜야 하는 원칙에 해당하지 않는 것은?

① 교환의 원칙

② 적법성의 원칙

③ 당사자 접촉의 원칙

④ 공개의 원칙

⑤ 사전준비의 원칙

10 다음 수요예측기법 중 성격이 다른 하나를 고르면?

① 델파이 기법

② 역사적 유추법

③ 시계열 분석 방법

④ 시장조사법

⑤ 라이프사이클 유추법

11 다음 중 경제적 자립권과 독립성을 둘 다 포기하고, 시장독점의 단일한 목적 아래 여러 기업이 뭉쳐서 이룬 하나의 통일체를 의미하는 조직은?

① 카르텔(Kartell)

② 신디케이트(Syndicate)

③ 트러스트(Trust)

④ 콘체른(Konzern)

⑤ 콩글로머리트(Conglomerate)

12 다음 중 홉스테드(G. Hofstede)의 국가 간 문화차이연구에서 문화차원(Cultural Dimensions)에 해당하지 않는 것은?

① 권력의 거리(Power Distance)
② 불확실성 회피성(Uncertainty Avoidance)
③ 남성성-여성성(Masculinity-Femininity)
④ 민주주의-독재주의(Democracy-Autocracy)
⑤ 개인주의-집단주의(Individualism-Collectivism)

13 다음 중 자재소요계획(MRP)에 대한 설명으로 옳은 것은?

① MRP는 필요할 때마다 요청해서 생산하는 방식이다.
② 자재명세서의 각 부품별 계획 주문 발주시기를 근거로 MRP를 수립한다.
③ MRP는 독립수요를 갖는 부품들의 생산수량과 생산시기를 결정하는 방법이다.
④ MRP는 풀 생산방식(Pull System)에 속하며 시장 수요가 생산을 촉발시키는 시스템이다.
⑤ 생산 일정계획의 완제품 생산일정(MPS), 자재명세서(BOM), 재고기록철(IR) 정보를 근거로 MRP를 수립한다.

14 다음 중 BCG 매트릭스에 대한 설명으로 옳은 것은?

① 횡축은 시장성장률, 종축은 상대적 시장점유율이다.
② 개 영역은 시장지배적인 위치를 구축하여 성숙기에 접어든 경우이다.
③ 별 영역은 시장성장률이 낮고, 상대적 시장점유율은 높아 현상유지를 해야 한다.
④ 자금젖소 영역은 현금창출이 많지만, 상대적 시장점유율이 낮아 많은 투자가 필요하다.
⑤ 물음표 영역은 시장성장률이 높고, 상대적 시장점유율은 낮아 계속적인 투자가 필요하다.

15 다음은 A기업의 손익계산서 내용이다. A기업의 당기순이익을 구하면 얼마인가?

> • 매출액 : 10억 원 • 매출원가 : 6.5억 원
> • 영업외이익 : 1억 원 • 특별이익 : 0.4억 원
> • 영업외비용 : 0.4억 원 • 특별손실 : 0.6억 원
> • 법인세비용 : 0.2억 원 • 판관비 : 0.5억 원

① 2.2억 원 ② 2.4억 원
③ 2.8억 원 ④ 3.2억 원
⑤ 3.6억 원

16 다음 중 재무제표에 대한 설명으로 옳지 않은 것은?

① 재무제표는 재무상태표, 포괄손익계산서, 자본변동표, 현금흐름표, 그리고 주석으로 구성된다.
② 재무제표는 적어도 1년에 한 번은 작성한다.
③ 현금흐름에 대한 정보를 제외하고는 발생기준의 가정하에 작성한다.
④ 기업이 경영활동을 청산 또는 중단할 의도가 있더라도, 재무제표는 계속기업의 가정하에 작성한다.
⑤ 재무제표 요소의 측정기준은 역사적원가와 현행가치 등으로 구분된다.

17 A회사는 B회사와 다음과 같은 기계장치를 상호 교환하였다. 교환과정에서 A회사는 B회사에게 현금을 지급하고, 기계장치 취득원가 470,000원, 처분손실 10,000원을 인식하였다. 교환과정에서 A회사가 지급한 현금은?(단, 교환거래에 상업적 실질이 있고 각 기계장치의 공정가치는 신뢰성 있게 측정된다)

(단위 : 원)

구분	A회사	B회사
취득원가	800,000	600,000
감가상각누계액	340,000	100,000
공정가치	450,000	480,000

① 10,000원 ② 20,000원
③ 30,000원 ④ 40,000원
⑤ 50,000원

18 S회사는 2021년 초 지방자치단체로부터 무이자조건의 자금 100,000원을 차입(2024년 말 전액 일시상환)하여 기계장치(취득원가 100,000원, 내용연수 4년, 잔존가치 0원, 정액법 상각)를 취득하는 데 전부 사용하였다. 2022년 말 기계장치 장부금액은 얼마인가?(단, S회사가 2022년 초 금전대차 거래에서 부담할 시장이자율은 연 8%이고, 정부보조금을 자산의 취득원가에서 차감하는 원가 차감법을 사용한다)

기간	단일금액 1원의 현재가치(할인율=8%)
4	0.7350

① 48,500원
② 54,380원
③ 55,125원
④ 75,000원
⑤ 81,625원

19 다음 자료를 이용하여 계산한 회사의 주식가치는 얼마인가?

- 사내유보율=30%
- 자기자본이익률(ROE)=10%
- 자기자본비용=20%
- 당기의 주당순이익=3,000원

① 12,723원
② 13,250원
③ 14,500원
④ 15,670원
⑤ 16,500원

20 다음 중 재무레버리지에 대한 설명으로 옳은 것은?

① 재무고정비에는 부채뿐만 아니라 보통주배당도 포함된다.
② 재무고정비로 인한 영업이익의 변동률에 따른 주당순자산(BPS)의 변동폭은 확대되어 나타난다.
③ 재무레버리지란 자산을 획득하기 위해 조달한 자금 중 재무고정비를 수반하는 자기자본이 차지하는 비율이다.
④ 다른 조건이 동일하다면 재무고정비가 클수록 영업이익의 변동에 따른 주당이익의 변동폭은 그만큼 더 작게 된다.
⑤ 재무레버리지도(DFL; Degree of Financial Leverage)는 영업이익의 변동에 따른 주당이익(EPS)에 미치는 영향을 분석한 것이다.

21 다음 중 고압적 마케팅과 저압적 마케팅의 차이점을 비교한 것으로 옳지 않은 것은?

구분	고압적 마케팅	저압적 마케팅
① 마케팅 대상	판매자	소비자
② 마케팅 개념	선형	순환적
③ 마케팅 목적	제품 판매	소비자 만족
④ 마케팅 방법	판매, 촉진	조사, 계획
⑤ 마케팅 노력	선행적	후행적

22 다음 중 품질기능전개(QFD)에 대한 설명으로 옳은 것을 〈보기〉에서 모두 고르면?

> 보기
> ㄱ. 미국에서 처음으로 사용된 제품개발 방식이다.
> ㄴ. 관련부서 간 긴밀한 협조가 필수적이다.
> ㄷ. 품질의 집을 구성하여 설계단계, 부품단계, 공정단계, 생산단계로 나눈다.
> ㄹ. 설계부터 생산까지 시간이 많이 소요되는 단점이 있다.

① ㄱ, ㄴ
② ㄱ, ㄷ
③ ㄴ, ㄷ
④ ㄴ, ㄹ
⑤ ㄷ, ㄹ

23 다음 중 과학적 경영 전략에 대한 설명으로 옳지 않은 것은?

① 테일러의 과학적 관리법은 시간연구와 동작연구를 통해 노동자의 심리상태와 보상심리를 적용한 효과적인 과학적 경영 전략을 제시하였다.
② 포드 시스템은 노동자의 이동경로를 최소화하며 물품을 생산하거나, 고정된 생산라인에서 노동자가 계속해서 생산하는 방식을 통하여 불필요한 절차와 행동 요소들을 없애 생산성을 향상하였다.
③ 호손실험은 생산성에 비공식적 조직이 영향을 미친다는 사실을 밝혀낸 연구이다.
④ 목표설정이론은 인간이 합리적으로 행동한다는 기본적인 가정에 기초하여, 개인이 의식적으로 얻으려고 설정한 목표가 동기와 행동에 영향을 미친다는 이론이다.
⑤ 직무특성이론은 기술된 핵심 직무 특성이 종업원의 주요 심리 상태에 영향을 미치며, 이것이 다시 종업원의 직무 성과에 영향을 미친다고 주장한다.

24 다음 중 기업합병에 대한 설명으로 옳지 않은 것은?

① 기업합병이란 두 독립된 기업이 법률적, 실질적으로 하나의 기업실체로 통합되는 것이다.

② 기업인수는 한 기업이 다른 기업의 지배권을 획득하기 위하여 주식이나 자산을 취득하는 것이다.

③ 기업매각은 사업부문 중의 일부를 분할한 후 매각하는 것으로, 기업의 구조를 재편성하는 것이다.

④ 기업합병에는 흡수합병과 신설합병이 있으며 흡수합병의 경우 한 회사는 존속하고 다른 회사의 주식은 소멸한다.

⑤ 수평적 합병은 기업의 생산이나 판매과정 전후에 있는 기업 간의 합병으로, 주로 원자재 공급의 안정성 등을 목적으로 한다.

25 다음 〈보기〉 중 맥그리거(McMgregor)의 XY이론에서 X이론적 인간관과 동기부여 전략에 해당하는 것을 모두 고르면?

> 보기
>
> ㄱ. 천성적 나태   ㄴ. 변화지향적
> ㄷ. 자율적 활동   ㄹ. 민주적 관리
> ㅁ. 어리석은 존재   ㅂ. 타율적 관리
> ㅅ. 변화에 저항적   ㅇ. 높은 책임감

① ㄱ, ㄴ, ㄷ, ㄹ   ② ㄱ, ㄴ, ㄹ, ㅁ
③ ㄱ, ㅁ, ㅂ, ㅅ   ④ ㄴ, ㄷ, ㄹ, ㅇ
⑤ ㄴ, ㅁ, ㅂ, ㅅ

26 다음 중 터크만(Tuckman)의 집단 발달의 5단계 모형에서 집단구성원들 간에 집단의 목표와 수단에 대해 합의가 이루어지고 응집력이 높아지며 구성원들의 역할과 권한 관계가 정해지는 단계는?

① 형성기(Forming)   ② 격동기(Storming)
③ 규범기(Norming)   ④ 성과달성기(Performing)
⑤ 해체기(Adjourning)

27 다음 중 행동기준고과법(BARS)에 대한 설명으로 옳지 않은 것은?

① 다양하고 구체적인 직무에 적용이 가능하다는 장점이 있다.

② 전통적인 인사평가 방법에 비해 평가의 공정성이 증가하는 장점이 있다.

③ 어떤 행동이 목표달성과 관련이 있는지 인식하여 목표관리의 일환으로 사용이 가능하다.

④ 평정척도법과 중요사건기록법을 혼용하여 평가직무에 직접 적용되는 행동패턴을 척도화하여 평가하는 방법이다.

⑤ 점수를 통해 등급화하기보다는 개별행위를 빈도를 나눠서 측정하기 때문에 풍부한 정보를 얻을 수 있지만 종업원의 행동변화를 유도하기 어렵다는 단점이 있다.

28 다음 중 인적자원관리(HRM)에 대한 내용으로 옳지 않은 것은?

① 직무분석의 결과로 직무기술서와 직무명세서가 만들어진다.

② 직무분석의 방법으로 면접법, 관찰법, 중요사건법 등이 있다.

③ 직무평가 방법으로는 서열법, 요소비교법, 질문지법 등이 있다.

④ 직무분석이란 적재적소에 인적자원을 배치하기 위하여 직무 관련 정보를 수집하는 절차이다.

⑤ '동일노동 동일임금'의 원칙을 실현하는 직무급을 도입하기 위한 기초 작업으로 직무평가가 실시된다.

29 다음 〈보기〉 중 서비스의 특성에 해당되는 것을 모두 고르면?

> **보기**
>
> ㄱ. 무형성 : 서비스는 보거나 만질 수 없다.
> ㄴ. 비분리성 : 서비스는 생산과 소비가 동시에 발생한다.
> ㄷ. 소멸성 : 서비스는 재고로 보관될 수 없다.
> ㄹ. 변동성 : 서비스의 품질은 표준화가 어렵다.

① ㄱ, ㄴ, ㄷ   ② ㄱ, ㄴ, ㄹ

③ ㄱ, ㄷ, ㄹ   ④ ㄴ, ㄷ, ㄹ

⑤ ㄱ, ㄴ, ㄷ, ㄹ

30 다음 중 인간의 감각이 느끼지 못할 정도의 자극을 주어 잠재의식에 호소하는 광고로 옳은 것은?

① 애드버커시 광고　　　　　　　　② 서브리미널 광고
③ 리스폰스 광고　　　　　　　　　④ 키치 광고
⑤ 티저 광고

31 다음 〈보기〉의 사례에 해당하는 브랜드 개발 전략은?

> **보기**
>
> 바나나맛 우유는 1974년 출시된 이후 꾸준히 인기를 끌고 있는 장수 제품이다. 빙그레는 최근 기존의 바나나맛 우유에서 벗어나 멜론의 달콤한 향을 더한 메론맛 우유를 내놓았는데, 그로 인해 사람들은 기존 제품에서 벗어난 신선함에 관심을 가졌고, 바나나맛 우유라는 상표를 다시금 사람들의 머릿속에 기억시키는 전략적 성과를 거두었다.

① 카테고리 확장　　　　　　　　② 라인 확장
③ 시장침투 전략　　　　　　　　④ 생산라인 확대
⑤ 푸시(Push) 전략

32 다음 중 시장세분화에 대한 설명으로 옳은 것은?

① 시장포지셔닝은 세분화된 시장의 좋은 점을 분석한 후 진입할 세분시장을 선택하는 것이다.
② 행동적 세분화는 구매자의 사회적 위치, 생활습관, 개인성격을 바탕으로 시장을 나누는 것이다.
③ 사회심리적 세분화는 추구하는 편익, 사용량, 상표애호도, 사용여부 등을 바탕으로 시장을 나누는 것이다.
④ 시장표적화는 시장경쟁이 치열해졌거나 소비자의 욕구가 급격히 변할 때 저가격으로 설정하는 전략방법이다.
⑤ 인구통계적 세분화는 나이, 성별, 가족규모, 소득, 직업, 종교, 교육수준 등을 바탕으로 시장을 나누는 것이다.

33 다음 글에서 설명하는 지각 오류는?

> 사람들은 자신의 성공에 대해서는 자신의 능력 때문이라고 생각하는 반면에, 실패에 대해서는 상황이나 운 때문이라고 생각한다.

① 투사   ② 자존적 편견
③ 후광 효과   ④ 통제의 환상
⑤ 대비 효과

34 다음 중 품질비용에 대한 설명으로 옳지 않은 것은?

① 평가비용은 검사, 측정, 시험 등에 대한 비용이다.
② 외부실패비용은 폐기, 재작업, 등급저하에 대한 비용이다.
③ 품질비용은 100% 완전하지 못한 제품 생산으로 인한 비용이다.
④ 통제비용은 생산흐름으로부터 불량을 제거하기 위한 활동에 대한 비용이다.
⑤ 실패비용은 완성된 제품의 품질이 일정한 수준에 미달함으로써 발생하는 비용이다.

35 다음 중 JIT(Just In Time) 시스템의 특징으로 옳지 않은 것은?

① 푸시(Push) 방식이다.
② 필요한 만큼의 자재만을 생산한다.
③ 공급자와 긴밀한 관계를 유지한다.
④ 가능한 소량 로트(Lot) 크기를 사용하여 재고를 관리한다.
⑤ 생산지시와 자재이동을 가시적으로 통제하기 위한 방법으로 칸반(Kanban)을 사용한다.

36 다음 중 재고자산에 대한 설명으로 옳은 것은?(단, 재고자산감모손실 및 재고자산평가손실은 없다)

① 부동산 매매기업이 정상적인 영업과정에서 판매를 목적으로 보유하는 건물은 재고자산으로 구분한다.

② 재고자산을 순실현가능가치로 감액한 평가손실과 모든 감모손실은 감액이나 감모가 발생한 다음 기간에 매출원가로 인식한다.

③ 선입선출법 적용 시 물가가 지속적으로 상승한다면, 계속기록법에 의한 기말재고자산금액이 실지재고조사법에 의한 기말재고자산 금액보다 작다.

④ 선입선출법 적용 시 물가가 지속적으로 상승한다면, 계속기록법에 의한 기말재고자산금액이 실지재고조사법에 의한 기말재고자산 금액보다 크다.

⑤ 재고자산 매입 시 부담한 매입운임은 운반비로 구분하여 비용처리한다.

37 다음은 S회사의 2023년 세무조정사항 등 법인세 계산 자료이다. S회사의 2023년도 법인세비용은?

- 접대비 한도초과액은 24,000원이다.
- 감가상각비 한도초과액은 10,000원이다.
- 2023년 초 전기이월 이연법인세자산은 7,500원이고, 이연법인세부채는 없다.
- 2023년도 법인세비용차감전순이익은 150,000원이고, 이후에도 매년 이 수준으로 실현될 가능성이 높다.
- 과세소득에 적용될 세율은 25%이고, 향후에도 변동이 없다.

① 37,500원   ② 40,500원

③ 43,500원   ④ 45,500원

⑤ 48,500원

38 D회사는 고객에게 상품을 판매하고 약속어음(액면금액 5,000,000원, 만기 6개월, 표시이자율 연 6%)을 받았다. D회사는 동 어음을 3개월간 보유한 후 은행에 할인하면서 은행으로부터 4,995,500원을 받았다. 동 어음에 대한 은행의 연간 할인율은?(단, 이자는 월할계산한다)

① 8%   ② 10%

③ 12%   ④ 14%

⑤ 16%

39 A기업의 현재 주가는 30,000원이며, 차기 주당배당액이 2,000원으로 예상되고, A기업의 이익과 배당은 매년 4%씩 성장할 것으로 예상될 때, 보통주의 자본비용은?

① 10% ② 14%

③ 17% ④ 20%

⑤ 23%

40 다음을 참고하여 A기업의 올해 영업레버리지도를 계산하면 얼마인가?

> • A기업은 의자 생산업체로 올해 의자 판매량은 총 10,000개이다.
> • 의자의 개당 고정원가 25,000원, 변동원가는 1개당 3,000원이며, 의자의 가격은 개당 50,000원으로 동일하다.

① 0.5 ② 1.0

③ 1.5 ④ 2.0

⑤ 2.5

41 다음 중 마이클 포터(Michael Porter)의 가치사슬 모형에서 지원적 활동(Support Activities)에 해당하는 것을 모두 고르면?

> ㄱ. 기업 하부구조   ㄴ. 내부 물류
> ㄷ. 제조 및 생산   ㄹ. 인적자원관리
> ㅁ. 기술 개발   ㅂ. 외부 물류
> ㅅ. 마케팅 및 영업   ㅇ. 서비스
> ㅈ. 조달 활동

① ㄱ, ㄴ, ㄷ, ㄹ ② ㄴ, ㄷ, ㄹ, ㅈ

③ ㄱ, ㄹ, ㅁ, ㅈ ④ ㄷ, ㅂ, ㅅ, ㅇ

⑤ ㄴ, ㄷ, ㅂ, ㅅ, ㅇ

42 다음 중 최고경영자, 중간경영자, 하위경영자 모두가 공통적으로 가져야 할 능력으로 옳은 것은?

① 타인에 대한 이해력과 동기부여 능력

② 지식과 경험을 해당 분야에 적용시키는 능력

③ 담당 업무를 수행하기 위한 육체적, 지능적 능력

④ 한 부서의 변화가 다른 부서에 미치는 영향을 파악하는 능력

⑤ 복잡한 상황 등 여러 상황을 분석하여 조직 전체에 적용하는 능력

43 다음 중 기업이 글로벌 전략을 수행하는 이유로 옳지 않은 것은?

① 규모의 경제를 달성하기 위해

② 세계 시장에서의 협력 강화를 위해

③ 현지 시장으로의 효과적인 진출을 위해

④ 저임금 노동력을 활용하여 생산단가를 낮추기 위해

⑤ 기업구조를 개편하여 경영의 효율성을 높이고 리스크를 줄이기 위해

44 다음 중 마케팅믹스 4P와 로터본(Lauterborn)의 4C의 대응 관계가 옳지 않은 것은?

	4P	4C
①	기업 관점	소비자 관점
②	제품	소비자 문제해결
③	가격	소비자 비용
④	유통	유통의 편리성
⑤	판매 촉진	제품 접근성

45 S회사는 철물 관련 사업을 하는 중소기업이다. 이 회사는 수요가 어느 정도 안정된 소모품을 다양한 거래처에 납품하고 있으며, 내부적으로는 부서별 효율성을 추구하고 있다. 이러한 회사의 조직구조로 적합한 유형은?

① 기능별 조직　　　　　　　　　② 사업부제 조직
③ 프로젝트 조직　　　　　　　　④ 매트릭스 조직
⑤ 다국적 조직

46 다음 〈보기〉에서 설명하는 현상으로 옳은 것은?

> 보기
> • 응집력이 높은 집단에서 나타나기 쉽다.
> • 집단구성원들이 의견일치를 추구하려다가 잘못된 의사결정을 하게 된다.
> • 이에 대처하기 위해서는 자유로운 비판이 가능한 분위기 조성이 필요하다.

① 집단사고　　　　　　　　　　② 조직시민행동
③ 임파워먼트　　　　　　　　　④ 몰입상승
⑤ 악마의 옹호자

47 다음 중 샤인(Schein)이 제시한 경력 닻의 내용으로 옳지 않은 것은?

① 관리역량 닻 : 특정 전문영역보다 관리직에 주된 관심이 있다.
② 전문역량 닻 : 일의 실제 내용에 주된 관심이 있으며, 전문분야에 종사하기를 원한다.
③ 안전지향 닻 : 직업 및 고용의 안정성에 관심이 있으며 보수를 중요하게 여긴다.
④ 사업가적 창의성 닻 : 타인의 삶을 향상시키고 사회를 위해 봉사하는 데 주된 관심이 있다.
⑤ 자율지향 닻 : 조직의 규칙과 제약조건에서 벗어나 스스로 결정할 수 있는 경력을 선호한다.

48 다음 중 대차대조표 항목상 성격이 다른 하나는 무엇인가?

① 선수금   ② 현금

③ 유가증권   ④ 현금성자산

⑤ 미수금

49 다음 중 ESG 경영에 대한 설명으로 옳지 않은 것은?

① ESG 경영의 핵심은 효율을 최우선으로 착한 기업을 키워나가는 것을 목적으로 한다.

② ESG 평가가 높을수록 단순히 사회적 평판이 좋은 기업이라기보다 리스크에 강한 기업이라 할 수 있다.

③ ESG는 기업의 비재무적 요소인 '환경(Environment), 사회(Social), 지배구조(Governance)'의 약자이다.

④ ESG는 재무제표에는 드러나지 않지만 중장기적으로 기업 가치에 영향을 미치는 지속가능성 평가 지표이다.

⑤ ESG는 기업의 행동이 미치는 영향 등을 구체화하고 그 노력을 측정 가능하도록 지표화하여 투자를 이끌어낸다.

50 다음 중 수요예측기법의 시계열 분석법(Time Series Analysis)에 대한 설명으로 옳지 않은 것은?

① 주로 중단기 예측에 이용되며, 비교적 적은 자료로도 정확한 예측이 가능하다.

② 과거 수요를 분석하여 시간에 따른 수요의 패턴을 파악하고 이의 연장선상에서 미래 수요를 예측하는 방법이다.

③ 시계열 자료수집이 용이하고 변화하는 경향이 뚜렷하여 안정적일 때 이를 기초로 미래의 예측치를 구할 수 있다.

④ 목측법, 이동평균법, 지수평활법, 최소자승법, 박스-젠킨스(Box-Jenkins)법, 계절지수법, 시계열 회귀분석법 등이 있다.

⑤ 과거의 수요 흐름으로부터 미래의 수요를 투영하는 방법으로 과거의 수요 패턴이 미래에도 지속된다는 시장의 안정성이 기본적인 가정이다.

01 다음 중 불완전경쟁 시장구조에 대한 설명으로 옳지 않은 것은?

① 독점적 경쟁시장은 장기적으로 기업의 진입과 퇴출이 자유롭다.

② 시장수요곡선이 우하향하는 독점시장에서 독점가격은 한계수입보다 크다.

③ 쿠르노(Cournot) 모형에서 각 기업은 경쟁기업이 현 산출량을 그대로 유지할 것이라는 전제하에 행동한다.

④ 베르트랑(Bertrand) 모형에서 각 기업은 경쟁기업이 현 가격을 그대로 유지할 것이라는 전제하에 행동한다.

⑤ 슈타켈버그(Stackelberg) 모형에서 두 기업 중 하나 또는 둘 모두가 가격에 관해 추종자 역할을 한다.

02 다음 글에서 빈칸에 들어갈 용어를 순서대로 바르게 나열한 것은?

> 여가가 정상재인 상황에서 임금이 상승할 경우 ___ㄱ___효과보다 ___ㄴ___효과가 더 크다면 노동공급은 임금상승에도 불구하고 감소하게 된다. 만약 ___ㄷ___의 기회비용 상승에 반응하여 ___ㄷ___의 총사용량을 줄인다면, 노동공급곡선은 정(+)의 기울기를 가지게 된다.

	ㄱ	ㄴ	ㄷ
①	대체	소득	여가
②	대체	소득	노동
③	소득	대체	여가
④	소득	대체	노동
⑤	가격	소득	여가

03 다음 중 다른 조건이 일정할 때, 국내통화 가치를 하락시키는 요인으로 옳은 것은?

① 해외여행에 대한 수요가 급감한다.

② 한국은행이 기준금리 인상을 실시한다.

③ 외국 투자자들이 국내 주식을 매수한다.

④ 수입 가전제품에 대한 관세가 인상된다.

⑤ 국내 A기업이 해외에 생산 공장을 건설한다.

04 다음 〈보기〉를 참고할 때, 2019년의 실질 GDP를 계산하면 얼마인가?(단, 기준연도는 2018년이다)

보기
- 2018년 – 가격 : 50만 원 / 생산량 : 10대
- 2019년 – 가격 : 60만 원 / 생산량 : 15대
- 2020년 – 가격 : 70만 원 / 생산량 : 20대

① 4,500,000원   ② 6,000,000원

③ 7,500,000원   ④ 9,000,000원

⑤ 10,500,000원

05 다음 〈보기〉와 같이 A기업이 생산량을 늘린다고 할 때, 한계비용은 얼마인가?

보기
- A기업의 제품 1단위당 노동가격은 4, 자본가격은 6이다.
- A기업은 제품 생산량을 50개에서 100개로 늘리려고 한다.
- 평균비용 $P=2L+K+\dfrac{100}{Q}$ (L : 노동가격, K : 자본가격, Q : 생산량)

① 10   ② 12

③ 14   ④ 16

⑤ 18

06 다음과 같은 상황에서 실질이자율을 계산하면 얼마인가?

- A는 2년 만기 복리 상품에 연이자율 5%로 은행에 100만 원을 예금하였다.
- A가 사려고 한 제품의 가격이 2년 동안 50만 원에서 53만 원으로 인상되었다.

① 4.25%   ② 5.50%

③ 6.35%   ④ 8.50%

⑤ 10.00%

07 다음 글이 설명하는 무차별곡선의 종류로 옳은 것은?

- 원점에 볼록하며, 절편을 가지지 않는다.
- 효용함수는 $U(X,\ Y) = a\,X \times b\,Y$(단, a, b는 0보다 크다)로 표시한다.
- 우하향하는 모습을 나타내며, 원점에서 멀수록 더 높은 효용을 나타낸다.

① 선형 무차별곡선
② 준 선형 무차별곡선
③ 레온티에프형 무차별곡선
④ 콥 – 더글러스형 무차별곡선
⑤ X재가 비재화인 무차별곡선

08 엥겔곡선(EC; Engel Curve)이 아래 그림과 같다면 X재는 무엇인가?

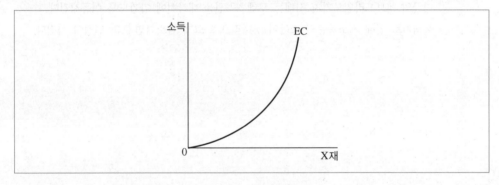

① 열등재
② 필수재
③ 보완재
④ 대체재
⑤ 사치재

09 다음 중 정부가 재정적자를 국채의 발행으로 조달할 경우 국채의 발행이 채권가격의 하락으로 이어져 시장이자율이 상승하여 투자에 부정적인 영향을 주는 것은?

① 피셔방정식
② 구축효과
③ 유동성함정
④ 오쿤의 법칙
⑤ 화폐수량설

10 어느 경제의 로렌츠곡선이 아래의 그림과 같이 주어져 있다. 다음 중 옳은 것은?

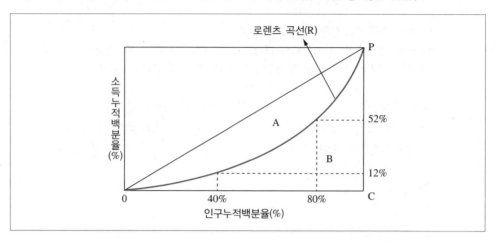

① 10분위분배율의 값은 4이다.

② 지니계수는 삼각형 OCP 면적을 면적 A로 나눈 값으로 산출한다.

③ 중산층 붕괴현상이 발생하면 A의 면적은 감소하고, B의 면적은 증가한다.

④ 미국의 서브프라임모기지 사태는 로렌츠곡선을 대각선에 가깝도록 이동시킨다.

⑤ 불경기로 인해 저소득층의 소득이 상대적으로 크게 감소하면 A의 면적이 커진다.

11 다음 사례에서 설명하는 임금결정이론은?

> 기업이 직원채용 시 월 300만 원을 지급하여 10명을 채용할 경우 B등급의 인재가 100명 지원하고 A등급의 인재는 5명 지원한다고 가정하자. 합리적인 면접을 통하더라도 A등급 인재를 최대 5명밖에 수용하지 못할 것이다. 그러나 만약 급여를 월 400만 원으로 인상하여 지원자 수가 B등급 200명, A등급 50명으로 증가한다고 가정하면, A등급 50명 중에서 채용인원 10명을 모두 수용할 수 있다.

① 노동가치이론   ② 효율성임금이론

③ 한계생산성이론   ④ 임금생존비이론

⑤ 보상적 임금격차이론

12 다음 중 소비자잉여와 생산자잉여에 대한 설명으로 옳지 않은 것은?

① 소비자잉여는 소비자의 선호 체계에 의존한다.

② 완전경쟁일 때보다 기업이 가격차별을 실시할 경우 소비자잉여가 줄어든다.

③ 완전경쟁시장에서는 소비자잉여와 생산자잉여의 합인 사회적 잉여가 극대화된다.

④ 독점시장의 시장가격은 완전경쟁시장의 가격보다 높게 형성되지만 소비자잉여는 줄어들지 않는다.

⑤ 소비자잉여는 어떤 상품에 소비자가 최대한으로 지급할 용의가 있는 가격에서 실제 지급한 가격을 차감한 차액이다.

13 다음과 같은 폐쇄경제의 IS-LM 모형을 전제할 경우, 빈칸에 들어갈 용어가 바르게 연결된 것은?

> • IS 곡선 : $r=5-0.1Y$(단, r은 이자율, Y는 국민소득)
> • LM 곡선 : $r=0.1Y$
> • 현재 경제상태가 국민소득은 30이고 이자율이 2.5라면, 상품시장은 ____ㄱ____ 이고 화폐시장은 ____ㄴ____ 이다.

	ㄱ	ㄴ
①	균형	균형
②	초과수요	초과수요
③	초과수요	초과공급
④	초과공급	초과공급
⑤	초과공급	초과수요

14 다음 중 파레토 최적에 대한 설명으로 옳지 않은 것은?

① 파레토효율성이란 일반적으로 한정된 자원의 효율적인 사용과 관련된 의미이다.

② 외부성이 존재해도 완전경쟁만 이루어진다면 파레토 최적의 자원배분은 가능하다.

③ 재화 간 소비자의 주관적 교환비율인 한계대체율이 생산자의 한계변환율과 서로 같아야 한다.

④ 후생경제학 제1정리에 의하여 시장실패요인이 없다면 일반경쟁균형 하에서의 자원배분은 파레토 최적이다.

⑤ 파레토효율성과 관련된 후생경제학의 제1정리와 제2정리에 있어서 소비자의 선호체계에 대한 기본 가정은 동일하지 않다.

15 다음 중 임금 결정이론에 대한 설명으로 옳지 않은 것은?

① 중첩임금계약(Staggered Wage Contracts) 모형은 실질임금이 경직적인 이유를 설명한다.

② 효율임금(Efficiency Wage) 이론에 따르면 실질임금이 근로자의 생산성 또는 근로의욕에 영향을 미친다.

③ 효율임금이론에 따르면 높은 임금이 근로자의 도덕적 해이(Moral Hazard)를 억제하는 데 기여한다.

④ 내부자 – 외부자 모형에 따르면 내부자의 실질임금이 시장균형보다 높아져서 비자발적 실업이 발생한다.

⑤ 내부자 – 외부자 모형에서 외부자는 실업상태에 있는 노동자로서 기업과 임금협상을 할 자격이 없는 사람을 말한다.

16 다음 중 과점시장의 굴절수요곡선 이론에 대한 설명으로 옳지 않은 것은?

① 한계수입곡선에는 불연속한 부분이 있다.

② 굴절수요곡선은 원점에 대해 볼록한 모양을 갖는다.

③ 한 기업이 가격을 내리면 나머지 기업들도 같이 내리려 한다.

④ 한 기업이 가격을 올리더라도 나머지 기업들은 따라서 올리려 하지 않는다.

⑤ 기업은 한계비용이 일정 범위 내에서 변해도 가격과 수량을 쉽게 바꾸려 하지 않는다.

17 다음 중 기대가 부가된 필립스곡선(Expectation-augmented Phillips curve)에 대한 설명으로 옳지 않은 것은?

① 중동전쟁으로 원유가격이 급등하면 필립스곡선이 이동한다.

② 1970년대 스태그플레이션(Stagflation)을 설명하는 데 유용하다.

③ 오쿤의 법칙(Okun's Law)과 결합하여 총공급곡선을 도출할 수 있다.

④ 다른 조건이 일정하다면 필립스곡선의 기울기가 가파를수록 희생비율(Sacrifice Ratio)이 크다.

⑤ 기대 물가상승률이 합리적 기대에 따라 결정되면 예상된 통화정책은 실업률에 영향을 미치지 않는다.

18 다음은 초콜릿과 커피의 수요를 분석한 결과이다. 이에 대한 설명으로 옳지 않은 것을 〈보기〉에서 모두 고르면?

구분	수요의 소득탄력성	수요의 교차탄력성
초콜릿	−0.4	−1.5
커피	1.2	−0.9

보기

ㄱ. 초콜릿은 정상재이다.

ㄴ. 커피는 사치재이다.

ㄷ. 초콜릿과 커피는 독립재이다.

ㄹ. 초콜릿과 커피는 보완재이다.

① ㄱ, ㄴ   ② ㄱ, ㄷ

③ ㄴ, ㄷ   ③ ㄴ, ㄹ

④ ㄷ, ㄹ

19 자본이동 및 무역거래가 완전히 자유롭고 변동환율제도를 채택하고 있는 소규모 개방경제인 A국에서 확대재정정책이 실시되는 경우, IS-LM 모형에 의하면 최종 균형에서 국민소득과 환율은 정책 실시 이전의 최초 균형에 비해 어떻게 변하는가?(단, 물가는 고정되어 있다고 가정한다)

	국민소득	환율
①	불변	A국 통화 강세
②	증가	A국 통화 강세
③	감소	A국 통화 강세
④	증가	A국 통화 약세
⑤	감소	A국 통화 약세

20 솔로우(R. Solow) 경제성장모형에서 균제상태(Steady State)의 1인당 산출량을 증가시키는 요인으로 옳은 것을 모두 고르면?(단, 다른 조건이 일정하다고 가정한다)

> ㄱ. 저축률의 증가
> ㄴ. 인구증가율의 증가
> ㄷ. 감가상각률의 하락

① ㄱ
② ㄱ, ㄴ
③ ㄱ, ㄷ
④ ㄴ, ㄷ
⑤ ㄱ, ㄴ, ㄷ

21 현재 우리나라 채권의 연간 명목수익률이 5%이고 동일 위험을 갖는 미국 채권의 연간 명목수익률이 2.5%일 때, 현물환율이 달러당 1,200원인 경우 연간 선물환율은?(단, 이자율평가설이 성립한다고 가정한다)

① 1,200원/달러
② 1,210원/달러
③ 1,220원/달러
④ 1,230원/달러
⑤ 1,240원/달러

22 기업생산이론에 대한 설명으로 옳은 것을 〈보기〉에서 모두 고르면?

> 보기
> ㄱ. 장기(long-run)에는 모든 생산요소가 가변적이다.
> ㄴ. 다른 생산요소가 고정인 상태에서 생산요소 투입 증가에 따라 한계생산이 줄어드는 현상이 한계생산 체감의 법칙이다.
> ㄷ. 등량곡선이 원점에 대해 볼록하면 한계기술대체율 체감의 법칙이 성립한다.
> ㄹ. 비용극소화는 이윤극대화의 필요충분조건이다.

① ㄱ, ㄴ
② ㄷ, ㄹ
③ ㄱ, ㄴ, ㄷ
④ ㄴ, ㄷ, ㄹ
⑤ ㄱ, ㄴ, ㄷ, ㄹ

23 다음 두 사례에 공통으로 나타난 현상으로 적절한 것은?

- 사례 1

  1970년대 중동 국가들이 석유를 자원무기화하면서 석유 공급을 줄였고 이로 인해 원유가격이 급등하였다. 석유 가격이 급등하자 소비가 줄어 경제가 침체국면에 빠졌는데도, 물가는 급격히 상승하는 현상이 나타났다.
- 사례 2

  2020년 발생한 코로나19로 인해 경기는 계속 침체되고 있는데, 반대로 물가는 계속 상승하고 있어 소상공인은 물론 일반 시민들까지 어려움을 토로하고 있는 상황이다.

---

① 슬럼프플레이션(Slumpflation) ② 스크루플레이션(Screwflation)

③ 스테그데이션(Stagdation) ④ 스태그플레이션(Stagflation)

⑤ 에코플레이션(Ecoplation)

24 다음 중 한국은행의 통화정책 수단과 제도에 대한 설명으로 옳지 않은 것은?

① 재할인율 조정을 통한 통화량 관리

② 국채 매입·매각을 통한 통화량 관리

③ 법정지급준비율 변화를 통한 통화량 관리

④ 고용증진 목표 달성을 위한 물가안정목표제 시행

⑤ 금융통화위원회는 한국은행 통화정책에 관한 사항을 심의·의결

25 현재 인플레이션율을 8%에서 4%로 낮출 경우, 〈보기〉를 참고하여 계산된 희생률은 얼마인가?[단, Π_t, Π_{t-1}, U_t는 각각 t기의 인플레이션율, (t-1)기의 인플레이션율, t기의 실업률이다]

보기

- $\Pi_t - \Pi_{t-1} = -0.8(U_t - 0.05)$
- 현재실업률 : 5%
- 실업률 1%p 증가할 때 GDP 2% 감소로 가정
- 희생률 : 인플레이션율을 1%p 낮출 경우 감소되는 GDP 변화율(%)

① 1.5 ② 2

③ 2.5 ④ 3

⑤ 3.5

26 다음 중 통화정책 및 재정정책에 관한 케인스와 통화주의자의 견해로 옳지 않은 것은?

① 통화주의자는 $k\%$ 준칙에 따른 통화정책을 주장한다.

② 케인스는 투자의 이자율탄력성이 매우 크다고 주장한다.

③ 케인스는 통화정책의 외부시차가 길다는 점을 강조한다.

④ 케인스에 따르면 이자율이 매우 낮을 때 화폐시장에 유동성함정이 존재할 수 있다.

⑤ 동일한 재정정책에 대해서 통화주의자가 예상하는 구축효과는 케인스가 예상하는 구축효과보다 크다.

27 제품 A만 생산하는 독점기업의 생산비는 생산량에 관계없이 1단위당 60원이고, 제품 A에 대한 시장수요곡선은 P = 100 − 2Q이다. 다음 중 이 독점기업의 이윤극대화 가격(P)과 생산량(Q)은?

	P	Q
①	40원	30개
②	50원	25개
③	60원	20개
④	70원	15개
⑤	80원	10개

28 다음 모형에서 정부지출(G)을 1만큼 증가시켰을 때, 균형소비지출(C)의 증가량은?(단, Y는 국민소득, I는 투자, X는 수출, M은 수입이며 수출은 외생적이다)

• $Y = C + I + G + X - M$	• $C = 0.5Y + 10$
• $I = 0.4Y + 10$	• $M = 0.1Y + 20$

① 0.1
② 0.2
③ 1.5
④ 2.5
⑤ 5

29 A기업의 비용함수가 TC(Q) = 50 + 25Q로 주어져 있을 때, 이 비용함수에 대한 설명으로 옳지 않은 것은?

① 규모의 경제가 존재한다.

② 한계비용은 항상 일정하다.

③ 생산활동에 고정비용이 소요된다.

④ 생산량이 10일 때 평균비용은 30이다.

⑤ 평균비용은 생산량이 늘어날수록 증가한다.

30 대학 졸업 후 구직활동을 꾸준히 해온 30대 초반의 덕선이는 당분간 구직활동을 포기하기로 하였다. 덕선이와 같이 구직활동을 포기하는 사람이 많아지면 실업률과 고용률에 어떠한 변화가 생기는가?

① 실업률 상승, 고용률 하락
② 실업률 상승, 고용률 불변
③ 실업률 하락, 고용률 하락
④ 실업률 하락, 고용률 불변
⑤ 실업률 불변, 고용률 하락

31 다음 중 경기변동에 대한 설명으로 옳지 않은 것은?

① 투자는 소비에 비해 GDP 대비 변동성이 크므로 경기변동의 주요 원인이 된다.
② 실물적 경기변동은 경기변동을 자연실업률 자체가 변화하여 일어난다고 생각한다.
③ 기간 간 고른 소비가 어려운 저소득계층이 늘어나면, 이전에 비해 경기변동이 심해진다.
④ 실질임금과 고용량은 단기적으로 양의 상관관계를 가지나 장기적으로는 서로 관계가 없다.
⑤ 총공급-총수요 모형에서 총수요의 변동이 경기변동의 요인이라고 본다면 물가는 경기와 반대로 움직인다.

32 다음 중 국민총소득(GNI), 국내총생산(GDP), 국민총생산(GNP)에 대한 설명으로 옳지 않은 것은?

① 명목 GNI는 명목 GNP와 명목 국외순수취요소소득의 합이다.
② GNI는 한 나라 국민이 국내외 생산활동에 참여한 대가로 받은 소득의 합계이다.
③ 국외수취 요소소득이 국외지급 요소소득보다 크면 명목 GNI가 명목 GDP보다 크다.
④ 원화표시 GNI에 아무런 변동이 없더라도 환율변동에 따라 달러화표시 GNI는 변동될 수 있다.
⑤ 실질 GDP는 생산활동의 수준을 측정하는 생산지표인 반면, 실질 GNI는 생산활동을 통하여 획득한 소득의 실질 구매력을 나타내는 소득지표이다.

33 다음과 같이 소득이 감소하여 A제품의 수요곡선이 왼쪽으로 이동할 경우, 균형가격과 균형거래량은 각각 얼마인가?

- A제품의 수요함수 : $Q=600-P$
- A제품의 공급함수 : $Q=4P$
- 소득 감소에 따라 변동된 A제품의 수요함수 : $Q=400-P$

	균형가격	균형거래량
①	40	240
②	60	240
③	80	320
④	100	320
⑤	120	480

34 A의 소득이 10,000원이고, X재와 Y재에 대한 총지출액도 10,000원이다. X재 가격이 1,000원이고 A의 효용이 극대화되는 소비량이 X=6이고 Y=10이라고 할 때, X재에 대한 Y재의 한계대체율(MRS_{XY})은 얼마인가?(단, 한계대체율은 체감한다)

① 0.5   ② 1

③ 1.5   ④ 2

⑤ 2.5

35 다음 중 등량곡선과 등비용선에 대한 설명으로 옳지 않은 것은?

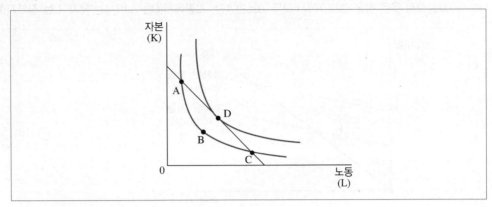

① A보다 D의 요소조합에서 생산량이 더 많다.
② C보다 D의 요소조합에서 비용이 더 많이 든다.
③ A, C, D는 모두 동일한 총비용이 드는 요소조합점이다.
④ A, B, C는 모두 동일한 생산량을 생산할 수 있는 요소조합점이다.
⑤ 점A에서는 자본을 너무 많이 투입하고 있으며, 점C에서는 노동을 너무 많이 투입하고 있다.

36 완전경쟁시장의 한 기업이 단기적으로 초과이윤을 획득하고 있다. 다음 중 이 기업의 이윤극대화 행동으로부터 유추할 수 있는 사실을 모두 고르면?

ㄱ. 이 기업은 장기적으로도 초과이윤을 획득한다.
ㄴ. 이 기업이 산출량을 늘리면 총평균비용이 증가할 것이다.
ㄷ. 이 기업이 산출량을 늘리면 한계비용이 증가할 것이다.
ㄹ. 이 기업은 현재 한계비용과 총평균비용이 일치한다.
ㅁ. 시장가격은 이 기업의 현재 한계비용보다 높다.

① ㄱ, ㄹ
② ㄴ, ㄷ
③ ㄱ, ㄷ, ㄹ
④ ㄴ, ㄷ, ㅁ
⑤ ㄷ, ㄹ, ㅁ

37 다음 두 그래프는 케인스 모형에서 정부지출의 증가(ΔG)로 인한 효과를 나타내고 있다. 이에 대한 내용으로 옳은 것을 〈보기〉에서 모두 고르면?(단, 그림에서 C는 소비, I는 투자, G는 정부지출이다)

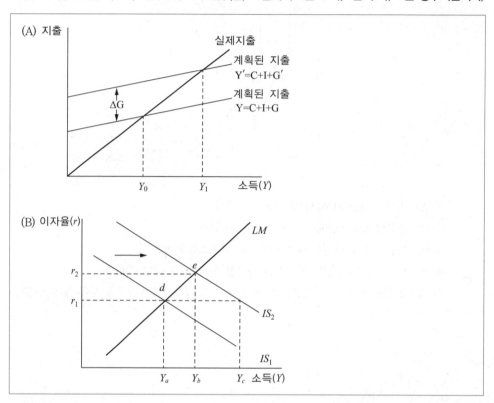

> **보기**
>
> ㄱ. (A)에서 $Y_0 \rightarrow Y_1$의 크기는 한계소비성향의 크기에 따라 달라진다.
> ㄴ. (A)의 $Y_0 \rightarrow Y_1$의 크기는 (B)의 $Y_a \rightarrow Y_b$의 크기와 같다.
> ㄷ. (B)의 새로운 균형점 e는 구축효과를 반영하고 있다.
> ㄹ. (A)에서 정부지출의 증가는 재고의 예기치 않은 증가를 가져온다.

① ㄱ, ㄴ   ② ㄱ, ㄷ
③ ㄴ, ㄷ   ④ ㄴ, ㄹ
⑤ ㄷ, ㄹ

38 다음 중 경제성장에 대한 일반적인 설명으로 옳은 것을 모두 고르면?

> ㄱ. 인구증가율이 높은 나라일수록 1인당 소득이 낮은 경향이 있다.
> ㄴ. 저축률이 높은 나라일수록 1인당 소득이 낮은 경향이 있다.
> ㄷ. 1인당 소득은 국제적 차이를 설명하는 데 인적 자본과 물적 자본 못지않게 중요하다.
> ㄹ. 개발도상국과 선진국 간의 1인당 소득격차는 줄어드는 추세를 보인다.

① ㄱ, ㄴ   ② ㄱ, ㄷ
③ ㄴ, ㄷ   ④ ㄴ, ㄹ
⑤ ㄷ, ㄹ

39 다음 중 게임이론에 대한 설명으로 옳지 않은 것은?

① 순수전략들로만 구성된 내쉬 균형이 존재하지 않는 게임도 있다.
② 죄수의 딜레마 게임에서 두 용의자 모두가 자백하는 것은 우월전략균형이면서 동시에 내쉬균형이다.
③ 우월전략이란 상대 경기자들이 어떤 전략들을 사용하든지 상관없이 자신의 전략들 중에서 항상 가장 낮은 보수를 가져다주는 전략을 말한다.
④ 커플이 각자 선호하는 취미활동을 따로 하는 것보다 동일한 취미를 함께 할 때 더 큰 만족을 줄 수 있는 상황에서는 복수의 내쉬균형이 존재할 수 있다.
⑤ 참여자 모두에게 상대방이 어떤 전략을 선택하는가에 관계없이 자신에게 더 유리한 결과를 주는 전략이 존재할 때 그 전략을 참여자 모두가 선택하면 내쉬균형이 달성된다.

40 다음 중 소비이론에 대한 설명으로 옳지 않은 것은?

① 케인스의 소비함수에 따르면 평균소비성향은 한계소비성향보다 크다.
② 쿠즈네츠는 장기에는 평균소비성향이 대략 일정하다는 것을 관찰하였다.
③ 생애주기가설에 따르면 총인구에서 노인층의 비중이 상승하면 국민저축률은 낮아진다.
④ 항상소득가설에 따르면 항상소득의 한계소비성향은 일시소득의 한계소비성향보다 작다.
⑤ 상대소득가설에 따르면 소득이 감소하여도 소비의 습관성으로 인해 단기적으로 소비는 거의 감소하지 않는다.

41 정부가 어떤 목적에서 한 재화의 가격을 시장 균형가격보다 낮은 수준에서 규제하려고 한다. 이에 대한 설명으로 옳지 않은 것은?

① 초과수요가 발생한다.
② 암시장이 형성될 수 있다.
③ 재화의 품질을 향상시키는 효과가 있다.
④ 공급의 가격탄력성이 커질수록 사회후생 손실이 크다.
⑤ 부동산 임대시장에서 이와 유사한 가격정책이 많이 사용된다.

42 다음 중 생산자의 단기 생산 활동에 대한 설명으로 옳지 않은 것은?

① 가변요소의 투입량이 증가할 때 평균생산성은 증가하다가 감소한다.
② 가변요소의 투입량이 증가할 때 한계생산성은 증가하다가 감소한다.
③ 평균생산성이 증가하는 구간에서 한계생산성은 평균생산성보다 크다.
④ 수확체감의 법칙은 한계생산성이 지속적으로 감소하는 구간에서 발생한다.
⑤ 한계생산물곡선은 평균생산물곡선의 극대점을 통과하므로 한계생산물과 평균생산물이 같은 점에서는 총생산물이 극대가 된다.

43 다음 중 산업 내 무역에 대한 설명으로 옳은 것은?

① 산업 내 무역은 규모의 경제와 관계없이 발생한다.
② 산업 내 무역은 무역으로 인한 소득재분배가 발생한다.
③ 산업 내 무역은 부존자원의 상대적인 차이 때문에 발생한다.
④ 산업 내 무역은 경제여건이 다른 국가 사이에서 이루어진다.
⑤ 산업 내 무역은 유럽연합 국가들 사이의 활발한 무역을 설명할 수 있다.

44 다음 중 우상향하는 총공급곡선(AS)을 왼쪽으로 이동시키는 요인으로 옳은 것은?

① 임금 상승
② 통화량 증가
③ 독립투자 증가
④ 정부지출 증가
⑤ 수입원자재 가격 하락

45 다음 중 외부효과로 인한 시장의 문제점을 해결하기 위한 방법으로 제시된 코즈의 정리에 대한 설명으로 옳은 것을 모두 고르면?

> ㄱ. 외부효과를 발생시키는 재화에 대해 시장을 따로 개설해 주면 시장의 문제가 해결된다.
> ㄴ. 외부효과를 발생시키는 재화에 대해 조세를 부과하면 시장의 문제가 해결된다.
> ㄷ. 외부효과를 발생시키는 재화의 생산을 정부가 직접 통제하면 시장의 문제가 해결된다.
> ㄹ. 외부효과를 발생시키는 재화에 대해 소유권을 인정해주면 이해당사자들의 협상을 통하여 시장의 문제가 해결된다.
> ㅁ. 코즈의 정리와 달리 현실에서는 민간주체들이 외부효과 문제를 항상 해결할 수 있는 것은 아니다.

① ㄱ, ㄷ   ② ㄹ, ㅁ
③ ㄴ, ㄷ, ㅁ   ④ ㄱ, ㄴ, ㄹ
⑤ ㄷ, ㄹ, ㅁ

46 다음 중 국제수지와 환율에 대한 설명으로 옳지 않은 것은?

① 개방경제의 총수요에는 순수출이 포함된다.
② 명목환율은 서로 다른 나라 화폐 간의 교환비율이다.
③ 국제수지는 경제적 거래의 형태에 따라 크게 경상수지와 금융계정으로 나눌 수 있다.
④ 국민소득 항등식에 의하면 국내 저축이 국내 투자보다 크면 순수출은 항상 0보다 작다.
⑤ 실질환율은 우리나라에서 생산한 재화 한 단위가 다른 나라에서 생산한 재화 몇 단위와 교환되는지를 나타낸다.

47 다음 중 내생적 경제성장이론에 대한 설명으로 옳은 것을 모두 고르면?

> ㄱ. 인적자본의 축적이나 연구개발은 경제성장을 결정하는 중요한 요인이다.
> ㄴ. 정부의 개입이 경제성장에 중요한 역할을 한다.
> ㄷ. 자본의 한계생산은 체감한다고 가정한다.
> ㄹ. 선진국과 후진국 사이의 소득격차가 줄어든다.

① ㄱ, ㄴ   ② ㄱ, ㄷ
③ ㄴ, ㄷ   ④ ㄴ, ㄹ
⑤ ㄷ, ㄹ

48 다음 중 파레토효율성에 대한 설명으로 옳지 않은 것은?

① 파레토효율적인 자원배분은 일반적으로 무수히 많이 존재한다.

② 파레토효율적인 자원배분하에서는 항상 사회후생이 극대화된다.

③ 파레토효율적인 자원배분이 평등한 소득분배를 보장해주는 것은 아니다.

④ 일정한 조건이 충족될 때 완전경쟁시장에서의 일반균형은 파레토효율적이다.

⑤ 어느 한 사람의 효용을 감소시키지 않고서는 다른 사람의 효용을 증가시킬 수 없는 상태를 파레토 효율적이라고 한다.

49 다음 중 소비의 항상소득가설과 생애주기가설에 대한 설명으로 옳은 것을 모두 고르면?

> ㄱ. 소비자들은 가능한 한 소비수준을 일정하게 유지하려는 성향이 있다.
> ㄴ. 생애주기가설에 의하면 고령인구의 비율이 높아질수록 민간부문의 저축률이 하락할 것이다.
> ㄷ. 프리드만의 항상소득가설에 의하면 높은 소득의 가계가 평균적으로 낮은 평균소비성향을 갖는다.
> ㄹ. 케인스는 항상소득가설을 이용하여 승수효과를 설명하였다.

① ㄱ, ㄴ ② ㄱ, ㄹ

③ ㄴ, ㄷ ④ ㄱ, ㄴ, ㄷ

⑤ ㄴ, ㄷ, ㄹ

50 다음 중 자국의 실물시장 균형을 나타내는 IS곡선에 대한 설명으로 옳지 않은 것은?(단, IS곡선의 기울기는 세로축을 이자율, 가로축을 소득으로 하는 그래프상의 기울기를 말한다)

① 자국의 정부지출이 증가하면 IS곡선은 오른쪽으로 이동한다.

② 자국의 한계소비성향이 커지면 IS곡선의 기울기가 완만해진다.

③ 자국의 한계수입성향이 커질수록 IS곡선의 기울기는 가팔라진다.

④ 해외교역국의 한계수입성향이 커질수록 IS곡선의 기울기는 완만해진다.

⑤ 자국의 소득증가로 인한 한계유발투자율이 증가하면 IS곡선의 기울기가 완만해진다.

01 다음 중 대손충당금에 대한 설명으로 옳지 않은 것은?

① 일반적으로 대손충당금의 설정은 결산 시 진행한다.

② 회수불능채권을 공제하기 위한 계정으로 대변에 잔액을 기록한다.

③ 대손충당금이 있을 경우, 차변에 대손상각비, 대변에 매출채권을 기재한다.

④ 새로 설정한 대손충당금과 기존 대손충당금 잔액이 동일할 경우, 분개를 하지 않아도 된다.

⑤ 대손으로 처리한 채권이 회수될 경우, 대손처리 시 차변에 분개했던 금액만큼 대변에 기입하고, 차변에 회수된 금액을 기입하여 대손상각을 취소한다.

02 다음 중 선수수익에 대한 설명으로 옳지 않은 것은?

① 영업외수익과 관련하여 먼저 수취한 금액을 의미한다.

② 수익실현주의 원칙에 의해 발생하며, 자산에 해당한다.

③ 당기에 받은 금전 중에서 차기 수익에 해당하는 부분이다.

④ 영업용 고정자산 매각, 유가증권 매각 등을 통한 수익은 해당하지 않는다.

⑤ 임대료로 1,000,000원을 현금으로 받았을 경우 차변에 현금 1,000,000원 대변에 선수수익 1,000,000원을 기재한다.

03 유형자산의 재평가에 관한 설명으로 옳은 것은?

① 특정 유형자산을 재평가할 때, 해당 자산이 포함되는 유형자산 분류 전체를 재평가한다.

② 감가상각대상 유형자산을 재평가할 때, 그 자산의 최초원가를 재평가금액으로 조정하여야 한다.

③ 유형자산 항목과 관련하여 자본에 계상된 재평가잉여금은 그 자산이 제거될 때 이익잉여금으로 직접 대체할 수 없다.

④ 재평가가 단기간에 수행되며 계속적으로 갱신된다면, 동일한 분류에 속하는 자산이라 하더라도 순차적으로 재평가할 수 없다.

⑤ 자산의 장부금액이 재평가로 인하여 감소된 경우에 그 자산에 대한 재평가잉여금의 잔액이 있더라도 재평가감소액 전부를 당기손익으로 인식한다.

04 차기 회계연도로 잔액이 이월되지 않는 계정과목은?

① 집합손익

② 이익잉여금

③ 선수임대료

④ 주식발행초과금

⑤ 매도가능금융자산평가이익

05 다음 중 충당부채와 우발부채에 관한 설명으로 옳지 않은 것은?

① 충당부채는 재무상태표에 표시되는 부채이나 우발부채는 재무상태표에 표시될 수 없고 주석으로만 기재될 수 있다.

② 충당부채로 인식하는 금액은 현재의무를 보고기간 말에 이행하기 위하여 필요한 지출에 대한 최선의 추정치이어야 한다.

③ 충당부채를 현재가치로 평가하기 위한 할인율은 부채의 특유한 위험과 화폐의 시간가치에 대한 현행 시장의 평가를 반영한 세후 이율이다.

④ 예상되는 자산 처분이 충당부채를 생기게 한 사건과 밀접하게 관련되었더라도 예상되는 자산 처분이익은 충당부채를 측정하는 데 고려하지 아니한다.

⑤ 우발부채는 처음에 예상하지 못한 상황에 따라 변할 수 있으므로, 경제적 효익이 있는 자원의 유출 가능성이 높아졌는지를 판단하기 위하여 우발부채를 지속적으로 평가한다.

06 다음 중 회계거래에 해당하지 않는 것은?

① 본사창고에 보관 중인 100 상당의 제품이 도난되었다.

② 100 상당의 상품을 구입하기 위해 주문서를 발송하였다.

③ 사무실 임차계약을 체결하고 1년분 임차료 100을 지급하였다.

④ 공동주택의 관리용역에 대한 계약을 체결하고 계약금 100을 수령하였다.

⑤ 지하주차장 도장공사를 하고 대금 100은 1개월 후에 지급하기로 하였다.

07 다음 중 자본이 증가하는 거래는?(단, 각 거래는 상호독립적이고, 자기주식의 취득은 상법상 정당한 것으로 가정한다)

① 중간배당(현금배당) 100,000원을 실시하였다.
② 액면금액이 주당 5,000원인 주식 25주를 4,000원에 할인발행하였다.
③ 자기주식(액면금액 주당 5,000원) 25주를 주당 4,000원에 취득하였다.
④ 당기순손실 100,000원이 발생하였다.
⑤ 당기 중 2,100,000원에 취득한 매도가능금융자산의 보고기간 말 현재 공정가액은 2,000,000원이다.

08 단기매매금융자산에 관한 설명으로 옳지 않은 것은?

① 단기매매금융자산은 재무상태표에 공정가치로 표시한다.
② 단기매매금융자산의 장부금액이 처분금액보다 작으면 처분이익이 발생한다.
③ 단기매매금융자산의 처분에 따른 손익은 포괄손익계산서에 당기손익으로 인식한다.
④ 단기매매금융자산의 평가에 따른 손익은 포괄손익계산서에 당기손익으로 인식한다.
⑤ 단기매매금융자산의 취득과 직접 관련되는 거래원가는 최초 인식하는 공정가치에 가산한다.

09 다음 중 유용한 재무정보의 질적 특성에 관한 설명으로 옳지 않은 것은?

① 명확하고 간결하게 분류되고 특징지어져 표시된 정보는 이해가능성이 높다.
② 어떤 정보의 누락이나 오기로 인해 정보이용자의 의사결정이 바뀔 수 있다면 그 정보는 중요한 정보이다.
③ 적시성은 정보이용자가 의사결정을 내릴 때 사용되어 그 결정에 영향을 줄 수 있도록 제때에 이용가능함을 의미한다.
④ 어떤 재무정보가 예측가치나 확인가치 또는 이 둘 모두를 갖는다면 그 재무정보는 이용자의 의사결정에 차이가 나게 할 수 있다.
⑤ 검증가능성은 정보가 나타내고자 하는 경제적 현상을 충실히 표현하는지를 정보이용자가 확인하는데 도움을 주는 근본적 질적 특성이다.

10 다음 중 유동부채에 관한 설명으로 옳지 않은 것은?

① 매입채무는 일반적 상거래에서 발생하는 부채로 유동부채에 속한다.

② 미지급비용, 선수금, 수선충당부채, 퇴직급여부채 등은 유동부채에 포함된다.

③ 일반적으로 정상영업주기 내 또는 보고기간 후 12개월 이내에 결제하기로 되어 있는 부채이다.

④ 유동부채는 보고기간 후 12개월 이상 부채의 결제를 연기할 수 있는 무조건의 권리를 가지고 있지 않다.

⑤ 종업원 및 영업원가에 대한 미지급비용 항목은 보고기간 후 12개월 후에 결제일이 도래한다 하더라도 유동부채로 분류한다.

11 다음 중 재무제표 표시에 관한 설명으로 옳지 않은 것은?

① 재고자산의 판매 또는 매출채권의 회수시점이 보고기간 후 12개월을 초과한다면 유동자산으로 분류하지 못한다.

② 재무상태표의 자산과 부채는 유동과 비유동으로 구분하여 표시하거나 유동성 순서에 따라 표시할 수 있다.

③ 수익과 비용의 어느 항목도 당기손익과 기타 포괄손익을 표시하는 보고서에 특별손익 항목으로 표시할 수 없다.

④ 당기손익의 계산에 포함된 비용항목에 대해 성격별 또는 기능별 분류방법 중에서 신뢰성 있고 더욱 목적적합한 정보를 제공할 수 있는 방법을 적용하여 표시한다.

⑤ 포괄손익계산서는 단일 포괄손익계산서로 작성되거나 두 개의 보고서(당기손익 부분을 표시하는 별개의 손익계산서와 포괄손익을 표시하는 보고서)로 작성될 수 있다.

12 다음 중 재무보고의 개념체계에 관한 설명으로 옳은 것은?

① 일부 부채의 경우는 상당한 정도의 추정을 해야만 측정이 가능할 수 있다.

② 자산 측정기준으로서의 역사적 원가는 현행원가와 비교하여 적시성이 더 높다.

③ 보고기업의 경제적 자원과 청구권의 변동은 그 기업의 재무성과에 의해서만 발생한다.

④ 일반목적재무보고서는 보고기업의 가치를 직접 보여주기 위해 고안되었다.

⑤ 경영활동의 청산이 임박하거나 중요하게 축소할 의도 또는 필요성이 발생하더라도 재무제표는 계속기업의 가정을 적용하여 작성한다.

13 자본변동표에서 확인할 수 없는 항목은?

① 현금배당   ② 주식분할

③ 자기주식의 취득   ④ 유형자산의 재평가이익

⑤ 매도가능금융자산평가이익

14 B회사는 2019년 1월 1일 다음과 같은 사채를 발행하였으며, 유효이자율법에 따라 회계처리한다. 동 사채와 관련하여 옳지 않은 것은?

- 액면금액 : 1,000,000
- 만기 : 3년
- 액면이자율 : 연 5%
- 이자지급시기 : 매년 말
- 사채발행비 : 20,000
- 유효이자율 : 연 8%(유효이자율은 사채발행비가 고려됨)

---

① 동 사채는 할인발행 사채이다.

② 매년 말 지급할 현금이자는 50,000이다.

③ 이자비용은 만기일에 가까워질수록 증가한다.

④ 사채할인발행차금 상각이 완료된 시점에서 사채장부금액은 액면금액과 같다.

⑤ 사채발행비가 30,000이라면 동 사채에 적용되는 유효이자율은 연 8%보다 낮다.

15 다음 중 무형자산 회계처리에 관한 설명으로 옳지 않은 것은?

① 내용연수가 비한정인 무형자산은 상각하지 아니한다.

② 내용연수가 유한한 경우 상각은 자산을 사용할 수 있는 때부터 시작한다.

③ 제조과정에서 사용된 무형자산의 상각액은 재고자산의 장부금액에 포함한다.

④ 내용연수가 유한한 무형자산의 상각기간과 상각방법은 적어도 매 회계연도 말에 검토한다.

⑤ 내용연수가 비한정인 무형자산의 내용연수를 유한 내용연수로 변경하는 것은 회계정책의 변경에 해당한다.

16 다음 중 활동기준원가계산에 관한 설명으로 옳지 않은 것은?

① 전통적인 원가계산에 비해 배부기준의 수가 많다.

② 직접재료원가 이외의 원가를 고정원가로 처리한다.

③ 활동이 자원을 소비하고 제품이 활동을 소비한다는 개념을 이용한다.

④ 제조원가뿐만 아니라 비제조원가도 원가동인에 의해 배부할 수 있다.

⑤ 활동을 분석하고 원가동인을 파악하는데 시간과 비용이 많이 발생한다.

17 다음 중 재무제표에 대한 설명으로 옳은 것은?

① 현금흐름표는 특정시점에서의 현금의 변화를 보여주는 보고서이다.

② 재무제표는 재무상태표, 손익계산서, 시산표, 자본변동표로 구성한다.

③ 재무상태표는 일정기간의 재무성과에 관한 정보를 제공해준다.

④ 포괄손익계산서는 일정시점에 기업의 재무상태에 관한 정보를 제공해준다.

⑤ 자본변동표는 일정기간 동안의 자본구성요소의 변동에 관한 정보를 제공해준다.

18 다음 중 회계거래에 해당되지 않는 것은?

① 이자 500,000을 현금으로 지급하다.

② 직원과 월급 2,000,000에 고용계약을 체결하다.

③ 기숙사에 설치된 시설물 1,000,000을 도난당하다.

④ 원가 1,300,000의 상품을 현금 1,000,000에 판매하다.

⑤ 영업소 임차계약을 체결하고, 1년분 임차료 1,200,000을 현금으로 지급하다.

19 다음 자료로 계산한 당기총포괄이익은?

기초자산	5,500,000원	기초부채	3,000,000원
유상증자	500,000원	기말자산	7,500,000원
기말부채	3,000,000원		

① 500,000원

② 1,000,000원

③ 1,500,000원

④ 2,000,000원

⑤ 2,500,000원

20 다음 중 재무제표 요소의 인식에 관한 설명으로 옳지 않은 것은?

① 수익은 자산의 증가나 부채의 감소와 관련하여 미래경제적 효익이 증가하고 이를 신뢰성 있게 측정할 수 있을 때 인식한다.

② 비용은 자산의 감소나 부채의 증가와 관련하여 미래경제적 효익이 감소하고 이를 신뢰성 있게 측정할 수 있을 때 인식한다.

③ 자산은 미래경제적 효익이 기업에 유입될 가능성이 높고 해당 항목의 원가 또는 가치를 신뢰성 있게 측정할 수 있을 때 인식한다.

④ 제품보증에 따라 부채가 발생하는 경우와 같이 자산의 인식을 수반하지 않는 부채가 발생하는 경우에는 비용을 인식하지 아니한다.

⑤ 부채는 현재 의무의 이행에 따라 경제적 효익을 갖는 자원의 유출 가능성이 높고 결제될 금액에 대해 신뢰성 있게 측정할 수 있을 때 인식한다.

21 다음 재무분석자료에서 기업의 활동성을 분석할 수 있는 것을 모두 고르면?

ㄱ. 매출채권회전율　　　　　　　　ㄴ. 재고자산회전율 ㄷ. 총자산회전율　　　　　　　　　ㄹ. 부채비율 ㅁ. 재고자산평균회전기간　　　　　ㅂ. 자기자본이익률

① ㄱ, ㄷ, ㅁ
② ㄱ, ㄴ, ㄷ, ㅁ
③ ㄱ, ㄴ, ㄹ, ㅂ
④ ㄱ, ㄷ, ㅁ, ㅂ
⑤ ㄴ, ㄷ, ㄹ, ㅁ, ㅂ

22 다음 중 유형자산의 취득원가에 포함되는 것은?

① 새로운 상품과 서비스를 소개하는데 소요되는 원가

② 기업의 영업 전부 또는 일부를 재배치하거나 재편성하는 과정에서 발생하는 원가

③ 유형자산과 관련된 산출물에 대한 수요가 형성되는 과정에서 발생하는 가동손실과 같은 초기 가동손실

④ 유형자산이 경영진이 의도하는 방식으로 가동될 수 있으나, 아직 실제로 사용되지 않고 있는 경우에 발생하는 원가

⑤ 유형자산 취득시 정상적으로 작동되는지 여부를 시험하는 과정에서 발생하는 원가(단, 시험과정에서 생산된 재화의 순매각금액은 차감)

23 다음 중 금융자산과 관련한 회계처리로 옳지 않은 것은?

① 지분상품은 만기보유금융자산으로 분류할 수 없다.

② 매도가능금융자산에서 발행하는 배당금 수령액은 기타포괄이익으로 계상한다.

③ 매 회계연도말 지분상품은 공정가치로 측정하는 것이 원칙이다.

④ 최초 인식시점에 매도가능금융자산으로 분류하였다면 이후 회계연도에는 당기손익인식금융자산으로 재분류할 수 없다.

⑤ 최초 인식 이후 만기보유금융자산은 유효이자율법을 사용하여 상각후원가로 측정한다.

24 다음 중 현금흐름표상 투자활동현금흐름에 해당하는 것은?

① 설비 매각과 관련한 현금유입

② 자기주식의 취득에 따른 현금유출

③ 담보부사채 발행에 따른 현금유입

④ 종업원급여 지급에 따른 현금유출

⑤ 단기매매목적 유가증권의 매각에 따른 현금유입

25 S사의 2023년도 회계자료가 다음과 같을 때 당해 당기순이익은?(단, 매출은 전액 신용매출이다)

- 매출채권회전율 : 5
- 매출채권평균 : 20,000원
- 매출액순이익률 : 5%

---

① 1,000원   ② 2,000원

③ 3,000원   ④ 4,000원

⑤ 5,000원

26 다음 중 수익의 인식 및 측정에 관한 설명으로 옳은 것은?

① 판매자가 판매대금의 회수를 확실히 할 목적만으로 해당 재화의 법적 소유권을 계속 가지고 있다면 소유에 따른 중요한 위험과 보상이 이전되었더라도 해당 거래를 수익으로 인식하지 않는다.

② 수익으로 인식한 금액이 추후에 회수가능성이 불확실해지는 경우에는 인식한 수익금액을 조정할 수 있다.

③ 용역제공거래의 결과를 신뢰성 있게 추정할 수 있다면 용역의 제공으로 인한 수익은 용역의 제공이 완료된 시점에 인식한다.

④ 거래와 관련된 경제적 효익의 유입가능성이 높지 않더라도 수익금액을 신뢰성 있게 측정할 수 있다면 수익을 인식할 수 있다.

⑤ 동일한 거래나 사건에 관련된 수익과 비용은 동시에 인식한다. 그러나 관련된 비용을 신뢰성 있게 측정할 수 없다면 수익을 인식할 수 없다.

27 (주)한국은 2022년 12월 말 화재로 인하여 재고자산 중 110,000원을 제외한 나머지가 소실되었다. 기초재고는 100,000원이고, 12월 말까지의 매입액과 매출액은 각각 600,000원, 400,000원이다. 과거 3년 동안의 평균 매출총이익률이 20%일 경우, 화재로 인하여 소실된 재고자산의 추정금액은?

① 270,000원
② 320,000원
③ 380,000원
④ 600,000원
⑤ 700,000원

28 다음 중 자기자본에 해당하지 않는 것은?

① 자본금
② 차입금
③ 자본잉여금
④ 이익잉여금
⑤ 기타포괄손익누계액

29 2022년 초에 시작하여 2023년 말에 완공된 건설계약에 대한 자료가 다음과 같을 때, 2022년도에 인식해야 할 공사이익은?(단, 수익은 진행기준으로 인식하며, 진행률은 발생한 누적계약원가를 추정총계약원가로 나누어 산정한다)

구분	2022년도	2023년도
총 계약금액	48,000원	
연도별 발생원가	16,000원	24,000원
연도말 추정 추가완성원가	24,000원	–

① 1,000원   ② 2,800원
③ 3,000원   ④ 3,200원
⑤ 4,000원

30 다음 자료를 이용할 경우 재무상태표에 계상할 현금 및 현금성 자산은?

• 지폐	30,000원
• 우표	10,000원
• 우편환증서	1,000원
• 임차보증금	50,000원
• 타인발행당좌수표	2,000원

① 33,000원   ② 42,000원
③ 83,000원   ④ 92,000원
⑤ 93,000원

31 S사는 2023년 초에 설비(내용연수 4년, 잔존가치 200원)를 2,000원에 취득하여, 정액법으로 감가 상각하고 있다. 2023년 말에 동 설비를 1,400원에 처분하였다면 인식할 처분손익은?

① 150원 손실   ② 200원 이익

③ 450원 손실   ④ 600원 손실

⑤ 650원 이익

32 S공사는 제품매출액의 3%에 해당하는 금액을 제품보증비용(보증기간 2년)으로 추정하고 있다. 2021년의 매출액과 실제 보증청구로 인한 보증비용 지출액은 다음과 같다. 2022년 포괄손익계산 서의 보증활동으로 인한 비용과 2022년 말 재무상태의 충당부채 잔액은?(단, C환경공단은 2021년 초에 설립되었으며, 2022년의 매출은 없다고 가정한다)

제품매출액(2021년)	실제 보증비용 지출액	
	2021년	2022년
600,000원	14,000원	6,000원

	제품보증비	충당부채
①	2,000원	0원
②	3,000원	0원
③	4,000원	0원
④	5,000원	4,000원
⑤	6,000원	4,000원

33 회사의 기말재고자산금액에 다음의 사항이 포함되어 있는 경우 이를 고려하여 감액할 재고자산금액은 얼마인가?

> (1) 반품권이 부여된(반품가능성 예측불가능) 재고자산 10,000원(원가 8,500원)
> (2) 판매하여 운송중인 상품 5,000원(도착지 인도조건)
> (3) 수탁상품 6,500원
> (4) 시송품 4,000원(원가 3,500원)

① 7,500원　　　　　　　　　　　② 8,000원

③ 8,500원　　　　　　　　　　　④ 9,000원

⑤ 9,500원

34 S회사의 2022년도 자료는 다음과 같다. 매출채권이 1회전하는 데 소요되는 기간은?(단, 회계기간은 1월 1일부터 12월 31일까지이다)

• 매출액	2,000,000원
• 기초매출채권	120,000원
• 기말매출채권	280,000원

① 14.6일　　　　　　　　　　　② 29.2일

③ 36.5일　　　　　　　　　　　④ 42.5일

⑤ 45.2일

35 다음 자료를 이용할 때, 목표영업이익 20,000원을 달성하기 위한 판매량은?

• 단위당 판매가격	400
• 단위당 변동원가	300
• 총고정원가	6,000

① 60단위   ② 200단위

③ 260단위   ④ 300단위

⑤ 360단위

36 최근 2년간 총고정제조원가와 단위당 변동제조원가는 변화가 없으며, 생산량과 총제조원가는 다음과 같다. 2023년도에 총고정제조원가가 10% 증가할 경우, 생산량이 400단위일 때 총제조원가는?

구분	생산량	총제조원가(원)
2021년	200단위	600,000
2022년	300단위	800,000

① 1,000,000원   ② 1,020,000원

③ 1,040,000원   ④ 1,060,000원

⑤ 1,080,000원

37 다음 중 금융부채에 속하는 것을 모두 고르면?

ㄱ. 매입채무	ㄴ. 선수금
ㄷ. 사채	ㄹ. 소득세예수금
ㅁ. 미지급법인세	

① ㄱ, ㄴ   ② ㄱ, ㄷ

③ ㄱ, ㄹ, ㅁ   ④ ㄴ, ㄷ, ㄹ

⑤ ㄷ, ㄹ, ㅁ

38 다음 〈보기〉에서 빈칸에 들어갈 용어를 바르게 연결한 것은 무엇인가?

> **보기**
>
> - ___A___ 은 상품을 구입할 때마다 상품계정에 기록하며 상품을 판매하는 경우에 판매시점마다 매출액만큼을 수익으로 기록하고 동시에 상품원가를 매출원가로 기록하는 방법이다.
> - ___B___ 은 기말실사를 통해 기말재고수량을 파악하고 판매가능수량(기초재고수량＋당기매입수량)에서 실사를 통해 파악된 기말재고수량을 차감하여 매출수량을 결정하는 방법이다.

	A	B
①	기초재고조사법	기말재고조사법
②	계속기록법	기말재고조사법
③	계속기록법	실질재고조사법
④	기초재고조사법	실질재고조사법
⑤	기말재고조사법	실질재고조사법

39 다음 중 채권에 들어갈 계정과목 중 옳지 않은 것은 무엇인가?

구분	채권	채무
영업관련	A. 외상매출금	외상매입금
	B. 받을어음	지급어음
영업외	C. 미수금	미지급금
	D. 차입금	대여금
계약	E. 선급금	선수금

① A
② B
③ C
④ D
⑤ E

40 재무정보가 유용하기 위해 갖추어야 할 주요 속성으로는 크게 근본적인 질적 특성인 목적적합성과 충실한 표현 즉, 표현의 충실성으로 볼 수 있다. 그렇다면 다음 중 이러한 근본적 질적 특성을 보강해 주는 보강적 질적 특성에 해당하는 것이 아닌 것은 무엇인가?

① 비교가능성
② 검증가능성
③ 적시성
④ 생산성
⑤ 이해가능성

41 주당 액면금액이 5,000원인 보통주 100주를 주당 8,000원에 현금 발행한 경우 재무제표에 미치는 영향으로 옳지 않은 것은?

① 자산 증가
② 자본 증가
③ 수익 불변
④ 부채 불변
⑤ 이익잉여금 증가

42 포괄손익계산서에 표시되는 계정과목은?

① 금융원가
② 이익잉여금
③ 영업권
④ 매출채권
⑤ 미지급법인세

43 다음 중 원가에 관한 설명으로 옳은 것은?

① 기회원가는 미래에 발생할 원가로서 의사결정시 고려하지 않는다.
② 관련범위 내에서 혼합원가는 조업도가 0이라도 원가는 발생한다.
③ 관련범위 내에서 생산량이 감소하면 단위당 고정원가도 감소한다.
④ 관련범위 내에서 생산량이 증가하면 단위당 변동원가도 증가한다.
⑤ 통제가능원가란 특정 관리자가 원가발생을 통제할 수는 있으나 책임질 수 없는 원가를 말한다.

44 다음 중 재무제표의 표시와 작성에 대한 설명으로 옳은 것을 모두 고르면?

> ㄱ. 재무상태표에 표시되는 자산과 부채는 반드시 유동자산과 비유동자산, 유동부채와 비유동부채로 구분하여 표시한다.
> ㄴ. 영업활동을 위한 자산의 취득시점부터 그 자산이 현금이나 현금성자산으로 실현되는 시점까지 소요되는 기간이 영업주기이다.
> ㄷ. 비용의 기능에 대한 정보가 미래현금흐름을 예측하는 데 유용하기 때문에 비용을 성격별로 분류하는 경우에는 비용의 기능에 대한 추가 정보를 공시하는 것이 필요하다.
> ㄹ. 자본의 구성요소인 기타포괄손익누계액과 자본잉여금은 포괄손익계산서와 재무상태표를 연결시키는 역할을 한다.
> ㅁ. 현금흐름표는 기업의 활동을 영업활동, 투자활동, 재무활동으로 구분한다.

① ㄱ, ㄴ
② ㄱ, ㄷ
③ ㄴ, ㄷ
④ ㄴ, ㅁ
⑤ ㄷ, ㄹ

45 어느 제품의 변동비용은 2,000원이고, 가격은 5,000원이다. 또한 이 제품을 만드는 기업의 총 고정비용이 500만 원일 때, 이 제품의 공헌이익률은 얼마인가?

① 0.2

② 0.6

③ 0.8

④ 1.2

⑤ 1.5

46 다음은 A사의 재무제표중 일부이다. 해당 재무제표를 보고 자기자본이익률(ROE)을 바르게 구한 것은?

(단위 : 억 원)

매출액	4,000
자기자본	300
당기순이익	150
영업이익	820

① 50%

② 48%

③ 35%

④ 20%

⑤ 15%

47 A씨와 B씨는 부동산투자를 통해 임대수익을 얻고자 상가를 3,000만 원에 매입했다. 임대금이 다음과 같을 때 상가의 임대수익률은?

임차인	임대금
A	500만 원
B	700만 원

① 25%

② 30%

③ 35%

④ 40%

⑤ 50%

48 표준원가계산제도를 도입하고 있는 A사는 지난 달 직접재료 600kg을 240,000원에 구입하였고, 이 가운데 450kg을 제품생산에 투입하였다. 제품단위당 표준직접재료수량은 4.0kg이며, 예산 생산량은 150단위이다. 직접재료원가의 가격차이는 4,500원(유리)이었고, 수량차이가 13,940원(불리)일 때, 실제 생산량은?(단, 가격차이 분석시점을 분리하지 않는다)

① 104단위   ② 108단위

③ 110단위   ④ 118단위

⑤ 121단위

49 A는 2021년 1월 1일에 기계 1대를 구입하였다. 해당 기계의 취득원가는 100,000원이고 잔존가치는 16,810원일 때, 내용연수 5년 기준으로 2022년의 정률법을 적용한 감가상각비는?(단, 정률은 30%, 결산일은 12월 31일이다)

① 21,000원   ② 14,700원

③ 30,000원   ④ 14,870원

⑤ 35,000원

50 S국토회사는 2022년 7월 1일 내용연수 5년의 기계장치를 1,000,000원에 취득하였다. 잔존가치는 100,000원이고, 연수합계법에 의해 상각한다. 이 기계장치와 관련해 S국토회사 2022년도에 인식할 감가상각비는 얼마인가?

① 90,000원   ② 100,000원

③ 150,000원   ④ 160,000원

⑤ 170,000원

SD에듀

합격의
공식

SDEDU

교육은 우리 자신의 무지를 점차 발견해 가는 과정이다.

– 윌 듀란트 –

PART 3

기술직 전공

01 다음 그림과 같은 도형에서 A-A′축에 대한 단면 2차 모멘트는?

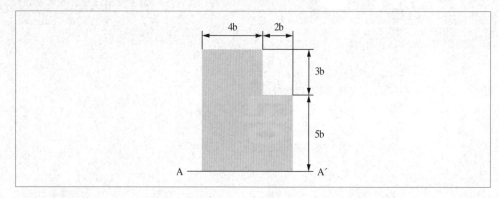

① $832b^4$

② $810b^4$

③ $788b^4$

④ $766b^4$

⑤ $754b^4$

02 그림과 같은 직사각형 단면보에서 중립축에 대한 단면계수 Z 값은 얼마인가?

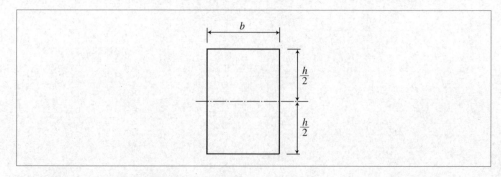

① $\dfrac{bh^2}{6}$

② $\dfrac{bh^2}{12}$

③ $\dfrac{bh^3}{6}$

④ $\dfrac{bh^3}{12}$

⑤ $\dfrac{bh^3}{18}$

03 다음 그림을 보고 주어진 도형의 단면의 도심을 구하면?

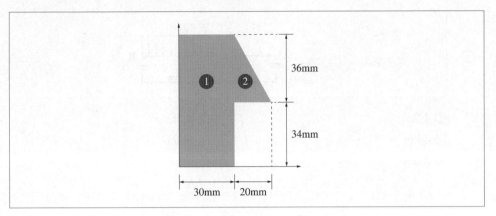

	x축	y축
①	약 20.78mm	약 39.77mm
②	약 23.54mm	약 43.34mm
③	약 27.56mm	약 46.05mm
④	약 31.72mm	약 49.97mm
⑤	약 35.02mm	약 52.78mm

04 다음 그림과 같은 단면적 $1cm^2$, 길이 1m인 철근 AB부재가 있다. 이 철근이 최대 $\delta = 1.0cm$ 늘어날 때 이 철근의 허용하중 P는?[단, 철근의 탄성계수(E)는 $2.1 \times 10^4 kN/cm^2$ 이다]

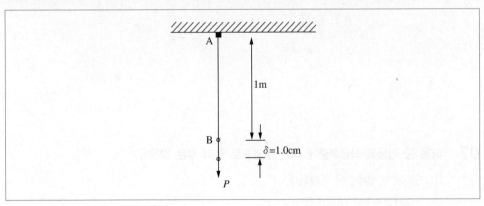

① 160kN   ② 180kN

③ 210kN   ④ 240kN

⑤ 270kN

05 다음 그림에서 휨모멘트가 최대가 되는 단면의 위치는 B점에서 얼마만큼 떨어져 있는가?

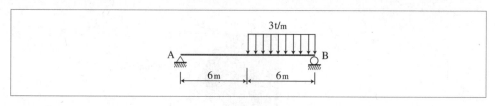

① 4.2m   ② 4.5m

③ 4.8m   ④ 5.2m

⑤ 5.5m

06 반지름이 25cm인 원형단면을 가지는 단주에서 핵의 면적은 약 얼마인가?

① 약 122.7cm^2 ② 약 168.7cm^2

③ 약 245.4cm^2 ④ 약 335.4cm^2

⑤ 약 421.7cm^2

07 다음 중 기둥의 좌굴하중에 대한 설명으로 옳지 않은 것은?

① 기둥의 탄성계수에 비례한다.

② 유효좌굴계수와 반비례한다.

③ 기둥의 휨강도에 반비례한다.

④ 기둥 길이의 제곱에 반비례한다.

⑤ 기둥 단면의 단면 2차 모멘트에 정비례한다.

08 다음 단순보에 하중 $P=10\text{t}$이 보의 중앙에 작용한다. 이때 보 중앙에 생기는 처짐은?(단, 보의 길이 $l=8\text{m}$, 휨 강성계수 $EI=1,205\times10^4\text{t}\cdot\text{cm}^2$이다)

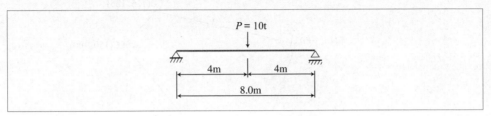

① 약 5.459cm
② 약 8.852cm
③ 약 11.542cm
④ 약 15.472cm
⑤ 약 17.352cm

09 실제 면적이 51.84km^2인 어떤 논이 축척이 $1:\text{A}$인 지도에서 576cm^2일 때, 같은 지도에서 838cm^2인 밭의 실제 면적은?(단, 오차는 0이다)

① 68.84km^2
② 75.42km^2
③ 81.92km^2
④ 88.76km^2
⑤ 91.25km^2

10 트래버스 측량으로 측정한 폐합 트래버스의 측점 A ~ E의 X, Y좌표가 다음과 같을 때, 트래버스 면적을 좌표법으로 구하면?(단, 단위는 m이다)

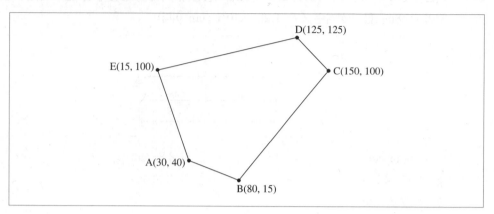

① $8,631.5m^2$

② $8,737.5m^2$

③ $8,957.5m^2$

④ $9,035.5m^2$

⑤ $9,437.9m^2$

11 다음 중 지형측량의 과정을 논리적 순서대로 바르게 나열한 것은?

① 측량계획 – 골조측량 – 측량원도작성 – 세부측량

② 측량계획 – 세부측량 – 측량원도작성 – 골조측량

③ 측량계획 – 측량원도작성 – 골조측량 – 세부측량

④ 측량계획 – 골조측량 – 세부측량 – 측량원도작성

⑤ 측량계획 – 측량원도작성 – 세부측량 – 골조측량

12 대한민국에서 1등 삼각망의 폐합오차의 허용범위는?

① $\pm 1''$

② $\pm 2''$

③ $\pm 5''$

④ $\pm 10''$

⑤ $\pm 20''$

13 다음 중 DGPS(Differential GPS)에 대한 설명으로 옳지 않은 것은?

① 후처리 DGPS는 반송파를 이용함으로 정밀도가 낮은 편이다.

② DGPS의 이동국은 보정치를 사용하여 보정 가능한 오차를 제거한다.

③ DGPS는 실시간 또는 후처리방식으로 가능하며, 코드측정법이라 한다.

④ DGPS는 기준국에서 추적 가능한 모든 위성의 의사거리 보정치를 계산한다.

⑤ 실시간 DGPS는 보정자료를 실시간으로 제공하고, 현장인력이 필요하지 않다.

14 관수로에서 관의 마찰손실계수가 0.02, 관의 지름이 40cm일 때, 관내 물의 흐름이 100m를 흐르는 동안 2m의 마찰손실수두가 발생하였다면 관내의 유속은?

① 약 0.3m/s

② 약 1.3m/s

③ 약 2.8m/s

④ 약 3.8m/s

⑤ 약 4.2m/s

15 저수지의 측벽에 폭 20cm, 높이 5cm의 직사각형 오리피스를 설치하여 유량 200L/s를 유출시키려고 할 때, 수면으로부터의 오피리스 설치 위치는?(단, 유량계수 $C=0.62$이다)

① 약 33m ② 약 43m

③ 약 53m ④ 약 63m

⑤ 약 73m

16 다음 중 상수도관의 종류와 설명이 바르게 연결된 것은?

① PVC관 : 내식성이 작고, 자외선에 강하다.

② 강관 : 절단가공이 쉽고, 관내면이 매끄럽다.

③ 덕타일 주철관 : 강도가 작고, 시공성이 높다.

④ 흄관 : 내압력이 크고, 현장에서 시공성이 낮다.

⑤ 주철관 : 충격에 강하고, 이형관의 제작이 힘들다.

17 안지름 2m의 관내를 20℃의 물이 흐르고 있다. 이 물의 동점성계수가 $0.0101cm^2/s$이고 속도가 50cm/s일 때, 레이놀즈수(Reynolds Number)는?

① 약 960,000 ② 약 970,000

③ 약 980,000 ④ 약 990,000

⑤ 약 1,000,000

18 합리식 $I = \dfrac{289}{\sqrt{t} - 1.25}$ mm/hr, 유역면적이 1.5km^2, 유입하는 시간이 7분, 유출계수는 0.7, 하수관거내의 평균유속 1m/s, 관길이 500m인 하수관을 통한 우수유출량은?(단, t의 단위는 '분'이다)

① 약 $18.6\text{m}^3/\text{s}$

② 약 $31.7\text{m}^3/\text{s}$

③ 약 $50.4\text{m}^3/\text{s}$

④ 약 $75.1\text{m}^3/\text{s}$

⑤ 약 $102\text{m}^3/\text{s}$

19 다음과 같은 집중호우가 자기기록지에 기록되었다. 다음 중 지속기간 20분 동안의 최대강우강도는?

시간	5분	10분	15분	20분	25분	30분	35분	40분
누가우량	2mm	5mm	10mm	20mm	35mm	40mm	43mm	45mm

① 95mm/h

② 105mm/h

③ 115mm/h

④ 135mm/h

⑤ 200mm/h

20 관수로의 흐름이 층류인 경우 마찰손실계수(f)에 대한 설명으로 옳은 것은?

① 조도에만 영향을 받는다.

② 레이놀즈수에만 영향을 받는다.

③ 항상 0.2778로 일정한 값을 갖는다.

④ 조도와 레이놀즈수에 영향을 받는다.

⑤ 조도와 레이놀즈수와 무관하게 재료의 재질에 따라 다르다.

21 다음 중 일반적인 상수도 계통도를 순서대로 바르게 나열한 것은?

① 수원 및 저수시설 → 취수 → 배수 → 송수 → 정수 → 도수 → 급수

② 수원 및 저수시설 → 취수 → 도수 → 정수 → 급수 → 배수 → 송수

③ 수원 및 저수시설 → 취수 → 도수 → 정수 → 송수 → 배수 → 급수

④ 수원 및 저수시설 → 취수 → 배수 → 정수 → 급수 → 도수 → 송수

⑤ 수원 및 저수시설 → 취수 → 정수 → 배수 → 도수 → 급수 → 송수

22 어떤 유입폐수의 BOD농도가 250mg/L이다. 폭기조의 부피는 4,000m^3, 유입폐수의 수량이 0.30m^3/s, 폭기조 내 휘발성 부유물의 농도가 5,000mg/L일 때 이 폐수의 F/M비는?

① 0.052

② 0.149

③ 0.237

④ 0.324

⑤ 0.415

23 어느 도시 오수의 계획 1일 최대 오수량은 50,000m^3/day이고 부유물 농도가 200mg/L이다. 이 오수를 표준활성슬러지법으로 처리하면 부유물제거율이 90%이고 함수율이 95% 슬러지가 발생한다고 할 때, 슬러지발생량은?

① 120t/day

② 180t/day

③ 240t/day

④ 300t/day

⑤ 360y/day

24 BOD 300mg/L의 폐수 25,000m^3/day를 활성슬러지법으로 처리하려고 한다. 반응조 내의 MLSS 농도가 2,000mg/L, F/M비가 1.0kg BOD/kg MLSS·day로 처리하려고 한다면, BOD 용적부하는?

① 5kg BOD/m^3·day

② 4kg BOD/m^3·day

③ 3kg BOD/m^3·day

④ 2kg BOD/m^3·day

⑤ 1kg BOD/m^3·day

25 침사지의 용량은 계획취수량을 몇 분간 저류시킬 수 있어야 하는가?

① 10 ~ 20분
② 20 ~ 30분
③ 30 ~ 40분
④ 40 ~ 50분
⑤ 50 ~ 60분

26 다음 중 급수관의 배관에 대한 설비기준으로 옳지 않은 것은?

① 급수관을 공공도로에 부설하는 경우 다른 매설물과의 간격은 30cm 이상 확보한다.
② 급수관을 지하층에 배관할 경우에는 가급적 지수밸브와 역류방지장치를 설치하지 않는다.
③ 급수관의 부설은 가능한 한 배수관에서 분기하여 수도미터 보호통까지 직선으로 배관한다.
④ 급수관을 부설하고 되메우기를 할 때에는 양질토 또는 모래를 사용하여 적절하게 다짐한다.
⑤ 동결이나 결로의 우려가 있는 급수장치의 노출부에 대해서는 적절한 방한 장치가 필요하다.

27 다음 중 터널공법에서 TBM공법에 대한 설명으로 옳은 것은?

① 터널의 품질관리가 어렵다.
② 암반자체를 지보재로 사용한다.
③ 숏크리트와 록볼트가 주로 사용된다.
④ 터널 내의 반발량이 크고 분진량이 많다.
⑤ 초기 투자비가 적고 사용하기에 편리하다.

28 다음 중 흙의 다짐에 관한 설명으로 옳지 않은 것은?

① 조립토는 세립토보다 최적함수비가 작다.
② 다짐의 효과는 다짐을 할 때의 수분함량에 크게 좌우된다.
③ 점성토 지반을 다질 때는 진동 롤러로 다지는 것이 유리하다.
④ 최대 건조단위중량이 큰 흙일수록 최적함수비는 작은 것이 보통이다.
⑤ 일반적으로 다짐 에너지를 크게 할수록 최대 건조단위중량은 커지고 최적함수비는 줄어든다.

29 다음 중 표준관입시험에 대한 설명으로 옳지 않은 것은?

① 고정 Piston 샘플러를 사용한다.

② 질량(63.5±0.5)kg인 해머를 사용한다.

③ 해머의 낙하높이는 (760±10)mm이다.

④ 샘플러를 지반에 300mm 박아 넣는 데 필요한 타격횟수를 N값이라고 한다.

⑤ 사질토의 경우에는 N값에서 전단 강도나 모래의 압축성 등을 판정할 수 있다.

30 지름(D)이 10cm, 높이(h)가 20cm인 모래시료에 정수위 투수시험을 진행한 결과 정수두 40cm로 하여 5초간의 유출량이 86.3cm^{3}이 되었다. 이 시료의 투수계수(k)는?

① 12.683×10^{-2} cm/sec

② 11.800×10^{-2} cm/sec

③ 10.988×10^{-2} cm/sec

④ 9.029×10^{-2} cm/sec

⑤ 8.683×10^{-2} cm/sec

31 토립자의 비중이 2.60인 흙의 전체단위중량이 2.0t/m^{3}이고, 함수비가 20%라고 할 때 이 흙의 포화도는?

① 약 66.79%

② 약 72.41%

③ 약 73.44%

④ 약 81.23%

⑤ 약 92.85%

32 다음 중 단순보 상하부재의 처짐에 대한 설명으로 옳지 않은 것은?

① 보의 형태에 따라 처짐에 영향을 줄 수 있다.

② 보의 강도는 보의 처짐에 영향을 주지 않는다.

③ 보의 재질에 따라 열팽창 특성이 변할 수 있다.

④ 상하부재 사이의 온도차이가 클수록 처짐량은 증가한다.

⑤ 길이가 긴 보일수록 자체적으로 처지는 정도가 더 많다.

33 폭 40cm, 유효깊이 70cm인 직사각형보의 위험단면에 계수전단력 0.1MN이 작용했다면 공칭전단강도 V_u는 얼마 이상이어야 하는가?

① 약 0.025MN

② 약 0.133MN

③ 약 0.324MN

④ 약 0.355MN

⑤ 약 0.386MN

34 다음 중 최대 휨모멘트가 일어나지 않는 단면에서는 1방향 슬래브의 정부 철근의 중심 간격이 얼마인가?

① 슬래브 두께의 3배 이하 또는 450mm 이하

② 슬래브 두께의 2배 이하 또는 500mm 이하

③ 슬래브 두께의 3배 이하 또는 400mm 이하

④ 슬래브 두께의 2배 이하 또는 450mm 이하

⑤ 슬래브 두께의 3배 이하 또는 500mm 이하

35 다음 중 비접착식 포스트텐션 공법에 대한 설명으로 옳지 않은 것은?

① 그라우팅 작업이 필요 없다.

② 보강 철근량이 상대적으로 적다.

③ 정착구는 응력을 상시로 전달한다.

④ PC강선과 콘크리트가 서로 접촉하지 않는 공법이다.

⑤ 일반 건물, 주차장 등의 슬래브나 보에 적합한 공법이다.

36 다음 중 아치(Arch)의 특성으로 옳지 않은 것은?

① 아치는 통상 수평반력이 생긴다.

② 부재 단면은 주로 축방향력을 받는 구조이다.

③ 수평반력은 각 단면에서의 휨모멘트를 감소시킨다.

④ 휨모멘트나 압축에는 저항이 불가능하며 오직 장력에만 견딘다.

⑤ 굽힘 응력을 적게 하기 위해 하중이 작용하는 방향을 볼록 곡선형으로 만든 구조이다.

37 다음 그림과 같은 보에서 A 지점의 반력은?

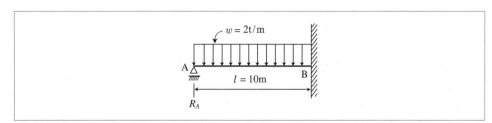

① 6.0t   ② 7.5t

③ 8.0t   ④ 9.5t

⑤ 10.0t

38 다음 캔틸레버보 선단 B의 처짐각(Slope, 요각)은?(단, EI는 일정하다)

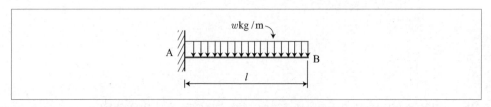

① $\dfrac{wl^3}{3EI}$ ② $\dfrac{wl^3}{6EI}$

③ $\dfrac{wl^3}{8EI}$ ④ $\dfrac{2wl^3}{3EI}$

⑤ $\dfrac{2wl^3}{6EI}$

39 다음과 같은 T형보를 콘크리트 압축응력 등가직사각형블록으로 가정할 때, 등가직사각형 응력블록 깊이는?(단, $\eta=1$, $f_{ck}=24$MPa, $f_y=300$MPa, $A_s=7,460$mm^{2}이다)

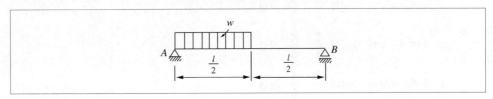

① 약 88.7mm
② 약 92.6mm
③ 약 95.1mm
④ 약 99.4mm
⑤ 약 101.5mm

40 다음 보에서 지점 A부터 최대 휨모멘트가 생기는 단면의 위치는?

① $\dfrac{1}{3}l$
② $\dfrac{1}{4}l$
③ $\dfrac{2}{5}l$
④ $\dfrac{3}{7}l$
⑤ $\dfrac{3}{8}l$

41 금속의 탄성계수가 $E=230,000$MPa이고, 전단탄성계수 $G=60,000$MPa일 때, 이 금속의 푸아송비(ν)는?

① 약 0.917
② 약 0.824
③ 약 0.766
④ 약 0.621
⑤ 약 0.486

42 한 변의 길이가 10m인 정사각형 토지를 축척 1 : 600인 도상에서 관측한 결과, 도상의 변 관측 오차가 0.2mm씩 발생하였다. 다음 중 실제 면적에 대한 오차 비율은?

① 1.2%

② 2.4%

③ 4.8%

④ 6.0%

⑤ 7.2%

43 하천에서 2점법으로 평균유속을 구할 경우 관측하여야 할 두 지점의 위치는?

① 수면으로부터 수심의 $\dfrac{1}{5}$, $\dfrac{3}{5}$ 지점

② 수면으로부터 수심의 $\dfrac{1}{5}$, $\dfrac{4}{5}$ 지점

③ 수면으로부터 수심의 $\dfrac{2}{5}$, $\dfrac{3}{5}$ 지점

④ 수면으로부터 수심의 $\dfrac{2}{5}$, $\dfrac{4}{5}$ 지점

⑤ 수면으로부터 수심의 $\dfrac{3}{5}$, $\dfrac{4}{5}$ 지점

44 시가지에서 5개의 측점으로 폐합 트래버스를 구성하여 내각을 측정한 결과 각관측 오차가 $30''$이었다. 각관측의 경중률이 동일할 때, 각오차의 처리방법으로 옳은 것은?(단, 시가지의 허용오차 범위는 $20''\sqrt{n} \sim 30''\sqrt{n}$ 이다)

① 재측량한다.

② 각의 크기에 관계없이 등배분한다.

③ 각의 크기에 비례하여 배분한다.

④ 각의 크기에 반비례하여 배분한다.

⑤ 처리할 수 없다.

45 하천의 유속측정결과, 수면으로부터 깊이의 2/10, 4/10, 6/10, 8/10 되는 곳의 유속(m/s)이 각각 0.662, 0.552, 0.442, 0.332이었다면 3점법에 의한 평균유속은?

① 0.4603m/s   ② 0.4695m/s

③ 0.5245m/s   ④ 0.5337m/s

⑤ 0.5463m/s

46 60m당 0.04m가 짧은 줄자를 사용하여 정사각형 토지의 한 변을 측정한 결과가 240m일 때, 면적에 대한 오차는?

① 42.3m^2 ② 50.2m^2

③ 65.7m^2 ④ 76.8m^2

⑤ 81.3m^2

47 콘크리트의 강도설계에서 등가직사각형 응력블록의 깊이는 $a = \beta_1 c$로 표현할 수 있다. f_{ck} 가 60MPa일 때, β_1의 값은 얼마인가?

① 0.85   ② 0.80

③ 0.76   ④ 0.74

⑤ 0.70

48 DGPS를 적용할 경우 기지점과 미지점에서 측정한 결과로부터 공통오차를 상쇄시킬 수 있기 때문에 측량의 정확도를 높일 수 있다. 이때 상쇄되는 오차요인으로 옳지 않은 것은?

① 위성의 궤도정보오차　　　　　　② 다중경로오차
③ 전리층 신호지연　　　　　　　　④ 대류권 신호지연
⑤ 위성의 시계오차

49 유효수심이 6.2m인 최종 침전지의 수면적 부하가 $29.76m^3/m^2 \cdot day$일 때, 체류시간은?

① 1시간　　　　　　　　　　　　② 2시간
③ 3시간　　　　　　　　　　　　④ 4시간
⑤ 5시간

50 폭이 400mm이고 유효깊이가 600mm인 철근콘크리트 단철근 직사각형 보의 균형철근비는?(단, $f_{ck} = 23MPa$, $f_y = 400MPa$, $E_c = 200,000MPa$이다)

① 약 0.024　　　　　　　　　　② 약 0.027
③ 약 0.031　　　　　　　　　　④ 약 0.033
⑤ 약 0.035

01 다음 중 단독주택계획에 대한 설명으로 옳지 않은 것은?

① 건물이 대지의 남측에 배치되도록 한다.

② 건물은 가능한 한 동서로 긴 형태가 좋다.

③ 동지 때 최소한 4시간 이상의 햇빛이 들어오도록 한다.

④ 현관의 위치는 대지의 형태, 도로와의 관계 등에 의하여 결정된다.

⑤ 인접 대지에 기존 건물이 없더라도 개발 가능성을 고려하도록 한다.

02 다음 중 도막방수 시공 시 유의사항으로 옳지 않은 것은?

① 5℃ 이하의 기온에서는 시공하지 않는다.

② 코너부위, 드레인 주변은 보강이 필요하다.

③ 도막방수 공사는 바탕면 시공과 관통공사가 종결되지 않더라도 할 수 있다.

④ 도막방수재는 혼합에 따라 재료 물성이 크게 달라지므로 반드시 혼합비를 준수한다.

⑤ 용제형의 프라이머를 사용할 경우에는 화기에 주의하고, 특히 실내 작업의 경우 환기장치를 사용하여 인화나 유기용제 중독을 미연에 예방하여야 한다.

03 다음 중 무기질 단열재료가 아닌 것은?

① ALC 패널   ② 세라믹 섬유

③ 펄라이트 판   ④ 규산 칼슘판

⑤ 셀룰로오스 섬유판

04 다음 중 사무소 건물의 엘리베이터 배치 시 고려사항으로 옳지 않은 것은?

① 교통동선의 중심에 설치하여 보행거리가 짧도록 배치한다.

② 대면배치의 경우, 대면거리는 동일 군 관리의 경우 3.5 ~ 4.5m로 한다.

③ 엘리베이터 홀은 엘리베이터 정원 합계의 약 50%를 수용할 수 있어야 한다.

④ 여러 대의 엘리베이터를 설치하는 경우, 그룹별 배치와 군 관리 운전방식으로 한다.

⑤ 일렬 배치는 6대를 한도로 하고, 엘리베이터 중심 간 거리는 10m 이하가 되도록 한다.

05 다음 중 피난층 외의 층으로서 피난층 또는 지상으로 통하는 직통계단을 2개소 이상 설치하여야 하는 대상 기준으로 옳지 않은 것은?

① 지하층으로서 그 층 거실의 바닥면적의 합계가 $200m^2$ 이상인 것

② 종교시설의 용도로 쓰는 층으로서 해당 용도로 쓰는 바닥면적의 합계가 $200m^2$ 이상인 것

③ 판매시설의 용도로 쓰는 3층 이상의 층으로서 해당 용도로 쓰는 거실의 바닥면적의 합계가 $200m^2$ 이상인 것

④ 업무시설 중 오피스텔의 용도로 쓰는 층으로서 해당 용도로 쓰는 거실의 바닥면적의 합계가 $200m^2$ 이상인 것

⑤ 숙박시설의 용도로 쓰는 3층 이상의 층으로서 해당 용도로 쓰는 거실의 바닥면적의 합계가 $300m^2$ 이상인 것

06 6층 이상의 거실면적의 합계가 $3,000m^2$인 경우, 건축물의 용도와 용도별 설치하여야 하는 15인승 승용승강기의 최소 대수가 바르게 짝지어진 것은?

① 업무시설 – 2대

② 의료시설 – 2대

③ 숙박시설 – 2대

④ 위락시설 – 2대

⑤ 교육연구시설 – 2대

07 다음은 옥내소화전설비에서 전동기에 따른 펌프를 이용하는 가압송수장치에 대한 설명이다. 빈칸 ㉠~㉡에 들어갈 수가 바르게 짝지어진 것은?

> 특정소방대상물의 어느 층에 있어서도 해당 층의 옥내소화전(5개 이상 설치된 경우에는 5개의 옥내소화전)을 동시에 사용할 경우 각 소화전의 노즐선단에서의 방수압력이 ㉠ MPa 이상이고, 방수량이 ㉡ ℓ/min 이상이 되는 성능의 것으로 할 것

	㉠	㉡
①	0.17	130
②	0.17	250
③	0.34	130
④	0.34	250
⑤	0.4	300

08 다음 중 일사에 대한 설명으로 옳지 않은 것은?

① 일사에 의한 건물의 수열은 방위에 따라 차이가 있다.

② 추녀와 차양은 창면에서의 일사조절 방법으로 사용된다.

③ 일사에 의한 건물의 수열이나 흡열은 하계의 실내 환경을 약화시킨다.

④ 블라인드, 루버, 롤스크린은 계절이나 시간, 실내의 사용상황에 따라 일사를 조절할 수 있다.

⑤ 일사조절의 목적은 일사에 의한 건물의 수열이나 흡열을 작게 하여 동계의 실내 기후의 악화를 방지하는 데 있다.

09 철근콘크리트 PC 기둥을 8톤 트럭으로 운반하고자 한다. 차량 1대에 최대로 적재 가능한 PC 기둥의 수는?(단, PC 기둥의 단면크기는 30cm×60cm이고, 길이는 3m이다)

① 1개　　　　　　　　　　　② 2개

③ 4개　　　　　　　　　　　④ 6개

⑤ 8개

10 다음 중 철골조 주각부분에 사용하는 보강재에 해당되지 않는 것은?

① 클립앵글

② 윙플레이트

③ 사이드앵글

④ 데크플레이트

⑤ 리브플레이트

11 다음 중 학교의 강당계획에 대한 설명으로 옳지 않은 것은?

① 체육관의 크기는 배구코트의 크기를 표준으로 한다.

② 초등학교, 중학교, 고등학교 별로 강당 소요면적을 다르게 한다.

③ 강당은 반드시 전교생을 수용할 수 있도록 크기를 결정하지는 않는다.

④ 강당 및 체육관으로 겸용하게 될 경우 체육관 목적으로 치중하는 것이 좋다.

⑤ 강당 겸 체육관은 커뮤니티의 시설로서 이용될 수 있도록 고려하여야 한다.

12 다음 중 건축물 높낮이의 기준이 되는 벤치마크(Benchmark)에 대한 설명으로 옳지 않은 것은?

① 수직규준틀이라고도 한다.

② 이동 또는 소멸 우려가 없는 장소에 설치한다.

③ 이동 등 훼손될 것을 고려하여 2개소 이상 설치한다.

④ 공사가 완료된 뒤라도 건축물의 침하, 경사 등의 확인을 위해 사용되기도 한다.

⑤ 지면에서 0.5 ~ 1.0m 정도 바라보기 좋고 공사에 지장이 없는 곳에 설치한다.

13 그림과 같은 단면을 가진 압축재의 유효좌굴길이가 250mm일 때 오일러의 좌굴하중 값은? (단, $E = 210,000$MPa이다)

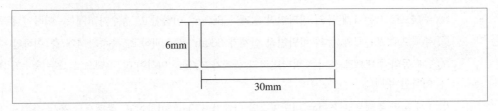

① 약 17.9kN   ② 약 43.0kN

③ 약 52.9kN   ④ 약 64.7kN

⑤ 약 68.9kN

14 다음 공기조화방식에서 팬코일 유닛 방식에 대한 설명으로 옳지 않은 것은?

① 덕트 방식에 비해 유닛의 위치 변경이 용이하다.

② 실내용 소형 공조기이므로 고도의 공기처리를 할 수 없다.

③ 유닛을 창문 밑에 설치하면 콜드 드래프트를 줄일 수 있다.

④ 전공기 방식으로 각 실에 수배관으로 인한 누수의 염려가 없다.

⑤ 각 실의 유닛은 수동으로도 제어할 수 있고, 개별 제어가 용이하다.

15 공작물을 축조할 때 특별자치시장·특별자치도지사 또는 시장·군수·구청장에게 신고를 하여야 하는 대상 공작물이 아닌 것은?(단, 건축물과 분리하여 축조하는 경우이다)

① 높이 3m인 담장   ② 높이 5m인 굴뚝

③ 높이 5m인 광고탑   ④ 높이 5m인 광고판

⑤ 높이 5m인 담장

16 다음 중 건축법령상 연립주택인 것은?

① 주택으로 쓰는 층수가 5개 층 이상인 주택

② 주택으로 쓰는 1개 동의 바닥면적 합계가 660m² 이하이고, 층수가 4개 층 이하인 주택

③ 주택으로 쓰는 1개 동의 바닥면적 합계가 660m²를 초과하고, 층수가 4개 층 이하인 주택

④ 1개 동의 주택으로 쓰이는 바닥면적의 합계가 300m² 이하이고, 주택으로 쓰는 층수가 3개 층 이하인 주택

⑤ 1개 동의 주택으로 쓰이는 바닥면적의 합계가 330m² 이하이고, 주택으로 쓰는 층수가 3개 층 이하인 주택

17 다음 중 광원의 연색성에 대한 설명으로 옳지 않은 것은?

① 할로겐전구의 연색평가수(Ra)가 가장 크다.

② 고압수은램프의 평균 연색평가수(Ra)는 100이다.

③ 연색성을 수치로 나타낸 것을 연색평가수라고 한다.

④ 평균 연색평가수(Ra)가 100에 가까울수록 연색성이 좋다.

⑤ 물체가 광원에 의하여 조명될 때, 그 물체의 색의 보임을 정하는 광원의 성질을 말한다.

18 그림과 같은 이동하중이 스팬 10m의 단순보 위를 지날 때 절대 최대 휨모멘트를 구하면?

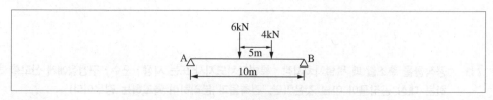

① 16kN·m ② 18kN·m

③ 25kN·m ④ 30kN·m

⑤ 40kN·m

19 다음 중 건축마감공사로서 단열공사에 대한 설명으로 옳지 않은 것은?

① 시공부위에 따른 공법은 벽단열, 바닥단열, 지붕단열 공법 등으로 분류할 수 있다.

② 설치위치에 따른 단열공법 중 내단열공법은 단열성능이 적고 내부 결로가 발생할 우려가 있다.

③ 단열재료에 따른 공법은 성형판단열재 공법, 현장발포재 공법, 뿜칠단열재 공법 등으로 분류할 수 있다.

④ 단열시공바탕은 단열재 또는 방습재 설치에 못, 철선, 모르타르 등의 돌출물이 도움이 되므로 제거하지 않아도 된다.

⑤ 단열재를 접착제로 바탕에 붙이고자 할 때에는 바탕면을 평탄하게 한 후 밀착하여 시공하되 초기 박리를 방지하기 위해 압착상태를 유지시킨다.

20 다음 중 강구조에 관한 설명으로 옳지 않은 것은?

① 고열에 취약하여 내피회복이 필요하다.

② 재료가 불에 타지 않기 때문에 내화성이 크다.

③ 장스팬의 구조물이나 고층 구조물에 적합하다.

④ 강재는 다른 구조재료에 비하여 균질도가 높다.

⑤ 단면에 비하여 부재길이가 비교적 길고 두께가 얇아 좌굴하기 쉽다.

21 다음은 지하층과 피난층 사이의 개방공간 설치에 대한 기준 내용이다. 빈칸에 들어갈 내용으로 옳은 것은?

> 바닥면적의 합계가 _____ 이상인 공연장·집회장·관람장 또는 전시장을 지하층에 설치하는 경우에는 각 실에 있는 자가 지하층 각 층에서 건축물 밖으로 피난하여 옥외 계단 또는 경사로 등을 이용하여 피난층으로 대피할 수 있도록 천장이 개방된 외부 공간을 설치하여야 한다.

① $1,000\text{m}^2$
② $2,000\text{m}^2$
③ $3,000\text{m}^2$
④ $4,000\text{m}^2$
⑤ $5,000\text{m}^2$

22 900명을 수용하고 있는 극장에서 실내 CO_2 농도를 0.1%로 유지하기 위해 필요한 환기량은?(단, 외기 CO_2 농도는 0.04%, 1인당 CO_2 배출량은 18L/h 이다)

① $27,000m^3/h$
② $30,000m^3/h$
③ $60,000m^3/h$
④ $66,000m^3/h$
⑤ $72,000m^3/h$

23 프리스트레스하지 않는 부재의 현장치기 콘크리트에서 흙에 접하여 콘크리트를 친 후, 영구히 흙에 묻혀 있는 콘크리트 부재의 최소 피복두께는?

① 40mm
② 50mm
③ 60mm
④ 75mm
⑤ 100mm

24 다음 중 조적조에 발생하는 백화현상을 방지하기 위하여 취할 수 있는 조치로 옳지 않은 것은?

① 잘 구워진 벽돌을 사용한다.
② 줄눈 모르타르에 방수제를 넣는다.
③ 줄눈부분을 방수처리하여 빗물을 막는다.
④ 생석회를 혼합하여 줄눈 모르타르를 바른다.
⑤ 차양 등의 비막이를 설치하여 벽에 직접 비가 맞지 않도록 한다.

25 다음 중 일반적으로 연면적에 대한 숙박 관계 부분의 비율이 가장 큰 호텔은?

① 해변 호텔
② 리조트 호텔
③ 커머셜 호텔
④ 레지덴셜 호텔
⑤ 터미널 호텔

26 연약지반에 기초구조를 적용할 때 부동침하를 감소시키기 위한 상부구조의 대책으로 옳지 않은 것은?

① 건물을 경량화할 것

② 강성을 크게 할 것

③ 신축이음을 설치할 것

④ 부분 증축을 가급적 피할 것

⑤ 폭이 일정할 경우 건물의 길이를 길게 할 것

27 다음 글이 설명하는 공법으로 옳은 것은?

> 미리 공장 생산한 기둥이나 보, 바닥판, 외벽, 내벽 등을 한 층씩 쌓아 올라가는 조립식으로 구체를 구축하고 이어서 마감 및 설비공사까지 포함하여 차례로 한 층씩 완성해 가는 공법이다.

① 하프 PC합성바닥판공법   ② 역타공법

③ 적층공법   ④ 지하연속벽공법

⑤ 어스앵커공법

28 다음 그림과 같이 옹벽에 토압 10kN이 가해질 때, 이 옹벽이 전도되지 않기 위해 필요한 최소 자중(自重)은?

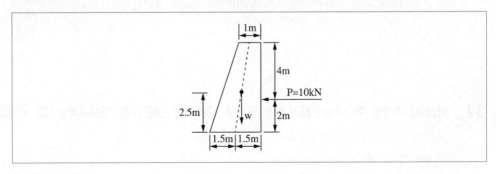

① 약 12.71kN   ② 약 11.71kN

③ 약 10.44kN   ④ 약 9.71kN

⑤ 약 8.44kN

29 압력탱크식 급수설비에서 탱크 내의 최고압력이 350kPa, 흡입양정이 5m인 경우, 압력탱크에 급수하기 위해 사용되는 급수펌프의 양정은?

① 약 3.5m

② 약 8.5m

③ 약 35m

④ 약 40m

⑤ 약 45m

30 피난안전구역(건축물의 피난·안전을 위하여 건축물 중간층에 설치하는 대피공간)의 구조 및 설비에 관한 기준 내용으로 옳지 않은 것은?

① 내부마감재료는 불연재료로 설치할 것

② 피난안전구역의 높이는 2.1m 이상일 것

③ 비상용 승강기는 피난안전구역에서 승하차할 수 있는 구조로 설치할 것

④ 건축물의 내부에서 피난안전구역으로 통하는 계단은 피난계단의 구조로 설치할 것

⑤ 피난안전구역에는 식수공급을 위한 급수전을 1개소 이상 설치하고 예비전원에 의한 조명설비를 설치할 것

31 다음 중 증기난방에 대한 설명으로 옳지 않은 것은?

① 온수난방에 비해 예열시간이 짧다.

② 증기 순환이 빠르고 열의 운반능력이 크다.

③ 온수난방에 비해 한랭지에서 동결의 우려가 적다.

④ 운전 중 증기해머로 인한 소음발생의 우려가 있다.

⑤ 온수난방에 비해 부하변동에 따른 실내방열량 제어가 용이하다.

32 다음 중 주차장 주차단위구획의 최소 크기로 옳지 않은 것은?(단, 평행주차형식은 제외한다)

① 경형 : 너비 2.0m, 길이 3.6m

② 일반형 : 너비 2.5m, 길이 6.0m

③ 확장형 : 너비 2.6m, 길이 5.2m

④ 장애인전용 : 너비 3.3m, 길이 5.0m

⑤ 이륜자동차용 : 너비 1.0m, 길이 2.3m

33 다음 그림과 같은 부정정 라멘의 B.M.D에서 P값을 구하면?

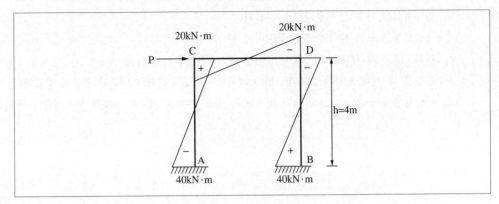

① 20kN   ② 30kN

③ 50kN   ④ 60kN

⑤ 70kN

34 다음 중 공사 착공시점의 인허가항목이 아닌 것은?

① 특정공사 사전신고   ② 가설건축물 축조신고

③ 오수처리시설 설치신고   ④ 비산먼지 발생사업 신고

⑤ 사업장폐기물배출자 신고

35 다음 미장재료 중 기경성 재료로만 구성된 것은?

① 진흙, 회반죽, 돌로마이트 플라스터

② 시멘트, 석회크림, 돌로마이트 플라스터

③ 시멘트 모르타르, 석고 플라스터, 회반죽

④ 석고 플라스터, 돌로마이트 플라스터, 진흙

⑤ 회반죽, 석고 플라스터, 돌로마이트 플라스터

36 다음 중 아파트의 평면형식에 대한 설명으로 옳지 않은 것은?

① 입체형식은 단층형, 복층형으로 분류된다.

② 중복도형은 모든 세대의 향을 동일하게 할 수 없다.

③ 편복도형은 각 세대의 거주성이 균일한 배치 구성이 가능하다.

④ 홀형은 각 세대가 양쪽으로 개구부를 계획할 수 있는 관계로 일조와 통풍이 양호하다.

⑤ 집중형은 공용 부분이 오픈되어 있으므로, 공용 부분에 별도의 기계적 설비계획이 필요 없다.

37 다음 중 파이프구조에 대한 설명으로 옳지 않은 것은?

① 접합부의 절단가공이 어렵다.

② 파이프구조는 경량이며, 외관이 경쾌하다.

③ 형강에 비해 경량이며, 공사비가 저렴하다.

④ 파이프의 부재형상이 복잡하여 공사비가 증대된다.

⑤ 파이프구조는 대규모의 공장, 창고, 체육관, 동·식물원 등에 이용된다.

38 강도설계법에 의해서 전단보강 철근을 사용하지 않고 계수하중에 의한 전단력 $V_u = 50\text{kN}$을 지지하기 위한 직사각형 단면보의 최소 유효깊이 d는?(단, 보통중량콘크리트를 사용하고, $f_{ck} = 28\text{MPa}$, $b_w = 300\text{mm}$이다)

① 약 405mm   ② 약 444mm

③ 약 504mm   ④ 약 605mm

⑤ 약 648mm

39 다음 중 도시가스 배관 시공에 대한 설명으로 옳지 않은 것은?

① 건물 내에서는 반드시 은폐배관으로 한다.

② 배관 도중에 신축 흡수를 위한 이음을 한다.

③ 건물의 주요 구조부를 관통하지 않도록 한다.

④ 가스 사용시설의 지상배관은 황색으로 도색한다.

⑤ 건물의 규모가 크고 배관 연장이 길 경우는 계통을 나누어 배대한다.

40 다음 중 건축법령상 공사감리자가 수행하여야 하는 감리업무로 옳지 않은 것은?

① 공정표의 작성

② 상세시공도면의 검토·확인

③ 공사현장에서의 안전관리의 지도

④ 설계변경의 적정여부의 검토·확인

⑤ 시공계획 및 공사관리 적정여부 확인

41 다음 중 사무소 건축에서 기둥간격(Span)의 결정 요소로 옳지 않은 것은?

① 건물의 외관　　　　　　② 주차배치의 단위

③ 책상배치의 단위　　　　④ 구조상 스팬의 한도

⑤ 채광상 층고에 의한 안깊이

42 다음 중 바닥판과 보밑 거푸집 설계 시 고려해야 하는 하중으로 옳은 것은?

① 작업하중, 풍하중

② 충격하중, 풍하중

③ 고정하중, 풍하중

④ 굳지 않은 콘크리트 중량, 측압

⑤ 굳지 않은 콘크리트 중량, 충격하중

43 다음 중 H형강의 플랜지에 커버플레이트를 붙이는 주된 목적으로 옳은 것은?

① 휨내력의 보강을 위하여

② 슬래브와의 전단접합을 위하여

③ 웨브플레이트의 전단내력 보강을 위하여

④ 수평부재 간 접합 시 틈새를 메우기 위하여

⑤ 강판 사이의 각도를 유지하는 강도를 높이기 위하여

44 다음 중 약전설비(소세력 전기설비)에 속하지 않는 것은?

① 조명설비   ② 전기음향설비

③ 감시제어설비   ④ 주차관제설비

⑤ 정보통신설비

45 층수가 12층이고 6층 이상의 거실면적의 합계가 12,000m^{2}인 교육연구시설에 설치하여야 하는 8인승 승용승강기의 최소 대수는?

① 2대　　　　　　　　　　　② 3대
③ 4대　　　　　　　　　　　④ 5대
⑤ 6대

46 다음 중 종합병원의 건축계획에 대한 설명으로 옳지 않은 것은?

① 부속진료부는 외래환자 및 입원환자 모두가 이용하는 곳이다.
② 간호사 대기소는 각 간호단위 또는 각층 및 동별로 설치한다.
③ 병실 천장은 조도가 낮고 반사율이 낮은 마감재료를 사용한다.
④ 집중식 병원건축에서 부속진료부와 외래부는 주로 건물의 저층부에 구성된다.
⑤ 외래진료부의 운영방식에 있어서 미국의 경우는 대개 클로즈드 시스템인데 비하여, 우리나라는 오픈 시스템이다.

47 다음 중 볼류트 펌프의 토출구를 지나는 유체의 유속이 2.5m/s이고 유량이 1m^3/min일 때, 토출구의 구경은?

① 약 75mm　　　　　　　　　② 약 82mm
③ 약 92mm　　　　　　　　　④ 약 105mm
⑤ 약 107mm

48 다음은 대지와 도로의 관계에 대한 기준 내용이다. 빈칸 ㉠과 ㉡에 들어갈 내용을 바르게 짝지은 것은?(단, 축사, 작물 재배사, 그 밖에 이와 비슷한 건축물로서 건축조례로 정하는 규모의 건축물은 제외한다)

> 연면적의 합계가 2,000m²(공장인 경우에는 3,000m²) 이상인 건축물의 대지는 너비 ___㉠___ 이상의 도로에 ___㉡___ 이상 접하여야 한다.

	㉠	㉡
①	2m	4m
②	4m	2m
③	4m	6m
④	6m	4m
⑤	6m	6m

49 다음 중 목재를 천연건조 시킬 때의 장점에 해당되지 않는 것은?

① 건조 소요시간이 짧은 편이다.
② 비교적 균일한 건조가 가능하다.
③ 그늘에서 자연적으로 건조시킨다.
④ 시설투자 비용 및 작업 비용이 적다.
⑤ 타 건조방식에 비해 건조에 의한 결함이 비교적 적은 편이다.

50 다음 중 콘크리트 블록벽체 5m²를 쌓는 데 소요되는 콘크리트 블록 수는?(단, 블록은 기본형이며, 할증은 고려하지 않는다)

① 26매   ② 30매
③ 34매   ④ 38매
⑤ 40매

01 다음 중 상온에서 소성변형을 일으킨 후에 열을 가하면 원래의 모양으로 돌아가는 성질을 가진 재료는?

① 비금속
② 내열금속
③ 비정질합금
④ 초소성 재료
⑤ 형상기억합금

02 다음 중 구름 베어링과 미끄럼 베어링을 비교한 내용으로 옳지 않은 것은?

① 구름 베어링은 미끄럼 베어링에 비해 가격이 비싸다.
② 구름 베어링은 미끄럼 베어링에 비해 기동토크가 적다.
③ 구름 베어링은 미끄럼 베어링과는 달리 호환성이 높다.
④ 구름 베어링은 미끄럼 베어링과는 달리 소음이 발생할 수 있다.
⑤ 구름 베어링은 미끄럼 베어링과 마찬가지로 윤활 장치가 필요하다.

03 어떤 평면연삭용 숫돌이 'WA60J1V $255 \times 25 \times 50.8$'일 때, 'J'가 의미하는 것은?

① 밀도
② 숫돌입자의 종류
③ 숫돌입자의 밀도
④ 숫돌입자의 결합강도
⑤ 숫돌입자의 구멍지름

04 다음 중 공작물의 회전운동에 의하여 절삭이 이루어지는 공작기계는?

① 선반   ② 슬로터

③ 프레스   ④ 플레이너

⑤ 드릴링 머신

05 다음 중 탄성계수 E, 전단탄성계수 G, 푸아송 비 ν, 사이의 관계식으로 옳은 것은?

① $G = \dfrac{E}{1+2\nu}$ ② $G = \dfrac{3E}{2(1+\nu)}$

③ $G = \dfrac{2E}{1+\nu}$ ④ $G = \dfrac{E}{2(1+\nu)}$

⑤ $G = \dfrac{2(1+\nu)}{E}$

06 다음 중 구조용 강의 인장시험에 의한 공칭응력 – 변형률선도(Stress–Strain Diagram)에 대한 설명으로 옳지 않은 것은?

① 극한응력(Ultimated Stress)은 선도상에서의 최대응력이다.

② 비례한도(Proportional Limit)까지는 응력과 변형률이 정비례의 관계를 유지한다.

③ 항복점(Yield Point)에서는 하중이 증가하더라도 시험편의 변형이 일어나지 않는다.

④ 네킹구간(Necking)은 극한 강도를 지나면서 재료의 단면이 줄어들어 길게 늘어나는 구간이다.

⑤ 탄성한도(Elastic Limit)에 이를 때까지는 하중을 제거하면, 시험편이 최초의 변형이 없는 상태로 돌아간다.

07 압력용기 내의 게이지압력이 30kPa로 측정되었다. 대기압력이 100kPa일 때 압력용기 내의 절대 압력은?

① 30kPa
② 65kPa
③ 70kPa
④ 100kPa
⑤ 130kPa

08 폭 30cm, 높이 10cm, 길이 1.5m의 외팔보의 자유단에 8kN의 집중하중을 작용시킬 때의 최대 처짐은?(단, 탄성계수 E = 200GPa이다)

① 2.5mm
② 2.0mm
③ 1.8mm
④ 1.5mm
⑤ 1.2mm

09 다음 중 주조성이 좋은 주철을 용해하여 열처리를 함으로써 견인성을 높인 주철은?

① 합금주철
② 구상흑연주철
③ 칠드주철
④ 가단주철
⑤ 백주철

10 다음 중 재료의 원래 성질을 유지하면서 내마멸성을 강화시키는 목적으로 옳은 열처리 공정은?

① 풀림(Annealing)
② 뜨임(Tempering)
③ 담금질(Quenching)
④ 고주파 경화법(Induction Hardening)
⑤ 피닝(Peening)

11 다음 중 스테인리스강에 대한 설명으로 옳지 않은 것은?

① 12 ~ 18%의 Cr을 함유한 내식성이 아주 강한 강이다.

② 스테인리스강에서 탄소량이 많을수록 내식성이 향상된다.

③ 스테인리스강은 뛰어난 내식성과 높은 인장강도의 특성을 갖는다.

④ 스테인리스강은 산소와 접하면 얇고 단단한 크롬산화막을 형성한다.

⑤ 오스테나이트계 스테인리스강은 주로 크롬, 니켈이 철과 합금된 것으로 연성이 크다.

12 다음 경도 시험의 종류와 경도 시험의 명칭을 바르게 짝지은 것은?

(가) 원뿔형 다이아몬드 및 강구를 누르는 방법
(나) 낙하시킨 추의 반발높이를 이용
(다) 구형 누르개를 일정한 시험하중으로 압입

ㄱ. 쇼어 경도(H_S)
ㄴ. 브리넬 경도(H_B)
ㄷ. 로크웰 경도(H_R)

	(가)	(나)	(다)
①	ㄱ	ㄴ	ㄷ
②	ㄴ	ㄱ	ㄷ
③	ㄴ	ㄷ	ㄱ
④	ㄷ	ㄱ	ㄴ
⑤	ㄷ	ㄴ	ㄱ

13 다음 중 금속과 결정 구조가 바르게 연결된 것은?

① 알루미늄(Al) – 체심입방격자
② 금(Au) – 조밀육방격자
③ 크롬(Cr) – 체심입방격자
④ 마그네슘(Mg) – 면심입방격자
⑤ 구리(Cu) – 조밀율방격자

14 다음 중 스텔라이트 합금의 성분으로 옳은 것은?

① Al, Mn, Cu, Mg

② Co, Cr, W, Ni

③ Al, Ni, Cu, Mg

④ Fe, C, Cr, Ni,

⑤ Cu, Sn, Zn, Pb

15 다음 중 심냉처리의 목적으로 옳은 것은?

① 자경강에 인성을 부여하기 위함

② 항온 담금질하여 베이나이트 조직을 얻기 위함

③ 급열, 급냉 시 온도 이력현상을 관찰하기 위함

④ 담금질 후 일정한 시간동안 온도를 유지하기 위함

⑤ 담금질 후 시효변형을 방지하기 위해 잔류 오스테나이트를 마텐자이트 조직으로 얻기 위함

16 다음 중 탄소강 중의 펄라이트(Pearlite)조직은 어떤 것인가?

① α고용체$+\gamma$고용체 혼합물

② γ고용체$+\alpha$고용체 혼합물

③ α고용체$+Fe_3C$ 혼합물

④ γ고용체$+Fe_3C$ 혼합물

⑤ δ고용체$+\alpha$고용체 혼합물

17 다음 중 베어링 메탈이 갖추어야 할 조건으로 옳지 않은 것은?

① 내식성이 클 것

② 압축강도가 클 것

③ 열전도율이 높을 것

④ 유막 형성이 용이할 것

⑤ 베어링에 흡입된 먼지 등이 흡착되지 않을 것

18 다음 중 윤활유의 구비조건으로 옳지 않은 것은?

① 온도에 따른 점도 변화가 적을 것

② 내열, 내압성이면서 가격이 저렴할 것

③ 발생열을 방출하여 열전도율이 낮을 것

④ 인화점이 높고 발열이나 화염에 인화되지 않을 것

⑤ 사용 중에 변질되지 않으며 불순물이 잘 혼합되지 않을 것

19 다음 중 사출성형품의 불량원인과 대책에 대한 설명으로 옳지 않은 것은?

① 플래싱(Flashing) : 고분자 수지가 금형의 분리면(Parting Line)의 틈으로 흘러나와 고화 또는 경화된 것으로, 금형 자체의 체결력을 높임으로써 해결될 수 있다.

② 주입부족(Short Shot) : 용융수지가 금형공동을 완전히 채우기 전에 고화되어 발생하는 결함으로, 성형 압력을 높임으로써 해결될 수 있다.

③ 수축(Shrinkage) : 수지가 금형공동에서 냉각되는 동안 발생하는 수축에 의한 치수 및 형상 변화로, 성형수지의 온도를 낮춰 해결될 수 있다.

④ 용접선(Weld Line) : 용융수지가 금형공동의 코어 등의 주위를 흐르면서 반대편에서 서로 만나는 경계 부분의 기계적 성질이 떨어지는 결함으로, 게이트의 위치변경 등으로 개선할 수 있다.

⑤ 번 마크(Burn Mark) : 과도하게 가열된 수지의 유입으로 성형품의 표면에 탄 모양이 생긴 결함으로, 용융 수지 및 금형의 온도를 낮춰 개선할 수 있다.

20 다음 중 선반 가공 작업에서 공구의 절삭속도에 대한 설명으로 옳은 것은?

① 절삭속도가 느리면 전단형 칩이 생성된다.

② 절삭속도가 빠를수록 절삭저항력은 증가한다.

③ 절삭속도가 빠르면 표면 거칠기는 거칠어진다.

④ 공작물의 재질에 따라 적절한 절삭속도가 있다.

⑤ 절삭속도는 절삭 공구가 공작물을 통과하여 이동하는 속도이다.

21 다음 중 제품과 같은 모양의 모형을 양초나 합성수지로 만든 후 내화재료로 도포하여 가열경화시키는 주조방법은?

① 셸몰드법　　　　　　　　　　② 인베스트먼트주조법
③ 원심주조법　　　　　　　　　　④ 다이캐스팅
⑤ 풀몰드법

22 다음 중 유동형 칩(Flow Type Chip)에 대한 설명으로 옳은 것은?

① 절삭할 때 진동을 동반한다.
② 점성이 큰 재료를 절삭할 때 발생한다.
③ 바이트 경사면에 따라 흐르듯이 연속적으로 발생한다.
④ 바이트가 충격에 의해 결손을 일으켜 불량한 절삭 상태이다.
⑤ 미끄럼 면에 간격이 조금 크게 된 상태에서 발생하는 칩이다.

23 다음 중 불활성가스 아크용접에 대한 설명으로 옳지 않은 것은?

① 산화와 질화를 방지할 수 있다.
② 용제를 사용하여 균일한 용접을 할 수 있다.
③ 철금속뿐만 아니라 비철금속용접이 가능하다.
④ 용접 가능한 판의 두께 범위가 크며, 용접능률이 높다.
⑤ 청정작용이 있고 슬래그나 잔류 용제를 제거할 필요가 없다.

24 다음 중 웜기어에 대한 설명으로 옳은 것을 〈보기〉에서 모두 고르면?

> **보기**
> ㄱ. 역전 방지를 할 수 없다.
> ㄴ. 웜에 축방향 하중이 생긴다.
> ㄷ. 부하용량이 크다.
> ㄹ. 진입각(Lead Angle)의 증가에 따라 효율이 증가한다.

① ㄱ, ㄷ　　　　　　　　　　② ㄴ, ㄷ
③ ㄴ, ㄹ　　　　　　　　　　④ ㄱ, ㄴ, ㄹ
⑤ ㄴ, ㄷ, ㄹ

25 다음 설명에 해당하는 기계요소는?

> - 원동절의 회전운동이나 직선운동을 종동절의 왕복 직선운동이나 왕복 각운동으로 변환한다.
> - 내연기관의 밸브개폐 기구에 이용된다.

① 마찰차   ② 캠
③ 체인과 스프로킷 휠   ④ 벨트와 풀리
⑤ 랙과 피니언

26 다음 중 $\phi 45\,\text{H7}\left(\phi 45_{0}^{+0.024}\right)$인 구멍에 $\phi 45\,\text{k6}\left(\phi 45_{+0.003}^{+0.017}\right)$인 축을 끼워 맞춤할 때, 최대 틈새와 최대 죔새로 옳은 것은?

	최대 틈새	최대 죔새
①	0.021	0.017
②	0.017	0.007
③	0.014	0.007
④	0.021	0.014
⑤	0.017	0.014

27 배관 내 순간적으로 압력차가 발생하여 충격압을 만들어 음을 발하며 진동하는 현상은?

① 서징현상   ② 공동현상
③ 수격현상   ④ 진동현상
⑤ 과열현상

28 다음 중 V벨트의 특징으로 옳은 것은?

① 평벨트보다는 잘 벗겨진다.
② 고속운전에는 적합하지 않다.
③ 미끄럼이 작고 속도비가 크다.
④ 효율이 크지만 구조가 복잡하다.
⑤ 접촉 면적이 작아서 큰 동력 전달에는 불리하다.

29 다음 중 인벌루트 치형과 사이클로이드 치형의 공통점으로 옳은 것은?

① 마모가 잘 잘된다.
② 전위기어를 사용할 수 있다.
③ 두 이의 접촉점에서 공통법선방향의 속도는 같다.
④ 미끄럼률은 이끝면과 이뿌리면에서 각각 일정하다.
⑤ 원주피치와 구름원의 크기가 같아야 호환성이 있다.

30 다음 중 표면거칠기에 대한 설명으로 옳지 않은 것은?

① 표면거칠기값의 최대높이는 R_y로 표시한다.
② R_{max}, R_a, R_z의 표면거칠기 표시 중에서 R_a값이 가장 크다.
③ 표면거칠기 검사법으로는 접촉식과 비접촉식 방법 모두 사용된다.
④ 표면거칠기에 대한 의도를 제조자에게 전달하는 경우 삼각기호를 일반적으로 사용한다.
⑤ 표면거칠기는 공작물표면의 임의위치의 기준길이 내에서 채취한 데이터로부터 평가한다.

31 다음 중 배관에서 역류를 방지하고 압력을 통해 자동으로 작동하는 밸브는?

① 셔틀 밸브(Shuttle Valve)　　　　② 로터리 밸브(Rotary Valve)
③ 스풀 밸브(Spool Valve)　　　　　④ 체크 밸브(Check Valve)
⑤ 스톱 밸브(Stop Valve)

32 다음 중 유압 회로 내의 압력이 설정 압을 넘으면 유압에 의하여 막이 파열되어 유압유를 탱크로 귀환시키며 압력 상승을 막아 기기를 보호하는 역할을 하는 유압요소는?

① 압력 스위치　　　　② 감압 밸브
③ 유체 퓨즈　　　　　④ 포핏 밸브
⑤ 카운터 밸런스 밸브

33 다음 중 원심 펌프에 대한 설명으로 옳지 않은 것은?

① 용량이 작고 양정이 높은 곳에 적합하다.
② 펌프의 회전수를 높임으로서 캐비테이션을 방지할 수 있다.
③ 평형공(Balance Hole)을 이용하여 축추력을 방지할 수 있다.
④ 송출량 및 압력이 주기적으로 변화하는 현상을 서징현상이라 한다.
⑤ 비속도를 성능이나 적합한 회전수를 결정하는 지표로 사용할 수 있다.

34 다음 중 펌프의 캐비테이션(Cavitation) 현상의 방지 대책으로 옳지 않은 것은?

① 수온을 높인다.
② 흡입관 직경을 크게 설정한다.
③ 임펠러 속도를 낮게 설정한다.
④ 흡입 측 배관의 길이를 줄인다.
⑤ 펌프를 수원보다 낮은 곳에 설치한다.

35 다음 중 유압기기 중 작동유가 가지고 있는 에너지를 잠시 저축했다가 사용하며, 이것을 이용하여 갑작스러운 충격에 대한 완충작용도 할 수 있는 것은?

① 축압기   ② 유체 커플링
③ 스테이터   ④ 토크 컨버터
⑤ 임펠러

36 펌프의 송출유량이 Q, 양정이 H, 액체의 밀도가 $1,000\text{kg/m}^3$일 때 펌프의 이론동력 L을 구하는 식으로 옳은 것은?(단, 중력가속도는 9.8m/s^2이고 이론동력 L의 단위는 kW이다)

① $L=9,800\,QH$ ② $L=980\,QH$
③ $L=98\,QH$ ④ $L=9.8\,QH$
⑤ $L=0.98\,QH$

37 표준대기압에서 비중이 0.9인 기름의 압력을 액주계로 잰 결과가 그림과 같을 때 A점의 계기압력은 몇 kPa인가?

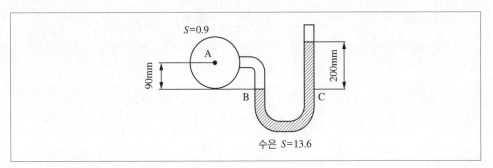

① 약 25.86kPa
② 약 32.45kPa
③ 약 41.15kPa
④ 약 62.48kPa
⑤ 약 75.36kPa

38 지름이 70mm인 소방노즐에서 물제트가 50m/s의 속도로 건물 벽에 수직으로 충돌할 때, 벽이 받는 힘의 크기는 몇 kN인가?(단, 물의 밀도는 1,000kg/m³이다)

① 약 7.4kN
② 약 8.5kN
③ 약 9.6kN
④ 약 10.7kN
⑤ 약 11.8kN

39 다음 중 표준대기압의 값으로 옳지 않은 것은?

① 10.33mAq
② 1,013hPa
③ 760cmHg
④ 14.7psi
⑤ 1,013bar

40 다음 중 동력의 단위가 아닌 것은?

① J/s   ② HP

③ kcal   ④ W

⑤ $kg \cdot m^2/s^3$

41 다음 중 유압 작동유의 점도가 높을 때 발생할 수 있는 현상으로 옳지 않은 것은?

① 온도가 상승한다

② 더 빨리 마모된다.

③ 동력손실이 커진다.

④ 공동현상이 발생한다.

⑤ 내부 마찰력이 커진다.

42 역카르노사이클로 작동하는 냉동기의 증발기 온도가 250K, 응축기 온도가 350K일 때 냉동사이클의 성적계수는 얼마인가?

① 0.25   ② 0.4

③ 2.5   ④ 3.5

⑤ 4.5

43 직경이 50cm인 어떤 관에 동점성계수가 $5cm^2/s$인 기름이 층류로 흐를 때, 기름의 유속은?(단, 관마찰계수는 0.04이다)

① 1.2m/s   ② 1.4m/s

③ 1.6m/s   ④ 1.8m/s

⑤ 2m/s

44 다음 중 브레이턴 사이클(Brayton Cycle)에 대한 설명으로 옳은 것은?

① 열기관 사이클 중 가장 이상적인 사이클이다.

② 고온열원·저온열원·압축기 및 터빈으로 구성되는 기체의 표준사이클이다.

③ 고속 디젤기관의 기본 사이클로, 정압 사이클과 정적 사이클이 복합된 사이클이다.

④ 2개의 단열변화와 2개의 등압변화로 구성되는 사이클 중 작동유체가 증기와 액체의 상변화를 수반하는 것을 말한다.

⑤ 가솔린 기관의 열효율과 출력을 생각할 때 기본이 되는 사이클로, 단열, 압축, 폭발, 단열 팽창, 배기 행정으로 구성되어 있다.

45 다음 중 4행정 사이클 기관과 비교한 2행정 사이클 기관의 특징으로 옳지 않은 것은?

① 윤활유 소비량이 많다.

② 크랭크축 1회전 시 1회 폭발한다.

③ 밸브기구가 필요하며 구조가 복잡하다.

④ 배기량이 같은 경우 큰 동력을 얻을 수 있다.

⑤ 혼합 기체가 많이 손실되며 효율이 떨어진다.

46 다음 중 증기압축식 냉동기에서 냉매가 움직이는 경로를 바르게 나열한 것은?

① 압축기 → 응축기 → 팽창밸브 → 증발기 → 압축기

② 압축기 → 팽창밸브 → 증발기 → 응축기 → 압축기

③ 압축기 → 증발기 → 팽창밸브 → 응축기 → 압축기

④ 압축기 → 응축기 → 증발기 → 팽창밸브 → 압축기

⑤ 압축기 → 증발기 → 응축기 → 팽창밸브 → 압축기

47 카르노사이클로 작동되는 열기관이 400kJ의 열을 300℃에서 공급받아 50℃에서 방출한다면 이 기관의 일은 몇 kJ인가?

① 약 85.5kJ

② 약 123.4kJ

③ 약 152.8kJ

④ 약 174.5kJ

⑤ 약 181.2kJ

48 압력 50kPa, 온도 25℃인 일정량의 이상기체가 있다. 부피를 일정하게 유지하면서 압력이 처음의 1.5배가 되었을 때, 기체의 온도는 몇 ℃인가?

① 약 37.5℃

② 약 78.8℃

③ 약 122.3℃

④ 약 157.2℃

⑤ 약 174.1℃

49 다음 중 오토사이클의 T-S 선도에서 열효율을 나타낸 것은?

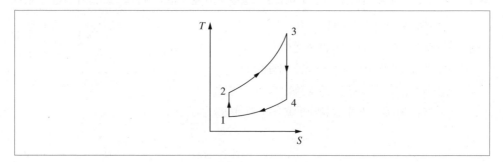

① $1 - \dfrac{T_1}{T_2}$

② $1 - \dfrac{T_1}{T_3}$

③ $1 - \dfrac{T_4 - T_1}{T_3 - T_2}$

④ $1 - \dfrac{T_2 - T_1}{T_3 - T_4}$

⑤ $1 - \dfrac{T_3 - T4}{T_2 - T_1}$

50 이상적인 역 카르노 냉동사이클에서 응축온도가 330K, 증발온도가 270K일 때, 성능계수는?

① 2.7

② 3.3

③ 4.5

④ 5.4

⑤ 6.3

04 | 전기
적중예상문제

정답 및 해설 p.131

01 그림과 같은 회로에서 2Ω에 흐르는 전류의 세기는?

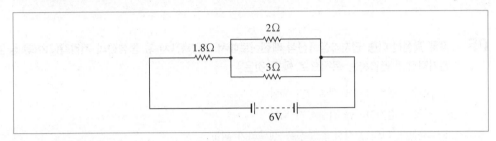

① 0.8A
② 1.2A
③ 1.8A
④ 2A
⑤ 3A

02 어떤 커패시터에 가하는 전압을 2배로 늘릴 때 커패시터 용량의 변화는?(단, 전하량은 변하지 않는다)

① 4배 감소한다.
② 2배 감소한다.
③ 변하지 않는다.
④ 2배 증가한다.
⑤ 4배 증가한다.

03 기전력이 1.5V, 내부 저항이 3Ω인 전지 3개를 같은 극끼리 병렬로 연결하고, 어떤 부하저항을 연결하였더니 부하에 0.5A의 전류가 흘렀다. 부하저항의 값을 두 배로 높였을 때, 부하에 흐르는 전류는?

① 0.3A
② 0.35A
③ 0.4A
④ 0.45A
⑤ 0.5A

04 다음 중 3상 3선식 배전선로에서 대지정전용량이 C_s, 선간정전용량이 C_m일 때, 작용정전용량은?

① $2C_s + C_m$
② $C_s + 2C_m$
③ $2C_s + C_m$
④ $C_s + 3C_m$
⑤ $3C_s + 3C_m$

05 공통 중성선 다중 접지 3상 4선식 배전선로에서 고압측(1차측) 중성선과 저압측(2차측) 중성선을 전기적으로 연결하는 목적으로 옳은 것은?

① 저압측 단락사고를 검출하기 위함
② 저압측 접지사고를 검출하기 위함
③ 주상변압기의 중성선측 부싱을 생략하기 위함
④ 고압측 단락사고 시 고장전류를 검출하기 위함
⑤ 고전압 혼촉 시 수용가에 침입하는 상승전압을 억제하기 위함

06 권수가 N회, 단면적이 S, 길이가 l인 환상 코일에 I만큼의 전류가 흐를 때, 인덕턴스는 L이다. 권수를 절반으로 줄였을 때, 인덕턴스의 변화가 없도록 단면적, 길이, 전류의 세기를 조절한다면 어떻게 조절해야 하는가?

① 단면적, 전류의 세기를 유지하고 길이를 2배로 한다.
② 단면적, 전류의 세기를 유지하고 길이를 4배로 한다.
③ 길이, 전류의 세기를 유지하고 단면적을 2배로 한다.
④ 길이, 전류의 세기를 유지하고 단면적을 4배로 한다.
⑤ 길이, 단면적을 유지하고 전류의 세기를 2배로 한다.

07 직선 전류가 흐르는 무한히 긴 도체에서 80cm 떨어진 점의 자기장의 세기가 20AT/m일 때, 도체에 흐른 전류는 몇 A인가?

① $2\pi A$
② $4\pi A$
③ $8\pi A$
④ $16\pi A$
⑤ $32\pi A$

08 다음 중 역률 개선의 효과로 옳지 않은 것은?

① 절연비용 감소   ② 전압강하 감소

③ 전력손실 경감   ④ 전력계통 안정

⑤ 설비용량 여유 증가

09 권수 300회의 코일에 6A의 전류가 흘러서 0.05Wb의 자속이 코일을 지날 때, 이 코일의 자체 인덕턴스는 몇 H인가?

① 0.25H   ② 0.35H

③ 2.5H   ④ 3.5H

⑤ 4.5H

10 인덕턴스가 100mH인 코일에 전류가 0.5초 사이에 10A에서 20A로 변할 때, 이 코일에 유도되는 평균기전력과 자속의 변화량은?

	평균기전력	자속의 변화량
①	1V	0.5Wb
②	1V	1Wb
③	2V	0.5Wb
④	2V	1Wb
⑤	3V	2Wb

11 다음 중 가공전선의 구비조건으로 옳지 않은 것은?

① 도전율이 클 것   ② 비중이 클 것

③ 기계적 강도가 클 것   ④ 부식성이 작을 것

⑤ 가선공사가 용이할 것

12 직경이 3.2mm인 경동연선의 소선 총 가닥수가 37가닥일 때, 연선의 바깥지름은?

① 12.4mm
② 14.6mm
③ 18.7mm
④ 22.4mm
⑤ 25.5mm

13 다음 중 유도장해를 경감시키기 위한 통신선측의 대책으로 옳지 않은 것은?

① 차폐선을 설치한다.
② 충분한 연가를 한다.
③ 절연변압기를 사용한다.
④ 이격거리를 크게 설정한다.
⑤ 소호리액터 접지방식을 채용한다.

14 다음 중 전자기학에서 발생하는 효과에 대한 설명으로 옳은 것을 〈보기〉에서 모두 고르면?

> **보기**
>
> ㄱ. 제벡 효과는 재질이 서로 다른 두 금속을 맞대어 폐회로를 만들고 같은 온도를 유지하면 기전력이 발생하는 효과이다.
> ㄴ. 펠티에 효과는 재질이 서로 다른 두 금속을 맞대고 전류를 흘려보내면 한 금속은 발열, 다른 금속은 흡열을 하는 효과이다.
> ㄷ. 톰슨 효과는 한 금속의 양 끝에 온도차를 주고 전류를 흘려보내면 발열 또는 흡열을 하는 효과이다.
> ㄹ. 핀치 효과는 도선에 전류가 흐를 때, 전류가 도선의 바깥쪽으로 집중되어 흐르는 효과이다.

① ㄱ, ㄴ
② ㄱ, ㄷ
③ ㄴ, ㄷ
④ ㄴ, ㄹ
⑤ ㄷ, ㄹ

15. 전압과 역률이 일정할 때, 전력을 몇 % 증가시키면 전력손실이 3배로 되는가?

① 약 33%

② 약 43%

③ 약 53%

④ 약 63%

⑤ 약 73%

16. 다음 중 직류 송전 방식의 장점으로 옳지 않은 것은?

① 도체이용률이 좋다.

② 회전자계를 쉽게 얻을 수 있다.

③ 안정도가 좋으므로 송전 용량을 높일 수 있다.

④ 기기 및 선로의 절연에 요하는 비용이 절감된다.

⑤ 리액턴스가 없으므로, 리액턴스에 의한 전압강하가 없다.

17. 역률 0.8인 부하 640kW를 공급하는 변전소에 전력용 콘덴서 200kVA을 설치하면 역률은 몇 %로 개선할 수 있는가?

① 90%

② 91%

③ 92%

④ 93%

⑤ 94%

18. 다음 중 발전기의 정태안정 극한전력에 대한 설명으로 옳은 것은?

① 부하가 일정할 때의 극한전력이다.

② 부하에 사고가 났을 때의 극한전력이다.

③ 부하가 서서히 증가할 때의 극한전력이다.

④ 부하가 급격히 감소할 때의 극한전력이다.

⑤ 부하가 갑자기 크게 증가할 때의 극한전력이다.

19 역률 0.8, 출력 300kW인 3상 평형유도부하가 3상 배전선로에 접속되어 있다. 부하단의 수전전압이 6,000V, 배전선 1조의 저항 및 리엑턴스가 각각 5Ω, 4Ω이라고 하면 송전단 전압은 몇 V인가?

① 6,100V　　　　　　　　　　② 6,200V
③ 6,300V　　　　　　　　　　④ 6,400V
⑤ 6,500V

20 다음 중 수전용 변전설비의 1차측 차단기의 용량은 주로 어느 것에 의하여 정해지는가?

① 수전 계약용량　　　　　　　② 수전전력의 역률
③ 부하설비의 용량　　　　　　④ 수전전력의 부하율
⑤ 공급측 전원의 단락용량

21 정격 출력 5kW, 정격 전압 100V의 직류 분권전동기를 전기 동력계를 사용하여 시험하였더니 전기 동력계의 저울이 5kg을 지시했을 때, 전동기의 출력은 약 얼마인가?(단, 동력계의 암의 길이는 0.6m이고 전동기의 회전수는 1,500rpm으로 한다)

① 약 3.69kW　　　　　　　　② 약 3.81kW
③ 약 4.62kW　　　　　　　　④ 약 4.87kW
⑤ 약 4.92kW

22 다음 중 직류기에서 전기자 반작용을 방지하기 위한 보상권선의 전류 방향은?

① 계자 전류의 방향과 같다.
② 정류자 전류 방향과 같다.
③ 전기자 전류 방향과 같다.
④ 전기자 전류 방향과 반대이다.
⑤ 계자 전류의 방향과 반대이다.

23 다음 중 3상 유도전동기를 급속 정지할 때, 사용하는 제동방식은 무엇인가?

① 단상제동
② 회생제동
③ 발전제동
④ 저항제동
⑤ 역상제동

24 다음 동기기 손실 중 무부하손(No Load Loss)이 아닌 것은?

① 풍손
② 와류손
③ 전기자 동손
④ 베어링 마찰손
⑤ 히스테리시스손

25 다음 중 보호계전기의 구비조건으로 옳지 않은 것은?

① 신뢰도가 높고 오작동이 없어야 한다.
② 주변 환경에 따라 유동적으로 작동해야 한다.
③ 주어진 조건에 도달할 경우 신속하게 작동해야 한다.
④ 열적, 기계적으로 견고하며 후비보호능력을 갖춰야 한다.
④ 고장 시 신속한 선택차단 및 복구로 정전 구간을 최소화할 수 있어야 한다.

26 변압기의 2차측 부하 임피던스 Z가 20Ω 일 때 1차측에서 $18\text{k}\Omega$ 이 되었다면 이 변압기의 권수비는 얼마인가?(단, 변압기의 임피던스는 무시한다)

① 3
② 30
③ $\dfrac{1}{3}$
④ $\dfrac{1}{30}$
⑤ $\dfrac{1}{300}$

27 다음 단상 유도 전동기의 기동방법 중 기동토크가 가장 큰 것은?

① 반발 기동형
② 분상 기동형
③ 반발 유도형
④ 콘덴서 기동형
⑤ 셰이딩 코일형

28 4극, 60Hz의 유도 전동기가 슬립 5%로 전부하 운전하고 있다. 2차 권선의 손실이 94.25W라고 할 때, 토크의 크기는?

① 약 1.02N·m
② 약 2.04N·m
③ 약 10N·m
④ 약 20N·m
⑤ 약 30N·m

29 다음 중 상전압 300V의 3상 반파 정류 회로의 직류 전압은 약 몇 V인가?

① 약 420V
② 약 351V
③ 약 330V
④ 약 271V
⑤ 약 250V

30 $e = \sqrt{2}\,\mathrm{V}\sin\theta\,\mathrm{V}$의 단상 전압을 SCR 한 개로 반파 정류하여 부하에 전력을 공급하는 경우, $\alpha = 60°$에서 점호하면 직류분의 전압은?

① 0.338V
② 0.395V
③ 0.672V
④ 0.785V
④ 0.826V

31 가공전선로의 경간 200m, 전선의 자체무게 20N/m, 인장하중 50,000N, 안전율 2.5인 경우, 전선의 이도는?

① 3m

② 3.5m

③ 4m

④ 4.5m

⑤ 5m

32 변전소에서 비접지 선로의 접지 보호용으로 사용되는 계전기에 영상전류를 공급하는 계전기는?

① PT

② COS

③ MOF

④ OCR

⑤ ZCT

33 다음 중 $10\,\Omega$ 의 저항 회로에 $e = 100\sin\left(377t + \dfrac{\pi}{3}\right)$V의 전압을 가했을 때, $t = 0$에서의 순시전류는?

① 5A

② $5\sqrt{3}$ A

③ 10A

④ $10\sqrt{3}$ A

⑤ 15A

34 어떤 공장의 소모전력이 200kW이고 이 부하의 역률이 0.6이다. 역률을 0.9로 개선하기 위한 전력용 콘덴서의 용량은 약 몇 kVA인가?

① 약 165.4kVA　　　　　　　　② 약 169.8kVA

③ 약 173.4kVA　　　　　　　　④ 약 178kVA

⑤ 약 180.4kVA

35 한 상의 임피던스가 $30+j40\,\Omega$ 인 Y결선 평형부하에 선간전압 200V를 인가할 때, 발생되는 무효전력은?

① 580Var　　　　　　　　　　② 640Var

③ 968Var　　　　　　　　　　④ 1,024Var

⑤ 1,246Var

36 다음 중 3상 교류 전력을 나타내는 식으로 옳은 것은?

① $P=\sqrt{2}\times$(상전압)$\times$(상전류)$\times$(역률)

② $P=\sqrt{4}\times$(선간 전압)$\times$(상전류)$\times$(역률)

③ $P=\sqrt{2}\times$(선간 전압)$\times$(상전류)$\times$(역률)

④ $P=\sqrt{3}\times$(상전압)$\times$(선간 전압)$\times$(역률)

⑤ $P=\sqrt{3}\times$(선간 전압)$\times$(선전류)$\times$(역률)

37 다음 중 정전 용량이 $0.1\,\mu F$ 인 콘덴서의 1MHz의 주파수에 대한 용량 리액턴스는?

① 약 $1.59\,\Omega$　　　　　　　　② 약 $2.05\,\Omega$

③ 약 $2.35\,\Omega$　　　　　　　　④ 약 $3.45\,\Omega$

⑤ 약 $5.29\,\Omega$

38 다음 중 과도응답시간 특성에 대한 설명으로 옳지 않은 것은?

① 감쇠비(ζ)가 0인 경우 시스템은 즉시 정지한다.

② 과도응답의 감쇠속도는 시정수의 크기에 영향을 받는다.

③ 0<[감쇠비(ζ)]<1일 때, 진폭이 점차 감소하는 진동을 보인다.

④ 지연시간은 출력값이 처음으로 정상 출력값의 50%에 도달하기까지 걸리는 시간이다.

⑤ 상승시간은 출력값이 정상 출력값의 10%에서 90% 값에 도달하기까지 걸리는 시간이다.

39 다음 회로에 표시된 테브난 등가저항은?

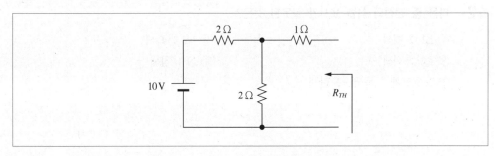

① 0Ω ② 0.5Ω

③ 1Ω ④ 1.5Ω

⑤ 2Ω

40 다음 그림의 회로에서 전압 V_o의 값은 얼마인가?

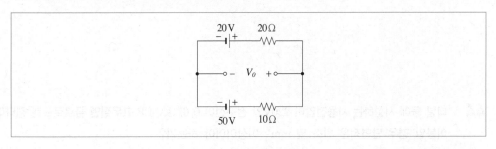

① -60V   ② -40V

③ 40V   ④ 60V

⑤ 80V

41 다음 중 고압에 해당하는 전압 구분은 무엇인가?

① 직류는 750V를, 교류는 600V를 초과하고 9kV 이하인 것

② 직류는 600V를, 교류는 750V를 초과하고 9kV 이하인 것

③ 직류는 500V를, 교류는 450V를 초과하고 9kV 이하인 것

④ 직류는 1,500V를, 교류는 1,000V를 초과하고 7kV 이하인 것

⑤ 직류는 1,000V를, 교류는 1,500V를 초과하고 7kV 이하인 것

42 다음 중 전선의 식별 표시가 잘못된 것은?

① L1 : 백색   ② L2 : 흑색

③ L3 : 회색   ④ N : 청색

⑤ 보호도체 : 녹색 – 노란색

43 다음 중 일반적으로 저압 가공인입선 시설 시 도로를 횡단하여 시설하는 경우 노면상 높이는 몇 m 이상으로 시설해야 하는가?

① 4m   ② 4.5m

③ 5m   ④ 5.5m

⑤ 6m

44 터널 등에 시설하는 사용전압이 220V인 전구선이 0.6/1kV EP 고무절연 클로로프렌 캡타이어케이블일 경우 단면적은 최소 몇 mm^2 이상이어야 하는가?

① $0.5mm^2$ ② $0.75mm^2$

③ $1.25mm^2$ ④ $1.4mm^2$

⑤ $1.6mm^2$

45 다음 글의 빈칸에 들어갈 내용으로 옳은 것은?

> 과전류차단기로 시설하는 퓨즈 중 고압 전로에 사용하는 비포장 퓨즈는 정격전류의 ___㉠___ 배의 전류에 견디고 또한 2배의 전류로 ___㉡___ 분 안에 용단되는 것이어야 한다.

	㉠	㉡
①	1.1	100
②	1.2	100
③	1.25	120
④	1.3	120
⑤	1.5	120

46 154kV용 변성기를 사람이 접촉할 우려가 없도록 시설하는 경우에 충전 부분의 지표상의 높이는 최소 몇 m 이상이어야 하는가?

① 4m
② 5m
③ 6m
④ 8m
⑤ 10m

47 접지극을 매설할 때는 지표면으로부터 지하 몇 m 이상에 매설하여야 하는가?

① 0.5m
② 0.75m
③ 1m
④ 1.25m
⑤ 1.5m

48 다음 중 변전소에서 오접속을 방지하기 위하여 특고압 전로의 보기 쉬운 곳에 반드시 표시해야 하는 것은?

① 차단 표시
② 위험 표시
③ 최대 전류
④ 정격 전압
⑤ 상별 표시

49 다음 중 특고압 전선로에 접속하는 배전용 변압기의 1차 및 2차 전압을 순서대로 바르게 나열한 것은?

	1차	2차
①	35kV 이하	저압 또는 고압
②	50kV 이하	저압 또는 고압
③	35kV 이하	특고압 또는 고압
④	50kV 이하	특고압 또는 고압
⑤	35kV 이하	저압 또는 특고압

50 다음 중 피뢰기 단자에 충격파 인가 시 방전을 개시하는 전압은?

① 충격방전개시전압
② 피뢰기 지한전압
③ 피뢰기 정격전압
④ 방전내량
⑤ 절연협조

PART 4

최종점검 모의고사

최종점검 모의고사

※ SH 서울주택도시공사 최종점검 모의고사는 채용공고와 전년도 후기를 기준으로 구성한 것으로,
   실제 시험과 다를 수 있습니다.

■ 취약영역 분석

번호	O/×	영역	번호	O/×	영역	번호	O/×	영역	번호	O/×	영역
01		의사소통능력	16		수리능력	31		직업윤리	46		대인관계능력
02			17			32		수리능력	47		
03			18			33		문제해결능력	48		직업윤리
04		조직이해능력	19		문제해결능력	34		직업윤리	49		
05			20		의사소통능력	35		조직이해능력	50		
06		수리능력	21			36		직업윤리			
07			22		수리능력	37					
08		조직이해능력	23			38					
09			24		조직이해능력	39		의사소통능력			
10		의사사통능력	25		직업윤리	40					
11		대인관계능력	26		조직이해능력	41					
12			27		대인관계능력	42		수리능력			
13		문제해결능력	28			43		대인관계능력			
14			29		문제해결능력	44					
15		직업윤리	30		직업윤리	45		수리능력			

평가문항	50문항	평가시간	50분
시작시간	:	종료시간	:
취약영역			

※ 다음 글을 읽고 이어지는 질문에 답하시오. [1~2]

민화는 매우 자유분방한 화법을 구사한다. 민화는 본(本)에 따라 그리는 그림이기 때문에 전부가 비슷할 것이라고 생각하기 쉽다. 그러나 실상은 그 반대로 같은 주제이면서 똑같은 그림은 없다. 왜냐하면 양반처럼 제약받아야 할 사상이나 규범이 현저하게 약한 민중들은 얼마든지 자기 취향대로 생략하고 과장해서 그림을 그릴 수 있었기 때문이다.

민화의 자유분방함은 공간 구성법에서도 발견된다. 많은 경우 민화에는 공간을 묘사하는 데 좌우·상하·고저가 분명한 일관된 작법이 없다. 사실 중국이 중심이 된 동북아시아에서 통용되던 전형적인 화법은 한 시점에서 바라보고 그 원근에 따라 일관되게 그리는 것이 아니라 이른바 삼원법(三遠法)에 따라 다각도에서 그리는 것이다.   ㉠   민화에서는 대상을 바라보는 시각이 이보다 더 자유롭다. 그렇다고 민화에 나타난 화법에 전혀 원리가 없다고는 할 수 없다. 민화에서는 종종 그리려는 대상을 한층 더 완전하게 표현하기 위해 그 대상의 여러 면을 화면에 동시에 그려 놓는다. 그런 까닭에 민화의 화법은 서양의 입체파들이 사용하는 화법과 비교되기도 한다. 가령 김홍도의 맹호도를 흉내 내 그린 듯한 민화의 경우처럼 호랑이의 앞면과 옆면을 동시에 그려 놓은 예나, 책거리 그림의 경우처럼 겉과 속, 왼쪽과 오른쪽을 동시에 그려 놓은 것이 그 예에 속한다. 민화의 화가들은 객관적으로 보이는 현실을 무시하고 자신의 의도에 따라 표현하고 싶은 것을 마음대로 표현해 버린 것이다. 그러니까 밖에 주어진 현실에 종속되기보다는 자신의 자유로운 판단을 더 믿은 것이다.

같은 맥락에서 볼 때 민화에서 가장 이해하기 힘든 화법은 아마 역원근법일 것이다. 이 화법은 책거리에 많이 나오는 것으로 앞면을 작고 좁게 그리고 뒷면을 크고 넓게 그리는 화법인데, 이는 그리려는 대상의 모든 면, 특히 물체의 왼쪽 면과 오른쪽 면을 동시에 표현하려는 욕심에서 나온 화법으로 판단된다. 이런 작법을 통해 우리는 당시의 민중들이 자신들의 천진하고 자유분방한 사고방식을 스스럼없이 표현할 수 있을 정도로 사회적 여건이 성숙되었음을 알 수 있다.   ㉡   이것은 19세기에 농상(農商)의 경제 체제의 변화나 신분 질서의 와해 등으로 기존의 기층민들이 자기를 표현할 수 있는 경제적·신분적 근거가 확고하게 되었음을 의미한다.

민중들의 자유분방함이 표현된 민화에는 화법적인 것 말고도 내용 면에서도 억압에서 벗어나려는 해방의 염원이 실려 있다. 민화가 농도 짙은 해학을 깔면서도 그러한 웃음을 통해 당시 부조리한 현실을 풍자했다는 것은 잘 알려진 사실이다. 호랑이 그림에서 까치나 토끼는 서민을, 호랑이는 권력자나 양반을 상징한다. 즉 까치나 토끼가 호랑이에게 면박을 주는 그림을 통해 서민이 양반들에게 면박을 주고 싶은 마음을 표현하고 있다. 이 모두가 민중들의 신장된 힘 혹은 표현력을 나타낸다.

01 윗글의 빈칸 ㉠, ㉡에 들어갈 말을 바르게 나열한 것은?

	㉠	㉡		㉠	㉡
①	따라서	즉	②	그러므로	따라서
③	그러므로	그런데	④	그런데	한편
⑤	그런데	즉			

02 다음 중 윗글의 내용으로 가장 적절한 것은?

① 민화는 일정한 화법이나 원리가 존재하지 않는 것이 특징이다.

② 민화는 화법이나 내용면에서 모두 신분 상승의 염원을 드러내고 있다.

③ 민화의 화가들은 객관적인 현실보다 자신의 내면의 목소리에 더 귀를 기울였다.

④ 삼원법은 민화와 달리 한 시점에서 원근에 따라 일관되게 그리는 것이 특징이다.

⑤ 민화와 서양의 입체파 화법이 닮은 것은 둘 다 서민층의 성장을 배경으로 하고 있기 때문이다.

03 다음 중 (가) ~ (다)에 들어갈 접속사를 순서대로 바르게 연결한 것은?

> 무더운 여름 기차나 지하철을 타면 "실내가 춥다는 민원이 있어 냉방을 줄인다."라는 안내방송을 손쉽게 들을 수 있을 정도로 우리는 쾌적한 기차와 지하철을 이용할 수 있는 시대에 살고 있다.   (가)   이러한 쾌적한 환경을 누리기 시작하게 된 것은 그리 오래되지 않은 일이다. 1825년 세계 최초로 영국의 증기기관차가 시속 16km로 첫 주행을 시작하였고, 이 당시까지만 해도 열차 내의 유일한 냉방 수단은 창문뿐이었다. 열차에 에어컨이 설치되기 시작된 것은 100년이 더 지난 1930년대 초반 미국에서였고, 우리나라는 이보다 훨씬 후인 1969년 지금의 새마을호라 불리는 '관광호'에서였다. 이는 국내에 최초로 철도가 개통된 1899년 이후 70년 만으로 '관광호' 이후 국내에 도입된 특급열차들은 대부분 전기 냉난방시설을 갖추게 되었다.
>   (나)   지하철의 에어컨 도입은 열차보다 훨씬 늦었는데, 이는 우리나라뿐만 아니라 해외도 마찬가지였으며, 실제로 영국의 경우 아직도 지하철에는 에어컨이 없는 상황이다.
> 우리나라는 1974년 서울 지하철이 개통되었는데, 이 당시 객실에는 천장의 달린 선풍기가 전부였기 때문에 한여름에는 땀 냄새가 가득한 찜통 지하철이 되었다.   (다)   1983년이 되어서야 에어컨이 설치된 지하철이 등장하기 시작하였고, 기존에 에어컨이 설치되지 않았던 지하철들은 1989년이 되어서야 선풍기를 떼어내고 에어컨으로 교체하기 시작하였다.

	(가)	(나)	(다)
①	따라서	그래서	마침내
②	하지만	반면	마침내
③	하지만	왜냐하면	그래서
④	왜냐하면	반면	마침내
⑤	반면	왜냐하면	그래서

04 다음 빈칸에 들어갈 조직 유형이 바르게 연결된 것은?

> 조직은 ___㉠___ 과 ___㉡___ 으로 구분할 수 있다. ___㉠___ 은 기업과 같이 이윤을 목적으로 하는 조직이며, ___㉡___ 은 정부 조직을 비롯하여 공익을 추구하는 병원, 대학, 시민단체, 종교단체 등이 해당한다.

	㉠	㉡
①	공식조직	비공식조직
②	비공식조직	공식조직
③	비영리조직	영리조직
④	영리조직	비영리조직
⑤	봉사단체	비봉사단체

05 조직문화는 조직구성원들에게 일체감과 정체성을 부여하고 조직구성원들의 행동지침을 제공하는 등의 기능을 가지고 있다. 다음 중 조직문화의 구성요소에 대한 설명으로 적절하지 않은 것은?

① 관리시스템으로는 리더와 부하 간 상호관계를 볼 수 있다.
② 조직의 전략은 조직운영에 필요한 장기적인 틀을 제공한다.
③ 공유가치는 가치관과 이념, 조직관, 전통가치, 기본목적 등을 포함한다.
④ 관리기술은 조직경영에 적용되는 목표관리, 예산관리, 갈등관리 등을 포함한다.
⑤ 조직구성원은 인력구성뿐만 아니라 그들의 가치관과 신념, 동기, 태도 등을 포함한다.

06 다음 그림과 같이 한 대각선의 길이가 6으로 같은 마름모 2개가 겹쳐져 있다. 다른 대각선 길이가 각각 4, 9일 때 두 마름모의 넓이의 차는?

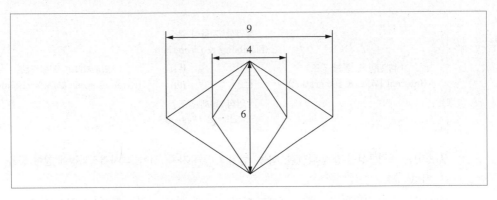

① 9

② 12

③ 15

④ 24

⑤ 30

07 K기업은 창고업체에 아래 세 제품군에 대한 보관비를 지급하려고 한다. A제품군은 매출액의 1%, B제품군은 1CUBIC당 20,000원, C제품군은 톤당 80,000원을 지급하기로 되어 있다면 전체 지급액은 얼마인가?

구분	매출액(억 원)	용량	
		용적(CUBIC)	무게(톤)
A제품군	300	3,000	200
B제품군	200	2,000	300
C제품군	100	5,000	500

① 3억 2천만 원

② 3억 4천만 원

③ 3억 6천만 원

④ 3억 8천만 원

⑤ 4억 원

08 다음은 조직의 문화를 기준을 통해 4가지 문화로 구분한 것이다. (가) ~ (라)에 대한 설명으로 적절하지 않은 것은?

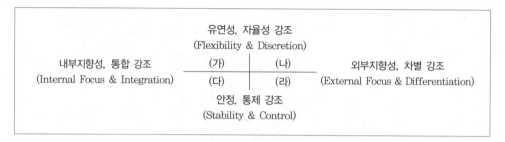

① (가)는 조직구성원 간 인화단결, 협동, 팀워크, 공유가치, 사기, 의사결정과정에 참여 등을 중요시한다.
② (나)는 규칙과 법을 준수하고, 관행과 안정, 문서와 형식, 명확한 책임소재 등을 강조하는 관리적 문화의 특징을 가진다.
③ (다)는 조직 내부의 통합과 안정성을 확보하고, 현상유지 차원에서 계층화되는 조직문화이다.
④ (라)는 실적을 중시하고, 직무에 몰입하며, 미래를 위한 계획을 수립하는 것을 강조한다.
⑤ (가)는 개인의 능력개발에 대한 관심이 높고, 조직구성원에 대한 인간적 배려와 가족적인 분위기를 만들어내는 특징을 가진다.

09 직장인은 조직의 구성원으로서 조직체제의 구성요소를 이해하는 체제이해능력이 요구된다. 조직체제의 구성요소가 다음과 같을 때, 이에 대한 설명으로 적절하지 않은 것은?

① 조직의 규칙과 규정은 조직구성원들의 자유로운 활동범위를 보장하는 기능을 가진다.
② 조직구조는 의사결정권의 집중정도, 명령계통, 최고경영자의 통제 등에 따라 달라진다.
③ 조직문화는 조직구성원들의 사고와 행동에 영향을 미치며, 일체감과 정체성을 부여한다.
④ 조직구조에서는 의사결정권이 하부구성원들에게 많이 위임되는 유기적 조직도 볼 수 있다.
⑤ 조직의 목표는 조직이 달성하려는 장래의 상태로, 조직이 존재하는 정당성과 합법성을 제공한다.

10 다음 사례를 통해 얻을 수 있는 교훈으로 가장 적절한 것은?

> 주유소가 포화 상태인데다가 계속되는 저유가로 과잉 경쟁이 벌어지면서, 보다 차별화된 경영전략과 서비스가 요구되는 시점이다. 또한, 최근에 보일러로 기름을 끓여 판매하여 이득을 챙긴 주유소 업주들이 불구속 입건되면서 소비자들의 주유소에 대한 신뢰가 바닥에 떨어지고 있다.
> 이러한 상황에서 A주유소는 B정유회사에서 정품 유류를 공급받아 소비자들에게 정량을 공급하는 원칙을 철저히 지키는 곳으로 정평이 났다. 게다가 셀프주유소로 전환한 다른 주유소들과 달리 고객들의 편의를 위해 직원들이 직접 주유하고 있으며, 세차서비스를 제공함으로써 단골 고객층을 확보하고 경쟁력을 높이고 있다.
> A주유소 사장 K씨는 '유류 품질의 입고와 재고 관리를 철저히 시행하고 있으며, 앞으로도 투명경영을 원칙으로 하겠다.'고 밝혔다.

① 정직은 신뢰를 형성하고 유지하는 데 가장 기본적이고 필수적인 규범이다.
② 원만한 인간관계를 위해서는 서로 간에 예절을 지키는 것이 매우 중요하다.
③ 사람은 혼자서는 살아갈 수 없으므로 다른 사람과 협력을 하는 것이 필수이다.
④ 일은 사람이 살기 위해서 필요한 것이며, 인간의 삶을 풍부하고 행복하게 만들어 주는 것이다.
⑤ 공인은 사적인 생각과 감정, 입장을 우선시해서는 안 되며 공적인 입장, 즉 회사의 입장에서 이루어져야 한다.

11 다음 중 조직에 대한 감정에서 소외형에 해당하는 것을 〈보기〉에서 모두 고르면?

> **보기**
> ㄱ. 조직이 나의 아이디어를 원치 않는다고 느낀다.
> ㄴ. 리더는 항상 자기 마음대로 한다고 느낀다.
> ㄷ. 자신을 인정해 주지 않는다고 느낀다.
> ㄹ. 적절한 보상이 없다고 느낀다.
> ㅁ. 불공정하고 문제가 있다고 느낀다.

① ㄱ, ㄴ, ㄷ   ② ㄱ, ㄷ, ㄹ
③ ㄴ, ㄷ, ㄹ   ④ ㄴ, ㄹ, ㅁ
⑤ ㄷ, ㄹ, ㅁ

12 다음은 오렌지 한 개 때문에 다투고 있는 두 딸을 위한 A씨의 협상 방법을 보여주는 사례이다. 사례에서 나타나는 A씨의 협상 방법에 대한 문제점은 무엇인가?

> 어느 날 A씨의 두 딸이 오렌지 한 개를 가지고 서로 다투고 있었다. A씨는 두 딸에게 오렌지 한 개를 공평하게 반쪽으로 나눠주는 것이 가장 좋은 해결책인 듯해서 반으로 나누어 주었다. 하지만 A씨는 두 딸의 행동에 놀라고 말았다. 큰 딸은 알맹이는 버리고 껍질만 챙겼으며, 작은 딸은 알맹이만 먹고 껍질은 버린 것이다. 두 딸에게 이유를 물어보니 제빵학원에 다니는 큰 딸은 오렌지 케이크를 만들기 위해 껍질이 필요했던 것이고, 작은 딸은 오렌지 과즙이 먹고 싶어서 알맹이를 원했던 것이다. 결과적으로 A씨의 해결책은 두 딸 모두에게 만족하지 못한 일이 되어버렸다.

① 협상의 통제권을 확보하지 않았다.
② 협상당사자의 특정 입장만 고집하였다.
③ 협상에 대한 갈등 원인을 확인하지 않았다.
④ 협상당사자들에게 친근하게 다가가지 않았다.
⑤ 협상당사자에 대해 너무 많은 염려를 하였다.

13 경제학과, 물리학과, 통계학과, 지리학과 학생인 A ~ D는 검은색, 빨간색, 흰색의 세 가지 색 중 적어도 1가지 이상의 색을 좋아한다. 다음 〈조건〉에 따라 항상 참인 것은?

> **조건**
> • 경제학과 학생은 검은색과 빨간색만 좋아한다.
> • 경제학과 학생과 물리학과 학생은 좋아하는 색이 서로 다르다.
> • 통계학과 학생은 빨간색만 좋아한다.
> • 지리학과 학생은 물리학과 학생과 통계학과 학생이 좋아하는 색만 좋아한다.
> • C는 검은색을 좋아하고, B는 빨간색을 좋아하지 않는다.

① A는 통계학과이다.
② B는 물리학과이다.
③ C는 지리학과이다.
④ D는 경제학과이다.
⑤ B와 C는 빨간색을 좋아한다.

14 컨설팅 회사에 근무 중인 A사원은 최근 컨설팅 의뢰를 받은 S사진관에 대해 SWOT 분석을 진행하기로 하였다. 다음 ㉠ ~ ㉤ 중 SWOT 분석에 들어갈 내용으로 적절하지 않은 것은?

강점(Strength)	• ㉠ 넓은 촬영 공간(야외 촬영장 보유) • 백화점 인근의 높은 접근성 • ㉡ 다양한 채널을 통한 홍보로 높은 인지도 확보
약점(Weakness)	• ㉢ 직원들의 높은 이직률 • 회원 관리 능력 부족 • 내부 회계 능력 부족
기회(Opportunity)	• 사진 시장의 규모 확대 • 오프라인 사진 인화 시장의 성장 • ㉣ 전문가용 카메라의 일반화
위협(Threat)	• 저가 전략 위주의 경쟁 업체 증가 • ㉤ 온라인 사진 저장 서비스에 대한 수요 증가

① ㉠   ② ㉡

③ ㉢   ④ ㉣

⑤ ㉤

15 다음 직업의 의미에 대한 글을 바탕으로 할 때, 직업의 사례로 가장 적절한 것은?

> 직업은 경제적 보상이 있어야 하며, 본인의 자발적 의사에 의한 것이어야 하고, 장기적으로 계속해서 일하는 지속성을 가지고 있어야 한다.

① 꽃을 좋아하는 민정이는 주말마다 꽃꽂이를 취미활동으로 하고 있다.

② 영희는 동네 요양원을 찾아가 청소, 빨래 등을 하며 봉사활동을 하였다.

③ 보드게임을 좋아하는 승호는 퇴근 후 보드게임 동아리에 참여하고 있다.

④ 커피를 좋아하는 현희는 카페에서 커피를 연구하며 바리스타로 일하고 있다.

⑤ 지연이의 할아버지는 일본 제철소에서 강제노동에 시달린 경험을 갖고 계시다.

※ 일정한 규칙으로 수를 나열할 때, 빈칸에 들어갈 알맞은 숫자를 고르시오. [16~18]

16

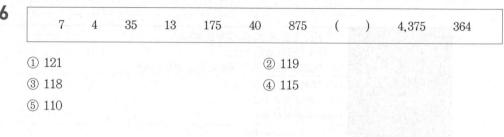

| 7 | 4 | 35 | 13 | 175 | 40 | 875 | ( ) | 4,375 | 364 |

① 121
② 119
③ 118
④ 115
⑤ 110

17

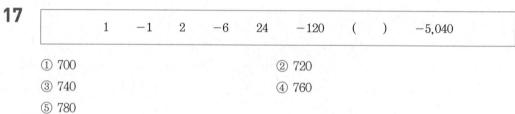

| 1 | −1 | 2 | −6 | 24 | −120 | ( ) | −5,040 |

① 700
② 720
③ 740
④ 760
⑤ 780

18

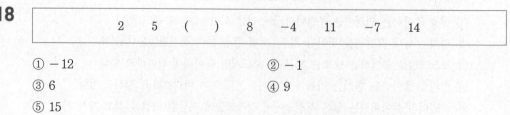

| 2 | 5 | ( ) | 8 | −4 | 11 | −7 | 14 |

① −12
② −1
③ 6
④ 9
⑤ 15

19 S회사는 창립 10주년을 맞이하여 전 직원 단합대회를 준비하고 있다. 이를 위해 B사장은 여행상품 중 한 가지를 선정하여 떠날 계획을 갖고 있는데, 직원 투표 결과를 통해 결정하려고 한다. 직원 투표 결과와 여행지별 1인당 경비가 다음과 같을 때, 부서별 고려사항을 참고하여 〈보기〉에서 옳은 것을 모두 고르면?

〈직원 투표 결과〉

상품내용		투표 결과					
여행상품	1인당 비용	총무팀	영업팀	개발팀	홍보팀	공장 1	공장 2
A	500,000원	2	1	2	0	15	6
B	750,000원	1	2	1	1	20	5
C	600,000원	3	1	0	1	10	4
D	1,000,000원	3	4	2	1	30	10
E	850,000원	1	2	0	2	5	5

〈여행상품별 혜택 정리〉

상품명	날짜	장소	식사제공	차량지원	편의시설	체험시설
A	5/10 ~ 5/11	해변	○	○	×	×
B	5/10 ~ 5/11	해변	○	○	○	×
C	6/7 ~ 6/8	호수	○	○	○	×
D	6/15 ~ 6/17	도심	○	×	○	○
E	7/10 ~ 7/13	해변	○	○	○	×

〈부서별 고려사항〉

- 총무팀 : 행사 시 차량 지원이 가능함
- 영업팀 : 6월 초에 해외 바이어와 가격 협상 회의 일정이 있음
- 공장 1 : 3일 연속 공장 비가동시 품질 저하가 예상됨
- 공장 2 : 7월 중순 공장 이전 계획이 있음

보기

ㄱ. 필요한 여행상품 비용은 총 1억 500만 원이 필요하다.
ㄴ. 투표 결과, 가장 인기가 좋은 여행상품은 B이다.
ㄷ. 공장 1의 A, B 투표 결과가 바뀐다면 여행 상품 선택은 변경된다.

① ㄱ ② ㄱ, ㄴ
③ ㄱ, ㄷ ④ ㄴ, ㄷ
⑤ ㄱ, ㄴ, ㄷ

20 다음 문단을 논리적 순서대로 바르게 나열한 것은?

(가) 2019년 정부 통계에 따르면, 우리 연안 생태계 중 갯벌의 면적은 산림의 약 4%에 불과하지만 연간 이산화탄소 흡수량은 산림의 약 37%이며 흡수 속도는 수십 배에 달합니다.

(나) 연안 생태계는 대기 중 이산화탄소 흡수에 탁월합니다. 물론 연안 생태계가 이산화탄소를 얼마나 흡수할 수 있겠냐고 말하는 분도 계실 것입니다. 하지만 연안 생태계를 구성하는 갯벌과 염습지의 염생 식물, 식물성 플랑크톤 등은 광합성을 통해 대기 중 이산화탄소를 흡수하는데, 산림보다 이산화탄소 흡수 능력이 뛰어납니다.

(다) 2019년 통계에 따르면 우리나라의 이산화탄소 배출량은 세계 11위에 해당하는 높은 수준입니다. 그동안 우리나라는 이산화탄소 배출을 줄이려 노력하고, 대기 중 이산화탄소 흡수를 위한 산림 조성에 힘써 왔습니다. 그런데 우리가 놓치고 있는 이산화탄소 흡수원이 있습니다. 바로 연안 생태계입니다.

(라) 또한 연안 생태계는 탄소의 저장에도 효과적입니다. 연안의 염생 식물과 식물성 플랑크톤은 이산화탄소를 흡수하여 갯벌과 염습지에 탄소를 저장하는데 이 탄소를 블루카본이라 합니다. 산림은 탄소를 수백 년간 저장할 수 있지만 연안은 블루카본을 수천 년간 저장할 수 있습니다. 연안 생태계가 훼손되면 블루카본이 공기 중에 노출되어 이산화탄소 등이 대기 중으로 방출됩니다. 그러므로 블루카본이 온전히 저장되어 있도록 연안 생태계를 보호해야 합니다.

① (가) – (나) – (다) – (라)
② (나) – (다) – (가) – (라)
③ (다) – (나) – (가) – (라)
④ (다) – (라) – (가) – (나)
⑤ (다) – (라) – (나) – (가)

21 다음 중 글의 내용으로 가장 적절한 것은?

'청렴(淸廉)'은 현대 사회에서 좁게는 반부패와 동의어로 사용되며 넓게는 투명성과 책임성 등을 포괄하는 통합적 개념으로 사용되고 있다. 유학자들은 청렴을 효제와 같은 인륜의 덕목보다는 하위에 두었지만 군자라면 마땅히 지켜야 할 일상의 덕목으로 중시하였다. 조선의 대표적 유학자였던 이황과 이이는 청렴을 사회 규율이자 개인 처세의 지침으로 강조하였다. 특히 공적 업무에 종사하는 사람이라면 사회 규율로서의 청렴이 개인의 처세와 직결된다는 점에 유념해야 한다고 보았다.

청렴에 대한 논의는 정약용의 『목민심서』에서 본격적으로 나타난다. 정약용은 청렴이야말로 목민관이 지켜야 할 근본적인 덕목이며 목민관의 직무는 청렴이 없이는 불가능하다고 강조하였다. 정약용은 청렴을 당위의 차원에서 주장하는 기존의 학자들과 달리 행위자 자신에게 실질적 이익이 된다는 점을 들어 설득하고자 한다. 그는 청렴은 큰 이득이 남는 장사라고 말하면서, 지혜롭고 욕심이 큰 사람은 청렴을 택하지만 지혜가 짧고 욕심이 작은 사람은 탐욕을 택한다고 설명한다. 정약용은 "지자(知者)는 인(仁)을 이롭게 여긴다."라는 공자의 말을 빌려 "지혜로운 자는 청렴함을 이롭게 여긴다."라고 하였다. 비록 재물을 얻는 데 뜻이 있더라도 청렴함을 택하는 것이 결과적으로는 지혜로운 선택이라고 정약용은 말한다. 목민관의 작은 탐욕은 단기적으로 보면 눈 앞의 재물을 취하여 이익을 얻을 수 있겠지만 궁극에는 개인의 몰락과 가문의 불명예를 가져올 수 있기 때문이다.

정약용은 청렴을 지키는 것은 두 가지 효과가 있다고 보았다. 첫째, 청렴은 다른 사람에게 긍정적 효과를 미친다. 목민관이 청렴할 경우 백성을 비롯한 공동체 구성원에게 좋은 혜택이 돌아갈 것이다. 둘째, 청렴한 행위를 하는 것은 목민관 자신에게도 좋은 결과를 가져다준다. 청렴은 그 자신의 덕을 높이는 것일 뿐 아니라 자신의 가문에 빛나는 명성과 영광을 가져다줄 것이다.

① 정약용은 청렴이 목민관이 반드시 지켜야 할 덕목임을 당위론 차원에서 정당화하였다.
② 정약용은 탐욕을 택하는 것보다 청렴을 택하는 것이 이롭다는 공자의 뜻을 계승하였다.
③ 정약용은 청렴한 사람은 욕심이 작기 때문에 재물에 대한 탐욕에 빠지지 않는다고 보았다.
④ 정약용은 청렴이 백성에게 이로움을 줄 뿐 아니라 목민관 자신에게도 이로운 행위라고 보았다.
⑤ 이황과 이이는 청렴을 개인의 처세에 있어 주요 지침으로 여겼으나 사회 규율로는 보지 않았다.

※ 다음은 S사에서 제품별 밀 소비량을 조사한 자료이다. 이어지는 질문에 답하시오. [22~23]

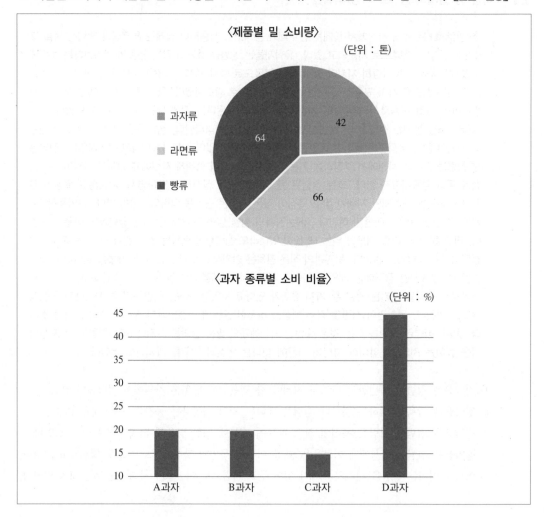

22 S사가 과자류에 밀 사용량을 늘리기로 결정하였다. 라면류와 빵류에 소비되는 밀 소비량의 각각 10%씩을 과자류에 사용한다면, 과자류에는 총 몇 톤의 밀을 사용하는가?

① 45톤 ② 50톤
③ 55톤 ④ 60톤
⑤ 65톤

23 A ~ D과자 중 밀을 가장 많이 소비하는 과자와 가장 적게 소비하는 과자의 밀 소비량 차이는 몇 톤인가?(단, 제품별 밀 소비량 그래프를 기준으로 한다)

① 10.2톤
② 11.5톤
③ 12.6톤
④ 13톤
⑤ 14.4톤

24 H사의 인사담당자인 A사원은 채용설명회에 사용할 포스터를 만들려고 한다. 다음 제시된 인재상을 실제 업무환경과 관련지어 포스터에 문구를 삽입하려고 할 때, 그 문구로 적절하지 않은 것은?

인재상	업무환경
• 책임감 • 고객지향 • 열정 • 목표의식 • 글로벌인재	• 격주 토요일 근무 • 자유로운 분위기 • 잦은 출장 • 고객과 직접 대면하는 업무 • 해외지사와 업무협조

① 어느 환경에서도 잘 적응할 수 있는 인재
② 고객을 최우선으로 생각하고 행동하는 인재
③ 자신의 일을 사랑하고 책임질 수 있는 인재
④ 중압적인 분위기를 잘 이겨낼 수 있는 열정적인 인재
⑤ 글로벌화에 발맞춘 소통으로 회사의 미래를 만드는 인재

25 다음 중 직업윤리에 따른 직업인의 기본자세에 해당하지 않는 것은?

① 공평무사한 자세가 필요하다.
② 봉사 정신과 협동 정신이 있어야 한다.
③ 소명 의식과 천직 의식을 가져야 한다.
④ 책임 의식과 전문 의식이 있어야 한다.
⑤ 대체 불가능한 희소성을 갖추어야 한다.

26 다음은 경영활동에 대한 글이다. 이 중 외부경영활동으로 가장 적절한 것은?

> 경영활동은 외부경영활동과 내부경영활동으로 구분하여 볼 수 있다. 외부경영활동은 조직 외부에서 조직의 효과성을 높이기 위해 이루어지는 활동이다. 다음으로 내부경영활동은 조직 내부에서 자원들을 관리하는 것이다.

① 마케팅 활동　　　　　　　　　　② 직원 부서 배치
③ 직원 채용　　　　　　　　　　　④ 직원 교육훈련
⑤ 사내행사 진행

27 다음 〈보기〉 중 갈등해결법을 모색함에 있어 명심해야 할 사항으로 적절하지 않은 것을 모두 고르면?

> **보기**
> ㄱ. 역지사지의 관점에서 다른 사람의 입장을 이해하고자 노력해야 한다.
> ㄴ. 해결하기 어려운 문제는 갈등을 심화시킬 수 있으므로 되도록 피해야 한다.
> ㄷ. 자신의 의견을 명확하게 밝히는 것은 상대방의 반감을 살 수 있으므로 자신의 의견을 피력하기보다는 듣는 것에 집중해야 한다.
> ㄹ. 갈등을 대함에 있어서 논쟁하고 싶은 마음이 들더라도 이를 자제해야 한다.

① ㄱ, ㄴ　　　　　　　　　　　　② ㄱ, ㄷ
③ ㄴ, ㄷ　　　　　　　　　　　　④ ㄴ, ㄹ
⑤ ㄷ, ㄹ

28 다음 중 팀워크(Teamwork)를 저해하는 일반적인 요인을 〈보기〉에서 모두 고르면?

> **보기**
> ㄱ. 역할과 책임의 모호성
> ㄴ. 개인의 무뚝뚝한 성격
> ㄷ. 자기중심적 성격
> ㄹ. 사고방식의 차이에 대한 무시

① ㄱ, ㄴ　　　　　　　　　　　　② ㄴ, ㄷ
③ ㄱ, ㄷ, ㄹ　　　　　　　　　　④ ㄴ, ㄷ, ㄹ
⑤ ㄱ, ㄴ, ㄷ, ㄹ

29 A대학교 동아리 회원 A ~ E가 주말을 포함한 일주일 동안 각자 하루를 골라 봉사활동을 간다. 다음 중 항상 참이 아닌 것은?

- 다섯 학생 A, B, C, D, E는 일주일 동안 정해진 요일에 혼자서 봉사활동을 간다.
- A는 B보다 빠른 요일에 봉사활동을 간다.
- E는 C가 봉사활동을 다녀오고 이틀 후에 봉사활동을 간다.
- B와 D는 평일에 봉사활동을 간다.
- C는 목요일에 봉사활동을 가지 않는다.
- A는 월요일, 화요일 중에 봉사활동을 간다.

① E가 수요일에 봉사활동을 간다면 토요일에 봉사활동을 가는 사람이 있다.

② B가 화요일에 봉사활동을 간다면 토요일에 봉사활동을 가는 사람은 없다.

③ C가 A보다 빨리 봉사활동을 간다면 D는 목요일에 봉사활동을 갈 수 있다.

④ D가 금요일에 봉사활동을 간다면 다섯 명은 모두 평일에 봉사활동을 간다.

⑤ D가 A보다 빨리 봉사활동을 간다면 B는 금요일에 봉사활동을 가지 않는다.

30 다음 체크리스트의 내용을 볼 때, (A)에 추가적으로 들어갈 내용으로 가장 적절한 것은?

No.	항목	현재능력				
		매우 낮음	낮음	보통	높음	매우 높음
1	경쟁국 업체의 주요 현황을 알고 있다.	①	②	③	④	⑤
2	다른 나라의 문화적 차이를 인정하고 이에 대해 개방적인 태도를 견지하고 있다.	①	②	③	④	⑤
3	현재 세계의 정치적 이슈가 무엇인지 잘 알고 있다.	①	②	③	④	⑤
4	업무와 관련된 최근 국제이슈를 잘 알고 있다.	①	②	③	④	⑤
5	(A)	①	②	③	④	⑤

① 자신의 연봉과 연차수당을 계산할 수 있다.

② 분기별로 고객 구매 데이터를 분석하고 있다.

③ 인사 관련 경영 자료의 내용을 파악하고 있다.

④ 업무와 관련된 국제적인 법규를 이해하고 있다.

⑤ 구성원들의 제증명서를 관리하고 발급할 수 있다.

31 직장 내 괴롭힘 금지법이 시행됨에 따라 사용자나 근로자가 직장에서의 지위 또는 관계 우위를 이용해 다른 근로자에게 신체적, 정신적 고통을 주는 행위가 금지되었다. 다음 중 직장 내 괴롭힘 사례에 해당하지 않는 것은?

① 상사가 직원들 앞에서 부하 직원의 업무 실수를 공개적으로 지적하여 망신을 주었다.

② 부장은 회식 참여가 어려울 것 같다는 신입사원에게 회식에 참여할 것을 강요하였다.

③ 회사 내에서 업무 성과를 인정받고 있는 부하 직원이 상사의 업무 지시를 무시하였다.

④ 팀장이 자주 지각하는 팀원의 출근 내역을 매일 기록하는 등 특정 직원의 근태를 감시하였다.

⑤ 같은 부서의 직원들이 한 명의 직원을 제외하고 단체 채팅방을 개설하여 사적인 이야기를 주고받았다.

32 S회사는 남녀 성비가 3 : 2이며, 여직원 중 경력직은 15%, 남직원 중 경력직은 25%이다. 경력직 직원 중 한 명을 뽑을 때, 그 직원이 여직원일 확률은?

① $\dfrac{1}{4}$

② $\dfrac{3}{10}$

③ $\dfrac{2}{7}$

④ $\dfrac{5}{21}$

⑤ $\dfrac{3}{5}$

33 A ~ E 다섯 명을 포함한 여덟 명이 달리기 경기를 하였다. 이에 대한 〈조건〉이 다음과 같을 때, 항상 옳은 것은?

조건

• A와 D는 연속으로 들어왔으나, C와 D는 연속으로 들어오지 않았다.
• A와 B 사이에 3명이 있다.
• B는 일등도, 꼴찌도 아니다.
• E는 4등 또는 5등이고, D는 7등이다.
• 5명을 제외한 3명 중에 꼴찌는 없다.

① C가 3등이다.

② A가 C보다 늦게 들어왔다.

③ E가 C보다 일찍 들어왔다.

④ B가 E보다 늦게 들어왔다.

⑤ D가 E보다 일찍 들어왔다.

34 다음은 정직과 신용을 구축하기 위한 4가지 지침이다. 이 지침에 위배되는 사례는?

〈정직과 신용을 구축하기 위한 4가지 지침〉

1. 정직과 신뢰의 자산을 매일 조금씩 쌓아가자.
2. 잘못된 것도 정직하게 밝히자.
3. 타협하거나 부정직을 눈감아 주지 말자.
4. 부정직한 관행은 인정하지 말자.

---

① A씨는 학교 주변에서 담배를 피고 있는 고등학생을 발견하였고, 학생을 붙잡아 학교에 알렸다.

② 바리스타 B씨는 하루도 빠지지 않고 매일 아침 일찍 일어나, 출근하는 고객들을 위해 커피를 로스팅하고 있다.

③ C대리는 업무를 잘 끝마쳤지만 한 가지 실수를 저질렀던 점이 마음에 걸려, 팀장에게 자신의 실수를 알렸다.

④ D대리는 승진과 함께 사무실 청소 당번에서 제외되었으나, 동료들과 함께 청소 당번에 계속 참여하기로 하였다.

⑤ E교사는 술을 소지하고 있던 학생에게 중징계 대신, 앞으로 다시는 규율을 어기지 않겠다는 다짐을 받아냈다.

35 다음 중 조직변화의 과정을 순서대로 바르게 나열한 것은?

㉠ 환경의 변화 인지	㉡ 변화의 결과 평가
㉢ 조직변화 방향 수립	㉣ 조직변화 실행

---

① ㉠－㉢－㉣－㉡

② ㉠－㉣－㉢－㉡

③ ㉡－㉢－㉣－㉠

④ ㉣－㉠－㉢－㉡

⑤ ㉣－㉡－㉢－㉠

36 다음 중 직장 내 성희롱의 범위에 대한 설명으로 가장 적절한 것은?

① 업무시간 외에는 해당되지 않는다.

② 외부용역 근로자도 포함되지 않는다.

③ 직장이라는 공간에서 일어나는 일만 해당된다.

④ 재직자 외 취업의사가 있는 사람은 해당되지 않는다.

⑤ 성희롱 행위자에는 사업주, 상급자, 근로자가 모두 해당된다.

37 다음 사례에서 총무부 L부장에게 가장 필요한 태도는 무엇인가?

> 총무부 L부장은 신입사원 K가 얼마 전 처리한 업무로 인해 곤경에 빠졌다. 신입사원 K가 처리한 서류에서 기존 금액에 0이 하나 추가되어 회사에 엄청난 손실을 끼치게 생긴 것이다.

① '왜 이런 일이 나에게 일어났는지' 생각해 본다.

② 책임을 가리기 위해 잘잘못을 분명하게 따져본다.

③ 개인적인 일을 먼저 해결하려는 자세가 필요하다.

④ 다른 사람의 입장에서 생각해보는 태도가 필요하다.

⑤ 나 자신뿐만 아니라 나의 부서의 일은 내 책임이라고 생각한다.

38 다음 중 책임과 준법에 대한 설명으로 적절하지 않은 것은?

① 삶을 긍정적으로 바라보는 태도는 책임감의 바탕이 된다.

② 책임감은 삶에 대한 자기통제력을 극대화하는 데 도움이 된다.

③ 준법을 유도하는 제도적 장치가 마련되면 개개인의 준법의식도 개선된다.

④ 책임이란 모든 결과가 자신의 선택에서 유래한 것임을 인정하는 태도이다.

⑤ 준법이란 민주시민으로서 기본적으로 준수해야 하는 의무이자 생활 자세이다.

39 다음 (가) ~ (마) 문단의 주제로 적절하지 않은 것은?

(가) 우리는 최근 사회가 많이 깨끗해졌다는 말을 많이 듣는다. 실제 우리의 일상생활은 정말 많이 깨끗해졌다. 과거에 비하면 일상생활에서 뇌물이 오가는 경우가 거의 없어진 것이다. 그런데 왜 부패인식지수가 나아지기는커녕 도리어 나빠지고 있을까? 일상생활과 부패인식지수가 전혀 다른 모습을 보이는 이유는 어디에 있을까?

(나) 부패인식지수가 산출되는 과정에서 그 물음의 답을 찾을 수 있다. 부패인식지수는 국제투명성 기구에서 매년 조사하여 발표하고 있는 세계적으로 가장 권위 있는 부패 지표로, 지수는 국제적인 조사 및 평가를 실시하고 있는 여러 기관의 조사 결과를 바탕으로 산출된다. 각 기관의 조사 항목과 조사 대상은 서로 다르지만, 주요 항목은 공무원의 직권 남용 억제 기능, 공무원의 공적 권력의 사적 이용, 공공서비스와 관련한 뇌물 등으로 공무원의 뇌물과 부패에 초점이 맞추어져 있다.

(다) 부패인식지수를 이해하는 데에 주목하여야 할 또 하나의 중요한 점은 부패인식지수 계산에 사용된 각 지수의 조사 대상이다. 조사에 따라 약간의 차이가 있기는 하지만 조사는 주로 해당 국가나 해당 국가와 거래하고 있는 고위 기업인과 전문가들을 대상으로 이루어진다. 일반 시민이 아닌 기업 활동에서 공직자들과 깊숙한 관계를 맺고 있어 공직자들의 행태를 누구보다 잘 알고 있을 것으로 추정되는 사람들의 의견을 대상으로 하는 것이다. 결국 부패인식지수는 고위 기업경영인과 전문가들의 공직 사회의 뇌물과 부패에 대한 평가라 할 수 있다.

(라) 그렇다면 부패인식지수를 개선하는 방법은 무엇일까? 그간 정부는 공무원행동강령, 청탁금지법, 부패방지기구 설치 등 많은 제도적인 노력을 기울여왔다. 이러한 정부의 노력에도 불구하고 정부 반부패정책은 대부분 효과가 없는 것으로 보인다. 정부 노력에 대한 일반 시민들의 시선도 차갑기만 하다. 결국 법과 제도적 장치는 우리 사회에 만연한 연줄 문화 앞에서 힘을 쓰지 못하고 있는 것으로 해석할 수 있다.

(마) 천문학적인 뇌물을 받아도 마스크를 낀 채 휠체어를 타고 교도소를 나오는 기업경영인과 공직자들의 모습을 우리는 자주 보아왔다. 이처럼 솜방망이 처벌이 반복되는 상황에서 부패는 계속될 수밖에 없다. 예상되는 비용에 비해 기대 수익이 큰 상황에서 부패는 끊어질 수 없는 것이다. 이러한 상황이 인간의 욕망을 도리어 자극하여 사람들은 연줄을 찾아 더 많은 부당이득을 노리려 할지 모른다. 연줄로 맺어지든 다른 방식으로 이루어지든 부패로 인하여 지불해야 할 비용이 크다면 부패에 대한 유인이 크게 줄어들 수 있을 것이다.

① (가) : 일상부패에 대한 인식과 부패인식지수의 상반되는 경향에 대한 의문
② (나) : 공공분야에 맞추어진 부패인식지수의 산출과정
③ (다) : 특정 계층으로 집중된 부패인식지수의 조사 대상
④ (라) : 부패인식지수의 효과적인 개선방안
⑤ (마) : 부패가 계속되는 원인과 부패 해결 방향

변혁적 리더십은 리더가 조직 구성원의 사기를 고양하기 위해 미래의 비전과 공동체적 사명감을 강조하고, 이를 통해 조직의 장기적 목표를 달성하는 것을 핵심으로 한다. 거래적 리더십이 협상과 교환을 통해 구성원의 동기를 부여한다면, 변혁적 리더십은 구성원의 변화를 통해 동기를 부여하고자 한다. 또한 거래적 리더십은 합리적 사고와 이성에 호소하는 반면, 변혁적 리더십은 감정과 정서에 호소하는 측면이 크다.

이러한 변혁적 리더십은 조직의 합병을 주도하고 신규 부서를 만들어 내며, 조직문화를 창출해 내는 등 조직 변혁을 주도하고 관리한다. 따라서 오늘날 급변하는 환경과 조직의 실정에 적합한 리더십 유형으로 주목받고 있다. 변혁적 리더는 주어진 목적의 중요성과 의미에 대한 구성원의 인식 수준을 제고시키고, 개인적 이익을 넘어서 구성원 자신과 조직 전체의 이익을 위해 일하도록 만든다. 그리고 구성원의 욕구 수준을 상위 수준으로 끌어올림으로써 구성원을 근본적으로 변혁시킨다. 즉, 거래적 리더십을 발휘하는 리더는 구성원에게 기대되었던 성과만을 얻어내지만, 변혁적 리더는 _____

변혁적 리더가 변화를 이끌어내는 전문적 방법의 하나는 카리스마와 긍정적인 행동 양식을 보여주는 것이다. 이를 통해 리더는 구성원들의 신뢰와 충성심을 얻을 수 있다. 조직의 비전을 구체화하여 알려주고 어떻게 목표를 달성할 것인지를 설명해 주거나 높은 윤리적 기준으로 모범이 되는 것도 좋은 방법이 된다.

지속적으로 구성원의 동기를 부여하는 것도 매우 중요하다. 팀워크를 장려하고, 조직의 비전을 구체화하여 개인의 일상 업무에도 의미를 부여할 수 있도록 해야 한다. 변혁적 리더는 구성원이 조직의 중요한 부분이 될 수 있도록 노력하게 만드는 데에 초점을 둔다. 따라서 높지만 달성 가능한 목표를 세워 구성원의 생산력을 향상시키고, 구성원에게는 성취 경험을 제공하여 그들이 계속 성장할 수 있도록 만들어야 한다.

현재 상황에 대한 의문은 새로운 변화를 일어나게 한다. 변혁적 리더는 구성원들의 지적 자극을 불러일으켜 조직의 이슈에 대해 적극적으로 관심을 갖도록 만들며, 이를 통해서 참신한 아이디어와 긍정적인 변화가 일어날 수 있도록 한다.

변혁적 리더는 개개인의 관점을 소홀히 생각하지 않는다. 각각의 구성원들을 독특한 재능, 기술 등을 보유한 독립된 개인으로 인지한다. 리더가 구성원들을 개개인으로 인지하게 되면 그들의 능력에 적합한 역할을 부여할 수 있으며, 구성원들 역시 개인적인 목표를 용이하게 달성할 수 있게 된다. 따라서 리더는 각 구성원의 소리에 귀 기울이고, 구성원 개개인에게 관심을 표현해야 한다.

40 다음 중 빈칸에 들어갈 내용으로 가장 적절한 것은?

① 개개인의 성과를 얻어낼 수 있다.

② 구체적인 성과를 얻어낼 수 있다.

③ 기대 이상의 성과를 얻어낼 수 있다.

④ 참신한 아이디어도 함께 얻어낼 수 있다.

⑤ 구성원들의 신뢰도 함께 얻어낼 수 있다.

41 다음 중 윗글의 내용으로 적절하지 않은 것은?

① 변혁적 리더는 구성원 개개인에게 관심을 표현한다.

② 변혁적 리더는 구성원의 합리적 사고와 이성에 호소한다.

③ 변혁적 리더는 구성원의 변화를 통해 동기를 부여하고자 한다.

④ 변혁적 리더는 구성원에게 카리스마와 긍정적 행동 양식을 보여준다.

⑤ 변혁적 리더는 구성원이 자신과 조직 전체의 이익을 위해 일하도록 한다.

42 다음은 산업별 경기전망지수를 나타낸 자료이다. 다음 〈조건〉을 바탕으로 A ~ D에 들어갈 산업을 바르게 연결한 것은?

〈산업별 경기전망지수〉

(단위 : 점)

구분	2018년	2019년	2020년	2021년	2022년
A산업	45.8	48.9	52.2	52.5	54.4
B산업	37.2	39.8	38.7	41.9	46.3
도소매업	38.7	41.4	38.3	41.7	46.2
C산업	36.1	40.6	44.0	37.1	39.7
D산업	39.3	41.1	40.2	44.9	48.7

조건

• 2018년부터 2022년까지 보건업의 경기전망지수가 40점 이상인 해는 2개이다.

• 2020년 조선업과 제조업의 경기전망지수는 전년 대비 증가하였다.

• 전년 대비 2019년 해운업의 경기전망지수의 증가율은 5개의 산업 중 가장 낮다.

• 제조업은 매년 5개의 산업 중 경기전망지수가 가장 높다.

	A	B	C	D
①	조선업	보건업	제조업	해운업
②	조선업	제조업	보건업	해운업
③	조선업	제조업	해운업	보건업
④	제조업	보건업	조선업	해운업
⑤	제조업	조선업	보건업	해운업

43 다음은 협상전략의 유형을 설명한 것이다. 다음 중 (A) ~ (D)에 들어갈 용어로 적절한 것은?

(A) 상대방이 제시하는 것을 일방적으로 수용하여 협상의 가능성을 높이려는 전략이다. 즉, 상대방의 욕구와 주장에 자신의 욕구와 주장을 조정하고 순응시켜 굴복한다.

(B) 자신이 상대방보다 힘에 있어서 우위를 점유하고 있을 때 자신의 이익을 극대화하기 위한 공격적 전략이다. 즉, 상대방의 주장을 무시하고 자신의 힘으로 일방적으로 밀어붙여 상대방에게 자신의 입장을 강요하는 전략이다.

(C) 무행동전략이며, 협상으로부터 철수하는 철수전략이다. 즉, 협상을 피하거나 잠정적으로 중단하거나 철수하는 전략이다.

(D) 협상 참여자들이 협동과 통합으로 문제를 해결하고자 하는 협력적 문제해결전략이다. 문제를 해결하는 합의에 이르기 위해서 협상 당사자들이 서로 협력하는 것이다.

	(A)	(B)	(C)	(D)
①	회피전략	유화전략	강압전략	협력전략
②	회피전략	강압전략	유화전략	협력전략
③	유화전략	회피전략	협력전략	강압전략
④	유화전략	강압전략	협력전략	회피전략
⑤	유화전략	강압전략	회피전략	협력전략

44 최근 회사 생활을 하면서 대인관계에 어려움을 겪고 있는 A사원은 같은 팀 B대리에게 조언을 구하고자 면담을 신청하였다. 다음 중 B대리가 A사원에게 해 줄 조언으로 가장 적절하지 않은 것은?

A사원 : 지난달 팀 프로젝트를 진행하면서 같은 팀원인 C사원이 업무적으로 힘들어하는 것 같아서 C사원의 업무를 조금 도와줬습니다. 그 뒤로 타 부서 직원인 D사원의 업무 협조 요청도 거절하지 못해 함께 업무를 진행했습니다. 그러다 보니 막상 제 업무는 제시간에 끝내지 못했고, 결국에는 늘 야근을 해야만 했습니다. 앞으로는 제 업무에만 전념하기로 다짐하면서 지난주부터는 다른 직원들의 부탁을 모두 거절하였습니다. 그랬더니 동료들로부터 제가 냉정하고 업무에 비협조적이라는 이야기를 들었습니다. 이번 달에는 정말 제가 당장 처리해야 할 업무가 많아 도움을 줄 수 없는 상황입니다. 동료들의 부탁을 어떻게 거절해야 동료들이 저를 이해해줄까요?

B대리 : _____

---

① 도움을 주지 못해 아쉬운 마음을 함께 표현해야 합니다.

② 상대 동료가 미련을 갖지 않도록 단번에 거절해야 합니다.

③ 도움이 필요한 상대 동료의 상황을 충분히 이해하고 있음을 드러내야 합니다.

④ 현재 도움을 줄 수 없는 A사원의 상황이나 이유를 분명하게 설명해야 합니다.

⑤ 부탁을 거절할 때는 인간관계를 해치지 않도록 신중하게 거절하는 것이 중요합니다.

45 L씨는 콘택트렌즈를 구매하려 한다. 다음 자료를 참고하여 가격을 비교할 때, 1년 동안 가장 적은 비용으로 사용할 수 있는 렌즈는 무엇인가?(단, 1년 동안 똑같은 제품만을 사용하며, 1년은 52주이다)

렌즈	가격	착용기한	서비스
A	30,000원	1달	–
B	45,000원	2달	1+1
C	20,000원	1달	1+2(3월, 7월, 11월에만)
D	5,000원	1주	–
E	65,000원	2달	1+2

① A렌즈   ② B렌즈
③ C렌즈   ④ D렌즈
⑤ E렌즈

46 프랜차이즈 커피숍에서 바리스타로 근무하고 있는 당신은 종종 가격을 깎아달라는 고객 때문에 고민이 이만저만이 아니다. 이를 본 선배가 당신에게 도움이 될 만한 몇 가지 조언을 해 주었다. 다음 중 선배가 당신에게 한 조언으로 가장 적절한 것은?

① 못 본 체하고 다른 손님의 주문을 받으면 됩니다.
② 이번이 마지막이라고 말하면서 한 번만 깎아 주세요.
③ '절대로 안 된다.'고 딱 잘라 거절하는 태도가 필요합니다.
④ 다음에 오실 때 깎아드리겠다고 약속드리고 지키면 됩니다.
⑤ 규정상 임의로 깎아줄 수 없다는 점을 상세히 설명해 드리세요.

47 A전자 영업부에 근무하는 L사원은 제품에 대한 불만이 있는 고객의 전화를 받았다. 제품에 문제가 있어 담당부서에 고장수리를 요청했으나 연락이 없어 고객이 화가 많이 난 상태였다. 이때 직원으로서의 응대로 가장 적절한 것은?

① 고객에게 사과하여 고객의 마음을 진정시키고 전화를 상사에게 연결한다.

② 화를 가라앉히시라고 말하고 그렇지 않으면 전화응대를 하지 않겠다고 한다.

③ 고객의 불만을 들어준 후, 고객에게 제품수리에 대해 담당부서로 다시 전화할 것을 권한다.

④ 고객의 불만을 듣고 지금 사장님과 전화연결은 어렵고 다시 연락을 드리겠다고 답한 후, 사장님께 메모를 전한다.

⑤ 회사를 대표해서 미안하다는 사과를 하고, 고객의 불만을 메모한 후 담당부서에 먼저 연락하여 해결해 줄 것을 의뢰한다.

48 다음 사례의 K씨에게 충고할 내용으로 가장 적절한 것은?

> K씨는 매일 1시간 단위로 자신이 해야 할 일을 계획하여 실천하고 있다. 그런데 오늘 K씨는 갑자기 예상하지 못한 외부 일정이 생겨 자신의 계획대로 업무를 진행하지 못했고, 이로 인하여 담당 업무에 큰 차질이 생겼다.

① 계획한 일을 미루지 않는 자세가 필요하다.

② 어느 일을 가장 우선적으로 처리해야 할 것인지를 결정해야 한다.

③ 계획 실천에 방해가 되는 외부 요소를 의도적으로 차단해야 한다.

④ 다양한 상황이 발생할 수 있다는 것을 염두하고 계획을 세워야 한다.

⑤ 무리한 계획을 세우지 않으며, 실현 가능한 현실적인 계획을 세워야 한다.

49 다음 중 직업윤리의 5대 원칙으로 볼 수 없는 것은?

〈직업윤리의 5대 원칙〉

1. 업무의 공공성을 바탕으로 공사구분을 명확히 하고, 모든 것을 숨김없이 투명하게 처리하는 것
2. 고객에 대한 봉사를 최우선으로 생각하고 현장중심, 실천중심으로 일하는 것
3. 자기업무에 전문가로서의 능력과 의식을 가지고 책임을 다하며, 능력을 연마하는 것
4. 업무와 관련된 모든 것을 숨김없이 정직하게 수행하고, 본분과 약속을 지켜 신뢰를 유지하는 것
5. 법규를 준수하고, 경쟁원리에 따라 공정하게 행동하는 것

① 정직과 신용의 원칙　　　　　　　② 전문성의 원칙
③ 공정경쟁의 원칙　　　　　　　　④ 고객중심의 원칙
⑤ 주관성의 원칙

50 총무팀이 출장을 위해 탑승할 열차의 좌석을 〈조건〉에 따라 배치할 때, 각 좌석에 앉을 직원이 바르게 연결된 것은?

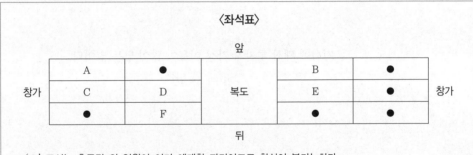

〈좌석표〉

앞

창가	A	●	복도	B	●	창가
---	C	D		E	●	---
	●	F		●	●	

뒤

※ '●' 표시는 총무팀 외 인원이 이미 예매한 자리이므로 착석이 불가능하다.

조건
• 출장을 가는 직원은 김팀장, 박차장, 오과장, 최과장, 이대리, 성대리로 구성되어 있다.
• 같은 직급끼리는 이웃하여 앉지 않는다.
• 팀장은 가장 뒤에 있는 좌석에 앉는다.
• 과장은 창가 쪽 자리에만 앉는다.
• 최과장은 대리 직급 옆에 앉는다.
• 박차장은 성대리보다 앞에 앉는다.
• 이대리는 D좌석에 앉는다.

① A – 김팀장　　　　　　　② B – 오과장
③ C – 박차장　　　　　　　④ E – 성대리
⑤ F – 최과장

지식에 대한 투자가 가장 이윤이 많이 남는 법이다.

– 벤자민 프랭클린 –

PART 5

채용 가이드

01 | 블라인드 채용 소개

1. 블라인드 채용이란?

채용 과정에서 편견이 개입되어 불합리한 차별을 야기할 수 있는 출신지, 가족관계, 학력, 외모 등의 편견요인은 제외하고, 직무능력만을 평가하여 인재를 채용하는 방식입니다.

2. 블라인드 채용의 필요성

- 채용의 공정성에 대한 사회적 요구
  - 누구에게나 직무능력만으로 경쟁할 수 있는 균등한 고용기회를 제공해야 하나, 아직도 채용의 공정성에 대한 불신이 존재
  - 채용상 차별금지에 대한 법적 요건이 권고적 성격에서 처벌을 동반한 의무적 성격으로 강화되는 추세
  - 시민의식과 지원자의 권리의식 성숙으로 차별에 대한 법적 대응 가능성 증가
- 우수인재 채용을 통한 기업의 경쟁력 강화 필요
  - 직무능력과 무관한 학벌, 외모 위주의 선발로 우수인재 선발기회 상실 및 기업경쟁력 약화
  - 채용 과정에서 차별 없이 직무능력중심으로 선발한 우수인재 확보 필요
- 공정한 채용을 통한 사회적 비용 감소 필요
  - 편견에 의한 차별적 채용은 우수인재 선발을 저해하고 외모·학벌 지상주의 등의 심화로 불필요한 사회적 비용 증가
  - 채용에서의 공정성을 높여 사회의 신뢰수준 제고

3. 블라인드 채용의 특징

편견요인을 요구하지 않는 대신 직무능력을 평가합니다.

※ 직무능력중심 채용이란?
기업의 역량기반 채용, NCS기반 능력중심 채용과 같이 직무수행에 필요한 능력과 역량을 평가하여 선발하는 채용방식을 통칭합니다.

4. 블라인드 채용의 평가요소

직무수행에 필요한 지식, 기술, 태도 등을 과학적인 선발기법을 통해 평가합니다.

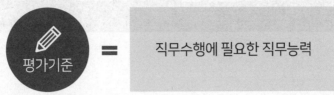

※ 과학적 선발기법이란?
직무분석을 통해 도출된 평가요소를 서류, 필기, 면접 등을 통해 체계적으로 평가하는 방법으로 입사지원서, 자기소개서, 직무수행능력평가, 구조화 면접 등이 해당됩니다.

5. 블라인드 채용 주요 도입 내용

• 입사지원서에 인적사항 요구 금지
  - 인적사항에는 출신지역, 가족관계, 결혼여부, 재산, 취미 및 특기, 종교, 생년월일(연령), 성별, 신장 및 체중, 사진, 전공, 학교명, 학점, 외국어 점수, 추천인 등이 해당
  - 채용 직무를 수행하는 데 있어 반드시 필요하다고 인정될 경우는 제외
    예 특수경비직 채용 시 : 시력, 건강한 신체 요구
       연구직 채용 시 : 논문, 학위 요구 등
• 블라인드 면접 실시
  - 면접관에게 응시자의 출신지역, 가족관계, 학교명 등 인적사항 정보 제공 금지
  - 면접관은 응시자의 인적사항에 대한 질문 금지

6. 블라인드 채용 도입의 효과성

• 구성원의 다양성과 창의성이 높아져 기업 경쟁력 강화
  - 편견을 없애고 직무능력 중심으로 선발하므로 다양한 직원 구성 가능
  - 다양한 생각과 의견을 통하여 기업의 창의성이 높아져 기업경쟁력 강화
• 직무에 적합한 인재선발을 통한 이직률 감소 및 만족도 제고
  - 사전에 지원자들에게 구체적이고 상세한 직무요건을 제시함으로써 허수 지원이 낮아지고, 직무에 적합한 지원자 모집 가능
  - 직무에 적합한 인재가 선발되어 직무이해도가 높아져 업무효율 증대 및 만족도 제고
• 채용의 공정성과 기업이미지 제고
  - 블라인드 채용은 사회적 편견을 줄인 선발 방법으로 기업에 대한 사회적 인식 제고
  - 채용과정에서 불합리한 차별을 받지 않고 실력에 의해 공정하게 평가를 받을 것이라는 믿음을 제공하고, 지원자들은 평등한 기회와 공정한 선발과정 경험

PART 5

02 | 서류전형 가이드

01 채용공고문

1. 채용공고문의 변화

기존 채용공고문	변화된 채용공고문
• 취업준비생에게 불충분하고 불친절한 측면 존재 • 모집분야에 대한 명확한 직무관련 정보 및 평가기준 부재 • 해당분야에 지원하기 위한 취업준비생의 무분별한 스펙 쌓기 현상 발생	• NCS 직무분석에 기반한 채용공고를 토대로 채용전형 진행 • 지원자가 입사 후 수행하게 될 업무에 대한 자세한 정보 공지 • 직무수행내용, 직무수행 시 필요한 능력, 관련된 자격, 직업기초능력 제시 • 지원자가 해당 직무에 필요한 스펙만을 준비할 수 있도록 안내
• 모집부문 및 응시자격 • 지원서 접수 • 전형절차 • 채용조건 및 처우 • 기타사항	• 채용절차 • 채용유형별 선발분야 및 예정인원 • 전형방법 • 선발분야별 직무기술서 • 우대사항

2. 지원 유의사항 및 지원요건 확인

채용 직무에 따른 세부사항을 공고문에 명시하여 지원자에게 적격한 지원 기회를 부여함과 동시에 채용과정에서의 공정성과 신뢰성을 확보합니다.

구성	내용	확인사항
모집분야 및 규모	고용형태(인턴 계약직 등), 모집분야, 인원, 근무지역 등	채용직무가 여러 개일 경우 본인이 해당되는 직무의 채용규모 확인
응시자격	기본 자격사항, 지원조건	지원을 위한 최소자격요건을 확인하여 불필요한 지원을 예방
우대조건	법정 · 특별 · 자격증 가점	본인의 가점 여부를 검토하여 가점 획득을 위한 사항을 사실대로 기재
근무조건 및 보수	고용형태 및 고용기간, 보수, 근무지	본인이 생각하는 기대수준에 부합하는지 확인하여 불필요한 지원을 예방
시험방법	서류 · 필기 · 면접전형 등의 활용방안	전형방법 및 세부 평가기법 등을 확인하여 지원전략 준비
전형일정	접수기간, 각 전형 단계별 심사 및 합격자 발표일 등	본인의 지원 스케줄을 검토하여 차질이 없도록 준비
제출서류	입사지원서(경력 · 경험기술서 등), 각종 증명서 및 자격증 사본 등	지원요건 부합 여부 및 자격 증빙서류 사전에 준비
유의사항	임용취소 등의 규정	임용취소 관련 법적 또는 기관 내부 규정을 검토하여 해당여부 확인

직무기술서란 직무수행의 내용과 필요한 능력, 관련 자격, 직업기초능력 등을 상세히 기재한 것으로 입사 후 수행하게 될 업무에 대한 정보가 수록되어 있는 자료입니다.

1. 채용분야

설명

NCS 직무분류 체계에 따라 직무에 대한 「대분류 – 중분류 – 소분류 – 세분류」 체계를 확인할 수 있습니다. 채용 직무에 대한 모든 직무기술서를 첨부하게 되며 실제 수행 업무를 기준으로 세부적인 분류정보를 제공합니다.

채용분야	분류체계			
사무행정	대분류	중분류	소분류	세분류
분류코드	02. 경영·회계·사무	03. 재무·회계	01. 재무	01. 예산
				02. 자금
			02. 회계	01. 회계감사
				02. 세무

2. 능력단위

설명

직무분류 체계의 세분류 하위능력단위 중 실질적으로 수행할 업무의 능력만 구체적으로 파악할 수 있습니다.

능력단위	(예산)	03. 연간종합예산수립 05. 확정예산 운영	04. 추정재무제표 작성 06. 예산실적 관리
	(자금)	04. 자금운용	
	(회계감사)	02. 자금관리 05. 회계정보시스템 운용 07. 회계감사	04. 결산관리 06. 재무분석
	(세무)	02. 결산관리 07. 법인세 신고	05. 부가가치세 신고

3. 직무수행내용

설명

세분류 영역의 기본정의를 통해 직무수행내용을 확인할 수 있습니다. 입사 후 수행할 직무내용을 구체적으로 확인할 수 있으며, 이를 통해 입사서류 작성부터 면접까지 직무에 대한 명확한 이해를 바탕으로 자신의 희망직무 인지 아닌지, 해당 직무가 자신이 알고 있던 직무가 맞는지 확인할 수 있습니다.

직무수행내용	(예산) 일정기간 예상되는 수익과 비용을 편성, 집행하며 통제하는 일
	(자금) 자금의 계획 수립, 조달, 운용을 하고 발생 가능한 위험 관리 및 성과평가
	(회계감사) 기업 및 조직 내·외부에 있는 의사결정자들이 효율적인 의사결정을 할 수 있도록 유용한 정보를 제공, 제공된 회계정보의 적정성을 파악하는 일
	(세무) 세무는 기업의 활동을 위하여 주어진 세법범위 내에서 조세부담을 최소화시키는 조세전략을 포함하고 정확한 과세소득과 과세표준 및 세액을 산출하여 과세당국에 신고·납부하는 일

4. 직무기술서 예시

태도	(예산) 정확성, 분석적 태도, 논리적 태도, 타 부서와의 협조적 태도, 설득력
	(자금) 분석적 사고력
	(회계 감사) 합리적 태도, 전략적 사고, 정확성, 적극적 협업 태도, 법률준수 태도, 분석적 태도, 신속성, 책임감, 정확한 판단력
	(세무) 규정 준수 의지, 수리적 정확성, 주의 깊은 태도
우대 자격증	공인회계사, 세무사, 컴퓨터활용능력, 변호사, 워드프로세서, 전산회계운용사, 사회조사분석사, 재경관리사, 회계관리 등
직업기초능력	의사소통능력, 문제해결능력, 자원관리능력, 대인관계능력, 정보능력, 조직이해능력

5. 직무기술서 내용별 확인사항

항목	확인사항
모집부문	해당 채용에서 선발하는 부문(분야)명 확인 예 사무행정, 전산, 전기
분류체계	지원하려는 분야의 세부직무군 확인
주요기능 및 역할	지원하려는 기업의 전사적인 기능과 역할, 산업군 확인
능력단위	지원분야의 직무수행에 관련되는 세부업무사항 확인
직무수행내용	지원분야의 직무군에 대한 상세사항 확인
전형방법	지원하려는 기업의 신입사원 선발전형 절차 확인
일반요건	교육사항을 제외한 지원 요건 확인(자격요건, 특수한 경우 연령)
교육요건	교육사항에 대한 지원요건 확인(대졸 / 초대졸 / 고졸 / 전공 요건)
필요지식	지원분야의 업무수행을 위해 요구되는 지식 관련 세부항목 확인
필요기술	지원분야의 업무수행을 위해 요구되는 기술 관련 세부항목 확인
직무수행태도	지원분야의 업무수행을 위해 요구되는 태도 관련 세부항목 확인
직업기초능력	지원분야 또는 지원기업의 조직원으로서 근무하기 위해 필요한 일반적인 능력사항 확인

1. 입사지원서의 변화

기존지원서		능력중심 채용 입사지원서	
직무와 관련 없는 학점, 개인신상, 어학점수, 자격, 수상경력 등을 나열하도록 구성	VS	해당 직무수행에 꼭 필요한 정보들을 제시할 수 있도록 구성	

기존지원서	능력중심 채용 입사지원서	
직무기술서	인적사항	성명, 연락처, 지원분야 등 작성 (평가 미반영)
직무수행내용	교육사항	직무지식과 관련된 학교교육 및 직업교육 작성
요구지식 / 기술	자격사항	직무관련 국가공인 또는 민간자격 작성
관련 자격증	경력 및 경험사항	조직에 소속되어 일정한 임금을 받거나(경력) 임금 없이(경험) 직무와 관련된 활동 내용 작성
사전직무경험		

2. 교육사항

- 지원분야 직무와 관련된 학교 교육이나 직업교육 혹은 기타교육 등 직무에 대한 지원자의 학습 여부를 평가하기 위한 항목입니다.
- 지원하고자 하는 직무의 학교 전공교육 이외에 직업교육, 기타교육 등을 기입할 수 있기 때문에 전공 제한 없이 직업교육과 기타교육을 이수하여 지원이 가능하도록 기회를 제공합니다.
  (기타교육 : 학교 이외의 기관에서 개인이 이수한 교육과정 중 지원직무와 관련이 있다고 생각되는 교육내용)

구분	교육과정(과목)명	교육내용	과업(능력단위)

3. 자격사항

- 채용공고 및 직무기술서에 제시되어 있는 자격 현황을 토대로 지원자가 해당 직무를 수행하는 데 필요한 능력을 가지고 있는지를 평가하기 위한 항목입니다.
- 채용공고 및 직무기술서에 기재된 직무관련 필수 또는 우대자격 항목을 확인하여 본인이 보유하고 있는 자격사항을 기재합니다.

자격유형	자격증명	발급기관	취득일자	자격증번호

4. 경력 및 경험사항

- 직무와 관련된 경력이나 경험 여부를 표현하도록 하여 직무와 관련한 능력을 갖추었는지를 평가하기 위한 항목입니다.
- 해당 기업에서 직무를 수행함에 있어 필요한 사항만을 기록하게 되어 있기 때문에 직무와 무관한 스펙을 갖추지 않아도 됩니다.
- 경력 : 금전적 보수를 받고 일정기간 동안 일했던 경우
- 경험 : 금전적 보수를 받지 않고 수행한 활동

※ 기업에 따라 경력 / 경험 관련 증빙자료 요구 가능

구분	조직명	직위 / 역할	활동기간(년 / 월)	주요과업 / 활동내용

Tip

입사지원서 작성 방법

○ 경력 및 경험사항 작성
- 직무기술서에 제시된 지식, 기술, 태도와 지원자의 교육사항, 경력(경험)사항, 자격사항과 연계하여 개인의 직무역량에 대해 스스로 판단 가능

○ 인적사항 최소화
- 개인의 인적사항, 학교명, 가족관계 등을 노출하지 않도록 유의

부적절한 입사지원서 작성 사례
- 학교 이메일을 기입하여 학교명 노출
- 거주지 주소에 학교 기숙사 주소를 기입하여 학교명 노출
- 자기소개서에 부모님이 재직 중인 기업명, 직위, 직업을 기입하여 가족관계 노출
- 자기소개서에 석·박사 과정에 대한 이야기를 언급하여 학력 노출
- 동아리 활동에 대한 내용을 학교명과 더불어 언급하여 학교명 노출

1. 자기소개서의 변화

- 기존의 자기소개서는 지원자의 일대기나 관심 분야, 성격의 장·단점 등 개괄적인 사항을 묻는 질문으로 구성되어 지원자가 자신의 직무능력을 제대로 표출하지 못합니다.
- 능력중심 채용의 자기소개서는 직무기술서에 제시된 직업기초능력(또는 직무수행능력)에 대한 지원자의 과거 경험을 기술하게 함으로써 평가 타당도의 확보가 가능합니다.

1. 우리 회사와 해당 지원 직무분야에 지원한 동기에 대해 기술해 주세요.
2. 자신이 경험한 다양한 사회활동에 대해 기술해 주세요.
3. 지원 직무에 대한 전문성을 키우기 위해 받은 교육과 경험 및 경력사항에 대해 기술해 주세요.
4. 인사업무 또는 팀 과제 수행 중 발생한 갈등을 원만하게 해결해 본 경험이 있습니까? 당시 상황에 대한 설명과 갈등의 대상이 되었던 상대방을 설득한 과정 및 방법을 기술해 주세요.
5. 과거에 있었던 일 중 가장 어려웠던(힘들었던) 상황을 고르고, 어떤 방법으로 그 상황을 해결했는지를 기술해 주세요.

자기소개서 작성 방법

① 자기소개서 문항이 묻고 있는 평가 역량 추측하기

보기 예시

- 팀 활동을 하면서 갈등 상황 시 상대방의 니즈나 의도를 명확히 파악하고 해결하여 목표 달성에 기여했던 경험에 대해서 작성해 주시기 바랍니다.
- 다른 사람이 생각해내지 못했던 문제점을 찾고 이를 해결한 경험에 대해 작성해 주시기 바랍니다.

② 해당 역량을 보여줄 수 있는 소재 찾기(시간×역량 매트릭스)

예시

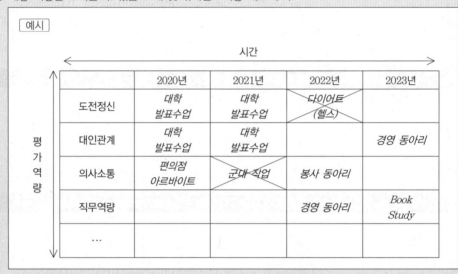

	2020년	2021년	2022년	2023년
도전정신	*대학 발표수업*	*대학 발표수업*	~~*다이어트 (헬스)*~~	
대인관계	*대학 발표수업*	*대학 발표수업*		*경영 동아리*
의사소통	*편의점 아르바이트*	~~*군대 작업*~~	*봉사 동아리*	
직무역량			*경영 동아리*	*Book Study*
…				

세로축: 평가역량 / 가로축: 시간

③ 자기소개서 작성 Skill 익히기
- 두괄식으로 작성하기
- 구체적 사례를 사용하기
- '나'를 중심으로 작성하기
- 직무역량 강조하기
- 경험 사례의 차별성 강조하기

03 | 인성검사 소개 및 모의테스트

01 인성검사 유형

인성검사는 지원자의 성격특성을 객관적으로 파악하고 그것이 각 기업에서 필요로 하는 인재상과 가치에 부합하는가를 평가하기 위한 검사입니다. 인성검사는 KPDI(한국인재개발진흥원), K-SAD(한국사회적성개발원), KIRBS(한국행동과학연구소), SHR(에스에이치알) 등의 전문기관을 통해 각 기업의 특성에 맞는 검사를 선택하여 실시합니다. 대표적인 인성검사의 유형에는 크게 다음과 같은 세 가지가 있으며, 채용 대행업체에 따라 달라집니다.

1. KPDI 검사

조직적응성과 직무적합성을 알아보기 위한 검사로 인성검사, 인성역량검사, 인적성검사, 직종별 인적성 검사 등의 다양한 검사 도구를 구현합니다. KPDI는 성격을 파악하고 정신건강 상태 등을 측정하고, 직무 검사는 해당 직무를 수행하기 위해 기본적으로 갖추어야 할 인지적 능력을 측정합니다. 역량검사는 특정 직무 역할을 효과적으로 수행하는 데 직접적으로 관련 있는 개인의 행동, 지식, 스킬, 가치관 등을 측정합니다.

2. KAD(Korea Aptitude Development) 검사

K-SAD(한국사회적성개발원)에서 실시하는 적성검사 프로그램입니다. 개인의 성향, 지적 능력, 기호, 관심, 흥미도를 종합적으로 분석하여 적성에 맞는 업무가 무엇인가 파악하고, 직무수행에 있어서 요구되는 기초능력과 실무능력을 분석합니다.

3. SHR 직무적성검사

직무수행에 필요한 종합적인 사고 능력을 다양한 적성검사(Paper and Pencil Test)로 평가합니다. SHR의 모든 직무능력검사는 표준화 검사입니다. 표준화 검사는 표본집단의 점수를 기초로 규준이 만들어진 검사이므로 개인의 점수를 규준에 맞추어 해석·비교하는 것이 가능합니다. S(Standardized Tests), H(Hundreds of Version), R(Reliable Norm Data)을 특징으로 하며, 직군·직급별 특성과 선발 수준에 맞추어 검사를 적용할 수 있습니다.

02   인성검사와 면접

인성검사는 특히 면접질문과 관련성이 높습니다. 면접관은 지원자의 인성검사 결과를 토대로 질문을 하기 때문입니다. 일관적이고 이상적인 답변을 하는 것이 가장 좋지만, 실제 시험은 매우 복잡하여 전문가라 해도 일정 성격을 유지하면서 답변을 하는 것이 힘듭니다. 또한, 인성검사에는 라이 스케일(Lie Scale) 설문이 전체 설문 속에 교묘하게 섞여 들어가 있으므로 겉치레적인 답을 하게 되면 회답태도의 허위성이 그대로 드러나게 됩니다. 예를 들어 '거짓말을 한 적이 한 번도 없다.'에 '예'로 답하고, '때로는 거짓말을 하기도 한다.'에 '예'라고 답하여 라이 스케일의 득점이 올라가게 되면 모든 회답의 신빙성이 사라지고 '자신을 돋보이게 하려는 사람'이라는 평가를 받을 수 있으므로 주의해야 합니다. 따라서 모의테스트를 통해 인성검사의 유형과 실제 시험 시 어떻게 문제를 풀어야 하는지 연습해 보고 체크한 부분 중 자신의 단점과 연결되는 부분은 면접에서 질문이 들어왔을 때 어떻게 대처해야 하는지 생각해 보는 것이 좋습니다.

03   유의사항

1. 기업의 인재상을 파악하라!

인성검사를 통해 개인의 성격 특성을 파악하고 그것이 기업의 인재상과 가치에 부합하는지를 평가하는 시험이기 때문에 해당 기업의 인재상을 먼저 파악하고 시험에 임하는 것이 좋습니다. 모의테스트에서 인재상에 맞는 가상의 인물을 설정하고 문제에 답해 보는 것도 많은 도움이 됩니다.

2. 일관성 있는 대답을 하라!

짧은 시간 안에 다양한 질문에 답을 해야 하는데, 그 안에는 중복되는 질문이 여러 번 나옵니다. 이때 앞서 자신이 체크했던 대답을 잘 기억해뒀다가 일관성 있는 답을 하는 것이 중요합니다.

3. 모든 문항에 대답하라!

많은 문제를 짧은 시간 안에 풀려다 보니 다 못 푸는 경우도 종종 생깁니다. 하지만 대답을 누락하거나 끝까지 다 못했을 경우 좋지 않은 결과를 가져올 수도 있으니 최대한 주어진 시간 안에 모든 문항에 답할 수 있도록 해야 합니다.

※ 모의테스트는 질문 및 답변 유형 연습을 위한 것으로 실제 시험과 다를 수 있습니다.
※ 인성검사는 정답이 따로 없는 유형의 검사이므로 결과지를 제공하지 않습니다.

번호	내용	예	아니요
001	나는 솔직한 편이다.	☐	☐
002	나는 리드하는 것을 좋아한다.	☐	☐
003	법을 어겨서 말썽이 된 적이 한 번도 없다.	☐	☐
004	거짓말을 한 번도 한 적이 없다.	☐	☐
005	나는 눈치가 빠르다.	☐	☐
006	나는 일을 주도하기보다는 뒤에서 지원하는 것을 선호한다.	☐	☐
007	앞일은 알 수 없기 때문에 계획은 필요하지 않다.	☐	☐
008	거짓말도 때로는 방편이라고 생각한다.	☐	☐
009	사람이 많은 술자리를 좋아한다.	☐	☐
010	걱정이 지나치게 많다.	☐	☐
011	일을 시작하기 전 재고하는 경향이 있다.	☐	☐
012	불의를 참지 못한다.	☐	☐
013	처음 만나는 사람과도 이야기를 잘 한다.	☐	☐
014	때로는 변화가 두렵다.	☐	☐
015	나는 모든 사람에게 친절하다.	☐	☐
016	힘든 일이 있을 때 술은 위로가 되지 않는다.	☐	☐
017	결정을 빨리 내리지 못해 손해를 본 경험이 있다.	☐	☐
018	기회를 잡을 준비가 되어 있다.	☐	☐
019	때로는 내가 정말 쓸모없는 사람이라고 느낀다.	☐	☐
020	누군가 나를 챙겨주는 것이 좋다.	☐	☐
021	자주 가슴이 답답하다.	☐	☐
022	나는 내가 자랑스럽다.	☐	☐
023	경험이 중요하다고 생각한다.	☐	☐
024	전자기기를 분해하고 다시 조립하는 것을 좋아한다.	☐	☐

025	감시받고 있다는 느낌이 든다.	☐	☐
026	난처한 상황에 놓이면 그 순간을 피하고 싶다.	☐	☐
027	세상엔 믿을 사람이 없다.	☐	☐
028	잘못을 빨리 인정하는 편이다.	☐	☐
029	지도를 보고 길을 잘 찾아간다.	☐	☐
030	귓속말을 하는 사람을 보면 날 비난하고 있는 것 같다.	☐	☐
031	막무가내라는 말을 들을 때가 있다.	☐	☐
032	장래의 일을 생각하면 불안하다.	☐	☐
033	결과보다 과정이 중요하다고 생각한다.	☐	☐
034	운동은 그다지 할 필요가 없다고 생각한다.	☐	☐
035	새로운 일을 시작할 때 좀처럼 한 발을 떼지 못한다.	☐	☐
036	기분 상하는 일이 있더라도 참는 편이다.	☐	☐
037	업무능력은 성과로 평가받아야 한다고 생각한다.	☐	☐
038	머리가 맑지 못하고 무거운 느낌이 든다.	☐	☐
039	가끔 이상한 소리가 들린다.	☐	☐
040	타인이 내게 자주 고민상담을 하는 편이다.	☐	☐

※ 모의테스트는 질문 및 답변 유형 연습을 위한 것으로 실제 시험과 다를 수 있습니다.
※ 인성검사는 정답이 따로 없는 유형의 검사이므로 결과지를 제공하지 않습니다.

※ 이 성격검사의 각 문항에는 서로 다른 행동을 나타내는 네 개의 문장이 제시되어 있습니다. 이 문장들을 비교하여, 자신의 평소 행동과 가장 가까운 문장을 'ㄱ' 열에 표기하고, 가장 먼 문장을 'ㅁ' 열에 표기하십시오.

01   나는 _____

	ㄱ	ㅁ
A. 실용적인 해결책을 찾는다.	☐	☐
B. 다른 사람을 돕는 것을 좋아한다.	☐	☐
C. 세부 사항을 잘 챙긴다.	☐	☐
D. 상대의 주장에서 허점을 잘 찾는다.	☐	☐

02   나는 _____

	ㄱ	ㅁ
A. 매사에 적극적으로 임한다.	☐	☐
B. 즉흥적인 편이다.	☐	☐
C. 관찰력이 있다.	☐	☐
D. 임기응변에 강하다.	☐	☐

03   나는 _____

	ㄱ	ㅁ
A. 무서운 영화를 잘 본다.	☐	☐
B. 조용한 곳이 좋다.	☐	☐
C. 가끔 울고 싶다.	☐	☐
D. 집중력이 좋다.	☐	☐

04   나는 _____

	ㄱ	ㅁ
A. 기계를 조립하는 것을 좋아한다.	☐	☐
B. 집단에서 리드하는 역할을 맡는다.	☐	☐
C. 호기심이 많다.	☐	☐
D. 음악을 듣는 것을 좋아한다.	☐	☐

PART 5

05 나는 _____

	ㄱ	ㅁ
A. 타인을 늘 배려한다.	☐	☐
B. 감수성이 예민하다.	☐	☐
C. 즐겨하는 운동이 있다.	☐	☐
D. 일을 시작하기 전에 계획을 세운다.	☐	☐

06 나는 _____

	ㄱ	ㅁ
A. 타인에게 설명하는 것을 좋아한다.	☐	☐
B. 여행을 좋아한다.	☐	☐
C. 정적인 것이 좋다.	☐	☐
D. 남을 돕는 것에 보람을 느낀다.	☐	☐

07 나는 _____

	ㄱ	ㅁ
A. 기계를 능숙하게 다룬다.	☐	☐
B. 밤에 잠이 잘 오지 않는다.	☐	☐
C. 한 번 간 길을 잘 기억한다.	☐	☐
D. 불의를 보면 참을 수 없다.	☐	☐

08 나는 _____

	ㄱ	ㅁ
A. 종일 말을 하지 않을 때가 있다.	☐	☐
B. 사람이 많은 곳을 좋아한다.	☐	☐
C. 술을 좋아한다.	☐	☐
D. 휴양지에서 편하게 쉬고 싶다.	☐	☐

09 나는 _____

	ㄱ	ㅁ
A. 뉴스보다는 드라마를 좋아한다.	☐	☐
B. 길을 잘 찾는다.	☐	☐
C. 주말엔 집에서 쉬는 것이 좋다.	☐	☐
D. 아침에 일어나는 것이 힘들다.	☐	☐

10 나는 _____

	ㄱ	ㅁ
A. 이성적이다.	☐	☐
B. 할 일을 종종 미룬다.	☐	☐
C. 어른을 대하는 게 힘들다.	☐	☐
D. 불을 보면 매혹을 느낀다.	☐	☐

11 나는 _____

	ㄱ	ㅁ
A. 상상력이 풍부하다.	☐	☐
B. 예의 바르다는 소리를 자주 듣는다.	☐	☐
C. 사람들 앞에 서면 긴장한다.	☐	☐
D. 친구를 자주 만난다.	☐	☐

12 나는 _____

	ㄱ	ㅁ
A. 나만의 스트레스 해소 방법이 있다.	☐	☐
B. 친구가 많다.	☐	☐
C. 책을 자주 읽는다.	☐	☐
D. 활동적이다.	☐	☐

04 | 면접전형 가이드

01 면접유형 파악

1. 면접전형의 변화

기존 면접전형에서는 일상적이고 단편적인 대화나 지원자의 첫인상 및 면접관의 주관적인 판단 등에 의해서 입사 결정 여부를 판단하는 경우가 많았습니다. 이러한 면접전형은 면접 내용의 일관성이 결여되거나 직무 관련 타당성이 부족하였고, 면접에 대한 신뢰도에 영향을 주었습니다.

기존 면접(전통적 면접)	능력중심 채용 면접(구조화 면접)

• 일상적이고 단편적인 대화
• 인상, 외모 등 외부 요소의 영향
• 주관적인 판단에 의존한 총점 부여
 	
⇩
 	
• 면접 내용의 일관성 결여
• 직무관련 타당성 부족
• 주관적인 채점으로 신뢰도 저하
	• 일관성
	  – 직무관련 역량에 초점을 둔 구체적 질문 목록
	  – 지원자별 동일 질문 적용
	• 구조화
	  – 면접 진행 및 평가 절차를 일정한 체계에 의해 구성
	• 표준화
	  – 평가 타당도 제고를 위한 평가 Matrix 구성
	  – 척도에 따라 항목별 채점, 개인 간 비교
	• 신뢰성
	  – 면접진행 매뉴얼에 따라 면접위원 교육 및 실습

VS

2. 능력중심 채용의 면접 유형

① 경험 면접
- 목적 : 선발하고자 하는 직무 능력이 필요한 과거 경험을 질문합니다.
- 평가요소 : 직업기초능력과 인성 및 태도적 요소를 평가합니다.

② 상황 면접
- 목적 : 특정 상황을 제시하고 지원자의 행동을 관찰함으로써 실제 상황의 행동을 예상합니다.
- 평가요소 : 직업기초능력과 인성 및 태도적 요소를 평가합니다.

③ 발표 면접
- 목적 : 특정 주제와 관련된 지원자의 발표와 질의응답을 통해 지원자 역량을 평가합니다.
- 평가요소 : 직무수행능력과 인지적 역량(문제해결능력)을 평가합니다.

④ 토론 면접
- 목적 : 토의과제에 대한 의견수렴 과정에서 지원자의 역량과 상호작용능력을 평가합니다.
- 평가요소 : 직무수행능력과 팀워크를 평가합니다.

1. 경험 면접

① 경험 면접의 특징
- 주로 직업기초능력에 관련된 지원자의 과거 경험을 심층 질문하여 검증하는 면접입니다.
- 직무능력과 관련된 과거 경험을 평가하기 위해 심층 질문을 하며, 이 질문은 지원자의 답변에 대하여 '꼬리에 꼬리를 무는 형식'으로 진행됩니다.

> - 능력요소, 정의, 심사 기준
>   - 평가하고자 하는 능력요소, 정의, 심사기준을 확인하여 면접위원이 해당 능력요소 관련 질문을 제시합니다.
> - Opening Question
>   - 능력요소에 관련된 과거 경험을 유도하기 위한 시작 질문을 합니다.
> - Follow-up Question
>   - 지원자의 경험 수준을 구체적으로 검증하기 위한 질문입니다.
>   - 경험 수준 검증을 위한 상황(Situation), 임무(Task), 역할 및 노력(Action), 결과(Result) 등으로 질문을 구분합니다.

경험 면접의 형태

[면접관 1]　[면접관 2]　[면접관 3]　　　[면접관 1]　[면접관 2]　[면접관 3]

[지원자]　　　　　　　　[지원자 1]　[지원자 2]　[지원자 3]

〈일대다 면접〉　　　　　　　〈다대다 면접〉

PART 5

② 경험 면접의 구조

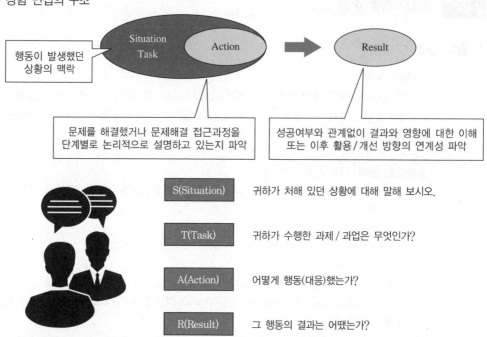

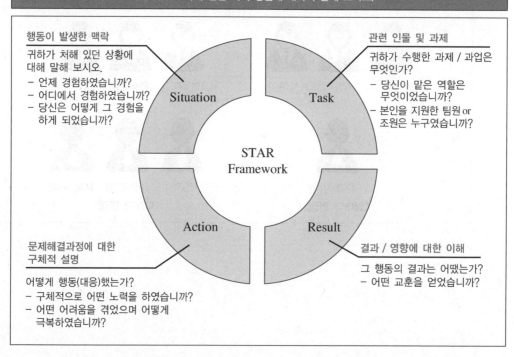

③ 경험 면접 질문 예시(직업윤리)

시작 질문	
1	남들이 신경 쓰지 않는 부분까지 고려하여 절차대로 업무(연구)를 수행하여 성과를 낸 경험을 구체적으로 말해 보시오.
2	조직의 원칙과 절차를 철저히 준수하며 업무(연구)를 수행한 것 중 성과를 향상시킨 경험에 대해 구체적으로 말해 보시오.
3	세부적인 절차와 규칙에 주의를 기울여 실수 없이 업무(연구)를 마무리한 경험을 구체적으로 말해 보시오.
4	조직의 규칙이나 원칙을 고려하여 성실하게 일했던 경험을 구체적으로 말해 보시오.
5	타인의 실수를 바로잡고 원칙과 절차대로 수행하여 성공적으로 업무를 마무리하였던 경험에 대해 말해 보시오.

후속 질문		
상황 (Situation)	상황	구체적으로 언제, 어디에서 경험한 일인가?
		어떤 상황이었는가?
	조직	어떤 조직에 속해 있었는가?
		그 조직의 특성은 무엇이었는가?
		몇 명으로 구성된 조직이었는가?
	기간	해당 조직에서 얼마나 일했는가?
		해당 업무는 몇 개월 동안 지속되었는가?
	조직규칙	조직의 원칙이나 규칙은 무엇이었는가?
임무 (Task)	과제	과제의 목표는 무엇이었는가?
		과제에 적용되는 조직의 원칙은 무엇이었는가?
		그 규칙을 지켜야 하는 이유는 무엇이었는가?
	역할	당신이 조직에서 맡은 역할은 무엇이었는가?
		과제에서 맡은 역할은 무엇이었는가?
	문제의식	규칙을 지키지 않을 경우 생기는 문제점 / 불편함은 무엇인가?
		해당 규칙이 왜 중요하다고 생각하였는가?
역할 및 노력 (Action)	행동	업무 과정의 어떤 장면에서 규칙을 철저히 준수하였는가?
		어떻게 규정을 적용시켜 업무를 수행하였는가?
		규정은 준수하는 데 어려움은 없었는가?
	노력	그 규칙을 지키기 위해 스스로 어떤 노력을 기울였는가?
		본인의 생각이나 태도에 어떤 변화가 있었는가?
		다른 사람들은 어떤 노력을 기울였는가?
	동료관계	동료들은 규칙을 철저히 준수하고 있었는가?
		팀원들은 해당 규칙에 대해 어떻게 반응하였는가?
		규칙에 대한 태도를 개선하기 위해 어떤 노력을 하였는가?
		팀원들의 태도는 당신에게 어떤 자극을 주었는가?
	업무추진	주어진 업무를 추진하는 데 규칙이 방해되진 않았는가?
		업무수행 과정에서 규정을 어떻게 적용하였는가?
		업무 시 규정을 준수해야 한다고 생각한 이유는 무엇인가?

결과 (Result)	평가	규칙을 어느 정도나 준수하였는가?
		그렇게 준수할 수 있었던 이유는 무엇이었는가?
		업무의 성과는 어느 정도였는가?
		성과에 만족하였는가?
		비슷한 상황이 온다면 어떻게 할 것인가?
	피드백	주변 사람들로부터 어떤 평가를 받았는가?
		그러한 평가에 만족하는가?
		다른 사람에게 본인의 행동이 영향을 주었다고 생각하는가?
	교훈	업무수행 과정에서 중요한 점은 무엇이라고 생각하는가?
		이 경험을 통해 느낀 바는 무엇인가?

2. 상황 면접

① 상황 면접의 특징

직무 관련 상황을 가정하여 제시하고 이에 대한 대응능력을 직무관련성 측면에서 평가하는 면접입니다.

> • 상황 면접 과제의 구성은 크게 2가지로 구분
> – 상황 제시(Description) / 문제 제시(Question or Problem)
> • 현장의 실제 업무 상황을 반영하여 과제를 제시하므로 직무분석이나 직무전문가 워크숍 등을 거쳐
> 현장성을 높임
> • 문제는 상황에 대한 기본적인 이해능력(이론적 지식)과 함께 실질적 대응이나 변수 고려능력(실천적
> 능력) 등을 고르게 질문해야 함

상황 면접의 형태

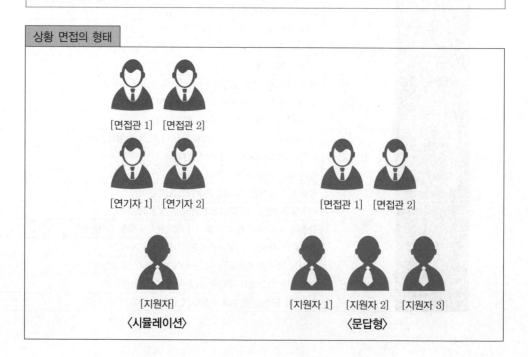

〈시뮬레이션〉　　　　　〈문답형〉

② 상황 면접 예시

상황 제시	인천공항 여객터미널 내에는 다양한 용도의 시설(사무실, 통신실, 식당, 전산실, 창고 면세점 등)이 설치되어 있습니다.	실제 업무 상황에 기반함
	금년에 소방배관의 누수가 잦아 메인 배관을 교체하는 공사를 추진하고 있으며, 당신은 이번 공사의 담당자입니다.	배경 정보
	주간에는 공항 운영이 이루어져 주로 야간에만 배관 교체 공사를 수행하던 중, 시공하는 기능공의 실수로 배관 연결 부위를 잘못 건드려 고압배관의 소화수가 누출되는 사고가 발생하였으며, 이로 인해 인근 시설물에 누수에 의한 피해가 발생하였습니다.	구체적인 문제 상황
문제 제시	일반적인 소방배관의 배관연결(이음)방식과 배관의 이탈(누수)이 발생하는 원인에 대해 설명해 보시오.	문제 상황 해결을 위한 기본 지식 문항
	담당자로서 본 사고를 현장에서 긴급히 처리하는 프로세스를 제시하고, 보수완료 후 사후적 조치가 필요한 부분 및 재발방지 방안에 대해 설명해 보시오.	문제 상황 해결을 위한 추가 대응 문항

3. 발표 면접

① 발표 면접의 특징

- 직무관련 주제에 대한 지원자의 생각을 정리하여 의견을 제시하고, 발표 및 질의응답을 통해 지원자의 직무능력을 평가하는 면접입니다.
- 발표 주제는 직무와 관련된 자료로 제공되며, 일정 시간 후 지원자가 보유한 지식 및 방안에 대한 발표 및 후속 질문을 통해 직무적합성을 평가합니다.

- 주요 평가요소
  - 설득적 말하기 / 발표능력 / 문제해결능력 / 직무관련 전문성
- 이미 언론을 통해 공론화된 시사 이슈보다는 해당 직무분야에 관련된 주제가 발표면접의 과제로 선정되는 경우가 최근 들어 늘어나고 있음
- 짧은 시간 동안 주어진 과제를 빠른 속도로 분석하여 발표문을 작성하고 제한된 시간 안에 면접관에게 효과적인 발표를 진행하는 것이 핵심

발표 면접의 형태

[면접관 1] [면접관 2]

[면접관 1] [면접관 2]

[지원자]

[지원자 1] [지원자 2] [지원자 3]

〈개별 과제 발표〉

〈팀 과제 발표〉

※ 면접관에게 시각적 효과를 사용하여 메시지를 전달하는 쌍방향 커뮤니케이션 방식
※ 심층면접을 보완하기 위한 방안으로 최근 많은 기업에서 적극 도입하는 추세

② 발표 면접 예시

1. 지시문

당신은 현재 A사에서 직원들의 성과평가를 담당하고 있는 팀원이다. 인사팀은 지난주부터 사내 조직문화관련 인터뷰를 하던 도중 성과평가제도에 관련된 개선 니즈가 제일 많다는 것을 알게 되었다. 이에 팀장님은 인터뷰 결과를 종합하려 성과평가제도 개선 아이디어를 A4용지에 정리하여 신속 보고할 것을 지시하셨다. 당신에게 남은 시간은 1시간이다. 자료를 준비하는 대로 당신은 팀원들이 모인 회의실에서 5분 간 발표할 것이며, 이후 질의응답을 진행할 것이다.

2. 배경자료

〈성과평가제도 개선에 대한 인터뷰〉

최근 A사는 회사 사세의 급성장으로 인해 작년보다 매출이 두 배 성장하였고, 직원 수 또한 두 배로 증가하였다. 회사의 성장은 임금, 복지에 대한 상승 등 긍정적인 영향을 주었으나 업무의 불균형 및 성과보상의 불평등 문제가 발생하였다. 또한 수시로 입사하는 신입직원과 경력직원, 퇴사하는 직원들까지 인원들의 잦은 변동으로 인해 평가해야 할 대상이 변경되어 현재의 성과평가제도로는 공정한 평가가 어려운 상황이다.

[생산부서 김상호]
우리 팀은 지난 1년 동안 생산량이 급증했기 때문에 수십 명의 신규인력이 급하게 채용되었습니다. 이 때문에 저희 팀장님은 신규 입사자들의 이름조차 기억 못할 때가 많이 있습니다. 성과평가를 제대로 하고 있는지 의문이 듭니다.

[마케팅 부서 김흥민]
개인의 성과평가의 취지는 충분히 이해합니다. 그러나 현재 평가는 실적기반이나 정성적인 평가가 많이 포함되어 있어 객관성과 공정성에는 의문이 드는 것이 사실입니다. 이러한 상황에서 평가제도를 재수립하지 않고, 인센티브에 계속 반영한다면, 평가제도에 대한 반감이 커질 것이 분명합니다.

[교육부서 홍경민]
현재 교육부서는 인사팀과 밀접하게 일하고 있습니다. 그럼에도 인사팀에서 실시하는 성과평가제도에 대한 이해가 부족한 것 같습니다.

[기획부서 김경호 차장]
저는 저의 평가자 중 하나가 연구부서의 팀장님인데, 일 년에 몇 번 같이 일하지 않는데 어떻게 저를 평가할 수 있을까요? 특히 연구팀은 저희가 예산을 배정하는데, 저에게는 좋지만….

4. 토론 면접

① 토론 면접의 특징
- 다수의 지원자가 조를 편성해 과제에 대한 토론(토의)을 통해 결론을 도출해가는 면접입니다.
- 의사소통능력, 팀워크, 종합인성 등의 평가에 용이합니다.

> - 주요 평가요소
>   - 설득적 말하기, 경청능력, 팀워크, 종합인성
> - 의견 대립이 명확한 주제 또는 채용분야의 직무 관련 주요 현안을 주제로 과제 구성
> - 제한된 시간 내 토론을 진행해야 하므로 적극적으로 자신 있게 토론에 임하고 본인의 의견을 개진할 수 있어야 함

토론 면접의 형태

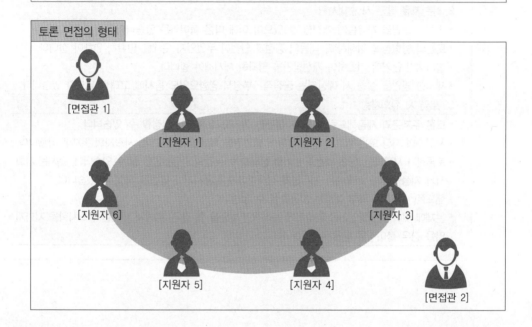

② 토론 면접 예시

고객 불만 고충처리

1. 들어가며

최근 우리 상품에 대한 고객 불만의 증가로 고객고충처리 TF가 만들어졌고 당신은 여기에 지원해 배치받았다. 당신의 업무는 불만을 가진 고객을 만나서 애로사항을 듣고 처리해 주는 일이다. 주된 업무로는 고객의 니즈를 파악해 방향성을 제시해 주고 그 해결책을 마련하는 일이다. 하지만 경우에 따라서 고객의 주관적인 의견으로 인해 제대로 된 방향으로 의사결정을 하지 못할 때가 있다. 이럴 경우 설득이나 논쟁을 해서라도 의견을 관철시키는 것이 좋을지 아니면 고객의 의견대로 진행하는 것이 좋을지 결정해야 할 때가 있다. 만약 당신이라면 이러한 상황에서 어떤 결정을 내릴 것인지 여부를 자유롭게 토론해 보시오.

2. 1분 자유 발언 시 준비사항

• 당신은 의견을 자유롭게 개진할 수 있으며 이에 따른 불이익은 없습니다.

• 토론의 방향성을 이해하고, 내용의 장점과 단점이 무엇인지 문제를 명확히 말해야 합니다.

• 합리적인 근거에 기초하여 개선방안을 명확히 제시해야 합니다.

• 제시한 방안을 실행 시 예상되는 긍정적·부정적 영향요인도 동시에 고려할 필요가 있습니다.

3. 토론 시 유의사항

• 토론 주제문과 제공해드린 메모지, 볼펜만 가지고 토론장에 입장할 수 있습니다.

• 사회자의 지정 또는 발표자가 손을 들어 발언권을 획득할 수 있으며, 사회자의 통제에 따릅니다.

• 토론회가 시작되면, 팀의 의견과 논거를 정리하여 1분간의 자유발언을 할 수 있습니다. 순서는 사회자가 지정합니다. 이후에는 자유롭게 상대방에게 질문하거나 답변을 하실 수 있습니다.

• 핸드폰, 서적 등 외부 매체는 사용하실 수 없습니다.

• 논제에 벗어나는 발언이나 지나치게 공격적인 발언을 할 경우, 위에서 제시한 유의사항을 지키지 않을 경우 불이익을 받을 수 있습니다.

1. 면접 Role Play 편성

- 교육생끼리 조를 편성하여 면접관과 지원자 역할을 교대로 진행합니다.
- 지원자 입장과 면접관 입장을 모두 경험해 보면서 면접에 대한 적응력을 높일 수 있습니다.

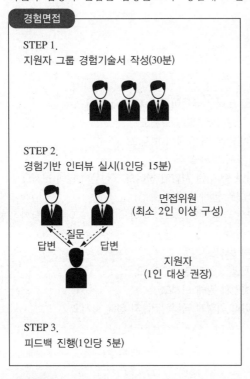

경험면접

STEP 1.
지원자 그룹 경험기술서 작성(30분)

STEP 2.
경험기반 인터뷰 실시(1인당 15분)

면접위원
(최소 2인 이상 구성)

질문

답변   답변

지원자
(1인 대상 권장)

STEP 3.
피드백 진행(1인당 5분)

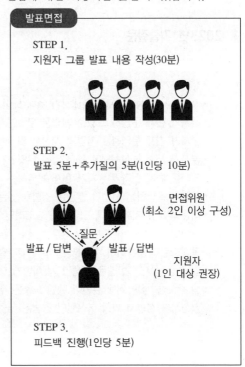

발표면접

STEP 1.
지원자 그룹 발표 내용 작성(30분)

STEP 2.
발표 5분+추가질의 5분(1인당 10분)

면접위원
(최소 2인 이상 구성)

질문

발표 / 답변   발표 / 답변

지원자
(1인 대상 권장)

STEP 3.
피드백 진행(1인당 5분)

Tip

면접 준비하기
1. 면접 유형 확인 필수
   - 기업마다 면접 유형이 상이하기 때문에 해당 기업의 면접 유형을 확인하는 것이 좋음
   - 일반적으로 실무진 면접, 임원면접 2차례에 거쳐 면접을 실시하는 기업이 많고 실무진 면접과 임원
     면접에서 평가요소가 다르기 때문에 유형에 맞는 준비방법이 필요
2. 후속 질문에 대한 사전 점검
   - 블라인드 채용 면접에서는 주요 질문과 함께 후속 질문을 통해 지원자의 직무능력을 판단
     → STAR 기법을 통한 후속 질문에 미리 대비하는 것이 필요

PART 5

05 │ SH 서울주택도시공사 면접 기출질문

1. 2023년 기출질문

- 1분 자기소개를 해보시오.
- 서울시가 녹색에너지를 확대하기 위해 해야 할 노력은 무엇이 있는지 말해 보시오.
- 본사가 현재 운영하고 있는 사업은 무엇인지 아는 대로 말해 보시오.
- 본사가 현재 운영하는 사업의 개선점 및 개선방안에 대해 말해 보시오.
- 본사가 새롭게 실시해야 할 사업은 무엇인지 말해 보시오.
- 입사를 하게 된다면 본사가 현재 운영하는 사업 중 어떤 사업에 참여하고 싶은지 말해 보시오.
- 본사가 운영하는 사업과 연관된 경험을 있는 대로 말해 보시오.
- 어떤 사업을 기획할 때, 청렴도를 높이려면 어떤 부서에서 기획을 해야 하는지 그 이유와 함께 말해 보시오.
- 공직자로서 갖추어야 할 자세는 무엇인지 말해 보시오.
- 업무 중 상사와의 갈등이 생길 시 어떻게 대처할 것인지 말해 보시오.
- 팀 목표 달성을 위해 본인이 했던 노력은 무엇인지 말해 보시오.
- 지원자가 살면서 가장 어려웠던 경험은 무엇이며 어떻게 극복하였는지 말해 보시오.

2. 2022년 기출질문

- 1분 자기소개를 해보시오.
- 우리 공사에 지원하게 된 동기가 무엇인지 말해 보시오.
- 팀 목표를 달성하기 위해 어떤 노력을 했는지 말해 보시오.
- 어떤 부서에서 어떤 업무를 하고 싶은지 말해 보시오.
- 본인의 장점과 단점에 대해서 말해 보시오.
- 업무를 수행하면서 민원이 들어온 경우 어떻게 대처할 것인지 말해 보시오.
- 마지막으로 하고 싶은 말은 무엇인지 말해 보시오.
- 본인의 직업 가치관에 대해 말해 보시오.
- 회사의 업무와 개인적인 약속이 겹쳤을 경우에 어떻게 행동할 것인지 말해 보시오.
- 살면서 약속을 어긴 경험이 있는지, 후속조치는 어떻게 했는지 말해 보시오.
- 주거복지를 활성화하기 위한 방안을 말해 보시오.
- 긴급한 일과 중요한 일 중에서 우선적으로 해야할 일은 무엇이고, 그 이유를 말해 보시오.

3. 2021년 기출질문

- 1분간 자신에 대해서 간단하게 소개해 보시오.
- 도시재생의 의미는 무엇인지 말해 보시오.
- 자신의 전문성을 향상시키기 위하여 어떠한 노력을 했는지 말해 보시오.
- 어떤 부서에서 어떤 업무를 하고 싶은지 말해 보시오.
- 본인의 장점에 대해서 말해 보시오.
- 귀하가 면접관이라고 가정할 때, 지원자의 어떤 면을 가장 중요하게 볼 것인지 그 이유에 대해 말해 보시오.
- 가장 존경하는 인물이 있는지 말해 보시오.
- 채용비리를 막기 위해서는 어떤 시스템을 구비해야 할지 말해 보시오.
- 서울주택도시공사의 주요 사업에 대해 아는 대로 말해 보시오.
- 우리 공사에서 가장 중요하게 여겨야 할 사회적 가치는 무엇인지 말해 보시오.
- 스마트홈에 대해 아는 대로 설명해 보시오.
- 도시재생과 관련하여 우리 공사가 해야 할 일이 무엇일지 말해 보시오.
- 공공주택과 임대주택의 차이가 무엇인지 말해 보시오.
- 구도시의 개발 및 활성화에 대한 귀하의 생각을 말해 보시오.
- 서울주택도시공사의 사회적 책무에 대해 말해 보시오.
- 4차 산업혁명 기술이 가져온 주거 환경의 변화에 대해 아는 대로 말해 보시오.
- 기존의 틀을 깨고 새로운 시도를 한 결과 일이 잘 풀리지 않았던 경험을 말해 보시오.
- 거짓말을 해서 사업이 잘 풀리는 상황이 있을 때, 본인은 어떻게 행동할지 말해 보시오.
- 동료직원과 상사의 의견 충돌이 있을 경우 본인은 어떻게 행동할지 말해 보시오.
- 직장 생활에서 중요한 것 한 가지를 말해 보시오.
- 지원한 업무가 본인의 마음에 들지 않을 경우에 어떻게 할 것인지 말해 보시오.
- 우리 공사의 업무를 위해 어떤 노력을 할 수 있는지 말해 보시오.

"오늘 당신의 노력은 아름다운 꽃의 물이 될 것입니다."

그러나, 이 꽃을 볼 때 사람들은 이 꽃의 아름다움과 향기만을 사랑하고 칭찬하였지, 이 꽃을 그렇게 아름답게 어여쁘게 만들어 주는 병 속의 물은 조금도 생각지 않는 것이 보통입니다.

만일 이 꽃병 속에 들어 있는 물을 죄다 쏟아 버리고 빈 병에다 이 꽃을 꽂아 보십시오.

아무리 아름답고 어여쁜 꽃이기로서니 단 한 송이의 꽃을 피울 수 있으며, 단 한 번이라도 꽃 향기를 날릴 수 있겠습니까?

우리는 여기서 아무리 본바탕이 좋고 아름다운 꽃이라도 보이지 않는 물의 숨은 힘이 없으면 도저히 그 빛과 향기를 자랑할 수 없는 것을 알았습니다.

- 방정환의 「우리 뒤에 숨은 힘」 중 -

현재 나의 실력을 객관적으로 파악해 보자!

모바일 OMR
답안채점 / 성적분석 서비스

도서에 수록된 모의고사에 대한 객관적인 결과(정답률, 순위)를 종합적으로 분석하여 제공합니다.

OMR 입력

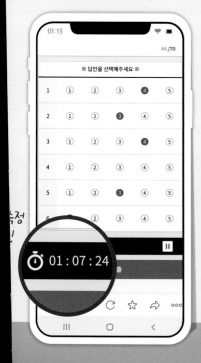

성적분석

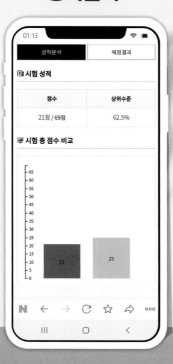

채점결과

※OMR 답안채점 / 성적분석 서비스는 등록 후 30일간 사용 가능합니다.

참여 방법

 도서 내 모의고사 우측 상단에 위치한 QR코드 찍기 → 로그인 하기 → '시작하기' 클릭 → 응시하기 클릭 → 나의 답안을 모바일 OMR 카드에 입력 → '성적분석 & 채점결과' 클릭 → 현재 내 실력 확인하기

SD에듀

공기업 취업을 위한 NCS
직업기초능력평가 시리즈

NCS부터 전공까지 완벽 학습 "통합서" 시리즈

공기업 취업의 기초부터 차근차근! 취업의 문을 여는 Master Key!

NCS 영역 및 유형별 체계적 학습 "집중학습" 시리즈

영역별 이론부터 유형별 모의고사까지! 단계별 학습을 통한 Only Way!

SD에듀

2024 최신판

SH
서울주택
도시공사

정답 및 해설

판매량
1위

SH서울주택도시공사
YES24
2023년

최신
출제경향
반영

합격의 별을 따자

2023년 공기업 기출복원문제
NCS 출제유형 + 전공
모의고사 4회

안심도서
항균 **99.9%**

SDC
SDC는 SD에듀 데이터 센터의 약자로
약 30만 개의 NCS·적성 문제 데이터를
바탕으로 최신출제경향을 반영하여
문제를 출제합니다.

SD에듀
(주)시대고시기획

Add+

합격의 공식 SD에듀 www.sdedu.co.kr

2023년 주요 공기업
NCS 기출복원문제

01	02	03	04	05	06	07	08	09	10	11	12	13	14	15	16	17	18	19	20
③	②	②	④	⑤	③	③	④	⑤	⑤	④	④	⑤	④	①	②	④	②	④	③
21	22	23	24	25	26	27	28	29	30	31	32	33	34	35	36	37	38	39	40
①	④	③	③	④	①	④	⑤	②	④	④	⑤	④	②	④	③	②	①	③	②
41	42	43	44	45	46	47	48	49	50										
④	②	⑤	④	④	④	②	②	①	③										

01

정답 ③

30명의 80%는 $30 \times \dfrac{80}{100} = 24$명이므로

$1+3+8+A=24 \rightarrow A=12$

$24+B=30 \rightarrow B=6$

따라서 $A-B=12-6=6$이다.

02

정답 ②

연필을 x자루 구매한다면 A가게에서 주문할 때 필요한 금액은 $500x$원이고, B가게에서 주문할 때 필요한 금액은 $(420x+2,500)$원이다.

$500x \geq 420x+2,500$

$\rightarrow 80x \geq 2,500$

$\therefore x \geq \dfrac{125}{4}$

따라서 32자루 이상 구매해야 B가게에서 주문하는 것이 유리하다.

03

정답 ②

글로벌화가 이루어지면 조직은 해외에 직접 투자할 수 있고, 원자재를 보다 싼 가격에 수입할 수 있으며, 수송비가 절감되고, 무역장벽이 낮아져 시장이 확대되는 경제적 이익을 얻을 수 있다. 반면에 그만큼 경쟁이 세계적인 수준으로 치열해지기 때문에 국제적인 감각을 가지고 세계화 대응 전략을 마련해야 한다.

04

오답분석

㉠ · ㉢ 유기적 조직에 대한 설명이다.

기계적 조직과 유기적 조직
- 기계적 조직
  - 구성원의 업무가 분명하게 규정되어 있다.
  - 많은 규칙과 규제가 있다.
  - 상하 간 의사소통이 공식적인 경로를 통해 이루어진다.
  - 엄격한 위계질서가 존재한다.
  - 대표적으로 군대, 정부, 공공기관 등이 있다.
- 유기적 조직
  - 의사결정권한이 조직의 하부 구성원들에게 많이 위임되어 있다.
  - 업무가 고정되지 않아 업무 공유가 가능하다.
  - 비공식적인 상호 의사소통이 원활하게 이루어진다.
  - 규제나 통제의 정도가 낮아 변화에 맞춰 쉽게 변할 수 있다.
  - 대표적으로 권한위임을 받아 독자적으로 활동하는 사내벤처팀, 특정한 과제 수행을 위해 조직된 프로젝트팀이 있다.

05

협상과정은 협상시작 → 상호이해 → 실질이해 → 해결대안 → 합의문서 5단계로 진행되며, 단계별 세부 수행 내용은 다음과 같다.

단계	세부 수행 내용
협상 시작	• 협상당사자들 사이에 상호 친근감을 쌓는다. • 간접적인 방법으로 협상의사를 전달한다. • 상대방의 협상의지를 확인한다. • 협상진행을 위한 체제를 짠다.
상호 이해	• 갈등문제의 진행상황과 현재의 상황을 점검한다. • 적극적으로 경청하고 자기주장을 제시한다. • 협상을 위한 협상대상 안건을 결정한다.
실질 이해	• 겉으로 주장하는 것과 실제로 원하는 것을 구분하여 실제로 원하는 것을 찾아낸다. • 분할과 통합 기법을 활용하여 이해관계를 분석한다.
해결 대안	• 협상 안건마다 대안들을 평가한다. • 개발한 대안들을 평가한다. • 최선의 대안에 대해서 합의하고 선택한다. • 대안 이행을 위한 실행계획을 수립한다.
합의문서	• 합의문을 작성한다. • 합의문 상의 합의내용, 용어 등을 재점검한다. • 합의문에 서명한다.

06

③

서로가 받아들일 수 있는 결정을 하기 위하여 중간지점에서 타협하여 주고받는 것은 타협형 갈등 해결방법이다. Win – Win 전략은 통합형(협력형) 갈등 해결방안으로, 모두의 목표를 달성할 수 있는 해법을 찾는 것이다.

Win – Win 전략에 의거한 갈등 해결 단계
1. 충실한 사전 준비
   • 비판적인 패러다임 전환
   • 자신의 위치와 관심사 확인
   • 상대방의 입장과 드러내지 않은 관심사 연구
2. 긍정적인 접근 방식
   • 상대방이 필요로 하는 것에 대해 생각해 보았다는 점을 인정
   • 자신의 Win – Win 의도 명시
   • Win – Win 절차, 즉 협동적인 절차에 임할 자세가 되어 있는지 알아보기
3. 서로의 입장 명확히 하기
   • 동의하는 부분 인정하기
   • 기본적으로 다른 부분 인정하기
   • 자신이 이해한 바 점검하기
4. Win – Win에 기초한 기준에 동의하기
   • 상대방에게 중요한 기준을 명확히 하기
   • 자신에게 어떠한 기준이 중요한지 말하기
5. 몇 가지 해결책 생각해 내기
6. 몇 가지 해결책 평가하기
7. 최종 해결책을 선택하고, 실행에 동의하기

07

정답 ③

윤리성은 비윤리적인 영리 행위나 반사회적인 활동을 통한 경제적 이윤추구는 직업 활동으로 인정되지 않음을 의미한다. 노력이 전제되지 않는 자연발생적인 이득의 수취나 우연하게 발생하는 경제적 과실에 전적으로 의존하는 활동을 직업으로 인정하지 않는 것은 경제성에 해당한다.

08

정답 ④

직업윤리는 근로윤리와 공동체윤리로 구분할 수 있으며, 근로윤리의 판단 기준으로는 정직한 행동, 근면한 자세, 성실한 태도 등이 있다.

[오답분석]
㉠ · ㉡ · ㉣ 공동체윤리의 판단 기준이다.

09

정답 ⑤

제시문의 세 번째 문단에 따르면 스마트 글라스 내부 센서를 통해 충격과 기울기를 감지할 수 있어 작업자에게 위험한 상황이 발생할 경우 통보 시스템을 통해 바로 파악할 수 있게 되었음을 알 수 있다.

[오답분석]
① 첫 번째 문단에 따르면 스마트 글라스를 통한 작업자의 음성인식만으로 철도시설물 점검이 가능해졌음을 알 수 있지만, 다섯 번째 문단에 따르면 아직 유지보수 작업은 가능하지 않음을 알 수 있다.
② 첫 번째 문단에 따르면 스마트 글라스의 도입 이후에도 사람의 작업이 필요함을 알 수 있다.

③ 세 번째 문단에 따르면 스마트 글라스의 도입으로 추락 사고나 그 밖의 위험한 상황을 미리 예측할 수 있어 이를 방지할 수 있게 되었음을 알 수 있지만, 실제로 안전사고 발생 횟수가 감소하였는지는 알 수 없다.

④ 두 번째 문단에 따르면 여러 단계를 거치던 기존 작업 방식에서 스마트 글라스의 도입으로 작업을 한 번에 처리할 수 있게 된 것을 통해 작업 시간이 단축되었음을 알 수 있지만, 필요한 작업 인력의 감소 여부는 알 수 없다.

10

정답 ⑤

제시문의 네 번째 문단에 따르면 인공지능 등의 스마트 기술 도입으로 까치집 검출 정확도는 95%까지 상승하였으므로 까치집 제거율 또한 상승할 것임을 예측할 수 있으나, 근본적인 문제인 까치집 생성의 감소를 기대할 수는 없다.

오답분석

① 세 번째 문단과 네 번째 문단에 따르면 정확도가 65%에 불과했던 인공지능의 까치집 식별 능력이 딥러닝 방식의 도입으로 95%까지 상승했음을 알 수 있다.

② 세 번째 문단에서 시속 150km로 빠르게 달리는 열차에서의 까치집 식별 정확도는 65%에 불과하다는 내용으로 보아, 빠른 속도에서는 인공지능의 사물 식별 정확도가 낮음을 알 수 있다.

③ 네 번째 문단에 따르면 작업자의 접근이 어려운 곳에는 드론을 띄워 까치집을 발견 및 제거하는 기술도 시범 운영하고 있다고 하였다.

④ 세 번째 문단에 따르면 실시간 까치집 자동 검출 시스템 개발로 실시간으로 위험 요인의 위치와 이미지를 작업자에게 전달할 수 있게 되었다.

11

정답 ④

제시문의 두 번째 문단에 따르면 CCTV는 열차 종류에 따라 운전실에서 실시간으로 상황을 파악할 수 있는 네트워크 방식과 각 객실에서의 영상을 저장하는 개별 독립 방식으로 설치된다고 하였다. 따라서 개별 독립 방식으로 설치된 일부 열차에서는 각 객실의 상황을 실시간으로 파악하지 못할 수 있다.

오답분석

① 첫 번째 문단에 따르면 2023년까지 현재 운행하고 있는 열차의 모든 객실에 CCTV를 설치하겠다는 내용으로 보아, 현재 모든 열차의 모든 객실에 CCTV가 설치되지 않았음을 유추할 수 있다.

② 첫 번째 문단에 따르면 2023년까지 모든 열차 승무원에게 바디 캠을 지급하겠다고 하였다. 이에 따라 승객이 승무원을 폭행하는 등의 범죄 발생 시 해당 상황을 녹화한 바디 캠 영상이 있어 수사의 증거자료로 사용할 수 있게 되었다.

③ 두 번째 문단에 따르면 CCTV는 사각지대 없이 설치되며 일부는 휴대 물품 보관대 주변에도 설치된다고 하였다. 따라서 인적 피해와 물적 피해 모두 예방할 수 있게 되었다.

⑤ 세 번째 문단에 따르면 CCTV 품평회와 시험을 통해 제품의 형태와 색상, 재질, 진동과 충격 등에 대한 적합성을 고려한다고 하였다.

12

정답 ④

작년 K대학교의 재학생 수는 6,800명이고 남학생과 여학생의 비가 8:9이므로, 남학생은 $6,800 \times \frac{8}{8+9} = 3,200$명이고, 여학생은 $6,800 \times \frac{9}{8+9} = 3,600$명이다. 올해 줄어든 남학생과 여학생의 비가 12:13이므로 올해 K대학교에 재학 중인 남학생과 여학생의 비는 $(3,200-12k):(3,600-13k)=7:8$이다.

$7 \times (3,600-13k) = 8 \times (3,200-12k)$

→ $25,200-91k = 25,600-96k$

→ $5k=400$

∴ $k=80$

따라서 올해 K대학교에 재학 중인 남학생은 $3,200-12 \times 80 = 2,240$명이고, 여학생은 $3,600-13 \times 80 = 2,560$명이므로 올해 K대학교의 전체 재학생 수는 $2,240+2,560=4,800$명이다.

13

K공사를 통한 예약 접수는 온라인 쇼핑몰 홈페이지를 통해서만 가능하며, 오프라인(방문) 접수는 우리·농협은행의 창구를 통해서만 이루어진다.

> **오답분석**
> ① 구매자를 대한민국 국적자로 제한한다는 내용은 없다.
> ② 단품으로 구매 시 1인당 화종별 최대 3장으로 총 9장, 세트로 구매할 때도 1인당 최대 3세트로 총 9장까지 신청이 가능하며, 세트와 단품은 중복신청이 가능하므로 1인당 구매 가능한 최대 개수는 18장이다.
> ③ 우리·농협은행의 계좌가 없다면, K공사 온라인 쇼핑몰을 이용하거나 우리·농협은행에 직접 방문하여 구입할 수 있다.
> ④ 총발행량은 예약 주문 이전부터 화종별 10,000장으로 미리 정해져 있다.

14

우리·농협은행 계좌 미보유자인 외국인 A씨가 예약 신청을 할 수 있는 방법은 두 가지이다. 하나는 신분증인 외국인등록증을 지참하고 우리·농협은행의 지점을 방문하여 신청하는 것이고, 다른 하나는 K공사 온라인 쇼핑몰에서 가상계좌 방식으로 신청하는 것이다.

> **오답분석**
> ① A씨는 외국인이므로 창구 접수 시 지참해야 하는 신분증은 외국인등록증이다.
> ② K공사 온라인 쇼핑몰에서는 가상계좌 방식을 통해서만 예약 신청이 가능하다.
> ③ 홈페이지를 통한 신청이 가능한 은행은 우리은행과 농협은행뿐이다.
> ⑤ 우리·농협은행의 홈페이지를 통해 예약 접수를 하려면 해당 은행에 미리 계좌가 개설되어 있어야 한다.

15

3종 세트는 186,000원, 단품은 각각 63,000원이므로 5명의 구매 금액을 계산하면 다음과 같다.
- A : $(186,000 \times 2) + 63,000 = 435,000$원
- B : $63,000 \times 8 = 504,000$원
- C : $(186,000 \times 2) + (63,000 \times 2) = 498,000$원
- D : $186,000 \times 3 = 558,000$원
- E : $186,000 + (63,000 \times 4) = 438,000$원

따라서 가장 많은 금액을 지불한 사람은 D이며, 구매 금액은 558,000원이다.

16

마일리지 적립 규정에 회원 등급과 관련된 내용은 없으며, 마일리지 적립은 지불한 운임의 액수, 더블적립 열차 탑승 여부, 선불형 교통카드 Rail+ 사용 여부에 따라서만 결정된다.

> **오답분석**
> ① KTX 마일리지는 KTX 열차 이용 시에만 적립된다.
> ③ 비즈니스 등급은 기업회원 여부와 관계없이 최근 1년간의 활동내역을 기준으로 부여된다.
> ④ 반기 동안 추석 및 설 명절 특별수송기간 탑승 건을 제외하고 4만 점을 적립하면 VIP 등급을 부여받는다.
> ⑤ VVIP 등급과 VIP 등급 고객은 한정된 횟수 내에서 무료 업그레이드 쿠폰으로 KTX 특실을 KTX 일반실 가격에 구매할 수 있다.

17

제시문은 장애인 건강주치의 시범사업을 소개하며 3단계 시범사업에서 기존과 달라지는 것을 위주로 설명하고 있다. 따라서 가장 처음에 와야 할 문단은 3단계 장애인 건강주치의 시범사업을 소개하는 (마) 문단이다. 이어서 장애인 건강주치의 시범사업 세부 서비스를 소개하는 문단이 와야 하는데, 서비스 종류를 소개하는 문장이 있는 (다) 문단이 이어지는 것이 가장 적절하다. 이어서 2번째 서비스인 주장애관리를 소개하는 (가) 문단이 와야 하며, 그 다음으로 3번째 서비스인 통합관리 서비스와 추가적으로 방문

서비스를 소개하는 (라) 문단이 오는 것이 적절하다. 마지막으로 장애인 건강주치의 시범사업에 신청하는 방법을 소개하며 글을 끝내는 것이 적절하므로 (나) 문단이 이어져야 한다. 따라서 제시문을 순서대로 바르게 나열하면 (마) – (다) – (가) – (라) – (나)이다.

18 　정답 ②

허리디스크는 디스크의 수핵이 탈출하여 생긴 질환이므로 허리를 굽히거나 앉아 있을 때 디스크에 가해지는 압력이 높아져 통증이 더 심해진다. 반면 척추관협착증의 경우 서 있을 때 척추관이 더욱 좁아지게 되어 통증이 더욱 심해진다.

오답분석

① 허리디스크는 디스크의 탄력 손실이나 갑작스런 충격으로 인해 균열이 생겨 발생하고, 척추관협착증은 오랜 기간 동안 황색 인대가 두꺼워져 척추관에 변형이 일어나 발생하므로 허리디스크가 더 급작스럽게 증상이 나타난다.

③ 허리디스크는 자연치유가 가능하지만, 척추관협착증은 불가능하다. 따라서 허리디스크는 주로 통증을 줄이고 안정을 취하는 보존치료를 하지만, 척추관협착증은 변형된 부분을 제거하는 외과적 수술을 한다.

④ 허리디스크와 척추관협착증 모두 척추 중앙의 신경 다발(척수)이 압박받을 수 있으며, 심할 경우 하반신 마비 증세를 보일 수 있으므로 빠른 치료를 받는 것이 중요하다.

19 　정답 ④

고령인 사람이 서 있을 때 통증이 나타난다면 퇴행성 척추질환인 척추관협착증(요추관협착증)일 가능성이 높다. 반면 허리디스크(추간판탈출증)는 젊은 나이에도 디스크에 급격한 충격이 가해지면 발생할 수 있고, 앉아 있을 때 통증이 심해진다. 따라서 ⊙에는 척추관협착증, ⓒ에는 허리디스크가 들어가야 한다.

20 　정답 ③

분기별 사회복지사 인력의 합은 다음과 같다.
- 2022년 3분기 : 391+670+1,887=2,948명
- 2022년 4분기 : 385+695+1,902=2,982명
- 2023년 1분기 : 370+700+1,864=2,934명
- 2023년 2분기 : 375+720+1,862=2,957명

분기별 전체 보건인력 중 사회복지사 인력의 비율은 다음과 같다.
- 2022년 3분기 : $\frac{2,948}{80,828} \times 100 ≒ 3.65\%$
- 2022년 4분기 : $\frac{2,982}{82,582} \times 100 ≒ 3.61\%$
- 2023년 1분기 : $\frac{2,934}{86,236} \times 100 ≒ 3.40\%$
- 2023년 2분기 : $\frac{2,957}{86,707} \times 100 ≒ 3.41\%$

따라서 옳지 않은 것은 ③이다.

21 　정답 ①

- 2019년 직장가입자 및 지역가입자의 건강보험금 징수율
  - 직장가입자 : $\frac{6,698,187}{6,706,712} \times 100 ≒ 99.87\%$
  - 지역가입자 : $\frac{886,396}{923,663} \times 100 ≒ 95.97\%$
- 2020년 직장가입자 및 지역가입자의 건강보험금 징수율
  - 직장가입자 : $\frac{4,898,775}{5,087,163} \times 100 ≒ 96.3\%$

– 지역가입자 : $\dfrac{973,681}{1,003,637} \times 100 ≒ 97.02\%$

• 2021년 직장가입자 및 지역가입자의 건강보험금 징수율

– 직장가입자 : $\dfrac{7,536,187}{7,763,135} \times 100 ≒ 97.08\%$

– 지역가입자 : $\dfrac{1,138,763}{1,256,137} \times 100 ≒ 90.66\%$

• 2022년 직장가입자 및 지역가입자의 건강보험금 징수율

– 직장가입자 : $\dfrac{8,368,972}{8,376,138} \times 100 ≒ 99.91\%$

– 지역가입자 : $\dfrac{1,058,943}{1,178,572} \times 100 ≒ 89.85\%$

따라서 직장가입자의 건강보험금 징수율이 가장 높은 해는 2022년이고, 지역가입자의 건강보험금 징수율이 가장 높은 해는 2020년이다.

22

정답 ④

이뇨제의 1인 투여량은 60mL/일이고 진통제의 1인 투여량은 60mg/일이므로 이뇨제를 투여한 환자 수와 진통제를 투여한 환자 수의 비는 이뇨제 사용량과 진통제 사용량의 비와 같다.

• 2018년 : 3,000×2 < 6,720
• 2019년 : 3,480×2=6,960
• 2020년 : 3,360×2 < 6,840
• 2021년 : 4,200×2 > 7,200
• 2022년 : 3,720×2 > 7,080

따라서 2018년과 2020년에 진통제를 투여한 환자 수는 이뇨제를 투여한 환자 수의 2배보다 많다.

오답분석

① 2022년에 전년 대비 사용량이 감소한 의약품은 이뇨제와 진통제로 이뇨제의 사용량 감소율은 $\dfrac{3,720-4,200}{4,200} \times 100 ≒$ -11.43%이고, 진통제의 사용량 감소율은 $\dfrac{7,080-7,200}{7,200} \times 100 ≒ -1.67\%$이다. 따라서 전년 대비 2022년 사용량 감소율이 가장 큰 의약품은 이뇨제이다.

② 5년 동안 지사제 사용량의 평균은 $\dfrac{30+42+48+40+44}{5}=40.8$정이고, 지사제의 1인 1일 투여량은 2정이다. 따라서 지사제를 투여한 환자 수의 평균은 $\dfrac{40.8}{2}=20.4$이므로 약 20명이다.

③ 이뇨제 사용량은 매년 '증가 – 감소 – 증가 – 감소'를 반복하였다.

23

정답 ③

건강생활실천지원금제 신청자 목록에 따라 신청자별로 확인하면 다음과 같다.

• A의 주민등록상 주소지는 시범지역에 속하지 않는다.
• B의 주민등록상 주소지는 관리형에 속하지만, 고혈압 또는 당뇨병 진단을 받지 않았다.
• C의 주민등록상 주소지는 예방형에 속하고, 체질량지수와 혈압이 건강관리가 필요한 사람이므로 예방형이다.
• D의 주민등록상 주소지는 관리형에 속하고, 고혈압 진단을 받았으므로 관리형이다.
• E의 주민등록상 주소지는 예방형에 속하고, 체질량지수와 공복혈당 건강관리가 필요한 사람이므로 예방형이다.
• F의 주민등록상 주소지는 시범지역에 속하지 않는다.
• G의 주민등록상 주소지는 관리형에 속하고, 당뇨병 진단을 받았으므로 관리형이다.
• H의 주민등록상 주소지는 시범지역에 속하지 않는다.
• I의 주민등록상 주소지는 예방형에 속하지만, 필수조건인 체질량지수가 정상이므로 건강관리가 필요한 사람에 해당하지 않는다.

따라서 예방형 신청이 가능한 사람은 C, E이고, 관리형 신청이 가능한 사람은 D, G이다.

24

출산장려금 지급 시기의 가장 우선순위인 임신일이 가장 긴 임산부는 B, D, E임산부이다. 이 중에서 만 19세 미만인 자녀 수가 많은 임산부는 D, E임산부이고, 소득 수준이 더 낮은 임산부는 D임산부이다. 따라서 D임산부가 가장 먼저 출산장려금을 받을 수 있다.

25

제시문의 세 번째 문단을 통해 정부가 철도 중심 교통체계 구축을 위해 노력하고 있음을 알 수 있으나, 구체적으로 시행된 조치는 언급되지 않았다.

오답분석

① 첫 번째 문단을 통해 전 세계적으로 탄소중립이 주목받자 이에 대한 방안으로 등장한 것이 철도 수송임을 알 수 있다.
② 첫 번째 문단과 두 번째 문단을 통해 철도 수송의 확대가 온실가스 배출량의 획기적인 감축을 가져올 것임을 알 수 있다.
③ 네 번째 문단을 통해 '중앙선 안동 ~ 영천 간 궤도' 설계 시 탄소 감축 방안으로 저탄소 자재인 유리섬유 보강근이 철근 대신 사용되었음을 알 수 있다.
⑤ 네 번째 문단을 통해 S철도공단은 철도 중심 교통체계 구축을 위해 건설 단계에서부터 친환경·저탄소 자재를 적용하였고, 탄소 감축을 위해 2025년부터는 모든 철도건축물을 일정한 등급 이상으로 설계하기로 결정하였음을 알 수 있다.

26

제시문을 살펴보면 먼저 첫 번째 문단에서는 이산화탄소로 메탄올을 만드는 곳이 있다며 관심을 유도하고, 두 번째 문단에서 메탄올을 어떻게 만들고 어디에서 사용하는지 구체적으로 설명함으로써 탄소 재활용의 긍정적인 측면을 부각하고 있다. 하지만 세 번째 문단에서는 앞선 내용과 달리 이렇게 만들어진 메탄올의 부정적인 측면을 설명하고, 네 번째 문단에서는 이와 같은 이유로 탄소 재활용에 대한 결론이 나지 않았다며 글이 마무리되고 있다. 따라서 글의 주제로 가장 적절한 것은 탄소 재활용의 이면을 모두 포함하는 내용인 ①이다.

오답분석

② 두 번째 문단에 한정된 내용이므로 제시문 전체를 다루는 주제로 보기에는 적절하지 않다.
③ 지열발전소의 부산물을 통해 메탄올이 만들어진 것은 맞지만, 새롭게 탄생된 연료로 보기는 어려우며, 글의 전체를 다루는 주제로 보기에도 적절하지 않다.
④·⑤ 제시문의 첫 번째 문단과 두 번째 문단에서는 버려진 이산화탄소 및 부산물의 재활용을 통해 '메탄올'을 제조함으로써 미래 원료를 해결할 수 있을 것처럼 보이지만, 이어지는 세 번째 문단과 네 번째 문단에서는 이렇게 만들어진 '메탄올'이 과연 미래 원료로 적합한지 의문점이 제시되고 있다. 따라서 글의 주제로 적절하지 않다.

27

A ~ C철도사의 차량 1량당 연간 승차인원 수는 다음과 같다.
• 2020년
– A철도사 : $\frac{775,386}{2,751} \fallingdotseq 281.86$천 명/년/1량
– B철도사 : $\frac{26,350}{103} \fallingdotseq 255.83$천 명/년/1량
– C철도사 : $\frac{35,650}{185} \fallingdotseq 192.7$천 명/년/1량
• 2021년
– A철도사 : $\frac{768,776}{2,731} \fallingdotseq 281.5$천 명/년/1량
– B철도사 : $\frac{24,746}{111} \fallingdotseq 222.94$천 명/년/1량
– C철도사 : $\frac{33,130}{185} \fallingdotseq 179.08$천 명/년/1량

- 2022년

  - A철도사 : $\dfrac{755,376}{2,710} ≒ 278.74$천 명/년/1량

  - B철도사 : $\dfrac{23,686}{113} ≒ 209.61$천 명/년/1량

  - C철도사 : $\dfrac{34,179}{185} ≒ 184.75$천 명/년/1량

따라서 3년간 차량 1량당 연간 평균 승차인원 수는 C철도사가 가장 적다.

[오답분석]

① 2020 ~ 2022년의 C철도사의 차량 수는 185량으로 변동이 없다.
② 2020 ~ 2022년의 연간 승차인원 비율은 모두 A철도사가 가장 높다.
③ A ~ C철도사의 2020년의 연간 전체 승차인원 수는 775,386+26,350+35,650=837,386천 명, 2021의 연간 전체 승차인원 수는 768,776+24,746+33,130=826,652천 명, 2022년의 연간 전체 승차인원 수는 755,376+23,686+34,179=813,241천 명으로 매년 감소하였다.
⑤ 2020 ~ 2022년의 C철도사 차량 1량당 연간 승차인원 수는 각각 192.7천 명, 179.08천 명, 184.75천 명이므로 모두 200천 명 미만이다.

28

2018년 대비 2022년에 석유 생산량이 감소한 국가는 C, F이며, 석유 생산량 감소율은 다음과 같다.

- C : $\dfrac{4,025,936-4,102,396}{4,102,396} \times 100 ≒ -1.9\%$

- F : $\dfrac{2,480,221-2,874,632}{2,874,632} \times 100 ≒ -13.7\%$

따라서 석유 생산량 감소율이 가장 큰 국가는 F이다.

[오답분석]

① 석유 생산량이 매년 증가한 국가는 A, B, E, H로 총 4개이다.
② 2018년 대비 2022에 석유 생산량이 증가한 국가의 연도별 석유 생산량 증가량은 다음과 같다.
  - A : 10,556,259−10,356,185=200,074bbl/day
  - B : 8,567,173−8,251,052=316,121bbl/day
  - D : 5,442,103−5,321,753=120,350bbl/day
  - E : 335,371−258,963=76,408bbl/day
  - G : 1,336,597−1,312,561=24,036bbl/day
  - H : 104,902−100,731=4,171bbl/day

  따라서 석유 생산량 증가량이 가장 많은 국가는 B이다.
③ E국가의 연도별 석유 생산량을 H국가의 연도별 석유 생산량과 비교하면 다음과 같다.

  - 2018년 : $\dfrac{258,963}{100,731} ≒ 2.6$
  - 2019년 : $\dfrac{273,819}{101,586} ≒ 2.7$
  - 2020년 : $\dfrac{298,351}{102,856} ≒ 2.9$
  - 2021년 : $\dfrac{303,875}{103,756} ≒ 2.9$
  - 2022년 : $\dfrac{335,371}{104,902} ≒ 3.2$

  따라서 2022년 E국가의 석유 생산량은 H국가 석유 생산량의 약 3.2배이므로 옳지 않다.
④ 석유 생산량 상위 2개국은 매년 A, B이며, 연도별 석유 생산량의 차이는 다음과 같다.
  - 2018년 : 10,356,185−8,251,052=2,105,133bbl/day
  - 2019년 : 10,387,665−8,297,702=2,089,963bbl/day
  - 2020년 : 10,430,235−8,310,856=2,119,379bbl/day

- 2021년 : $10,487,336 - 8,356,337 = 2,130,999$bbl/day
- 2022년 : $10,556,259 - 8,567,173 = 1,989,086$bbl/day

따라서 A와 B국가의 석유 생산량의 차이는 '감소 - 증가 - 증가 - 감소'를 보이므로 옳지 않다.

29

정답 ②

제시된 법에 따라 공무원인 친구가 받을 수 있는 선물의 최대 금액은 1회에 100만 원이다.

$$12x < 100 \rightarrow x < \frac{100}{12} = \frac{25}{3} \fallingdotseq 8.33$$

따라서 A씨는 수석을 최대 8개 보낼 수 있다.

30

정답 ④

거래처로 가기 위해 C와 G를 거쳐야 하므로, C를 먼저 거치는 최소 이동거리와 G를 먼저 거치는 최소 이동거리를 비교해 본다.
- 본사 - C - D - G - 거래처
  $6 + 3 + 3 + 4 = 16$km
- 본사 - E - G - D - C - F - 거래처
  $4 + 1 + 3 + 3 + 3 + 4 = 18$km

따라서 최소 이동거리는 16km이다.

31

정답 ④

- 볼펜을 30자루 구매하면 개당 200원씩 할인되므로 $800 \times 30 = 24,000$원이다.
- 수정테이프를 8개 구매하면 $2,500 \times 8 = 20,000$원이지만, 10개를 구매하면 개당 1,000원이 할인되어 $1,500 \times 10 = 15,000$원이 므로 10개를 구매하는 것이 더 저렴하다.
- 연필을 20자루 구매하면 연필 가격의 25%가 할인되므로 $400 \times 20 \times 0.75 = 6,000$원이다.
- 지우개를 5개 구매하면 $300 \times 5 = 1,500$원이며, 지우개에 대한 할인은 적용되지 않는다.

이때 총금액은 $24,000 + 15,000 + 6,000 + 1,500 = 46,500$원이고 3만 원을 초과했으므로 10% 할인이 적용되어 $46,500 \times 0.9 = 41,850$원이다. 또한 할인 적용 전 금액이 5만 원 이하이므로 배송료 5,000원이 추가로 부과되어 $41,850 + 5,000 = 46,850$원이 된다. 그런데 만약 비품을 3,600원어치 추가로 주문하면 $46,500 + 3,600 = 50,100$원이므로 할인 적용 전 금액이 5만 원을 초과하여 배송료가 무료가 되고, 총금액이 3만 원을 초과했으므로 지불할 금액은 10% 할인이 적용된 $50,100 \times 0.9 = 45,090$원이 된다.

따라서 지불 가능한 가장 저렴한 금액은 45,090원이다.

32

정답 ⑤

2023년 6월의 학교폭력 신고 누계 건수는 $7,530 + 1,183 + 557 + 601 = 9,871$건으로, 10,000건 미만이다.

오답분석

① • 2023년 1월의 학교폭력 상담 건수 : $9,652 - 9,195 = 457$건
   • 2023년 2월의 학교폭력 상담 건수 : $10,109 - 9,652 = 457$건
   따라서 2023년 1월과 2023년 2월의 학교폭력 상담 건수는 같다.
② 학교폭력 상담 건수와 신고 건수 모두 2023년 3월에 가장 많다.
③ 전월 대비 학교폭력 상담 건수가 가장 크게 감소할 때는 2023년 5월이지만, 학교폭력 신고 건수가 가장 크게 감소한 때는 2023년 4월이다.
④ 전월 대비 학교폭력 상담 건수가 증가한 월은 2022년 9월과 2023년 3월이고, 이때 학교폭력 신고 건수 또한 전월 대비 증가하였다.

33

연도별 전체 발전량 대비 유류·양수 자원 발전량은 다음과 같다.

- 2018년 : $\frac{6,605}{553,256} \times 100 \fallingdotseq 1.2\%$

- 2019년 : $\frac{6,371}{537,300} \times 100 \fallingdotseq 1.2\%$

- 2020년 : $\frac{5,872}{550,826} \times 100 \fallingdotseq 1.1\%$

- 2021년 : $\frac{5,568}{553,900} \times 100 \fallingdotseq 1\%$

- 2022년 : $\frac{5,232}{593,958} \times 100 \fallingdotseq 0.9\%$

따라서 2022년의 유류·양수 자원 발전량은 전체 발전량의 1% 미만이다.

[오답분석]
① 원자력 자원 발전량과 신재생 자원 발전량은 매년 증가하였다.
② 연도별 석탄 자원 발전량의 전년 대비 감소폭은 다음과 같다.
- 2019년 : 226,571−247,670=−21,099GWh
- 2020년 : 221,730−226,571=−4,841GWh
- 2021년 : 200,165−221,730=−21,565GWh
- 2022년 : 198,367−200,165=−1,798GWh

따라서 석탄 자원 발전량의 전년 대비 감소폭이 가장 큰 해는 2021년이다.
③ 연도별 신재생 자원 발전량 대비 가스 자원 발전량은 다음과 같다.

- 2018년 : $\frac{135,072}{36,905} \times 100 \fallingdotseq 366\%$

- 2019년 : $\frac{126,789}{38,774} \times 100 \fallingdotseq 327\%$

- 2020년 : $\frac{138,387}{44,031} \times 100 \fallingdotseq 314\%$

- 2021년 : $\frac{144,976}{47,831} \times 100 \fallingdotseq 303\%$

- 2022년 : $\frac{160,787}{50,356} \times 100 \fallingdotseq 319\%$

따라서 연도별 신재생 자원 발전량 대비 가스 자원 발전량이 가장 큰 해는 2018년이다.
⑤ 전체 발전량이 증가한 해는 2020 ~ 2022년이며, 그 증가폭은 다음과 같다.
- 2020년 : 550,826−537,300=13,526GWh
- 2021년 : 553,900−550,826=3,074GWh
- 2022년 : 593,958−553,900=40,058GWh

따라서 전체 발전량의 전년 대비 증가폭이 가장 큰 해는 2022년이다.

34

㉠ 퍼실리테이션(Facilitation)이란 '촉진'을 의미하며, 어떤 그룹이나 집단이 의사결정을 잘하도록 도와주는 일을 가리킨다. 최근 많은 조직에서는 보다 생산적인 결과를 가져올 수 있도록 그룹이 나아갈 방향을 알려 주고, 주제에 대한 공감을 이룰 수 있도록 능숙하게 도와주는 퍼실리테이터를 활용하고 있다. 퍼실리테이션에 의한 문제해결방법은 깊이 있는 커뮤니케이션을 통해 서로의 문제점을 이해하고 공감함으로써 창조적인 문제해결을 도모한다. 소프트 어프로치나 하드 어프로치 방법은 타협점의 단순 조정에 그치지만, 퍼실리테이션에 의한 방법은 초기에 생각하지 못했던 창조적인 해결방법을 도출한다. 동시에 구성원의 동기가 강화되고 팀워크도 한층 강화된다는 특징을 보인다. 이 방법을 이용한 문제해결은 구성원이 자율적으로 실행하는 것이며, 제3자가 합의점이나 줄거리를 준비해 놓고 예정대로 결론이 도출되어 가도록 해서는 안 된다.

ⓒ 하드 어프로치에 의한 문제해결방법은 상이한 문화적 토양을 가지고 있는 구성원을 가정하여 서로의 생각을 직설적으로 주장하고 논쟁이나 협상을 통해 의견을 조정해 가는 방법이다. 이때 중심적 역할을 하는 것이 논리, 즉 사실과 원칙에 근거한 토론이다. 제3자는 이것을 기반으로 구성원에게 지도와 설득을 하고 전원이 합의하는 일치점을 찾아내려고 한다. 이러한 방법은 합리적이긴 하지만 잘못하면 단순한 이해관계의 조정에 그치고 말아서 그것만으로는 창조적인 아이디어나 높은 만족감을 이끌어 내기 어렵다.

ⓒ 소프트 어프로치에 의한 문제해결방법은 대부분의 기업에서 볼 수 있는 전형적인 스타일로, 조직 구성원들은 같은 문화적 토양을 가지고 이심전심으로 서로를 이해하는 상황을 가정한다. 코디네이터 역할을 하는 제3자는 결론으로 끌고 갈 지점을 미리 머릿속에 그려가면서 권위나 공감에 의지하여 의견을 중재하고, 타협과 조정을 통하여 해결을 도모한다. 결론이 애매하게 끝나는 경우가 적지 않으나, 그것은 그것대로 이심전심을 유도하여 파악하면 된다. 소프트 어프로치에서는 문제해결을 위해서 직접 표현하는 것이 바람직하지 않다고 여기며, 무언가를 시사하거나 암시를 통하여 의사를 전달하고 기분을 서로 통하게 함으로써 문제해결을 도모하고자 한다.

35
정답 ④

네 번째 조건을 제외한 모든 조건과 그 대우를 논리식으로 표현하면 다음과 같다.
- $\sim(D \lor G) \to F$ / $\sim F \to (D \land G)$
- $F \to \sim E$ / $E \to \sim F$
- $\sim(B \lor E) \to \sim A$ / $A \to (B \land E)$

네 번째 조건에 따라 A가 투표를 하였으므로, 세 번째 조건의 대우에 의해 B와 E 모두 투표를 하였다. 또한 E가 투표를 하였으므로, 두 번째 조건의 대우에 따라 F는 투표하지 않았으며, F가 투표하지 않았으므로 첫 번째 조건의 대우에 따라 D와 G는 모두 투표하였다. A, B, D, E, G 5명이 모두 투표하였으므로 네 번째 조건에 따라 C는 투표하지 않았다. 따라서 투표를 하지 않은 사람은 C와 F이다.

36
정답 ③

수소는 연소 시 탄소를 배출하지 않는 친환경에너지이지만, 수소혼소 발전은 수소와 함께 액화천연가스(LNG)를 혼합하여 발전하므로 기존 LNG 발전에 비해 탄소 배출량은 줄어들지만, 여전히 탄소를 배출한다.

오답분석
① 수소혼소 발전은 기존의 LNG 발전설비를 활용할 수 있기 때문에 화석연료 발전에서 친환경에너지 발전으로 전환하는 데 발생하는 사회적·경제적 충격을 완화할 수 있다.
② 높은 온도로 연소하는 수소는 공기 중의 질소와 반응하여 질소산화물(NOx)을 발생시키며, 이는 미세먼지와 함께 대기오염의 주요 원인으로 작용한다.
④ 수소혼소 발전에서 수소를 혼입하는 양이 많아질수록 발전에 사용하는 LNG를 많이 대체하므로 탄소 배출량은 줄어든다.

37
정답 ②

보기에 주어진 문장은 접속부사 '따라서'로 시작하므로 수소가 2050 탄소중립 실현을 위한 최적의 에너지원이 되는 이유 뒤에 와야 한다. 따라서 보기는 수소 에너지의 장점과 이어지는 (나)에 들어가는 것이 가장 적절하다.

38
정답 ①

RPS 제도 이행을 위해 공급의무자는 일정 비율 이상(의무공급비율)을 신재생에너지로 발전해야 한다. 하지만 의무공급비율은 매년 확대되고 있고, 여기에 맞춰 신재생에너지 발전설비를 계속 추가하는 것은 시간적, 물리적으로 어려우므로 공급의무자는 신재생에너지 공급자로부터 REC를 구매하여 의무공급비율을 달성한다.

오답분석
② 신재생에너지 공급자가 공급의무자에게 REC를 판매하기 위해서는 에너지관리공단 신재생에너지센터, 한국전력거래소 등 공급인증기관으로부터 공급 사실을 증명하는 공급인증서를 신청해 발급받아야 한다.

③ 2021년 8월 이후 에너지관리공단에서 운영하는 REC 거래시장을 통해 일반기업도 REC를 구매하여 온실가스 감축실적으로 인정받을 수 있게 되었다.

④ REC에 명시된 공급량은 발전방식에 따라 가중치를 곱해 표기하므로 실제 공급량과 다를 수 있다.

39 정답 ③

빈칸 ⊙의 앞 문장은 공급의무자의 신재생에너지 발전설비 확대를 통한 RPS 달성에는 한계점이 있음을 설명하고, 뒷 문장은 이에 대한 대안으로서 REC 거래를 설명하고 있다. 따라서 빈칸에 들어갈 접속부사는 '그러므로'가 가장 적절하다.

40 정답 ②

N사에서 A지점으로 가려면 1호선으로 역 2개를 지난 후 2호선으로 환승하여 역 5개를 더 가야 한다.
따라서 편도로 이동하는 데 걸리는 시간은 $(2 \times 2)+3+(2 \times 5)=17$분이므로 왕복하는 데 걸리는 시간은 $17 \times 2=34$분이다.

41 정답 ④

• A지점 : $(900 \times 2)+(950 \times 5)=6,550$m
• B지점 : $900 \times 8=7,200$m
• C지점 : $(900 \times 2)+(1,300 \times 4)=7,000$m 또는 $(900 \times 5)+1,000+1,300=6,800$m
• D지점 : $(900 \times 5)+(1,000 \times 2)=6,500$m 또는 $(900 \times 2)+(1,300 \times 3)+1,000=6,700$m
따라서 N사로부터 이동거리가 가장 짧은 지점은 D지점이다.

42 정답 ②

• A지점 : 이동거리는 6,550m이고 기본요금 및 거리비례 추가비용은 2호선 기준이 적용되므로 $1,500+100=1,600$원이다.
• B지점 : 이동거리는 7,200m이고 기본요금 및 거리비례 추가비용은 1호선 기준이 적용되므로 $1,200+50 \times 4=1,400$원이다.
• C지점 : 이동거리는 7,000m이고 기본요금 및 거리비례 추가비용은 4호선 기준이 적용되므로 $2,000+150=2,150$원이다.
  또는 이동거리가 6,800m일 때, 기본요금 및 거리비례 추가비용은 4호선 기준이 적용되므로 $2,000+150=2,150$원이다.
• D지점 : 이동거리는 6,500m이고 기본요금 및 거리비례 추가비용은 3호선 기준이 적용되므로 $1,800+100 \times 3=2,100$원이다.
  또는 이동거리가 6,700m일 때, 기본요금 및 거리비례 추가비용은 4호선 기준이 적용되므로 $2,000+150=2,150$원이다.
따라서 이동하는 데 드는 비용이 가장 적은 지점은 B지점이다.

43 정답 ⑤

미국 컬럼비아 대학교에서 만들어 낸 치즈케이크는 7겹으로, 7가지의 반죽형 식용 카트리지로 만들어졌다. 따라서 페이스트를 층층이 쌓아서 만드는 FDM 방식을 사용하여 제작하였음을 알 수 있다.

오답분석
① PBF / SLS 방식 3D 푸드 프린터는 설탕 같은 분말 형태의 재료를 접착제나 레이저로 굳혀 제작하는 것이므로 설탕 케이크 장식을 제작하기에 적절한 방식이다.
② 3D 푸드 프린터는 질감을 조정하거나, 맛을 조정하여 음식을 제작할 수 있으므로 식감 등으로 발생하는 편식을 줄일 수 있다.
③ 3D 푸드 프린터는 음식을 제작할 때 개인별로 필요한 영양소를 첨가하는 등 사용자 맞춤 식단을 제공할 수 있다는 장점이 있다.
④ 네 번째 문단에서 현재 3D 푸드 프린터의 한계점을 보면 디자인적 · 심리적 요소로 인해 3D 푸드 프린터로 제작된 음식에 거부감이 들 수 있다고 하였다.

44

정답 ④

(라) 문장이 포함된 세 번째 문단은 3D 푸드 프린터의 장점에 대해 설명하는 문단이며, 특히 대체육 프린팅의 장점에 대해 소개하고 있다. 그러나 (라) 문장은 대체육의 단점에 대해 서술하고 있으므로 네 번째 문단에서 추가로 서술하거나 삭제하는 것이 적절하다.

오답분석

① (가) 문장은 컬럼비아 대학교에서 3D 푸드 프린터로 만들어 낸 치즈케이크의 특징을 설명하는 문장이므로 적절하다.
② (나) 문장은 현재 주로 사용되는 3D 푸드 프린터의 작동 방식을 설명하는 문장이므로 적절하다.
③ (다) 문장은 3D 푸드 프린터의 장점을 소개하는 세 번째 문단의 중심내용이므로 적절하다.
⑤ (마) 문장은 3D 푸드 프린터의 한계점인 '디자인으로 인한 심리적 거부감'을 서술하고 있으므로 적절하다.

45

정답 ④

네 번째 문단은 3D 푸드 프린터의 한계 및 개선점을 설명하는 문단으로, 3D 푸드 프린터의 장점을 설명한 세 번째 문단과 역접관계에 있다. 따라서 '그러나'가 적절한 접속부사이다.

오답분석

① ㉠ 앞에서 서술된 치즈케이크의 특징이 대체육과 같은 다른 관련 산업에서 주목하게 된 이유가 되므로 '그래서'는 적절한 접속부사이다.
② ㉡ 앞의 문장은 3D 푸드 프린터의 장점을 소개하는 세 번째 문단의 중심내용이고 뒤의 문장은 이에 대한 예시를 설명하고 있으므로 '예를 들어'는 적절한 접속부사이다.
③ ㉢의 앞과 뒤는 다른 내용이지만 모두 3D 푸드 프린터의 장점을 나열한 것이므로 '또한'은 적절한 접속부사이다.
⑤ ㉣의 앞과 뒤는 다른 내용이지만 모두 3D 푸드 프린터의 단점을 나열한 것이므로 '게다가'는 적절한 접속부사이다.

46

정답 ④

제시문은 메기 효과에 대한 글이므로 가장 먼저 메기 효과의 기원에 대해 설명한 (마) 문단으로 시작하고, 뒤이어 메기 효과의 기원에 대한 과학적인 검증 및 논란에 대한 (라) 문단이 와야 한다. 이어서 경영학 측면에서의 메기 효과에 대한 내용이 와야 하는데, (다) 문단의 경우 앞의 내용과 뒤의 내용이 상반될 때 쓰는 접속 부사인 '그러나'로 시작하므로 (가) 문단이 먼저 나오고 그 다음에 (다) 문단이 이어지는 것이 적절하다. 그리고 마지막으로 메기 효과에 대한 결론인 (나) 문단으로 끝나야 한다.

47

정답 ②

메기 효과는 과학적으로 검증되지 않았지만 적정 수준의 경쟁이 발전을 이룬다는 시사점을 가지고 있다고 하였으므로 낭설에 불과하다고 하는 것은 적절하지 않다.

오답분석

① (라) 문단의 거미와 메뚜기 실험에서 죽은 메뚜기로 인해 토양까지 황폐화되었음을 볼 때, 거대 기업의 출현은 해당 시장의 생태계까지 파괴할 수 있음을 알 수 있다.
③ (나) 문단에서 성장 동력을 발현시키기 위해서는 규제 등의 방법으로 적정 수준의 경쟁을 유지해야 한다고 서술하고 있다.
④ (가) 문단에서 메기 효과는 한국, 중국 등 고도 경쟁사회에서 널리 사용되고 있다고 서술하고 있다.

48

정답 ②

식탁 1개와 의자 2개의 합은 20만+(10만×2)=40만 원이고, 30만 원 이상 구매 시 10%를 할인받을 수 있으므로 40만×0.9=36만 원이다. 가구를 구매하고 남은 돈은 50만−36만=14만 원이고 장미 한 송이당 가격은 6,500원이다.
따라서 14÷0.65≒21.53이므로 장미꽃은 총 21송이를 살 수 있다.

49

작년의 여자 사원 수를 x명이라 하면 남자 사원 수는 $(820-x)$명이므로

$$\frac{8}{100}(820-x)-\frac{10}{100}x=-10$$

$$\therefore \ x=420$$

따라서 올해 여자 사원 수는 $\frac{90}{100}\times420=378$명이다.

50

흰색 공을 A, 검은색 공을 B, 파란색 공을 C로 치환한 후 논리 기호화하면 다음과 같다.

• 전제 1 : A → ~B
• 전제 2 : _____
• 결론 : A → C

따라서 필요한 전제 2는 '~B → C' 또는 대우인 '~C → B'이므로 '파란색 공을 가지고 있지 않은 사람은 모두 검은색 공을 가지고 있다.'가 전제 2로 적절하다.

[오답분석]
① B → C
② ~C → ~B
④ C → B

PART 1

직업기초능력평가

01 | 의사소통능력

출제유형분석 01 실전예제

01
정답 ④

'꼭 필요한 부위에만 접착제와 대나무 못을 사용하여 목재가 수축·팽창하더라도 뒤틀림과 휘어짐이 최소화될 수 있도록 하였다.'라는 문장을 볼 때, 접착제와 대나무 못을 사용하면 수축과 팽창이 발생하지 않게 된다는 말은 적절하지 않다.

02
정답 ②

오답분석
① 은 왕조의 옛 도읍지는 허난성이다.
③ 용골에는 은 왕조의 기록이 있었다.
④ 지문에는 그러한 내용이 없다.
⑤ 사마천의 『사기』가 언제 만들어졌다는 내용은 없다.

03
정답 ②

아이들이 따뜻한 구들에 누워 자는 것이 습관이 되어 사지의 활동량이 적어 발육이 늦어진 것이지 체온을 높였기 때문에 발육이 늦어진 것은 아니다.

04
정답 ⑤

제시문의 세 번째 문단에서 '상품에 응용된 과학 기술이 복잡해지고 첨단화되면서 상품 정보에 대한 소비자의 정확한 이해도 기대하기 어려워졌다.'는 내용을 통해 확인할 수 있다.

05
정답 ⑤

인간이 지구상에서 이용할 수 있는 생활공간은 제한되어 있기 때문에, 인간이 이용할 수 있는 생활공간의 한계를 깨뜨리지 않는 범위 안에서만 인간의 생활공간을 확장시켜야 한다고 언급되어 있다.

06
정답 ⑤

평균 비용이 한계 비용보다 큰 경우, 공공요금을 평균 비용 수준에서 결정하면 수요량이 줄면서 거래량이 따라 줄고, 결과적으로 생산량도 감소한다. 이는 사회 전체의 관점에서 볼 때 자원이 효율적으로 배분되지 못하는 상황이다.

오답분석
①, ③은 첫 번째 문단, ②는 세 번째 문단, ④는 두 번째 문단에서 확인할 수 있다.

01

정답 ①

제시문은 세종대왕이 한글을 창제하고 반포하는 과정을 설명하고 있다. (가) 세종대왕이 글을 읽고 쓰지 못하는 백성들을 안타깝게 여김 → (라) 훈민정음을 만들었지만 신하들의 반대에 부딪힘 → (다) 훈민정음을 세상에 알림 → (나) 훈민정음의 해설서인『훈민정음 해례본』과『용비어천가』를 펴냄 순서로 연결되어야 한다.

02

정답 ④

제시문은 1920년대 영화의 소리에 대한 부정적인 견해가 있었음을 이야기하며 화두를 꺼내고 있다. 이후 현대에는 소리와 영상을 분리해서 생각할 수 없음을 이야기하고 영화에서의 소리가 어떤 역할을 하는지에 대해 설명하면서 현대 영화에서의 소리의 의의에 대해 서술하고 있다. 따라서 (라) 1920년대 영화의 소리에 대한 부정적인 견해 → (가) 현대 영화에서 분리해서 생각할 수 없는 소리와 영상 → (다) 영화 속 소리의 역할 → (나) 현대 영화에서의 소리의 의의 순으로 나열하는 것이 적절하다.

03

정답 ④

제시문은 관객이 영화를 보면서 흐름을 지각하는 것을 제대로 설명하지 못하는 동일시 이론에 대해 문제를 제기하고 이를 칸트의 무관심성을 통해 설명할 수 있다고 제시한다. 이어서 관객이 영화의 흐름을 생동감 있게 체험할 수 있는 이유로 '방향 공간'과 '감정 공간'을 제시하고 이에 대한 설명을 한 뒤 이것이 관객이 영화를 지각할 수 있는 원리가 될 수 있음을 정리하며 마치고 있는 글이다. 따라서 '(나) 영화를 보면서 흐름을 지각하는 것을 제대로 설명하지 못하는 '동일시 이론' → (가) 영화 흐름의 지각에 대해 설명할 수 있는 칸트의 '무관심성' → (라) 영화의 생동감을 체험할 수 있게 하는 '방향 공간' → (마) 영화의 생동감을 체험할 수 있게 하는 또 다른 이유인 '감정 공간' → (다) 관객이 영화를 지각하는 과정에 대한 정리'로 나열되어야 한다.

04

정답 ②

제시문은 나무를 가꾸기 위해 고려해야 하는 사항에 대해 설명하는 글이다. 따라서 (가) 나무를 가꾸기 위해 고려해야 할 사항과 가장 중요한 생육조건 - (라) 나무를 양육할 때 주로 저지르는 실수인 나무 간격을 촘촘하게 심는 것 - (다) 그러한 실수를 저지르는 이유 설명 - (나) 또 다른 식재계획 시 고려해야 하는 주의점 순으로 나열되는 것이 적절하다.

05

정답 ①

제시문은 인간의 도덕적 자각과 사회적 의미를 강조하는 윤리인 '충'과 '서'가 있음을 알리고, 각각의 의미를 설명하는 내용의 글이다. 따라서 '(가) 인간의 도덕적 자각과 사회적 실천을 강조하는 윤리인 '충서' → (다) '충'의 의미 → (나) '서'의 의미 → (라) '서'가 의미하는 역지사지의 상태' 순으로 나열되어야 한다.

06

정답 ⑤

먼저 귀납에 대해 설명하고 있는 (나) 문단이 오는 것이 적절하며, 특성으로 인한 귀납의 논리적 한계가 나타난다는 (라) 문단이 그다음으로 오는 것이 자연스럽다. 이후 이러한 한계에 대한 흄의 의견인 (다) 문단과 구체적인 흄의 주장과 이에 따라 귀납의 정당화 문제에 대해 설명하는 (가) 문단이 차례로 오는 것이 적절하다.

01
정답 ②

제시문에서는 아이들이 어른에게서보다 어려운 문제 해득력이나 추상력을 필요로 하지 않는 텔레비전을 통해서 더 많은 것을 배우므로 어린이나 젊은이들에게서 어른에 대한 두려움이나 존경을 찾기 어렵다고 주장한다. 이러한 주장에 대한 반박으로는 아이들은 텔레비전보다 학교의 선생님이나 친구들과 더 많은 시간을 보내고, 텔레비전이 아이들에게 부정적 영향만 끼치는 것은 아니며, 아이들의 그러한 행동에 영향을 미치는 다른 요인이 있다는 것이 적절하다. 따라서 텔레비전이 인간의 필요성을 충족시킨다는 ②는 제시문에 대한 반박으로 적절하지 않다.

02
정답 ④

도킨스에 따르면 인간 개체는 유전자라는 진정한 주체의 매체에 지나지 않게 된다. 이러한 생각에는 살아가고 있는 구체적 생명체를 경시하게 되는 논리가 잠재되어 있다. 따라서 무엇이 진정한 주체인가에 대한 물음이 필자의 문제 제기로 적절하다.

03
정답 ①

국가 주요 정책이나 환경에 대한 관심이 상표 출원에 많은 영향을 미치고 있음을 알 수 있다.

[오답분석]
② 친환경 상표가 가장 많이 출원된 제품이 화장품인 것은 맞지만 그 안전성에 대해서는 언급하고 있지 않기 때문에 추론하기 어렵다.
③ 환경과 건강에 대한 관심이 증가하면서 앞으로도 친환경 관련 상표 출원은 증가할 것으로 추론할 수 있다.
④ 2007년부터 2017년까지 영문자 ECO가 상표 출원실적이 가장 높았으며 그다음은 그린, 에코 순이다. 본문의 내용만으로는 추론하기 어렵다.
⑤ 출원건수는 상품류를 기준으로 한다. ECO 달세제, ECO 별세제는 모두 친환경 세제라는 상품류에 속하므로 단류 출원 1건으로 계산한다.

04
정답 ②

제시문의 '나'는 세상의 사물이나 현상을 선입견에 사로잡히지 말고 본질을 제대로 파악하여 이해해야 한다고 말하고 있다. 그러므로 ㉠·㉢·㉣은 '나'의 비판을 받을 수 있다.

05
정답 ④

제시문은 윤리적 상대주의가 참이라는 결론을 내리기 위한 논증이다. 어떤 행위에 대한 문화 간의 지속적인 시비 논란(윤리적 판단)은 사람들의 윤리적 기준 차이에 의하여 한 문화 안에서 시대마다 다르기도 하고, 동일한 문화와 시대 안에서도 다를 수 있다. 그러므로 올바른 윤리적 기준은 그것을 적용하는 사람에 따라 상대적이고 윤리적 상대주의가 참이라는 논증이다. 따라서 이 논증의 반박은 '절대적 기준에 의한 보편적 윤리 판단은 존재한다.'가 되어야 한다. 그러나 ④는 '윤리적 판단이 항상 서로 다른 것은 아니다.'라는 내용이다. 이 글에서도 윤리적 판단이 '~ 다르기도 하다.', '다른 윤리적 판단을 하는 경우를 볼 수 있다.'고 했지 '항상 다르다.'고는 하지 않았으므로 ④는 반박으로 적절하지 않다.

06
정답 ③

제시문에서는 한국 사람들이 자기보다 우월한 사람들을 준거집단으로 삼기 때문에 이로 인한 상대적 박탈감으로 행복감이 낮다고 설명하고 있으므로 이를 반증하는 사례를 통해 반박해야 한다. 만약 자신보다 우월한 사람들을 준거집단으로 삼으면서도 행복감이 낮지 않는 나라가 있다면 이에 대한 반박이 되므로 ③이 반박으로 적절하다.

07

면허를 발급하는 것은 면허 발급 방식이며, 보조금을 지급받는 것은 보조금 지급 방식으로 둘 사이의 연관성은 없다.

오답분석

① 경쟁 입찰 방식의 경우 정부가 직접 공공 서비스를 제공할 때보다 서비스의 생산 비용이 절감될 수 있고, 정부의 재정 부담도 경감될 수 있었다.

② 과거에는 공공 서비스가 경합성과 배제성이 모두 약한 사회 기반 시설 공급을 중심으로 제공되었다. 이런 경우 서비스 제공에 드는 비용은 주로 세금을 비롯한 공적 재원으로 충당을 하였다.

④ 정부는 위탁 제도를 도입함으로써 정부 조직의 규모를 확대하지 않으면서 서비스의 전문성을 강화할 수 있었다.

⑤ 공공 서비스의 다양화와 양적 확대가 이루어지면서 행정 업무의 전문성 및 효율성이 떨어지는 문제점이 나타나기도 하였다.

출제유형분석 04 │ 실전예제

01

정답 ③

'최고의 진리는 언어 이전, 혹은 언어 이후의 무언(無言)의 진리이다.', '동양 사상의 정수(精髓)는 말로써 말이 필요 없는 경지'라고 한 부분을 보았을 때 동양 사상은 언어적 지식을 초월하는 진리를 추구한다는 것이 제시문의 주제이다.

02

정답 ④

제시문에서는 '장애인 편의 시설에 대한 새로운 시각'이 필요하다고 밝히고, 장애인 편의 시설이 '우리 모두에게 유용함'을 강조하고 있다. 또한 마지막 문단에서 보편적 디자인의 시각으로 바라볼 때 '장애인 편의 시설은 우리 모두에게 편리하고 안전한 시설로 인식될 것'이라고 하였다. 따라서 주제로 적절한 것은 ④이다.

03

정답 ④

첫 번째 문단은 임신 중 고지방식 섭취로 인한 자식의 생식기에 종양 발생 가능성에 대한 연구 결과를 이야기하고 있고, 두 번째 문단은 사지 절단 수술로 인해 심장병으로 사망할 가능성에 대한 조사 결과를 이야기하고 있다. 따라서 주제로 ④가 적절하다.

04

정답 ④

제시문은 고전 범주화 이론에 바탕을 두고 있는 성분 분석 이론이 단어의 의미를 충분히 설명하지 못한다는 것을 말하고 있는 글이지 '새' 자체가 주제인 것은 아니다. 따라서 제시문의 주제로 적절한 것은 '고전 범주화 이론의 한계'이다.

오답분석

①·⑤ '새'가 계속 언급되는 것은 고전적인 성분 분석의 예로서 언급되는 것이기 때문에 주제가 될 수 없다.

②·③ 성분 분석 이론의 바탕은 고전 범주화 이론이고, 이는 너무 포괄적이기 때문에 주제가 될 수 없다.

05

정답 ④

제시문에서는 노블레스 오블리주의 개념을 정의한 후, 이러한 지도층의 도덕적 의무감을 특히 중요시하는 이유가 지도층이 도덕적 지표가 되어 건전한 사회를 만드는 데 효과적으로 기여하기 때문이라고 설명하고 있다.

06

정답 ①

제시문은 싱가포르가 어떻게 자동차를 규제하고 관리하는지를 설명하고 있다.

02 | 수리능력

출제유형분석 01 | 실전예제

01

정답 ④

제시된 그림의 운동장 둘레는 왼쪽과 오른쪽 반원을 합친 지름이 50m인 원의 원주[(지름)×(원주율)]와 위, 아래 직선거리 90m를 더하면 된다. 따라서 학생이 운동장 한 바퀴를 달린 거리는 $(50×3)+(90×2)=330$m이다.

02

정답 ⑤

둘레의 길이가 20cm이고, 넓이가 24cm^2이므로
$2(x+y)=20 \to x+y=10 \cdots \text{㉠}$
$xy=24 \cdots \text{㉡}$
직사각형의 가로 길이와 세로 길이를 각각 3cm씩 늘렸을 때, 늘어난 직사각형의 넓이는
$(x+3)(y+3)=(xy+3x+3y+9)\text{cm}^2$이다.
따라서 $xy+3x+3y+9=xy+3(x+y)+9=24+3×10+9=63\text{cm}^2$이다.

03

정답 ③

작년 부품 값의 총합을 x원이라 하면 A부품의 가격은 $0.15x$원이다. 올해 모든 부품 값이 10,000원씩 상승하였으므로 올해 부품 값의 총합은 $(x+100,000)$원이고 A부품의 가격은 $0.145(x+100,000)$원으로 $(0.15x+10,000)$원과 같다.
$0.15x+10,000=0.145(x+100,000)$
$\to 0.005x=4,500$
$\therefore x=900,000$
따라서 올해 부품 값의 총합은 $900,000+100,000=1,000,000$원이다.

04

정답 ②

작년 비행기 왕복 요금을 x원, 작년 1박 숙박비를 y원이라 하면
- $-\dfrac{20}{100}x+\dfrac{15}{100}y=\dfrac{10}{100}(x+y) \cdots \text{㉠}$
- $\left(1-\dfrac{20}{100}\right)x+\left(1+\dfrac{15}{100}\right)y=308,000 \cdots \text{㉡}$

㉠, ㉡을 정리하면
- $y=6x \cdots \text{㉢}$
- $16x+23y=6,160,000 \cdots \text{㉣}$

㉢, ㉣을 연립하면
$16x+138x=6,160,000$
$\therefore x=40,000,\ y=240,000$

따라서 올해 비행기 왕복 요금은

$40,000-40,000\times\dfrac{20}{100}=32,000$원이다.

05

정답 ⑤

주어진 정보를 표로 정리하면 다음과 같다.

(단위 : 명)

구분	뮤지컬 좋아함	뮤지컬 좋아하지 않음	합계
남학생	24	26	50
여학생	16	14	30
합계	40	40	80

따라서 뮤지컬을 좋아하지 않는 사람을 골랐을 때, 그 사람이 여학생일 확률은 $\dfrac{14}{40}=\dfrac{7}{20}$이다.

06

정답 ③

B지역 유권자의 수를 x명(단, $x>0$)이라고 하면 A지역 유권자의 수는 $4x$명이다.

• A지역 찬성 유권자 수 : $4x\times\dfrac{3}{5}=\dfrac{12}{5}x$명

• B지역 찬성 유권자 수 : $\dfrac{1}{2}x$명

따라서 A, B 두 지역 유권자의 헌법 개정 찬성률은 $\dfrac{\frac{12}{5}x+\frac{1}{2}x}{4x+x}\times100=\dfrac{\frac{29}{10}x}{5x}\times100=58\%$이다.

07

정답 ①

A기계, B기계가 1분 동안 생산하는 비누의 수를 각각 x, y개라 하면

$5(x+4y)=100\cdots\bigcirc$

$4(2x+3y)=100\cdots\bigcirc\bigcirc$

두 식을 정리하면

$x+4y=20\cdots\bigcirc'$

$2x+3y=25\cdots\bigcirc\bigcirc'$

$\bigcirc'$, $\bigcirc\bigcirc'$을 연립하면

$5y=15$, $y=3 \to x=8$

따라서 A기계 3대와 B기계 2대를 동시에 가동하여 비누 100개를 생산하는 데 걸리는 시간은

$\dfrac{100}{(8\times3)+(3\times2)}=\dfrac{100}{30}=\dfrac{10}{3}$ 시간이다.

08

정답 ③

전체 8명에서 4명을 선출하는 경우의 수에서 남자만 4명을 선출하는 경우를 제외하면 된다.

${}_8C_4-{}_5C_4=\dfrac{8\times7\times6\times5}{4\times3\times2\times1}-\dfrac{5\times4\times3\times2}{4\times3\times2\times1}=70-5=65$가지

09

정답 ③

G사의 전 직원을 x명이라고 하자. 찬성한 직원은 $0.8x$명이고, 그중 남직원은 $0.8x \times 0.7 = 0.56x$명이다.

(단위 : 명)

구분	찬성	반대	합계
남자	$0.56x$	$0.04x$	$0.6x$
여자	$0.24x$	$0.16x$	$0.4x$
합계	$0.8x$	$0.2x$	x

따라서 여직원 한 명을 뽑았을 때, 유연근무제에 찬성한 직원일 확률은 $\dfrac{0.24x}{0.4x} = \dfrac{3}{5}$ 이다.

출제유형분석 02 실전예제

01

정답 ③

앞의 항에 $\times 3 + 1$을 적용하는 수열이다.
따라서 (   )$= 121 \times 3 + 1 = 364$이다.

02

정답 ④

n번째 항의 값은 앞의 항에 $\times 2 + (n-1)$을 적용하는 수열이다.
따라서 (   )$= 121 \times 2 + 6 = 248$이다.

03

정답 ②

분자는 6씩 더하고, 분모는 6씩 빼는 수열이다.
따라서 (   )$= \dfrac{59 + 6}{373 - 6} = \dfrac{65}{367}$ 이다.

출제유형분석 03 실전예제

01

정답 ②

(가) 반도체시장과 SW시장은 $2,410 : 10,090$이므로 약 4배이다.
(나) 핸드폰시장과 SW시장은 $1,689 : 10,090$이므로 약 6배이다.

02

정답 ②

첫 번째 조건에서 2023년 11월 요가 회원은 $a = 50 \times 1.2 = 60$명이고, 세 번째 조건에서 2024년 1월 필라테스 예상 회원 수는 2023년 4분기 월 평균 회원 수가 되어야 하므로 2024년 1월 필라테스 예상 회원 수 $d = \dfrac{106 + 110 + 126}{3} = \dfrac{342}{3} = 114$명이다.

두 번째 조건에 따라 2023년 12월 G.X 회원 수 c를 구하면 $(90+98+c)+37=106+110+126 \rightarrow c=342-225=117$명이 된다. b를 구하기 위한 방정식 $2a+b=c+d$에 a, c, d에 해당되는 수를 대입하면 $b+2\times60=117+114 \rightarrow b=231-120 \rightarrow b=111$이다. 따라서 2023년 12월에 요가 회원 수는 111명이다.

03 정답 ②

2014 ~ 2023년 지진 발생건수를 작은 순서대로 나열하면 3, 4, 5, 6, 7, 7, 8, 10, 11, 12이다. 변량의 수가 짝수이므로 중앙값은 $\dfrac{7+7}{2}=7$건이다.

04 정답 ④

(기대효과)=(조달단가)×(구매 효용성)이므로 물품별 기대효과는 다음 표와 같다.

구분	A	B	C	D	E	F	G	H
기대효과	3×1=3	4×0.5=2	5×1.8=9	6×2.5=15	7×1=7	8×1.75=14	10×1.9=19	16×2=32

여기서 조달단가 20억 원 이내 조합의 기대효과 중 최댓값을 고르면 조달단가가 20억 원인 경우와 19억 원인 경우의 조합을 구한다.

조달단가 합	조합	기대효과
20억 원	H+B	32+2=34
	G+E+A	19+7+3=29
	G+D+B	19+15+2=36
	F+E+C	14+7+9=30
	F+C+B+A	14+9+2+3=28
	E+D+B+A	7+15+2+3=27
19억 원	H+A	32+3=35
	G+D+A	19+15+3=37
	G+C+B	19+9+2=30
	F+E+B	14+7+2=23
	F+D+C	14+15+9=38
	E+C+B+A	7+9+2+3=21

따라서 더 이상 큰 조합은 없으므로 F+D+C 조합일 때의 기대효과 총합 38이 최댓값이다.

05 정답 ④

자료의 개수가 홀수일 때 중앙값은 가장 가운데 오는 수이지만, 자료의 개수가 짝수일 때, 중앙에 있는 2개 값이 중앙값이 된다. 12, 13, 15, 17, 17, 20 중 중앙값은 15와 17의 평균인 16이다. 최빈값은 17점이 두 번 나오므로 17점이 최빈값이 된다. 따라서 중앙값은 16점이며, 최빈값은 17점이다.

06 정답 ③

20명의 통근시간을 오름차순으로 나열하면 다음과 같다.

이름	J	I	E	F	P	O	D	T	G	S
시간(분)	14	19	21	25	25	28	30	30	33	33
이름	N	R	M	B	C	A	L	K	Q	H
시간(분)	36	37	39	41	44	45	48	50	52	55

중앙값은 자료의 개수가 짝수이면, $\frac{n}{2}$번째와 $\frac{n}{2}+1$번째 값의 평균으로 계산한다. 따라서 표에 정리한 바와 같이 10번째 S직원의 통근시간 33분과 11번째 N직원의 통근시간 36분의 평균은 $\frac{33+36}{2}=34.5$분이다.

07 정답 ②

- 18개 지역 날씨의 총합 : $(-3.4)+(-2.4)+(-2.0)+(0.6)+(7.9)+(4.1)+(0.6)+(-2.3)+(-1.2)+(2.5)+(1.1)+(-1.7)$
  $+(-3.2)+(0.6)+(-4.9)+(1.6)+(3.2)+(3.4)=4.5℃$
- 18개 지역 날씨의 평균 : $\frac{4.5}{18}=0.25℃$
- 18개 지역의 중앙값 : $0.6℃$

따라서 평균값과 중앙값의 차는 $0.6-0.25=0.35$이다.

출제유형분석 04 실전예제

01 정답 ③

오답분석

① 월별 두 국가의 이민자 수의 차이는 다음과 같다.
  - 2022년 12월 : $3,400-2,600=800$명
  - 2023년 1월 : $3,800-2,800=1,000$명
  - 2023년 2월 : $4,000-2,800=1,200$명

  따라서 이민자 수 차이는 2023년 2월이 가장 크다.

② $3,400\times0.75=2,550$명이므로 B국 이민자 수는 A국 이민자 수의 75% 이상이다.

④ $3,800-2,800=1,000$명이고 $\frac{1,000}{3,800}\times100≒26.3\%$이므로 B국 이민자 수는 A국 이민자 수의 33% 미만이다.

⑤ 2023년 2월 두 국가의 이민자 수 평균은 $\frac{4,000+2,800}{2}=3,400$명이므로 A국 이민자 수는 평균보다 600명 더 많다.

02 정답 ①

이산화탄소의 농도가 계속해서 증가하고 있는 것과 달리 오존전량은 2017년부터 2020년까지 차례로 감소하고 있다.

오답분석

② 이산화탄소의 농도는 2017년 387.2ppm에서 시작하여 2023년 395.7ppm으로 해마다 증가했다.

③ 2018년 오존전량은 1DU 감소하였고, 2019년에는 2DU, 2020년에는 3DU 감소하였다. 2023년에는 8DU 감소하였다.

④ 2023년 이산화탄소 농도는 2018년의 388.7ppm에서 395.7ppm으로 7ppm 증가했다.

③ 2023년 오존전량은 335DU로, 2017년의 331DU보다 4DU 증가했다.

03 정답 ⑤

2019년과 2023년에는 출생아 수와 사망자 수의 차이가 20만 명이 되지 않는다.

04

ㄱ. 대형마트의 종이봉투 사용자 수는 $2,000×0.05=100$명으로, 중형마트의 종이봉투 사용자 수인 $800×0.02=16$명의 $\frac{100}{16}=6.25$배이다.

ㄷ. 비닐봉투 사용자 수를 정리하면 다음과 같다.
- 대형마트 : $2,000×0.07=140$명
- 중형마트 : $800×0.18=144$명
- 개인마트 : $300×0.21=63$명
- 편의점 : $200×0.78=156$명
따라서 비닐봉투 사용률이 가장 높은 곳은 78%로 편의점이며, 비닐봉투 사용자 수가 가장 많은 곳도 156명으로 편의점이다.

ㄹ. 마트규모별 개인 장바구니의 사용률을 살펴보면, 대형마트가 44%, 중형마트가 36%, 개인마트가 29%이다. 따라서 마트의 규모가 커질수록 개인 장바구니 사용률이 증가함을 알 수 있다.

오답분석

ㄴ. 전체 종량제봉투 사용자 수를 구하면 다음과 같다.
- 대형마트 : $2,000×0.28=560$명
- 중형마트 : $800×0.37=296$명
- 개인마트 : $300×0.43=129$명
- 편의점 : $200×0.13=26$명
- 전체 종량제봉투 사용자 수 : $560+296+129+26=1,011$명
따라서 대형마트의 종량제봉투 사용자 수인 560명은 전체 종량제봉투 사용자 수인 1,011명의 절반 이상이다.

05

2023년 시급과 수강생 만족도를 참고하여 2024년 강사별 시급 및 2023년과 2024년의 시급 차이를 구하면 다음과 같다.

강사	2024년 시급	(2024년 시급)－(2023년 시급)
A	$55,000(1+0.05)=57,750$원	$57,750-55,000=2,750$원
B	$45,000(1+0.05)=47,250$원	$47,250-45,000=2,250$원
C	$54,600(1+0.1)=60,060$원 → 60,000원 (∵ 시급의 최대)	$60,000-54,600=5,400$원
D	$59,400(1+0.05)=62,370$원 → 60,000원 (∵ 시급의 최대)	$60,000-59,400=600$원
E	48,000원	$48,000-48,000=0$원

따라서 2023년과 2024년 시급 차이가 가장 큰 강사는 C이다.

오답분석

① 강사 E의 2023년 시급은 48,000원이다.

② 2024년 강사 D의 시급과 강사 C의 시급은 60,000원으로 같다.

④ 2023년 강사 C의 시급 인상률을 a%라고 하자.

$$52,000\left(1+\frac{a}{100}\right)=54,600 \rightarrow 520a=2,600 \rightarrow a=5$$

즉, 2023년 강사 C의 시급 인상률은 5%이므로, 2022년 수강생 만족도 점수는 4.0점 이상 4.5점 미만이다.

⑤ E강사의 2023년 시급은 48,000원이고, 2023년 수강생 만족도가 3.0 이상 4.0 미만이므로 동결되어 2024년 시급은 5만 원 미만이다.

06

경증 환자 중 남자 환자의 비율은 $\frac{31}{50}$이고, 중증 환자 중 남자 환자의 비율은 $\frac{34}{50}$이므로 경증 환자 비율이 더 낮다.

07

전체 가입자 중 여자 가입자 수의 비율은 $\dfrac{9,804,482}{21,942,806} \times 100 \fallingdotseq 44.7\%$이다.

오답분석

② 남자 사업장가입자 수는 8,059,994명이며, 남자 지역가입자 수의 2배인 3,861,478×2=7,722,956명보다 많다.

③ 전체 지역가입자 수는 전체 사업장가입자 수의 $\dfrac{7,310,178}{13,835,005} \times 100 \fallingdotseq 52.8\%$으로 50% 이상이다.

④ 사업장가입자와 지역가입자는 남자 가입자 수가 더 많지만, 임의가입자와 임의계속가입자는 여자 가입자 수가 더 많다.

⑤ 전체 여자 가입자 수인 9,804,482명에서 여자 사업장가입자 수인 5,775,011명을 빼면 4,029,471명이다. 따라서 여자 사업장 가입자 수가 이를 제외한 항목의 여자 가입자 수를 모두 합친 것보다 많다.

08

기원이의 체중이 11kg 증가하면 71+11=82kg이다. 이 경우 비만도는 $\dfrac{82}{73.8} \times 100 \fallingdotseq 111\%$이므로 과체중에 도달한다.

따라서 기원이가 과체중이 되기 위해서는 11kg 이상 체중이 증가하여야 한다.

오답분석

① • 혜지의 비만도 : $\dfrac{58}{52.2} \times 100 \fallingdotseq 111\%$

• 기원이의 비만도 : $\dfrac{71}{73.8} \times 100 \fallingdotseq 96\%$

• 용준이의 표준체중 : (175−100)×0.9=67.5kg

• 용준이의 비만도 : $\dfrac{96}{67.5} \times 100 \fallingdotseq 142\%$

90% 이상 110% 이하면 정상체중이므로 3명의 학생 중 정상체중인 학생은 기원이뿐이다.

③ • 혜지의 표준체중 : (158−100)×0.9=52.2kg

• 기원이의 표준체중 : (182−100)×0.9=73.8kg

④ 용준이가 정상체중 범주에 속하려면 비만도가 110% 이하여야 한다.

$$\dfrac{x}{67.5} \times 100 \leq 110\% \rightarrow x \leq 74.25$$

즉, 현재 96kg에서 정상체중이 되기 위해서는 약 22kg 이상 감량을 해야 한다.

⑤ 용준이의 몸무게가 100kg으로 증가한다면 비만도는 $\dfrac{100}{67.5} \times \fallingdotseq 148\%$으로 중증도비만이다.

09

2022년 전년 대비 멕시코 지식재산권 사용료 지급 증가율은 $\dfrac{292-277}{277} \times 100 \fallingdotseq 5.4\%$, 2021년 전년 대비 콜롬비아 지식재산권 사용료 수입 감소율은 $\dfrac{52-46}{52} \times 100 \fallingdotseq 11.5\%$이다. 따라서 11.5−5.4=6.1%p 더 높다.

오답분석

① 2020 ~ 2022년 동안 지적재산권 사용료 수입이 지급보다 많은 국가는 미국과 파라과이이다.

② 2021 ~ 2022년 동안 미국의 지식재산권 사용료 지급과 수입의 비율을 구하면 다음과 같다.

• 2021년 : $\dfrac{44,392}{124,454} \times 100 \fallingdotseq 35.7\%$

• 2022년 : $\dfrac{48,353}{127,935} \times 100 \fallingdotseq 37.8\%$

③ 2021 ~ 2022년 동안 전년 대비 지식재산권 사용료 수입과 지급이 모두 증가한 나라는 미국이다.

④ 2020년 캐나다 지식재산권 사용료 수입은 4,105백만 달러이고, 미국을 제외한 국가들의 총수입인 7백만+42백만+52백만+33백만+7백만+38백만=179백만 달러의 약 23배이다.

10

⑤

수사 활동 각각의 비율을 구하면 다음과 같다.

- 살인 : $\frac{333}{1,349} \times 100 ≒ 24.7\%$

- 강도 : $\frac{2,323}{5,904} \times 100 ≒ 39.3\%$

- 강간 : $\frac{2,191}{14,902} \times 100 ≒ 14.7\%$

- 방화 : $\frac{250}{1,653} \times 100 ≒ 15.1\%$

따라서 수사활동이 가장 비중이 큰 것은 강도이고, 가장 작은 것은 강간이다.

오답분석

① 제시된 자료를 통해 확인할 수 있다.

② 방화 혐의로 검거한 사례 중 현행범으로 검거한 비율은 전체 방화 검거 단서 1,653건 중 660건으로 가장 크다.

③ 강력범죄 검거 단서 중 강도의 피해자 신고 비중은 $\frac{2,036}{5,904} \times 100 ≒ 34.5\%$이고, 강간의 피해자 신고 비중은 $\frac{7,456}{14,902} \times 100 ≒ 50.0\%$이다. 따라서 강간의 피해자 신고 비중이 더 높다.

④ 61세 이상의 방화 범죄자 수 52명은 18세 이하의 살인 범죄자 수의 3배인 18×3=54명보다 작으므로 옳은 설명이다.

11

②

2000년 대비 2010년의 평균 매매가격 증가율은 전국이 $\frac{14,645-10,100}{10,100} \times 100 = 45\%$, 수도권 전체가 $\frac{18,500-12,500}{12,500} \times 100 = 48\%$이므로 그 차이는 48−45=3%p이다.

오답분석

① 2000년 전국의 평균 전세가격 6,762만 원으로 수도권 전체 평균 전세가격인 8,400만 원의 $\frac{6,762}{8,400} \times 100 = 80.5\%$이다.

③ 2020년 평균 매매가격은 수도권이 22,200만 원, 전국이 18,500만 원으로 수도권은 전국의 $\frac{22,200}{18,500} = 1.2$배이고, 평균 전세가격은 수도권이 18,900만 원, 전국이 13,500만 원이므로 수도권은 전국의 $\frac{18,900}{13,500} = 1.4$배이다.

④ 서울의 매매가격 증가율은 다음과 같다.

- 2010년 대비 2020년 매매가격 증가율 : $\frac{30,744-21,350}{21,350} \times 100 = 44\%$

- 2000년 대비 2010년 매매가격 증가율 : $\frac{21,350-17,500}{17,500} \times 100 = 22\%$

따라서 1.5배가 아닌 2배이다.

⑤ 2010년 평균 전세가격은 '서울(15,500만 원) – 경기(11,200만 원) – 인천(10,600만 원)' 순이다.

03 | 문제해결능력

출제유형분석 01 실전예제

01

정답 ⑤

'약속을 지킨다.'를 A, '다른 사람에게 신뢰감을 준다.'를 B, '메모하는 습관'을 C라고 하면, 전제1은 ~A → ~B, 전제2는 ~C → ~A이므로 ~C → ~A → ~B가 성립한다. ~C → ~B의 대우인 B → C 또한 참이므로 '다른 사람에게 신뢰감을 주려면 메모하는 습관이 있어야 한다.'가 적절하다.

02

정답 ④

다섯 명 중 단 한 명만이 거짓말을 하고 있으므로 C와 D 중 한 명은 반드시 거짓을 말하고 있다.
1) C의 진술이 거짓일 경우
   B와 C의 말이 모두 거짓이 되므로 한 명만 거짓말을 하고 있다는 조건이 성립하지 않는다.
2) D의 진술이 거짓일 경우

구분	A	B	C	D	E
출장지역	잠실		여의도	강남	

이때, B는 상암으로 출장을 가지 않는다는 A의 진술에 따라 상암으로 출장을 가는 사람은 E임을 알 수 있다. 따라서 ④는 항상 거짓이 된다.

03

정답 ④

'등산을 하는 사람'을 A, '심폐지구력이 좋은 사람'을 B, '마라톤 대회에 출전하는 사람'을 C, '자전거를 타는 사람'을 D라고 하면, 첫 번째 명제와 세 번째 명제, 네 번째 명제는 다음과 같은 벤 다이어그램으로 나타낼 수 있다.

1) 첫 번째 명제   2) 세 번째 명제   3) 네 번째 명제

이를 정리하면 다음과 같은 벤 다이어그램이 성립한다.

따라서 반드시 참인 명제는 '심폐지구력이 좋은 어떤 사람은 등산을 하고 자전거도 탄다.'의 ④이다.

04

정답 ⑤

을과 무의 진술이 모순되므로 둘 중 한 명은 참, 다른 한 명은 거짓이다. 여기서 을의 진술이 참일 경우 갑의 진술도 거짓이 되어 두 명이 거짓을 진술한 것이 되므로 문제의 조건에 위배된다. 따라서 을의 진술이 거짓, 무의 진술이 참이다. 그러므로 A강좌는 을이, B와 C강좌는 갑과 정이, D강좌는 무가 담당하고, 병은 강좌를 담당하지 않는다.

05

정답 ⑤

'김팀장이 이번 주 금요일에 월차를 쓴다.'를 A, '최대리가 이번 주 금요일에 월차를 쓴다.'를 B, '강사원의 프로젝트 마감일은 이번 주 금요일이다.'를 C라고 하면 제시된 명제는 A → ~B → C이므로 대우 ~C → B → ~A가 성립한다. 따라서 '강사원의 프로젝트 마감일이 이번 주 금요일이 아니라면, 김팀장은 이번 주 금요일에 월차를 쓰지 않을 것이다.'는 반드시 참이 된다.

06

정답 ④

판단의 준거가 되는 명제와 그에 대한 대우를 만들어보면 다음과 같다.
Ⅰ. [명제] A가 채택되면 B도 채택된다.
   [대우] B가 채택되지 않으면 A도 채택되지 않는다.
Ⅱ. [명제] A가 채택되지 않으면 D와 E 역시 채택되지 않는다.
   [대우] D나 E가 채택되면 A가 채택된다.
Ⅲ. [명제] B가 채택된다면 C가 채택되거나 A는 채택되지 않는다.
   [대우] C가 채택되지 않고 A가 채택되면 B는 채택되지 않는다.
Ⅳ. [명제] D가 채택되지 않는다면 A는 채택되지만 C는 채택되지 않는다.
   [대우] A가 채택되지 않거나 C가 채택되면 D가 채택된다.
위와 같은 판단 명제를 종합하면 'A업체'가 모든 사안과 연결되는 것을 알 수 있다.
A가 채택되는 경우와 되지 않는 경우를 보면 다음과 같다.
1) A가 채택되는 경우 : A·B·C·D는 확실히 채택되고, E는 불분명함
2) A가 채택되지 않는 경우 : 모순이 생기므로 제외함(∵ Ⅳ에서 A가 채택되지 않으면 D가 채택된다고 했는데 이것은 Ⅱ에서 A가 채택되지 않으면 D 역시 채택되지 않는다고 한 명제와 모순된다)
따라서 A가 채택되어야 하고, 이 경우 A·B·C·D 4곳은 확실히 채택된다.

출제유형분석 02 실전예제

01

정답 ③

조건을 논리기호로 정리하여 보면 다음과 같다.
• 첫 번째 조건 : 삼선짬뽕
• 마지막 조건의 대우 : 삼선짬뽕 → 팔보채
• 다섯 번째 조건의 대우 : 팔보채 → 양장피
세 번째, 네 번째 조건의 경우 자장면에 대한 단서가 없으므로 전건 및 후건의 참과 거짓을 판단할 수 없다. 그러므로 탕수육과 만두도 주문 여부를 알 수 없다. 따라서 반드시 주문할 메뉴는 삼선짬뽕, 팔보채, 양장피이다.

02

주어진 조건에 따라 A~E의 이번 주 당직일을 정리하면 다음과 같다.

구분	월	화	수	목	금
경우 1	A, B, E	B	C	D	A, D
경우 2	A, B	B	C	D	A, D, E
경우 3	A, D, E	D	C	B	A, B
경우 4	A, D	D	C	B	A, B, E

따라서 C는 항상 수요일에 혼자 당직을 서므로 반드시 참이 되는 것은 ③이다.

오답분석

① 경우 3·4의 경우 B는 월요일에 당직을 서지 않는다.
② 경우 1·2의 경우 B는 금요일에 당직을 서지 않는다.
④ 경우 3·4의 경우 D는 금요일에 당직을 서지 않는다.
⑤ 경우 1·3의 경우 E는 금요일에 당직을 서지 않는다.

03

주어진 조건을 정리하면 다음과 같다.

구분	영어(3명)	중국어(2명)	일본어(1명)	프랑스어(1명)	독일어(1명)
A	O	×	×	×	O
B	O	O	×		×
C	×	O	O	×	×
D	O	×	×		×

따라서 D 또는 B가 프랑스어를 할 줄 알기 때문에 D가 어느 국가로 파견 근무를 떠나는지 알 수 없다.

오답분석

① C는 일본어를 능통하게 하므로 일본으로 파견 근무를 떠난다.
② A는 영어와 독일어 두 개의 외국어를 능통하게 할 수 있다.
③·⑤ B는 영어와 중국어를 능통하게 하지만, 프랑스어도 능통하게 하는지 알 수 없다.

04

오답분석

①·④ E가 두 명이 탑승한 차에 있기 때문에 적절하지 않다.
②·⑤ A가 D나 F 중 어떤 사람과도 함께 타지 않았기 때문에 적절하지 않다.

05

정답 ③

두 번째 조건에 의해 B는 6층에 입주해야 하고, 세 번째 조건에 의해 F－D－E 순으로 높은 층에 입주해야 한다. A와 C는 1～3층에 거주해야 하므로 E는 3층부터, D는 4층부터 입주가 가능하다. 이러한 결과를 표로 나타내면 다음과 같다.

구분	1	2	3	4	5	6
A				×	×	×
B	×	×	×	×	×	○
C				×	×	×
D	×	×	×	○	×	×
E				×	×	×
F	×	×	×	×	○	×

따라서 A, B, C가 입주할 경우의 수만 생각하면 되므로 3×2×1＝6가지이다.

06

정답 ⑤

을이 5점, 5점, 6점을 획득할 경우도 있다.

오답분석

① 병은 최소 16점을 넘어야 한다. 6이 한 번도 나오지 않는다면 최대 15점을 얻을 수 있다. 따라서 6이 나온 적이 있다.
②・③ 을이 주사위를 두 번 던지면 16점을 얻을 수 없다. 따라서 을은 최소 3번 주사위를 던졌다. 이때, 갑이 가장 많은 횟수를 던졌는데 3번 던졌다고 가정하면 을과 병 중 한 명이 4번을 던졌다는 뜻이 된다. 이는 세 번째 조건과 모순이므로 갑이 4번을 던지고, 을과 병은 3번씩 던진다.
④ 병이 최대로 얻을 수 있는 점수는 6×3＝18점이다. 이때, 갑이 얻을 수 있는 최소가 되고, 점수는 47－18－16＝13점이다.

07

정답 ④

첫 번째, 두 번째 조건에 의해 A・B・C・D가 각각 입지 않는 색상도 서로 겹치지 않음을 알 수 있다. A가 빨간색을 입지 않고 C가 초록색을 입지 않으므로 B와 D는 노란색이나 파란색을 입지 않아야 하는데, D가 노란색 티셔츠를 입으므로 D는 파란색을 입지 않고, B는 노란색을 입지 않았다. 그러면 티셔츠 중 초록색, 빨간색, 파란색이 남는데, C는 초록색은 입지 않고 빨간색 바지를 입었으므로 파란색 티셔츠를 입고, A는 빨간색을 입지 않으므로 초록색 티셔츠를 입으며, B는 빨간색 티셔츠를 입는다. 또한, C는 초록색을 입지 않으므로 노란색 모자를 쓴다. 그러면 노란색 중 남은 것은 바지인데, B는 노란색을 입지 않으므로 A가 노란색 바지를 입고, 파란색 모자를 쓴다. 다음으로 모자 중에는 빨간색과 초록색, 바지 중에는 파란색과 초록색이 남는데, B가 이미 빨간색 티셔츠를 입고 있으므로 D가 빨간색 모자를 쓰고 B가 초록색 모자를 쓰며, D는 파란색을 입지 않으므로 초록색 바지를, B는 파란색 바지를 입는다. 이를 표로 정리하면 다음과 같다.

구분	A	B	C	D
모자	파란색	초록색	노란색	빨간색
티셔츠	초록색	빨간색	파란색	노란색
바지	노란색	파란색	빨간색	초록색

08

주어진 조건을 다음의 다섯 가지 경우로 정리할 수 있다.

구분	1층	2층	3층	4층	5층	6층
경우 1	C	D	A	F	E	B
경우 2	F	D	A	C	E	B
경우 3	F	D	A	E	C	B
경우 4	D	F	A	E	B	C
경우 5	D	F	A	C	B	E

따라서 B는 항상 F보다 높은 층에 산다.

오답분석
① C는 1, 4, 5, 6층에 살 수 있다.
② E는 F와 인접해 있을 수도 인접하지 않을 수도 있다.
④ C는 B보다 높은 곳에 살 수도 낮은 곳에 살 수도 있다.
⑤ D는 2층이 아닌 1층에 살 수도 있다.

09

정답 ⑤

먼저 갑의 진술을 기준으로 경우의 수를 나누어 보면 다음과 같다.
ⅰ) A의 근무지는 광주이다(○), D의 근무지는 서울이다(×).
　　병의 진술을 먼저 살펴보면, A의 근무지가 광주라는 것이 이미 고정되어 있으므로 앞 문장인 'C의 근무지는 광주이다.'는 거짓이 된다. 따라서 뒤 문장인 'D의 근무지는 부산이다.'가 참이 되어야 한다. 다음으로 을의 진술을 살펴보면, 앞 문장인 'B의 근무지는 광주이다.'는 거짓이며 뒤 문장인 'C의 근무지는 세종이다.'가 참이 되어야 한다. 이를 정리하면 다음과 같다.

A	B	C	D
광주	서울	세종	부산

ⅱ) A의 근무지는 광주이다(×), D의 근무지는 서울이다(○).
　　병의 진술을 먼저 살펴보면, 뒤 문장인 'D의 근무지는 부산이다.'는 거짓이 되며, 앞 문장인 'C의 근무지는 광주이다.'는 참이 된다. 다음으로 을의 진술을 살펴보면 앞 문장인 'B의 근무지는 광주이다.'가 거짓이 되므로, 뒤 문장인 'C의 근무지는 세종이다.'는 참이 되어야 한다. 그러나 이미 C의 근무지는 광주로 확정되어 있기 때문에 모순이 발생한다. 따라서 ⅱ)의 경우는 성립하지 않는다.

A	B	C	D
		광주 세종(모순)	서울

따라서 보기에서 반드시 참인 것은 ㄱ, ㄴ, ㄷ이다.

10

정답 ③

주어진 조건을 정리하면 다음과 같은 순서로 위치함을 알 수 있다.

건물	1번째	2번째	3번째	4번째	5번째	6번째	7번째	8번째	9번째	10번째
가게	초밥가게	×	카페	×	편의점	약국	옷가게	신발가게	×	×

따라서 신발가게는 8번째 건물에 있다.

오답분석
① 카페와 옷가게 사이에 3개의 건물이 있다.
② 편의점은 5번째 건물에 있다.
④ 초밥가게와 약국 사이에 4개의 건물이 있다.
⑤ 5, 6, 7, 8번째 건물에 각각 편의점, 약국, 옷가게, 신발가게가 있다.

01

정답 ③

ㄱ. 공정 순서는 A → B·C → D → E → F로 전체 공정이 완료되기 위해서는 15분이 소요된다.
ㄷ. B공정이 1분 더 지연되어도 C공정에서 5분이 걸리기 때문에 전체 공정 시간에는 변화가 없다.

오답분석

ㄴ. 첫 제품 생산 후부터는 5분마다 제품이 생산되기 때문에 첫 제품 생산 후부터 1시간마다 12개의 제품이 생산된다.

02

정답 ②

ㄱ. 부패금액이 산정되지 않은 6번의 경우에도 고발하였으므로 옳지 않은 설명이다.
ㄴ. 2번의 경우 해임당하였음에도 고발되지 않았으므로 옳지 않은 설명이다.

오답분석

ㄷ. 직무관련자로부터 금품을 수수한 사건은 2번, 4번, 5번, 7번, 8번으로 총 5건 있었다.
ㄹ. 2번과 4번은 모두 '직무관련자로부터 금품 및 향응 수수'로 동일한 부패행위 유형에 해당함에도 2번은 해임, 4번은 감봉 1개월의 처분을 받았으므로 옳은 설명이다.

03

정답 ②

세 도시를 방문하는 방법은 ABC=60, BCD=80, CDE=80, CEF=60, ACF=70, ABD=80, BDE=110, DEF=100, AEF=80, BCE=70, ABF=90, CDF=100, ACD=70, ACE=50, BCF=90 총 15가지 방법이다. 이 중 80km를 초과하지 않는 방법은 BDE, DEF, CDF, BCF, ABF를 제외한 10가지 방법이다.

04

정답 ②

1단계 조사는 그 조사 실시일을 기준으로 3년마다 실시해야 하므로 을단지 주변지역은 2024년 3월 1일에 실시해야 한다.

오답분석

① 1단계 조사는 시행일 기준으로 매 3년마다 실시해야 한다.
③ 2단계 조사는 1단계 조사 판정일 이후 1개월 내에 실시해야 하므로 2023년 12월 31일 전에 실시해야 한다.
④ 환경부장관이 2단계 조사를 실시해야 한다.
⑤ 병단지 주변지역은 정상지역으로 판정이 났으므로 2단계 조사를 실시할 필요가 없다.

05

정답 ③

구매하려는 소파의 특징에 맞는 제조사를 찾기 위해 제조사별 특징을 대우로 정리하면 다음과 같다. 이때 주어진 조건을 명제로 보고, 명제의 대우는 반드시 참이라는 사실에 기반해, 대우를 만들어 비교하면 도움이 된다.
• A사 : 이탈리아제 천을 사용하면 쿠션재에 스프링을 사용한다. 커버를 교환 가능하게 하면 국내산 천을 사용하지 않는다. → ×
• B사 : 국내산 천을 사용하지 않으면 쿠션재에 우레탄을 사용하지 않는다. 이탈리아제의 천을 사용하면 리클라이닝이 가능하다. → ○
• C사 : 국내산 천을 사용하지 않으면 쿠션재에 패더를 사용한다. 쿠션재에 패더를 사용하면 침대 겸용 소파가 아니다. → ○
• D사 : 이탈리아제 천을 사용하지 않으면 쿠션재에 패더를 사용하지 않는다. 쿠션재에 우레탄을 사용하지 않으면 조립이라고 표시된 소파가 아니다. → ×
따라서 B사 또는 C사의 소파를 구매하게 된다.

01

조선시대의 미(未)시는 오후 1시 ~ 3시를, 유(酉)시는 오후 5시 ~ 7시를 나타낸다. 따라서 현대 시간으로 오후 2시부터 4시 30분까지 운동을 하였다면, 조선시대 시간으로 미(未)시 정(正)부터 신(申)시 정(正)까지 운동을 한 것이 되므로 옳지 않다.

[오답분석]
① 초등학교의 점심 시간이 오후 1시부터 2시까지라면, 조선시대 시간으로 미(未)시(1 ~ 3시)에 해당한다.
② 조선시대의 술(戌)시는 오후 7 ~ 9시를 나타내므로 오후 8시 30분은 술(戌)시에 해당한다.
③ 조선시대의 인(寅)시는 현대 시간으로 오전 3 ~ 5시를 나타낸다.
⑤ 축구 경기가 전반전 45분과 후반전 45분으로 총 90분 동안 진행되었으므로 조선시대 시간으로 한시진(2시간)이 되지 않는다.

02

글피는 모레의 다음날로 15일이다. 15일은 비는 내리지 않고 최저기온은 영하이다.

[오답분석]
② 제시된 자료에서 미세먼지에 관한 내용은 확인할 수 없다.
③ 14일의 경우 비가 예보되어 있지만 낙뢰에 관한 예보는 확인할 수 없다.
④ 12 ~ 15일의 일교차를 구하면 다음과 같다.
 • 12일 : 11−0=11℃
 • 13일 : 12−3=9℃
 • 14일 : 3−(−5)=8℃
 • 15일 : 8−(−4)=12℃
 따라서 일교차가 가장 큰 날은 15일이다.
⑤ 모레인 14일의 춘천의 최저기온은 영하이지만, 최고기온은 영상이다.

03

선택지별 부품 구성에 따른 총 가격 및 총 소요시간을 계산하면 다음과 같으며, 총 소요시간에서 30초는 0.5분으로 환산한다.

구분	부품	총 가격	총 소요시간
①	A, B, E	(20×3)+(35×5)+(80×1)=315원	6+7+8.5=21.5분
②	A, C, D	(20×3)+(33×2)+(50×2)=226원	6+5.5+11.5=23분
③	B, C, E	(35×5)+(33×2)+(80×1)=321원	7+5.5+8.5=21분
④	B, D, F	(35×5)+(50×2)+(90×2)=455원	7+11.5+10=28.5분
⑤	D, E, F	(35×5)+(80×1)+(90×2)=510원	11.5+8.5+10=30분

세 번째 조건에 따라 ④, ⑤의 부품 구성은 총 소요시간이 25분 이상이므로 제외된다. 마지막 조건에 따라 ①, ②, ③의 부품 구성의 총 가격 차액이 서로 100원 미만 차이가 나므로 총 소요시간이 가장 짧은 것을 택한다. 따라서 총 소요시간이 21분으로 가장 짧은 B, C, E부품으로 마우스를 조립한다.

04

D주임은 좌석이 2다 석으로 정해져 있다. 그리고 팀장은 두 번째 줄에 앉아야 하며, 대리와 이웃하게 앉아야 하므로 A팀장의 자리는 2가 석 혹은 2나 석임을 알 수 있다. A팀장의 옆자리에 앉을 사람은 B대리 혹은 C대리이며, 마지막 조건에 의해 B대리는 창가쪽 자리에 앉아야 한다. 그리고 세 번째 조건에서 주임끼리는 이웃하여 앉을 수 없으므로 D주임을 제외한 E주임과 F주임은 첫 번째 줄 중 사원의 자리를 제외한 1가 석 혹은 1라 석에 앉아야 한다. 따라서 B대리가 앉을 자리는 창가쪽 자리인 2가 석 혹은 2라 석이다.

H사원과 F주임은 함께 앉아야 하므로 이들이 첫 번째 줄 1나 석, 1가 석에 앉거나 1다 석, 1라 석에 앉는 경우가 가능하다. 이러한 요소를 고려하면 다음 4가지 경우만 가능하다.

1)

E주임	G사원	복도	H사원	F주임
A팀장	C대리		D주임	B대리

2)

E주임	G사원	복도	H사원	F주임
B(C)대리	A팀장		D주임	C(B)대리

3)

F주임	H사원	복도	G사원	E주임
A팀장	C대리		D주임	B대리

4)

F주임	H사원	복도	G사원	E주임
B(C)대리	A팀장		D주임	C(B)대리

ㄱ. 3), 4)의 경우를 보면 반례인 경우를 찾을 수 있다.
ㄴ. C대리가 A팀장과 이웃하여 앉으면 라 열에 앉지 않는다.
ㄹ. 1), 3)의 경우를 보면 반례인 경우를 찾을 수 있다.

오답분석
ㄷ. 조건들을 고려하면 1나 석과 1다 석에는 G사원 혹은 H사원만 앉을 수 있고, 1가 석, 1라 석에는 E주임과 F주임이 앉아야 한다. 그런데 F주임과 H사원은 이웃하여 앉아야 하므로 G사원과 E주임은 어떤 경우에도 이웃하게 앉지 않는다.

05
정답 ③

ㄱ. 동지역 종합병원을 방문하였지만, 나이가 65세 이상이므로 본인부담금 비율이 다르게 적용된다. 진료비가 20,000원 초과 25,000원 이하이므로 요양급여비용 총액의 20%를 부담하여 67세 이○○씨의 본인부담금은 $21,500 \times 0.2 = 4,300$원이다.
ㄴ. P읍에 사는 34세 김□□씨는 의원에서 진찰비 12,000원이 나오고, 처방전을 받아 약국에서 총액은 10,000원이었다. 본인부담금 비율은 의원은 총액의 30%, 약국도 30%이므로 김□□씨가 지불하는 본인부담금은 $(12,000 + 10,000) \times 0.3 = 6,600$원이다.
ㄷ. M면 지역 일반병원에 방문한 60세 최△△씨의 본인부담금 비율은 총액의 35%이고, 약국은 30%이다. 따라서 최△△씨의 본인부담금 총액은 $25,000 \times 0.35 + 60,000 \times 0.3 = 8,750 + 18,000 = 26,750$원이다.
따라서 세 사람의 본인부담금은 총 $4,300 + 6,600 + 26,750 = 37,650$원이다.

출제유형분석 05 실전예제

01
정답 ④

ㄴ. 다수의 풍부한 경제자유구역 성공 사례를 활용하는 것은 강점에 해당되지만, 외국인 근로자를 국내주민과 문화적으로 동화시키려는 시도는 위협을 극복하는 것과는 거리가 멀다. 따라서 해당 전략은 ST전략으로 부적절하다.
ㄹ. 경제자유구역 인근 대도시와의 연계를 활성화하면 오히려 인근 기성 대도시의 산업이 확장된 교통망을 바탕으로 경제자유구역의 사업을 흡수할 위험이 커진다. 또한 인근 대도시와의 연계 확대는 경제자유구역 내 국내·외 기업 간의 구조 및 운영상 이질감을 해소하는 데 직접적인 도움이 된다고 보기 어렵다.

오답분석
ㄱ. 경제호황으로 인해 자국을 벗어나 타국으로 진출하려는 해외기업이 증가하는 기회상황에서, 성공적 경험에서 축적된 우리나라의 경제자유구역 조성 노하우로 이들을 유인하여 유치하는 전략은 SO전략으로 적절하다.
ㄷ. 기존에 국내에 입주한 해외기업의 동형화 사례를 활용하여 국내기업과 외국계 기업의 운영상 이질감을 해소하여 생산성을 증대시키는 전략은 WO전략에 해당한다.

02

ㄱ. 기술개발을 통해 연비를 개선하는 것은 막대한 R&D 역량이라는 강점으로 휘발유의 부족 및 가격의 급등이라는 위협을 회피하거나 최소화하는 전략에 해당하므로 적절하다.

ㄹ. 생산설비에 막대한 투자를 했기 때문에 차량모델 변경의 어려움이라는 약점이 있는데, 레저용 차량 전반에 대한 수요 침체 및 다른 회사들과의 경쟁이 심화되고 있으므로 생산량 감축을 고려할 수 있다.

ㅁ. 생산 공장을 한 곳만 가지고 있다는 약점이 있지만 새로운 해외시장이 출현하고 있는 기회를 살려서 국내 다른 지역이나 해외에 공장들을 분산 설립할 수 있을 것이다.

ㅂ. 막대한 R&D 역량이라는 강점을 이용하여 휘발유의 부족 및 가격의 급등이라는 위협을 회피하거나 최소화하기 위해 경유용 레저 차량 생산을 고려할 수 있다.

[오답분석]

ㄴ. 소형 레저용 차량에 대한 수요 증대라는 기회 상황에서 대형 레저용 차량을 생산하는 것은 적절하지 않은 전략이다.

ㄷ. 차량모델 변경의 어려움이라는 약점을 보완하는 전략도 아니고, 소형 또는 저가형 레저용 차량에 대한 선호가 증가하는 기회에 대응하는 전략도 아니다. 또한, 차량 안전 기준의 강화 같은 규제 강화는 기회 요인이 아니라 위협 요인이다.

ㅅ. 기회는 새로운 해외시장의 출현인데 내수 확대에 집중하는 것은 기회를 살리는 전략이 아니다.

03

국내 금융기관에 대한 SWOT 분석 결과는 다음과 같다.

강점(Strength)	약점(Weakness)
• 높은 국내 시장 지배력 • 우수한 자산건전성 • 뛰어난 위기관리 역량	• 은행과 이자수익에 편중된 수익구조 • 취약한 해외 비즈니스와 글로벌 경쟁력
기회(Opportunity)	위협(Threat)
• 해외 금융시장 진출 확대 • 기술 발달에 따른 핀테크의 등장 • IT 인프라를 활용한 새로운 수익 창출	• 새로운 금융 서비스의 등장 • 글로벌 금융기관과의 경쟁 심화

㉠ SO전략은 강점을 살려 기회를 포착하는 전략으로, 강점인 국내 시장 점유율을 기반으로 핀테크 사업에 진출하려는 ㉠은 적절한 SO전략으로 볼 수 있다.

㉢ ST전략은 강점을 살려 위협을 회피하는 전략으로, 강점인 우수한 자산건전성을 강조하여 글로벌 금융기관과의 경쟁에서 우위를 차지하려는 ㉢은 적절한 ST전략으로 볼 수 있다.

[오답분석]

㉡ WO전략은 약점을 보완하여 기회를 포착하는 전략이다. 그러나 위기관리 역량은 국내 금융기관이 지니고 있는 강점에 해당하므로 WO전략으로 적절하지 않다.

㉣ 해외 비즈니스 역량을 강화하여 해외 금융시장에 진출하는 것은 약점을 보완하여 기회를 포착하는 WO전략에 해당한다.

04 | 대인관계능력

출제유형분석 01 실전예제

01

정답 ④

팀워크와 응집력의 차이는 팀 성과의 유무이다. 응집력은 사람들로 하여금 집단에 머물도록 만들고, 그 집단의 멤버로서 계속 남아 있기를 원하게 만드는 힘이고, 팀워크는 단순히 사람들이 모여 있는 것이 아닌 목표 달성의 의지를 가지고 성과를 내는 것을 뜻한다.

02

정답 ④

A, B, C는 각자 자신이 해야할 일이 무엇인지 잘 알고 있으며, 서로의 역할도 이해하는 모습을 볼 수 있다. 이처럼 효과적인 팀은 역할을 명확하게 규정한다.

03

정답 ⑤

팀워크 저해요인
• 조직에 대한 이해 부족
• 자기중심적인 이기주의
• '내가'라는 자아의식의 과잉
• 질투나 시기로 인한 파벌주의
• 그릇된 우정과 인정
• 사고방식의 차이에 대한 무시

출제유형분석 02 실전예제

01

정답 ②

현상 유지 및 순응은 반(反) 임파워먼트 환경이 만드는 현상이다.

> **높은 성과를 내는 임파워먼트 환경의 특징**
> • 도전적이고 흥미 있는 일
> • 학습과 성장의 기회
> • 높은 성과와 지속적인 개선을 가져오는 요인들에 대한 통제
> • 성과에 대한 지식
> • 긍정적인 인간관계
> • 개인들이 공헌하며 만족한다는 느낌
> • 상부로부터의 지원

02

정답 ⑤

리더는 혁신을 신조로 가지며, 일이 잘 될 때에도 더 좋아지는 방법이 있다면 변화를 추구한다. 반면 관리자는 현재의 현상과 지금 잘하고 있는 것을 계속 유지하려하는 모습을 보인다.

리더와 관리자의 차이점

리더	관리자
• 새로운 상황을 창조한다.	• 상황에 수동적이다.
• 혁신지향적이다.	• 유지지향적이다.
• 내일에 초점을 둔다.	• 오늘에 초점을 둔다.
• 사람의 마음에 불을 지핀다.	• 사람을 관리한다.
• 사람을 중시한다.	• 체제나 기구를 중시한다.
• 정신적이다.	• 기계적이다.
• 계산된 리스크를 취한다.	• 리스크를 회피한다.
• '무엇을 할까?'를 생각한다.	• '어떻게 할까?'를 생각한다.

03

정답 ②

리더는 구성원들이 목표 의식을 분명히 할 수 있도록 목표를 명확히 설정하고, 이를 위한 활동을 지원하여 자발적인 노력을 격려함으로써 조직 목표를 달성하기 위해 노력해야 한다. '무엇을 할까?'보다 '어떻게 할까?'에 초점을 두는 것은 리더가 아닌 관리자의 성향이며, '리더는 무엇을 할까?'에 초점을 맞추어야 한다.

출제유형분석 03 실전예제

01

정답 ④

갈등을 성공적으로 해결하기 위해서는 누가 옳고 그른지 논쟁하는 일은 피하는 것이 좋으며, 상대방의 양 측면을 모두 이해하고 배려하는 것이 중요하다.

02

정답 ③

B부장의 부탁으로 여러 가게를 돌아다니다가 물건을 찾았다면 일단 사 가는 것이 적절하다. 그러고 나서 금액이 초과되어 돈을 보태어 산 상황을 얘기하고 그 돈을 받는다.

01

정답 ④

기업의 제품이나 서비스의 불만족은 고객이탈로 이어질 수 있다.

02

정답 ②

어떠한 비난도 하지 않고 문제를 해결하는 것은 고객 불만에 대응하는 적절한 방법이다.

[오답분석]

① 회사 규정을 말하며 변명을 하는 것은 오히려 화를 키울 수 있다.

③ 먼저 사과를 하고 이야기를 듣는 것이 더 효과적이다.

④ 내 잘못이 아니라는 것을 고객에게 알리는 것은 화를 더 키울 수 있다.

⑤ 실현 가능한 최선의 대안을 제시해야 한다.

03

정답 ④

제품 및 서비스가 복잡해지고 시장이 다양해짐에 따라 고객만족도를 정확히 측정하기 위해서는 먼저 조사 분야와 대상을 명확히 정의해야 한다. 또한 조사의 목적이 고객에 대한 개별대응이나 고객과의 관계를 파악하기 위한 것이라면 조사 대상을 임의로 선택해서는 안 되며, 중요한 고객을 우선 선택해야 한다.

05 | 조직이해능력

출제유형분석 01 실전예제

01

정답 ②

경영활동을 구성하는 요소는 경영목적, 인적자원, 자금, 경영전략이다. (나)의 경우와 같이 봉사활동을 수행하는 일은 목적과 인력, 자금 등이 필요한 일이지만, 정해진 목표를 달성하기 위한 조직의 관리, 전략, 운영활동이라고 볼 수 없으므로 경영활동이 아니다.

02

정답 ④

집단에서 일련의 과정을 거쳐 여럿의 의견을 모은 뒤에 의사가 결정되었다고 해서 그것이 최선의 결과라고 단정 지을 수는 없다.

03

정답 ①

스톡옵션제도에 대한 설명으로 자본참가 유형에 해당한다.

[오답분석]
② 스캔론플랜에 대한 설명으로 성과참가 유형에 해당한다.
③ 노사공동결정제도에 대한 설명으로 의사결정참가 유형에 해당한다.
④ 럭커플랜에 대한 설명으로 성과참가 유형에 해당한다.
⑤ 노사협의제도에 대한 설명으로 의사결정참가 유형에 해당한다.

04

정답 ④

조직의 경영자는 조직을 둘러싼 외부 환경에 대해 항상 관심을 가져야 하며, 외부 환경에 변화가 생겼을 경우 이를 조직에 전달하여야 한다.

경영자의 역할
• 대인적 역할 : 조직의 대표자, 조직의 리더, 상징자·지도자
• 정보적 역할 : 외부환경 모니터, 변화 전달, 정보전달자
• 의사결정적 역할 : 문제 조정, 대외적 협상 주도, 분쟁조정자·자원배분자·협상가

05

정답 ⑤

도요타 자동차는 소비자의 관점이 아닌 생산자의 관점에서 문제를 해결하려다 소비자들의 신뢰를 잃게 됐다. 따라서 기업은 생산자가 아닌 소비자의 관점에서 문제를 해결하기 위해 노력해야 한다.

01

ㄴ. 기업은 최소 비용으로 최대 효과를 얻음으로써 이윤극대화를 목적으로 구성된 조직이다.
ㄷ. 조직은 개인들이 업무를 수행하는 물리적 공간이자 자신의 직업에 대해 만족감을 얻기도 하는 심리적 공간이다.

오답분석

ㄱ. 조직은 두 사람 이상이 공동의 목표를 달성하기 위해 의식적으로 구성된 상호작용과 조정을 행하는 행동의 집합체이다.
ㄹ. 기업은 이윤창출뿐만 아니라 고객에게 양질의 상품과 서비스를 제공하는 것을 목표로 하며, 잠재적 고객을 고객층으로 끌어오기 위해 노력한다.

02

직장은 일을 하는 물리적 장소임과 동시에 업무 처리의 만족감 또는 좌절감 등을 느끼는 심리적 장소이기도 하다. 그러므로 회사의 목표와 자신의 가치관 사이에서 오는 차이가 크다면 그 심리적 스트레스를 감당하기가 너무 버거울 것이다. 조직은 조직 생활에 잘 적응하는 사람을 기본적으로 선호하지만 그 다음으로 원하는 것은 '그 과정이 능동적인가?'라는 점이다. 그러므로 ⑤와 같이 자신과 다른 회사의 가치관까지 수긍한다고 밝힌 E지원자는 S씨의 회사에 채용될 사원으로서 적절하지 않다고 볼 수 있다.

03

비공식조직이 회사 내 동호회와 같이 공식조직 내에 있을 경우, 비공식조직 내에서의 취미 공유 등 행동의 공유는 공식조직에서의 업무 효율을 증대시키기도 한다.

오답분석

① 정부조직은 대표적인 비영리조직이자 공식조직에 해당한다.
② 공식조직과 비공식 조직의 구분 기준은 규모가 아니라 공식화 정도이다.
④ 조직발달의 역사는 인간관계에 기반을 둔 비공식조직에서 시작하여 여러 공식적인 체계가 형성되는 공식조직 순서로 발전하였다.
⑤ 환경보존이라는 공익적 메시지를 담은 상품을 판매하더라도, 그 수익을 극대화하려는 목적에서 운영된다면 영리조직에 해당된다.

04

제시문에 나타난 조직은 S공단의 사내 봉사 동아리이기 때문에 공식 조직이 아닌 비공식조직에 해당한다. 비공식조직의 특징에는 인간관계에 따라 형성된 자발적인 조직, 내면적·비가시적·비제도적·감정적, 사적 목적 추구, 부분적 질서를 위한 활동 등이 있다.

오답분석

② 영리조직에 해당한다.
③·④ 공식조직에 해당한다.
⑤ 비영리조직에 해당한다.

05

영리조직의 사례로는 이윤 추구를 목적으로 하는 사기업을 들 수 있으며, 비영리조직으로는 정부조직, 병원, 대학, 시민단체, 종교단체 등을 들 수 있다.

06
정답 ⑤

대 · 중소기업 동반녹색성장의 추진절차에 따르면 사업 설명회는 참여기업이 확정되기 전에 개최된다. 즉, 사업 설명회를 통해 참여를 원하는 기업의 의견을 수렴한 뒤 참여기업을 확정한다.

출제유형분석 03 | 실전예제

01
정답 ①

이팀장의 지시 사항에 따라 강대리가 해야 할 일은 회사 차 반납, K은행 김팀장에게 서류를 제출, 최팀장에게 회의 자료를 전달, 대표 결재이다. 이 중 대표의 결재를 오전 중으로 받아야 하므로 강대리는 가장 먼저 대표에게 결재를 받아야 한다. 이후 1시에 출근하는 최팀장에게 회의 자료를 전달하고, 이팀장에게 들러 회사 차를 찾아 차 안의 서류를 K은행 김팀장에게 제출한 뒤 회사 차를 반납해야 한다. 즉, 강대리가 해야 할 일의 순서를 정리하면 '대표에게 결재 받기 → 최팀장에게 회의 자료 전달 → K은행 김팀장에게 서류 제출 → 회사 차 반납'의 순이 된다.

02
정답 ④

자료의 분장업무는 영리를 목적으로 하는 영업과 관련된 업무로 볼 수 있다. 따라서 영업부가 가장 적절하다.

오답분석

① 총무부 : 전체적이며 일반적인 행정 실무를 맡아보는 부서로, 분장업무로는 문서 및 직인관리, 주주총회 및 이사회개최 관련 업무, 의전 및 비서업무, 사무실 임차 및 관리, 사내외 행사 관련 업무, 복리후생 업무 등을 담당한다.
② 인사부 : 구성원들의 인사, 상벌, 승진 등의 일을 맡아보는 부서로, 분장업무로는 조직기구의 개편 및 조정, 업무분장 및 조정, 인력수급계획 및 관리, 노사관리, 상벌관리, 인사발령, 평가관리, 퇴직관리 등을 담당한다.
③ 기획부 : 조직의 업무를 계획하여 일을 맡아보는 부서로, 분장업무로는 경영계획 및 전략 수립 · 조정, 전사기획업무 종합 및 조정, 경영정보 조사 및 기획 보고, 종합예산수립 및 실적관리, 사업계획, 손익추정, 실적관리 및 분석 등을 담당한다.
⑤ 자재부 : 필요한 재료를 구입하고 마련하는 일을 맡아보는 부서로, 구매계획 및 구매예산의 편성, 시장조사 및 구입처 조사 검토, 견적의뢰 및 검토, 구입계약 및 발주, 재고조사 및 재고통제, 보관 및 창고관리 등의 업무를 담당한다.

03
정답 ③

오전 반차를 사용한 이후 14시부터 16시까지 미팅 업무가 있는 J대리는 택배 접수 마감 시간인 16시 이전에 행사 용품 오배송건 반품 업무를 진행할 수 없다.

오답분석

① 부서장 회의이므로 총무부 부장인 S부장이 반드시 회의에 참석해야 한다.
② H프로젝트 보고서 초안 작성 업무는 해당 프로젝트 회의에 참석한 G과장이 담당하는 것이 적절하다.
④ 사내 교육 프로그램 참여 이후 17시 전까지 주요 업무가 없는 L사원은 우체국 방문 및 등기 발송 업무를 담당할 수 있다.
⑤ 사내 교육 프로그램 참여 이후 17시 전까지 주요 업무가 없는 O사원은 사무용품 주문 관련 업무를 담당할 수 있다.

04
정답 ⑤

예산집행 조정, 통제 및 결산 총괄 등 예산과 관련된 업무는 ⑩ 자산팀이 아닌 ㉠ 예산팀이 담당하는 업무이다. 자산팀은 물품 구매와 장비 · 시설물 관리 등의 업무를 담당한다.

05
정답 ④

전문자격 시험의 출제정보를 관리하는 시스템의 구축 · 운영 업무는 정보화사업팀이 담당하는 업무이다.

06 | 직업윤리

출제유형분석 01 | 실전예제

01
정답 ④

노동 현장에서는 보수나 진급이 보장되지 않더라도 적극적인 노동 자세가 필요하다.

02
정답 ①

직업윤리란 어느 직장에 다니느냐를 구분하지 않고, 직업을 가진 사람이라면 반드시 지켜야 할 공통적인 윤리규범을 말한다.

출제유형분석 02 | 실전예제

01
정답 ④

'병풍과 장사는 약간 구부려야 잘 선다.'라는 말은 융통성이 없이 성실하고 올곧기만 하면 목적을 완수하기에 어렵다는 뜻으로 쓰인다. 목적의 달성을 위해 부정적인 것을 감수해야 한다는 말이기 때문에 성실에 대한 설명으로 적절하지 않다.

02
정답 ⑤

봉사 의식은 직업 활동을 통해 다른 사람과 공동체에 대하여 봉사하는 정신을 갖추고 실천하는 태도를 의미한다.

우리가 해야 할 일은
끊임없이 호기심을 갖고 새로운 생각을 시험해 보고
새로운 인상을 받는 것이다.

- 월터 페이터 -

PART **2**

사무직 전공

01 | 법학
적중예상문제

01	02	03	04	05	06	07	08	09	10	11	12	13	14	15	16	17	18	19	20
①	③	④	⑤	④	①	③	④	⑤	⑤	①	②	③	①	③	③	④	⑤	②	④
21	22	23	24	25	26	27	28	29	30	31	32	33	34	35	36	37	38	39	40
④	③	②	③	②	⑤	①	③	②	⑤	③	①	①	④	④	⑤	②	③	⑤	④
41	42	43	44	45	46	47	48	49	50										
⑤	①	④	③	③	②	①	②	②	⑤										

01　　　　　　정답 ①

사회적 신분·재산·납세·교육·신앙·인종·성별 등에 차별을 두지 않고 원칙적으로 모든 성년자에게 선거권을 부여하는 제도를 보통선거의 원칙이라고 한다.

02　　　　　　정답 ③

사회법에서 사회란 의미는 약자보호를 의미하며, 산업재해보상보험법이 사회법에 해당한다.
• 공법 : 헌법, 행정법, 형법, 형사소송법, 민사소송법, 행정소송법, 국제법 등
• 사법 : 민법, 상법, 회사법, 어음법, 수표법 등
• 사회법 : 근로기준법, 연금법, 보험법, 사회보장법, 산업재해보상보험법 등

03　　　　　　정답 ④

국가원로자문회의의 의장은 전직 대통령 중 전임 대통령이 되며 직전의 전임 대통령이 없을 때에는 대통령이 지명하게 된다.

대한민국 대통령의 권한

비상적 권한	긴급명령권 및 긴급재정경제처분·명령권, 계엄선포권, 국민투표부의권
행정적 권한	행정에 대한 최고결정권과 최고지휘권, 법률집행권, 외교에 대한 권한(조약체결·비준권, 선전포고 및 강화권, 외교권), 정부의 구성과 공무원임면권, 국군통수권, 재정에 대한 권한(예산안제출권, 예비비지출권), 영전수여권
입법적 권한	임시국회소집요구권, 국회출석발언권, 국회에 대한 서한에 의한 의사표시권, 헌법개정에 대한 권한, 법률안제출권, 법률안거부권, 법률안공포권, 행정입법권(위임명령·집행명령제정권)
사법적 권한	위헌정당해산제소권, 사면·감형·복권에 대한 권한

04

권리와 의무의 관계에 있어서는 권리가 있으면 이에 대응하는 의무가 있는 것이 원칙이다. 그러나 권리와 의무는 언제나 서로 대응하여 존재하는 것은 아니다. 권리가 대응하지 않는 의무도 있고, 의무가 대응하지 않는 권리도 있다.

법과 도덕의 차이점

구성	법(法)	도덕(道德)
목적	정의(Justice)의 실현	선(Good)의 실현
규율대상	평균인의 현실적 행위 · 결과	평균인이 내면적 의사 · 동기 · 양심
규율주체	국가	자기 자신
준수근거	타율성	자율성
표현양식	법률 · 명령형식의 문자로 표시	표현양식이 다양함
특징	외면성 : 인간의 외부적 행위 · 결과 중시	내면성 : 인간의 내면적 양심과 동기를 중시
	강제성 : 위반 시 국가권력에 의해 처벌받음	비강제성 : 규범의 유지 · 제재에 강제가 없음
	양면성 : 의무에 대응하는 권리가 있음	일면성(편면성) : 의무에 대응하는 권리가 없음

05

중대한 재정 · 경제상의 위기에 있어서 국가안전보장 또는 공공의 안녕질서를 유지하기 위해 대통령이 행하는 재정 · 경제상의 처분이다(헌법 제76조 제1항). 따라서 국무총리가 아니라 대통령의 긴급재정경제처분권을 규정하고 있다.

[오답분석]

① 헌법 전문 · 헌법 제5조 · 제6조 등에서 국제평화주의를 선언하고 있다.
② 헌법 제77조 제1항
③ 헌법 제1조 제1항
⑤ 실질적 의미의 헌법은 규범의 형식과 관계없이 국가의 통치조직 · 작용의 기본원칙에 대한 규범을 총칭한다.

06

법원(法源)에서 빈출되는 지문으로, 국가라는 단어에서 헌법을, 지방자치단체라는 단어에서 조례를, 국가 간이라는 단어에서 조약을 유추할 수 있다.

07

마그나 카르타(1215년) → 영국의 권리장전(1689년) → 미국의 독립선언(1776년) → 프랑스의 인권선언(1789년)

08

근대 입헌주의 헌법은 국법과 왕법을 구별하는 근본법(국법) 사상에 근거를 두고, 국가권력의 조직과 작용에 대한 사항을 정하고 동시에 국가권력의 행사를 제한하여 국민의 자유와 권리 보장을 이념으로 하고 있다.

09

행정주체와 국민과의 관계는 행정주체인 국가의 물품공급계약관계, 공사도급계약관계, 국가의 회사주식매입관계, 국채모집관계 등과 같이 상호 대등한 당사자로서 사법관계일 때도 있고, 행정주체와 국민은 법률상 지배자와 종속관계의 위치로 인 · 허가 및 그 취소, 토지의 수용 등과 같이 행정주체가 국민에게 일방적으로 명령 · 강제할 수 있는 공법관계일 때도 있다.

10

정답 ⑤

헌법제정권력은 국민이 정치적 존재에 대한 근본결단을 내리는 정치적 의사이며 법적 권한으로 시원적 창조성과 자유성, 항구성, 단일불가분성, 불가양성 등의 본질을 가지며 인격 불가침, 법치국가의 원리, 민주주의의 원리 등과 같은 근본규범의 제약을 받는다.

11

정답 ①

건축허가는 법률행위적 행정행위 중 명령적 행위에 속한다.

행정행위의 구분

법률행위적 행정행위	명령적 행위	하명, 허가, 면제
	형성적 행위	특허, 인가, 대리
준법률행위적 행정행위		확인, 공증, 통지, 수리

12

정답 ②

청원의 심사의무는 헌법 제26조 제2항에서, 청원의 수리·심사·결과의 통지에 대해서는 청원법에서 규정하고 있다.

오답분석

① 공무원, 군인, 수형자도 청원을 할 수 있다. 다만, 직무와 관련된 청원이나 집단적 청원은 할 수 없다.
③ 정부에 제출된 청원의 심사는 국무회의를 경유하여야 한다(헌법 제89조 제15호).
④ 공무원의 위법·부당한 행위에 대한 시정이나 징계의 요구의 청원도 가능하다(청원법 제5조 제2호).
⑤ 사인간의 권리관계 또는 개인의 사생활에 대한 사항인 때에는 청원을 수리하지 않는다(청원법 제6조 제5호).

13

정답 ③

헌법의 개정은 헌법의 동일성을 유지하면서 의식적으로 헌법전의 내용을 수정·삭제·추가하는 것을 말한다.

14

정답 ①

헌법의 폐지는 기존의 헌법(전)은 배제하지만 헌법제정권력의 주체는 경질되지 않으면서 헌법의 근본규범성을 인정하고 헌법의 전부를 배제하는 경우이다.

15

정답 ③

오답분석

① 확정력에는 형식적 확정력(불가쟁력)과 실질적 확정력(불가변력)이 있다.
② 불가쟁력은 행정행위의 상대방 기타 이해관계인이 더 이상 그 효력을 다툴 수 없게 되는 힘을 의미한다.
④ 강제력에는 행정법상 의무위반자에게 처벌을 가할 수 있는 제재력과 행정법상 의무불이행자에게 의무의 이행을 강제할 수 있는 자력집행력이 있다.
⑤ 일정한 행정행위의 경우 그 성질상 행정청 스스로도 직권취소나 변경이 제한되는 경우가 있는데 이를 불가변력이라 한다.

16

정답 ③

법규범은 자유의지가 작용하는 자유법칙으로 당위의 법칙이다.

17

국회 내부사항에 대한 자율권

국회규칙제정권, 의원의 신분에 대한 권한(의원의 제명·징계·자격심사), 내부조직권, 내부경찰권(의사자율권, 신분자율권, 규칙제정권) 등

18

정답 ⑤

지방자치단체는 법령 또는 조례의 범위 안에서 그 사무에 관하여 규칙을 제정할 수 있다(지방자치법 제29조).

[오답분석]

① 지방자치법 제39조
② 헌법 제117조 제2항
③ 지방자치법 제37조
④ 지방자치법 제107조

19

정답 ②

루소는 개인의 이익이 국가적 이익보다 우선하며, 법의 목적은 개인의 자유와 평등의 확보 및 발전이라고 보았다.

20

정답 ④

[오답분석]

①·②·③·⑤ 행정기관은 이외에 자유민주주의, 권력분립주의, 기본권 존중주의, 복지국가원리, 사회적 시장경제주의원리 등을 표방하고 있다.

21

정답 ④

유효한 행정행위가 존재하는 이상 모든 국가기관은 그 존재를 존중하고 스스로의 판단에 대한 기초로 삼아야 한다는 것으로 구성요건적 효력을 말한다.

공정력	비록 행정행위에 하자가 있는 경우에도 그 하자가 중대하고 명백하여 당연무효인 경우를 제외하고는, 권한 있는 기관에 의해 취소될 때까지는 일응 적법 또는 유효한 것으로 보아 누구든지(상대방은 물론 제3의 국가기관도) 그 효력을 부인하지 못하는 효력	
구속력	행정행위가 그 내용에 따라 관계행정청, 상대방 및 관계인에 대하여 일정한 법적 효과를 발생하는 힘으로, 모든 행정행위에 당연히 인정되는 실체법적 효력	
존속력	불가쟁력 (형식적)	행정행위에 대한 쟁송제기기간이 경과하거나 쟁송수단을 다 거친 경우에는 상대방 또는 이해관계인은 더 이상 그 행정행위의 효력을 다툴 수 없게 되는 효력
	불가변력 (실질적)	일정한 경우 행정행위를 발한 행정청 자신도 행정행위의 하자 등을 이유로 직권으로 취소·변경·철회할 수 없는 제한을 받게 되는 효력

22

정답 ③

아리스토텔레스는 정의를 동등한 대가적 교환을 내용으로 하여 개인 대 개인관계의 조화를 이룩하는 이념으로서의 평균적 정의와 국가 대 국민 또는 단체 대 그 구성원 간의 관계를 비례적으로 조화시키는 이념으로서의 배분적 정의로 나누었다. 이는 정의를 협의의 개념에서 파악한 것이다.

23

정답 ②

법정과실은 반드시 물건의 사용대가로서 받는 금전 기타의 물건이어야 하므로 사용에 제공되는 것이 물건이 아닌 근로의 임금·특허권의 사용료, 사용대가가 아닌 매매의 대금·교환의 대가, 받는 것이 물건이 아닌 공작물의 임대료청구권 등은 법정과실이 아니다.

오답분석

①·③은 법정과실, ④·⑤는 천연과실에 해당한다.

24

정답 ③

오답분석

① 집행기관은 의결기관 또는 의사기관에 대하여 그 의결 또는 의사결정을 집행하는 기관이나 행정기관이며, 채권자의 신청에 의하여 강제집행을 실시할 직무를 가진 국가기관이다.
② 자문기관은 행정기관의 자문에 응하여 행정기관에 전문적인 의견을 제공하거나, 자문을 구하는 사항에 관하여 심의·조정·협의하는 등 행정기관의 의사결정에 도움을 주는 행정기관을 말한다.
④ 의결기관은 의사결정에만 그친다는 점에서 외부에 표시할 권한을 가지는 행정관청과 다르고, 행정관청을 구속한다는 점에서 단순한 자문적 의사의 제공에 그치는 자문기관과 다르다.
⑤ 독임제 행정청이 원칙적인 형태이고, 지자체의 경우 지자체장이 행정청에 해당한다.

25

정답 ②

영미법계 국가에서는 선례구속의 원칙에 따라 판례의 법원성이 인정된다.

26

정답 ⑤

법정추인사유는 취소의 원인이 종료한 후에 발생하여야 한다(민법 제144조 제1항).

오답분석

① 무권대리의 추인은 소급효가 있다(민법 제133조). 그러나 취소할 수 있는 법률행위의 추인은 소급효 자체가 무의미하다.
② 민법 제144조
③ 민법 제140조·제143조
④ 민법 제141조

27

정답 ①

오답분석

②·③·④·⑤ 국가공무원법에 명시된 공무원의 복무는 이외에 성실의무, 종교중립의 의무, 청렴의 의무 등이 있다(국가공무원법 제7장). 하지만 범죄 고발의 의무는 공무원의 복무의무로 정해져 있지 않다.

28

정답 ③

소멸시효의 중단사유로는 청구·압류 또는 가압류·가처분·승인이 있다(민법 제168조).

> **소멸시효의 중단과 정지**
> • 정당한 권리자는 사실상태의 진행을 중단시켜 시효의 완성을 방지할 필요가 있는 바, 이를 시효의 중단이라 한다. 시효의 중단은 당사자 및 그 승계인 간에만 효력이 있다(민법 제169조).
> • 중단사유로는 청구·압류 또는 가압류·가처분·승인이 있다.
> • 시효의 정지라 함은 시효완성 직전에 그대로 시효를 완성시켜서는 권리자에게 가혹하다는 사정이 있을 때 시효의 완성을 일정기간 유예하는 제도이다.

29

정답 ②

만 14세 미만의 미성년자는 책임무능력자로 지정되어 형사상 책임을 물을 수 없다(형법 제9조).

30

정답 ⑤

도로·하천 등의 설치 또는 관리의 하자로 인한 손해에 대하여는 국가 또는 지방자치단체는 국가배상법 제5조의 영조물책임을 진다.

[오답분석]

① 공무원도 국가배상법 제2조나 제5조의 요건을 갖추면 국가배상청구권을 행사할 수 있다. 다만, 군인·군무원·경찰공무원 또는 예비군대원의 경우에는 일정한 제한이 있다.
② 국가배상법에서 규정하고 있는 손해배상은 불법행위로 인한 것이므로 적법행위로 인하여 발생하는 손실을 보상하는 손실보상과는 구별해야 한다.
③ 도로건설을 위해 토지를 수용당한 경우에는 위법한 국가작용이 아니라 적법한 국가작용이므로 개인은 손실보상청구권을 갖는다.
④ 공무원이 직무수행 중에 적법하게 타인에게 손해를 입힌 경우 국가는 배상책임이 없다.

31

정답 ③

민사·형사소송법은 절차법으로서 공법에 해당한다.

32

정답 ①

성문법은 '헌법 → 법률 → 명령 → 자치법규(조례 → 규칙)'의 단계적 구조로 이루어져 있다.

33

정답 ①

하명은 명령적 행정행위이다.

법률행위적 행정행위와 준법률행위적 행정행위

법률행위적 행정행위		준법률행위적 행정행위
명령적 행위	형성적 행위	
하명, 면제, 허가	특허, 인가, 대리	공증, 통지, 수리, 확인

34

정답 ④

㉠은 시공자의 흠이라는 위법한 행정행위에 대한 것이므로 '손해배상'이, ㉡은 정당한 법집행에 대한 것이므로 '손실보상'이 타당하다.

35

정답 ④

사실인 관습은 그 존재를 당사자가 주장·입증하여야 하나, 관습법은 당사자의 주장·입증을 기다림이 없이 법원이 직권으로 이를 판단할 수 있다(대판1983.6.14., 80다3231).

36

정답 ⑤

정당의 목적이나 활동이 민주적 기본질서에 위배될 때 정부는 헌법재판소에 그 해산을 제소할 수 있고, 정당은 헌법재판소의 심판에 의하여 해산된다(헌법 제8조 제4항).

[오답분석]

① 헌법 제8조 제1항
②·③ 헌법 제8조 제2항
④ 헌법 제8조 제3항

37

정답 ②

행정상 장해가 존재하거나 장해의 발생이 목전에 급박한 경우, 성질상 개인에게 의무를 명해서는 공행정 목적을 달성할 수 없거나 또는 미리 의무를 명할 시간적 여유가 없거나 또는 미리 의무를 명할 시간적 여유가 없는 경우에 개인에게 의무를 명함이 없이 행정기관이 직접 개인의 신체에 직접 실력을 가하여 행정상 필요한 상태의 실현을 목적으로 하는 행위를 행정상 즉시강제라 한다.

38

정답 ③

상사에 관하여는 상법에 규정이 없으면 상관습법에 의하고 상관습법이 없으면 민법의 규정에 의한다(상법 제1조)는 점을 주의하여야 한다. 따라서 상법의 적용순서는 '상법 → 상관습법 → 민사특별법 → 민법 → 민사관습법' 순이다.

39

정답 ⑤

중·대선거구제와 비례대표제는 군소정당이 난립하여 정국이 불안정을 가져온다는 단점이 있다. 그에 비해 소선거구제는 양대정당이 육성되어 정국이 안정된다는 장점이 있다.

40

정답 ④

행정소송법에서 정한 행정사건과 다른 법률에 의하여 행정법원의 권한에 속하는 사건의 제1심 관할 법원은 행정법원이다(행정법원이 설치되지 아니한 지역의 경우 지방법원이 관할). 행정소송은 3심급제를 채택하여 제1심 판결에 대한 항소사건은 고등법원이 심판하고, 상고사건은 대법원이 관할한다.

41

정답 ⑤

[오답분석]

① 고유법과 계수법은 법이 생성된 근거에 따른 구분이다.
② 강행법과 임의법은 당사자 의사의 상관성 여부에 따른 구분이다.
③ 실체법과 절차법은 법이 규정하는 내용상의 구분이다.
④ 공법과 사법은 법이 규율하는 생활관계에 따라 분류하는 것으로 대륙법계의 특징에 해당한다.

42

정답 ①

법규의 명칭에 따른 구별기준에 대한 학설은 존재하지 않는다.

공법과 사법의 구별기준에 대한 학설

이익설 (목적설)	관계되는 법익에 따른 분류로 공익보호를 목적으로 하는 법을 공법, 사익보호를 목적으로 하는 법을 사법으로 본다.
주체설	법률관계의 주체에 따른 분류기준을 구하여 국가 또는 공공단체 상호 간, 국가·공공단체와 개인 간의 관계를 규율하는 것을 공법, 개인 상호 간의 관계를 규율하는 것을 사법으로 본다.
성질설 (법률관계설)	법이 규율하는 법률관계에 대한 불평등 여부에 따른 분류기준으로 불평등관계(권력·수직관계)를 규율하는 것을 공법, 평등관계(비권력·대등·수평관계)를 규율하는 것을 사법으로 본다.
생활관계설	사람의 생활관계를 표준으로 삼아 국민으로서의 생활관계를 규율하는 것을 공법, 국가와 직접적 관계가 없는 사인 간의 생활관계를 규율하는 것을 사법으로 본다.
통치관계설	법이 통치권의 발동에 대한 것이냐 아니냐에 따라 국가통치권의 발동에 대한 법이 공법이고, 그렇지 않은 법이 사법이라 본다.
귀속설 (신주체설)	행정주체에 대해서만 권리·권한·의무를 부여하는 경우를 공법, 모든 권리주체에 권리·의무를 부여하는 것을 사법으로 본다.

43

정답 ④

행정쟁송제도 중 행정소송에 대한 설명이다. 행정심판은 행정관청의 구제를 청구하는 절차를 말한다.

44

정답 ③

우리나라는 법원조직법에서 판례의 법원성에 대해 규정하고 있다.

우리나라 불문법의 법원성

판례법	법원의 판결은 본래 어떤 구체적인 사건의 해결방법으로서의 의미만을 가질 뿐이나, 실제로는 사실상 뒤의 재판을 강력하게 기속하는 구속력이 있으므로, 같은 내용의 사건에 대해서는 같은 내용의 판결이 내려지게 된다. 판례법이란 이와 같이 거듭되는 법원의 판결을 법으로 보는 경우에 있게 된다. 영미법계의 국가에서는 이러한 판례의 구속력이 인정되나, 대륙법계의 국가에서는 대체로 성문법주의이기 때문에 판례법은 제2차적 법원에 지나지 않는다. 우리나라의 경우에도 성문법 중심의 대륙법계의 법체계를 따르고 있어 판례법의 구속력은 보장되지 않는다. 그러나 법원조직법에서 상급법원의 판단은 해당 사건에서만 하급법원에 기속력을 지닌다고 규정(제8조)하는 한편, 대법원에서 종전의 판례를 변경하려면 대법관 전원의 3분의 2 이상의 합의가 있어야 한다고 엄격한 절차를 규정(제7조 제1항 제3호)하고 있어 하급법원은 상급법원의 판결에 기속된다. 따라서 우리나라의 경우 판례는 사실상의 구속력을 지닌다고 볼 수 있다.
관습법	사회생활상 일정한 사실이 장기간 반복되어 그 생활권의 사람들을 구속할 수 있는 규범으로 발전된 경우 사회나 국가로부터 법적 확신을 획득하여 법적 가치를 가진 불문법으로서 관행의 존재와 그에 대한 법적 확신, 또한 관행이 선량한 풍속이나 사회질서에 반하지 않을 것이며 그러한 관행을 반대하는 법령이 없을 때 혹은 법령의 규정에 의하여 명문으로 인정한 관습일 때에 관습법으로 성립되며 성문법을 보충한다.
조리	법원은 구체적 사건에 적용할 법규가 없는 경우에도 재판을 거부할 수 없으며 조리는 이러한 법의 흠결 시에 재판의 준거가 된다. 또한 법률행위의 해석의 기준이 되기도 한다. 우리나라 민법 제1조에는 "민사에 관하여 법률에 규정이 없으면 관습법에 의하고 관습법이 없으면 조리에 의한다."라고 규정하고 있다.

45

정답 ③

기본권의 제3자적 효력에 관하여 간접적용설(공서양속설)은 기본권 보장에 대한 헌법 조항을 사인관계에 직접 적용하지 않고, 사법의 일반규정의 해석을 통하여 간접적으로 적용하자는 설로 오늘날의 지배적 학설이다.

46

②

인격권은 권리의 내용에 따른 분류에 속한다. 권리의 작용(효력) 따라 분류하면 지배권, 청구권, 형성권, 항변권으로 나누어진다.

권리의 작용(효력)에 따른 분류

지배권(支配權)	권리의 객체를 직접·배타적으로 지배할 수 있는 권리를 말한다(예 물권, 무체재산권, 친권 등).
청구권(請求權)	타인에 대하여 일정한 급부 또는 행위(작위·부작위)를 적극적으로 요구하는 권리이다(예 채권, 부양청구권 등).
형성권(形成權)	권리자의 일방적인 의사표시에 의하여 일정한 법률관계를 발생·변경·소멸시키는 권리이다(예 취소권, 해제권, 추인권, 해지권 등).
항변권(抗辯權)	청구권의 행사에 대하여 급부를 거절할 수 있는 권리로, 타인의 공격을 막는 방어적 수단으로 사용되며 상대방에게 청구권이 있음을 부인하는 것이 아니라 그것을 전제하고, 다만 그 행사를 배척하는 권리를 말한다(예 보증인의 최고 및 검색의 항변권, 동시이행의 항변권 등).

47

정답 ①

사법은 개인 상호간의 권리·의무관계를 규율하는 법으로 민법, 상법, 회사법, 어음법, 수표법 등이 있으며, 실체법은 권리·의무의 실체, 즉 권리나 의무의 발생·변경·소멸 등을 규율하는 법으로 헌법, 민법, 형법, 상법 등이 이에 해당한다. 부동산등기법은 절차법으로 공법에 해당한다는 보는 것이 다수의 견해이나 사법에 해당한다는 소수 견해도 있다. 따라서 ①은 사법에 해당하는지 여부와 관련하여 견해 대립이 있으나 부동산등기법은 절차법이므로 옳지 않다.

48

정답 ②

형법에서는 유추해석과 확대해석을 동일한 것으로 보아 금지하며(죄형법정주의의 원칙), 피고인에게 유리한 유추해석만 가능하다고 본다.

49

정답 ②

행정행위는 행정처분이라고도 하며, 행정의 처분이란 행정청이 행하는 구체적 사실에 대한 법 집행으로서의 공권력 행사 또는 그 거부와 그 밖에 이에 준하는 행정작용이다(행정절차법 제2조 제2호).

50

정답 ⑤

- 공법 : 헌법, 행정법, 형법, 형사소송법, 민사소송법, 행정소송법, 국제법 등
- 사법 : 민법, 상법, 회사법, 어음법, 수표법 등
- 사회법 : 근로기준법, 연금법, 보험법, 사회보장법, 산업재해보상보험법 등

02 | 적중예상문제

01	02	03	04	05	06	07	08	09	10	11	12	13	14	15	16	17	18	19	20
①	⑤	①	⑤	①	③	②	②	⑤	③	⑤	④	⑤	③	④	④	②	⑤	⑤	②
21	22	23	24	25	26	27	28	29	30	31	32	33	34	35	36	37	38	39	40
②	③	③	③	④	③	①	④	①	⑤	⑤	②	⑤	③	②	①	①	①	②	②
41	42	43	44	45	46	47	48	49	50										
②	①	⑤	⑤	②	④	①	②	③	①										

01 　　　　　　　　　　　　정답 ①

대표관료제는 한 사회의 모든 계층 및 집단을 공평하게 관료제에 반영하려는 것으로서, 실적주의 이념에는 대치되는 특성을 갖는다.

02 　　　　　　　　　　　　정답 ⑤

공무원은 형의 선고, 징계처분 또는 이 법에서 정하는 사유에 따르지 아니하고는 본인의 의사에 반하여 휴직·강임 또는 면직을 당하지 아니한다. 다만, 1급 공무원과 가등급에 해당하는 고위공무원단 공무원은 제외된다(국가공무원법 제68조).

[오답분석]
① 국가공무원법 제65조
② 부패방지 및 국민권익위원회의 설치와 운영에 관한 법률 제56조
③ 부패방지 및 국민권익위원회의 설치와 운영에 관한 법률 제72조
④ 공직자윤리법 제1조

03 　　　　　　　　　　　　정답 ①

판단적 미래예측 기법은 경험적 자료나 이론이 없을 때 전문가나 경험자들의 주관적인 견해에 의존하는 질적·판단적 예측이다.

04 　　　　　　　　　　　　정답 ⑤

윌슨의 정치행정이원론에 따르면 행정의 비정치성이란 행정은 정치적 이념 혹은 집안이나 특정 개인의 선호도를 고려하지 않고 중립적으로 이루어져야 한다는 것을 의미한다.

05 　　　　　　　　　　　　정답 ①

주민참여의 확대는 행정비용과 시간 증가를 초래하고, 행정지체와 비능률이 발생할 수 있다.

06

정답 ③

ㄱ은 예산 총계주의 원칙이고, ㄴ은 예산 통일의 원칙이다.

전통적 예산원칙

원칙	내용
공개성의 원칙	국민에 대해 재정활동을 공개
명료성의 원칙	국민이 이해하기 쉽고 단순·명확해야 함
한정성의 원칙	예산 항목, 시기, 주체 등에 명확한 한계를 지녀야 함
통일성의 원칙	특정 수입과 지출의 연계 금지
사전승인의 원칙	국회가 사전에 승인
완전성의 원칙	모든 세입과 세출이 나열(예산총계주의)
정확성의 원칙	예산과 결산이 일치
단일성의 원칙	단일 회계 내에 처리(단수예산)

07

정답 ②

(가) 1910년대 과학적 관리론 → (다) 1930년대 인간관계론 → (나) 1940년대 행정행태론 → (라) 1990년대 후반 신공공서비스론의 순이다.

08

정답 ②

ㄱ. 분배정책은 정부가 가지고 있는 권익이나 서비스 등 자원을 배분하는 정책이다. 수혜자들은 서비스와 편익을 더 많이 취하기 위해서 다투게 되므로 포크배럴(구유통), 로그롤링과 같은 정치적 현상이 발생하기도 한다.

ㄷ. 재분배정책은 누진소득세, 임대주택 건설사업 등이 대표적이다.

오답분석

ㄴ. 재분배정책에 대한 설명이다. 분배정책은 갈등이나 반발이 별로 없기 때문에 가장 집행이 용이한 정책이다.

ㄹ. 설명이 반대로 되어 있다. 분배정책이 재분배정책에 비해서 안정적 정책을 위한 루틴화의 가능성이 높고 집행을 둘러싼 논란이 적어 집행이 용이하다.

분배정책과 재분배정책의 비교

원칙	분배정책	재분배정책
재원	조세(공적 재원)	고소득층 소득
성격과 갈등 정도	없음(Non-Zero Sum)	많음(Zero Sum)
정책	사회간접자본 건설	누진세, 임대주택 건설
이념	능률성, 효과성, 공익성	형평성
집행	용이	곤란
수혜자	모든 국민	저소득층
관련 논점	포크배럴(구유통 정책), 로그롤링	이념상, 계급 간 대립

09

정답 ⑤

총액배분 자율편성예산제도는 중앙예산기관이 국가재정운용계획에 따라 각 부처의 지출한도를 하향식으로 설정해주면 각 부처가 배정받은 지출한도 내에서 자율적으로 편성하는 예산제도이다.

10

합병, 흡수통합, 전부사무조합 등은 광역행정의 방식 중 통합방식에 해당한다. 일부사무조합은 공동처리방식에 해당하며, 도시공동체는 연합방식에 해당한다.

> 특정 사무를 자치단체 간 협력적으로 처리하기 위하여 독립된 법인격을 부여하여 설치한 특별자치단체로서 다음 세 가지가 있다.
> • 일부사무조합 : 한 가지 사무처리(공동처리방식과 유사)
> • 복합사무조합 : 둘 이상 사무처리(연합방식과 유사)
> • 전부사무조합 : 모든 사무처리(사실상 통합방식·종합적 처리방식)

11

오답분석

ㄱ. 관세청은 기획재정부 소속이다.
ㄷ. 특허청은 산업통상자원부 소속이다.
ㄹ. 산림청과 농촌진흥청은 농림축산식품부 소속이다.

12

ㄴ. 킹던의 정책창 모형은 쓰레기통 모형을 한층 발전시켜 우연한 기회에 이루어지는 결정을 흐름으로 설명하고 있다.
ㄷ·ㄹ. 킹던은 정책과정을 문제 흐름, 정책 흐름, 정치 흐름 등 세 가지 독립적인 흐름으로 개념화될 수 있으며, 각 흐름의 주도적인 행위자도 다르다고 보았다. 킹던은 정치 흐름과 문제 흐름이 합류할 때 정책의제가 설정되고, 정책 흐름에 의해서 만들어진 정책대안은 이들 세 개의 흐름이 서로 같이 만나게 될 때 정책으로 결정될 기회를 갖게 된다고 보았다. 이러한 복수 흐름을 토대로 정책의 창이 열리고 닫히는 이유를 제시하고 그 유형을 구분하였는데, 세 흐름을 합류시키는 데 주도적인 역할을 담당하는 정책기업가의 노력이나, 점화장치가 중요하다고 보았다.

오답분석

ㄱ. 방법론적 개인주의와 정책창 모형은 관련성이 없다.
ㅁ. 표준운영절차는 회사모형을 설명하는 주요 개념이다.

13

오답분석

ㄱ. 보수주의 정부관에 따르면 정부에 대한 불신이 강하고 정부실패를 우려한다.
ㄴ. 공공선택론은 정부를 공공재의 생산자로 규정하고 있다. 그러나 대규모 관료제에 의한 행정은 효율성을 극대화하지 못한다고 비판하므로 옳지 않다.

보수주의·진보주의 정부관

원칙	분배정책	재분배정책
추구 가치	• 자유 강조(국가로부터의 자유) • 형식적 평등, 기회의 평등 중시 • 교환적 정의 중시	• 자유를 열렬히 옹호(국가에로의 자유) • 실질적 평등, 결과의 평등 중시 • 배분적 정의 중시
인간관	합리적이고 이기적인 경제인	오류가능성의 여지 인정
정부관	최소한의 정부 – 정부 불신	적극적인 정부 – 정부 개입 인정
경제정책	규제완화, 세금감면, 사회복지정책의 폐지	규제옹호, 소득재분배정책, 사회보장정책
비고	자유방임적 자본주의	복지국가, 사회민주주의, 수정자본주의

14

정답 ③

ㄱ. 행정통제는 통제시기의 적시성과 통제내용의 효율성이 고려되어야 한다(통제의 비용과 통제의 편익 중 편익이 더 커야 한다).
ㄴ. 옴부즈만 제도는 사법 통제의 한계를 보완하기 위해 도입되었다.
ㄷ. 선거에 의한 통제와 이익집단에 의한 통제 등은 외부통제에 해당한다.

오답분석

ㄹ. 합법성을 강조하는 통제는 사법통제이다. 또한 사법통제는 부당한 행위에 대한 통제는 제한된다.

15

정답 ④

우리나라는 행정의 양대 가치인 민주성과 능률성에 대해 규정하고 있다.

목적(국가공무원법 제1조)
이 법은 각급 기관에서 근무하는 모든 국가공무원에게 적용할 인사행정의 근본 기준을 확립하여 그 공정을 기함과 아울러 국가공무원에게 국민 전체의 봉사자로서 행정의 민주적이며 능률적인 운영을 기하게 하는 것을 목적으로 한다.

목적(지방공무원법 제1조)
이 법은 지방자치단체의 공무원에게 적용할 인사행정의 근본 기준을 확립하여 지방자치행정의 민주적이며 능률적인 운영을 도모함을 목적으로 한다.

목적(지방자치법 제1조)
이 법은 지방자치단체의 종류와 조직 및 운영에 관한 사항을 정하고, 국가와 지방자치단체 사이의 기본적인 관계를 정함으로써 지방자치행정을 민주적이고 능률적으로 수행하고, 지방을 균형있게 발전시키며, 대한민국을 민주적으로 발전시키려는 것을 목적으로 한다.

16

정답 ④

ㄴ·ㄹ·ㅁ. 주세, 부가가치세, 개별소비세는 국세이며, 간접세에 해당한다.

오답분석

ㄱ. 자동차세는 지방세이며, 직접세이다.
ㄷ. 담배소비세는 지방세이며, 간접세이다.
ㅂ. 종합부동산세는 국세이며, 직접세이다.

직접세, 간접세

구분	직접세	간접세
과세 대상	소득이나 재산(납세자＝담세자)	소비 행위(납세자 ≠ 담세자)
세율	누진세	비례세
조세 종류	소득세, 법인세, 재산세 등	부가가치세, 특별소비세, 주세(담배소비세) 등
장점	소득 재분배 효과, 조세의 공정성	조세 징수의 간편, 조세 저항이 작음
단점	조세 징수가 어렵고 저항이 큼	저소득 계층에게 불리함

17

리바이어던(Leviathan)은 구약성서에 나오는 힘이 강하고, 몸집이 큰 수중동물로 정부재정의 과다팽창을 비유한다. 현대의 대의민주체제가 본질적으로 정부부문의 과도한 팽창을 유발하는 속성을 지닌다. 일반대중이 더 큰 정부지출에 적극적으로 반대하지 않는 투표성향(투표 거래, 담합)을 보이므로, 현대판 리바이어던의 등장을 초래한다.

오답분석

① 지대추구이론은 정부의 규제가 반사적 이득이나 독점적 이익(지대)를 발생시키고 기업은 이를 고착화시키기 위한 로비활동을 한다는 것을 말한다.

③ 파킨슨(Parkinson)이 1914년부터 28년간 영국의 행정조직을 관찰한 결과 제시된 법칙으로 공무원 수는 본질적 업무량(행정수요를 충족시키기 위한 업무량)의 증감과 무관하게 일정비율로 증가한다는 것이다.

④ 니스카넨(Niskanen)이 1971년에 제기한 가설을 말하며, 관료들은 자신들의 영향력과 승진기회를 확대하기 위해 예산규모의 극대화를 추구한다는 것을 의미한다. 관료들이 오랜 경험 등을 활용하여 재원선택과정을 독점한다는 점에서 재정선택의 독점모형이라고도 한다.

⑤ 로머와 로젠탈(Tomas Romer & Howard Rosenthal)의 회복수준 이론은 투표자와 관료의 상호작용을 다음과 같은 단순한 상황에서 검토하였다. 관료들은 국민투표에서 유권자들 앞에 제시될 각 부처의 재원조달계획을 마련하며, 그것은 다수결투표에 의해 가부가 결정된다. 제안이 부결되면 지출수준은 외생적인 어떤 방법으로 결정된 회귀(Reversion)수준에서 확정된다. 예를 들면, 회귀수준은 지난해의 예산규모일 수도 있고 혹은 0일수도 있고(이 경우 부처예산안의 부결은 부처의 폐쇄를 의미한다), 혹은 좀 더 복잡한 어떤 방법으로 결정될 수도 있다. 로머와 로젠탈은 관료들의 문제, 즉 유권자 앞에 제시되는 예산안을 편성하는 문제, 또 지출수준이 최종적으로 어떻게 결정되는지를 설명하는 문제를 검토하였다.

18

점증모형은 수단과 목표가 명확히 구분되지 않으므로 흔히 목표 – 수단의 분석이 부적절하거나 제한되는 경우가 많으며, 목표달성의 극대화를 추구하지 않는다. 정책 목표달성을 극대화하는 정책을 최선의 정책으로 평가하는 모형은 합리모형이다.

합리모형과 점증모형의 특징 비교

구분	합리모형	점증모형
의사결정자	합리적 경제인	정치인
목표수단, 상호작용	• 목표와 수단의 엄격구분(선후 · 계층성) • 수단은 목표에 합치되도록 선택 • 목표의 명확한 정의, 목표 – 수단분석 활용	• 목표와 수단의 상호의 존성 · 연쇄관계 • 목표를 수단에 합치되도록 재조정 · 수정 • 목표의 불명확성 · 목표 – 수단분석 제한적
대안의 범위	대안 수는 무한정, 현실의 제약조건이 없다는 가정	대안 수는 한정, 현실의 제약조건 수용
분석의 범위	포괄적 분석, Root Method	제한적 분석, Branch Method(지분법 : 支分法)
접근방식	• 이상적 · 규범적 · 연역적 접근 • 이론의존도 강함, OR · SA(BC분석) 활용 • Algorithm, 체계적 · 과학적 접근	• 현실적 · 실증적 · 귀납적 접근 • 이론의존도 약함 • Heuristic, 주먹구구식, 이전투구식(泥田鬪狗式) 결정
분석 · 결정의 특징	포괄적 · 총체적 · 단발적 · 1회적 결정, 하향적 결정	분절적 · 분할적 · 계속적 · 점진적 · 지속적 결정, 상향적 결정
결정양식	• 전체 최적화(부분의 합 ≠ 전체) • 거시적 · 하향적 · 집권적	• 부분 최적화(부분의 합＝전체) • 미시적 · 상향적 · 분권적
현실(기득권)	기득권 불인정(매몰비용 고려 안 함)	기득권 인정(매몰비용 고려)
적용사회	전체주의 · 권위주의 사회	다원주의 사회
관련이론	공익의 실체설(적극설)	공익의 과정설(소극설), 다원주의

19

갈등 당사자들에게 공동의 상위목표를 제시하거나 공동의 적을 설정하는 것은 갈등의 해소전략에 해당한다.

갈등조성 전략
- 공식적 · 비공식적 의사전달통로의 의도적 변경
- 경쟁의 조성
- 조직 내 계층 수 및 조직단위 수 확대와 의존도 강화
- 계선조직과 막료조직의 활용
- 정보전달의 통제(정보량 조절 : 정보전달억제나 과잉노출)
- 의사결정권의 재분배
- 기존구성원과 상이한 특성을 지닌 새로운 구성원의 투입(구성원의 유동), 직위 간 관계의 재설정

20

오답분석

ㄴ. 개혁을 포괄적 · 급진적으로 추진할 경우 개혁에 대한 저항은 더 크게 나타난다. 구체적 · 점진적으로 진행해야 저항이 적다.
ㄹ. 내부집단에 의할 때보다 외부집단에 의해 개혁이 추진될 때 저항이 강해진다.

21

공공선택론은 유권자, 정치가, 그리고 관료를 포함하는 정치제도 내에서 자원배분과 소득분배에 대한 결정이 어떻게 이루어지는지를 분석하고, 그것을 기초로 하여 정치적 결정의 예측 및 평가를 목적으로 한다.

오답분석

① 과학적 관리론은 최소의 비용으로 최대의 성과를 달성하고자 하는 민간기업의 경영합리화 운동으로서, 객관화된 표준과업을 설정하고 경제적 동기 부여를 통하여 절약과 능률을 달성하고자 하였던 고전적 관리연구이다.
③ 행태론이란 면접이나, 설문조사 등을 통해 인간행태에 대한 규칙성과 유형성 · 체계성 등을 발견하여 이를 기준으로 종합적인 인간관리를 도모하려는 과학적 · 체계적인 연구를 말한다.
④ 발전행정론은 환경을 의도적으로 개혁해 나가는 행정인의 창의적 · 쇄신적인 능력을 중요시한다. 또한 행정을 독립변수로 간주해 행정의 적극적 기능을 강조한 이론이다.
⑤ 현상학은 사회적 행위의 해석에 있어서 이러한 현상 및 주관적 의미를 파악하여 이해하는 철학적 · 심리학적 접근법, 주관주의적 접근(의식적 지향성 중시)으로, 실증주의 · 행태주의 · 객관주의 · 합리주의를 비판하면서 등장하였다.

22

국가재정법 제16조는 예산의 편성 및 집행에 있어서 준수해야 할 사항을 규정하고 있고 재정건전성의 확보, 국민부담의 최소화, 재정을 운영함에 있어 재정지출의 성과 제고, 예산과정에의 국민참여 제고를 위한 노력을 규정하고 있지만 재정의 지속가능성 확보에 대한 내용은 규정하고 있지 않다.

예산의 원칙(국가재정법 제16조)
정부는 예산의 편성 및 집행에 있어서 다음 각 호의 원칙을 준수하여야 한다.
1. 정부는 재정건전성의 확보를 위하여 최선을 다하여야 한다.
2. 정부는 국민부담의 최소화를 위하여 최선을 다하여야 한다.
3. 정부는 재정을 운용함에 있어 재정지출 및 조세특례제한법 제142조의2 제1항에 따른 조세지출의 성과를 제고하여야 한다.
4. 정부는 예산과정의 투명성과 예산과정에의 국민 참여를 제고하기 위하여 노력하여야 한다.
5. 정부는 예산이 여성과 남성에게 미치는 효과를 평가하고, 그 결과를 정부의 예산편성에 반영하기 위하여 노력하여야 한다.
6. 정부는 예산이 온실가스 감축에 미치는 효과를 평가하고, 그 결과를 정부의 예산편성에 반영하기 위하여 노력하여야 한다.

23

상향식 접근의 전반적인 특징을 살펴보면 다음과 같다.
- 정책집행과정의 상세한 기술과 집행과정의 인과관계 파악이 가능하다. 집행현장연구를 통하여 실질적 집행효과, 복수의 집행업무를 담당하는 집행자의 우선순위와 집행전략, 반대세력의 전략과 입장, 집행의 부작용 및 부수효과를 파악하는 것이 가능하다.
- 정책집행현장을 연구하면서 공식적 정책목표 외에도 의도하지 않았던 효과를 분석할 수 있다.
- 공공부문과 민간부문의 조직 등 다양한 집행조직의 상대적 문제해결능력을 파악하는 것이 가능하다.
- 집행현장에서 다양한 공공프로그램과 민간부문의 프로그램이 적용되는 집행영역을 다룰 수 있다.
- 시간의 경과에 따른 행위자들 간의 전략적 상호작용과 변화를 다룰 수 있다.

오답분석
ㄱ. 상향적 접근은 제한된 합리성, 적응적 합리성을 추구하는 입장이며, 합리모형의 선형적 시각을 반영하지 않으므로 옳지 않다.
ㅁ. 하향식 집행의 특징에 해당한다. 상향식 집행에서는 공식적 정책목표가 무시되므로 집행결과에 대한 객관적인 평가가 용이하다는 것은 잘못된 내용이다.

상향적 접근과 하향적 접근의 비교

비교	하향적·전방향적 접근	상향적·후방향적 접근
학자	1970년대, Van Meter, Van Horn, Sabatier, Mazmanian, Edwards	1970년대 말~1980년대 초, Elmore, Lipsky, Berman
분석 목표	성공적 집행의 좌우요인 탐구(예측 / 정책건의)	집행현장의 실제 상태를 기술·설명
정책과정 모형	단계주의자 모형	융합주의자 모형
집행과정 특징	계층적 지도	분화된 문제해결
민주주의 모형	엘리트 민주주의	참여 민주주의
평가기준	• 공식적 목표의 달성도(효과성) • 정책결정자의 의도를 실현하는 것이 성공적 정책집행이라고 파악 • 정치적 기준과 의도하지 않은 결과도 고찰하지만 이는 선택기준	• 평가기준 불명확(집행과 정에서의 적응성 강조) • 집행의 성공은 결정자의 의도에의 순응 여부보다는 집행자가 주어진 여건하에서 역할의 충실한 수행이라는 상황적 기준을 중시
전반적 초점	정책결정자가 의도한 정책목표를 달성하기 위해 집행체계를 어떻게 운영하는지에 초점을 둠	집행네트워크 행위자의 전략적 상호작용
적응상황	핵심정책이 있고 비교적 구조화된 상황에 적합	핵심정책이 없고 독립적인 다수행위자가 개입하는 동태적 상황에 적합
Berman	정형적 집행	적응적 집행
Elmore	전방향적 집행(Forward Mapping)	후방향적 집행(Backward Mapping)
Naka mura	고전적 기술자형, 지시적 위임가형	재량적 실험가형, 관료적 기업가형

24

정책문제 자체를 잘못 인지한 상태에서 계속 해결책을 모색하여 정책문제가 해결되지 못하고 남아있는 상태는 3종 오류라고 한다. 1종 오류는 옳은 가설을 틀리다고 판단하고 기각하는 오류이고, 2종 오류는 틀린 가설을 옳다고 판단하여 채택하는 오류를 말한다.

25

점증적 정책결정은 지식과 정보의 불완전성, 미래예측의 불확실성을 전제하는 의사결정 모형이지만, 그 자체가 정부실패 요인으로 거론되는 것은 아니다.

오답분석
①·②·③·⑤ 모두 정부실패 요인에 대한 설명이다.

Weimer&Vining의 정부실패 원천

구분	유형	의미
직접민주주의에 내재하는 문제	투표의 역설	투표자의 선택이 애매함
	선호 정도의 일괄처리	다수의 독재, 소수집단이 비용부담
대의 정부에 내재하는 문제	조직화되고 동원화된 이익집단의 영향력	지대 추구와 지대 낭비
	지역구 유권자	비효율적인 나누어 먹기
	선거주기	사회적으로 과다한 할인율
	일반국민의 관심사에 영향	의제의 제약과 비용에 대한 왜곡된 인식
관료적 공급에 내재하는 문제	대리인의 손실(agency loss)	X-비효율성
	산출물 값 산정의 어려움	배분적 비효율성과 X-비효율성
	제한된 경쟁	동태적 비효율적
	공무원 제약을 포함한 사전적 규칙	비신축성에 따른 비능률
	시장실패로서의 관료실패	조직자원의 비능률적 활용
분권화에 내재하는 문제	권위의 분산	집행과정의 문제
	재정적 외부효과	지역공공재의 불공평한 배분

26 정답 ③

비용이 소수 집단에게 좁게 집중되고 편익은 넓게 분산되는 것은 기업가정치모형에 해당한다.

Wilson의 규제정치이론

구분		감지된 편익	
		넓게 분산됨	좁게 집중됨
감지된 비용	넓게 분산됨	대중정치(Majoritarian Politics)	고객정치(Client Politics)
	좁게 집중됨	기업가정치(Entrepreneurial Politics)	이익집단정치(Interest-group Politics)

27 정답 ①

교통체증 완화를 위한 차량 10부제 운행은 불특정 다수의 국민이 이익을 보고 불특정 다수의 국민이 비용을 부담하는 상황에 해당하기 때문에 대중정치상황의 사례가 된다.

[오답분석]

② 고객정치 상황은 수혜집단은 신속히 정치조직화하며 입법화를 위해 정치적 압력을 행사하여 정책의제화가 비교적 용이하게 이루어진다. 경제적 규제가 여기에 속한다.

③ 기업가정치 상황은 고객정치 상황과 반대로 환경오염규제, 소비자보호입법 등과 같이 비용은 소수의 동질적 집단에 집중되어 있으나 편익은 불특정 다수에게 넓게 확산되어 있는 경우이다. 사회적 규제가 여기에 속한다.

④ Wilson의 규제정치모형에 소비자정치는 포함되지 않는다.

⑤ 이익집단정치 상황은 정부규제로 예상되는 비용, 편익이 모두 소수의 동질적 집단에 귀속되고, 그 크기도 각 집단의 입장에서 볼 때 대단히 크다. 그러므로 양자가 모두 조직화와 정치화의 유인을 강하게 갖고 있고 조직력을 바탕으로 각자의 이익 확보를 위해 상호 날카롭게 대립하는 상황이다. 규제가 경쟁적 관계에 있는 강력한 두 이익집단 사이의 타협과 협상에 좌우되는 특징을 보이며 일반적으로 소비자 또는 일반국민의 이익은 거의 무시된다.

28

정직은 1개월 이상 3개월 이하의 기간으로 하고, 정직 처분을 받은 자는 그 기간 중 공무원의 신분은 보유하나 직무에 종사하지 못하며 보수는 전액을 감한다.

[오답분석]

① 직위해제는 신분을 박탈하는 처분은 아니고, 신분은 유지하되 직위만을 해제한다.
② 파면은 공무원을 강제로 퇴직시키는 처분으로 5년간 재임용 불가하고, 퇴직급여의 1/4 내지는 1/2을 지급 제한한다.
③ 해임은 공무원을 강제로 퇴직시키는 처분으로 3년간 재임용이 불가하다. 연금법에는 크게 영향을 주지 않으나, 금품 및 향응수수, 공금의 횡령·유용으로 징계 해임된 경우에는 퇴직급여의 1/8 내지는 1/4을 감한다.
⑤ 직권면직은 정원의 변경으로 직위의 폐지나 과원 등의 사유가 발생한 경우에 직권으로 신분을 박탈하는 면직처분을 말한다.

> **징계의 종류**
> • 견책 : 전과(前過)에 대하여 훈계하고 회개하게 한다.
> • 감봉 : 1개월 이상 3개월 이하의 기간 동안 보수의 3분의 1을 감한다.
> • 정직 : 1개월 이상 3개월 이하의 기간으로 하고, 정직 처분을 받은 자는 그 기간 중 공무원의 신분은 보유하나 직무에 종사하지 못하며 보수는 전액을 감한다.
> • 강등 : 1계급 아래로 직급을 내리고(고위공무원단에 속하는 공무원은 3급으로 임용하고, 연구관 및 지도관은 연구사 및 지도사로 한다) 공무원신분은 보유하나 3개월간 직무에 종사하지 못하며 그 기간 중 보수는 전액을 감한다.
> • 해임 : 공무원을 강제로 퇴직시키는 처분으로 3년간 재임용이 불가하다. 연금법에는 크게 영향을 주지 않으나, 금품 및 향응수수, 공금의 횡령·유용으로 징계 해임된 경우에는 퇴직급여의 1/8 내지는 1/4을 감한다.
> • 파면 : 공무원을 강제로 퇴직시키는 처분으로 5년간 재임용 불가하고, 퇴직급여의 1/4 내지는 1/2을 지급 제한한다.

29

형평성이론(Equity Theory)에서 공정성의 개념은 아리스토텔레스의 정의론, 페스팅거의 인지 부조화이론, 호만즈(G. Homans) 등의 교환이론에 그 근거를 둔 것으로 애덤스(J. S. Adams)가 개발하였다. 이 이론은 모든 사람이 공정하게 대접받기를 원한다는 전제에 기초를 두고 있으며 동기 부여, 업적의 평가, 만족의 수준 등에서 공정성이 중요한 영향을 미친다고 본다.

[오답분석]

②·③·④·⑤ 모두 내용이론으로 욕구와 동기유발 사이의 관계를 설명하고 있다.

30

크리밍효과에 대한 설명이다. 크리밍효과는 정책효과가 나타날 가능성이 높은 집단을 의도적으로 실험집단으로 선정함으로써 정책의 영향력이 실제보다 과대평가되는 경우를 말한다. 호손효과는 실험집단 구성원이 실험의 대상이라는 사실로 인해 평소와 달리 특별한 심리적 또는 감각적 행동을 보이는 현상으로 외적타당도를 저해하는 대표적 요인이다. 실험조작의 반응효과라고도 하며 1927년 호손실험으로 발견되었다.

31

국무총리 소속으로 설치한 국민권익위원회는 행정부 내에 소속한 독립통제기관이며, 대통령이 임명하는 옴부즈만의 일종이다.

32

정답 ②

정책대안의 탐색은 정책문제를 정의하는 단계가 아니라 정책목표설정 다음에 이루어진다.

> **정책문제의 정의**
> • 관련 요소 파악
> • 가치 간 관계의 파악
> • 인과관계의 파악
> • 역사적 맥락 파악

33

정답 ⑤

정책결정이란 다양한 대안이나 가치들 간의 우선순위를 고려하거나 그중 하나를 선택하는 행동이다. 그런데 대안이나 가치들이 서로 충돌하여 우선순위를 정할 수 없는 경우 행위자는 선택상의 어려움에 직면하게 된다. 특히 두 개의 대안이나 가치가 팽팽히 맞서고 있다면 선택의 어려움은 증폭된다. 이처럼 두 가지 대안 가운데 무엇을 선택할지 몰라 망설이는 상황을 일반적으로 딜레마라고 한다. 딜레마 모형의 구성개념으로는 문제(딜레마 상황), 행위자, 행위 등이 있다. 딜레마 이론은 이와 같은 것을 규명함으로써 행정이론 발전에 기여하였다.

[오답분석]
① 신공공관리론에 대한 설명이다.
② 신공공서비스론에 대한 설명이다.
③ 사회적 자본이론에 대한 설명이다.
④ 시차이론에 대한 설명이다.

34

정답 ③

사전적 통제란 절차적 통제를 말하며, 예방적 관리와 같다. 어떤 행동이 통제기준에서 이탈되는 결과를 발생시킬 때까지 기다리지 않고 그러한 결과의 발생을 유발할 수 있는 행동이 나타날 때마다 교정해 나가는 것은 사전적 통제가 아니라 긍정적·적극적 환류에 의한 통제이다.

35

정답 ②

구속력과 집행력을 갖는 조직은 행정위원회이다. 의결위원회는 의결만 담당하는 위원회이므로 의사결정의 구속력은 지니지만 집행력은 가지지 않는다.

36

정답 ①

다원주의는 타협과 협상을 통해 이익집단 간 권력의 균형이 이루어진다고 보며, 특정 세력이나 개인이 정책을 주도할 수 없다.

37

정답 ①

예산개혁의 경향은 '통제 지향 → 관리 지향 → 기획 지향 → 감축 지향 → 참여 지향'의 순서로 발달하였다.

38

ㄱ. 공무원이 10년 이상 재직하고 퇴직한 경우 65세가 되는 때부터 사망할 때까지 퇴직연금을 지급한다(공무원연금법 제43조 제1호).

ㄴ. 급여의 산정은 급여의 사유가 발생한 날이 속하는 달의 기준소득월액을 기초로 한다(공무원연금법 제30조).

[오답분석]

ㄷ. 기여금은 공무원으로 임명된 날이 속하는 달부터 퇴직한 날의 전날 또는 사망한 날이 속하는 달까지 월별로 내야 하지만 기여금 납부기간이 36년을 초과한 자는 기여금을 내지 아니한다(공무원연금법 제67조).

ㄹ. 퇴직급여의 산정에 있어서 소득의 평균기간은 퇴직 전 5년이 아닌 재직기간 전체를 기반으로 산정한다.

39

ㄴ・ㄹ. 주민복지사업과 공원묘지사업은 대상사업이 아니다.

적용 범위(지방공기업법 제2조)

이 법은 다음 각 호의 어느 하나에 해당하는 사업(그에 부대되는 사업을 포함한다. 이하 같다) 중 제5조에 따라 지방 자치단체가 직접 설치・경영하는 사업으로서 대통령령으로 정하는 기준 이상의 사업과 제3장 및 제4장에 따라 설립된 지방공사와 지방공단이 경영하는 사업에 대하여 각각 적용한다.

1. 수도사업(마을상수도사업은 제외한다)
2. 공업용수도사업
3. 궤도사업(도시철도사업을 포함한다)
4. 자동차운송사업
5. 지방도로사업(유료도로사업만 해당한다)
6. 하수도사업
7. 주택사업
8. 토지개발사업

40

ㄱ. 베버의 관료제론은 규칙과 규제가 조직에 계속성을 제공하여 조직을 예측 가능성 있는 조직, 안정적인 조직으로 유지시킨다고 보았다.

ㄴ. 행정관리론은 모든 조직에 적용시킬 수 있는 효율적 조직관리의 원리들을 연구하였다.

ㄷ. 호손실험으로 인간관계에서의 비공식적 요인이 업무의 생산성에 큰 영향을 끼친다는 것이 확인되었다.

[오답분석]

ㄹ. 조직군 생태이론은 조직과 환경의 관계에서 조직군이 환경에 의해 수동적으로 결정된다는 환경결정론적 입장을 취한다.

거시조직 이론의 유형

구분	결정론	임의론
조직군	• 조직군 생태론 • 조직경제학(주인 – 대리인이론, 거래비용 경제학) • 제도화이론	• 공동체 생태론
개별조직	• 구조적 상황론	• 전략적 선택론 • 자원의존이론

41

정답 ②

기획재정부 장관은 국무회의 심의를 거쳐 대통령 승인을 얻은 다음 연도의 예산안편성지침을 매년 3월 31일까지 각 중앙관서의 장에게 통보하여야 한다(국가재정법 제29조 제1항).

42

정답 ①

탈신공공관리론은 신공공관리의 역기능적 측면을 교정하고 통치 역량을 강화하여 정치행정 체제의 통제와 조정을 개선하기 위해 재집권화와 재규제를 주장한다.

신공공관리론과 탈신공공관리론의 비교

비교국면		신공공관리론	탈신공공관리론
정부기능	정부-시장 관계의 기본 철학	시장지향주의(규제완화)	• 정부의 정치·행정력 역량 강화 • 재규제의 주장 • 정치적 통제 강조
	주요 행정 가치	능률성, 경제적 가치 강조	민주성·형평성 등 전통적 행정가치 동시 고려
	정부규모와 기능	정부규모와 기능 감축 (민간화·민영화·민간 위탁)	민간화·민영화의 신중한 접근
	공공서비스 제공 방식	시장 메커니즘의 활용	민간-공공부문의 파트너십 강조
조직구조	기본모형	탈관료제모형	관료제모형과 탈관료제 모형의 조화
	조직구조의 특징	비항구적·유기적 구조, 분권화	재집권화(분권과 집권의 조화)
	조직개편의 방향	소규모의 준자율적 조직으로 행정의 분절화 (책임운영기관)	• 분절화 축소 • 총체적 정부 강조 • 집권화, 역량 및 조정의 증대

43

정답 ⑤

근무성적평정은 과거의 실적과 능력에 대한 평가이므로 미래 잠재력까지 측정한다고 볼 수 없다. 미래 행동에 대한 잠재력측정이 가능한 평가는 역량평가이다.

44

정답 ⑤

조세법률주의는 국세와 지방세 구분 없이 적용된다. 지방세의 종목과 세율은 국세와 마찬가지로 법률로 정한다.

45

정답 ②

재분배 정책에 대한 내용이다.

[오답분석]
① 규제정책
③·⑤ 분배정책
④ 구성정책

46

정답 ④

제도화된 부패란 부패가 관행화되어버린 상태로서 부패가 실질적 규범이 되면서, 조직 내의 공식적 규범은 준수하지 않는 상태가 만연한 경우이다. 이러한 조직에서는 지켜지지 않는 비현실적 반부패 행동규범의 대외적 발표를 하게 되며, 부패에 저항하는 자에 대한 보복이 뒤따르게 된다.

47

정답 ①

합리모형에서 말하는 합리성은 경제적 합리성을 말한다. 정치적 합리성은 점증모형에서 중시하는 합리성이다.

합리모형과 점증모형

구분	합리모형	점증모형
합리성 최적화 정도	• 경제적 합리성(자원배분의 효율성) • 전체적 · 포괄적 분석	• 정치적 합리성(타협 · 조정과 합의) • 부분적 최적화
목표와 수단	• 목표 – 수단 분석을 함 • 목표는 고정됨(목표와 수단은 별개) • 수단은 목표에 합치	• 목표 – 수단 분석을 하지 않음 • 목표는 고정되지 않음 • 목표는 수단에 합치
정책결정	• 근본적 · 기본적 결정 • 비분할적 · 포괄적결정 • 하향적 결정 • 단발적 결정(문제의 재정의가 없음)	• 지엽적 · 세부적 결정 • 분할적 · 한정적 결정 • 상향적 결정 • 연속적 결정(문제의 재정의 빈번)
정책특성	비가분적 정책에 적합	가분적 정책에 적합
접근방식과 정책 변화	• 연역적 접근 • 쇄신적 · 근본적 변화 • 매몰비용은 미고려	• 귀납적 접근 • 점진적 · 한계적 변화 • 매몰비용 고려
적용국가	상대적으로 개도국에 적용 용이	다원화된 선진국에 주로 적용
배경이론 및 참여	• 엘리트론 • 참여 불인정(소수에 의한 결정)	• 다원주의 • 참여 인정(다양한 이해관계자 참여)

48

정답 ②

책임운영기관의 총 정원 한도는 대통령령으로 정하고 종류별 · 계급별 정원은 총리령 또는 부령으로 정하며, 직급별 정원은 기본운영규정으로 정한다(책임운영기관법 제16조, 시행령 제16조 제2항).

일반행정기관과 책임운영기관

구분	일반행정기관	책임운영기관
정원관리	• 종류와 정원을 대통령령으로 규정	• 총정원만 대통령령으로 규정 • 종류별 · 계급별 정원 : 총리령 또는 부령 • 직급별 정원 : 기관장이 기본운영규정으로 정함
하부조직	• 대통령령으로 규정	• 소속기관 : 대통령령 • 하부조직 : 기본운영규정

49

정답 ③

ㄱ. 보조금을 지급하는 것은 유인전략이다.
ㄴ. 안전장비 착용에 대한 중요성을 홍보하는 것은 설득전략이다.
ㄷ. 일반용 쓰레기봉투에 재활용품을 담지 못하도록 하는 것은 규제전략이다.
ㄹ. 주민지원을 촉진하는 촉진전략이다.

50

정부에 의한 규제를 직접규제라 한다면 민간기관에 의한 규제(자율적 규제)는 간접규제에 해당한다.

직접규제와 간접규제

• 직접규제(명령지시적 규제) : 법령이나 행정처분, 기준설정(위생기준, 안전기준) 등을 통해 직접적으로 규제하는 것으로 가격승인, 품질규제, 진입규제 등이 해당한다.
• 간접규제(시장유인적 규제) : 인센티브나 불이익을 통해 규제의 목적을 달성하는 것으로, 조세의 중과 또는 감면, 벌과금 또는 부담금의 부과 등이 해당한다.

규제의 종류	외부효과성	직접규제	간접규제
		명령지시 규제 (행정처분, 행정명령, 행정기준의 설정)	시장유인적 규제 (부담금, 부과금, 예치금, 행정지도, 조세지출, 보조금, 공해배출권)
외부 경제	과소공급	공급을 강제화	공급을 유인
외부 불경제	과다공급	공급을 금지	공급억제를 유인

03 | 경영학
적중예상문제

01	02	03	04	05	06	07	08	09	10	11	12	13	14	15	16	17	18	19	20
③	③	③	②	④	③	⑤	③	④	③	③	④	⑤	⑤	④	④	②	③	①	⑤
21	22	23	24	25	26	27	28	29	30	31	32	33	34	35	36	37	38	39	40
⑤	③	①	⑤	③	③	⑤	③	⑤	②	②	⑤	②	②	①	①	③	③	①	③
41	42	43	44	45	46	47	48	49	50										
③	①	⑤	⑤	①	①	④	①	①	③										

01
정답 ③

B2B는 영업기회의 발굴에 초점을 두기에 전자상거래의 수단이나 관리 및 TV광고와 같은 광범위하고 많은 고객층에게 노출되는 마케팅보다는 작은 타겟시장을 집중하여 시장점유율을 높이는 전략을 택하는 것이 유리하다.

02
정답 ③

페이욜(H. Fayol)의 산업활동
• 기술적 활동 : 생산, 제조, 가공
• 상업적 활동 : 구매, 판매, 교환
• 재무적 활동 : 자금의 조달과 운영
• 보전적 활동 : 재산 및 종업원의 보호
• 회계적 활동 : 재산목록·대차대조표·원가·통계
• 관리적 활동 : 계획·조직·명령·조정·통제

03
정답 ③

법인세가 있는 경우 부채를 많이 사용할수록 기업가치가 증가한다.

[오답분석]
① 무관련이론 제1명제에 대한 설명이다.
②·④ 자기자본과 타인자본의 구성비율 변경을 통해 최적의·자본구조를 찾을 수 있다고 본다.
⑤ 법인세가 없을 때보다 있을 때 부채의 감세효과로 인해 부채를 많이 사용할수록 가중평균자본비용은 감소한다.

04

정답 ②

그린메일은 특정기업의 주식을 대량 매입한 뒤 경영진에게 적대적 M&A를 포기하는 대가로 매입한 주식을 시가보다 훨씬 높은 값에 되사도록 요구하는 행위로 적대적 M&A 시도에 대한 사후 방어 전략에 해당한다.

오답분석

① 황금주는 단 1주 만으로도 주주총회 결의사항에 대해 거부권을 행사할 수 있는 권리를 가진 주식을 발행하는 전략이다.
③ 황금낙하산은 기업임원이 적대적 M&A로 인해 퇴사하는 경우 거액의 퇴직위로금을 지급받도록 하는 전략이다.
④ 포이즌 필은 현재 주가 대비 현저히 낮은 가격에 신주를 발행하는 것을 허용하여 매수자가 적대적 M&A를 시도할 때 엄청난 비용이 들도록 하는 전략이다.
⑤ 포이즌 풋은 채권자가 미리 약정한 가격에 채권을 상환할 것을 청구할 수 있는 권리를 부여하여 적대적 M&A를 시도하는 매수자가 인수 직후 부채 상환 부담을 갖게 하는 전략이다.

05

정답 ④

공매도를 통한 기대수익은 자산 가격(100%) 미만으로 제한되나, 기대손실은 무한대로 커질 수 있다.

오답분석

① 공매도는 주식을 빌려서 매도하고 나중에 갚는 것이기 때문에 주가상승 시 채무불이행 리스크가 존재한다.
② 매도의견이 시장에 적극 반영되어 활발한 거래를 일으킬 수 있다.
③ 자산 가격이 하락할 것으로 예상되는 경우, 공매도를 통해 수익을 기대할 수 있다.
⑤ 공매도의 가능여부는 효율적 시장가설의 핵심전제 중 하나이다.

06

정답 ③

주식가격과 채권가격은 일시적으로 반대 방향으로 움직일 수 있으나 기본적으로 같은 방향으로 움직인다.

07

정답 ⑤

IMC는 소비자 지향적인 마케팅 전략으로 더 많은 소비자를 확보함으로써 브랜드 가치 확대 및 소비자 충성도 제고를 이끌어낼 수 있다.

오답분석

① IMC는 소비자를 획득, 유지, 증가시키며 소비자가 제품을 더욱 친숙하게 받아들이도록 한다.
② IMC는 광고, DM, PM 등 다양한 커뮤니케이션 방법을 활용하는 전략이다.
③ IMC의 내용 측면 마케팅 커뮤니케이션은 브랜드를 소비자에게 알리고 설득시키는 것을 의미한다.
④ IMC의 과정 측면 마케팅 커뮤니케이션은 회사 내부의 조직 간 조정 노력을 의미한다.

08

정답 ③

목표관리는 목표의 설정뿐 아니라 성과평가 과정에도 부하직원이 참여하는 관리기법이다.

오답분석

① 조직의 상·하 구성원이 모두 협의하여 목표를 설정한다.
② 조직의 목표를 부서별, 개인별 목표로 전환하여 조직 구성원 각자의 책임을 정하고, 조직의 효율성을 향상시킬 수 있다.
④ 목표설정 이론은 명확하고 도전적인 목표가 성과에 미치는 영향을 분석한다.
⑤ 목표는 지시적 목표, 자기설정 목표, 참여적 목표로 구분되고, 이 중 참여적 목표가 종업원의 수용성이 가장 높다.

09

정답 ④

벤치마킹을 통해 얻은 신뢰도 높은 자료는 비밀을 유지하여 해당 정보가 외부로 새어나가지 않도록 주의하여야 한다(비밀보장의 원칙).

오답분석

① 벤치마킹을 하려는 대상이 가지고 있는 해결방안과 현재 가지고 있는 문제점이 서로 교환될 수 있는 정보이어야 한다.
② 벤치마킹을 할 때 불법적인 것으로 인식될 수 있는 행위는 지양해야 한다.
③ 항상 벤치마킹을 하려는 대상의 담당자와 직접 접촉하여 정보수집 등의 절차를 진행해야 한다.
⑤ 벤치마킹을 시작하기 전에 접근방법을 계획하고 개선해야 하는 영역을 사전에 설정한다.

10

정답 ③

수요예측기법은 수치를 이용한 계산방법 적용 여부에 따라 정성적 기법과 정량적 기법으로 구분할 수 있다. 정성적 기법은 개인의 주관이나 판단 또는 여러 사람의 의견에 의하여 수요를 예측하는 방법으로, 델파이 기법, 역사적 유추법, 시장조사법, 라이프사이클 유추법 등이 있다. 정량적 기법은 수치로 측정된 통계자료에 기초하여 계량적으로 예측하는 방법으로, 사건에 대하여 시간의 흐름에 따라 기록한 시계열 데이터를 바탕으로 분석하는 시계열 분석 방법이 이에 해당한다.

오답분석

① 델파이 기법 : 여러 전문가의 의견을 되풀이해 모으고 교환하고 발전시켜 미래를 예측하는 방법이다.
② 역사적 유추법 : 수요 변화에 관한 과거 유사한 제품의 패턴을 바탕으로 유추하는 방법이다.
④ 시장조사법 : 시장에 대해 조사하려는 내용의 가설을 세운 뒤 소비자 의견을 조사하여 가설을 검증하는 방법이다.
⑤ 라이프사이클 유추법 : 제품의 라이프사이클을 분석하여 수요를 예측하는 방법이다.

11

정답 ③

트러스트는 경제적 자립권과 독립성을 둘 다 포기한 채 시장독점이라는 하나의 목적으로 여러 기업이 뭉쳐서 이뤄진 하나의 통일체이다.

오답분석

① 카르텔(Kartell) : 기업연합을 의미하는 용어로, 동종 산업에 종사하는 다수의 기업들이 서로 경제적인 자립권과 법률상 독립권을 유지한 채 시장독점을 목적으로 한 연합체이다.
② 신디케이트(Syndicate) : 공동판매 카르텔. 가장 고도화된 카르텔의 형태로 생산은 독립성을 유지하나, 판매는 공동판매회사를 통해서 이루어진다.
④ 콘체른(Konzern) : 법률상의 독립권만 유지되는 형태의 기업연합이다.
⑤ 콩글로머리트(Conglomerate) : 합병 또는 매수에 의해서 상호 관련 없는 이종기업을 결합하는 기업집중형태이다.

12

정답 ④

홉스테드의 문화차원이론은 어느 사회의 문화가 그 사회 구성원의 가치관에 미치는 영향과, 그 가치관과 행동의 연관성을 요인분석으로 구조를 통하여 설명하는 이론이며, 4가지 차원으로 개인주의-집단주의(Individualism-Collectivism), 불확실성 회피성(Uncertainty avoidance), 권력의 거리(Power Distance), 남성성-여성성(Masculinity-Femininity)을 제시하였다.

13

정답 ⑤

자재소요계획은 생산 일정계획의 완제품 생산일정(MPS)과 자재명세서(BOM), 재고기록철(IR)에 대한 정보를 근거로 MRP를 수립하여 재고 관리를 모색한다.

① 필요할 때마다 요청해서 생산하는 방식은 풀 생산방식(Pull System)이다.
② 부품별 계획 주문 발주시기는 MRP의 결과물이다.
③ MRP는 종속수요를 갖는 부품들의 생산수량과 생산시기를 결정하는 방법이다.
④ MRP는 Push System 방식이다.

14 정답 ⑤

① 횡축은 상대적 시장점유율, 종축은 시장성장률이다.
② 개 영역은 시장성장률과 상대적 시장점유율이 낮은 쇠퇴기에 접어든 경우이다.
③ 별 영역은 시장성장률이 높고, 상대적 시장점유율도 높다.
④ 자금젖소 영역은 시장점유율이 높아 자금투자보다 자금산출이 많다.

15 정답 ④

- (매출액)−(매출원가)=(매출총이익) → 10억 원−6.5억 원=3.5억 원
- (매출총이익)−(판관비)=(영업이익) → 3.5억 원−0.5억 원=3억 원
- (영업이익)+(영업외이익)−(영업외비용)=(경상이익) → 3억 원+1억 원−0.4억 원=3.6억 원
- ∴ (경상이익)+(특별이익)−(특별손실)−(법인세비용)=(당기순이익) → 3.6억 원+0.4억 원−0.6억 원−0.2억 원=3.2억 원

16 정답 ④

계속기업의 가정이란, 보고기업이 예측 가능한 미래에 영업을 계속하여 영위할 것이라는 가정이다. 기업이 경영활동을 청산 또는 중단할 의도가 있다면, 계속기업의 가정이 아닌 청산가치 등을 사용하여 재무제표를 작성한다.

① 재무제표는 재무상태표, 포괄손익계산서, 자본변동표, 현금흐름표, 그리고 주석으로 구성된다. 법에서 이익잉여금처분계산서 등의 작성을 요구하는 경우는 주석으로 공시한다.
② 원칙적으로 최소 1년에 한 번씩은 작성해야 한다.
③ 현금흐름표 등 현금흐름에 관한 정보는 현금주의에 기반한다.
⑤ 역사적원가는 측정일의 조건을 반영하지 않고, 현행가치는 측정일의 조건을 반영한다. 현행가치는 다시 현행원가, 공정가치, 사용가치(이행가치)로 구분된다.

17 정답 ②

470,000원(기계장치)+340,000원+10,000원(처분손실)−800,000원=20,000원

18 정답 ③

- 지방자치단체로부터 차입한 자금의 공정가치 : 100,000원×0.7350=73,500원
- 지방자치단체로부터 100,000원을 차입하였으므로 공정가치보다 초과 지급한 금액이 정부보조금이 된다. 따라서 정부보조금은 26,500원이다.
- 2022년 말 장부금액 : 100,000원−25,000원(감가상각누계액)−19,875원(정부보조금 잔액)=55,125원

19 정답 ①

- $P_0=D_1 \div (k-g)$에서 $g=b \times r=0.3 \times 0.1=0.03$

- $D_0 = (주당순이익) \times [1-(사내유보율)] = 3,000 \times (1-0.3) = 2,100원$
- $D_1 = D_0 \times (1+g) = 2,100 \times (1+0.03) = 2,163원$
- $P = 2,163 \div (0.2-0.03) = 12,723원$

20 정답 ⑤

오답분석
① 보통주배당이 아닌 우선주배당이다.
② 당순자산이 아닌 주당순이익의 변동폭이 확대되어 나타난다.
③ 자기자본이 아닌 타인자본이 차지하는 비율이다.
④ 주당이익의 변동폭은 그만큼 더 크게 된다.

21 정답 ⑤

고압적 마케팅은 판매활동, 촉진활동에 비중을 두는 후행적 마케팅 기법이며, 저압적 마케팅은 마케팅 조사, 계획에 비중을 두는 선행적 마케팅 기법이다.

오답분석
①·②·③·④ 고압적 마케팅은 전통적 마케팅 방법으로 판매자 중심, 제품 판매, 선형 마케팅(피드백을 고려하지 않음), 후행적 (판매 및 촉진활동에 비중) 성격을 나타내며, 저압적 마케팅은 현대적 마케팅 방법으로 소비자 중심, 소비자 만족, 순환적 마케팅 (소비자의 피드백 중요), 선행적(마케팅 조사 및 계획에 비중) 성격을 나타낸다.

22 정답 ③

ㄴ. 연구개발, 영업, 품질, 생산 등 전 부서가 함께 논의하기 때문에 긴밀한 협조가 이루어진다.
ㄷ. 품질의 집(HOQ)이란 고객 니즈와 기술 경쟁력을 매트릭스를 이용하여 평가한 것으로 설계단계, 부품단계, 공정단계, 생산단계 로 나누어 기능전개를 한다.

오답분석
ㄱ. 품질기능전개는 일본에서 처음으로 개발하여 사용되었다.
ㄹ. 품질기능전개를 통해 설계부터 생산까지 시간을 절약하여 제품개발 기간을 단축할 수 있다.

23 정답 ①

테일러(Tailor)의 과학적 관리론은 노동자의 심리상태와 인격은 무시하고, 노동자를 단순한 숫자 및 부품으로 바라본다는 한계점이 있다. 이러한 한계점으로 인해 직무특성이론과 목표설정이론이 등장하는 배경이 되었다.

24 정답 ⑤

기업의 생산이나 판매과정 전후에 있는 기업 간의 합병으로, 주로 원자재 공급의 안정성 등을 목적으로 하는 것은 수직적 합병이다. 수평적 합병은 동종 산업에서 유사한 생산단계에 있는 기업 간의 합병으로, 주로 규모의 경제적 효과나 시장지배력을 높이기 위해서 이루어진다.

25 정답 ③

맥그리거(Mcgregor)는 두 가지의 상반된 인간관 모형을 제시하고, 인간모형에 따라 조직관리 전략이 달라져야 한다고 주장하였다.
- X이론 : 소극적·부정적 인간관을 바탕으로 한 전략 - 천성적 나태, 어리석은 존재, 타율적 관리, 변화에 저항적
- Y이론 : 적극적·긍정적 인간관을 특징으로 한 전략 - 변화지향적, 자율적 활동, 민주적 관리, 높은 책임감

26

규범기는 역할과 규범을 받아들이고 수행하며 성과로 이어지는 단계이다.

터크만(Tuckman)의 집단 발달의 5단계 모형
1. 형성기(Forming) : 집단의 구조와 목표, 역할 등 모든 것이 불확실한 상태. 상호 탐색 및 방향 설정
2. 격동기(Storming) : 소속감, 능력, 영향력은 인식한 상태. 권력분배와 역할분담 등에서 갈등과 해결 과정을 겪음
3. 규범기(Norming) : 집단의 구조, 목표, 역할, 규범, 소속감, 응집력 등이 분명한 상태. 협동과 몰입
4. 성과달성기(Performing) : 비전 공유 및 원활한 커뮤니케이션으로 집단목표 달성. 자율성, 높은 생산성
5. 해체기(Adjourning) : 집단의 수명이 다하여 멤버들은 해산됨

27

정답 ⑤

행동기준고과법은 평가직무에 적용되는 행동패턴을 측정하여 점수화하고 등급을 매기는 방식으로 평가한다. 따라서 등급화하지 않고 개별행위 빈도를 나눠서 측정하는 기법은 옳지 않다. 또한 BARS는 구체적인 행동의 기준을 제시하고 있으므로 향후 종업원의 행동변화를 유도하는 데 도움이 된다.

28

정답 ③

질문지법은 구조화된 설문지를 이용하여 직무에 대한 정보를 얻는 직무분석 방법이다.

29

정답 ⑤

무형성, 비분리성, 소멸성, 변동성 모두 서비스의 특성이다.

서비스의 특성
- 무형적이며 재판매가 불가능하다.
- 소유는 일반적으로 이전되지 않으며 저장할 수 없다.
- 생산과 소비를 동시에 하며 같은 장소에서 발생한다.
- 운송할 수 없으며 구매자가 직접 생산에 참가한다.
- 대부분 직접적인 접촉이 요구되며 생산과 판매는 기능적으로 분리될 수 없다.

30

정답 ②

서브리미널 광고는 자각하기 어려울 정도의 짧은 시간 동안 노출되는 자극을 통하여 잠재의식에 영향을 미치는 현상을 의미하는 서브리미널 효과를 이용한 광고이다.

오답분석
① 애드버커시 광고 : 기업과 소비자 사이에 신뢰관계를 회복하려는 광고이다.
③ 리스폰스 광고 : 광고 대상자에게 직접 반응을 얻고자 메일, 통신 판매용 광고전단을 신문·잡지에 끼워 넣는 광고이다.
④ 키치 광고 : 설명보다는 기호와 이미지를 중시하는 광고이다.
⑤ 티저 광고 : 소비자의 흥미를 유발시키기 위해 처음에는 상품명 등을 명기하지 않다가 점점 대상을 드러내어 소비자의 관심을 유도하는 광고이다.

31

정답 ②

라인 확장(Line Extension)이란 기존 상품을 개선한 신상품에 기존의 상표를 적용하는 브랜드 확장의 유형이다. 라인 확장은 적은 마케팅 비용으로 매출과 수익성 모두 손쉽게 높일 수 있고, 제품의 타겟이 아닌 소비자층을 타겟팅함으로써 소비자층을 확대할

수 있다는 장점이 있다. 하지만 무분별한 라인 확장은 브랜드 이미지가 약해지는 희석효과나 신제품이 기존제품 시장에 침범하는 자기잠식효과를 유발하는 등 역효과를 일으킬 수도 있기 때문에 주의해야 한다.

32

정답 ⑤

시장세분화는 수요층별로 시장을 분할해 각 층에 대해 집중적인 마케팅 전략을 펴는 것으로, 인구통계적 세분화는 나이, 성별, 라이프사이클, 가족 수 등을 세분화하여 소비자 집단을 구분하는 데 많이 사용한다.

오답분석

① 시장포지셔닝은 소비자들의 마음속에 자사제품의 바람직한 위치를 형성하기 위하여 제품 효익을 개발하고 커뮤니케이션하는 활동을 의미한다.
② 행동적 세분화는 구매자의 사용상황, 사용경험, 상표애호도 등으로 시장을 나누는 것이다.
③ 사회심리적 세분화는 사회계층, 준거집단, 라이프 스타일, 개성 등으로 시장을 나누는 것이다.
④ 시장표적화는 포지셔닝할 고객을 정하는 단계이다.

33

정답 ②

자존적 편견이란 자신의 성공에 대해서는 능력이나 성격 등과 같은 내적인 요소에 귀인하고, 자신의 실패에 대해서는 상황이나 외적인 요소에 귀인하는 것을 말한다.

오답분석

① 투사 : 자신의 불만이나 불안을 해소하기 위해 그 원인을 다른 사람에게 뒤집어씌우는 심리적 현상이다.
③ 후광 효과 : 한 사람의 두드러진 특성이 그 사람의 다른 특성을 평가하는 데 영향을 미치는 것을 말한다.
④ 통제의 환상 : 사람들이 그들 자신을 통제할 수 있는 경향이거나, 혹은 외부환경을 자신이 원하는 방향으로 이끌어갈 수 있다고 믿는 심리적 상태를 말한다.
⑤ 대비 효과 : 대상을 객관적으로 보지 않고 다른 대상과의 비교를 통해 평가하는 것을 말한다.

34

정답 ②

외부실패비용은 고객에게 판매된 후에 발생하는 비용을 말하며 대개 고객 서비스와 관련된 비용이다. 외부실패비용에는 반품비용, 보상 위자료, 반환품 비용, 리콜 비용, 품질 보증 클레임 비용 등이 있다.

35

정답 ①

적시생산시스템(JIT; Just In Time)은 무재고 생산방식 또는 도요타 생산방식이라고도 하며 필요한 것을 필요한 양만큼 필요한 때에 만드는 생산방식으로 설명된다. 재고가 생산의 비능률을 유발하는 원인이기 때문에 이를 없애야 한다는 사고방식에 의해 생겨난 기법이다. 고품질, 저원가, 다양화를 목표로 한 철저한 낭비제거 사상을 수주로부터 생산, 납품에 이르기까지 적용하는 것으로 풀(Pull) 시스템을 도입하고 있다.

36

정답 ①

증권회사의 상품인 유가증권과 부동산 매매회사가 정상적 영업과정에서 판매를 목적으로 취득한 토지·건물 등은 재고자산으로 처리된다.

오답분석

② 재고자산을 순실현가능가치로 감액한 평가손실과 모든 감모손실은 감액이나 감모가 발생한 기간에 비용으로 인식한다.
③·④ 선입선출법의 경우에는 계속기록법을 적용하든 실지재고조사법을 적용하든, 기말재고자산, 매출원가, 매출총이익 모두 동일한 결과가 나온다.
⑤ 매입운임은 매입원가에 포함한다.

37

정답 ③

- (당기법인세부채)=(150,000원+24,000원+10,000원)×25%=46,000원
- (이연법인세자산)=10,000원×25%=2,500원
- (법인세비용)=46,000원−2,500원=43,500원

38

정답 ③

- (만기금액)=5,000,000원+5,000,000원×6%×6/12=5,150,000원
- (할인액)=5,150,000원×(할인율)×3/12=5,150,000원−4,995,500원=154,500원
- (할인율)=12%

39

정답 ①

$Ks=(D_1 \div P_0)+g=(2,000 \div 30,000)+0.04 ≒ 10\%$

40

정답 ③

(영업레버리지도)=(공헌이익)÷(영업이익)
- (공헌이익)=(총매출액)−(총변동원가)=5억 원(=10,000개×50,000원)−2천만 원(=10,000개×2,000원)=4억 8천만 원
- (영업이익)=(공헌이익)−(총고정원가)=5억 7천만 원−2억 5천만 원(=10,000×25,000원)=3억 2천만 원
따라서 영업레버리지도는 4억 8천만 원÷3억 2천만 원=1.5이다.

41

정답 ③

마이클 포터(Michael Porter)의 가치사슬 모형에서 부가가치를 추가하는 기본 활동들은 크게 본원적 활동과 지원적 활동으로 볼 수 있다.
- 본원적 활동(Primary Activities)
  기업의 제품과 서비스의 생산과 분배에 직접적으로 관련되어 있다. 유입 물류, 조업, 산출 물류, 판매와 마케팅, 서비스 등이 포함된다.
- 지원적 활동(Support Activities)
  본원적 활동이 가능하도록 하며 조직의 기반구조(일반관리 및 경영활동), 인적자원관리(직원 모집, 채용, 훈련), 기술(제품 및 생산 프로세스 개선), 조달(자재구매) 등으로 구성된다.

42

정답 ①

카츠(Kartz)는 경영자에게 필요한 능력을 크게 인간적 자질, 전문적 자질, 개념적 자질 3가지로 구분하였다. 그중 인간적 자질은 구성원을 리드하고 관리하며, 다른 구성원들과 함께 일을 할 수 있게 하는 것으로 모든 경영자가 갖추어야 하는 능력이다. 타인에 대한 이해력과 동기부여 능력은 인간적 자질에 속한다.

오답분석
② · ③ 전문적 자질(현장실무)
④ · ⑤ 개념적 자질(상황판단)

43

정답 ⑤

기업이 글로벌 전략을 수행하면 외국 현지법인과의 커뮤니케이션 비용이 증가하고, 외국의 법률이나 제도 개편 등 기업 운영상 리스크에 대한 본사 차원의 대응 역량이 더욱 요구되므로, 경영상의 효율성은 오히려 낮아질 수 있다.

오답분석

① 글로벌 전략을 통해 대량생산을 통한 원가절감, 즉 규모의 경제를 이룰 수 있다.
② 글로벌 전략을 통해 세계 시장에서 외국 기업들과의 긴밀한 협력이 가능하다.
③ 외국의 무역장벽이 높으면, 국내 생산 제품을 수출하는 것보다 글로벌 전략을 통해 외국에 직접 진출하는 것이 효과적일 수 있다.
④ 글로벌 전략을 통해 국내보다 상대적으로 인건비가 저렴한 국가의 노동력을 고용하여 원가를 절감할 수 있다.

44

정답 ⑤

판매 촉진과 대응되는 것은 커뮤니케이션이다.

4P	4C
기업 관점	소비자 관점
제품	고객 솔루션
유통	편의성
판매 촉진	커뮤니케이션
가격	고객 부담 비용

45

정답 ①

기능별 조직은 전체 조직을 기능별 분류에 따라 형성시키는 조직의 형태이다. 해당 회사는 수요가 비교적 안정된 소모품을 납품하는 업체이기 때문에 환경적으로도 안정되어 있으며, 부서별 효율성을 추구하므로 기능별 조직이 이 회사의 조직구조로 적합하다.

기능별 조직

구분	내용
적합한 환경	• 조직구조 : 기능조직 • 환경 : 안정적 • 기술 : 일상적이며 낮은 상호의존성 • 조직규모 : 작거나 중간 정도 • 조직목표 : 내적 효율성, 기술의 전문성과 질
장점	• 기능별 규모의 경제 획득 • 기능별 기술개발 용이 • 기능 목표 달성 가능 • 중간 이하 규모의 조직에 적합 • 소품종 생산에 유리
단점	• 환경변화에 대한 대응이 늦음 • 최고경영자의 의사결정이 지나치게 많음 • 부문 간 상호조정 곤란 • 혁신이 어려움 • 전체 조직목표에 대한 제한된 시각

46

집단사고(Groupthink)는 응집력이 높은 집단에서 의사결정을 할 때, 동조압력과 전문가들의 과다한 자신감으로 인해 사고의 다양성이나 자유로운 비판 대신 집단의 지배적인 생각에 순응하여 비합리적인 의사결정을 하게 되는 경향이다.

47

샤인(Schein)의 경력 닻 모형
• 닻 I : 관리역량 – 복잡한 경영 문제를 인지, 분석하고 해결하는 능력
• 닻 II : 전문역량 – 직무의 내용에 관심, 도전적 업무, 자율성, 전문화된 영역 선호
• 닻 III : 안전지향 – 직업안정과 및 고용안정 욕구, 조직가치와 규범에 순응, 보수 · 작업조건 · 복리후생 등 외재적 요인에 관심
• 닻 IV : 사업가적 창의성 지향 – 신규조직 · 서비스 등 창의성 중시, 창조욕구, 새로운 도전
• 닻 V : 자율지향 – 규칙에 얽매인 조직보다 자유로운 계약직 · 파트타임 선호, 성과에 의한 보상 선호

48

선수금은 대차대조표상 유동부채에 해당하고, 현금, 유가증권, 현금성자산, 미수금 등은 대차대조표상 유동자산에 해당한다.

49

ESG 경영의 주된 목적은 착한 기업을 키우는 것이 아니라 불확실성 시대의 환경, 사회, 지배구조라는 복합적 리스크에 얼마나 잘 대응하고 지속적 경영으로 이어나갈 수 있느냐 하는 것이다.

50

시계열 분석법은 시계열 자료수집이 용이하고 변화하는 경향이 뚜렷하여 안정적일 때 이를 기초로 미래의 예측치를 구하지만, 과거의 수요 패턴이 항상 계속적으로 유지된다고 할 수 없으므로 주로 중단기 예측에 이용되며, 비교적 적은 자료로도 정확한 예측이 가능하다.

01	02	03	04	05	06	07	08	09	10
⑤	①	⑤	③	③	①	④	②	②	⑤
11	12	13	14	15	16	17	18	19	20
②	④	⑤	③	①	②	④	②	①	③
21	22	23	24	25	26	27	28	29	30
④	③	④	④	③	②	⑤	④	⑤	④
31	32	33	34	35	36	37	38	39	40
⑤	①	③	⑤	②	②	②	②	③	④
41	42	43	44	45	46	47	48	49	50
③	⑤	③	①	②	④	①	②	④	④

01 정답 ⑤

슈타켈버그(Stackelberg) 모형에서는 두 기업 중 하나 또는 둘 모두가 '생산량'에 관해 추종자가 아닌 선도자의 역할을 한다.

02 정답 ①

임금이 일정수준 이상으로 상승으로 실질소득이 증가하여 여가는 늘리고 근로시간을 줄이려는 소득효과가 대체효과보다 커지면 노동공급은 감소한다. 임금이 상승함에 따라 여가의 기회비용이 증가하여 여가는 줄이고 근로시간을 늘리려는 대체효과가 소득효과보다 커지게 되면 노동공급이 증가하여 노동공급곡선은 정(+)의 기울기를 가지게 된다.

03 정답 ⑤

국내기업이 해외에 생산 공장을 건설하기 위해서는 해외에 필요한 자금을 가지고 나가야 하므로 외환에 대한 수요가 증가한다. 외환의 수요가 증가하면 환율이 상승하게 되므로 국내 통화의 가치가 하락한다.

오답분석
① · ④ 수입가전제품에 대한 관세가 인상되고 해외여행에 대한 수요가 급감하면, 외환 수요가 감소한다. 따라서 환율이 하락한다.

② · ③ 외국투자자들이 국내주식을 매수하거나 기준금리가 인상이 되면, 자본유입이 많아져서 외환의 공급이 증가하고, 이에 따라 환율이 하락한다.

04 정답 ③

실질 GDP는 물가상승요인을 제거하기 위하여 기준년도 가격에 해당연도 생산량을 곱하여 계산한다. 따라서 2018년 가격 50만 원×2019년 생산량 15대=7,500,000원이다.

05 정답 ③

(한계비용)＝(총비용 변화분)÷(생산량 변화분)
• 생산량이 50일 때 총비용 : (평균비용 16)×(생산량 5)
＝800
• 생산량이 100일 때 총비용 : (평균비용 15)×(생산량 100)
＝1500
따라서 한계비용은 (총비용 변화분 700)÷(생산량 변화분 50)＝14이다.

06 정답 ①

100만 원×$(1+0.05)^2$＝1,102,500원이므로 명목이자율은 10.25%이다. 실질이자율은 명목이자율에서 물가상승률을 뺀 값이므로 $10.25\%-\left(\dfrac{53-50}{50}\times100\right)=10.25\%-6\%=$ 4.25%이다.

07 정답 ④

오답분석
① 완전대체재의 무차별곡선으로, 우하향하는 직선의 모습을 나타낸다.
② 콥 – 더글러스형과 모양은 비슷하나, 효용함수를 $U=X+\ln Y$ 또는 $U=\ln X+Y$로 표시한다.
③ 완전보완재의 무차별곡선으로, L자형 모습을 나타낸다.
⑤ X재가 비재화인 경우, 무차별곡선은 좌상향의 모습을 나타낸다.

08
정답 ②

소득증가비율보다 X재 구입량의 증가율이 더 작으므로 X재는 필수재이다.

09
정답 ②

구축효과에 대한 설명이다.

채권가격변화에 의한 구축효과의 경로
정부의 국공채 발행 → 채권의 공급 증가 → 채권가격 하락 → 이자율 상승(채권가격과 이자율과는 음의 관계) → 투자 감소

10
정답 ⑤

오답분석

① $(10분위분배율) = \dfrac{(최하위\ 40\%\ 소득계층의\ 소득)}{(최상위\ 20\%\ 소득계층의\ 소득)}$

$= \dfrac{12\%}{(100-52)\%} = \dfrac{1}{4}$

② 지니계수는 면적A를 삼각형 OCP 면적(A+B)으로 나눈 값이다. 즉, $\dfrac{A\ 면적}{\triangle OCP\ 면적} = \dfrac{A}{A+B}$의 값이 지니계수이다.

③ 중산층 붕괴 시 A의 면적은 증가하고, B의 면적은 감소한다.

④ 미국의 서브프라임모기지 사태는 로렌츠곡선을 대각선에서 멀리 이동시킨다.

11
정답 ②

효율성임금이론이란 평균임금보다 높은 임금을 지급해주는 것을 유인으로 생산성 높은 노동자를 채용하여 생산성을 결정짓는 이론이다.

12
정답 ④

독점시장의 시장가격은 완전경쟁시장의 가격보다 높게 형성되므로 소비자잉여는 줄어든다.

13
정답 ⑤

IS-LM 모형은 이자율과 국민소득과의 관계를 분석하는 경제모형이다. 이 모형은 물가가 고정되어 있다는 한계점을 가지고 있긴 하나, 여전히 유용한 경제모형으로 활용되고 있다. IS 곡선은 생산물시장의 균형을 달성하는 이자율과 국민소득을 나타내며, LM 곡선은 화폐시장의 균형을 달성하는 이자율과 국민소득을 나타낸다. IS-LM에서 균형은 $Y=25$, $r=$

2.5이지만, 현재 $Y=30$, $r=2.5$이므로, 현재상태가 IS 곡선 상방에 있어 상품시장에서 초과공급, LM 곡선 하방에 있어 화폐시장에서 초과수요이다.

14
정답 ②

시장구조가 완전경쟁이라고 하더라도 불완전경쟁, 외부성, 공공재 등 시장실패 요인이 존재한다면 파레토효율적인 자원배분이 이루어지지 않는다.

15
정답 ①

중첩임금계약은 명목임금이 경직적인 이유를 설명한다. 케인스학파는 화폐에 대한 착각현상으로 임금의 경직성이 나타난다고 설명하며, 새케인스학파는 노동자가 합리적인 기대를 가지나 현실적으로는 메뉴비용 등의 존재로 임금 경직성이 발생한다고 설명한다.

16
정답 ②

굴절수요곡선

어떤 과점기업의 생산물 가격이 P_0라고 가정한다면 그보다 가격을 인상하여도 다른 기업은 가격을 유지할 것이며, 이 과점기업에 대한 수요곡선은 P_0점보다 위에서는 매우 탄력적이다. 그러나 이 기업이 가격을 내리면 다른 기업도 따라서 가격을 내릴 것이므로 P_0점보다 아래의 수요곡선은 비탄력적으로 될 것이다. 따라서 수요곡선은 P_0점에서 굴절하고, 굴절수요곡선($D_e\,D_i$)에서 도출되는 한계수입곡선($MR_e\ MR_i$)은 불연속이 된다.

17
정답 ④

희생비율이란 인플레이션율을 1% 낮추기 위해 감수해야 하는 GDP 감소율을 말한다. 필립스곡선의 기울기가 매우 가파르다면 인플레이션율을 낮추더라도 실업률은 별로 상승하지 않으므로 GDP 감소율이 작아진다. 극단적으로 필립스곡선

이 수직선이라면 인플레이션율을 낮추더라도 실업률은 전혀 상승하지 않으므로 GDP 감소율은 0이 되어 희생비율도 0이 된다. 그러므로 필립스곡선의 기울기가 가파를수록 희생비율은 작아진다.

> **오쿤의 법칙(Okun's Law)**
> • 오쿤의 법칙이란 미국의 경제학자 오쿤이 발견한 현상으로 실업률과 GDP의 관계를 나타낸다.
> • 경기회복기에는 고용의 증가속도보다 국민총생산의 증가속도가 더 크고, 불황기에는 고용의 감소속도보다 국민총생산의 감소속도가 더 큰 법칙을 말한다.

18   정답 ②

• [수요의 소득탄력성(ε_M)] = $\dfrac{(\text{수요의 변화율})}{(\text{소득의 변화율})}$

• [수요의 교차탄력성(ε_{XY})] = $\dfrac{(X\text{재 수요의 변화율})}{(Y\text{재 가격의 변화율})}$

수요의 소득탄력성을 기준으로 열등재와 정상재를 구분할 수 있다. 소득탄력성이 0보다 작으면 열등재, 0보다 크면 정상재라고 한다. 또한, 소득탄력성이 0에서 1 사이이면 필수재, 1보다 크면 사치재로 분류된다. 초콜릿은 소득탄력성이 0보다 작으므로 열등재에 해당한다. 그리고 커피는 소득탄력성이 1보다 크므로 정상재이면서 사치재에 해당한다.
또한 수요의 교차탄력성을 기준으로 대체재, 독립재, 그리고 보완재를 구분할 수 있다. 교차탄력성이 0보다 작으면 보완재, 0이면 독립재, 0보다 크면 대체재로 분류된다. 초콜릿과 커피의 교차탄력성은 0보다 작으므로, 두 재화는 보완재에 해당한다.

19   정답 ①

소규모 경제에서 자본이동과 무역이 완전히 자유롭고 변동환율제도를 채택한다면 확대재정정책이 실시되더라도 소득은 불변이고, 이자율의 상승으로 A국 통화는 강세가 된다.

20   정답 ③

실제투자액과 필요투자액이 일치하므로 1인당 자본량이 더 이상 변하지 않는 상태를 균제상태라고 한다. 균제상태에서는 1인당 자본량이 더 이상 변하지 않으므로 자본증가율과 인구증가율이 일치하고, 경제성장률과 인구증가율도 일치한다.

21   정답 ④

이자율 평가설에서는 $i = i^* + \dfrac{f-e}{e}$ 가 성립한다(단, i는 자국이자율, i^*는 외국이자율, f는 연간 선물환율, e는 현물환율

이다). 문제에서 주어진 바에 따르면 $i = 0.05$, $i^* = 0.025$, $e = 1{,}200$이므로 이들을 식에 대입하면 $f = 1{,}230$이 도출된다.

22   정답 ③

오답분석
ㄹ. 비용극소화를 통해 도출된 비용함수를 이윤함수에 넣어서 다시 이윤극대화 과정을 거쳐야 하므로 필요조건이기는 하나 충분조건은 아니다.

23   정답 ④

제시문은 경기가 침체했음에도 불구하고 물가가 오르고 있다. 이를 스태그플레이션(Stagflation)이라고 하는데, 경제활동이 침체되고 있음에도 불구하고 지속적으로 물가가 상승하는 상태의 저성장 · 고물가 상태를 의미한다.

오답분석
① 슬럼프플레이션(Slumpflation) : 슬럼프(불황)와 인플레이션의 합성어로, 높은 실업률로 대표되는 불황에서의 인플레이션이라는 뜻하며, 스태그플레이션보다 심한 경기침체 상태를 말한다.
② 스크루플레이션(Screwflation) : 쥐어짜기를 의미하는 스크루와 인플레이션의 합성어이다. 물가 상승과 실질임금 감소 등으로 중산층의 가처분 소득이 줄어드는 현상을 말한다.
③ 스테그데이션(Stagdation) : 경기침체 상황에서 물가가 급락하는 현상이다.
⑤ 에코플레이션(Ecoflation) : 환경과 인플레이션의 합성어이다. 이는 환경 기준 강화나 기후변화로 인해 기업의 제조원가가 상승하여, 결과적으로 소비재의 가격이 인상되는 것을 말한다.

24   정답 ④

한국은행은 고용증진 목표 달성이 아닌 통화정책 운영체제로서 물가안정목표제를 운영하고 있다.

25   정답 ③

$\Pi_t = 0.04$, $\Pi_{t-1} = 0.08$을 $\Pi_t - \Pi_{t-1} = -0.8(U_t - 0.05)$에 대입하면 $U_t = 10\%$가 도출된다. 현재 실업률이 5%이기 때문에 실업률 증가분은 5%p이고 세 번째 가정에 따르면 GDP는 10% 감소한다. 인플레이션율을 4%p 낮출 경우 GDP 변화율(%)이 10%이므로, 인플레이션율을 1%p 낮출 경우 감소되는 GDP 변화율(%)인 희생률은 2.5로 도출된다.

26

정답 ②

케인스학파는 비용보다는 수익 측면에 초점을 맞추어 기업가들이 수익성 여부에 대한 기대에 입각해서 투자를 한다고 보고, 고전학파와는 달리 투자의 이자율 탄력성이 낮다고 보고 있다.

27

정답 ⑤

총수입 TR은 다음과 같이 나타낼 수 있다.

$TR = P \times Q = (100 - 2Q) \times Q = 100Q - 2Q^2$

독점기업의 이윤극대화의 조건은 $MR = MC$이다.

$MC = 60$, $MR = \dfrac{\Delta TR}{\Delta Q} = 100 - 4Q$이므로

$100 - 4Q = 60$

$\rightarrow 4Q = 40$

$\therefore Q = 10$

이 값을 시장 수요 곡선식인 $P = 100 - 2Q$에 대입하면 $P = 80$이다.

따라서 이 독점기업의 이윤극대화 가격은 80원이고, 생산량은 10개이다.

28

정답 ④

먼저 정부지출을 1만큼 증가시킬 때 국민소득(Y)이 얼마만큼 증가하는지를 도출해야 한다. $Y = C + I + G + X - M$에서 각 수치들을 대입하면 $Y = 0.5Y + 10 + 0.4Y + 10 + G + X - 0.1Y - 20 \Rightarrow 0.2Y = G + X$. 따라서 G값을 1만큼 증가시키면 Y값은 5만큼 커지게 된다. 다음으로 커진 국민소득에 대응해서 소비가 얼마만큼 증가하는지를 도출하면 된다. $C = 0.5Y + 10$에서 Y가 5만큼 상승할 때 $C = 2.5$가 상승한다. 따라서 정부지출을 1만큼 증가시키면 소비는 2.5가 상승한다.

29

정답 ⑤

비용함수는 생산량과 비용 사이의 관계를 나타내는 함수이다. 주어진 비용함수에서 생산량(Q)이 늘어날수록 총비용이 증가한다. 하지만 평균비용은 (총비용)÷(생산량)이므로 줄어든다. 예를 들어 생산량이 1, 2, 3개로 늘어날 경우 총비용(TQ)은 75, 100, 125 순으로 증가하지만 평균비용은 75, 50(100÷2), 41.6(125÷3) 순으로 감소한다. 이는 평균 고정비가 (고정비)÷(생산량)이기 때문에 생산량이 늘어날수록 줄어들기 때문이다. 고정비는 생산량과 관계없이 들어가는 비용으로 문제의 함수에선 50이다. 이처럼 생산량이 늘어날 때 평균비용이 줄어드는 것을 규모의 경제가 존재한다고 한다. 한계비용은 생산량이 하나 더 늘어날 때 들어가는 비용으로 문제에선 25로 일정하다.

30

정답 ④

덕선이가 실망노동자가 되면서 실업자에서 비경제활동인구로 바뀌게 되었다.

실업률은 경제활동인구에 대한 실업자의 비율이므로 분자인 실업자보다 분모인 경제활동인구가 큰 상황에서 실업자와 경제활동인구가 동일하게 줄어든다면 실업률은 하락하게 된다. 고용률은 생산가능인구에 대한 취업자의 비율이므로 덕선이가 실망노동자가 되어도 분자인 취업자와 분모인 생산가능인구는 아무런 변화가 없다. 따라서 고용률은 변하지 않는다.

31

정답 ⑤

총수요의 변동으로 경기변동이 발생하면 경기와 물가는 같은 방향으로 움직이므로 경기 순응적이 된다.

32

정답 ①

과거에는 국민총생산(GNP)이 소득지표로 사용되었으나 수출품과 수입품의 가격변화에 따른 실질소득의 변화를 제대로 반영하지 못했기 때문에 현재는 국민총소득(GNI)을 소득지표로 사용한다.

명목 GNP는 명목 GDP에 국외순수취요소소득을 더하여 계산하는데, 명목 GDP는 당해연도 생산량에 다 당해연도의 가격을 곱하여 계산하므로 수출품과 수입품의 가격변화에 따른 실질소득 변화가 모두 반영된다. 즉, 명목으로 GDP를 집계하면 교역조건변화에 따른 실질무역손익이 0이 된다. 다시 말해 명목 GNP는 명목 GNI와 동일하다.

33

정답 ③

- 변동 전 균형가격은 $4P + P = 600$이므로 균형가격 P는 120이다.
- 변동 전 균형거래량은 $4 \times 120 = 480$이고, 변동 후 균형가격은 $4P + P = 400$이므로 균형가격 P는 80이다. 따라서 변동 후 균형거래량은 $4 \times 80 = 320$이다.

34

정답 ⑤

A의 소득이 10,000원, X재와 Y재에 대한 총지출액 10,000원, X재 가격이 1,000원, 극대화되는 소비량이 X=6, Y=0이라고 하면, Y재의 가격은 400원이므로 예산선의 기본식은 다음과 같다.

$M = P_X \cdot X + P_Y \cdot Y$

$\rightarrow Y = -\dfrac{P_X}{P_Y}X + \dfrac{M}{P_Y}$

주어진 수치들을 대입하면 다음과 같다.

$Y = -\dfrac{1,000}{400}X + \dfrac{10,000}{400}$

$\rightarrow Y = -2.5X + 25$

균형에서 예산선과 무차별곡선이 접하므로 무차별곡선의 기울기(MRS_{XY})와 예산선의 기울기$\left(\dfrac{P_X}{P_Y}\right)$는 같다.

따라서 한계대체율은 예산선의 기울기의 절댓값인 2.5이다.

35
정답 ②

등량곡선이란 모든 생산요소가 가변요소(노동, 자본)일 때, 동일한 생산량을 산출할 수 있는 노동(L)과 자본(K)의 조합을 연결한 곡선을 의미하므로 점 A, B, C에서 생산량은 모두 동일하다. 또한, 등비용선이란 장기에 있어서 기업이 총비용으로 구입할 수 있는 자본과 노동의 모든 가능한 조합들을 연결한 곡선을 의미하므로 점 A, C, D에서 총비용은 모두 동일하다.

36
정답 ②

오답분석

ㄱ. 완전경쟁기업이 단기에 초과이윤을 획득하고 있으면, 장기에는 다른 경쟁기업들이 진입하게 되므로 장기에는 모든 완전경쟁기업이 정상이윤만을 획득한다.

ㄹ. 초과이윤 상태에서는 한계비용이 평균비용보다 크다. 한계비용과 총평균비용이 일치하는 평균비용의 최소점을 손익분기점이라고 한다.

ㅁ. 완전경쟁시장의 이윤극대화 조건에 따라 시장가격과 한계비용은 일치한다.

37
정답 ②

오답분석

ㄴ. 케인스 모형에서 재정정책의 효과는 강력한 반면 금융정책의 효과가 미약하다. 따라서 (A)의 $Y_0 \rightarrow Y_1$의 크기는 (B)의 $Y_a \rightarrow Y_b$의 크기보다 크다.

ㄹ. 케인스는 승수효과를 통해 정부가 지출을 조금만 늘리면 국민의 소득은 지출에 비해 기하급수적으로 늘어난다고 주장하였다. 또한, 케인스 학파에서는 소비를 미덕으로 여기므로 소득이 증가하면 소비 또한 증가하여 정부지출의 증가는 재고의 감소를 가져온다.

38
정답 ②

오답분석

ㄴ. 저축률이 높은 나라일수록 1인당 소득은 높은 경향이 있다.

ㄹ. 칼도의 정형화된 사실에 따르면 개발도상국과 선진국 간의 1인당 소득격차는 확대된다.

39
정답 ③

우월전략은 상대방의 전략에 관계없이 항상 자신의 보수가 가장 크게 되는 전략을 말한다.

40
정답 ④

항상소득가설에 의하면 항상소득의 증가는 소비의 증가에 크게 영향을 미치지만 임시소득이 증가하는 것은 소비에 거의 영향을 미치지 않는다. 따라서 항상소득의 한계소비성향은 임시소득의 한계소비성향보다 크다.

41
정답 ③

한 재화의 가격을 시장 균형가격보다 낮은 수준에서 규제하려는 방법은 최고가격제(가격상한제)에 대한 설명이다. 가격상한제는 물가를 안정시키고 소비자를 보호하기 위한 목적으로 아파트 분양가격, 임대료, 금리 등을 통제하기 위해 사용된다. 그러나 가격상한제를 실시하면 초과수요가 발생하기 때문에 암시장이 형성될 부작용이 존재한다. 또한 재화의 품질이 저하되는 문제도 발생한다.

42
정답 ⑤

생산에 투입된 가변요소인 노동의 양이 증가할수록 총생산이 체증적으로 증가하다가 일정 단위를 넘어서면 체감적으로 증가하기 때문에 평균생산과 한계생산은 증가하다가 감소한다. 한계생산물곡선은 평균생산물곡선의 극대점을 통과하므로 한계생산물과 평균생산물이 같은 점에서는 평균생산물이 극대가 된다. 한편, 한계생산물이 0일 때 총생산물이 극대가 된다.

43
정답 ⑤

산업 내 무역(Intra-industry Trade)은 동일한 산업 내에서 재화의 수출입이 이루어지는 것을 말한다. 산업 내 무역은 시장구조가 독점적 경쟁이거나 규모의 경제가 발생하는 경우에 주로 발생하며, 부존자원의 차이와는 관련이 없다. 산업 내 무역은 주로 경제발전의 정도 혹은 경제 여건이 비슷한 나라들 사이에서 이루어지므로 유럽 연합 국가들 사이의 활발한 무역을 설명할 수 있다.

44
정답 ①

우상향하는 총공급곡선이 왼쪽으로 이동하는 경우는 부정적인 공급충격이 발생하는 경우이다. 따라서 임금이 상승하는 경우 기업의 입장에서는 부정적인 공급충격이므로 총공급곡선이 왼쪽으로 이동하게 된다.

②·③·④ 총수요곡선을 오른쪽으로 이동시키는 요인이다.

⑤ 총공급곡선을 오른쪽으로 이동시키는 요인에 해당한다.

45

정답 ②

코즈의 정리란 재산권(소유권)이 명확하게 확립되어 있고, 거래비용 없이도 자유롭게 매매할 수 있다면 권리가 어느 경제주체에 귀속되는가와 상관없이 당사자 간의 자발적 협상에 의한 효율적인 자원배분이 가능해진다는 이론이다. 그러나 현실적으로는 거래비용의 존재, 외부성 측정 어려움, 이해당사자의 모호성, 정보의 비대칭성, 협상능력의 차이 등으로 코즈의 정리로 문제를 해결하는 데는 한계가 있다.

46

정답 ④

국제수지(Balance of Payment)란 일정 기간 자국과 외국 사이에 일어난 모든 경제적 거래를 체계적으로 정리한 통계로 크게 경상수지, 자본수지, 금융계정으로 나뉜다. 한 나라 안의 생산은 한 나라 경제주체들의 소득 및 지출과 항상 일치한다. 또 이는 국민소득과 사후적으로 항상 같게 된다. 이를 식으로 나타내면 Y(국민소득)=C(소비)+I(투자)+G(정부지출)+NX(순수출)=C(소비)+S(민간 저축)+T(세금)이다. 식의 공통된 것을 빼고 좌변에 투자지출을 놓고 정리하면 I=S+(T-G)+NX이다. 즉 국내투자는 국내저축+국외저축(순수출)으로 국내저축이 국내투자보다 크면 순수출은 항상 0보다 크다.

47

정답 ①

ㄷ. 정부의 지속적인 교육투자정책으로 인적자본축적이 이루어지면 규모에 대한 수확체증이 발생하여 지속적인 성장이 가능하다고 한다.

ㄹ. 내생적 성장이론에서는 금융시장이 발달하면 저축이 증가하고 투자의 효율성이 개선되어 지속적인 경제성장이 가능하므로 국가 간 소득수준의 수렴현상이 나타나지 않는다고 본다.

48

정답 ②

사회후생의 극대화는 자원배분의 파레토효율성이 달성되는 효용가능경계와 사회무차별곡선이 접하는 점에서 이루어진다. 그러므로 파레토효율적인 자원배분하에서 항상 사회후생이 극대화되는 것은 아니며, 사회후생 극대화는 무수히 많은 파레토효율적인 점들 중의 한 점에서 달성된다.

49

정답 ④

ㄹ. 케인스는 절대소득가설을 이용하여 승수효과를 설명하였다.

50

정답 ④

IS곡선이란 생산물시장의 균형이 이루어지는 이자율(r)과 국민소득(Y)의 조합을 나타내는 직선을 말하며, 관계식은 다음과 같다.

$$r = \frac{-1-c(1-t)+m}{b}Y$$
$$+ \frac{1}{b}(C_0 - cT_0 + I_0 + G_0 + X_0 - M_0)$$

즉, IS곡선의 기울기는 투자의 이자율탄력성(b)이 클수록, 한계소비성향(c)이 클수록, 한계저축성향(s)이 작을수록, 세율(t)이 낮을수록, 한계수입성향(m)이 작을수록 완만해진다. 한편, 소비, 투자, 정부지출, 수출이 증가할 때 IS곡선은 오른쪽으로, 조세, 수입, 저축이 증가할 때 왼쪽으로 수평이동한다. 외국의 한계수입성향이 커지는 경우에는 자국의 수출이 증가하므로 IS곡선은 오른쪽으로 이동한다.

01	02	03	04	05	06	07	08	09	10	11	12	13	14	15	16	17	18	19	20
③	②	①	①	③	②	②	⑤	⑤	②	①	①	②	⑤	⑤	②	⑤	②	③	④
21	22	23	24	25	26	27	28	29	30	31	32	33	34	35	36	37	38	39	40
②	⑤	②	①	⑤	④	①	②	④	①	①	①	③	③	③	②	②	③	④	④
41	42	43	44	45	46	47	48	49	50										
⑤	①	②	④	②	①	④	①	①	③										

01

정답 ③

대손충당금이 있을 경우, 차변에 대손충당금, 대변에 매출채권을 기재한다.

02

정답 ②

②는 미수수익에 대한 설명이다.

[오답분석]

① · ③ · ⑤ 모두 선수수익에 대한 설명이다.
④ 영업용 고정자산 매각, 유가증권 매각 등을 통한 수익은 기타 선수금에 해당한다.

03

정답 ①

[오답분석]

② 유형자산을 재평가할 때, 그 자산의 장부금액을 재평가금액으로 조정한다.
③ 어떤 유형자산 항목과 관련하여 자본에 계상된 재평가잉여금은 그 자산이 제거될 때 이익잉여금으로 직접 대체할 수 있다.
④ 자산의 장부금액이 재평가로 인하여 감소된 경우에 그 감소액은 당기손익으로 인식한다. 그러나 그 자산에 대한 재평가잉여금의
   잔액이 있다면 그 금액을 한도로 재평가감소액을 기타포괄손익으로 인식한다.
⑤ 재평가가 단기간에 수행되며 계속적으로 갱신된다면, 동일한 분류에 속하는 자산이라 하더라도 순차적으로 재평가할 수 있다.

04

정답 ①

차기 회계연도로 잔액이 이월되는 계정은 자산, 부채, 자본계정이다. 이익잉여금, 주식발행초과금, 매도가능금융자산평가이익은
자본, 선수임대료는 부채에 해당한다.

05

정답 ③

화폐의 시간가치 영향이 중요한 경우 충당부채는 의무를 이행하기 위하여 예상되는 지출액의 현재가치로 평가한다. 또한 할인율은
부채의 특유한 위험과 화폐의 시간가치에 대한 현행 시장의 평가를 반영한 세전 이율이다. 이 할인율에는 미래현금흐름을 추정할
때 고려한 위험을 반영하지 아니한다.

06

정답 ②

계약, 주문, 담보설정 등은 자산, 부채, 자본의 증감변동을 일으키지 못하므로 회계거래로 볼 수 없다.

07

정답 ②

주식을 할인발행하더라도 총자본은 증가한다.

오답분석

① 중간배당(현금배당)을 실시하면 이익잉여금을 감소시키게 되므로 자본이 감소한다.
③ 자기주식은 자본조정 차감항목이므로 자기주식을 취득하는 경우 자본이 감소한다.
④ 당기순손실이 발생하면 이익잉여금을 감소시키게 되므로 자본이 감소한다.
⑤ 매도가능금융자산의 평가에 따른 손실(100,000원)이 발생하였으므로 자본이 감소한다.

08

정답 ⑤

단기매매금융자산의 취득과 직접 관련되는 거래원가는 최초 인식하는 공정가치에 가산하지 않고, 당기비용으로 처리한다.

09

정답 ⑤

검증가능성은 둘 이상의 회계담당자가 동일한 경제적 사건에 대하여 동일한 측정방법으로 각각 독립적으로 측정하더라도 각각 유사한 측정치에 도달하게 되는 속성을 말한다. 즉, 검증가능성은 정보가 나타내고자 하는 경제적 현상을 충실히 표현하는지를 정보이용자가 확인하는 데 도움을 주는 보강적 질적 특성이다.

재무정보의 질적 특성

근본적 질적 특성	• 목적적합성	• 충실한 표현
보강적 질적 특성	• 비교가능성 • 적시성	• 검증가능성 • 이해가능성

10

정답 ②

유동부채와 비유동부채

유동부채	비유동부채
• 매입채무 • 미지급비용 • 단기차입금 • 선수금 • 미지급금 • 유동성장기부채 등	• 장기차입금 • 사채 • 수선충당부채 • 장기매입채무 • 장기미지급금 • 퇴직급여부채

11

정답 ①

자산은 1년을 기준으로 유동자산과 비유동자산으로 분류한다. 다만, 정상적인 영업주기 내에 판매되거나 사용되는 재고자산과 회수되는 매출채권 등은 보고기간 종료일로부터 1년 이내에 실현되지 않더라도 유동자산으로 분류한다. 이 경우 유동자산으로 분류한 금액 중 1년 이내에 실현되지 않을 금액을 주석으로 기재한다. 또, 장기미수금이나 투자자산에 속하는 매도가능증권 또는 만기보유증권 등의 비유동자산 중 1년 이내에 실현되는 부분은 유동자산으로 분류한다.

12

정답 ①

일부 부채는 상당한 정도의 추정을 해야만 측정이 가능할 수 있다. 이러한 부채를 충당부채라고도 한다.

오답분석

② 자산 측정기준으로서의 역사적 원가는 현행원가와 비교하여 신뢰성이 더 높다. 신뢰성 있는 정보란 그 정보에 중요한 오류나 편의가 없고, 그 정보가 나타내고자 하거나 나타낼 것이 합리적으로 기대되는 대상을 충실하게 표현하고 있다고 정보이용자가 믿을 수 있는 정보를 말한다.

③ 보고기업의 경제적 자원과 청구권의 변동은 그 기업의 재무성과, 채무상품 또는 지분상품의 발행과 같은 그 밖의 사건 또는 거래에서 발생한다.

④ 일반목적재무보고서는 보고기업의 가치를 보여주기 위해 고안된 것이 아니지만, 현재 및 잠재적 투자자, 대여자 및 기타 채권자가 보고기업의 가치를 추정하는 데 도움이 되는 정보를 제공한다.

⑤ 기업은 그 경영활동을 청산하거나 중요하게 축소할 의도나 필요성을 갖고 있지 않다는 가정을 적용한다. 만약 이러한 의도나 필요성이 있다면 재무제표는 계속기업을 가정한 기준과는 다른 기준을 적용하여 작성하는 것이 타당할 수 있으며, 이때 적용한 기준은 별도로 공시하여야 한다.

13

정답 ②

주식의 수만 늘어난 것이지 금액에는 차이가 없으므로, 즉 자본의 변동이 없기 때문에 주식분할은 자본변동표에서 확인할 수 없다.

14

정답 ⑤

사채발행비가 있는 경우에는 사채발행비가 많아질수록 유효이자율은 더 커진다.

오답분석

① 액면이자율(표시이자율)이 유효이자율보다 적으므로, 할인발행 사채이다.

② 매년 말 지급하는 이자는 액면이자[(액면금액)×(액면이자율)]인 50,000원이다.

③ (이자비용)=[유효이자(장부금액×유효이자율)]인데, 기간이 경과할수록 장부금액이 증가하므로 이자비용도 만기일에 가까워질수록 증가한다.

④ (사채의 장부금액)=(액면금액)−(사채할인발행차금)인데, 사채할인발행차금 상각이 완료되면 액면금액에서 차감할 금액이 없어지기 때문에, 액면금액과 사채의 장부금액은 동일해진다.

15

정답 ⑤

내용연수가 비한정인 무형자산의 내용연수를 유한 내용연수로 변경하는 것은 회계추정의 변경으로 회계처리한다.

회계정책의 변경과 회계추정의 변경

구분	개념	적용 예
회계정책의 변경	재무제표의 작성과 보고에 적용되던 회계정책을 다른 회계정책으로 바꾸는 것을 말한다. 회계정책이란 기업이 재무보고의 목적으로 선택한 기업회계기준과 그 적용방법을 말한다.	• 한국채택국제회계기준에서 회계정책의 변경을 요구하는 경우 • 회계정책의 변경을 반영한 재무제표가 거래, 기타 사건 또는 상황이 재무상태, 재무성과 또는 현금흐름에 미치는 영향에 대하여 신뢰성 있고 더 목적적합한 정보를 제공하는 경우
회계추정의 변경	회계에서는 미래 사건의 불확실성의 경제적 사건을 추정하여 그 추정치를 재무제표에 보고하여야 할 경우가 많은데 이를 회계추정의 변경이라고 한다.	• 대손 • 재고자산 진부화 • 금융자산이나 금융부채의 공정가치 • 감가상각자산의 내용연수 또는 감가상각자산에 내재된 미래 경제적 효익의 기대소비행태 • 품질보증의무

16

정답 ②

원가동인의 변동에 의하여 활동원가가 변화하는가에 따라 활동원가는 고정원가와 변동원가로 구분된다. 고정원가는 고정제조간접비와 같이 원가동인의 변화에도 불구하고 변화하지 않는 원가이며, 변동원가는 원가동인의 변화에 따라 비례적으로 변화하는 원가로 직접재료비, 직접노무비 등이 해당된다. 일반적으로 활동기준원가계산에서는 전통적인 고정원가, 변동원가의 2원가 분류체계 대신 단위기준, 배치기준, 제품기준, 설비기준 4원가 분류체계를 이용한다.

> **활동기준원가계산**
> 활동기준원가계산은 기업에서 수행되고 있는 활동(Activity)을 기준으로 자원, 활동, 제품/서비스의 소모관계를 자원과 활동, 활동과 원가대상 간의 상호 인과관계를 분석하여 원가를 배부함으로써 원가대상의 정확한 원가와 성과를 측정하는 새로운 원가계산방법이다.

17

정답 ⑤

[오답분석]

① 현금흐름표는 당해 회계기간의 현금의 유입과 유출내용을 적정하게 표시하는 보고서이다.
② 재무제표는 재무상태표, 손익계산서, 현금흐름표, 자본변동표로 구성한다.
③ 재무상태표는 일정시점에 있어서 기업의 재무상태인 자산, 부채 및 자본에 관한 정보를 제공한다.
④ 포괄손익계산서는 일정기간 동안 기업의 경영성과를 나타낸다.

18

정답 ②

고용계약은 그 자체로 당해 기업의 재무상태에 변동을 일으키지 못한다.

회계거래에 해당하지 않는 것	회계거래에 해당하는 것
• 담보설정	• 도난
• 계약 등	• 분실
• 상품의 주문	• 유형자산의 사용에 의한 가치감소
• 발행된 주식을 액면분할	• 건물이 화재로 소실

19

정답 ③

$$(당기총포괄이익) = (기말자본) - (기초자본) - (유상증자)$$
$$= [(기말자산) - (기말부채)] - [(기초자산) - (기초부채)] - (유상증자)$$
$$= (7,500,000 - 3,000,000) - (5,500,000 - 3,000,000) - 500,000$$
$$= 4,500,000 - 2,500,000 - 500,000$$
$$= 1,500,000원$$

20

정답 ④

제품보증에 따라 부채가 발생하는 경우와 같이 자산의 인식을 수반하지 않는 부채가 발생하는 경우에는 포괄손익계산서에 비용을 동시에 인식한다.

21

정답 ②

기업의 활동성을 분석할 수 있는 것은 매출채권회전율, 재고자산회전율, 총자산회전율, 매출채권회수기간, 재고자산회전기간이다.

22

정답 ⑤

경영진이 의도하는 방식으로 자산을 가동하는 데 필요한 장소와 상태에 이르게 하는 데 직접 관련되는 원가의 예는 다음과 같다.
· 유형자산의 매입 또는 건설과 직접적으로 관련되어 발생한 종업원 급여
· 설치장소 준비 원가
· 최초의 운송 및 취급 관련 원가
· 설치원가 및 조립원가
· 유형자산이 정상적으로 작동되는지 여부를 시험하는 과정에서 발생하는 원가[단, 시험과정에서 생산된 재화(예 장비의 시험과정에서 생산된 시제품)의 순매각금액은 당해 원가에서 차감한다]
· 전문가에게 지급하는 수수료

23

정답 ②

배당금 수령액은 수익이기 때문에 당기손익으로 계상한다.

24

정답 ①

오답분석
②·③ 재무활동
④·⑤ 영업활동

25

정답 ⑤

· $(매출채권회전율) = \dfrac{(매출액)}{(매출채권평균)} = 5$

$(매출액) = 5 \times 20,000 = 100,000$

· $(매출액순이익률) = \dfrac{(당기순이익)}{(매출액)} = 0.05$

$(당기순이익) = 0.05 \times 100,000 = 5,000$원

26

정답 ④

오답분석
① 판매자가 판매대금의 회수를 확실히 할 목적만으로 해당 재화의 법적 소유권을 계속 가지고 있다면 소유에 따른 중요한 위험과 보상이 이전된 경우 해당 거래를 수익으로 인식한다.
② 수익으로 인식한 금액이 추후에 회수가능성이 불확실해지는 경우에는 인식한 수익금액을 조정할 수 없다.
③ 용역제공거래의 수익은 완료된 시점이 아닌 진행기준에 의하여 인식한다.
⑤ 수익은 자산의 증가나 부채의 감소와 관련하여 미래경제적 효익이 증가하고 이를 신뢰성 있게 측정할 수 있을 때 포괄손익계산서에서 인식한다.

27

정답 ①

· $(매출원가) = (매출액) \times [1-(매출총이익률)] = 400,000 \times (1-0.2) = 320,000$원
· $(기말재고) = (기초재고) + (매입액) - (매출원가) = 100,000 + 600,000 - 320,000 = 380,000$원
· $(소실재고자산) = (기말재고) - (재고자산) = 380,000 - 110,000 = 270,000$원

28

회계적으로는 전체 자산 중 부채를 제외한 나머지 금액이고 주주들 소유이다. 이러한 자기자본의 계정과목으로는 자본금, 자본잉여금, 이익잉여금, 자본조정, 기타포괄손익누계액이 해당한다. 차입금은 부채계정 중 유동부채에 해당한다.

29

- (2022년 공사 진행률)$=\dfrac{16,000}{16,000+24,000}\times100=40\%$
- (2022년 공사수익)$=48,000\times0.4=19,200$원
- (2022년 공사비용)$=16,000$원
- (2022년 공사이익)$=19,200-16,000=3,200$원

30

(현금 및 현금성 자산)$=30,000+1,000+2,000=33,000$원

31

- 2023년 말 감가상각액 : $\dfrac{(취득원가)-(추정잔존가치)}{(추정내용연수)}=\dfrac{2,000-200}{4년}=450$원
- 2023년 말 장부금액 : $2,000-450=1,550$원

따라서 2023년 말에 동 설비를 1,400원에 처분하였으므로 유형자산처분손익은 $1,400-1,550=-150$원으로 150원 손실이다.

32

- 계정분석

2021년 충당부채

지출액	14,000	기초	0
기말	4,000	설정액	18,000

2022년 충당부채

지출액	6,000	기초	4,000
기말	0	설정액	2,000

- (2021년 손익계산서상의 설정액)$=600,000\times0.03=18,000$원
- (2년간 실제보증 지출액)$=14,000+6,000=20,000$원
- (2022년 보증비용 추가설정액)$=6,000-4,000=2,000$원

33

(1) 반품가능성 예측 불가능한 재고자산은 원가로 계상($10,000-8,500=1,500$원)
(2) 도착지 인도조건의 운송중인 상품은 기말재고자산금액에 포함되는 것이 맞음
(3) 수탁상품은 전액 감액대상(6,500원)
(4) 시송품은 원가로 계상($4,000-3,500=500$원)
따라서 감액할 재고자산금액은 $1,500+6,500+500=8,500$원이다.

34

정답 ③

$$\text{(매출채권회전율)} = \frac{\text{(매출액)}}{\text{(평균매출채권잔액)}} = \frac{2,000,000}{(120,000 + 280,000) \div 2} = \frac{2,000,000}{400,000 \div 2} = \frac{2,000,000}{200,000} = 10회$$

매출채권회전율이 10회이므로 365일을 10회로 나누면 1회전하는 데 소요되는 기간은 36.5일이다.

35

정답 ③

$$\text{(예정매출수량)} = \frac{\text{(고정원가)} + \text{(목표이익)}}{\text{(공헌이익)}^*} = \frac{6,000 + 20,000}{400 - 300} = 260단위$$

* (공헌이익) = (판매가격) − (변동원가)

36

정답 ②

고저점법이란 조업도(생산량, 판매량, 노동시간, 기계작업시간, 기계수리시간 등)의 최고점과 최저점으로 원가함수 $y = a + bx$를 추정하여 회계정보를 분석하는 방법이다.

이 문제에서 x는 생산량의 변화, y는 원가의 변화량을 나타내며, a는 변동비율, b는 고정비를 나타낸다.

$y = ax + b$에서 변동비율 a는 함수의 기울기이므로 다음과 같이 구한다.

$$[변동비율\ a(기울기)] = \frac{(y의\ 변화량)}{(x의\ 변화량)} = \frac{(800,000 - 600,000)}{(300 - 200)} = 2,000원$$

고정비 b는 a에 2,000, x와 y에 각각 (300, 800,000) 또는 (200, 600,000)을 대입해 구한다.

[고정비(b)] = 800,000 − (300 × 20,000) = 200,000원

총제조원가 10% 증가 → 고정비 10% 증가 → b = 220,000

생산량 400단위 가정 시 → x에 400 대입

y(총원가) = (2,000 × 400) + 220,000 = 1,020,000원

37

정답 ②

매입채무와 사채는 금융부채이나 선수금, 미지급법인세, 소득세예수금은 비금융부채이다.

> **금융부채와 비금융부채**
> • 금융부채 : 거래상대방에게 현금 등 금융자산을 인도하기로 한 계약상 의무
> 　예 매입채무, 차입금, 미지급비용, 사채, 신주인수권부사채, 전환사채 등
> • 비금융부채 : 계약상 의무가 아니라 법률상 의무 혹은 의제의무(지출의 시기 또는 금액이 불확실한 미확정부채)
> 　예 선수금, 미지급법인세, 소득세예수금 등

38

정답 ③

• 계속기록법(Perpetual Inventory System)은 상품을 구입할 때마다 상품계정에 기록하며 상품을 판매하는 경우에 판매시점마다 매출액만큼을 수익으로 기록하고 동시에 상품원가를 매출원가로 기록하는 방법이다.

• 실지재고조사법(Periodic Inventory System)은 기말실사를 통해 기말재고수량을 파악하고 판매가능수량(기초재고수량 + 당기 매입수량)에서 실사를 통해 파악된 기말재고수량을 차감하여 매출수량을 결정하는 방법이다.

39

정답 ④

대여금은 자금을 빌려준 경우 발생하는 채권으로, 자산에 해당하고, 차입금은 자금을 빌린 경우 발생하는 확정된 채무로 부채에 해당한다. 따라서 채권에 들어갈 계정과목은 차입금이 아닌 대여금이다.

40

정답 ④

보강적 질적 특성으로는 비교가능성, 검증가능성, 적시성, 이해가능성이 있다.

41

정답 ⑤

주식을 할증발행(액면금액을 초과하여 발행)하면 자본잉여금인 주식발행초과금이 발생한다. 즉 주식발행초과금은 주식발행가액이 액면가액을 초과하는 경우 그 초과하는 금액으로, 자본전입 또는 결손보전 등으로만 사용이 가능하다. 따라서 자산과 자본을 증가시키지만 이익잉여금에는 영향을 미치지 않는다.

이익잉여금 증감원인

증가원인	• 당기순이익 • 전기오류수정이익(중대한 오류) • 회계정책 변경의 누적효과(이익)
감소원인	• 당기순손실 • 배당금 • 전기오류수정손실(중대한 오류) • 회계정책 변경의 누적효과(손실)

42

정답 ①

금융원가는 당해 기간의 포괄손익계산서에 표시되는 항목이다.

포괄손익계산서 항목
- 영업수익
- 제품과 재공품의 변동
- 원재료사용액
- 종업원급여
- 감가상각비와 기타상각비
- 영업손익
- 기타수익
- 이자비용(=금융원가)
- 기타비용
- 법인세비용 차감전 손익
- 법인세비용
- 당기순손익
- 기타포괄손익(가감)
- 주당손익
  - 기본주당순손익
  - 희석주당순손익

43

정답 ②

관련범위 내에서 조업도가 0이라도 일정액이 발생하는 원가를 혼합원가라 한다.

[오답분석]
① 기회원가는 현재 기업이 보유하고 있는 자원을 둘 이상의 선택가능한 대체안에 사용할 수 있는 경우, 최선의 안을 선택함으로써 포기된 대체안으로부터 얻을 수 있었던 효익을 의미하며, 의사결정시 고려할 수 있다.
③ 관련범위 내에서 생산량이 감소하면 단위당 고정원가는 증가한다.
④ 관련범위 내에서 생산량이 증가하면 단위당 변동원가는 변함이 없다.
⑤ 통제가능원가란 특정 관리자의 통제범위 내에 있는 원가를 말한다.

44

[오답분석]

ㄱ. 재무상태표상에 자산과 부채를 표시할 때는 유동자산과 비유동자산, 유동부채와 비유동부채로 구분하지 않고 유동성 순서에 따라 표시하는 방법도 있다.

ㄷ. 비용의 성격에 대한 정보가 미래현금흐름을 예측하는 데 유용하기 때문에 비용별 포괄손익계산서를 사용하는 경우에는 성격별 분류에 따른 정보를 추가로 공시하여야 한다.

ㄹ. 포괄손익계산서와 재무상태표를 연결시키는 역할을 하는 것은 총포괄이익이다.

45

(공헌이익)=(가격)−(변동비용)=5,000−2,000=3,000원

$$(공헌이익률)=\frac{(공헌이익)}{(가격)}=\frac{3,000}{5,000}=0.6$$

46

자기자본이익률(ROE)은 당기순이익을 자기자본으로 나누고 100을 곱하여 % 단위로 나타낼 수 있다.

재무비율 분석은 재무제표를 활용, 기업의 재무상태와 경영성과를 진단하는 것이다. 안정성, 수익성, 성장성 지표 등이 있다. 안정성 지표는 부채를 상환할 수 있는 능력을 나타낸다. 유동비율[(유동자산)÷(유동부채)], 부채비율[(부채)÷(자기자본)], 이자보상비율[(영업이익)÷(지급이자)] 등이 해당한다. 유동비율과 이자보상비율은 높을수록, 부채비율은 낮을수록 재무상태가 건실한 것으로 판단한다. 성장성 지표에는 매출액증가율, 영업이익증가율 등이 있다. 매출액순이익률[(순이익)÷(매출액)], 자기자본이익률 등은 수익성 지표이다.

$$[자기자본이익률(ROE)]=\frac{(당기순이익)}{(자기자본)}\times100$$

$$\therefore (자기자본이익률)=\frac{150}{300}\times100=50\%$$

47

(임대수익률)=(임대금)÷(투입자본)×100

임차인 A, B의 임대금의 합을 투입자본으로 나누어 수익률을 구한다.

[(500만 원)+(700만 원)]÷(3,000만 원)×100=40%

48

정답 ①

- [실제단가(AP)]$=\dfrac{240,000}{600}=400$원
- (실제단가)×(실제수량)$=400×450=180,000$원
- 가격차이는 $4,500$(유리)이므로
  (표준단가)$×450=180,000+4,500$
  (표준단가)$=410$원
- 수량차이는 $13,940$(불리)이므로
  $410×$(표준수량)$=184,500-13,940$
  (표준수량)$=416$kg

(실제단가)×(실제수량) (AP×AQ)	(표준단가)×(실제수량) (SP×AQ)	(표준단가)×(표준수량) (SP×SQ)
$400×450=180,000$	$410×450=184,500$	$410×416=170,560$

└ 가격차이 $4,500$원(유리) ┘ └ 수량차이 $13,940$(불리) ┘

- (실제 생산량)=(표준수량)÷(단위당 표준재료량)
  $=416÷4=104$단위

49

정답 ①

(1) 2021년 감가상각비 : $100,000$원$×30\%=30,000$원
(2) 2022년 감가상각비 : $(100,000$원$-30,000$원$)×30\%=21,000$원
[간편법] $100,000$원$×30\%×(1-30\%)=21,000$원

50

정답 ③

감가상각방법이 연수합계법이므로, 분모에 총 감가상각대상년수의 합계인 $1+2+3+4+5=15$를, 분자에 잔여 내용연수인 5를 적용한다. 그리고 기계장치 취득일이 2022년 7월 1일이므로 이 날부터 2022년 12월 31일까지 6개월분을 감가상각하면

$(1,000,000-100,000)×\dfrac{5}{15}×\dfrac{6}{12}=150,000$원이다.

PART 3

기술직 전공

01	02	03	04	05	06	07	08	09	10	11	12	13	14	15	16	17	18	19	20
④	①	②	③	②	①	③	②	②	②	④	①	①	③	③	②	④	②	②	②
21	22	23	24	25	26	27	28	29	30	31	32	33	34	35	36	37	38	39	40
③	④	②	④	①	②	②	③	①	③	⑤	②	②	①	②	④	②	②	④	⑤
41	42	43	44	45	46	47	48	49	50										
①	②	②	②	②	④	③	②	⑤	①										

01　　정답 ④

$$I_1 = \frac{(4b) \times (3b+5b)^3}{3} = \frac{2,048b^4}{3}$$

$$I_2 = \frac{(2b) \times (5b)^3}{3} = \frac{250b^4}{3}$$

$$I = I_1 + I_2 = \frac{2,048b^4}{3} + \frac{250b^4}{3} = \frac{2,298b^4}{3} = 766b^4$$

따라서 A-A'축에 대한 단면 2차 모멘트는 $766b^4$이다.

02　　정답 ①

단면계수 $Z = \frac{I}{y} = \frac{bh^3/12}{h/2} = \frac{bh^2}{6}$

03　　정답 ②

$(x$축의 도심$) = \frac{G}{A} = \frac{(30 \times 70 \times 15) + \left(20 \times 36 \times \frac{110}{3}\right)}{(30 \times 70) + \left(\frac{1}{2} \times 20 \times 36\right)} ≒ 23.54\text{mm}$

$(y$축의 도심$) = \frac{G}{A} = \frac{(30 \times 70 \times 35) + (20 \times 36 \times 46)}{(30 \times 70) + \left(\frac{1}{2} \times 20 \times 36\right)} ≒ 43.34\text{mm}$

04　　정답 ③

$P = \frac{AE}{l}\delta = \frac{1 \times 2.1 \times 10^4}{100} \times 1 = 210\text{kN}$

05

정답 ②

전단력이 0인 곳에 최대 휨모멘트가 일어난다.

$R_A + R_B = 3 \times 6 = 18t$

$M_A = 18 \times 9 - R_B \times 12 = 0$

$R_A = 13.5t, \ R_B = 4.5t$

B점에서 x인 곳이 전단력 0이라면

$\sum V = 4.5 - 3(6 - x) = 0 \ \rightarrow \ x = 4.5$

따라서 B에서 4.5m만큼 떨어진 곳에서 휨모멘트가 최대이다.

06

정답 ①

반지름이 r인 원형 단면이므로 핵거리 e는 기준 축에 관계없이 같은 값을 갖는다.

$$e = \frac{Z}{A} = \frac{\dfrac{\pi D^3}{32}}{\dfrac{\pi D^2}{4}} = \frac{D}{8} = \frac{2 \times 25}{8} = 6.25\text{cm}$$

따라서 핵의 면적은 $A_{core} = \pi e^2 = \pi \times 6.25^2 \fallingdotseq 122.7\text{cm}^2$이다.

단주의 핵(Core)

$$e = \frac{Z}{A}$$

07

정답 ③

기둥의 좌굴하중 $\left[P_b = \dfrac{\pi^2 EI}{(kl)^2} \right]$이므로 기둥의 휨강도($EI$)에 비례한다.

08

정답 ②

$$\sigma = \frac{Pl^3}{48EI} = \frac{10 \times (8 \times 10^2)^3}{48 \times 1,205 \times 10^4} \fallingdotseq 8.852\text{cm}$$

09

정답 ②

축척이 $1 : A$이므로 면적비는 $1 : A^2 = 576 : 51.84 \times 10^{10}$이다($\because 1\text{km}^2 = 10^6\text{m}^2 = 10^{10}\text{cm}^2$).

$\dfrac{1}{A^2} = \dfrac{576}{51.84 \times 10^{10}} = \dfrac{838}{(밭의 \ 면적)}$이므로

(밭의 면적)$= (51.84 \times 10 \times 10^{10}) \times \dfrac{838}{576} = 0.09 \times 10^{10} \times 838 = 7,542 \times 10^8 \text{cm}^2 = 75.42\text{km}^2$이다.

10

정답 ②

각 측점 A ~ E의 X, Y좌표는 다음과 같다.

측점	A	B	C	D	E
X(m)	30	80	150	125	15
Y(m)	40	15	100	125	100

따라서 좌표법으로 구한 트래버스 면적은

$$\frac{1}{2} \times [(30 \times 15 - 80 \times 40) + (80 \times 100 - 150 \times 15) + (150 \times 125 - 125 \times 100) + (125 \times 100 - 125 \times 15) + (15 \times 40 - 30 \times 100)]$$

$$= \frac{1}{2} \times (-2,750 + 5,750 + 6,250 + 10,625 - 2,400) = \frac{1}{2} \times 17,475 = 8,737.5 \text{m}^2 \text{이다.}$$

11

정답 ④

지형측량의 순서는 '측량계획 – 골조측량 – 세부측량 – 측량원도작성'의 순서이다.

12

정답 ①

삼각측량 폐합오차

- 1등 : $\pm 1''$
- 2등 : $\pm 2''$
- 3등 : $\pm 10''$
- 4등 : $\pm 20''$

13

정답 ①

후처리 DGPS는 반송파를 이용함으로 정밀도가 높은 편이다.

14

정답 ③

$$f = \frac{124.5n^2}{D^{\frac{1}{3}}} \rightarrow 0.02 = \frac{124.5n^2}{0.4^{\frac{1}{3}}} \text{이므로}$$

$$\therefore n \fallingdotseq 0.011$$

$$V = \frac{1}{n} R^{\frac{2}{3}} I^{\frac{1}{2}} \text{ 식에 대입하면} \left(\text{단, } R \text{은 동수반경이며 } R = \frac{D}{4} \text{이다} \right)$$

$$\therefore V = \frac{1}{0.011} \left(\frac{0.4}{4} \right)^{\frac{2}{3}} \left(\frac{2}{100} \right)^{\frac{1}{2}} \fallingdotseq 2.8 \text{m/sec}$$

따라서 관내의 유속은 약 2.8m/s이다.

15

정답 ③

$$Q = CAV = C \cdot bd\sqrt{2gh}$$

$$200 \times 10^{-3} = 0.62 \times (0.2 \times 0.05) \times \sqrt{2 \times 9.8 \times h}$$

$$\therefore h \fallingdotseq 53 \text{m}$$

16

정답 ②

오답분석

① PVC관 : 내식성이 크고, 자외선에 약하다.
③ 덕타일 주철관 : 강도가 크고, 절단가공이 쉬우며 시공성이 높다.
④ 흄관 : 내압력이 낮고, 현장에서 시공성이 좋다.
⑤ 주철관 : 충격에 약하고, 이형관의 제작이 용이하다.

17

정답 ④

$D=2\text{m}=200\text{cm}$이므로 레이놀즈수$(Re)=\dfrac{VD}{v}$에 대입하면, $Re=\dfrac{50\times200}{0.0101}=990,000$이다.

18

정답 ②

(유달시간)=(유입시간)+(유하시간)

$$=7+\frac{500}{1\times60}$$

$$≒15.33분$$

$$I=\frac{289}{\sqrt{15.33}-1.25}≒108.43\text{mm/hr}$$

$$\therefore Q=\frac{1}{3.6}\,CIA=\frac{1}{3.6}\times0.7\times108.43\times1.5≒31.7\text{m}^3/\text{s}$$

19

정답 ②

20분 동안의 최대강우강도는 다음과 같다.

· $I_{5\sim20}=20$
· $I_{10\sim25}=35-2=33$
· $I_{15\sim30}=40-5=35$
· $I_{20\sim35}=43-10=33$

$$\therefore I_{\max}=\frac{35}{20}\times\frac{60}{1}=105\text{mm/h}$$

20

정답 ②

층류일 때, 마찰손실계수는 $f=\dfrac{64}{Re}$이다.

21

정답 ③

일반적인 상수도 계통도는 '수원 및 저수시설 → 취수 → 도수 → 정수 → 송수 → 배수 → 급수' 순으로 이루어진다.

22

$Q = 0.3 \text{m}^3/\text{s} = 25,920 \text{m}^3/\text{day}$

(BOD농도) $= 250 \text{mg/L}$

MLVSS $= 5,000 \text{mg/L}$

$$(\text{F/M비}) = \frac{[(\text{BOD농도}) \times (\text{유입유량})]}{\text{MLVSS} \times (\text{폭기조용적})}$$

$$= \frac{0.25 \times 25,920}{5 \times 4,000}$$

$$= 0.324$$

23

$$(\text{슬러지 발생량}) = (\text{처리수량}) \times (\text{제거된 부유물 농도}) \times \frac{100}{1 - (\text{함수율})} \times 10^{-3}$$

$$= 50,000 \times (200 \times 0.9) \times \frac{100}{100 - 95} \times 10^{-3}$$

$$= 180,000 \text{kg/day}$$

$$= 180 \text{t/day}$$

24

$(\text{F/M비}) = \dfrac{(\text{BOD용적부하})}{(\text{MLSS농도})}$ 식을 사용하면

$1.0 = \dfrac{(\text{BOD용적부하})}{2,000 \times 10^{-3}}$ 가 된다.

따라서 (BOD 용적부하) $= 2 \text{kg BOD/m}^3 \cdot \text{day}$이다.

25

침사지의 용량은 계획취수량을 10 ~ 20분간 저류시킬 수 있어야 한다.

26

상수도 급수 설계기준(KDS 57 70 00)

급수관을 지하층 또는 2층 이상에 배관할 경우에는 각 층마다 지수밸브와 함께 진공파괴기 등의 역류방지밸브를 설치해서 보수나 개조공사 등에 대비해야 한다.

27

TBM공법은 터널 전단면을 동시에 굴착하는 공법으로 굴착단면이 원형이고, 암반자체를 지보재로 활용한다.

[오답분석]

① 터널의 품질관리가 어려운 공법은 NATM공법이다.

③ 숏크리트와 록볼트를 사용하는 공법은 강지보재 공법이다.

④ 터널내의 반발량이 크고 분진량이 많은 공법은 숏크리트 공법이다.

⑤ TBM공법은 암반을 압쇄하기 때문에 초기투자비가 크다.

28

사질토의 경우 진동 롤러(Vibratory Roller)로, 점성토의 경우 탬핑 롤러(Tamping Roller), 양족롤러(Sheeps Foot Roller)로 다지는 것이 유리하다.

29

정답 ①

N값은 보링을 한 구멍에 스플릿 스푼 샘플러를 넣고, 처음 흐트러진 시료를 15cm 관입한 후 63.5kg의 해머로 76cm 높이에서 자유 낙하시켜 샘플러를 30cm 관입시키는 데 필요한 타격횟수로, 표준관입시험 값이라고도 한다.
표준관입 시험(SPT)에서 샘플러는 스플릿 스푼 샘플러를 사용하며, 해머무게는 64kg, 낙하높이는 76cm, 관입깊이는 30cm이다.

30

정답 ③

정수위 투수시험의 공식은 $k = \dfrac{QL}{hAt}$ 이다.

따라서 $k = \dfrac{86.3 \times 20}{40 \times \dfrac{\pi \times 10^2}{4} \times 5} = 10.988 \times 10^{-2}\,\text{cm/sec}$ 이다.

31

정답 ⑤

- [건조단위중량(γ_d)] $= \dfrac{\gamma}{1 + \dfrac{w}{100}} = \dfrac{2}{1 + \dfrac{20}{100}} ≒ 1.67\text{t/m}^3$

- [간극비(e)]

$e = \dfrac{G_s \times \gamma_w}{\gamma_d} - 1 = \dfrac{2.6 \times 1}{1.667} - 1 ≒ 0.56$

- [포화도(S)]

$S = \dfrac{w}{e} \times G_s = \dfrac{20}{0.56} \times 2.6 ≒ 92.85$

32

정답 ②

보의 강도가 증가하면 탄성계수가 증가하고, 탄성계수가 증가하면 처짐은 감소한다. 따라서 보의 강도는 처짐에 영향을 준다.

보의 처짐에 영향을 주는 요인
- 온도차이 : 상하부재 사이의 온도 차이가 클수록 열팽창의 변화량의 차이에 의해 처짐량은 증가한다.
- 보의 재질 : 보의 재질에 따라 열팽창의 정도에 변화가 생긴다.
- 보의 형태 : 길이가 긴 보는 자체적으로 처짐이 발생한다.
- 보의 지지조건 : 완전 고정된 본에 비해 자유롭게 이동 가능한 지지보의 처짐량이 더 크다.

33

정답 ②

$V_u \leq \phi V_n$

$0.1 \leq 0.75\,V_n$

$\therefore V_n = 0.133\text{MN}$

34

정답 ①

슬래브의 정모멘트 철근 및 부모멘트 철근의 중심 간격은 위험단면에서는 슬래브 두께의 2배 이하이어야 하고, 또한 300mm 이하로 하여야 한다. 기타의 단면에서는 슬래브 두께의 3배 이하이어야 하고, 또한 450mm 이하로 하여야 한다.

35

정답 ②

비접착식 포스트텐션(Unbonded Post-Tension) 공법은 균열 제어 및 응력 전달을 위해 철근으로 보강해야 한다.

포스트텐션 공법

구분	접착식 포스트텐션(Bonded Post-Tension)	비접착식 포스트텐션(Unbonded Post-Tension)
특징	• PC강선을 슬리브에 넣고 콘크리트 타설 후 PC강선을 긴장한 방식 • 덕트 및 콘크리트 부착에 의해 긴장력을 콘크리트로 전달 • 긴장재와 콘크리트 부착 • 정착구는 그라우팅 후 양생기간 동안 하중 저항 • 추가 철근 불필요 • 덕트 내부에 그라우팅 공정 필요 • 교량 등 거대구조물에 적용	• PC강선을 콘크리트와 부착하지 않도록 가공하여 설치하고 경화 후 PC강선을 긴장시킨 방식 • 정착구와 콘크리트 지압에 의해 긴장력을 콘크리트로 전달 • 긴장재와 콘크리트 분리 • 정착구는 상시 하중에 저항 • 균열 제어 및 응력 전달을 위해 추가 철근 필요 • 그라우팅 불필요 • 일반 건물, 주차장 등의 슬래브나 보에 적용

36

정답 ④

아치에서는 휨이나 전단이 거의 없고 압축응력이 더 우세하다.

아치(Archi)
• 굽힘 응력을 적게 하기 위해 하중이 작용하는 방향을 볼록 곡선으로 만든 구조이다.
• 아치를 구성하는 부재에는 압축응력이 주로 발생한다.
• 보에 비하여 휨응력이나 전단응력이 거의 없고 압축응력이 우세하다.
• 수평반력이 생겨 아치의 정점에 작용하는 모멘트를 줄여준다.

37

정답 ②

$R_A = \dfrac{3}{8}wl$, $R_B = \dfrac{5}{8}wl$

$R_A = \dfrac{3}{8} \times 2 \times 10 = 7.5t(\uparrow)$

38

정답 ②

실제 보에서의 BMD선도가 공액보에서 탄성하중으로 작용한다.

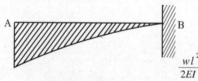

따라서 $\dfrac{M_{\max}}{EI} = \dfrac{wl^2}{2EI}$ 이므로, $\theta_B = R_B = \dfrac{1}{3}(l)\left(\dfrac{wl^2}{2EI}\right) = \dfrac{wl^3}{6EI}$ 이다.

39
정답 ④

폭이 2,000m인 단철근직사각형 보로 가장했을 때 등가직사각형 응력블록 깊이는 $a = \dfrac{A_s f_y}{\eta(0.85 f_{ck})b} = \dfrac{7,460 \times 300}{1 \times (0.85 \times 24) \times 2,000} \fallingdotseq$

54.9mm>40mm이므로 T형보로 해석한다.

[플랜지 내민부의 인장철근량(A_{sf})] $= \dfrac{\eta(0.85 f_{ck}(b - b_w)t_f}{f_y} = \dfrac{1 \times (0.85 \times 24) \times (2,000 - 500) \times 40}{300} = 4,080 \text{mm}^2$

따라서 T형보의 등가직사각형 응력블록의 깊이는 $a = \dfrac{(A_s - A_{sf})f_y}{\eta(0.85 f_{ck})b_w} = \dfrac{(7,460 - 4,080) \times 300}{1 \times (0.85 \times 24) \times 500} \fallingdotseq 99.4 \text{mm}$이다.

단철근보와 T형보의 등가직사각형 응력블록깊이(a)

구분	단철근보	T형보
a	$\dfrac{A_s f_y}{\eta(0.85 f_{ck})b}$	$\dfrac{(A_s - A_{sf})f_y}{\eta(0.85 f_{ck})b_w}$

$* \ A_{sf} = \dfrac{\eta(0.85 f_{ck}(b - b_w)t_f}{f_y}$

40
정답 ⑤

전단력이 0인 곳에 최대 휨모멘트가 일어난다.

$R_A + R_B - \left(w \times \dfrac{l}{2}\right) = 0$

$M_B = (R_B \times 0) - \left(w \times \dfrac{l}{2} \times \dfrac{3}{4}l\right) + (R_A \times l) = 0$

$\rightarrow R_A = \dfrac{3}{8}wl$

$\dfrac{3}{8}wl - (w \times x) = 0$

$\therefore \ x = \dfrac{3}{8}l$

41
정답 ①

전단탄성계수, 탄성계수, 푸아송비의 관계는 $G = \dfrac{E}{2(1 + \nu)}$ 이다.

위의 식을 푸아송비에 대해 정리하면

$\nu = \dfrac{E}{2G} - 1 = \dfrac{230,000}{2(60,000)} - 1 \fallingdotseq 0.917$이다.

42
정답 ②

면적의 정밀도$\left(\dfrac{dA}{A}\right)$와 거리정밀도$\left(\dfrac{dl}{l}\right)$와의 관계는

$\dfrac{dA}{A} = 2\left(\dfrac{dl}{l}\right)$이다.

따라서 $dl = 0.2 \times 600 = 120 \text{mm} = 0.12 \text{m}$이므로,

$\dfrac{dA}{A} = 2\left(\dfrac{0.12}{10}\right) \times 100 = 2.4\%$이다.

43

평균유속(V_m)에 있어 2점법은 $\frac{1}{2}(V_{0.2}+V_{0.8})$이므로, 수면으로부터 수심의 $\frac{1}{5}$, $\frac{4}{5}$ 지점을 관측해야 한다.

1점법은 $V_{0.6}$, 3점법은 $\frac{1}{4}(V_{0.2}+2V_{0.6}+V_{0.8})$이다.

44

$E=20''\sqrt{5}\sim30''\sqrt{5}=44.7''\sim67''$

허용범위 이내이므로 모든 각에 등배분(경중율 같으므로)한다.

45

3점법에 의해 계산하면 평균유속은 다음과 같다.

$$V_m=\frac{1}{4}(V_{0.2}+2V_{0.6}+V_{0.8})$$

$$=\frac{1}{4}[0.622+(2\times0.442)+0.332]=0.4695\text{m/s}$$

46

$A=240\times240=57,600\text{m}^2$

$\frac{dA}{A}=2\times\frac{dl}{l}$ 이므로, $\frac{dA}{57,600}=2\times\frac{0.04}{60}$

$\therefore dA=76.8\text{m}^2$

47

콘크리트구조 휨 및 압축 설계 기준(KDS 14 20 20)
등가직사각형 응력분포 변수 값은 다음과 같다.

f_{ck}(MPa)	≤40	50	60	70	80	90
ε_{cu}	0.0033	0.0032	0.0031	0.003	0.0029	0.0028
η	1.00	0.97	0.95	0.91	0.87	0.84
β_1	0.80	0.80	0.76	0.74	0.72	0.70

48

DGPS란 GPS가 갖는 오차를 보정하여 정확도를 높이고자 기준국을 설치하고 여기서 보정신호를 받아 수신기의 위치오차를 보정하는 방식이다. 여기서 보정되는 오차에는 위성의 궤도오차, 위성의 시계오차, 전리층 신호 지연, 대류권 신호지연 등이 있다. 다중경로오차는 수신기에서 신호의 세기를 비교하여 약한 신호를 제거하여 오차를 보정한다.

49

$$(\text{수면적 부하}) = \frac{Q}{A} = \frac{\dfrac{(\text{체적})}{(\text{체류시간})}}{A} = \frac{\dfrac{(\text{수심}) \times A}{(\text{체류시간})}}{A} = \frac{(\text{수심})}{(\text{체류시간})} = \frac{H}{t}$$

$$(\text{체류시간}) = \frac{(\text{수심})}{(\text{수면적 부하})} = \frac{6.2}{29.76} = \frac{1}{4.8}\,\text{day} = \frac{24}{4.8}\,\text{hr} = 5\text{시간}$$

50

$f_{ck} = 23\text{MPa} \le 40\text{Mpa}$이므로

$\varepsilon_{cu} = 0.0033$, $\eta = 1$, $\beta_1 = 0.8$이다.

또한 $f_y = 400\text{MPa}$이므로

$\varepsilon_{t,\min} = 0.004$, $\varepsilon_c = \dfrac{400}{200,000} = 0.002$이다.

따라서 균형철근비는 $\rho_b = \beta_1 \dfrac{\eta(0.85f_{ck})}{f_y} \times \dfrac{\varepsilon_{cu}}{\varepsilon_{cu} + \varepsilon_c} = 0.8 \times \dfrac{1 \times 0.85 \times 23}{400} \times \dfrac{0.0033}{0.0033 + 0.002} \fallingdotseq 0.024$이다.

등가직사각형의 응력분포 변수 값

f_{ck}	≤ 40	50	60	70	80	90
f_{cu}	0.0033	0.0032	0.0031	0.003	0.0029	0.0028
η	1	0.97	0.95	0.91	0.87	0.84
β_1	0.8	0.8	0.76	0.74	0.82	0.7

철근의 항복강도의 최소 허용변형률

f_y	300MPa	350MPa	400MPa	500MPa
$\varepsilon_{t,\min}$	0.004	0.004	0.004	0.005

PART 3

01	02	03	04	05	06	07	08	09	10	11	12	13	14	15	16	17	18	19	20
①	③	⑤	⑤	④	②	①	⑤	④	④	①	①	①	④	②	③	②	①	④	②
21	22	23	24	25	26	27	28	29	30	31	32	33	34	35	36	37	38	39	40
③	①	④	④	③	⑤	③	③	④	④	⑤	②	②	③	①	⑤	④	③	①	①
41	42	43	44	45	46	47	48	49	50										
①	⑤	①	①	③	⑤	③	④	①	①										

01

정답 ①

주택 부지의 자연적 고려사항

대지의 위치	• 자연환경이 좋고 소음, 공해, 재해 등의 염려가 없어야 한다.
대지의 방위	• 건물의 일조와 관계가 깊고, 남향으로 열린 것이 가장 좋다. • 동지 때 최소 4시간 이상의 일조가 가능해야 한다.
대지의 형태	• 대지는 직사각형, 정사각형에 가까운 것이 좋다. • 건물은 남향 일조를 위해 대지의 북측에 배치되는 것이 좋으며, 가능한 한 동서로 긴 형태가 좋다.
지형과 지반상태	• 경사지 주택은 평지 주택에 비해 통풍, 조망, 프라이버시 확보 등이 유리하나, 접근성이 떨어진다. • 부동침하 등이 우려되지 않는 견고한 지반이 좋다.

02

정답 ③

도막방수의 바탕면 · 관통부 시공

• 바탕면 및 바닥을 관통하거나 매설되는 파이프, 고정철물 등과의 접속부에서는 누수 등의 결함이 발생하기 쉬우므로 사전에 접속부 처리를 계획하여야 하며, 시공이 종결된 후 세심하게 방수처리를 실시한다.
• 도막방수 공사는 바탕면 시공과 관통공사가 종결된 후에 실시한다.

03

정답 ⑤

셀룰로오스 섬유판은 유기질의 식물성 수지인 셀룰로오스로 만들어진 단열재료이다.

04

정답 ⑤

사무소 엘리베이터의 배치 형식

직선 (일렬)형	• 4대 정도를 한도로 한다. • 엘리베이터의 중심 간 거리는 8m 이하로 한다.
알코브형	• 4대 이상, 8대 정도를 한도로 한다.
대면형	• 4대 이상, 8대 정도를 한도로 한다. • 대면거리는 동일 군관리의 경우 3.5 ~ 4.5m 정도로 유지한다.

05

정답 ④

직통계단의 설치(건축법 시행령 제34조 제2항)

피난층 외의 층이 다음 각 호의 어느 하나에 해당하는 용도 및 규모의 건축물에는 국토교통부령으로 정하는 기준에 따라 피난층 또는 지상으로 통하는 직통계단을 2개소 이상 설치하여야 한다.

1. 제2종 근린생활시설 중 공연장·종교집회장, 문화 및 집회시설(전시장 및 동·식물원은 제외한다), 종교시설, 위락시설 중 주점 영업 또는 장례시설의 용도로 쓰는 층으로서 그 층에서 해당 용도로 쓰는 바닥면적의 합계가 200제곱미터(제2종 근린생활시설 중 공연장·종교집회장은 각각 300제곱미터) 이상인 것
2. 단독주택 중 다중주택·다가구주택, 제1종 근린생활시설 중 정신과의원(입원실이 있는 경우로 한정한다), 제2종 근린생활시설 중 인터넷컴퓨터게임시설제공업소(해당 용도로 쓰는 바닥면적의 합계가 300제곱미터 이상인 경우만 해당한다)·학원·독서실, 판매시설, 운수시설(여객용 시설만 해당한다), 의료시설(입원실이 없는 치과병원은 제외한다), 교육연구시설 중 학원, 노유자시설 중 아동 관련 시설·노인복지시설·장애인 거주시설 및 의료재활시설, 유스호스텔 또는 숙박시설의 용도로 쓰는 3층 이상의 층으로서 그 층의 해당 용도로 쓰는 거실의 바닥면적의 합계가 200제곱미터 이상인 것
3. 공동주택(층당 4세대 이하인 것은 제외한다) 또는 업무시설 중 오피스텔의 용도로 쓰는 층으로서 그 층의 해당 용도로 쓰는 거실의 바닥면적의 합계가 300제곱미터 이상인 것
4. 제1호부터 제3호까지의 용도로 쓰지 아니하는 3층 이상의 층으로서 그 층 거실의 바닥면적의 합계가 400제곱미터 이상인 것
5. 지하층으로서 그 층 거실의 바닥면적의 합계가 200제곱미터 이상인 것

06

정답 ②

의료시설은 2대, 업무시설·숙박시설·위락시설은 1대이다.

승용 승강기의 설치대수

건축물의 용도	6층 이상 거실면적의 합계	
	3,000m² 이하	3,000m² 초과
공연장, 집회장, 관람장판매시설, 의료시설	2대	2대에 3,000m²를 초과하는 2,000m² 이내마다 1대를 더한 대수
전시장, 동물원, 식물원, 업무시설, 숙박시설, 위락시설	1대	1대에 3,000m²를 초과하는 2,000m² 이내마다 1대를 더한 대수
공동주택, 교육연구시설, 노유자시설, 기타	1대	1대에 3,000m²를 초과하는 3,000m² 이내마다 1대를 더한 대수

※ 8인승 이상 15인승 이하 1대 기준이며, 16인승 이상의 승강기는 2대로 본다.

07

정답 ①

해당 층의 옥내소화전(5개 이상 설치된 경우에는 5개의 옥내소화전)을 동시에 사용할 경우 각 소화전의 노즐선단에서의 방수압력은 0.17MPa 이상이고, 방수량은 130L/min 이상이 되도록 한다.

08

정답 ⑤

일사에 의한 건물의 수열이나 흡열은 하계의 실내 기후를 악화시킨다.

일사조절
- 일사에 의한 건물의 수열이나 흡열은 하계의 실내 환경을 악화시킨다.
- 일사에 의한 건물의 수열은 시간, 계절, 방위에 따라 상당한 차이가 있다.
- 추녀와 차양은 창면에서의 일사조절 방법으로 사용된다.
- 블라인드, 루버, 롤스크린은 계절이나 시간, 실내의 사용상황에 따라 일사를 조절할 수 있다.

09

- PC 기둥 1개의 체적 : 0.3m×0.6m×3m=0.54m³
- PC 기둥 1개의 중량 : 0.54m³×24kN/m³=12.96kN
- 8kN÷12.96kN=6.17이므로, 최대 6개까지 적재 가능하다.

콘크리트공사의 단위중량

철근콘크리트	무근콘크리트
24kN/m³	23kN/m³

10

데크플레이트는 바닥 슬래브를 타설하기 전에 철골보 위에 설치하고 콘크리트를 타설하여 바닥판 등으로 사용하는 절곡된 얇은 판의 합성 슬래브이다.

11

체육관의 크기는 농구코트 기준으로 400~500m²의 면적과 6m 이상의 높이, 징두리벽 높이는 2.5~2.7m 정도로 한다.

12

벤치마크(기준점)는 건물의 높이 및 위치의 기준이 되는 표식을 말하며, 세로(수직)규준틀은 조적공사 등에서 수직면의 기준으로 사용되는 직접가설공사이다.

규준틀

수평규준틀	• 수평규준틀은 주로 토공사에서 사용된다. • 건물의 각부 위치, 기초의 너비, 길이 등의 기준으로 사용된다.
세로규준틀	• 세로규준틀은 조적공사에서 수직면의 기준으로 사용된다.
귀규준틀	• 귀규준틀은 건물의 모서리 등에 사용된다.

13

$$P_b = \frac{\pi^2 EI}{(Kl)^2} = \frac{\pi^2 \times 210,000^2 \times \frac{30 \times (6)^3}{12}}{(250)^2} = 17,907.41\text{N} \fallingdotseq 17.9\text{kN}$$

오일러의 좌굴하중·좌굴응력

- [좌굴하중(P_b)]=π^2×[탄성계수(E)]×[단면2차모멘트(I)]÷[좌굴길이²($l_k{}^2$)]
  ※ [좌굴길이(l_k)]=[유효좌굴계수(K)]×[길이(l)]
- [좌굴응력(σ_k)]=[좌굴하중(P_b)]÷[부재단면적(A)]

구분	1단 고정 1단 자유	양단 힌지	1단 고정 1단 힌지	양단 고정
유효좌굴계수(K)	2.0	1.0	0.7	0.5
좌굴길이(l_k)	2.0×l	1.0×l	0.7×l	0.5×l
좌굴강도(n)	1/4	1.0	2.0	4.0

14

정답 ④

팬코일유닛(FCU) 방식은 전동기 직결의 소형 송풍기, 냉온수 코일 및 필터 등을 갖춘 실내형 소형 공조기를 각 실에 설치하여 중앙 기계실로부터 냉수 또는 온수를 공급받아 공기조화를 하는 전수방식이다. 따라서 누수의 우려가 있다.

15

정답 ②

축조 시 신고 대상 주요 공작물
- 높이 8m를 넘는 고가수조
- 높이 6m를 넘는 굴뚝, 장식탑, 기념탑, 골프연습장 등의 운동시설을 위한 철탑, 주거지역·상업지역에 설치하는 통신용 철탑
- 높이 5m를 넘는 태양에너지를 이용하는 발전설비
- 높이 4m를 넘는 광고탑, 광고판
- 높이 2m를 넘는 옹벽 또는 담장
- 바닥면적 30m²를 넘는 지하대피호

16

정답 ③

연립주택은 주택으로 쓰는 1개 동의 바닥면적(2개 이상의 동을 지하주차장으로 연결하는 경우에는 각각의 동으로 본다) 합계가 660m²를 초과하고, 층수가 4개층 이하인 주택을 말한다.

오답분석

①은 아파트, ②는 다세대주택, ⑤는 다중주택의 정의이다.

17

정답 ②

고압수은램프의 평균 연색평가수(Ra)는 45 ∼ 50 범위이다.

> **연색성**
> - 물체가 광원에 의하여 조명될 때 물체의 색의 보임을 정하는 광원의 성질이다.
> - 평균 연색평가수는 많은 물체의 대표색으로서 8종류의 시험색을 사용하여 그 평균값으로부터 구한 것으로, 100에 가까울수록 연색성이 좋다.
> - 연색성은 할로겐전구(Ra=100)>주광색 형광램프>메탈핼라이드램프>고압나트륨램프, 고압수은램프 순이다.

18

정답 ①

$R = P_1 + P_2 = -6\text{kN} - 4\text{kN} = -10\text{kN}$

$x' = \dfrac{P_1 \times a + P_2 \times (a+5\text{m})}{P_1 + P_2} = \dfrac{-6 \times a - 4 \times (a+5)}{-6-4} = \dfrac{-10(a+2)}{-10} = a+2(\text{m})$

합력의 위치$(a+2)$와 6kN 작용점(a)의 거리는 2m이며, 그 중앙부$(a+1)$를 보의 중앙부와 일치시켰을 때의 최대하중 6kN의 작용점(x)에서 최대휨모멘트가 발생하므로 $x = 10 \div 2 - 1 = 4\text{m}$이다.

A지점과 6kN 작용점의 거리가 4m이므로, $\Sigma M_B = 0$, $V_A \times 10\text{m} - 6\text{kN} \times 6\text{m} - 4\text{kN} \times 1\text{m} = 0 \rightarrow V_A = 4\text{kN}$

따라서 $M_{\max} = V_A \times x = 4\text{kN} \times 4\text{m} = 16\text{kN} \cdot \text{m}$이다.

PART 3

19

정답 ④

단열시공바탕은 단열재 또는 방습재 설치에 지장이 없도록 못, 철선, 모르타르 등의 돌출물을 제거하여 평탄하게 청소한다.

단열공사의 공법 및 시공

공법의 분류	단열재료	• 성형판단열재 공법, 현장발포재 공법, 뿜칠단열재 공법 등이 있다.
	시공부위	• 벽단열, 바닥단열, 지붕단열 공법 등이 있다.
	설치위치	• 내단열, 중단열, 외단열 등이 있다. • 내단열공법은 단열성능이 적고 내부 결로가 발생할 우려가 있다.
시공		• 단열시공바탕은 단열재 또는 방습재 설치에 지장이 없도록 못, 철선, 모르타르 등의 돌출물을 제거하여 평탄하게 청소한다. • 단열재를 접착제로 바탕에 붙이고자 할 때에는 바탕면을 평탄하게 한 후 밀착하여 시공하되 초기박리를 방지하기 위해 압착상태를 유지시킨다.

20

정답 ②

철골구조의 장점과 단점

장점	단점
• 시공비가 저렴하다. • 겨울철 등 외부 온도에 영향을 적게 받는다. • 대량생산이 가능하다. • 장스팬의 구조물이나 고층 구조물에 적합하다.	• 고열에 약하며, 내화피복이 필요하다. • 단면에 비해 부재가 세장하므로 좌굴하기 쉽다. • 정밀한 가공이 요구되며 비교적 고가이다. • 일반강재는 내식성이 약해 부식이 발생한다. • 소음이 발생한다.

21

정답 ③

바닥면적의 합계가 3,000m² 이상인 공연장·집회장·관람장 또는 전시장을 지하층에 설치하는 경우, 각 실에 있는 자가 지하층 각 층에서 건축물 밖으로 피난하여 옥외 계단 또는 경사로 등을 이용하여 피난층으로 대피할 수 있도록 천장이 개방된 외부 공간을 설치하여야 한다.

22

정답 ①

$$\frac{0.018\text{m}^3/\text{h}\times900}{0.001-0.0004}=27,000\text{m}^3/\text{h}$$

CO_2 농도에 따른 필요환기량

- 1L=0.001m³이며, 1ppm=백만분의 일(1/1,000,000)이다.
- (CO_2 발생량)=(수용인원)×(1인당 CO_2 배출량)
- (필요환기량)= $\dfrac{(O_2 \text{ 발생량})}{(\text{대허용 } CO_2 \text{ 농도})-(\text{외기 중의 } CO_2 \text{ 농도})}$

23

정답 ④

프리스트레스하지 않는 부재의 현장치기콘크리트 중 흙에 접하여 콘크리트를 친 후 영구히 흙에 묻혀 있는 콘크리트의 최소 피복두께는 75mm이다.

최소 피복두께

프리스트레스하지 않는 부재의 현장치기콘크리트의 최소 피복두께는 다음과 같다.

수중에서 타설하는 콘크리트		100mm
흙에 접하여 콘크리트를 친 후 영구히 흙에 묻혀 있는 콘크리트		75mm
흙에 접하거나 옥외의 공기에 직접 노출되는 콘크리트	D29 이상	60mm
	D25 이하	50mm
	D16 이하	40mm
옥외의 공기나 흙에 직접 접하지 않는 콘크리트	슬래브, 벽체, 장선 D35 초과	40mm
	D35 이하	20mm
	보, 기둥 ($f_{ck} \geq 40\text{MPa}$인 경우, 10mm 저감시킨다.)	40mm
	셸, 절판부재	20mm

24

정답 ④

조적조의 백화 방지 대책

재료선정	• 10% 이하의 흡수율을 가진 양질의 벽돌을 사용한다. • 잘 소성된 벽돌을 사용한다.
양생준수	• 재료는 충분한 양생 후에 사용하며, 보양을 한다.
방수처리	• 벽면에 실리콘방수를 하며, 줄눈에 방수제를 넣는다. • 파라핀 도료를 벽면에 뿜칠하여 염류 용출을 방지한다.
우수차단	• 차양 등의 비막이를 설치하여 벽에 직접 비가 맞지 않도록 한다. • 돌출부의 상부에 우수가 침투하지 않도록 한다.

25

정답 ③

커머셜 호텔(Commercial Hotel)

• 비즈니스 관련 여행객을 대상으로 하는 호텔이다.
• 호텔 경영내용의 주체를 객실로 하며, 부대시설은 최소화된다.
• 연면적에 대한 숙박면적의 비가 가장 큰 호텔이다.

26

정답 ⑤

부동침하 및 연약지반에 대한 대책

• 경질지반에 기초 지지, 지반반력을 같게, 지반개량 실시
• 건물의 경량화, 지중보의 크기 및 강성 보강
• 강성체의 지하실, 지지말뚝, 마찰말뚝, 피어기초 사용
• 건물의 평면상 길이를 짧게 설계, 부분 증축 지양
• 일부 지정, 이질 지정, 이질 기초의 지양
• 신축이음의 설치, 인접건물과의 거리 이격

27
정답 ③

적층공법은 미리 공장 생산한 기둥이나 보, 바닥판, 외벽, 내벽 등을 한 층씩 쌓아 올라가는 조립식공법으로, 구체를 구축하고 마감 및 설비공사까지 포함하여 차례로 한 층씩 시공한다. 구체공사와 함께 외벽 및 내부마감이 연속적으로 진행되므로 공기단축 효과가 있다.

28
정답 ③

1) 전도 발생지점에 대한 옹벽의 도심
   - 옹벽 단면의 좌하단 꼭짓점으로부터의 옹벽의 도심을 구한다.
   - 옹벽의 전면부 삼각형($2m \times 6m$)과 배면부 사각형($1m \times 6m$)으로 나누어 계산한다.
   - $x_0 = \dfrac{G_y}{A} = \dfrac{\left(2m \times 6m \times \dfrac{1}{2}\right)\left(2m \times \dfrac{2}{3}\right) + (1m \times 6m)\left(2m + 1m \times \dfrac{1}{2}\right)}{\left(2m \times 6m \times \dfrac{1}{2}\right) + (1m \times 6m)} = \dfrac{23}{12}m$

2) 전도 모멘트와 저항 모멘트의 계산
   - 전도 모멘트 : $P \times y_1 = 10kN \times 2m = 20kN \cdot m$
   - 저항 모멘트 : $W \times x_0 = W \times \dfrac{23}{12}m$
   - 저항 모멘트 > 전도 모멘트이어야 하므로, $W \times \dfrac{23}{12}m > 20kN \cdot m$, $W > 10.435kN$

29
정답 ④

- $35N/cm^2 ≒ $ 수두 $35m ≒$ 압력 $350kPa$
- $H \geq 35m + 5m = 40m$

> **압력수조의 실양정**
> - 물의 경우, $10N/cm^2 ≒$ 수두 $10m ≒$ 압력 $100kPa$이다.
> - [압력수조의 실양정(H)] ≥ (수조 내 최고압력) + (흡입양정)

30
정답 ④

피난안전구역의 구조

높이	• 2.1m 이상일 것
마감	• 내부마감재료는 불연재료로 설치할 것
계단	• 건축물 내부에서 피난안전구역으로 통하는 계단은 특별피난계단의 구조로 설치할 것 • 피난안전구역에 연결되는 특별피난계단은 피난안전구역을 거쳐서 상·하층으로 갈 수 있는 구조로 설치할 것

31

증기난방의 장점과 단점

장점	단점
• 증기 순환이 빠르고 열 운반능력이 크다. • 예열시간이 온수난방에 비해 짧다. • 방열면적 및 관경을 온수난방보다 적게 설정할 수 있다. • 설비 및 유지비용이 온수난방에 비해 저렴하다. • 동결의 우려가 적다.	• 외기온도에 따른 방열량 조절이 곤란하다. • 방열기 표면온도가 높아 안전사고의 우려가 있다. • 관 내부가 부식되어 장치의 수명이 짧다. • 열용량이 작다. • 소음이 발생한다.

32

정답 ②

주차단위구획(평행주차형식 외)

구분	너비	길이
경형	2.0m 이상	3.6m 이상
일반형	2.5m 이상	5.0m 이상
확장형	2.6m 이상	5.2m 이상
장애인전용	3.3m 이상	5.0m 이상
이륜자동차전용	1.0m 이상	2.3m 이상

33

정답 ②

- $P \times h = M_{상부} + M_{하부}$ 이므로, $P = \dfrac{M_{상부} + M_{하부}}{h}$

- $P = \dfrac{(20\text{kN} \cdot \text{m} \times 2) + (40\text{kN} \cdot \text{m} \times 2)}{4\text{m}} = \dfrac{120\text{kN} \cdot \text{m}}{4\text{m}}$ 이므로, $P = 30\text{kN}$

34

정답 ③

공사 착공시점의 인허가항목으로 비산먼지 발생사업 신고, 특정공사 사전신고, 사업장폐기물배출자 신고, 가설건축물 축조신고, 도로점용허가 등이 있다.

35

정답 ①

미장재료의 응결경화방식

수경성	시멘트, 석고(순/혼합석고), 경석고 플라스터(킨즈 시멘트) 등
기경성	석회, 소석회, 석회크림, 회반죽, 회사벽, 진흙, 돌로마이트 플라스터 등
화학경화성	에폭시 수지 바닥재 등
고화성	유화 아스팔트 바닥재 등

36

정답 ⑤

집중형은 채광·통풍이 불량하여 기계적 환경 조절이 필요하다.

> **집중(코어)형 아파트**
> • 중앙에 엘리베이터나 계단실을 두고 많은 주호가 집중 배치된다.
> • 대지 이용률이 가장 높고, 건물 이용도가 높다.
> • 주호의 환경이 균등하지 않고 기계적 환경 조절이 필요하다.

37

정답 ④

파이프구조
• 건축물의 주요 구조부를 파이프로 구성한 것을 말한다.
• 큰 간사이의 건물에 적합하며, 대규모의 공장, 창고, 체육관, 동·식물원 등에 이용된다.
• 부재의 형상이 단순하고 외관이 경쾌하다.
• 형강에 비해 경량이며, 공사비가 저렴하다.
• 접합부의 절단 및 가공이 어렵다.

38

정답 ③

• $V_u \leq \phi V_c \times \dfrac{1}{2}$인 경우, 전단보강 철근을 배치하지 않는다.

• $V_c = \dfrac{1}{6} \times \lambda \times \sqrt{f_{ck}} \times b_w \times d$이므로, 대입하면 $V_u \leq \dfrac{\phi \lambda \sqrt{f_{ck}} \times b_w \times d}{12}$이고, $d \geq \dfrac{12 \times V_u}{\phi \lambda \sqrt{f_{ck}} \times b_w}$이다.

• $d \geq \dfrac{12 \times V_u}{\phi \lambda \sqrt{f_{ck}} \times b_w} = \dfrac{12 \times 50,000}{0.75 \times 1 \times \sqrt{28} \times 300} \doteqdot 504\text{mm}$

보의 최소 전단철근
계수전단력 V_u가 콘크리트에 의한 설계전단강도 ϕV_c의 1/2을 초과하는 모든 철근콘크리트 및 프리스트레스트 콘크리트 휨부재에는 최소 전단철근을 배치하여야 한다(예외사항 있음).

구분	콘크리트 부담(전단력+휨모멘트)
공칭강도	$V_c = \dfrac{1}{6} \times \lambda \times \sqrt{f_{ck}} \times b_w \times d$
설계강도	$V_n = \phi V_c$

39

정답 ①

가스배관의 시공
• 배관은 원칙적으로 직선, 직각으로 한다.
• 배관 도중에 신축 흡수를 위한 이음을 한다.
• 건물의 주요구조부를 관통하여 설치하지 않는다.
• 건축물 내의 배관은 외부에 노출하여 시공한다.
• 보호조치를 한 배관을 이음매 없이 설치할 때에는 매설할 수 있다.
• 건물 규모가 크고 배관 연장이 긴 경우는 계통을 나누어 배대한다.
• 가스사용시설의 지상배관은 황색으로 도색하는 것이 원칙이다.

40

정답 ①

공사감리자의 수행업무
- 공사시공자가 설계도서에 따라 적합하게 시공하는지 확인
- 건축자재가 관계 법령에 따른 기준에 적합한 건축자재인지 확인
- 건축물·대지가 관계법령에 적합하도록 공사시공자와 건축주 지도
- 시공계획 및 공사관리 적정여부 확인
- 공사현장에서 안전관리 지도
- 공정표, 상세시공도면의 검토·확인
- 구조물 위치, 규격의 적정여부 검토·확인
- 품질시험 실시여부 및 시험성과 검토·확인
- 설계변경 적정여부의 검토·확인
- 기타 공사감리계약으로 정하는 사항

41

정답 ①

건물의 외관을 건물의 기둥간격을 결정하는 요소로 볼 수 없다.

사무소 기준층의 기둥간격

결정 요소	사용목적, 구조상 스팬의 한도, 공법, 책상 및 지하주차장의 배치단위, 채광상 층높이에 의한 깊이, 실의 폭 등	
기둥 간격	철근콘크리트구조	5.0~6.0m 정도
	철골철근콘크리트구조	6.0~7.0m 정도

42

정답 ⑤

보의 바닥 / 슬래브 거푸집은 설계 시 고정하중(철근콘크리트와 거푸집의 무게), 충격하중, 작업하중을 고려한다.

거푸집의 설계 시 적용하는 하중

보의 바닥 / 슬래브	보의 측면 / 벽 / 기둥
고정하중, 충격하중, 작업하중 등	콘크리트에 의한 측압

43

정답 ①

커버플레이트는 플레이트보의 휨내력을 보강하기 위해 플랜지에 접합시키는 부재이다.

44

정답 ①

강전설비와 약전설비

강전설비	• 교류, 110V 이상의 전력을 사용하는 설비이다. • 변전설비, 발전설비, 축전지설비, 동력설비, 조명설비, 전열설비 등이 있다.
약전설비	• 직류, 24V 정도의 전력을 사용하는 설비이다. • 표시설비, 주차관제설비, 전기음향설비, 전기방재설비, 감시제어설비 등이 있다. • 정보·통신설비를 포함하면 전화설비, 인터폰설비, 전기시계설비, 안테나 및 방송설비, 정보통신설비 등이 해당한다.

45

정답 ③

$1+(12,000-3,000)\div3,000=4$대

46

정답 ⑤

오픈 시스템은 미국·유럽식 운영방식이며, 클로즈드 시스템은 한국·일본식 운영방식이다.

외래진료부의 운영 방식

오픈 시스템 (Open system)	종합병원에 등록된 일반 개업 의사가 종합병원의 진찰실과 시설을 사용하는 미국·유럽식 운영방식이다.
클로즈드 시스템 (Closed system)	종합병원 내에 대규모의 각종 과(외과, 내과 등)를 설치하고 진료하는 한국·일본식 운영방식이다.

47

정답 ③

$$D=1.13\sqrt{\dfrac{\frac{1}{60}}{2.5}}\fallingdotseq0.09226\text{m}\fallingdotseq92\text{mm}$$

펌프의 구경

[펌프의 구경(D)]$=1.13\sqrt{\dfrac{Q}{V}}$

※ $Q=$펌프 토출량(m^3/min), $V=$펌프의 유속(m/s)

48

정답 ④

도로와 대지의 관계
- 건축물의 대지는 2m 이상이 도로(자동차만의 통행에 사용되는 도로는 제외)에 접하여야 한다.
- 연면적의 합계가 2,000m²(공장인 경우에는 3,000m²) 이상인 건축물의 대지는 너비 6m 이상의 도로에 4m 이상 접하여야 한다.

49

정답 ①

자연건조의 특징
- 그늘에서 자연적으로 건조시킨다.
- 옥외에서 예상되는 수축, 팽창의 발생을 감소시킬 수 있다.
- 비교적 균일한 건조가 가능하며, 결함이 적은 편이다.
- 시설 및 작업비용이 적다.
- 건조시간이 길다.

50

정답 ①

13매$/\text{m}^2\times2\text{m}^2=26$매

기본블록쌓기

구분	할증	단위	블록매수
기본블록	포함(4%)	m²당	13매

03 | 기계 적중예상문제

01	02	03	04	05	06	07	08	09	10	11	12	13	14	15	16	17	18	19	20
⑤	⑤	④	①	④	③	⑤	③	④	④	②	④	③	②	⑤	③	⑤	③	③	④
21	22	23	24	25	26	27	28	29	30	31	32	33	34	35	36	37	38	39	40
②	③	②	⑤	②	①	③	③	③	②	④	③	②	①	①	④	①	③	③	③
41	42	43	44	45	46	47	48	49	50										
②	③	③	②	③	①	④	⑤	③	③										

01 정답 ⑤

일반 금속은 항복점을 넘어서 소성변형이 발생하면 외력을 제거해도 원래의 상태로 복원이 불가능하지만, 형상기억합금은 고온에서 일정시간 유지함으로써 원하는 형상으로 기억시키면 상온에서 외력에 의해 변형되어도 기억시킨 온도로 가열만 하면 변형 전 형상으로 되돌아오는 합금이다. 그 종류에는 Ni-Ti계, Ni-Ti-Cu계, Cu-Al-Ni계 합금이 있으며 니티놀이 대표적인 제품이다.

[오답분석]
① 비금속 : 금속 물질이 아닌 모든 물질이다.
② 내열금속 : 상당한 시간 동안 고온의 환경에서도 강도가 유지되는 재료이다.
③ 비정질합금 : 일정한 결정구조를 갖지 않는 아모르포스(Amor-phous) 구조이며 재료를 고속으로 급랭시키면 제조할 수 있다. 강도와 경도가 높으면서도 자기적 특성이 우수하여 변압기용 철심재료로 사용된다.
④ 초소성 재료 : 금속재료가 일정한 온도와 속도 하에서 일반 금속보다 수십에서 수천 배의 연성을 보이는 재료로 연성이 매우 커서 작은 힘으로도 복잡한 형상의 성형이 가능한 신소재로 최근 터빈의 날개 제작에 사용된다.

02 정답 ⑤

구름 베어링과 미끄럼 베어링의 비교

구분	구름 베어링	미끄럼 베어링
고속회전	부적합하다	적당하다.
강성	크다.	작다.
수명	박리에 의해 제한되어 있다.	유체마찰만 유지한다면 반영구적이다.
소음	시끄럽다.	조용하다.
규격화	규격화되어 간편하게 사용할 수 있다.	규격화가 안 되어 있어 제작 시 별도의 검토가 필요하다.
윤활	윤활장치가 필요 없다.	별도의 윤활장치가 필요하다.
기동 토크	적게 발생한다.	유막 형성 지연 시 크게 발생한다.
충격 흡수	감쇠력이 작아 충격 흡수력이 작다.	감쇠력이 커 충격 흡수력이 뛰어나다.
가격	비싸다.	저렴하다.

03

정답 ④

WA	60	J	1	V	255×25×50.8
숫돌입자의 종류	숫돌입자의 크기	숫돌입자의 결합강도	숫돌입자의 밀도	결합제	(외경)×(두께)×(구멍 지름)

연삭숫돌 표기법

(숫돌입자의 종류) - (숫돌입자의 크기) - (숫돌입자의 조직) - (결합제) - (외경)×(두께)×(구멍지름)으로 표기한다.

- 숫돌입자의 종류 : A, WA, C, GC
- 숫돌입자의 크기
  - 조립 : 10, 12, 14, 16, 20, 24
  - 중립 : 30, 36, 46, 54, 60
  - 세립 : 70, 80, 90, 100, 120, 150, 180, 220
  - 극세립 : 240, 280, 320, 400, 500, 600, 700, 800
- 숫돌입자의 결합강도
  - 극연 : E, F, G
  - 연 : H, I, J, K
  - 중 : L, M, N, O
  - 경 : P, Q, R, S
  - 극경 : T, U, V, W, X, Y, Z
- 숫돌입자의 밀도
  - 밀(입자율 50% 이상) : 0, 1, 2, 3(JIS기호 C)
  - 중(입자율 42∼50%) : 4, 5, 6(JIS기호 M)
  - 조(입자율 42% 미만) : 7, 8, 9, 10, 11, 12(JIS기호 W)
- 결합제 : V, S, E, R, B, M, PVA

04

정답 ①

선반은 공작물의 회전운동과 절삭공구의 직선운동에 의해 절삭가공을 하는 공작기계이다.

공작기계의 절삭가공 방법

종류	공구	공작물
선반	축 방향 및 축에 직각 (단면 방향) 이송	회전
밀링	회전	고정 후 이송
보링	직선 이송	회전
	회전 및 직선 이송	고정
드릴링 머신	회전하면서 상·하 이송	고정
셰이퍼, 슬로터	전·후 왕복운동	상하 및 좌우 이송
플레이너	공작물의 운동 방향과 직각 방향으로 이송	수평 왕복운동
연삭기 및 래핑	회전	회전, 또는 고정 후 이송
호닝	회전 후 상하운동	고정
호빙	회전 후 상하운동	고정 후 이송

05

정답 ④

$$E = 2G(1+\mu) \leftrightarrow G = \frac{E}{2(1+\mu)}$$

06

정답 ③

응력 – 변형률선도에서 재료에 작용한 응력이 항복점에 이르게 되면 하중을 제거해도 재료는 변형된다.
강(Steel)재료를 인장시험하면 다음과 같은 응력 – 변형률선도를 얻을 수 있다. 응력 – 변형률 곡선은 작용 힘에 대한 단면적의
적용방식에 따라 공칭응력과 진응력으로 나뉘는데 일반적으로는 시험편의 최초 단면적을 적용하는 것을 공칭응력 혹은 응력이라고
하며 다음 선도로 표현한다.

응력 – 변형률 곡선($\sigma-\varepsilon$)경선도

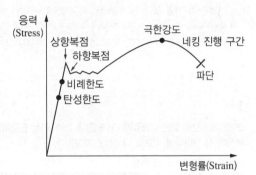

- 탄성한도(Elastic Limit) : 하중을 제거하면 시험편의 원래 치수로
  돌아가는 구간으로 후크의 법칙이 적용된다.
- 비례한도(Proportional Limit) : 응력과 변형률 사이에 정비례관
  계가 성립하는 구간 중 응력이 최대인 점이다.
- 항복점(Yield Point, σ_y) : 인장시험에서 하중이 증가하여 어느
  한도에 도달하면 하중을 제거해도 원위치로 돌아가지 않고 변형이
  남게 되는 그 순간의 하중이다.
- 극한강도(Ultimate Strength, σ_u) : 재료가 파단되기 전에 외력
  에 버틸 수 있는 최대의 응력이다.
- 네킹구간(Necking) : 극한 강도를 지나면서 재료의 단면이 줄어들
  면서 길게 늘어나는 구간이다.
- 파단점 : 재료가 파괴되는 점이다.

07

정답 ⑤

절대압력(P_{abs})은 완전진공상태를 기점인 0으로 하여 측정한 압력이다.
따라서 $P_{abs} = P_{a(=atm)} + P_g = 100\text{kPa} + 30\text{kPa} = 130\text{kPa}$이다.

08

정답 ③

$$\delta = \frac{PL^3}{3EI} = \frac{PL^3}{3E} \times \frac{12}{bh^3} = \frac{8 \times 10^3 \times 1.5^3}{3 \times 200 \times 10^9} \times \frac{12}{0.3 \times 0.1^3} = 0.18 \times 10^{-2}\text{m} = 1.8\text{mm}$$

09

정답 ④

가단주철은 주조성이 좋은 주철을 용해하여 열처리를 함으로써 견인성을 높인 주철이다.

[오답분석]

① 합금주철 : 보통주철에 니켈, 구리 등을 첨가하여 특수강 성질을 갖게 하는 주철이다.
② 구상흑연주철 : 황 성분이 적은 선철을 용해로, 전기로에서 용해한 후 주형에 주입 전 마그네슘, 세륨, 칼슘 등을 첨가시켜
   흑연을 구상화하여 보통주철보다 강력한 성질을 갖은 주철이다.
③ 칠드주철 : 표면의 경도를 높게 만들기 위해 금형에 접해서 주철용탕을 응고하고, 급랭하여 제조한 주철이다.
⑤ 백주철 : 회주철을 급랭시킨 주철로 파단면이 백색을 띠며, 흑연의 함유량이 매우 적고, 다른 주철보다 시멘타이트의 함유량이
   많아서 단단하지만 취성이 있는 주철이다.

PART 3

10

고주파 경화법은 고주파 유도 전류로 강(Steel)의 표면층을 급속 가열한 후 급랭시키는 방법으로 가열 시간이 짧고, 피가열물에 대한 영향을 최소로 억제하며 표면을 경화시키는 표면경화법이다. 고주파수는 소형 제품이나 깊이가 얕은 담금질 층을 얻고자 할 때, 낮은 주파수는 대형 제품이나 깊은 담금질 층을 얻고자 할 때 사용한다.

기본 열처리 4단계

- **담금질(Quenching : 퀜칭)** : 재료를 강하게 만들기 위하여 변태점 이상의 온도인 오스테나이트 영역까지 가열한 후 물이나 기름 같은 냉각제 속에 집어넣어 급랭시킴으로써 강도와 경도가 큰 마텐자이트 조직을 만들기 위한 열처리 조작이다.
- **뜨임(Tempering : 템퍼링)** : 잔류 응력에 의한 불안정한 조직을 A_1 변태점 이하의 온도로 재가열하여 원자들을 안정적인 위치로 이동시킴으로써 잔류응력을 제거하고 인성을 증가시키기 위한 열처리법이다.
- **풀림(Annealing : 어닐링)** : 강 속에 있는 내부 응력을 제거하고 재료를 연하게 만들기 위해 A_1 변태점 이상의 온도로 가열한 후 가열 노나 공기 중에서 서랭함으로써 강의 성질을 개선하기 위한 열처리법이다.
- **불림(Normalizing : 노멀라이징)** : 주조나 소성가공에 의해 거칠고 불균일한 조직을 표준화 조직으로 만드는 열처리법으로 A_3 변태점보다 $30 \sim 50\,^{\circ}\mathrm{C}$ 높게 가열한 후 공랭시킴으로써 만들 수 있다.

11

스테인리스강은 일반 강재료에 Cr(크롬)을 12% 이상 합금하여 부식이 잘 일어나지 않는다. 스테인리스강에 탄소량이 많아지면 부식이 잘 일어나게 되므로 내식성은 저하된다.

크롬계 스테인리스강의 종류

구분	종류	주요성분	자성
Cr계	페라이트계 스테인리스강	Fe+Cr(12% 이상)	자성체
	마텐자이트계 스테인리스강	Fe+Cr(13%)	자성체
Cr+Ni계	오스테나이트계 스테인리스강	Fe+Cr(18%)+Ni(8%)	비자성체
	석출경화계 스테인리스강	Fe+Cr+Ni	비자성체

12

ㄱ. 쇼어경도 (H_S) : 낙하시킨 추의 반발높이를 이용하는 충격경도 시험이다.

ㄴ. 브리넬경도 (H_B) : 구형 누르개를 일정한 시험하중으로 시험편에 압입시켜 시험하며, 이때 생긴 압입 자국의 표면적을 시험편에 가한 하중으로 나눈 값이다.

ㄷ. 로크웰경도 (H_R) : 원추각이 120°, 끝단 반지름이 0.2mm인 원뿔형 다이아몬드를 누르는 방법(HRC)과 지름이 1.588mm인 강구를 누르는 방법(HRB)의 2가지가 있다.

13

[오답분석]

① Al : 면심입방격자
② Au : 면심입방격자
④ Mg : 조밀육방격자
⑤ Cu : 면심입방격자

금속의 결정 구조

종류	성질	원소	단위 격자	배위 수	원자 충진율
체심입방격자 (BCC; Body Centered Cubic)	• 강도가 크다. • 용융점이 높다. • 전성과 연성이 작다.	W, Cr, Mo, V, Na, K	2개	8	68%
면심입방격자 (FCC; Face Centered Cubic)	• 전기전도가 크다. • 가공성이 우수하다. • 장신구로 사용된다. • 전성과 연성이 크다. • 연한 성질의 재료이다.	Al, Ag, Au, Cu, Ni, Pb, Pt, Ca	4개	12	74%
조밀육방격자 (HCP; Hexagonal Close Packed lattice)	• 전성과 연성이 작다. • 가공성이 좋지 않다.	Mg, Zn, Ti, Be, Hg, Zr, Cd, Ce	2개	12	74%

14   정답 ②

스텔라이트는 Cr, W, Ni을 첨가한 코발트 합금이며, 내마모성, 내식성을 높여 절삭 공구, 밸브 부품, 항공우주 부품 등에 쓰인다.

[오답분석]

① 두랄루민은 Mn, Cu, Mg를 첨가한 알루미늄 합금이며, 무게는 가볍고 강도는 우수하여 비행기 부품 등에 쓰이는 합금이다.

③ Y합금은 Ni, Cu, Mg를 첨가한 알루미늄 합금이며, 내열성이 뛰어나 내연기관에 주로 쓰이는 합금이다.

④ 스테인리스강은 Cr, Ni 등을 첨가한 탄소강(Fe+C) 합금이며, 내식성을 강화하여 산업용 재료, 자동차 배기관 등에 쓰이는 합금이다.

⑤ 포금(또는 델타메탈)은 Sn, Zn, Pb를 첨가한 구리 합금이며, 강도와 내식성을 향상시켜 기계 부 및 선박 기계에 주로 쓰이는 합금이다.

15   정답 ⑤

심냉처리(Sub zero-treatment)

담금질 후 시효변형을 방지하기 위해 잔류 오스테나이트를 마텐자이트로 만드는 처리과정이다. 공구강의 경도가 상승하고, 성능이 향상되며, 기계부품 조직의 안정화되고, 형상 변화를 방지할 수 있다. 또한 스테인리스강의 기계적 성질이 향상된다.

16   정답 ③

조직의 결정격자 및 특징

기호	조직명	결정격자 및 특징
α	페라이트(α-ferite)	BCC(탄소 0.025%)
γ	오스테나이트(austenite)	FCC(탄소 2.11%)
δ	페라이트(δ-ferite)	BCC
Fe_3C	시멘타이트(Cementite)	금속간 화합물(탄소 6.68%)
$\alpha + Fe_3C$	펄라이트(Pearlite)	$\alpha + Fe_3C$의 혼합 조직(탄소 0.8%)
$\gamma + Fe_3C$	레데부라이트(Ledeburite)	$\gamma + Fe_3C$의 혼합 조직(탄소 4.3%)

17

정답 ⑤

베어링 메탈이 갖추어야 할 조건
- 축의 처짐 등 미소 변형에 유연하게 대처할 것
- 베어링 내 흡입된 먼지를 원활하게 흡착할 것
- 압축강도가 클 것
- 열전도율이 높을 것
- 축과의 마찰계수가 작을 것
- 내식성이 클 것
- 하중 및 피로를 잘 견딜 것
- 유막 형성이 용이할 것

18

정답 ③

윤활유의 구비조건
- 온도에 따른 점도 변화가 적을 것
- 적당한 점도가 있고 유막이 강할 것
- 인화점이 높을 것
- 변질되지 않으며 불순물이 잘 혼합되지 않을 것
- 발생열을 흡수하여 열전도율이 좋을 것
- 내열, 내압성이면서 가격이 저렴할 것
- 중성이며 베어링이나 메탈을 부식시키지 않을 것

19

정답 ③

사출성형품에 수축 불량이 발생하는 원인은 금속이 응고할 때 부피가 수축되는 현상 때문인데, 이를 방지하기 위해서는 용탕을 추가로 보충해 주거나 급랭을 피해야 한다. 따라서 성형수지의 온도를 낮추는 것은 해결방안이 아니다.

20

정답 ④

공작물의 재질에 따라 적절한 절삭속도가 있으며, 절삭속도가 이보다 빠르면 공구의 수명이 단축되고 느리면 작업 효율이 떨어진다.

오답분석
① 절삭속도가 빠르면 유동형 칩이 생성된다.
② 절삭속도가 빠를수록 절삭저항력은 감소한다.
③ 절삭속도가 빠르면 표면 거칠기는 매끄러워진다.
⑤ 선반 가공에서 절삭공구가 공작물을 통과하여 이동하는 속도는 이송속도이고, 공작물이 회전하는 속도는 절삭속도이다.

21

정답 ②

인베스트먼트주조법은 제품과 동일한 형상의 모형을 왁스(양초)나 파라핀으로 만든 다음 그 주변을 슬러리상태의 내화재료로 도포한다. 그리고 가열하면 주형은 경화되면서 왁스로 만들어진 내부 모형이 용융되어 밖으로 빠지고 주형이 완성되는 주조법이다.

오답분석
① 셸몰드법 : 금속모형을 대략 240 ~ 280℃로 가열한 후, 모형 위에 박리제인 규소수지를 바른다. 규사와 열경화성 합성수지를 배합한 주형재에 잠기게 하여 주형을 제작하는 주조법이다.
③ 원심주조법 : 고속으로 회전하는 사형이나 금형주형에 용탕을 주입한 후 회전시켜, 작용하는 원심력으로 주형의 내벽에 용탕이 압착된 상태에서 응고시키는 주조법이다.
④ 다이캐스팅법 : 용융금속을 금형에 고속으로 주입한 뒤 응고될 때까지 고압을 가해 주물을 얻는 주조법이다. 또한 주형을 영구적으로 사용할 수 있고 주입 시간이 매우 짧아서 생산속도가 빨라 대량생산에 적합하다.

⑤ 풀몰드법 : 모형에 발포 폴리스티렌을 사용하고 주형 모래로 이 모형을 감싸서 굳히므로 주형에 분할면이 생기지 않으며, 코어는
미리 주형 속에 고정시켜 놓고 연소하여 모형 공동 속에 남는 것은 극히 적으며, 거의 쇳물과 모형이 교체되듯이 쇳물 주입이
이루어지는 것이 특징으로 하는 주조법이다.

22

정답 ③

유동형 칩은 바이트 경사면에 따라 흐르듯이 연속적으로 발생하는 칩으로, 절삭 저항의 크기가 변하지 않고, 진동을 동반하지 않아
양호한 치수 정도를 얻을 수 있다.

[오답분석]

① 유동형 칩은 절삭 저항의 크기가 변하지 않고, 진동을 동반하지 않는다.
② 열단형 칩(Tear Type Chip)에 대한 설명이다.
④ 유동형 칩은 바이트가 충격에 의한 결손을 일으키지 않아 양호한 절삭 상태이다.
⑤ 전단형 칩(Shear Type Chip)에 대한 설명이다.

23

정답 ②

불활성가스 아크용접법의 종류로는 TIG용접과 MIG용접이 있다. 이 두 용접법에는 용제(Flux)가 사용되지 않으며 따로 넣어주지도
않는다. 용접봉으로는 피복되지 않은 용접 와이어가 사용된다.

24

정답 ⑤

웜기어(웜과 웜휠기어로 구성)는 회전운동하는 운동축을 90°로 회전시켜서 다시 회전운동을 시키는 기어장치로 역회전을 방지할
수 있다.

> **웜과 웜휠기어의 특징**
> • 부하용량이 크다.
> • 잇 면의 미끄럼이 크다.
> • 역회전을 방지할 수 있다.
> • 감속비를 크게 할 수 있다.
> • 운전 중 진동과 소음이 거의 없다.
> • 진입각이 작으면 효율이 떨어진다.
> • 웜에 축방향의 하중이 발생된다.

25

정답 ②

캠 기구는 불규칙한 모양을 가지고 구동 링크의 역할을 하는 캠이 회전하면서 거의 모든 형태의 종동절의 상·하운동을 발생시킬
수 있는 간단한 운동변환장치로 내연기관의 밸브개폐 기구에 사용된다.

종동절

원동캠

26

정답 ①

- (최대 틈새)=(구멍의 최대 허용치수)−(축의 최소 허용치수)=45.024−45.003=0.021
- (최대 죔새)=(축의 최대 허용치수)−(구멍의 최소 허용치수)=45.017−45=0.017

틈새와 죔새값 계산

최소 틈새	(구멍의 최소 허용치수)−(축의 최대 허용치수)
최대 틈새	(구멍의 최대 허용치수)−(축의 최소 허용치수)
최소 죔새	(축의 최소 허용치수)−(구멍의 최대 허용치수)
최대 죔새	(축의 최대 허용치수)−(구멍의 최소 허용치수)

27

정답 ③

수격현상은 배관 내의 압력차로 인해 진동과 음이 발생하는 것을 말한다.

28

정답 ③

V벨트는 벨트 풀리와의 마찰이 크므로 접촉각이 작더라도 미끄럼이 생기기 어렵고 속도비를 높일 수 있어 동력 전달에 좋다.

V벨트의 특징
- 고속운전이 가능하다.
- 벨트를 쉽게 끼울 수 있다.
- 미끄럼이 적고 속도비가 크다.
- 이음매가 없어서 운전이 정숙하다.
- 접촉 면적이 넓어서 큰 회전력 전달이 가능하다.
- 조작이 간단하고 비용이 싸다.

29

정답 ③

카뮤의 정리에 따르면 2개의 기어가 일정한 속도로 회전하기 위해서는 접촉점의 공통법선은 일정한 점을 통과해야 하기 때문에 인벌루트 치형과 사이클로이드 치형 모두 이의 접촉점에서 공통법선방향의 속도는 같다.

30

정답 ②

표면거칠기 표시 중에서 산술평균 거칠기값인 Ra값이 가장 작다.

표면거칠기 기호 및 거칠기값[μm]

기호	용도	표면거칠기값		
		Ra (산술 평균 거칠기)	Ry(Rmax) (최대 높이)	Rz (10점 평균 거칠기)
w	다른 부품과 접촉하지 않는 면에 사용	25a	100S	100Z
x	다른 부품과 접촉해서 고정되는 면에 사용	6.3a	25S	25Z
y	기어의 맞물림 면이나 접촉 후 회전하는 면에 사용	1.6a	6.3S	6.3Z
z	정밀 다듬질이 필요한 면에 사용	0.2a	0.8S	0.8Z

31

정답 ④

체크 밸브는 유체의 한쪽 방향으로 흐름은 자유로우나 역방향의 흐름은 허용하지 않는 밸브이다.

오답분석

① 셔틀 밸브 : 항상 고압측의 압유만을 통과시키는 밸브이다.
② 로터리 밸브 : 밸브의 구조가 간단하며 조작이 쉽고, 확실하므로 원격 제어용 파일럿 밸브이다.
③ 스풀 밸브 : 스풀에 대한 압력이 평형을 유지하여 조작이 쉽고, 고압 대용량 밸브이다.
⑤ 스톱 밸브 : 작동유의 흐름을 완전히 멈추게 하거나 또는 흐르게 하는 것을 목적으로 하는 밸브이다.

32

정답 ③

유체 퓨즈는 유압 회로 내의 압력이 설정 압을 넘으면 유압에 의하여 막이 파열되어 유압유를 탱크로 귀환시키며, 압력 상승을 막아주는 기기이다.

오답분석

① 압력 스위치 : 액체 또는 기체의 압력이 일정범위를 벗어날 경우 다시 범위내로 압력을 유지하게 도와주는 스위치이다.
② 감압 밸브 : 유체의 압력을 감소시켜 동력을 절감시키는 밸브이다.
④ 포핏 밸브 : 내연기관의 흡·배기 밸브로 사용하는 밸브이다.
⑤ 카운터 밸런스 밸브 : 한쪽 흐름에 배압을 만들고, 다른 방향은 자유 흐름이 되도록 만들어 주는 밸브이다.

33

정답 ②

원심 펌프의 특징

• 가격이 저렴하다.
• 맥동이 없으며 효율이 좋다.
• 평형공으로 축추력을 방지한다.
• 작고 가벼우며 구조가 간단하다.
• 고장률이 적어서 취급이 용이하다.
• 용량이 작고 양정이 높은 곳에 적합하다.
• 고속 회전이 가능해서 최근 많이 사용한다.
• 비속도를 통해 성능이나 적정 회전수를 결정한다.
• 펌프의 회전수를 낮추어 캐비테이션 현상을 방지한다.

34

정답 ①

수온을 낮추어 증기압을 낮춰야 캐비테이션 현상을 방지할 수 있다.

캐비테이션(Cavitation) 현상
공동현상이라고도 하며 펌프 흡입 측의 유로 변화로 압력 강하가 발생하여 유체가 끓어 기포가 발생하는 현상이다.
이를 방지하기 위해서 다음과 같은 방지책을 세워야 한다.
• 흡입관 직경을 크게 설정한다.
• 펌프 흡입 측 유량을 적게 설정한다.
• 펌프 흡입 측 배관 길이를 짧게 설정한다.
• 임펠러 속도를 낮게 설정한다.
• 펌프를 수원보다 낮은 곳에 설치한다.
• 수온이 저온을 유지하도록 한다.

35

축압기는 유압기기에 작용하는 충격을 흡수하고, 유압 회로 내 맥동을 제거 또는 완화한다.

[오답분석]
② 유체 커플링 : 축에 펌프와 수차의 날개차를 직접 연결하여 원동축의 펌프로 일정량의 액체 수차에 송급하여 종동축을 회전시킨다.
③ 스테이터 : 유체 토크컨버터의 구성요소로 유체 흐름의 방향을 일정하게 유지시키고, 힘의 전달 역할을 한다.
④ 토크 컨버터 : 동력전달이나 유체 변속을 유체의 유동으로 실행하는 장치이다.
⑤ 임펠러 : 유체 토크컨버터의 구성요소로 펌프의 역할을 한다.

36

정답 ④

$L = PQ$에서 $P = \gamma H$를 대입하면 $L = \gamma H Q$이 되고, $\gamma = \rho g$를 대입하면
$L = \rho g H Q$
  $= 1,000 \times 9.8 H Q$
  $= 9,800 Q H [\text{W}]$
  $= 9.8 Q H [\text{kW}]$
$\therefore \ L = 9.8 Q H [\text{kW}]$

37

정답 ①

$P_B = P_c$
$P_A + \gamma_물 \times S_{기름} \times h = \gamma_물 \times S_{수은} \times H$
$P_A + 9,800 \times 0.9 \times 0.09 = 9,800 \times 13.6 \times 0.2$
$\therefore \ P_A = 25,862.2 \text{Pa} \fallingdotseq 25.86 \text{kPa}$

38

정답 ③

$F = \rho A v^2 = 1,000 \times \dfrac{\pi \times 0.07^2}{4} \times \pi \times 50^2 \fallingdotseq 9,621 \text{N} \fallingdotseq 9.6 \text{kN}$

39

정답 ③

표준대기압은 $1\text{atm} = 10.33\text{mAq} = 14.7\text{psi} = 760\text{mmHg} = 1.013\text{bar} = 1,013\text{hPa}$이다.

40

정답 ③

kcal은 에너지(=일)에 대한 단위이다.

41

정답 ②

유압 작동유의 점도가 낮을 때 발생하는 현상이다.

42

$$1\mathrm{k}\varepsilon_r = \frac{(증발기\ 온도)}{(응축기\ 온도) - (증발기\ 온도)} = \frac{250}{350 - 250} = 2.5$$

냉동사이클의 성적계수(ε_r)

$$\varepsilon_r = \frac{(저온체에서\ 흡수한\ 열량)}{(공급열량)} = \frac{T_1}{T_1 - T_2} = \frac{(증발기\ 온도)}{(응축기\ 온도) - (증발기\ 온도)}$$

43

유체가 층류일 때, $f = \dfrac{64}{Re}$ 이므로 $Re = \dfrac{64}{0.04} = 1,600$이다.

$Re = \dfrac{VD}{\nu}$ 이므로, $V = \dfrac{Re \times \nu}{D} = \dfrac{1,600 \times 5}{50} = 160\mathrm{cm/s} = 1.6\mathrm{m/s}$이다.

44

브레이턴 사이클은 고온열원·저온열원·압축기 및 터빈으로 구성되는 기체의 표준사이클로, 흡입된 공기는 압축기에서 고압으로 압축된 후 연소실로 보내지고, 연소실을 거치면서 고온·고압으로 만들어진 가스는 터빈을 회전시킨 후 대기 중으로 배출된다.

[오답분석]
① 랭킨 사이클(Rankine Cycle)에 대한 설명이다.
③ 오토 사이클(Otto Cycle)에 대한 설명이다.
④ 사바테 사이클(Sabathé Cycle)에 대한 설명이다.
⑤ 카르노 사이클(Carnot Cycle)에 대한 설명이다.

45

2행정 사이클은 밸브기구가 필요하지 않다.

4행정 사이클과 2행정 사이클의 차이점

구분	4행정 사이클	2행정 사이클
구조	복잡하다	간단하다
제작단가	고가	저가
밸브기구	필요함	필요하지 않음
유효행정	긺	짧음
열효율	높음	낮음
연료소비율	2행정보다 적다	4행정보다 많다
체적효율	높다	낮다
회전력	불균일	균일
마력당 기관중량	무거움	가벼움
동력발생	크랭크축 2회전당 1회	크랭크축 1회전당 1회
윤활유 소비	적다	많다
동일배기량 시 출력	작다	크다

PART 3

46
정답 ①

냉동 사이클에서 냉매는 압축기 → 응축기 → 팽창밸브 → 증발기 → 압축기로 순환하는 경로를 갖는다.

> **냉동기의 4대 구성요소**
> • 압축기 : 냉매기체의 압력과 온도를 높여 고온, 고압으로 만들면서 냉매에 압력을 가해 순환시킨다.
> • 응축기 : 복수기라고도 불리며 냉매기체를 액체로 상변화시키면서 고온, 고압의 액체를 만든다.
> • 팽창밸브 : 교축과정 상태로 줄어든 입구를 지나면서 냉매액체가 무화되어 저온, 저압의 액체를 만든다.
> • 증발기 : 냉매액체가 대기와 만나면서 증발되면서 기체가 된다. 실내는 냉매의 증발잠열로 인하여 온도가 낮아진다. 저열원에서 열을 흡수하는 장치이다.

47
정답 ④

$$[열효율(\eta_c)] = \frac{W}{Q_1} = 1 - \frac{T_2}{T_1}$$

$$W = Q_1 \times \left(1 - \frac{T_2}{T_1}\right) = 400 \times \left(1 - \frac{50 + 273.15}{300 + 273.15}\right) \fallingdotseq 174.5\,kJ$$

48
정답 ⑤

보일 – 샤를의 법칙에 의하여, $\dfrac{P_1 V_1}{T_1} = \dfrac{P_2 V_2}{T_2} = C$, $V_1 = V_2 = V$

$$\frac{50 \times V}{(25 + 273.15)} = \frac{(50 \times 1.5) \times V}{T_2}$$

$$\therefore T_2 \fallingdotseq 447.2\text{K} = 174.1\text{℃}$$

49
정답 ③

오토사이클의 열효율

$$\eta = \frac{Q_H - Q_L}{Q_H} = 1 - \frac{Q_L}{Q_H} = 1 - \frac{C_v(T_4 - T_1)}{C_v(T_3 - T_2)}$$

50
정답 ③

$$[냉동사이클의 성능계수(\epsilon_r)] = \frac{(증발온도)}{(응축온도) - (증발온도)} = \frac{270}{330 - 270} = 4.5$$

> **성적계수(COP; Coefficient Of Performance)**
> $$\epsilon_r = \frac{(저온체에서 흡수한 열량)}{(공급열량)} = \frac{Q_2}{Q_1 - Q_2}$$

04 | 전기 적중예상문제

01	02	03	04	05	06	07	08	09	10
②	②	①	④	⑤	④	⑤	①	③	④
11	12	13	14	15	16	17	18	19	20
②	④	③	③	⑤	②	③	③	④	⑤
21	22	23	24	25	26	27	28	29	30
③	④	⑤	③	②	②	①	③	②	①
31	32	33	34	35	36	37	38	39	40
⑤	⑤	②	②	②	⑤	①	①	⑤	③
41	42	43	44	45	46	47	48	49	50
④	①	③	②	④	③	②	⑤	①	①

01 정답 ②

4Ω과 6Ω의 합성저항은 $R_{4\Omega,6\Omega}\dfrac{1}{\dfrac{1}{4}+\dfrac{1}{6}}=2.4\Omega$이므로

전체 합성저항은 $R_T=+2.6=2.4+2.6=5\Omega$이다.

전체 전류의 세기는 $I_T=\dfrac{10}{5}=2\text{A}$이고 2.6Ω와 $R_{4\Omega,6\Omega}$에 흐르는 전류의 세기는 2A로 같다.

$R_{4\Omega,6\Omega}$에 부하되는 전압은 $2.4\times2=4.8\text{V}$이고 각 4Ω, 6Ω에 부하되는 전압 또한 4.8V이다.

따라서 4Ω에 흐르는 전류의 세기는

$I_{4\Omega}=\dfrac{4.8}{4}=1.2\text{A}$이다.

02 정답 ②

$C=\dfrac{Q}{V}$에서 $V\to2V$이므로 $C'=\dfrac{Q}{2V}=\dfrac{1}{2}C$

따라서 커패스터의 용량은 2배 감소한다.

03 정답 ①

- 전지의 내부저항

$r_0=\dfrac{r}{n}=\dfrac{3}{3}=1\Omega$

- 전류

$I=\dfrac{E}{r+R}\to0.5=\dfrac{1.5}{1+R}$

$1.5=0.5(1+R)=0.5+0.5R$

$R=2\Omega$

저항을 2배로 높이면

$I'=\dfrac{1.5}{1+4}=\dfrac{1.5}{5}=0.3\text{A}$

04 정답 ④

- 단상 전원일 때, [단상 1회선 작용정전용량(C_W)]
  =[대지정전용량(C_s)]+2×[선간정전용량(C_m)]
- 3상 전원일 때, [3상 1회선 작용정전용량(C_W)]
  =[대지정전용량(C_s)]+3×[선간정전용량(C_m)]

05 정답 ⑤

공통 중성선 다중 접지 3상 4선식 배전선로에서 고압측(1차측) 중성선과 저압측(2차측) 중성선을 전기적으로 연결하는 주된 목적은 고압 중성선과 저압 중성선이 서로 혼촉 시 수용가에 침입하는 상승전압을 억제하기 위함이다. 다중 접지 3상 4선식 배전 선로에서 고압측 중성선과 저압측 중성선끼리 연결되지 않은 채 고압 중성선과 저압 중성선이 서로 혼촉 시 고압측 큰 전압이 저압측을 통해서 수용가에 침입할 우려가 있다.

06 정답 ④

$L=\dfrac{N\Phi}{I}$에서 권선수를 절반으로 줄이면 $L'=\dfrac{\dfrac{N}{2}\Phi}{I}$이다.

이때, 전류의 세기를 $\dfrac{1}{2}$배로 하면 $\dfrac{\dfrac{N}{2}\Phi}{\dfrac{I}{2}}=L$이다.

또는 $L = \dfrac{\mu S N^2}{l}$ 에서 권선수를 절반으로 줄이면

$L' = \dfrac{\mu S \left(\dfrac{N}{2}\right)^2}{l} = \dfrac{\mu S N^2}{4l}$ 이다. 이때, 단면적을 4배로 늘리면

$\dfrac{\mu (4S) N^2}{4l} = L$ 이고, 길이를 $\dfrac{1}{4}$ 배로 하면 $\dfrac{\mu S N^2}{4 \times \dfrac{l}{4}} = L$ 이다.

따라서 길이와 단면적을 유지하고 전류의 세기를 $\dfrac{1}{2}$ 배로 하거나, 길이와 전류의 세기를 유지하고 단면적을 4배로 늘리거나, 단면적과 전류의 세기를 유지하고 길이를 $\dfrac{1}{4}$ 배로 줄일 때, 인덕턴스는 같아진다.

07 정답 ⑤

도체별 자계 크기(문제에서 N에 대한 언급이 없는 경우 1회 감은 것으로 간주하여 $N=1$로 놓으면 된다)

• 직선 : $H = \dfrac{I}{2\pi r}$

• 무한 솔레노이드 : $H = \dfrac{NI}{l} = n_0 I$ (n_0 : 단위길이당 권수)

 ※ 단위길이당 권수가 N으로 주어질 경우 $H = NI$

• 환상 솔레노이드 : $H = \dfrac{NI}{2\pi r}$

• 원형 코일 : $H = \dfrac{NI}{2a}$

• 반원형 코일 : $H = \dfrac{NI}{4a}$

문제는 직선인 경우이므로 $H = \dfrac{I}{2\pi r}$ 에서

$I = 2\pi r H = 2 \times \pi \times 0.8 \times 20 = 32\pi$A이다.

08 정답 ①

역률의 개선만으로 절연비용의 감소를 기대하기는 힘들다.

역률의 개선 효과
• 선로전류 감소 및 전압강하 감소
• 무효전력 감소 및 전력손실 경감
• 부하전류 감소 및 설비용량 여유 증가
• 전력계통 안정

09 정답 ③

자체 인덕턴스 $L = \dfrac{N\varnothing}{I}$ [H]에 대입하면

$L = \dfrac{300 \times 0.05\text{Wb}}{6\text{A}} = 2.5$H이다.

10 정답 ④

• [평균기전력(e)]$= -L\dfrac{di}{dt}$ [V]$= 100 \times 10^{-3} \times \dfrac{10}{0.5} = 2$V

• [자속의 변화량(e)]$= -N\dfrac{d\phi}{dt}$ [V] $\rightarrow 2 = 1 \times \dfrac{\phi}{0.5}$

$\therefore \phi = 2 \times 0.5 = 1$Wb

11 정답 ②

가공전선에 사용하는 전선의 비중, 밀도는 작아야 한다.

전선의 구비조건
• 도전율이 클 것
• 비중(밀도)이 작을 것
• 부식성이 작을 것
• 기계적 강도가 클 것
• 가선공사가 용이할 것
• 내구성이 있을 것
• 가격이 저렴할 것

12 정답 ④

• 소선 가닥수 : $N = 3n \times (n+1) + 1$ (n : 층수)
• 연선의 직경 : $D = (2n+1) \times d$ (d : 소선의 직경)
소선 가닥수 $N=37$, 소선의 직경 $D=3.2$mm이므로
$37 = 3n \times (n+1) + 1 \rightarrow n = 3$
$D = [(2 \times 3) + 1] \times 3.2 = 22.4$mm

13 정답 ③

절연변압기를 사용하는 것은 통신선 측에서의 유도장해 방지 대책이다.

유도장해 방지법

통신선측	전력선측
• 연피 통신케이블 사용 • 절연변압기 사용 • 통신선 및 기기 절연 강화 • 배류코일 설치 • 성능이 우수한 피뢰기 설치 • 통신선과 전력선 수직교차	• 전력선의 충분한 연가 • 소호리액터 접지방식 채용 • 고속도 차단기 설치 • 충분한 통신선과 전력선 간 이격거리 • 차폐선(가공지선) 설치 • 지중전선로 설치 • 중성점 접지 시 저항값이 큰 것 사용

14
정답 ③

오답분석

ㄱ. 제벡 효과는 서로 다른 두 금속을 맞대어 폐회로를 만들고 접합부에 온도 변화를 주면 기전력이 발생하는 효과이다.

ㄹ. 핀치 효과는 도선에 전류가 흐를 때, 전류에 의한 자기장과 흐르는 전류에 의해 발생하는 로렌츠 힘에 의해 도선에 압축력이 작용하는 현상이다.

15
정답 ⑤

$$3P_L = \frac{(P')^2 \rho l}{V^2 \cos^2\theta A}$$

$$(P')^2 = 3P^2$$

따라서 $P' = \sqrt{3}\,P \fallingdotseq 1.73P$이므로 전력을 약 73% 증가시키면 전력손실이 3배로 된다.

16
정답 ②

직류송전에서는 회전자계를 얻을 수 없다.

> **직류 송전방식의 장·단점**
> - 장점
>   - 리액턴스가 없으므로, 리액턴스에 의한 전압강하가 없다.
>   - 절연계급을 낮출 수 있으므로 기기 및 선로의 절연에 요하는 비용이 절감된다.
>   - 안정도가 좋으므로 송전 용량을 높일 수 있다.
>   - 도체이용률이 좋다.
> - 단점
>   - 교류 – 직류 변환장치가 필요하며 설비가 비싸다.
>   - 고전압 대전류 차단이 어렵다.
>   - 회전자계를 얻을 수 없다.

17
정답 ③

$$Q = 640 \times \frac{\sqrt{1-0.8^2}}{0.8} = 640 \times \frac{0.6}{0.8} = 480\text{kW}$$

$$Q' = 480 - Q_c = 480 - 200 = 280\text{kW}$$

$$\cos\theta = \frac{640}{\sqrt{640^2 + 280^2}} = 0.92$$

18
정답 ③

부하가 서서히 증가할 때의 극한전력을 정태안정 극한전력이라 한다.

> **안정도**
> 전력계통에서 주어진 조건하에서 안정하게 운전을 계속할 수 있는 능력이다.
>
> **안정도의 종류**
> - 정태안정 : 부하를 서서히 증가할 경우 계속해서 송전할 수 있는 능력으로 이때의 최대전력을 정태안정 극한전력이라 한다.
> - 과도안정 : 계통에 갑자기 부하가 증가하여 급격한 교란이 발생해도 정전을 일으키지 않고 계속해서 공급할 수 있는 최댓값이다.
> - 동태안정 : 고성능 AVR에 의해서 계통안정도를 종전의 정태안정도의 한계 이상으로 향상시킬 경우의 안정도이다.
> - 동기안정 : 전력계통에서의 안정도란 주어진 운전 조건 하에서 계통이 안전하게 운전을 계속할 수 있는가의 능력이다.

19
정답 ④

$$[3상\ 전압강하(e)] = V_s - V_r = \sqrt{3}\,I(R\cos\theta + X\sin\theta)$$

$$[송전단\ 전압(V_s)] = V_r + \sqrt{3}\,I(R\cos\theta + X\sin\theta)$$

$$= 6{,}000 + \sqrt{3} \times \frac{300 \times 10^3}{\sqrt{3} \times 6{,}000 \times 0.8}$$

$$\times (5 \times 0.8 + 4 \times 0.6)$$

$$= 6{,}400\text{V}$$

20
정답 ⑤

수변전 설비 1차측에 설치하는 차단기의 용량은 공급측 단락용량 이상의 것을 설정해야 한다.

21
정답 ③

$$P = 9.8\omega\tau$$

$$= 9.8 \times 2\pi \times n \times \tau$$

$$= 9.8 \times 2\pi \times \frac{N}{60} \times W \times L \quad \left(\because \tau = WL,\ n = \frac{N}{60}\right)$$

$$= 9.8 \times 2 \times 3.14 \times \frac{1{,}500}{60} \times 5 \times 0.6 \fallingdotseq 4.62\text{kW}$$

22

정답 ④

보상권선은 자극편에 슬롯을 만들어 여기에 전기자 권선과 같은 권선을 하고 전기자 전류와 반대 방향으로 전류를 통하여 전기자의 기자력을 없애도록 한 것이다.

23

정답 ⑤

전동기 전원에 접속된 상태에서 전기자의 접속을 반대로 하여 회전 방향과 반대 방향으로 토크를 발생시켜 급정지시키는 역상제동을 사용한다.

오답분석

① 단상제동 : 유도 전동기의 고정자에 단상 전압을 걸어주어 회전자 회로에 큰 저항을 연결할 때 일어나는 제동이다.

② 회생제동 : 전동기가 갖는 운동에너지를 전기에너지로 변화시키고, 이것을 전원으로 반환하여 제동한다.

③ 발전제동 : 운전 중인 전동기를 전원에서 분리하여 발전기로 작용시키고, 회전체의 운동에너지를 전기에너지로 변환하여 저항에서 열에너지로 소비시켜 제동한다.

④ 저항제동 : 전동기가 갖는 운동 에너지에 의해서 발생한 전기 에너지가 가변 저항기에 의해서 제어되고, 소비되는 일종의 다이내믹 제동방식이다.

24

정답 ③

전기자 동손은 부하손으로 전기자 권선에 전류가 흐르면서 생기는 동손이다.

오답분석

①·②·④·⑤ 무부하로 운전하고 있을 때 생기는 손실이다.

동기기 손실의 종류
- 고정손(무부하손) : 부하의 변화에 무관한 손실
  - 철손 → 와류손, 히스테리시스손
  - 기계손 → 마찰손, 베어링손, 풍손
- 가변손(부하손) : 부하의 변화에 따라 변하는 손실
  - 동손
  - 표유부하손

25

정답 ②

보호계전기의 구비조건
- 신뢰도가 높고 오작동이 없어야 한다.
- 보호동작이 정확하고 고장을 검출할 수 있는 최소 감도 이상이어야 한다.
- 고장 시 신속한 선택차단 및 복구로 정전 구간을 최소화할 수 있어야 한다.
- 취급이 간단하고 보수가 용이해야 한다.
- 주변 환경에 의한 성능 변화가 적어야 한다.
- 열적, 기계적으로 견고해야 한다.
- 경제적이고 소비전력이 적어야 한다.
- 후비보호능력을 갖춰야 한다.

26

정답 ②

$$Z_1 = a^2 Z_2 \rightarrow a = \sqrt{\frac{Z_1}{Z_2}} = \sqrt{\frac{18,000}{20}} = 30$$

27

정답 ①

반발 기동형>반발 유도형>콘덴서 기동형>분상 기동형>셰이딩 코일형

28

정답 ③

$$\tau = \frac{P_2}{\omega} \text{에서 } P_2 = \frac{P_{c2}}{s} = \frac{94.25}{0.05} = 1,885$$

$$\therefore \tau = \frac{P_2}{2\pi n}$$

$$\left(\because N = \frac{120f}{P} = \frac{120 \times 60}{4} = 1,800 \text{이므로,} \right.$$

$$\left. n = \frac{N}{60} = \frac{1,800}{60} \right)$$

$$= \frac{1,885}{2\pi \times \frac{1,800}{60}} = \frac{1,885}{2 \times 3.14 \times \frac{1,800}{60}} \fallingdotseq 10\text{N} \cdot \text{m}$$

29

정답 ②

3상 반파 회로이므로,

$$E_d \fallingdotseq 1.17 \times E[\text{V}] = 1.17 \times 300 = 351\text{V}\text{이다.}$$

정류기의 평균전압
- 단상 반파 회로의 평균직류전압 $E_d = 0.45 \times E[\text{V}]$
- 단상 전파 회로의 평균직류전압 $E_d = 0.9 \times E[\text{V}]$
- 3상 반파 회로의 평균직류전압 $E_d = 1.17 \times E[\text{V}]$
- 3상 전파 회로의 평균직류전압 $E_d = 1.35 \times E[\text{V}]$

30

정답 ①

$$E_{d\alpha} = \frac{1}{T}\int e\,d\theta = \frac{\sqrt{2}\,V}{\pi}\left(\frac{1+\cos\alpha}{2}\right)$$

$$\therefore\ E = \frac{\sqrt{2}\,V}{\pi}\left(\frac{1+\cos 60°}{2}\right) = 0.338\text{V}$$

31

정답 ⑤

$$[\text{전선의 수평장력}(T)] = \frac{(\text{인장하중})}{(\text{안전률})} = \frac{50,000}{2.5}$$

$$= 20,000\text{N}$$

$$[\text{이도}(D)] = \frac{WS^2}{8T} = \frac{20 \times 200^2}{8 \times 20,000} = 5\text{m}$$

32

정답 ⑤

영상변류기(ZCT ; Zero-phase Current Transformer)는 변전소에서 비접지 선로의 접지 보호용으로 사용되는 계전기에 영상전류를 공급하는 계전기이다.

오답분석

① 계기용 변압기(PT ; Potential Transformer) : 고압을 저압으로 변성하는 변압기이다.

② 컷아웃 스위치(COS ; Cut Out Switch) : 과전류를 차단하는 보호기구 중 하나이다.

③ 계기용 변압변류기(MOF ; Metering Out Fit) : 전력량계에 전원을 공급한다.

④ 과전류 계전기(OCR ; Over Current Relay) : 과전류가 흐를 때 작동하여 차단기의 트립코일을 여자시킨다.

33

정답 ②

$t=0$일 때, 순시값으로의 전압과 전류는 다음과 같다.

• 전압 : $e = 100\sin\left(377t + \dfrac{\pi}{3}\right) = 100\sin\left(377 \times 0 + \dfrac{\pi}{3}\right)$

$$= 100\sin\frac{\pi}{3} = 50\sqrt{3}\text{ V}$$

• 전류 : $I = \dfrac{V}{R} = \dfrac{50\sqrt{3}}{10} = 5\sqrt{3}\text{ A}$

34

정답 ②

$$Q_C = P \times \left(\frac{\sin\theta_1}{\cos\theta_1} - \frac{\sin\theta_2}{\cos\theta_2}\right) = P \times \left(\frac{\sqrt{1-\cos^2\theta_1}}{\cos\theta_1}\right.$$

$$\left. - \frac{\sqrt{1-\cos^2\theta_2}}{\cos\theta_2}\right)$$

$$= 200 \times \left(\frac{\sqrt{1-0.6^2}}{0.6} - \frac{\sqrt{1-0.9^2}}{0.9}\right)$$

$$\fallingdotseq 169.8\text{kVA}$$

35

정답 ②

• 상전류

$$I_p = \frac{V_p}{Z_p} = \frac{\dfrac{200}{\sqrt{3}}}{50} = \frac{200}{50\sqrt{3}} = \frac{4}{\sqrt{3}}\text{[A]}$$

• 무효전력

$$P_r = 3I^2X\text{[var]} = 3 \times \left(\frac{4}{\sqrt{3}}\right)^2 \times 40 = 3 \times \left(\frac{16}{3}\right) \times 40$$

$$= 640\text{Var}$$

36

정답 ⑤

부하의 결선 방법에 관계없이 다음과 같이 나타낼 수 있다.

[3상 전력(P)]=[$\sqrt{3}$×(선간 전압)×(선전류)×(역률)]

37

정답 ①

용량 리액턴스 $X_C = \dfrac{1}{2\pi f C}$ (f : 주파수, C : 정전용량)

$$\therefore\ X_C = \frac{1}{2 \times 3.14 \times 1 \times 10^6 \times 0.1 \times 10^{-6}} \fallingdotseq 1.59\,\Omega$$

38

정답 ①

감쇠비(ζ)가 0일 경우, 시스템은 무한히 진동하며 발산한다.

오답분석

② 시정수가 작을수록 시스템 응답속도가 빠르다.

③ $0<\zeta<1$이면 진폭은 점차 감소하는 진동 시스템이다.

④ 지연시간은 출력값이 처음으로 정상 출력값의 50%에 도 달하기까지 걸리는 시간이다.

⑤ 상승시간은 출력값이 정상 출력값의 10%에서 처음으로 90% 값에 도달하기까지 걸리는 시간이다.

감쇠비

감쇠비(ζ)는 진동 시스템의 감쇠가 어느 정도인지 나타내는 상수이며, 그 값에 따라 진동의 형태가 달라진다.

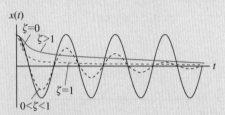

- $\zeta=0$: 무한진동
- $0<\zeta<1$: 미급감쇠진동
- $\zeta=1$: 임계감쇠진동
- $\zeta>1$: 과도감쇠진동

39

정답 ⑤

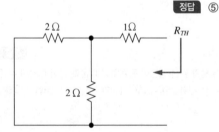

테브난 등가저항 : 전압원 단락, 전류원 개방

$$R_{TH} = \left(\frac{2\times2}{2+2}\right)+1=1+1=2\,\Omega$$

40

정답 ③

밀만의 정리

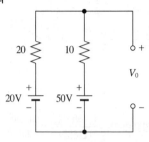

$$V_o = \frac{(\text{각 저항분의 전압})}{(\text{각 저항분의 1})} = \frac{\dfrac{20}{20}+\dfrac{50}{10}}{\dfrac{1}{20}+\dfrac{1}{10}} = \frac{\dfrac{20+100}{20}}{\dfrac{1+2}{20}}$$

$$= \frac{120}{3} = 40\text{V}$$

41

정답 ④

통칙(KEC 111)

구분	교류	직류
저압	1kV 이하	1.5kV 이하
고압	1kV 초과 ~ 7kV 이하	1.5kV 초과 ~ 7kV 이하
특고압	7kV 초과	7kV 초과

42

정답 ①

전선의 식별(KEC 121.2)

상(문자)	색상
L1	갈색
L2	흑색
L3	회색
N	청색
보호도체	녹색 – 노란색

43 정답 ③

저압 인입선의 시설(KEC 221.1.1)
전선의 높이는 다음에 의할 것
- 도로(차도와 보도의 구별이 있는 도로인 경우에는 차도)를 횡단하는 경우 : 노면상 5m(기술상 부득이한 경우에 교통 지장이 없을 때에는 3m) 이상
- 철도 또는 궤도를 횡단하는 경우 : 레일면상 6.5m 이상
- 횡단보도교 위에 시설하는 경우 : 노면상 3m 이상
- 이외의 경우에는 지표상 4m(기술상 부득이한 경우에 교통이 지장이 없을 때에는 2.5m) 이상

44 정답 ②

터널 등의 전구선 또는 이동전선 등의 시설(KEC 242.7.4)
터널 등에 시설하는 사용전압이 400V 이하인 저압의 전구선 또는 이동전선은 다음과 같이 시설하여야 한다.
- 전구선은 단면적 0.75mm^2 이상의 300/300V 편조 고무코드 또는 0.6/1kV EP 고무절연 클로로프렌 캡타이어케이블일 것
- 이동전선은 300/300V 편조 고무코드, 비닐 코드 또는 캡타이어케이블일 것
- 전구선 또는 이동전선을 현저히 손상시킬 우려가 있는 곳에 설치하는 경우에는 이를 가요성 전선관에 넣거나 이에 준하는 보호조치를 할 것

45 정답 ④

고압 및 특고압 전로 중 과전류차단기의 시설(KEC 341.10)
과전류차단기로 시설하는 퓨즈 중 고압전로에 사용하는 포장 퓨즈(퓨즈 이외의 과전류 차단기와 조합하여 하나의 과전류 차단기로 사용하는 것을 제외한다)는 정격전류의 1.3배의 전류에 견디고 또한 2배의 전류로 120분 안에 용단되어야 한다.

46 정답 ③

발전소 등의 울타리·담 등의 시설(KEC 351.1)

사용전압의 구분	울타리·담 등의 높이와 울타리·담 등으로부터 충전부분까지의 거리의 합계
35kV 이하	5m
~160kV 이하	6m
160kV 이상	6m에 160kV를 초과하는 10kV 또는 그 단수마다 0.12m를 더한 값

47 정답 ②

접지극의 시설 및 접지저항(KEC 142.2)
- 접지극은 매설하는 토양을 오염시키지 않아야 하며, 가능한 다습한 부분에 설치한다.
- 접지극은 지표면으로부터 지하 0.75m 이상으로 하되 고압 이상의 전기설비와 변압기의 중성점 접지에 의하여 시설하는 접지극의 매설깊이는 지표면으로부터 0.75m 이상으로 한다.
- 접지도체를 철주 기타의 금속체를 따라서 시설하는 경우에는 접지극을 철주의 밑면으로부터 0.3m 이상의 깊이에 매설하는 경우 이외에는 접지극을 지중에서 그 금속체로부터 1m 이상 떼어 매설하여야 한다.

48 정답 ⑤

특고압전로의 상 및 접속 상태의 표시(KEC 351.2)
- 발전소·변전소 또는 이에 준하는 곳의 특고압전로에는 그의 보기 쉬운 곳에 상별 표시를 하여야 한다.
- 발전소·변전소 또는 이에 준하는 곳의 특고압전로에 대하여는 그 접속 상태를 모의모선의 사용 기타의 방법에 의하여 표시하여야 한다. 다만, 이러한 전로에 접속하는 특고압 전선로의 회선수가 2 이하이고 또한 특고압의 모선이 단일 모선인 경우에는 그러하지 아니하다.

49 정답 ①

특고압 배전용 변압기의 시설(KEC 341.2)
특고압 배전용 변압기의 1차 전압은 35kV 이하이고, 2차 전압은 저압 또는 고압이어야 한다.

50 정답 ①

피뢰기 단자에 충격파 인가 시 방전을 개시하는 전압은 충격 방전개시전압이다.

> **피뢰기의 역할**
> 이성전압을 대지에 방전하여 기기의 단자전압을 내전압 이하로 낮추어 기기의 절연파괴를 방지한다.
> - 정격전압 : 속류를 차단하는 상용주파수 내 교류전압의 최댓값 또는 교류전압의 최댓값에 대한 실효값
> - 제한전압 : 충격전류가 흐를 때 피뢰기 단자전압의 파고치
> - 충격방전개시전압 : 피뢰기 단자에 충격파 인가 시 방전을 개시하는 전압의 순시값

인생이란 결코 공평하지 않다. 이 사실에 익숙해져라.

– 빌 게이츠 –

PART 4

최종점검 모의고사

최종점검 모의고사

01	02	03	04	05	06	07	08	09	10	11	12	13	14	15	16	17	18	19	20
⑤	③	②	④	①	③	④	②	①	①	⑤	③	②	④	④	①	②	②	③	③
21	22	23	24	25	26	27	28	29	30	31	32	33	34	35	36	37	38	39	40
④	③	③	④	⑤	①	③	③	①	④	③	③	②	⑤	①	⑤	⑤	③	④	③
41	42	43	44	45	46	47	48	49	50										
②	④	⑤	②	⑤	⑤	⑤	④	⑤	④										

01　　　　　정답　⑤

㉠과 ㉡의 앞뒤 문장을 확인해 본다.
㉠의 앞에는 동북아시아 지역에서 삼원법에 따른 다각도에서 그리는 화법이 통용되었다는 내용이, 뒤에는 우리나라의 민화는 그보다 더 자유로운 시각이라는 내용이 온다. 따라서 ㉠에는 전환 기능의 접속어 '그런데'가 들어가야 한다.
㉡의 앞에서는 기층민들이 생각을 자유분방하게 표현할 수 있는 사회적 여건의 성숙을 다루고, 뒤에서는 자기를 표현할 수 있는 경제적・신분적 근거가 확고하게 되었다는 내용을 서술하고 있으므로, ㉡에는 환언(앞말을 바꾸어 다시 설명함) 기능의 접속어 '즉'이 들어가야 한다.

02　　　　　정답　③

두 번째 문단 마지막의 '민화의 화가들은 ~ 믿은 것이다.'를 통해 알 수 있다.

오답분석
① 두 번째 문단 네 번째 줄에서 '민화에 나타난 화법에 전혀 원리가 없다고는 할 수 없다.'라고 하였으므로 일정한 화법이나 원리가 존재하지 않는다는 설명은 옳지 않다.
② 지문에서는 화법이나 내용면에서 보이는 것을 '억압에서 벗어나려는 해방의 염원'이라고 설명하고 있을 뿐 이를 신분상승의 욕구라고 보기는 어렵다.
④ 삼원법은 다각도에서 보고 그리는 화법이며, 민화는 이보다 더 자유롭다고 하였다.
⑤ 민화의 화법이 서양의 입체파들이 사용하는 화법과 종종 비교된다고 하였을 뿐, 입체파의 화법이 서민층의 성장을 배경으로 하고 있는지는 제시된 내용만으로는 알 수 없다.

03　　　　　정답　②

• (가)를 기준으로 앞의 문장과 뒤의 문장이 서로 일치하지 않는 상반되는 내용을 담고 있으므로 가장 적절한 접속사는 '하지만'이다.
• (나)를 기준으로 앞의 문장은 기차의 냉난방시설을 다루고 있지만 뒤의 문장은 지하철의 냉난방시설에 대해 다루고 있으므로 가장 적절할 접속사는 '반면'이다.
• (다)의 앞 뒤 내용을 살펴보면, 앞선 내용의 과정들이 끝나고 이후의 내용이 이어지므로 이를 이어주는 접속사인 '마침내'가 들어가는 것이 가장 적절하다.

04

정답 ④

조직은 영리성을 기준으로 영리조직과 비영리조직으로 구분할 수 있다.
㉠ 영리조직 : 재산상의 이익을 목적으로 활동하는 조직
㉡ 비영리조직 : 자체의 이익을 추구하지 않고 공익을 목적으로 하는 조직

05

정답 ①

리더와 부하 간 상호관계는 조직문화의 구성요소 중 리더십 스타일에 대한 설명이다. 관리시스템은 조직문화의 구성요소로서 장기전략 목적 달성에 적합한 보상제도와 인센티브, 경영정보와 의사결정시스템, 경영계획 등 조직의 목적을 실제로 달성하는 모든 경영관리제도와 절차를 의미한다.

06

정답 ③

(마름모의 넓이)=(한 대각선의 길이)×(다른 대각선의 길이)×$\frac{1}{2}$ 이므로

두 마름모의 넓이의 차는 $\left(9\times6\times\frac{1}{2}\right)-\left(4\times6\times\frac{1}{2}\right)=27-12=15$이다.

07

정답 ④

- A : 300×0.01=3억 원
- B : 2,000×20,000=4천만 원
- C : 500×80,000=4천만 원
∴ (전체 지급금액)=3억 원+4천만 원+4천만 원=3억 8천만 원

08

정답 ②

(가)는 집단문화, (나)는 개발문화, (다)는 계층문화, (라)는 합리문화이다. 규칙과 법을 준수하고, 관행과 안정, 문서와 형식, 명확한 책임소재 등을 강조하는 관리적 문화의 특징을 가진 문화는 (다)이다.

조직문화 유형별 주요 특징

조직문화 유형	주요 특징
집단문화	관계지향적인 문화이며, 조직구성원 간 인간애 또는 인간미를 중시하는 문화로서 조직 내부의 통합과 유연한 인간관계를 강조한다. 따라서 조직구성원 간 인화단결, 협동, 팀워크, 공유가치, 사기, 의사결정과정에 참여 등을 중요시하며, 개인의 능력개발에 대한 관심이 높고, 조직구성원에 대한 인간적 배려와 가족적인 분위기를 만들어내는 특징을 가진다.
개발문화	높은 유연성과 개성을 강조하며, 외부환경에 대한 변화지향성과 신축적 대응성을 기반으로 조직구성원의 도전의식, 모험성, 창의성, 혁신성, 자원획득 등을 중시하고, 조직의 성장과 발전에 관심이 높은 조직문화를 의미한다. 따라서 조직구성원의 업무수행에 대한 자율성과 자유재량권 부여 여부가 핵심요인이다.
계층문화	조직 내부의 통합과 안정성을 확보하고, 현상유지 차원에서 계층화되고 서열화된 조직구조를 중요시하는 조직문화이다. 즉, 위계질서에 의한 명령과 통제, 업무처리시 규칙과 법을 준수, 관행과 안정, 문서와 형식, 보고와 정보관리, 명확한 책임소재 등을 강조하는 관리적 문화의 특징을 나타내고 있다.
합리문화	과업지향적인 문화로, 결과지향적인 조직으로써의 업무의 완수를 강조한다. 조직의 목표를 명확하게 설정하여 합리적으로 달성하고, 주어진 과업을 효과적이고 효율적으로 수행하기 위하여 실적을 중시하고, 직무에 몰입하며, 미래를 위한 계획을 수립하는 것을 강조한다. 합리문화는 조직구성원간의 경쟁을 유도하는 문화이기 때문에 때로는 지나친 성과를 강조하게 되어 조직에 대한 조직구성원들의 방어적인 태도와 개인주의적인 성향을 드러내는 경향을 보인다.

09

정답 ①

조직의 규칙과 규정은 조직의 목표나 전략에 따라 수립되어 조직구성원들이 활동범위를 제약하고 일관성을 부여하는 기능을 한다. 예를 들어 인사규정, 총무규정, 회계규정 등이 있다.

10

정답 ①

정품 유류를 공급받아 소비자들에게 정량을 공급하는 원칙을 철저히 지키는 모습을 통해 정직이 신뢰를 형성하고 유지하는 데 매우 중요함을 알 수 있다. 정직은 신뢰를 형성하고 유지하는 데 가장 기본적이고 필수적인 규범으로, 사람과 사람 사이에 함께 살아가는 사회시스템이 유지되려면 정직에 기반으로 둔 신뢰가 있을 때 운영이 가능하다.

11

정답 ⑤

[오답분석]

ㄱ・ㄴ. 수동형이 느끼는 조직에 대한 감정이다.

팔로워십 유형별 조직에 대한 감정

구분	조직에 대한 자신의 느낌
소외형	• 자신을 인정해 주지 않음 • 적절한 보상이 없음 • 불공정하고 문제가 있음
순응형	• 기존 질서를 따르는 것이 중요 • 리더의 의견을 거스르는 것은 어려운 일임 • 획일적인 태도와 행동에 익숙함
실무형	• 규정 준수를 강조 • 명령과 계획의 빈번한 변경 • 리더와 부하 간의 비인간적 풍토
수동형	• 조직이 나의 아이디어를 원치 않음 • 노력과 공헌을 해도 아무 소용이 없음 • 리더는 항상 자기 마음대로 함

12

정답 ③

A씨는 두 딸이 오렌지를 왜 원하는지에 대한 갈등 원인을 확인하지 못해 협상에 실패한 것으로 볼 수 있다. 따라서 협상하기 전에는 반드시 이해당사자들이 가지는 갈등 원인을 파악해야 한다.

13

정답 ②

첫 번째 조건과 두 번째 조건에 따라 물리학과 학생은 흰색만 좋아하는 것을 알 수 있으며, 세 번째 조건과 네 번째 조건에 따라 지리학과 학생은 흰색과 빨간색만 좋아하는 것을 알 수 있다. 전공별로 좋아하는 색을 정리하면 다음과 같다.

경제학과	물리학과	통계학과	지리학과
검은색, 빨간색	흰색	빨간색	흰색, 빨간색

이때 검은색을 좋아하는 학과는 경제학과뿐이므로 C가 경제학과임을 알 수 있으며, 빨간색을 좋아하지 않는 학과는 물리학과뿐이므로 B가 물리학과임을 알 수 있다. 따라서 항상 참이 되는 것은 ②이다.

[오답분석]

① A는 통계학과이거나 지리학과이다.
③ C는 경제학과이다.
④ D는 통계학과이거나 지리학과이다.
⑤ C는 빨간색을 좋아하지만 B는 흰색을 좋아한다.

14
정답 ④

전문가용 카메라가 일반화됨에 따라 사람들은 사진관을 이용하지 않고도 고화질의 사진을 촬영할 수 있게 되었다. 따라서 전문가용 카메라의 일반화는 사진관을 위협하는 외부환경에 해당한다.

15
정답 ④

바리스타로 일하는 것은 경제적 보상이 있으며, 자발적인 의사에 의한 것으로 볼 수 있고, 장기적으로 계속해서 일하는 점을 볼 때 직업의 사례로 적절하다.

[오답분석]
①·②·③ 취미활동과 봉사활동으로 경제적인 보상이 없다.
⑤ 강제노동으로 본인의 자발적인 의사에 의한 것이 아니다.

16
정답 ①

홀수 항은 ×5, 짝수 항은 (×3+1)인 수열이다.
따라서 (　)=40×3+1=121이다.

17
정답 ②

앞의 항에 ×(−1), ×(−2), ×(−3), …인 수열이다.
따라서 (　)=(−120)×(−6)=720이다.

18
정답 ②

앞의 항에 +3, −6, +9, −12, +15, …인 수열이다.
따라서 빈칸에 들어갈 숫자는 5−6=−1이다.

19
정답 ③

여행상품	총무팀	영업팀	개발팀	홍보팀	공장 1	공장 2	합계
A	2	1	2	0	15	6	26
B	1	2	1	1	20	5	30
C	3	1	0	1	10	4	19
D	3	4	2	1	30	10	50
E	1	2	0	2	5	5	15
합계	10	10	5	5	80	30	140

ㄱ. 가장 인기 높은 상품은 D이다. 그러나 공장 1의 고려사항에 따라 2박 3일 상품이 아닌 1박 2일 상품 중 가장 인기 있는 B상품이 선택된다. 따라서 750,000×140=105,000,000원이 필요하므로 옳다.
ㄷ. 공장 1의 A, B 투표 결과가 바뀐다면 여행상품 A, B의 투표수가 각각 31, 25표가 되어 선택되는 여행상품이 A로 변경된다.

[오답분석]
ㄴ. 가장 인기 높은 상품은 D이므로 옳지 않다.

20

먼저 이산화탄소 흡수원의 하나인 연안 생태계를 소개하는 (다) 문단이 오는 것이 적절하며, 다음으로 이러한 연안 생태계의 장점을 소개하는 (나) 문단이 오는 것이 적절하다. 다음으로는 (나) 문단에서 언급한 연안 생태계의 장점 중 갯벌의 역할을 부연 설명하는 (가) 문단이 오는 것이 적절하며, (가) 문단 뒤에는 연안 생태계의 또 다른 장점을 소개하는 (라) 문단이 오는 것이 적절하다. 따라서 (다) − (나) − (가) − (라) 순서로 나열해야 한다.

21

마지막 문단에서 정약용은 청렴을 지키는 것의 효과로, '다른 사람에게 긍정적 효과를 미친다.', '목민관 자신에게도 좋은 결과를 가져다준다.'고 하였으므로 적절하다.

오답분석

① 두 번째 문단에서 '정약용은 청렴을 당위 차원에서 주장하는 기존의 학자들과 달리 행위자 자신에게 실질적 이익이 된다는 점을 들어 설득하고자 한다.'고 설명하고 있다.

② 두 번째 문단에서 '정약용은 "지자(知者)는 인(仁)을 이롭게 여긴다."라는 공자의 말을 빌려 "지혜로운 자는 청렴함을 이롭게 여긴다."라고 하였으므로 공자의 뜻을 계승한 것이 아니라 공자의 말을 빌려 청렴의 중요성을 강조한 것이다.

③ 두 번째 문단에서 '지혜롭고 욕심이 큰 사람은 청렴을 택하지만 지혜가 짧고 욕심이 작은 사람은 탐욕을 택한다.'라고 하였으므로 청렴한 사람은 욕심이 크기 때문에 탐욕에 빠지지 않는다는 설명이 적절하다.

⑤ 첫 번째 문단에서 '이황과 이이는 청렴을 사회 규율이자 개인 처세의 지침으로 강조하였다.'라고 하였으므로 이황과 이이는 청렴을 사회 규율로 보았다는 것을 알 수 있다.

22

제품별 밀 소비량 그래프에서 라면류와 빵류의 밀 사용량의 10%는 각각 6.6톤, 6.4톤이다. 따라서 과자류에 사용될 밀 소비량은 총 42+6.4+6.6=55톤이다.

23

A ~ D과자 중 가장 많이 밀을 사용하는 과자는 45%를 사용하는 D과자이고, 가장 적게 사용하는 과자는 15%인 C과자이다. 따라서 두 과자의 밀 사용량 차이는 42×(0.45−0.15)=42×0.3=12.6톤이다.

24

업무환경에 '자유로운 분위기'라고 명시되어 있으므로 '중압적인 분위기를 잘 이겨낼 수 있는'이라는 문구는 적절하지 않다.

25

우수한 직업인의 자세에는 해당할 수 있으나, 직업윤리에서 제시하는 직업인의 기본자세에는 해당하지 않는다.

오답분석

① 법규를 준수하고 직무상 요구되는 윤리기준을 준수해야 하며, 공정하고 투명하게 업무를 처리해야 한다.

② 나의 일을 필요로 하는 사람에게 봉사한다는 마음가짐이 필요하며, 직무를 수행하는 과정에서 다른 사람과 긴밀히 협력하는 협동 정신이 요구된다.

③ 직업이란 신이 나에게 주신 거룩한 일이며, 일을 통하여 자신의 존재를 실현하고 사회적 역할을 담당하는 것이니 자기의 직업을 사랑하며, 긍지와 자부심을 갖고 성실하게 임하는 마음가짐이 있어야 한다.

④ 협력체제에서 각자의 책임을 충실히 수행할 때 전체 시스템의 원만한 가동이 가능하며, 다른 사람에게 피해를 주지 않는다. 이러한 책임을 완벽하게 수행하기 위하여 자신이 맡은 분야에서 전문적인 능력과 역량을 갖추고, 지속적인 자기계발을 해나가야 한다.

26

정답 ①

외부경영활동은 조직 외부에서 이루어지는 활동임을 볼 때, 기업의 경우 주로 시장에서 이루어지는 활동으로 볼 수 있다. 마케팅활동은 시장에서 상품 혹은 용역을 소비자에게 유통시키는 데 관련된 대외적 이윤추구 활동이므로 외부경영활동으로 볼 수 있다.

오답분석

②·③·④·⑤ 모두 인사관리에 해당되는 활동으로 내부경영활동이다.

27

정답 ③

ㄴ. 해결하기 어려운 문제라도 피하지 말고, 해결을 위해 적극적으로 대응해야 한다.
ㄷ. 자신의 의사를 명확하게 전달하는 것이 갈등을 최소화하는 방안이다.

오답분석

ㄱ. 다른 사람의 입장을 이해하는 것은 갈등 파악의 첫 단계이므로 옳은 설명이다.
ㄹ. 생산적 의견 교환이 아닌 논쟁은 갈등을 심화시킬 수 있으므로 논쟁하고 싶은 유혹을 떨쳐내야 한다.

28

정답 ③

ㄱ. 역할과 책임을 명료화하는 것은 팀워크에 도움이 된다.
ㄷ. 자기중심적 성격의 이기주의는 팀워크를 저해한다.
ㄹ. 사고방식의 차이에 대한 무시는 팀워크를 저해한다.

오답분석

ㄴ. 일반적으로 개인의 무뚝뚝한 성격이 팀워크를 저해하지는 않는다.

팀워크를 저해하는 요소
• 조직에 대한 이해 부족
• 자기중심적인 이기주의
• 자아의식의 과잉
• 질투나 시기로 인한 파벌주의
• 사고방식의 차이에 대한 무시

29

정답 ①

E가 수요일에 봉사활동을 간다면 A는 화요일, C는 월요일에 가고, B와 D는 평일에만 봉사활동을 가므로 토요일에 봉사활동을 가는 사람은 없다.

오답분석

② B가 화요일에 봉사활동을 간다면 A는 월요일, C는 수요일 또는 금요일에 봉사활동을 가므로 토요일에 봉사활동을 가는 사람은 없다.
③ C가 A보다 빨리 봉사활동을 간다면 D는 목요일이나 금요일에 봉사활동을 간다.
④ D가 금요일에 봉사활동을 간다면 C는 수요일과 목요일에 갈 수 없으므로 월요일이나 화요일에 봉사활동을 가게 된다. 따라서 다섯 명은 모두 평일에 봉사활동을 가게 된다.
⑤ D가 A보다 봉사활동을 빨리 가면 D는 월요일, A는 화요일에 가므로 C는 수요일이나 금요일에 봉사활동을 가게 된다. C가 수요일에 봉사활동을 가면 E는 금요일에 가게 되므로 B는 금요일에 봉사활동을 가지 않는다.

30

체크리스트 항목의 내용을 볼 때, 국제감각 수준을 점검할 수 있는 체크리스트임을 알 수 있다. 따라서 국제적인 법규를 이해하고 있는지를 확인하는 ④가 가장 적절하다.

국제감각 수준 점검항목

• 다음 주에 혼자서 해외에 나가게 되더라도, 영어를 통해 의사소통을 잘할 수 있다.
• VISA가 무엇이고 왜 필요한지 잘 알고 있다.
• 각종 매체(신문, 잡지, 인터넷 등)를 활용하여 국제적인 동향을 파악하고 있다.
• 최근 미달러화(US$), 엔화(￥)와 비교한 원화 환율을 구체적으로 알고 있다.
• 영미권, 이슬람권, 중국, 일본사람들과 거래 시 주의해야 할 사항들을 숙지하고 있다.

31

근로기준법 개정안에 따라 시행된 직장 내 괴롭힘 금지법에 따르면 집단으로 따돌림을 한다거나 회식을 강요하는 것, 특정 근로자의 근태를 지나치게 감시하는 것 등의 행위 모두 직장 내 괴롭힘 행위에 해당된다. 이때, ③은 직장에서의 지위 또는 관계 우위를 이용한 것으로 보기 어려우므로 직장 내 괴롭힘 사례에 해당하지 않는다.

32

전 직원의 수를 100명이라 가정하고 남직원과 여직원의 인원을 구하면 다음 표와 같다.

(단위 : 명)

구분	남직원	여직원	합계
경력직	$60 \times 0.25 = 15$	$40 \times 0.15 = 6$	21
신입	$60 - 15 = 45$	$40 - 6 = 34$	79
합계	$100 \times \dfrac{3}{5} = 60$	$100 \times \dfrac{2}{5} = 40$	100

따라서 경력직 사원 중 한 명을 뽑을 때, 그 사원이 여직원일 확률은 $\dfrac{6}{21} = \dfrac{2}{7}$ 이다.

33

세 번째, 네 번째, 다섯 번째 조건에 의해 8등(꼴찌)이 될 수 있는 사람은 A 또는 C인데, C는 7등인 D와 연속해서 들어오지 않았으므로 8등은 A이다. 또한 두 번째 조건에 의해 B는 4등이고, 네 번째 조건에 의해 E는 5등이다. 마지막으로 첫 번째 조건에 의해 C는 6등이 될 수 없으므로 1, 2, 3등 중에 하나이다.

[오답분석]

① C는 1, 2, 3등 중 하나이다.
③ E가 C보다 늦게 들어왔다.
④ B가 E보다 일찍 들어왔다.
⑤ D가 E보다 늦게 들어왔다.

34

정답 ⑤

E교사는 술을 소지하고 있던 학생을 징계 대신 꾸짖음으로써 부정직을 눈감아주고 타협하는 모습을 보였다. 이는 또 다른 부정을 일으키는 결과를 가져오게 될 수 있다. 조그마한 구멍에 물이 새면 구멍이 점점 커지듯이 부정직과 타협이 결국 관행화되고, 전체에게 피해를 주는 결과를 가져오게 된다.

35

정답 ①

조직변화의 과정

1. 환경의 변화 인지
2. 조직변화 방향 수립
3. 조직변화 실행
4. 변화의 결과 평가

36

정답 ⑤

[오답분석]

① 업무시간 외에도 해당된다.
②·④ 직장 내 성희롱 피해자는 모든 남녀 근로자(협력업체 및 파견근로자 포함)와 모집·채용 과정에서의 구직자도 해당된다.
③ '직장 내'란 개념은 물리적·환경적 공간에 국한된 것이 아닌, 사용자의 지휘·명령의 범위 내를 의미한다.

37

정답 ⑤

L부장에게는 '나 자신뿐만 아니라 나의 부서의 일은 내 책임'이라고 생각하는 책임 의식이 필요하다.

38

정답 ③

준법을 유도하는 제도적 장치가 마련된다 하더라도 반드시 개개인의 준법의식이 개선되는 것은 아니다. 사회의 준법의식을 제고하기 위해서는 개개인의 의식변화와 제도적 보완을 동시에 추진하여야 한다.

39

정답 ④

(라) 문단에서는 부패를 개선하기 위한 정부의 제도적 노력에도 불구하고 반부패정책 대부분이 효과가 없었음을 이야기하고 있다. 따라서 (라) 문단의 주제로 부패인식지수의 개선방안이 아닌 '정부의 부패인식지수 개선에 대한 노력의 실패'가 적절하다.

40

정답 ③

빈칸 앞 문장에서 변혁적 리더는 구성원의 욕구 수준을 상위 수준으로 끌어올린다고 하였으므로 구성원에게서 기대되었던 성과만을 얻어내는 거래적 리더십을 발휘하는 리더와 달리 변혁적 리더는 구성원에게서 보다 더 높은 성과를 얻어낼 수 있을 것임을 추론해볼 수 있다. 따라서 빈칸에 들어갈 내용으로는 '기대 이상의 성과를 얻어낼 수 있다.'는 ③이 가장 적절하다.

41

정답 ②

합리적 사고와 이성에 호소하는 거래적 리더십과 달리 변혁적 리더십은 감정과 정서에 호소하는 측면이 크다. 따라서 변혁적 리더십을 발휘하는 변혁적 리더는 구성원의 합리적 사고와 이성이 아닌 감정과 정서에 호소한다.

PART 4

42

정답 ④

- 2018 ~ 2022년 동안 경기전망지수가 40점 이상인 것은 B산업과 C산업이다.
- 2020년에 경기전망지수가 전년 대비 증가한 산업은 A산업과 C산업이다.
- 산업별 전년 대비 2019년 경기전망지수의 증가율은 다음과 같다.

  - A : $\dfrac{48.9-45.8}{45.8} \times 100 ≒ 6.8\%$ - B : $\dfrac{39.8-37.2}{37.2} \times 100 ≒ 7.0\%$

  - C : $\dfrac{40.6-36.1}{36.1} \times 100 ≒ 12.5\%$ - D : $\dfrac{41.1-39.3}{39.3} \times 100 ≒ 4.6\%$

  따라서 D산업의 전년 대비 2019년 경기전망지수의 증가율이 가장 낮다.
- 매년 5개의 산업 중 경기전망지수가 가장 높은 산업은 A산업이다.
따라서 A산업 – 제조업, B산업 – 보건업, C산업 – 조선업, D산업 – 해운업이다.

43

정답 ⑤

(A)의 경우 상대방이 제시하는 것을 일방적으로 수용한다는 점을 볼 때, 유화(상대편을 너그럽게 용서하고 사이좋게 지냄)전략임을 알 수 있으며, (B)의 경우 자신의 이익을 극대화하기 위한 공격적 전략이라는 점에서 강압전략임을 알 수 있다. (C)의 경우 협상을 피하는 점으로 회피전략임을, (D)의 경우 협동과 통합으로 문제를 해결한다는 점에서 협력전략임을 알 수 있다.

44

정답 ②

타인의 부탁을 거절해야 할 경우, 도움을 요청한 타인의 입장을 고려하여 인간관계를 해치지 않도록 신중하게 거절하는 것이 중요하다. 먼저 도움이 필요한 상대방의 상황을 충분히 이해했음을 표명하고, 도움을 주지 못하는 자신의 상황이나 이유를 분명하게 설명해야 한다. 그 후 도움을 주지 못하는 아쉬움을 표현하도록 한다.

45

정답 ⑤

- 1년(=12개월=52주) 동안 렌즈 교체(구매) 횟수
  - A : 12÷1=12번을 구매해야 한다.
  - B : 1+1 서비스로 한번에 4달 치의 렌즈를 구매할 수 있으므로 12÷4=3번을 구매해야 한다.
  - C : 3월, 7월, 11월은 1+2 서비스로 1월, 2월, 3월(~4, 5월), 6월, 7월(~8, 9월), 10월, 11월(~12월) 총 7번을 구매해야 한다.
  - D : 착용기한이 1주이므로 1년에 총 52번을 구매해야 한다.
  - E : 1+2 서비스로 한 번에 6달 치의 렌즈를 구매할 수 있으므로 12÷6=2번을 구매해야 한다.
- (최종 가격)=(가격)×(횟수)
  - A : 30,000×12=360,000원
  - B : 45,000×3=135,000원
  - C : 20,000×7=140,000원
  - D : 5,000×52=260,000원
  - E : 65,000×2=130,000원
따라서 E렌즈를 사용할 때, 1년 동안 가장 적은 비용으로 렌즈를 사용할 수 있다.

46

정답 ⑤

서비스업에 종사하다 보면 난처한 요구를 하는 고객을 종종 만나기 마련이다. 특히 판매 가격이 정해져 있는 프랜차이즈 매장에서 가격을 조금만 깎아달라는 고객의 요구는 매우 난감하다. 하지만 이러한 고객의 요구를 모두 들어주다 보면 더욱 곤란한 상황이 발생할 수 있다. 그러므로 왜 고객에게 가격을 깎아줄 수 없는지 친절하게 설명하면서 불쾌하지 않도록 고객을 설득할 필요가 있다.

47

정답 ⑤

화가 난 고객을 대응하는 데 있어서는 먼저 고객을 안정시키는 것이 최우선이며, 이후에 고객이 이해할 수 있는 수준의 대응을 제시한다.

48

정답 ④

K씨의 경우 자신의 시간 계획에 따라 업무를 진행해왔으나, 예상하지 못했던 외부 일정으로 인해 계획 실천에 어려움을 겪고 결국 업무에도 차질이 생겼다. 시간 계획에서 가장 중요한 것은 그 계획을 따르는 것이지만, K씨처럼 뜻하지 않은 상황이 발생할 수도 있다. 따라서 K씨는 다양한 상황이 발생할 수 있다는 것을 염두에 두고, 이에 대비하여 융통성 있는 계획을 세워야 한다.

49

정답 ⑤

업무의 공공성을 바탕으로 공사구분을 명확히 하고, 모든 것을 숨김없이 투명하게 처리하는 원칙은 객관성의 원칙이다.

직업윤리의 5대 원칙
- 객관성의 원칙
- 고객중심의 원칙
- 전문성의 원칙
- 정직과 신용의 원칙
- 공정경쟁의 원칙

50

정답 ④

팀장은 가장 뒤에 있는 자리에 앉으므로 F는 김팀장이 앉고, D에 이대리가 앉는다. 최과장은 대리 옆에 앉을 수 있고, 또한 창가쪽 자리에만 앉을 수 있으므로 C는 최과장이 앉는다. 남은 창가쪽 자리 A는 오과장이 앉고, 박차장은 성대리보다 앞에 앉으므로 남은 자리에서 B는 박차장, E는 성대리가 앉는다. 따라서 조건에 따라 자리를 배치하면 다음과 같다.

앞

창가	오과장	●	복도	박차장	●	창가
	최과장	이대리		성대리	●	
	●	김팀장		●	●	

뒤

교육이란 사람이 학교에서 배운 것을
잊어버린 후에 남은 것을 말한다.

- 알버트 아인슈타인 -

SH 서울주택도시공사 필기시험 답안카드

성 명	
지원 분야	

문제지 형별기재란

( )형 ⒜ Ⓑ

수험번호

| ⓪ ⓪ ⓪ ⓪ ⓪ ⓪ ⓪ |
| ① ① ① ① ① ① ① |
| ② ② ② ② ② ② ② |
| ③ ③ ③ ③ ③ ③ ③ |
| ④ ④ ④ ④ ④ ④ ④ |
| ⑤ ⑤ ⑤ ⑤ ⑤ ⑤ ⑤ |
| ⑥ ⑥ ⑥ ⑥ ⑥ ⑥ ⑥ |
| ⑦ ⑦ ⑦ ⑦ ⑦ ⑦ ⑦ |
| ⑧ ⑧ ⑧ ⑧ ⑧ ⑧ ⑧ |
| ⑨ ⑨ ⑨ ⑨ ⑨ ⑨ ⑨ |

감독위원 확인

(인)

번호	답란	번호	답란	번호	답란
1	① ② ③ ④ ⑤	21	① ② ③ ④ ⑤	41	① ② ③ ④ ⑤
2	① ② ③ ④ ⑤	22	① ② ③ ④ ⑤	42	① ② ③ ④ ⑤
3	① ② ③ ④ ⑤	23	① ② ③ ④ ⑤	43	① ② ③ ④ ⑤
4	① ② ③ ④ ⑤	24	① ② ③ ④ ⑤	44	① ② ③ ④ ⑤
5	① ② ③ ④ ⑤	25	① ② ③ ④ ⑤	45	① ② ③ ④ ⑤
6	① ② ③ ④ ⑤	26	① ② ③ ④ ⑤	46	① ② ③ ④ ⑤
7	① ② ③ ④ ⑤	27	① ② ③ ④ ⑤	47	① ② ③ ④ ⑤
8	① ② ③ ④ ⑤	28	① ② ③ ④ ⑤	48	① ② ③ ④ ⑤
9	① ② ③ ④ ⑤	29	① ② ③ ④ ⑤	49	① ② ③ ④ ⑤
10	① ② ③ ④ ⑤	30	① ② ③ ④ ⑤	50	① ② ③ ④ ⑤
11	① ② ③ ④ ⑤	31	① ② ③ ④ ⑤		
12	① ② ③ ④ ⑤	32	① ② ③ ④ ⑤		
13	① ② ③ ④ ⑤	33	① ② ③ ④ ⑤		
14	① ② ③ ④ ⑤	34	① ② ③ ④ ⑤		
15	① ② ③ ④ ⑤	35	① ② ③ ④ ⑤		
16	① ② ③ ④ ⑤	36	① ② ③ ④ ⑤		
17	① ② ③ ④ ⑤	37	① ② ③ ④ ⑤		
18	① ② ③ ④ ⑤	38	① ② ③ ④ ⑤		
19	① ② ③ ④ ⑤	39	① ② ③ ④ ⑤		
20	① ② ③ ④ ⑤	40	① ② ③ ④ ⑤		

※ 본 답안지는 마킹연습용 모의 답안지입니다.

SH 서울주택도시공사 필기시험 답안카드

1	① ② ③ ④ ⑤	21	① ② ③ ④ ⑤	41	① ② ③ ④ ⑤
2	① ② ③ ④ ⑤	22	① ② ③ ④ ⑤	42	① ② ③ ④ ⑤
3	① ② ③ ④ ⑤	23	① ② ③ ④ ⑤	43	① ② ③ ④ ⑤
4	① ② ③ ④ ⑤	24	① ② ③ ④ ⑤	44	① ② ③ ④ ⑤
5	① ② ③ ④ ⑤	25	① ② ③ ④ ⑤	45	① ② ③ ④ ⑤
6	① ② ③ ④ ⑤	26	① ② ③ ④ ⑤	46	① ② ③ ④ ⑤
7	① ② ③ ④ ⑤	27	① ② ③ ④ ⑤	47	① ② ③ ④ ⑤
8	① ② ③ ④ ⑤	28	① ② ③ ④ ⑤	48	① ② ③ ④ ⑤
9	① ② ③ ④ ⑤	29	① ② ③ ④ ⑤	49	① ② ③ ④ ⑤
10	① ② ③ ④ ⑤	30	① ② ③ ④ ⑤	50	① ② ③ ④ ⑤
11	① ② ③ ④ ⑤	31	① ② ③ ④ ⑤		
12	① ② ③ ④ ⑤	32	① ② ③ ④ ⑤		
13	① ② ③ ④ ⑤	33	① ② ③ ④ ⑤		
14	① ② ③ ④ ⑤	34	① ② ③ ④ ⑤		
15	① ② ③ ④ ⑤	35	① ② ③ ④ ⑤		
16	① ② ③ ④ ⑤	36	① ② ③ ④ ⑤		
17	① ② ③ ④ ⑤	37	① ② ③ ④ ⑤		
18	① ② ③ ④ ⑤	38	① ② ③ ④ ⑤		
19	① ② ③ ④ ⑤	39	① ② ③ ④ ⑤		
20	① ② ③ ④ ⑤	40	① ② ③ ④ ⑤		

※ 본 답안지는 마킹연습용 모의 답안지입니다.

성 명

지원 분야

문제지 형별기재란
Ⓐ
Ⓑ
( )형

수 험 번 호

⓪	①	②	③	④	⑤	⑥	⑦	⑧	⑨
⓪	①	②	③	④	⑤	⑥	⑦	⑧	⑨
⓪	①	②	③	④	⑤	⑥	⑦	⑧	⑨
⓪	①	②	③	④	⑤	⑥	⑦	⑧	⑨
⓪	①	②	③	④	⑤	⑥	⑦	⑧	⑨
⓪	①	②	③	④	⑤	⑥	⑦	⑧	⑨
⓪	①	②	③	④	⑤	⑥	⑦	⑧	⑨

감독위원 확인
(인)

SH 서울주택도시공사 필기시험 답안카드

성 명

지원분야

문제지 형별기재란

( )형
Ⓐ
Ⓑ

수험번호

⓪	⓪	⓪	⓪	⓪	⓪	⓪
①	①	①	①	①	①	①
②	②	②	②	②	②	②
③	③	③	③	③	③	③
④	④	④	④	④	④	④
⑤	⑤	⑤	⑤	⑤	⑤	⑤
⑥	⑥	⑥	⑥	⑥	⑥	⑥
⑦	⑦	⑦	⑦	⑦	⑦	⑦
⑧	⑧	⑧	⑧	⑧	⑧	⑧
⑨	⑨	⑨	⑨	⑨	⑨	⑨

감독위원 확인

(인)

번호						번호						번호					
1	①	②	③	④	⑤	21	①	②	③	④	⑤	41	①	②	③	④	⑤
2	①	②	③	④	⑤	22	①	②	③	④	⑤	42	①	②	③	④	⑤
3	①	②	③	④	⑤	23	①	②	③	④	⑤	43	①	②	③	④	⑤
4	①	②	③	④	⑤	24	①	②	③	④	⑤	44	①	②	③	④	⑤
5	①	②	③	④	⑤	25	①	②	③	④	⑤	45	①	②	③	④	⑤
6	①	②	③	④	⑤	26	①	②	③	④	⑤	46	①	②	③	④	⑤
7	①	②	③	④	⑤	27	①	②	③	④	⑤	47	①	②	③	④	⑤
8	①	②	③	④	⑤	28	①	②	③	④	⑤	48	①	②	③	④	⑤
9	①	②	③	④	⑤	29	①	②	③	④	⑤	49	①	②	③	④	⑤
10	①	②	③	④	⑤	30	①	②	③	④	⑤	50	①	②	③	④	⑤
11	①	②	③	④	⑤	31	①	②	③	④	⑤						
12	①	②	③	④	⑤	32	①	②	③	④	⑤						
13	①	②	③	④	⑤	33	①	②	③	④	⑤						
14	①	②	③	④	⑤	34	①	②	③	④	⑤						
15	①	②	③	④	⑤	35	①	②	③	④	⑤						
16	①	②	③	④	⑤	36	①	②	③	④	⑤						
17	①	②	③	④	⑤	37	①	②	③	④	⑤						
18	①	②	③	④	⑤	38	①	②	③	④	⑤						
19	①	②	③	④	⑤	39	①	②	③	④	⑤						
20	①	②	③	④	⑤	40	①	②	③	④	⑤						

※ 본 답안지는 마킹연습용 모의 답안지입니다.

〈절취선〉

SH 서울주택도시공사 필기시험 답안카드

※ 본 답안지는 마킹연습용 모의 답안지입니다.

| 성 명 |
| 지원 분야 |
| 문제지 형별기재란 ⓐ ⓑ 형 ( ) |
| 수험번호 |
| 감독위원 확인 (인) |

2024 최신판 SD에듀 SH 서울주택도시공사 NCS + 전공 + 모의고사 4회 + 무료NCS특강

개정5판1쇄 발행	2024년 03월 20일 (인쇄 2024년 01월 22일)
초 판 발 행	2020년 09월 25일 (인쇄 2020년 08월 27일)
발 행 인	박영일
책 임 편 집	이해욱
편 저	SDC(Sidae Data Center)
편 집 진 행	김재희 · 문대식
표지디자인	조혜령
편집디자인	최미란 · 곽은슬
발 행 처	(주)시대고시기획
출 판 등 록	제10-1521호
주 소	서울시 마포구 큰우물로 75 [도화동 538 성지 B/D] 9F
전 화	1600-3600
팩 스	02-701-8823
홈 페 이 지	www.sdedu.co.kr
I S B N	979-11-383-6661-8 (13320)
정 가	25,000원

SH
서울주택
도시공사
정답 및 해설

SD에듀가 합격을 준비하는 당신에게 제안합니다.

성공의 기회! **SD에듀**를 잡으십시오.
성공의 Next Step!

결심하셨다면 지금 당장 실행하십시오.
SD에듀와 함께라면 문제없습니다.

기회란 포착되어 활용되기 전에는
기회인지조차 알 수 없는 것이다.

– 마크 트웨인 –